실무에 바로 적용하는 　제4판

안드로이드 프로그래밍

ANDROID PROGRAMMING: THE BIG NERD RANCH GUIDE, 4th Edition
by Kristin Marsicano, Brian Gardner, Bill Phillips, Chris Stewart

Authorized translation from the English language edition, entitled ANDROID PROGRAMMING: THE BIG NERD RANCH GUIDE, 4th Edition, by PHILLIPS, BILL; STEWART, CHRIS; MARSICANO, KRISTIN; GARDNER, BRIAN, published by Pearson Education, Inc, publishing as Big Nerd Ranch Guides, Copyright © 2020

KOREAN language edition published by J-Pub Co., Copyright © 2021

KOREAN translation rights arranged with PEARSON EDUCATION, INC. through AGENCY ONE, SEOUL KOREA

실무에 바로 적용하는
안드로이드 프로그래밍 〔제4판〕

1쇄 발행 2021년 3월 25일

지은이 크리스틴 마시캐노, 브라이언 가드너, 빌 필립스, 크리스 스튜어트
옮긴이 심재철
펴낸이 장성두
펴낸곳 주식회사 제이펍

출판신고 2009년 11월 10일 제406-2009-000087호
주소 경기도 파주시 회동길 159 3층 3-B호 / **전화** 070-8201-9010 / **팩스** 02-6280-0405
홈페이지 www.jpub.kr / **원고투고** submit@jpub.kr / **독자문의** help@jpub.kr / **교재문의** textbook@jpub.kr

편집부 김정준, 이민숙, 최병찬, 이주원 / **소통기획부** 송찬수, 강민철 / **소통지원부** 민지환, 김유미, 김수연
진행 및 교정·교열 이주원 / **내지디자인 및 편집** 김수미 / **표지디자인** 이민숙
용지 에스에이치페이퍼 / **인쇄** 한승인쇄사 / **제본** 광우제책사

ISBN 979-11-90665-82-7
값 36,000원

제이펍은 독자 여러분의 아이디어와 원고 투고를 기다리고 있습니다. 책으로 펴내고자 하는 아이디어나 원고가 있는 분께서는 책의 간단한 개요와 차례, 구성과 저(역)자 약력 등을 메일(submit@jpub.kr)로 보내 주세요.

실무에 바로 적용하는

제4판

안드로이드 프로그래밍
ANDROID PROGRAMMING
THE BIG NERD RANCH GUIDE(4ND EDITION)

크리스틴 마시캐노, 브라이언 가드너, 빌 필립스, 크리스 스튜어트 지음

심재철 옮김

제이펍

이 책이 판을 거듭해 나오는 동안
나를 사랑하고 지지해준 필, 노아, 샘에게 고마움을 전한다.
— 크리스틴 마시캐노

내가 하는 모든 일을 지지해주고
무엇이 가장 중요한가를 상기시켜 준 내 아내, 칼리에게 감사한다.
— 브라이언 가드너

이 모든 일을 함께 해준 내 책상 위의 레코드 플레이어에게 감사한다.
곧 새 바늘을 달아 주겠다고 약속할게.
— 빌 필립스

힘든 일을 해내는 것에 대한 가치를 알려준 내 아버지 데이빗과
항상 옳은 일을 하도록 내 등을 밀어준 어머니 리사에게 감사한다.
— 크리스 스튜어트

차례

옮긴이 머리말

"정성과 최선을 다했습니다."

한마디로 요약해서 독자 여러분께 드리고 싶은 제 진심의 표현입니다. 매번 번역서를 낼 때마다 항상 그렇듯이, 제가 저술하는 마음으로 이 일에 임했고 또 그렇게 마무리했습니다. 용어하나하나뿐만 아니라 내용 모두를 심사숙고하였으며, 실습용 프로젝트 코드의 작성, 수정, 테스트를 병행하여 이 책을 완성하였습니다.

이 책의 특징은 잘 설계되고 구성된 7개의 프로젝트를 완성하면서 안드로이드 앱 개발을 위한 프로그래밍 능력을 키워 준다는 것입니다. 또한 안드로이드 스튜디오와 코틀린을 사용한 프로그래밍 기법도 익힐 수 있게 해줍니다.

각 프로젝트는 실무에서 애플리케이션을 개발하는 것과 유사하게 진행하면서 최신 안드로이드 프로그래밍과 기능을 점진적으로 배우고 구현하는 능력을 키워 줍니다. 또한 왜 그렇게 해야 하는지를 체계적으로 이해할 수 있도록 설명합니다.

이 책을 번역하면서 다음과 같은 부분에 중점을 두었습니다.

1. 원서의 모든 내용을 안드로이드 스튜디오 최신 버전에 맞춰 수정하고 보완하였습니다.
2. 책의 프로젝트를 독자 여러분이 만들면서 실습하는 데 도움이 될 수 있도록 적극적으로 모든 코드를 직접 작성 및 테스트하여 결함을 수정하고 부족한 점을 보완하였습니다.

이 모든 작업은 독자 여러분께 도움이 될 수 있는 책을 만들어야 한다는 집념이 있었기에 가능했습니다. 이 책을 출판하는 데 오랜 시간 동안 아낌없는 배려를 해주신 제이펍 출판사의 장성두 대표님, 그리고 더욱 좋은 책이 될 수 있도록 교정과 편집에 많은 노력과 수고를 해주신 이주원 과장님, 북아이 김수미 님께 진심으로 감사드립니다.

옮긴이 **심재철**

이 책에 대하여

빅 너드 랜치(Big Nerd Ranch)에서는 그동안 수많은 안드로이드 프로그래머들을 교육하였으며, 지금도 교육하고 있다. 이 책은 그런 노하우를 기반으로 저술되었다. 따라서 안드로이드 프로그래밍에 필요한 지식이나 기법을 단순히 나열하고 알려주는 것이 아니라, 여러분이 직접 앱을 만들어가면서 관련 지식이나 기법들을 단계적으로 이해하고 배울 수 있도록 이끌어준다.

이 책에서는 안드로이드 스튜디오와 코틀린을 사용하여 앱을 개발하는 데 필요한 지식과 기법을 알려준다. 따라서 이 책을 읽으면서 코드를 작성하고 앱을 개발하려면 코틀린 프로그래밍 언어의 핵심을 어느 정도는 알아야 한다. 예를 들어, 클래스와 객체, 인터페이스, 리스너, 패키지, 내부 클래스 등이다. 만일 코틀린 언어에 문외한이라면 코틀린 입문 책 정도는 읽어볼 것을 권한다.

그러나 코틀린에는 익숙하지 않더라도 자바나 객체지향 프로그래밍에 대해 잘 알고 있다면 이 책을 읽는 데 큰 무리가 없을 것이다.

이 책을 읽으면서 안드로이드 프로그래밍을 배울 때 다음과 같이 하면 좋다.

- 여러분의 친구나 직장 동료와 함께 스터디 그룹을 만들어 시작하자.
- 각 장의 내용을 이해하고 코드를 작성할 때 가능하면 시간을 집중적으로 안배하자.
- 여러분에게 도움을 줄 수 있는 안드로이드 프로그래머를 찾아보자.

제4판에서 달라진 것

이번 개정판에서 가장 큰 변화는 자바가 아닌 코틀린을 사용한다는 것이다. 또한, 최신의 안드로이드 Jetpack 라이브러리와 컴포넌트를 사용해서 앱을 개발하는 데 필요한 지식과 기법을 알려준다. 이외에도 안드로이드 스튜디오 최신 버전의 다양한 기능을 활용하는 방법도 추가되었다.

이 책의 구성

이 책에서는 7개의 안드로이드 스튜디오 프로젝트/앱을 작성한다. 프로젝트 중에는 간단한 것도 있지만, 여러 장에 걸쳐 완성되는 것도 있다. 각 프로젝트는 저마다 중요한 개념과 기법을 가르치도록 설계되어 있어, 이 책을 읽으면서 앱을 작성하다 보면 어느새 여러분은 숙련된 안드로이드 프로그래머가 되어 있을 것이다. 7개의 프로젝트/앱은 다음과 같다.

- **GeoQuiz**: 우리의 첫 번째 앱이다. 안드로이드 프로젝트의 전체적인 구성, 액티비티, 레이아웃, 명시적 인텐트와 같은 기본적이고 핵심적인 내용을 배운다.

- **CriminalIntent**: 이 책에서 가장 큰 규모의 앱이며, 사무실에서 발생하는 불미스러운 일들을 기록하고 관리한다. 이 앱을 만들면서 중요한 많은 것을 배운다. 프래그먼트, 마스터-디테일 사용자 인터페이스, 데이터베이스, 메뉴, 카메라, 암시적 인텐트 등의 사용법을 배운다.

- **BeatBox**: 오디오 재생, MVVM 아키텍처, 데이터 바인딩, 단위 테스트, 테마, drawable에 관해서 배운다.

- **NerdLauncher**: 안드로이드 시스템에서 앱을 시작시키는 커스텀 론처를 만든다. 이를 통해 안드로이드의 인텐트와 프로세스 및 태스크에 대해 자세히 배운다.

- **PhotoGallery**: 사진 정보를 갖고 있는 플리커(Flickr) 사이트로부터 사진들을 다운로드하고 보여주는 플리커 클라이언트 앱이다. 이 앱에서는 안드로이드의 서비스와 다중 스레드 및 웹 서비스를 액세스하는 방법을 알려준다.

- **DragAndDraw**: 간단한 앱이며, 터치 이벤트를 처리하고 커스텀 뷰를 만드는 방법을 배운다.

- **Sunset**: 이 앱에서는 애니메이션에 관해 배운다.

각 프로젝트/앱은 필요한 상황에 맞춰 여러분이 배워야 할 주제와 기법을 가르쳐 줄 것이다.

챌린지

각 장의 끝에는 여러분 스스로 풀어볼 과제가 있다. 이 책에서는 이것을 챌린지(challenge)라고 하였다. 그렇다. 여러분 각자가 도전해서 코드를 작성하는 것이다. 그리고 그렇게 함으로써 각 장에서 배운 내용을 복습하고 새로운 내용도 알게 될 것이다.

챌린지를 꼭 해볼 것을 권한다. 챌린지 중에는 안드로이드 API 문서를 찾아보면서 해결해야 할 것도 있다. 따라서 챌린지를 해결하면 더 많은 것을 알게 되고, 여러분의 실력이 더욱 향상됨을 느낄 수 있을 것이다.

단축키와 코드 표기

이 책에서는 두 개 이상의 키보드 키를 누를 때 + 기호로 표시하였다(예를 들어, Alt 키와 Enter 키를 같이 누를 때는 Alt+Enter). 또한, 단축키는 **윈도우 키[맥OS 키]**의 형태로 표시되어 있다. 예를 들면, Alt+Enter[Option+Enter]와 같은 형태다.

본문에 나타나는 키워드, 클래스, 인터페이스, 함수, 애노테이션은 **윤고딕130** 서체로 하여 알아보기 쉽게 하였다. 그리고 코드 리스트에 나온 모든 코드는 고정폭 글꼴로 나타냈으며, 삭제해야 할 코드는 글자 중앙에 ~~삭제선~~으로 나타내고, 추가되는 코드는 **진한 글씨**로 표시하였다.

예를 들어, 다음 코드에서는 Toast.makeText(...).show() 호출을 삭제하고 checkAnswer(true) 호출을 추가한다는 것을 나타낸다.

```
trueButton.setOnClickListener { view: View ->
    Toast.makeText(
        this,
        R.string.correct_toast,
        Toast.LENGTH_SHORT
    )
        .show()
    checkAnswer(true)
}
```

프로젝트 소스 코드 다운로드하기

이 책에 나오는 모든 앱은 안드로이드 스튜디오 프로젝트로 작성되어 제공된다. 다운로드되는 파일에는 각 장별로 서브 디렉터리가 있으며, 그 밑에 안드로이드 스튜디오 프로젝트 디렉터리가 있다. 이 책의 모든 프로젝트 코드는 '안드로이드 스튜디오 4.2(베타 6)'를 사용해서 작성하고 테스트하였다.

이 파일은 다음 URL에서 다운로드할 수 있다.

URL https://github.com/Jpub/AndroidBNR4

다운로드한 프로젝트 코드를 안드로이드 스튜디오로 로드하는 절차는 다음과 같다.

1. 'Welcome to Android Studio' 대화상자에서 'Open an Existing Project'를 선택하거나, 안드로이드 스튜디오 메인 메뉴의 File ➡ Open...을 선택한다.

2. 프로젝트 선택 대화상자가 나오면 열고자 하는 프로젝트 관련 파일들이 있는 폴더를 선택하고 OK 버튼을 클릭한다. 예를 들어, 1장의 GeoQuiz 프로젝트의 경우에는 Ch01 밑에 있는 GeoQuiz 서브 디렉터리를 선택한다.

3. 만일 Sync Android SDKs 대화상자가 나오면 OK 버튼을 클릭한다(열고자 하는 프로젝트에 지정되어 있는 안드로이드 SDK 디렉터리와 현재 사용 중인 컴퓨터의 안드로이드 SDK 디렉터리가 달라서 이 대화상자가 나오는 것이다. OK 버튼을 클릭하면 프로젝트에서 현재 사용 중인 컴퓨터의 안드로이드 SDK 디렉터리가 사용된다). 그리고 만일 'Android Gradle Plugin Upgrade Assistant' 대화상자가 나타나면 'Begin Upgrade' 버튼을 클릭하고 다음 대화상자가 나오면 Upgrade 버튼을 눌러서 그래들 플러그인 버전을 업데이트한다.

4. 프로젝트가 로드된 후 아무 창도 열려 있지 않으면 Alt와 숫자 1[맥OS에서는 Cmd와 숫자 1] 키를 같이 눌러 프로젝트 도구 창을 연 후 필요한 파일을 편집기 창으로 로드한다.

이 책의 모든 실습 프로젝트는 AVD 에뮬레이터와 스마트폰을 같이 사용하여 실행하고 테스트하였다.

독자 A/S

여러분이 만족하는 책이 되었으면 한다. 혹시 오류를 발견하거나 문의 사항이 있으면 help@jpub.kr로 메일을 보내 주기 바란다.

오탈자

이 책의 내용에 오류가 없도록 최선을 다했지만, 혹시 오탈자가 있을지도 모르겠다. 이 내용은 제이펍(www.jpub.kr)의 해당 도서 오탈자 페이지에서 안내할 예정이다.

안드로이드 스튜디오

개발 환경 **구성하기**

안드로이드 앱을 개발하기에 앞서 제일 먼저 할 일은 우리의 컴퓨터 시스템을 개발 플랫폼으로 구성하는 것이다. 그러기 위해서는 안드로이드 스튜디오 IDE를 설치해야 한다. 안드로이드 스튜디오 IDE 설치 패키지에는 안드로이드 SDK(Software Development Kit), 코틀린 플러그인, OpenJDK가 포함되어 같이 설치된다. 따라서 JDK(Java Development Kit)나 안드로이드 SDK를 추가로 설치할 필요는 없다.

여기서는 안드로이드 앱 개발에 필요한 안드로이드 스튜디오 IDE 및 관련 컴포넌트의 다운로드와 설치에 대해 알아보겠다(윈도우, 맥OS).

개발 시스템 요구 사항

안드로이드 앱 개발은 다음 중 어떤 운영체제에서도 가능하다.

- 윈도우 7/8/10(32비트 또는 64비트, 단 안드로이드 에뮬레이터는 64비트 시스템에서만 실행 가능)
- 맥OS 10.10 이상(인텔 기반의 시스템)
- 인텔 i5 이상 CPU와 최소 8GB RAM을 갖는 크롬OS 장치
- 리눅스 시스템: GNU C 라이브러리(glibc) 2.19 이상 버전

그리고 필요한 하드웨어는 다음과 같다.

- 최소 4GB의 RAM(8GB 이상 권장)
- 약 4GB 이상의 디스크 공간
- 최소 1280 × 800의 화면 해상도

안드로이드 스튜디오 패키지 다운로드하기

대부분의 안드로이드 앱 개발 작업은 안드로이드 스튜디오 환경에서 이루어진다. 최신 버전의 안드로이드 스튜디오는 다음 웹 페이지에서 다운로드할 수 있다.

URL https://developer.android.com/studio/index.html

페이지 중앙의 'DOWNLOAD ANDROID STUDIO' 버튼을 누른 후 그 다음 화면에서 '본인은 상기 사용 약관을 읽었으며 이에 동의합니다.'를 체크하고 **다운로드** 버튼을 누르면, 접속한 컴퓨터의 운영체제에 맞는 안드로이드 스튜디오가 다운로드된다.

안드로이드 스튜디오 설치하기

안드로이드 스튜디오를 설치하는 방법은 운영체제에 따라 다르며 그 내용은 다음과 같다(최신 컴포넌트가 필요할 때 실시간으로 다운로드되므로 인터넷 접속이 가능한 상태로 설치해야 한다).

1. 윈도우에서 설치하기

다운로드된 안드로이드 스튜디오 설치 파일(android-studio-ide-<버전번호>-windows.exe)을 윈도우 탐색기 창에서 찾은 후 더블 클릭하여 실행시키면 설치가 시작된다.

설치 절차는 간단하고 쉬우며, 다음과 같다. 다음 그림의 안드로이드 스튜디오 설치 대화상자가 나타나면 **Next** 버튼을 누른다(구 버전의 안드로이드 스튜디오가 설치되어 있다면 Uninstall old version(구 버전 제거) 대화상자가 먼저 나타날 수 있다. 이때는 Next 버튼을 누른 후 확인 대화상자에서 Y(예) 버튼을 누른다).

그러면 설치할 컴포넌트를 선택할 수 있는 대화상자가 나타난다.

안드로이드 스튜디오는 기본적으로 설치되며, AVD(Android Virtual Device)는 1장에서 생성할 것이므로 체크를 해제하자. **Next** 버튼을 누르면 안드로이드 스튜디오를 설치할 위치를 지정할 수 있는 대화상자가 나타난다.

여기에 나타난 기본 디렉터리에 설치해도 되고 **Browse..** 버튼을 눌러 위치를 변경해도 된다.

Next 버튼을 누르면 시작 메뉴 폴더를 지정하는 대화상자가 나타나며, **Install** 버튼을 누르면 설치가 시작된다. 설치가 정상적으로 끝나면 다음 대화상자가 나타난다.

Next 버튼을 누르면 다음의 설치 완료 대화상자가 나타난다.

여기서는 기본적으로 'Start Android Studio'가 체크되어 있으므로 **Finish** 버튼을 클릭하면 안드로이드 스튜디오가 최초로 실행된다. 이후의 설명은 잠시 후에 나오는 '**안드로이드 스튜디오 웰컴 스크린**' 절을 참고한다.

2. 맥OS에서 설치하기

맥OS 버전의 안드로이드 스튜디오는 디스크 이미지 파일(.dmg)로 다운로드된다. 다운로드가 완료되면 파인더(Finder) 창에서 다운로드된 파일(android-studio-ide-<버전 번호>-mac.dmg)을 찾아서 더블 클릭하자. 그러면 다음 그림과 같이 보일 것이다.

설치는 간단하다. Android Studio 아이콘을 마우스로 끌어서 응용 프로그램 폴더에 놓으면 된다. 그러면 안드로이드 스튜디오 패키지가 시스템의 응용 프로그램 폴더에 설치될 것이다.

설치된 안드로이드 스튜디오를 실행할 때는 파인더 창을 사용해서 응용 프로그램 폴더에 있는 실행 파일을 찾아 더블 클릭하면 된다. 그리고 더 쉽게 실행시키려면 파인더 창의 안드로이드 스튜디오 실행 파일 아이콘을 마우스로 끌어서 Dock에 넣으면 된다(Dock은 윈도우 시스템의 작업 표시줄과 유사하다).

안드로이드 스튜디오 웰컴 스크린

안드로이드 스튜디오가 설치된 후 처음 실행될 때는 이전 버전의 안드로이드 스튜디오 설정 내역을 가져오기 위한 옵션을 제공하는 대화상자가 나타날 수 있다. 이 경우 각자 원하는 옵션을 선택하고 **OK** 버튼을 누른다. 그런 다음에 'Welcome Android Studio' 대화상자가 나타나면 **Next** 버튼을 누른다. 그리고 설치 타입 대화상자가 나타나면 **Standard** 설치 옵션을 선택하고 다시 **Next** 버튼을 누른다. 그다음 대화상자에서 Darcula와 Light 중 각자 원하는 UI 테마를 선택하고 **Next** 버튼을 누른 후, 다음 대화상자에서 **Finish** 버튼을 누른다. 그러면 안드로이드 스튜디오가 최신 버전의 안드로이드 SDK와 컴포넌트 및 시스템 이미지를 다운로드하고 구성할 것이다. 그리고 모든 작업이 끝나고 'Downloading Components' 대화상자에서 **Finish** 버튼을 누르면 다음 그림의 안드로이드 스튜디오 웰컴 스크린(대화상자)이 나타날 것이다. 예를 들어, 4.1.2 버전의 경우는 다음 그림과 같다.

그리고 개발 중인 안드로이드 스튜디오 버전(예를 들어, 4.2 베타 6)인 경우는 안드로이드 SDK가 함께 제공되지 않고 안드로이드 스튜디오만 압축 파일로 제공된다. 따라서 지금까지 진행한 것과 같이 현재의 안드로이드 스튜디오 공개 버전을 먼저 설치한 후 별도로 해당 버전을 다운로드받아 설치 및 실행해야 한다.

설치가 끝난 안드로이드 스튜디오의 웰컴 스크린에서 Configure ➡ 'Check for Updates'를 선택한 후 나타나는 'IDE and Plugin Updates' 대화상자에서 **'Update and Restart'** 버튼을 클릭한

다(그리고 만일 대화상자가 한 번 더 나타나면 **Proceed** 버튼을 클릭한다). 그러면 다운로드와 업그레이드 작업이 진행되고 현재 열린 안드로이드 스튜디오가 종료 및 다시 시작된다.

때로는 다운로드와 업데이트가 자동으로 이루어지지 않는 경우가 있다. 이때는 웰컴 스크린에서 'Check for Updates'를 선택한 후 버튼을 누르면, 다운로드 웹 페이지로 이동하므로 우리가 직접 다운로드해야 한다. 그리고 원하는 디렉터리에 다운로드된 **zip** 파일의 압축을 풀고 해당 디렉터리 밑의 **bin** 서브 디렉터리에 있는 **studio64.exe**(32비트 윈도우 시스템의 경우는 **studio.exe**)를 실행하면 안드로이드 스튜디오 4.2 베타 6(또는 이후의 다른 베타나 RC) 버전을 실행할 수 있다(베타 6 이후에 다른 베타나 RC 버전이 나오더라도 설치 및 실행하는 방법은 동일하다). 4.2 베타 6 버전을 실행할 때 나타나는 웰컴 스크린은 다음과 같다.

안드로이드 SDK 패키지 설치하기

지금까지는 안드로이드 스튜디오 IDE 및 기본적인 안드로이드 SDK 패키지를 설치하였다. 이제는 필요한 패키지들이 제대로 설치되었는지, 그리고 누락된 패키지나 업데이트할 패키지는 없는지 확인하는 것이 좋다.

이 작업은 안드로이드 스튜디오에서 SDK 매니저를 실행하여 할 수 있다. 바로 앞의 웰컴 스크린 밑의 **Configure ➡ SDK Manager**를 선택하면 다음 그림의 설정 대화상자가 나타난다(제일 위에는 SDK가 설치된 위치를 보여주며, 오른쪽 **Edit** 버튼을 누르면 SDK가 설치된 위치를 변경할 수 있다).

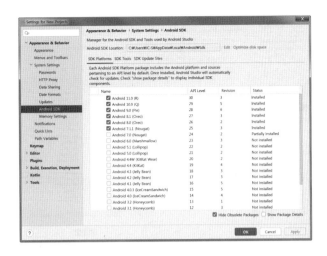

안드로이드 스튜디오를 처음 설치했을 때는 가장 최근 버전의 안드로이드 SDK만 설치된다. 따라서 이전 버전의 안드로이드 SDK를 설치할 때는 해당 버전 왼쪽의 체크 상자를 체크하고 **Apply** 버튼을 누르면 된다(최소한 안드로이드 8.0부터 가장 최신 버전까지 설치하는 것이 좋다).

제일 오른쪽의 Status에서는 해당 컴포넌트가 설치되었는지(Installed) 또는 아닌지(Not installed) 의 여부와 업그레이드 버전(Update available)이 있는지를 보여준다. 또한, 설치되지 않은 컴포넌트의 제일 왼쪽 체크상자를 선택하면 설치하라는 의미이며(왼쪽에 다운로드 아이콘이 나타남), 설치된 항목의 체크를 지우면 삭제를 나타낸다(왼쪽에 × 아이콘이 나타남). 그리고 선택이 끝나고 **Apply** 버튼을 누르면 작업을 할 것인지의 여부를 확인받으며, **OK** 버튼을 누르면 설치가 시작된다. 이때 컴포넌트 설치 대화상자가 나타나서 진행 내역을 알려주며, 설치가 끝났다는 메시지가 나왔을 때 **Finish** 버튼을 누르면 앞 그림의 대화상자로 복귀하고 직전 설치 작업의 결과를 반영하여 현황을 다시 보여준다.

또한, 대화상자의 오른쪽 밑에 있는 '**Show Package Details**'를 체크하면 리스트에 나타난 모든 안드로이드 운영체제의 자세한 내역을 보여준다.

안드로이드 SDK 패키지가 설치될 때는 안드로이드 운영체제에 추가하여 안드로이드 앱을 개발 및 빌드하는 데 필요한 기본적인 도구(tool)가 같이 설치된다. 이것을 조회하거나 추가 또는 삭제할 때는 다음 그림과 같이 '**SDK Tools**' 탭을 클릭한다.

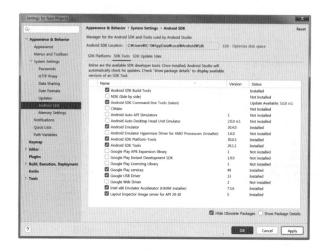

여기서 다음 패키지들이 설치되어 있는지 확인하자(설치된 경우는 오른쪽 Status 열에 **Installed**로
나타나고 그렇지 않은 경우는 **Not installed**로 나타난다).

- Android SDK Build-tools

- Android Emulator

- Android SDK Platform-tools

- Android SDK Tools

- Google Play Services

- Intel x86 계열 CPU에서는 Intel x86 Emulator Accelerator (HAXM installer)가 설치되
  어 있어야 하며, AMD CPU의 경우는 Android Emulator Hypervisor Driver for AMD
  Processors (Installer)가 설치되어야 한다.

- Google USB Driver (Windows only)

- Layout Inspector image server

만일 설치되지 않은 패키지가 있으면 왼쪽의 체크상자를 클릭하여 체크하고 **Apply** 버튼을 눌
러 설치한다.

명령행에서 안드로이드 SDK 도구 사용하기

안드로이드 앱을 개발하기 위해서는 여러 도구(유틸리티 프로그램)들이 필요하다. 예를 들어, 앞
에서 설명했던 SDK 매니저와 같은 도구들이다. 안드로이드 SDK에는 API 라이브러리 외에 그

런 도구들이 실행 파일로 같이 제공된다. 앱을 개발하는 과정에서 그런 도구들을 우리가 일일이 찾아서 명령행(command-line)에서 따로따로 실행시켜야 한다면 무척 불편할 것이다. 따라서 안드로이드 스튜디오에서는 그런 도구들을 플러그인하여 우리가 안드로이드 스튜디오 환경을 벗어나지 않아도 쉽게 실행할 수 있도록 해준다. 하지만 때로는 그런 도구들을 명령 프롬프트(윈도우 시스템)나 터미널(맥OS 시스템)의 명령행에서 우리가 직접 실행해야 할 때가 있다(예를 들면 adb). 이때는 운영체제에서 실행 파일을 쉽게 찾을 수 있도록 그런 도구들이 있는 디렉터리 경로를 시스템의 **PATH** 환경 변수에 지정해야 한다.

다음 경로를 **PATH** 변수에 추가하자. 여기서 <path_to_android_sdk_installation>은 안드로이드 SDK가 설치된 파일 시스템 위치를 나타낸다(맥OS의 경우는 \ 대신 / 사용).

```
<path_to_android_sdk_installation>\sdk\tools
<path_to_android_sdk_installation>\sdk\tools\bin
<path_to_android_sdk_installation>\sdk\platform-tools
```

각자 시스템에 설치된 SDK의 위치는 앞에 나왔던 SDK 매니저 그림의 위에 있는 'Android SDK Location'을 보면 알 수 있다. 예를 들어, 윈도우 시스템에서는 다음과 같다.

안드로이드 스튜디오와 SDK 버전 업데이트하기

안드로이드 스튜디오와 안드로이드 SDK는 계속해서 새로운 릴리즈(release)가 배포될 것이다. SDK의 경우는 앞에 나왔던 SDK 매니저 대화상자를 사용하여 업데이트하면 된다.

안드로이드 스튜디오에서는 안드로이드 스튜디오 자체의 새로운 버전이 나왔거나 안드로이드 SDK 컴포넌트를 업그레이드할 것이 생기면 자동으로 통보해준다. 그리고 통보된 메시지의 **Update** 버튼을 클릭하면 업데이트할 수 있다.

또한, 우리가 직접 확인하여 업데이트할 수도 있다. 이때는 다음 중 한 가지 방법을 사용한다. 안드로이드 스튜디오 웰컴 스크린 아래쪽의 Configure ➡ 'Check for Updates'를 클릭하거나, 프로젝트가 열려 있는 안드로이드 스튜디오 메인 메뉴에서 'Help ➡ Check for Updates...'를 선택한다(맥OS의 경우는 Android Studio ➡ Check for Updates...).

자동 import 설정하기

코틀린 언어로 코드를 작성할 때 코틀린에서 제공하는 기본 패키지에 있는 클래스나 인터페이스를 사용하는 경우는 컴파일러가 찾을 수 있도록 **import** 문을 추가하지 않아도 된다. 그러나 안드로이드 앱을 작성할 때는 외부의 수많은 패키지에 있는 클래스나 인터페이스를 사용해야 하므로 이때마다 **import** 문을 추가해야 코틀린 컴파일러가 해당 클래스나 인터페이스를 찾을 수 있다. 따라서 코드 작성에 더 많은 노력과 시간이 소요된다.

안드로이드 스튜디오에서는 **import** 문을 자동으로 추가하도록 설정할 수 있다. 방법은 다음과 같다.

안드로이드 스튜디오의 웰컴 스크린 밑에 있는 **Configure** 드롭다운을 클릭하고 **Settings**를 선택하거나 또는 안드로이드 스튜디오 메뉴에서 **File ➡ Settings**를 선택하면 설정 대화상자가 나타난다. 그리고 왼쪽 패널에서 **Editor ➡ General ➡ 'Auto Import'**를 확장하면 다음 그림과 같이 오른쪽 패널에 자동 import를 설정할 수 있는 옵션이 나타난다.

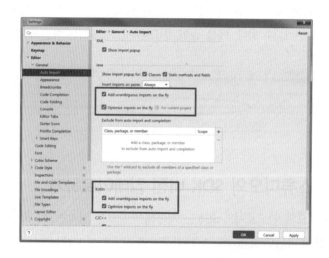

코틀린의 경우는 밑에 사각형으로 표시한 두 개의 항목을 체크하여 선택한 후 **Apply ➡ OK**를 누르면 자동 import가 설정된다(위에 사각형으로 표시한 자바의 두 개 항목도 체크해두자). 이처럼 첫 번째 옵션인 'Add unambiguous imports on the fly'를 체크하면 외부 패키지의 클래스나 인터페이스를 사용하는 코드를 작성하는 시점에서 안드로이드 스튜디오가 해당 클래스나 인터페이스의 패키지를 찾아 자동으로 **import** 문을 추가한다. 이 옵션은 안드로이드 스튜디오에서 작업하는 **모든 프로젝트**에 적용된다.

두 번째 옵션인 'Optimize imports on the fly'를 체크하면 프로젝트를 빌드(예를 들어, 안드로이드 스튜디오 메뉴의 Build ➡ Rebuild Project' 선택 시)할 때 사용하지 않는 패키지의 import 문이 소스 코드에서 자동 삭제된다.

첫 번째 옵션을 체크하지 않으면 어떻게 될까? 이때는 외부 패키지의 클래스나 인터페이스를 사용하는 코드를 작성할 때마다 해당 클래스나 인터페이스의 import 문을 우리가 추가해야 한다. 그렇다고 해당 클래스나 인터페이스가 어떤 패키지에 있는지 알아야 하는 것은 아니다. 이 경우 안드로이드 스튜디오에서는 해당 클래스나 인터페이스를 빨간색의 에러로 나타내며, 이때 Alt+Enter[맥OS에서는 Option+Return] 키를 눌러 나타나는 팝업에서 선택하면 import 문이 자동으로 추가된다.

그러나 **같은 이름**의 클래스가 서로 다른 패키지에 있는 경우가 더러 있다. 이때는 첫 번째 옵션을 체크하여 설정해도 자동으로 import 문이 추가되지 않는다. 어떤 것을 선택해야 할지 안드로이드 스튜디오가 알 수 없기 때문이다. 이 경우에도 Alt+Enter[맥OS에서는 Option+Return] 키를 눌러서 원하는 패키지를 선택하면 import 문이 자동으로 추가된다.

이 책에서는 필요에 따라 코드에서 import 문을 언급할 것이다. 왜냐하면, 클래스나 인터페이스가 어떤 패키지에 있는지 어느 정도는 알 필요가 있으며, 또한 같은 이름의 클래스가 서로 다른 패키지에 있는 경우는 어떤 것을 선택해야 하는지 알려주어야 하기 때문이다.

베타리더 후기

김진영(야놀자)

코틀린 언어에 흥미가 생겨서 관련 문법 책을 읽고, 활용하기 위해 본 책의 리뷰를 진행하게 되었습니다. 책 소개에서 코틀린에 익숙하지 않더라도 자바나 객체지향 프로그래밍에 대해 잘 알고 있다면 이 책을 읽는 데 큰 무리가 없다고 소개하고 있습니다만, 가볍게라도 해당 언어를 먼저 확인해보는 것이 좋을 것 같습니다.

책 중간중간에 초보자가 헷갈리는 포인트를 먼저 짚어서 설명해주며, 내용을 진행하는 점이 좋았습니다. 제 경우에는 안드로이드에 대한 지식이 매우 적은 상태에서 책의 후반부 리뷰를 진행하는 게 쉽지는 않았습니다. 다행히 저자가 초보자가 헷갈릴 수 있는 포인트를 정확하게 짚어서 기술해준 덕분에 따라서 구동해볼 수 있던 점이 좋았습니다.

신진규

안드로이드 개발의 주요 개념을 잘 설명해주는 아주 좋은 책이라는 생각이 들었습니다. 내용도 훌륭하고 번역도 잘 되어 있다는 느낌이었습니다. 코틀린으로 작성된 모든 예제가 안드로이드 스튜디오 4.2 버전에서 잘 작동하며, 이해하는 데도 큰 어려움이 없었습니다. 특히, 국내 개발서에선 접근성에 관해 소개하는 경우가 드문데, 이 책에는 토크백을 구현한 예제가 있습니다.

"시각 장애가 있는 사용자도 그렇지 않은 사용자와 대등하게 정보를 얻거나 기능을 사용할 수 있어야 한다!"는 문구가 인상 깊었습니다. 아주 좋은 책이라고 생각됩니다.

 양성모(현대오토에버)

처음 안드로이드 프로그래밍을 배울 때, 단순한 한 페이지 분량의 앱 개발도 복잡하고 어려워 예제를 따라가는 것조차 버거웠던 기억이 납니다. 이 책은 저처럼 안드로이드 앱 개발이 익숙하지 않은 사람들이 쉽고 빠르게 새로운 앱을 개발하고 테스트하는 방법을 가르쳐 줍니다. 가벼운 마음으로 읽고 따라 하다 보면 금방 완성된 앱 화면을 볼 수 있습니다! 전반적으로 매끄럽고 번역서의 느낌이 거의 들지 않을 정도로 깔끔했습니다. 예제 소스 코드 또한 오류 없이 모두 잘 동작했습니다.

 이석곤(엔컴 프로젝트팀)

7개의 앱을 하나하나 만들어 가면서 안드로이드 중요 개념과 개발 기법을 익힐 수 있고, 다양한 예제로 앱을 설계할 때 많은 도움이 될 것 같습니다. 이 책은 코틀린 언어를 통해 모두 설명하고 있으므로 해당 언어에 대해서 기본적인 문법을 알고 있어야 합니다. 7가지의 앱을 하나씩 완성하다 보면 어느새 안드로이드 개발자가 되었다는 것을 느낄 수 있습니다.

 이현수(무스마 기술연구소)

본업이 앱 개발자는 아니지만 모바일 애플리케이션과 안드로이드 개발에 관심이 있는 사람으로서 안드로이드 책을 살펴보게 되어 기쁩니다. 이번 책은 특히 독자 여러분이 쉽게 따라 해볼 수 있도록 설명을 하면서 코드를 수정하고, 편집해가는 방식으로 전개되고 있습니다. 그대로 따라서 해보니 재미도 있고 이해도 잘 됩니다. 어떻게 하면 지식을 잘 전달해줄 수 있을까 하고 고민한 저자의 노력을 느낄 수 있었습니다. 베타리딩으로 지적할 부분이 별로 없었습니다.

 정욱재(당근마켓)

안드로이드를 상당히 오랜만에 접해서 굉장히 열심히 읽었습니다. 꽤 많은 분량이 꼼꼼하고 자세한 설명으로 채워져 있어서, 안드로이드 입문자라도 응용력이 좋은 분들이라면 이 책을 읽고 충분히 안드로이드 개발을 시작할 수 있을 것 같습니다.

정태일(삼성SDS)

이 책은 예제를 따라 하며 안드로이드 앱 개발에 점차 익숙해질 수 있도록 돕습니다. 글로 벌 모바일&웹 개발 교육업체인 빅 너드 랜치의 안드로이드 개발 교육 노하우를 기반으로 잘 정제된 내용과 예제가 인상 깊었습니다. 코틀린 언어와 Android Jetpack 라이브러리를 사용하여 안드로이드 앱 개발 지식과 기법을 배워보려는 분께 추천합니다.

게다가 역자께서 꼼꼼하게 번역하고 검수하신 덕인지 타 서적에 비해 오타나 잘못된 코드 등이 현저히 적었습니다. 지금까지 안드로이드 앱 개발 책을 몇 권 읽었지만, 모두 자바 기 반이었고 코틀린은 익숙하지 않았음에도 이번 도서를 읽는 데 큰 어려움이 없었습니다. 좋 은 서적을 번역해주시고 최신 안드로이드 개발 지식을 조금이나마 편하게 익힐 수 있도록 해주셔서 감사드립니다.

 조원양(스마트사운드)

프로젝트를 진행하면서 실제 업무에 적용할 수 있는 프로그래밍 방법을 배울 수 있습니다. 공부하다가 실제 업무에 적용하고 싶은 분들에게 추천합니다.

 차준성(서울아산병원)

책을 읽으며 예제를 하나씩 따라 하다 보면 어느새 앱이 완성되어 있는, 튜토리얼 같은 책 입니다. 하지만 단순히 튜토리얼에 그치지 않고, 안드로이드의 구조와 개념에 대한 설명도 충실합니다. 각 챕터의 마지막에 있는 챌린지 코너의 과제까지 놓치지 않고 풀어본다면, 안 드로이드 개발을 매우 효과적으로 배울 수 있을 겁니다.

1

처음 만드는 안드로이드 애플리케이션

이 장에서는 안드로이드 애플리케이션(줄여서 '앱')을 개발하는 데 필요한 개념과 구성 요소에 관해 설명한다. 읽으면서 완전히 이해되지 않는 부분이 있더라도 걱정하지 말자. 이 장에 나온 내용은 이후 여러 장에서 자세하게 다시 설명할 것이다.

이 장에서 만들 GeoQuiz라는 앱(app)은 사용자가 지리를 얼마나 알고 있는지 테스트하는 앱이다. 화면에 나오는 질문의 답으로 사용자가 **TRUE** 또는 **FALSE** 버튼을 누르면(또는 클릭하면) GeoQuiz 앱 화면에서 즉시 결과를 알려준다.

그림 1.1은 사용자가 **TRUE** 버튼을 눌렀을 때의 결과다.

그림 1.1 | 아하, 캔버라가 호주의 수도군요!

1

앱 기본사항

GeoQuiz 앱은 하나의 **액티비티(activity)**와 하나의 **레이아웃(layout)**으로 구성된다.

- 액티비티는 안드로이드 SDK 클래스인 **Activity**의 인스턴스(객체)로, 화면을 통해서 사용자가 작업할 수 있게 해준다. **Activity**의 서브 클래스를 만들어서 앱의 기능을 구현한다. 간단한 앱은 서브 클래스 하나만 필요하지만, 복잡한 앱은 서브 클래스를 여러 개 가질 수 있다. GeoQuiz는 간단한 앱이므로 **MainActivity**라는 이름의 **Activity** 서브 클래스 하나를 갖는다. **MainActivity**는 그림 1.1에 있는 UI(User Interface, 사용자 인터페이스)를 처리한다.

- 레이아웃은 UI 객체들과 이 객체들의 화면 위치를 정의한다. 레이아웃은 XML로 작성된 정의들로 구성되며, 각 정의는 버튼이나 텍스트처럼 화면에 나타나는 객체를 생성하는 데 사용된다. GeoQuiz 앱에는 activity_main.xml이라는 이름의 레이아웃 파일이 있는데, 이 파일에는 그림 1.1의 UI가 XML로 정의되어 있다.

MainActivity와 activity_main.xml 간의 관계를 그림 1.2에 나타내었다.

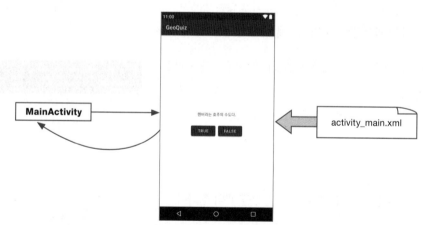

그림 1.2 │ MainActivity는 activity_main.xml에서 정의한 것을 관리한다

이런 내용을 염두에 두고, 이제 GeoQuiz 앱을 만들어보자.

안드로이드 프로젝트 생성하기

앱 만들기의 첫 번째 단계는 안드로이드 **프로젝트(project)** 생성이다. 안드로이드 프로젝트는 앱을 구성하는 모든 파일을 포함한다. 새로운 프로젝트를 생성하기 위해 안드로이드 스튜디오를 실행하자. 그러면 그림 1.3과 같이 웰컴 대화상자가 나타난다(이미 프로젝트를 생성해 작업하다가 안드로이드 스튜디오를 종료한 후 다시 실행하면 이 대화상자가 나타나지 않고 직전에 작업하던 프로젝트가 열린다).

그림 1.3 | 안드로이드 스튜디오의 웰컴 대화상자

처음으로 안드로이드 스튜디오를 실행하면 그림 1.3처럼 대화상자 왼쪽의 Recent Projects(최근 프로젝트) 목록에 아무것도 나타나지 않는다. 그런데 하나 이상의 프로젝트를 생성한 후 안드로이드 스튜디오를 다시 실행하면 최근에 작업했던 프로젝트들이 위에서부터 아래로 나타나므로 원하는 프로젝트를 클릭해 바로 열어 다시 작업할 수 있다.

웰컴 대화상자에서 'Create New Project'를 선택하면 그림 1.4와 같이 앱과 액티비티 유형을 선택하는 대화상자가 나타난다(만일 이미 다른 프로젝트를 열어 작업 중이라면 메인 메뉴의 **File ➡ New ➡ New Project....**를 선택한다).

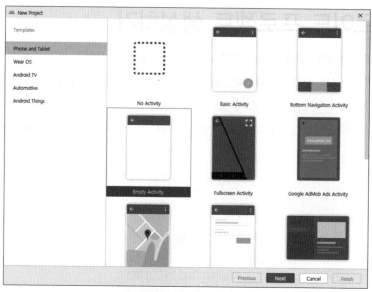

그림 1.4 | 앱과 액티비티 유형(프로젝트 템플릿) 선택하기

스마트폰과 태블릿에서 실행되는 앱을 나타내는 **Phone and Tablet**과 **Empty Activity**가 기본
으로 선택되어 있을 것이다(안드로이드 앱은 액티비티로 실행되며, **Empty Activity**를 선택하면 액티비
티에 필요한 기본 코드를 안드로이드 스튜디오가 자동 생성해준다). **NEXT** 버튼을 클릭하면 프로젝트
를 구성하는 대화상자가 나타난다(그림 1.5).

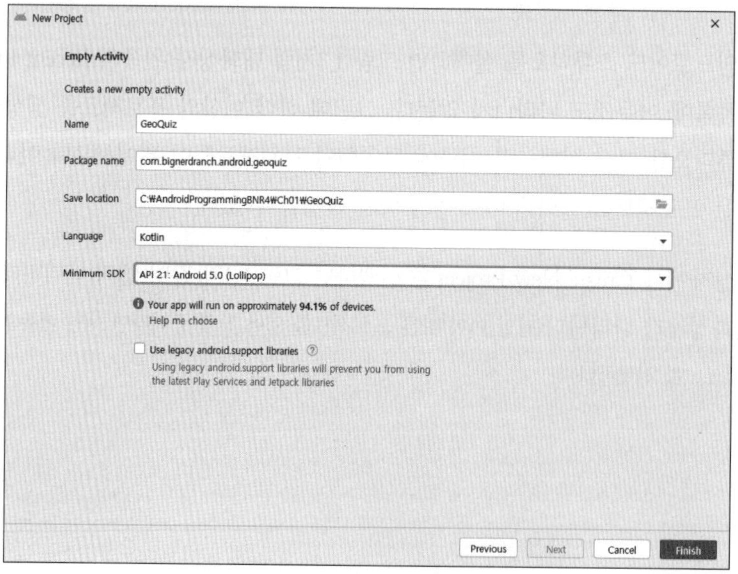

그림 1.5 | **프로젝트 구성하기**

'Name'은 프로젝트의 이름이면서 동시에 앱의 이름이 된다. **GeoQuiz**를 입력하고 'Package name'에는 **com.bignerdranch.android.geoquiz**를 입력하자.

안드로이드 앱은 고유한 패키지 이름을 가져야한다. 앱이 설치되거나 배포되는 각 장치나 구글 플레이 스토어(Google Play Store)에서 식별이 가능해야 하기 때문이다. 따라서 이름 충돌 가능성을 미연에 방지하기 위해 각자의 인터넷 도메인 이름을 뒤집어서 사용하는 것이 좋지만, 어떤 값을 입력하든 고유한 이름이면 된다.

'Save location'은 프로젝트의 모든 파일이 저장되는 파일 시스템의 위치를 나타낸다. 오른쪽의 폴더 아이콘(📁)을 클릭하면 위치를 지정할 수 있는 대화상자가 나타나며, 이때 원하는 디렉터리를 선택한 후 **OK** 버튼을 클릭하면 해당 디렉터리 밑에 프로젝트의 모든 파일이 저장된다. 여기서는 여러분이 원하는 디렉터리를 선택한다.

'Language'는 개발에 사용할 프로그래밍 언어를 나타낸다. 여기서는 기본값인 **Kotlin**을 그대로 두자. 이렇게 하면 코틀린 코드를 작성하고 빌드하는 데 필요한 코틀린 빌드 도구 등과 같은 모듈들을 안드로이드 스튜디오가 포함시켜 준다.

2017년 5월에 구글 I/O에서 안드로이드 공식 개발 언어로 코틀린이 추가되기 전까지는 자바가 유일한 안드로이드 앱 개발 언어였지만, 요즘은 많은 개발자가 코틀린을 사용한다. 그래서 이 책에서도 코틀린을 사용한다.

'Minimum SDK'는 앱이 실행될 수 있는 최소한의 안드로이드 버전이다. 따라서 API 레벨을 낮은 것으로 지정하면 더 많은 안드로이드 기기에서 앱을 실행할 수 있다는 장점이 있다(전 세계의 안드로이드 기기 중 몇 %에서 이 앱을 사용할 수 있는지를 바로 밑에서 볼 수 있다). 하지만 가장 최신 안드로이드 버전의 일부 기능은 사용하지 못할 수 있다는 단점도 존재한다. 여러분이 원하는 버전을 선택해도 되지만, 여기서는 'API 21: Android 5.0(Lollipop)'을 선택하자. 다른 안드로이드 버전에 관해서는 7장에서 다룰 것이다.

끝으로, 'Use legacy android.support libraries'가 선택 해제되어 있는지 확인하자. 기존의 안드로이드 '지원(support)' 라이브러리들은 그 수가 많고 독립적인 개발 및 버전 관리 때문에 어려움이 많았다. 따라서 안드로이드 10부터는 모든 지원 라이브러리를 androidx라는 **네임스페이스**(namespace)를 갖는, 몇 개의 더 큰 라이브러리로 통합하게 되었다. 그리고 이렇게 통합된 라이브러리를 **Jetpack**이라고 한다.

따라서 프로젝트에서 Jetpack과 androidx의 도구들을 사용하려면 'Use legacy android.support libraries'를 체크하지 말아야 한다(구버전의 레거시(legacy) 지원 라이브러리는 더 이상 업그레이드되지 않는다). Jetpack과 androidx에 관해서는 4장에서 더 자세히 알아볼 것이다. 그리고 이 책에서는 다양한 Jetpack 라이브러리를 사용할 것이다.

Finish 버튼을 클릭하면 안드로이드 스튜디오가 새 프로젝트를 생성하고 열어준다.

안드로이드 스튜디오 둘러보기

새로 생성된 프로젝트가 열린 안드로이드 스튜디오의 메인 창은 그림 1.6과 같다(이전에 안드로이드 스튜디오를 실행했다면 약간 다를 수도 있다).

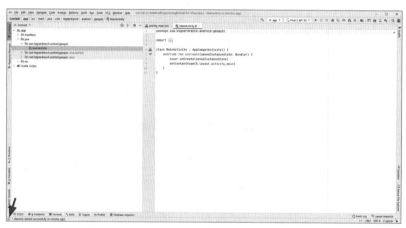

그림 1.6 | 새 프로젝트가 열린 안드로이드 스튜디오의 메인 창

그림 1.6은 안드로이드 스튜디오의 메인 창이다. 메인 창에는 여러 개의 패널이 있는데, 이 패널들을 **도구 창(tool window)**이라고 한다. 그리고 메인 창의 왼쪽, 오른쪽, 아래쪽 테두리에는 **도구 버튼**이 있다. 도구 버튼을 클릭(또는 메인 창 위의 메뉴 바에서 View ➡ Tool Windows를 선택)하면 그 버튼과 관련된 도구 창이 열리며, 다시 클릭하면 닫힌다(또는 각 도구 창의 오른쪽 위에 있는 숨김 아이콘(━)을 클릭). 예를 들어, 메인 창의 왼쪽 위 테두리에 있는 '1: Project' 도구 버튼을 클릭하면 프로젝트 도구 창이 사라지며, 다시 클릭하면 나타난다.

그리고 도구 버튼 이름 앞에 숫자가 표시된 경우에는 **Alt** 키와 해당 숫자 키를 같이 눌러 해당 도구 창을 열거나 닫을 수 있다. 또한, 그림 1.6의 제일 왼쪽 아래에 화살표가 가리키는 회색 버튼(▢)을 반복해서 클릭하면 테두리에 나타난 도구 버튼이 한꺼번에 감춰지거나 나타난다.

그리고 회색 버튼을 클릭하지 않고 마우스 커서만 갖다 대면 현재 상황에서 열 수 있는 도구 창 목록이 나타나므로 원하는 도구 창을 클릭해 바로 열 수 있다.

기본적으로 메인 창 왼쪽 위에 나타나는 **프로젝트 도구 창**에서는 프로젝트의 모든 폴더(서브 디렉터리)와 파일을 항목으로 볼 수 있다. 그리고 각 항목 왼쪽의 화살표(▶)를 클릭하면 그 밑의 폴더와 파일을 확장해서 볼 수 있고, 다시 클릭하면 축소되어 안 보이게 된다. 또한, 특정 파일을 더블 클릭하면 메인 창 중앙의 편집기 창에 열어서 볼 수 있다.

프로젝트 도구 창은 여러 뷰로 볼 수 있는데, **Android**가 기본으로 선택된 위쪽의 드롭다운을 클릭해 원하는 뷰를 선택할 수 있다. 주로 사용하는 뷰는 **Android 뷰**이며, 필요에 따라 **Project 뷰**를 사용한다. 여기서는 **Android** 뷰가 선택된 상태로 두자.

Project 뷰에서는 프로젝트를 구성하는 디렉터리와 파일을 컴퓨터 파일 시스템에 저장된 형태로 볼 수 있다. 그런데 **Project** 뷰에서는 모든 디렉터리와 파일들이 보여서 필요한 파일을 찾기가 불편하다. 반면, **Android** 뷰에서는 주로 사용하는 파일이나 디렉터리만 그룹으로 분류해 보여줘서 편리하다. 단, **Android** 뷰에 나타나지 않는 디렉터리나 파일을 볼 때는 **Project** 뷰를 사용해야 한다.

애플리케이션의 실행 코드를 갖는 액티비티는 프로젝트를 생성할 때 지정했던 패키지 밑에 생성된다. 애플리케이션이 시작될 때 최초로 실행되는 액티비티의 기본 이름은 **MainActivity**이며, 선택한 액티비티의 유형(템플릿)에 따라 안드로이드 스튜디오가 적합한 코드를 자동으로 생성해준다(액티비티 이름 끝에는 **Activity**가 접미사로 붙는다). 프로젝트 도구 창에서 선택한 파일의 전체 경로는 메인 창 맨 위에 있는 메뉴 바의 바로 밑에서 볼 수 있다(그림 1.6에서는 GeoQuiz > app > src > main> java > com > bignerdranch > android > geoquiz > MainActivity).

메인 창의 왼쪽 밑에 있는 **Build** 도구 버튼을 누르면 아래쪽에 **빌드 도구 창**(build tool window)이 열리며, 이 도구 창에서는 프로젝트 코드가 컴파일 및 빌드되는 과정과 상태를 볼 수 있다.

프로젝트 도구 창의 파일을 더블 클릭하면 중앙의 편집기 도구 창(줄여서 편집기 창)에 열린다. 프로젝트를 새로 생성하면 액티비티 클래스 소스 파일과 레이아웃 XML 파일(여기서는 MainActivity.kt와 activity_main.xml)이 자동으로 편집기 창에 열린다(그림 1.7). 편집기 창에서는 액티비티 소스 코드나 레이아웃 XML 파일 등을 열어 코드를 추가하거나 변경할 수 있다. 열린 파일들은 편집기 창 위쪽에 **파일 탭**으로 나타나며, 원하는 탭을 클릭해 해당 파일을 선택하고 작업할 수 있다.

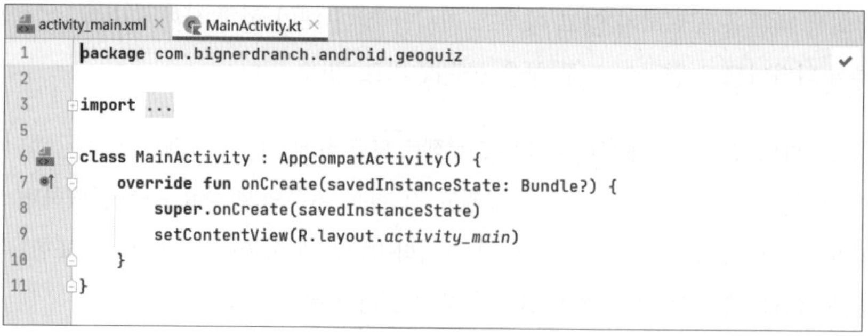

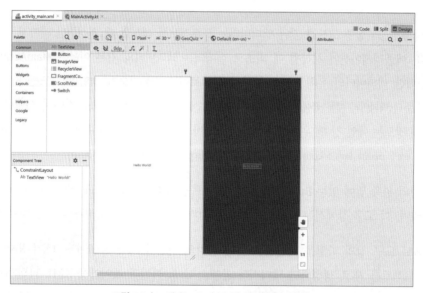

```
activity_main.xml ×    MainActivity.kt ×
1    package com.bignerdranch.android.geoquiz
2
3    import ...
5
6    class MainActivity : AppCompatActivity() {
7        override fun onCreate(savedInstanceState: Bundle?) {
8            super.onCreate(savedInstanceState)
9            setContentView(R.layout.activity_main)
10        }
11   }
```

그림 1.7 | **편집기 창**

UI 레이아웃 디자인하기

UI 레이아웃은 레이아웃 XML 파일을 편집기 창에 열어 작성할 수 있다(레이아웃 XML 파일은 **app/res/layout/**에 있다). 편집기 창에 자동으로 열린 activity_main.xml 레이아웃 파일의 탭을 클릭하자(그림 1.8).

그림 1.8 | **activity_main.xml 레이아웃 디자인**

레이아웃 XML은 코드 또는 레이아웃 디자인을 사용해서 작성과 변경을 할 수 있다. 그림 1.8의 레이아웃 디자인은 그래픽 레이아웃 편집기를 사용하며, 이 내용은 이번 장의 '레이아웃 편집기 개요'에서 자세히 알아볼 것이다.

기본적으로 레이아웃 파일의 이름에는 이 파일과 관련된 액티비티 이름이 들어 있다. 즉, activity_로 시작하고 이어서 소문자로 된 액티비티 이름이 붙는다. 단, 액티비티 이름이 여러 단어로 구성된다면 각 단어 사이에 밑줄(_)이 추가된다. 예를 들어, 액티비티 이름이 **SplashScreenActivity**인 경우는 레이아웃 파일의 이름이 activity_splash_screen이 된다. 레이아웃은 물론이고 나중에 배울 다른 리소스에서도 이런 이름 규칙을 사용하는 것이 좋다.

그림 1.8의 오른쪽 위에 있는 코드 버튼(≡ Code)을 클릭해 코드 뷰로 전환하자. 자동 생성된 레이아웃 XML 파일인 activity_main.xml의 내용을 보면 리스트 1.1과 같다.

리스트 1.1 | **기본 액티비티 레이아웃(res/layout/activity_main.xml)**

```xml
<?xml version="1.0" encoding="utf-8"?>
<androidx.constraintlayout.widget.ConstraintLayout
    xmlns:android="http://schemas.android.com/apk/res/android"
    xmlns:tools="http://schemas.android.com/tools"
    xmlns:app="http://schemas.android.com/apk/res-auto"
    android:layout_width="match_parent"
    android:layout_height="match_parent"
    tools:context=".MainActivity">

    <TextView
        android:layout_width="wrap_content"
        android:layout_height="wrap_content"
        android:text="Hello World!"
        app:layout_constraintBottom_toBottomOf="parent"
        app:layout_constraintLeft_toLeftOf="parent"
        app:layout_constraintRight_toRightOf="parent"
        app:layout_constraintTop_toTopOf="parent"/>
</androidx.constraintlayout.widget.ConstraintLayout>
```

이 레이아웃에서는 두 개의 **뷰(View)**인 **ConstraintLayout**과 **TextView**를 정의하고 있다.

뷰는 UI를 만드는 데 사용되는 구성 요소로, 장치 화면에 보이는 모든 것이 뷰다. 사용자가 화면을 보면서 상호 작용하는 뷰를 **위젯(widget)**이라고 한다. 위젯에는 화면에 텍스트나 그래픽 등으로 표현되는 것이 있으며, 버튼과 같이 터치(클릭)하면 작업을 수행하게 하는 것도 있다.

안드로이드 SDK에는 많은 위젯이 포함되어 있어서 원하는 UI(화면에 보이는 모습과 앱과의 상호 작용)를 구성할 수 있다. 모든 위젯은 **View** 클래스의 인스턴스이거나 **View**의 서브 클래스(예를 들어, **TextView**나 **Button**) 중 하나의 인스턴스다.

뷰그룹(ViewGroup 클래스)은 **View**의 일종이며, 다른 뷰를 포함하고 배치해 화면에 보여주지만 그 자신은 화면에 나타나지 않는다. 레이아웃도 뷰그룹이다.

리스트 1.1의 기본 액티비티 레이아웃에서는 **ConstraintLayout**이 뷰그룹이며, 자신의 유일한 자식인 **TextView** 위젯을 배치한다. 레이아웃과 위젯 및 **ConstraintLayout**의 사용법은 10장에서 자세히 배울 것이다.

그림 1.9는 리스트 1.1에 정의된 **ConstraintLayout**과 **TextView**가 화면에 어떻게 나타나는지를 보여준다(그림 1.9와 같이 화면 위에 앱 바나 상태 바를 보려면 그림 1.8의 레이아웃 편집기 왼쪽 위에 있는 눈 모양의 버튼을 클릭하고 'Show System UI'를 선택하면 된다).

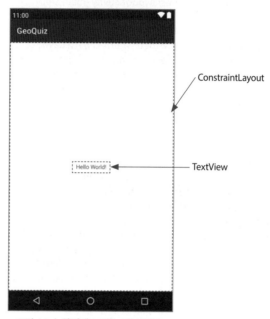

그림 1.9 | 화면에 보이는 기본 뷰들

여기서 만들려는 **MainActivity**의 UI에는 다음과 같이 다섯 개의 위젯이 필요하다.

- 하나의 수직 **LinearLayout**
- 하나의 **TextView**
- 하나의 수평 **LinearLayout**
- 두 개의 **Button**

그림 1.10은 이런 위젯들이 **MainActivity**의 UI를 어떻게 구성하는지를 보여준다.

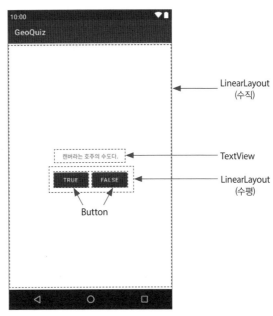

그림 1.10 | 화면에 보여줄 위젯들

이제 이런 위젯들을 레이아웃 XML 파일에 정의해야 한다. 리스트 1.2와 같이 `activity_main.xml`의 모든 내용을 변경하자. 삭제할 XML은 취소선이 그어져 있고, 진한 글씨체로 된 부분은 추가할 XML이다. 이 책에서는 해당 표기법을 사용할 것이다.

이 XML의 내용이 이해되지 않더라도 걱정하지 말자. 어떻게 작동하는지 곧 배울 것이다. 하지만 나중에 문제가 생기지 않도록 틀리지 않게 잘 입력하자. 레이아웃 XML은 작성 시점에서는 오류가 검사되지 않기 때문이다.

`android:text`로 시작하는 세 라인을 작성하면 안드로이드 스튜디오에서 빨간색으로 표시해 에러를 알려줄 것이다. 잠시 뒤에 해결할 것이므로 지금은 그 에러를 무시하자.

리스트 1.2 | XML로 위젯 정의하기(res/layout/activity_main.xml)

```
androidx.constraintlayout.widget.ConstraintLayout
    xmlns:android="http://schemas.android.com/apk/res/android"
    xmlns:tools="http://schemas.android.com/tools"
    xmlns:app="http://schemas.android.com/apk/res-auto"
    android:layout_width="match_parent"
    android:layout_height="match_parent"
    tools:context=".MainActivity">

    <TextView
        android:layout_width="wrap_content"
```

```
        android:layout_height="wrap_content"
        android:text="Hello World!"
        app:layout_constraintBottom_toBottomOf="parent"
        app:layout_constraintLeft_toLeftOf="parent"
        app:layout_constraintRight_toRightOf="parent"
        app:layout_constraintTop_toTopOf="parent"/>
</androidx.constraintlayout.widget.ConstraintLayout>

<LinearLayout xmlns:android="http://schemas.android.com/apk/res/android"
    android:layout_width="match_parent"
    android:layout_height="match_parent"
    android:gravity="center"
    android:orientation="vertical">

    <TextView
        android:layout_width="wrap_content"
        android:layout_height="wrap_content"
        android:padding="24dp"
        android:text="@string/question_text" />

    <LinearLayout
        android:layout_width="wrap_content"
        android:layout_height="wrap_content"
        android:orientation="horizontal">

    <Button
        android:layout_width="wrap_content"
        android:layout_height="wrap_content"
        android:layout_marginRight="10dp"
        android:text="@string/true_button" />

    <Button
        android:layout_width="wrap_content"
        android:layout_height="wrap_content"
        android:text="@string/false_button" />

    </LinearLayout>

</LinearLayout>
```

이 XML을 그림 1.10에 있는 UI와 비교해보자. 모든 위젯은 대응되는 XML 요소를 가지며, 요소의 이름은 위젯의 타입을 나타낸다.

각 요소는 XML **속성(attribute)**을 가지며, 각 속성은 위젯을 어떻게 구성해야 하는지를 나타낸다. 요소와 속성이 어떻게 동작하는지를 알려면 레이아웃을 계층적인 관점으로 살펴봐야 한다.

뷰 계층 구조

위젯은 **View** 객체의 계층 구조에 존재한다. 이것을 **뷰 계층 구조**(view hierarchy)라고 한다. 그림 1.11은 리스트 1.2 XML의 뷰 계층 구조다.

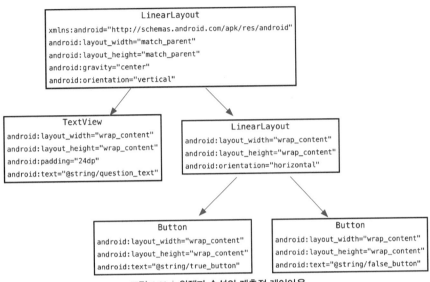

그림 1.11 | 위젯과 속성의 계층적 레이아웃

이 레이아웃의 뷰 계층 구조에서 루트 요소는 **LinearLayout**이다. 이 **LinearLayout**은 루트 요소이므로 안드로이드 리소스 XML 네임스페이스를 http://schemas.android.com/apk/res/android 로 지정해야 한다.

이 **LinearLayout**은 다른 뷰들을 포함하고 배치하는 **ViewGroup**으로부터 상속받는다. **Linear Layout**은 위젯들을 하나의 열(수직)이나 행(수평)으로 뷰를 배열하고 싶을 때 사용하는 레이아웃이다. 이외의 다른 **ViewGroup** 서브 클래스에는 나중에 배울 **ConstraintLayout**이나 **FrameLayout** 등이 있다.

ViewGroup에 포함되는 뷰를 해당 **ViewGroup**의 **자식**(child)이라고 한다. 그림 1.11에서 루트 **LinearLayout**은 두 개의 자식, 즉 **TextView**와 또 다른 **LinearLayout**을 갖는다. 그리고 자식 **LinearLayout**은 두 개의 **Button**을 자신의 자식으로 갖는다.

위젯 속성

이제 위젯의 구성에 사용된 속성 중 중요한 것들 몇 가지만 살펴보자.

android:layout_width와 android:layout_height

이 두 속성은 거의 모든 타입의 위젯에서 필요하다. 그리고 대개는 다음의 match_parent 또는 wrap_content 중 하나로 설정된다.

- match_parent 자신의 부모만큼의 크기가 된다.
- wrap_content 자신이 갖는 콘텐츠에 필요한 크기가 된다.

루트 LinearLayout에서는 height(높이)와 width(너비)의 속성값은 모두 match_parent다. 왜냐하면 루트 요소지만 여전히 부모를 갖기 때문이다. 그 부모는 앱의 뷰 계층 구조에 들어가도록 안드로이드에서 제공한 뷰다.

레이아웃에 있는 그 밖의 다른 위젯들은 height와 width의 속성값으로 wrap_content를 가지며, 그림 1.10과 같이 자신의 콘텐츠에 필요한 크기로 보이게 된다.

TextView는 자신이 갖는 텍스트보다 약간 더 크게 나타난다. 왜냐하면, android:padding ="24dp" 속성 때문이다(여기서 dp는 density-independent pixel(해상도에 독립적인 픽셀)의 줄임말로, 2장의 그림 2.9에서 자세히 알아볼 것이다). 이 속성은 지정된 만큼의 공간을 위젯 크기에 추가한다. 여기서는 질문과 버튼들 사이에 여백(공간)을 두는 데 사용하고 있다.

android:orientation

두 개의 LinearLayout 위젯에 지정된 이 속성은 자신의 자식들이 수직(vertical) 또는 수평(horizontal) 중 어떤 형태로 나타낼지를 결정한다. 루트 LinearLayout은 수직이고, 자식인 LinearLayout은 수평이다.

자식들은 정의된 순서에 따라 화면에 나타난다. 수직 LinearLayout에서는 첫 번째로 정의된 자식이 맨 위에 나타난다. 수평 LinearLayout에서는 첫 번째로 정의된 자식이 맨 왼쪽에 나타난다(앱이 실행되는 스마트폰이나 태블릿 등의 장치에 설정된 언어가 아랍어나 히브리어와 같이 오른쪽에서 왼쪽으로 글자를 쓰는 언어일 때는 첫 번째 자식이 맨 오른쪽에 나타난다).

android:text

TextView와 Button 위젯은 android:text 속성을 갖는데, 이 속성은 보여줄 텍스트를 나타낸다.

이 속성의 값은 리터럴 문자열 자체를 나타내지 않음을 유의하자. 이 값들은 **문자열 리소스** (string resource)에 대한 참조(reference)이며, @string/ 형태로 나타낸다.

문자열 리소스는 **문자열 파일**(string file)이라고 하는 별도의 XML 파일에 정의된 문자열이다. 물론, android:text="True"처럼 문자열 값을 위젯에 직접 지정할 수도 있다. 하지만 이것은 좋은 방법이 아니다. 별도의 파일에 문자열 값을 두고 그것을 참조하게 하는 것이 더 낫다. 왜 냐하면 여러 나라의 언어를 지원하기 위한 지역화(localization)를 쉽게 할 수 있기 때문이다(지역화는 17장에서 배운다).

지금은 activity_main.xml에서 참조하는 문자열 리소스가 없으므로 안드로이드 스튜디오가 빨간색으로 에러를 표시하였다. 이제 이 에러를 해결해보자.

문자열 리소스 생성하기

모든 프로젝트에는 strings.xml이라는 이름의 문자열 파일이 기본적으로 포함된다.

안드로이드 스튜디오의 프로젝트 도구 창에서 res/values 디렉터리 밑에 있는 strings.xml을 더블 클릭해 편집기 창에 열자.

프로젝트를 생성할 때 안드로이드 스튜디오 템플릿에서 문자열 리소스 하나를 미리 추가한 것을 볼 수 있다. 리스트 1.3처럼 레이아웃에 필요한 세 개의 문자열을 추가하자.

리스트 1.3 | **문자열 리소스 추가하기**(res/values/strings.xml)

```
<resources>
    <string name="app_name">GeoQuiz</string>
    <string name="question_text">캔버라는 호주의 수도다.</string>
    <string name="true_button">True</string>
    <string name="false_button">False</string>
</resources>
```

(안드로이드 스튜디오의 버전에 따라서는 기본으로 추가된 문자열이 더 있을 수 있다. 이때는 이 문자열을 삭제하지 말고 그대로 두는 것이 좋다. 잘못 삭제하면 다른 파일에서 에러가 생길 수 있다.)

이처럼 문자열 리소스를 추가한 후에는 GeoQuiz 프로젝트의 어떤 XML 파일에서 @string/
false_button을 참조해도 런타임 시에 'False' 문자열을 받게 된다. 그리고 앞의 activity_
main.xml 레이아웃 파일에서 생겼던 문자열 참조 에러도 해결되었을 것이다(여전히 에러가 있다
면 두 파일에 오타가 없는지 확인하자).

기본 문자열 파일의 이름은 strings.xml이지만, 원하는 이름을 지정해도 된다. 또한, 하나의
프로젝트가 여러 개의 문자열 파일을 가질 수 있다. 이 경우 해당 파일은 res/values 디렉터
리에 위치하고, resources라는 루트 요소를 가지며, 이것의 자식 문자열 요소로 포함된다면
언제든 해당 문자열을 찾아 사용할 수 있다.

레이아웃 편집기 개요

이제 레이아웃이 완성되었다. 편집기 창의 activity_main.xml 탭을 클릭하자. 그리고 오른
쪽 위의 디자인 버튼(▲ Design)이나 분할 버튼(▤ Split)을 클릭하면 레이아웃 편집기에서
activity_main.xml의 레이아웃 디자인을 보여준다(그림 1.12).

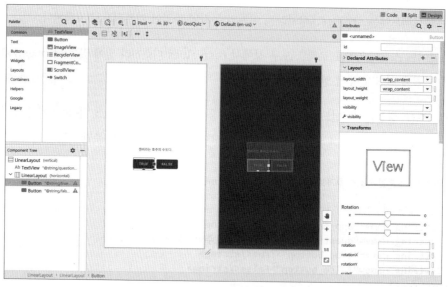

그림 1.12 | 레이아웃 편집기

레이아웃 편집기에서는 오른쪽 위에 있는 툴바 버튼을 사용해 디자인 뷰와 코드 뷰로 전환하
고 작업할 수 있다.

오른쪽 위의 디자인 버튼(🖼 Design)을 클릭하면 디자인 뷰로 전환되며, 그림 1.12처럼 실제 장치에서 나타나는 레이아웃의 모습을 그래픽 형태로 보여준다. 이때 레이아웃 편집기 왼쪽의 팔레트(Palette)에 있는 각종 컴포넌트를 마우스로 끌어서 흰 바탕의 왼쪽 레이아웃 또는 팔레트 밑의 컴포넌트 트리(Component Tree)에 넣으면 자동으로 XML 소스로 추가된다.

레이아웃에 있는 컴포넌트를 클릭해 선택하면 오른쪽의 속성(Attributes) 패널에 해당 컴포넌트의 속성과 값을 보여주며, 원하는 값으로 변경할 수 있다. 또한, 컴포넌트를 선택한 후 삭제, 복사, 붙여넣기 등을 할 수 있다(오른쪽 마우스 버튼을 누른 후 컨텍스트 메뉴에서 선택).

오른쪽 위의 코드 버튼(☰ Code)을 클릭하면 코드 뷰로 전환되며, 레이아웃의 XML 소스를 보여준다. 그래서 직접 XML을 작성 및 변경해 각종 컴포넌트를 레이아웃에 추가/변경/삭제할 수 있다.

오른쪽 위의 분할 버튼(◫ Split)을 클릭하면 분할 뷰로 전환되며, 코드와 디자인이 분할되어 같이 나타난다. 따라서 코드 뷰와 디자인 뷰를 같이 보면서 작업할 수 있다.

디자인 뷰나 코드 뷰에서 변경된 사항은 동일하게 레이아웃의 XML에 바로 반영된다.

또한, 디자인 뷰와 분할 뷰에서는 왼쪽 위에 있는 버튼(◈)을 클릭해 레이아웃 디자인이나 레이아웃 청사진(Blueprint)을 따로 보거나 또는 레이아웃 디자인과 청사진을 같이 볼 수 있다.

그림 1.12의 왼쪽에 있는 것이 **레이아웃 디자인**이며, 장치 화면에 나타나는 레이아웃의 모습을 보여준다. 오른쪽에 있는 것은 **레이아웃 청사진**이며, 위젯들의 크기와 이것들 간의 관계를 보여준다.

레이아웃 편집기에서는 장치 구성에 따라 달라지는 레이아웃을 볼 수 있다. 이때 위의 툴바에서 장치 유형 선택 버튼(▢ Pixel ⌄), 안드로이드 버전과 대응되는 API 레벨 선택 버튼(📐 30 ⌄), 장치 테마 선택 버튼(◎ GeoQuiz ⌄), 로케일 선택 버튼(◐ Default (en-us) ⌄)을 클릭해 지정하면 된다.

그림 1.13처럼 레이아웃과 함께 **시스템 UI**(장치 화면 맨 위의 상태 바, GeoQuiz 라벨을 갖는 앱 바 등)도 같이 볼 수 있다. 이때는 레이아웃 편집기 창 위쪽의 툴바에서 눈 모양의 버튼(👁)을 클릭하고 'Show System UI'를 선택하면 된다.

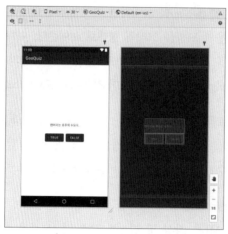

그림 1.13 | 시스템 UI 같이 보기

그래픽 레이아웃 편집기는 10장에서 알아볼 **ConstraintLayout**으로 작업할 때 특히 유용하다.

레이아웃 XML에서 뷰 객체로

activity_main.xml에 정의된 XML 요소들이 어떻게 **View** 객체가 될까? 그 답의 실마리는 **MainActivity** 클래스에서부터 찾으면 된다.

GeoQuiz 프로젝트를 생성하면 **MainActivity**라는 이름의 **Activity** 서브 클래스가 자동으로 생성된다. **MainActivity** 클래스 파일은 app/java 디렉터리의 com.bignerdranch.android. geoquiz 패키지 아래에 있다.

여기서 잠시 디렉터리 이름에 관해 생각해보자. 안드로이드는 원래 자바 코드만 지원했기 때문에 현재 소스 코드 파일이 있는 디렉터리 이름은 java다. 그리고 이 책의 프로젝트에서는 코틀린을 사용하지만 코틀린 소스 파일도 java 디렉터리에 저장된다(코틀린은 자바와 완벽하게 호환된다). 물론 **kotlin**이라는 이름의 새 디렉터리를 생성해 이 디렉터리에 코틀린 소스 파일들을 따로 저장할 수 있다. 하지만 이때는 해당 소스 파일들이 프로젝트에 포함되도록 **kotlin** 디렉터리에 있다는 것을 안드로이드 스튜디오에게 알려주어야 한다. 그러나 사용 언어마다 소스 파일을 별개의 디렉터리에 두는 것은 그리 유용하지 않으므로 코틀린 소스 파일도 java 디렉터리에 두는 것이 좋다.

편집기 창의 MainActivity.kt 탭을 클릭한다. 이 파일이 편집기 창에 열려 있지 않으면 app/ java 디렉터리 아래의 com.bignerdranch.android.geoquiz 패키지에 있는 MainActivity.kt 파일을 더블 클릭하면 된다. MainActivity.kt 파일의 코드는 리스트 1.4와 같다(코틀린 소스 파일의 확장자는 kt다).

리스트 1.4 | 자동 생성된 MainActivity 클래스 파일(MainActivity.kt)

```kotlin
package com.bignerdranch.android.geoquiz

import androidx.appcompat.app.AppCompatActivity
import android.os.Bundle

class MainActivity : AppCompatActivity() {

    override fun onCreate(savedInstanceState: Bundle?) {
        super.onCreate(savedInstanceState)
        setContentView(R.layout.activity_main)
    }
}
```

AppCompatActivity가 무엇인지 궁금할 것이다. 이것은 안드로이드 **Activity** 클래스의 서브 클래스이며, 과거 안드로이드 버전과의 호환성을 지원하기 위해 제공된다. **AppCompat Activity**에 관한 자세한 내용은 14장에서 배울 것이다.

import 문이 다 보이지 않을 때는 첫 번째 **import** 문의 왼쪽에 있는 **+**를 클릭하면 된다.

이 파일에는 **Activity** 함수인 **onCreate(Bundle?)**이 있다(자바의 메서드를 코틀린에서는 함수로 선언하고 사용하므로 이 책에서는 함수라고 할 것이다). 이 함수는 액티비티 서브 클래스의 인스턴스가 생성될 때 자동으로 호출된다. 이때 이 함수에서는 액티비티가 UI를 화면에 보여주고 처리할 수 있도록 다음 함수를 호출한다.

Activity.setContentView(layoutResID: Int)

이 함수는 레이아웃을 **인플레이트(inflate)**해 화면에 나타낸다. 레이아웃이 인플레이트되면 레이아웃 파일에 있는 각 위젯이 자신의 속성에 정의된 대로 인스턴스로 생성된다. 이 함수를 호출할 때는 인플레이트될 레이아웃의 **리소스 ID(resource ID)**를 인자로 전달한다(인플레이트는 뷰 계층 구조를 따라 객체로 생성하는 것을 말한다).

리소스와 리소스 ID

레이아웃은 **리소스**(resource)다. 리소스는 애플리케이션의 일부이며, 코드가 아닌 이미지 파일이나 오디오 파일 및 XML 파일과 같은 것들이다.

프로젝트의 리소스들은 app/res 디렉터리 아래의 서브 디렉터리에 존재한다. 프로젝트 도구 창에서 보면 activity_main.xml이 res/layout/에 있는 것을 알 수 있다. 문자열 리소스를 포함하는 strings.xml 파일은 res/values/에 있다.

코드에서는 리소스의 리소스 ID를 지정해야 사용할 수 있다. 그리고 모든 리소스 ID는 앱을 빌드할 때마다 안드로이드 빌드 도구가 **R.class**에 자동으로 생성한다(안드로이드 스튜디오 3.6 이전 버전에서는 소스 코드 파일인 **R.java**를 임시로 생성했지만, 3.7 이상 버전에서는 이 파일을 생성하지 않고 **R.class**만 생성한다).

GeoQuiz 레이아웃의 리소스 ID인 R.layout.activity_main에서 activity_main은 **R** 클래스의 내부 클래스인 **layout** 안에 정수형 상수로 정의되어 있다.

문자열도 리소스 ID를 가지며, **R** 클래스의 내부 클래스인 **string** 안에 정수형 상수로 정의되어 있다. 따라서 strings.xml 파일에 기본으로 정의된 앱 이름의 문자열은 R.string.app_name으로 참조할 수 있다.

이처럼 레이아웃은 하나의 리소스 ID가 생성되고, 문자열은 각각에 대해 하나의 리소스 ID가 생성된다. 하지만 레이아웃에 포함된 각 위젯에서는 코드에서 참조해 사용할 필요가 있는 것에만 리소스 ID가 필요하므로 우리가 지정한 것만 생성된다.

이번 장에서는 코드에서 activity_main.xml의 두 개의 버튼만을 참조해 사용할 것이므로 해당 버튼들만 리소스 ID가 필요하다.

위젯의 리소스 ID를 생성할 때는 위젯 정의에 android:id 속성을 포함시킨다. 편집기 창에 열려 있는 activity_main.xml 탭을 클릭하자. 그리고 편집기 창의 오른쪽 위에 있는 코드 버튼 (≡ Code)을 클릭해 코드 뷰로 전환한 후 각 버튼에 android:id 속성을 추가하자.

리스트 1.5 | **Button에 리소스 ID 추가하기**(res/layout/activity_main.xml)

```
<LinearLayout ... >

    <TextView
        android:layout_width="wrap_content"
```

```
    android:layout_height="wrap_content"
    android:padding="24dp"
    android:text="@string/question_text" />

<LinearLayout
    android:layout_width="wrap_content"
    android:layout_height="wrap_content"
    android:orientation="horizontal">

<Button
    android:id="@+id/true_button"
    android:layout_width="wrap_content"
    android:layout_height="wrap_content"
    android:layout_marginRight="10dp"
    android:text="@string/true_button" />

<Button
    android:id="@+id/false_button"
    android:layout_width="wrap_content"
    android:layout_height="wrap_content"
    android:text="@string/false_button" />

</LinearLayout>

</LinearLayout>
```

각 버튼의 android:id 속성값에는 +가 있지만, android:text 속성값에는 없다는 것에 주목하자. android:id 속성은 ID를 **생성하고**, android:text 속성은 문자열을 **참조만 하기** 때문이다.

위젯을 코드와 연결하기

이제 버튼 위젯을 코드에 연결할 준비가 되었다. 코드 연결은 다음 두 단계로 한다.

- 인플레이트된 **View** 객체들의 참조를 얻는다.
- 이 객체들에 리스너를 설정해 사용자 액션에 응답한다.

위젯의 참조 얻기

이제 버튼들이 리소스 ID를 가지므로 **MainActivity**에서 사용할 수 있다. 편집기 창 위쪽의 파일 탭에서 MainActivity.kt를 클릭한 후 리스트 1.6의 코드를 추가하자(안드로이드 스튜디오의 코드 완성 기능을 사용하지 말고 직접 입력해보자. 이 기능은 뒤에서 설명할 것이다).

리스트 1.6 │ 리소스 ID로 뷰 객체 사용하기(MainActivity.kt)

```kotlin
class MainActivity : AppCompatActivity() {

    private lateinit var trueButton: Button
    private lateinit var falseButton: Button

    override fun onCreate(savedInstanceState: Bundle?) {
        super.onCreate(savedInstanceState)
        setContentView(R.layout.activity_main)

        trueButton = findViewById(R.id.true_button)
        falseButton = findViewById(R.id.false_button)
    }
}
```

리스트 1.6의 코드에 있듯이, 액티비티에서는 **Activity.findViewById(Int)**를 호출해 **View** 객체로 인플레이트된 위젯의 참조를 얻는다. 이 함수는 위젯의 리소스 ID를 인자로 받아서 해당 위젯(여기서는 **Button**)의 객체를 반환한다(이때 **View** 타입을 **Button** 타입으로 변환해준다).

Button 객체의 참조를 갖는 **MainActivity**의 **trueButton**과 **falseButton** 속성에는 lateinit 키워드가 지정되어 있다. lateinit를 지정한 이유는 다음과 같다. 첫 번째, 코틀린에서는 클래스 속성을 정의할 때 초기화하지 않으면 컴파일 에러가 되므로 lateinit를 지정했다. 이렇게 하면 두 속성을 사용하기 전에 우리가 책임지고 초기화하겠다는 것을 컴파일러에 알려준다. 두 번째, 두 속성이 컴파일 시점에서 초기화될 수 없기 때문이다. 즉, **onCreate(…)**의 **setContentView(…)**가 호출과 실행되어야 각 **Button** 객체가 인플레이트되어 참조를 얻을 수 있어서 이때 비로소 **trueButton**과 **falseButton** 속성이 각 **Button** 객체의 참조로 초기화된다. **onCreate(…)**와 액티비티 생명주기는 3장에서 더 자세히 배울 것이다.

리스트 1.6의 코드에서 **Button**을 입력할 때 이 클래스의 **import** 문을 안드로이드 스튜디오가 자동으로 추가해준다(이 책의 앞에 있는 '안드로이드 스튜디오 개발 환경 구성하기'의 마지막 절인 '자동 import 설정하기' 참고).

그러나 만일 자동 import를 설정하지 않으면 **Button**이 빨간색으로 표시되면서 에러가 발생할 것이다.

Button 위에 마우스를 올려보자. 그러면 두 **Button** 모두 동일한 에러 메시지('Unresolved reference: Button')를 보여준다. **Button**이 무엇인지 알 수 없으므로 타입으로 참조할 수 없다는 의미다.

이 에러는 **android.widget.Button** 클래스를 MainActivity.kt에 **import**해야 함을 알려준다. 따라서 다음의 **import** 문을 파일의 맨 앞에 추가하면 된다.

```
import android.widget.Button
```

또는 더 쉬운 방법을 사용해서 안드로이드 스튜디오가 자동으로 추가하도록 할 수 있다. 우선, **F2** 키를 누르면 빨간색으로 표시된 에러 코드로 커서가 이동한다. 그런 다음 **Alt+Enter** [**Option+Return**] 키를 누르면 된다. 그러면 새로운 **import** 문이 자동으로 추가된다(서로 다른 패키지에 같은 이름의 클래스가 있다면 직접 선택해야 한다). 코드에 무언가 잘못된 것이 있을 때 이 단축키를 사용하면 안드로이드 스튜디오가 자동으로 해결해주어 매우 유용하다.

이제는 에러가 해결되었을 것이다(여전히 에러가 존재한다면 코틀린 코드나 XML에 오타가 없는지 확인하자).

그러나 코드 작성을 제일 쉽게 하려면 자동 import를 설정하기 바란다.

리스너 설정하기

안드로이드 애플리케이션은 **이벤트 기반**(event-driven)으로 구동된다. 명령행에서 실행되는 프로그램이나 스크립트와는 달리, 이벤트 기반으로 구동되는 애플리케이션은 구동이 시작되면 이벤트 발생을 기다린다. 예를 들어, 사용자가 버튼을 누르는 경우다(이벤트는 안드로이드 운영체제나 다른 애플리케이션에 의해 발생될 수 있지만, 사용자가 발생시킨 이벤트가 가장 확실하다).

애플리케이션에서 특정 이벤트를 기다리는 것을 가리켜 해당 이벤트를 '리스닝한다'고 한다. 그리고 이벤트에 응답하기 위해 생성하는 객체를 **리스너**(listener)라 한다. 리스너는 해당 이벤트의 **리스너 인터페이스**(listener interface)를 구현한다.

안드로이드 SDK에는 다양한 이벤트의 리스너 인터페이스가 있어 따로 만들 필요가 없다. 여기서 리스닝하기를 원하는 이벤트는 버튼이 눌러졌는가(또는 '클릭되었는가')다. 따라서 이번 리스너에서는 **View.OnClickListener** 인터페이스를 구현할 것이다.

우선, **TRUE** 버튼부터 시작해보자. MainActivity.kt의 **onCreate(Bundle?)** 메서드에 다음의 진한 글씨체로 된 코드를 추가하자.

리스트 1.7 | **TRUE 버튼에 리스너 설정하기(MainActivity.kt)**

```
override fun onCreate(savedInstanceState: Bundle?) {
    super.onCreate(savedInstanceState)
    setContentView(R.layout.activity_main)

    trueButton = findViewById(R.id.true_button)
    falseButton = findViewById(R.id.false_button)

    trueButton.setOnClickListener { view: View ->
        // 버튼 클릭의 응답을 여기서 처리한다
    }
}
```

리스트 1.7에서는 trueButton을 누르면 알려주는 리스너를 설정한다. 이 리스너는 **OnClick Listener** 인터페이스를 구현하는 익명 클래스의 인스턴스이며, 중괄호({}) 안에 정의한다. 그리고 **setOnClickListener** 함수로 등록한다.

안드로이드 프레임워크에는 **onClick(View)** 메서드만 갖는 인터페이스인 **View.OnClick Listener**가 정의되어 있다. 이처럼 **단일 추상 메서드(Single Abstract Method, SAM)**를 갖는 자바 인터페이스를 **SAM**이라고 하며, 주로 익명의 내부 클래스를 사용해서 구현한다.

코틀린에서는 자바와 호환성을 유지하기 위해 특별한 형태로 SAM을 지원한다. 즉, 함수 리터럴(function literal) 또는 람다식(lambda expression)으로 SAM을 작성하면 이것을 해당 인터페이스의 구현 객체로 변환한다(코틀린에서는 함수 리터럴이나 람다식으로 익명 함수를 정의할 수 있다). 이와 같은 내부 처리를 **SAM 변환(SAM conversion)**이라고 한다. 리스트 1.7에서는 람다식을 사용해서 **OnClickListener** 인터페이스를 구현하며, 구현 코드는 잠시 후에 추가할 것이다.

TRUE 버튼과 유사한 **FALSE** 버튼의 리스너를 설정해보자(리스트 1.8).

리스트 1.8 | **FALSE 버튼에 리스너 설정하기(MainActivity.kt)**

```
override fun onCreate(savedInstanceState: Bundle?) {
    ...
    trueButton.setOnClickListener { view: View ->
        // 버튼 클릭의 응답을 여기서 처리한다
    }
```

```
        falseButton.setOnClickListener { view: View ->
            // 버튼 클릭의 응답을 여기서 처리한다
        }
}
```

토스트 만들기

이제 버튼이 작동하도록 만들어보자. 각 버튼을 클릭하면 **토스트(toast)**라는 팝업 메시지가 나타나게 할 것이다. 토스트는 사용자에게 뭔가를 알려주지만 어떤 입력이나 액션도 요구하지 않는 짤막한 메시지다. 여기서는 사용자가 선택한 답이 맞는지 틀리는지를 알려주는 토스트를 만든다(그림 1.14).

그림 1.14 | 피드백을 제공하는 토스트

우선, res/values 디렉터리에 있는 strings.xml에 토스트가 보여줄 문자열 리소스를 추가한다.

```xml
<resources>
    <string name="app_name">GeoQuiz</string>
    <string name="question_text">캔버라는 호주의 수도다.</string>
    <string name="true_button">True</string>
    <string name="false_button">False</string>
    <string name="correct_toast">정답!</string>
    <string name="incorrect_toast">틀렸음!</string>
</resources>
```

그런 다음 토스트를 생성하고 보여주기 위해 리스너를 변경한다. 이때 안드로이드 스튜디오의 코드 완성 기능을 사용해보자. 이 기능을 사용하면 시간을 많이 절약할 수 있어 빨리 익숙해지는 것이 좋다.

MainActivity.kt에 리스트 1.10의 코드를 추가하자. **Toast** 클래스 다음에 점(.)을 입력하면 코드 완성 팝업 창이 나타나서 **Toast** 클래스로부터 사용 가능한 함수와 상수들의 내역을 제안해준다.

위/아래 화살표 키를 사용해서 제안된 것 중 하나를 선택하고 Enter[Return] 키를 누르면 된다(또는 Tab 키를 누르거나 마우스를 클릭). 코드 완성 팝업을 무시하고 싶으면 그냥 계속 입력하면 된다.

코드 완성 팝업 창에 나온 제안 중에서 **makeText(context: Context, resId: Int, duration: Int)**를 선택하자. 그러면 코드 완성 기능에서 이 함수의 호출 코드를 추가해준다.

그리고 리스트 1.10을 참고해 **makeText(...)** 함수의 인자를 입력한다.

리스트 1.10 | **토스트 생성하기(MainActivity.kt)**

```kotlin
override fun onCreate(savedInstanceState: Bundle?) {
    ...
    trueButton.setOnClickListener { view: View ->
        // 버튼 클릭의 응답을 여기서 처리한다
        Toast.makeText(
                this,
                R.string.correct_toast,
                Toast.LENGTH_SHORT)
                .show()
    }

    falseButton.setOnClickListener { view: View ->
        // 버튼 클릭의 응답을 여기서 처리한다
```

```
        Toast.makeText(
                this,
                R.string.incorrect_toast,
                Toast.LENGTH_SHORT)
                .show()
    }
}
```

토스트를 생성하려면 Toast 클래스의 static 함수인 Toast.makeText(Context!, Int, Int)를 호출한다. 이 함수는 Toast 객체를 생성하고 구성하는데, 첫 번째 매개변수 Context는 일반 적으로 Activity의 인스턴스다(Activity는 Context의 서브 클래스다). 여기서는 Context 인자 로 MainActivity의 인스턴스를 전달한다(this 키워드를 사용함).

이 함수의 두 번째 매개변수는 토스트가 보여주는 문자열의 리소스 ID다. 문자열의 리소스 ID를 찾아 사용하려면 Toast 클래스에서 Context 객체가 필요하다. 세 번째 매개변수는 두 개의 Toast 상수 중 하나이며, 토스트 문자열을 얼마나 오래 보여줄지를 의미한다. Toast. LENGTH_SHORT는 잠깐 보여주며, Toast.LENGTH_LONG은 조금 더 길게 보여준다.

토스트를 생성한 후 Toast.show()를 호출하면 해당 문자열이 화면에 나타난다.

여기서는 안드로이드 스튜디오의 코드 완성 기능을 사용했으므로 Toast 클래스에 대한 import 문을 추가할 필요가 없다. 코드 완성 팝업 창의 제안 내역을 수용하면 해당 클래스의 import 문을 안드로이드 스튜디오가 자동으로 추가하기 때문이다.

이제 앱을 실행하는 방법을 알아보자.

에뮬레이터에서 실행하기

안드로이드 애플리케이션을 실행하려면 스마트폰이나 태블릿 등과 같은 실제 장치나 안드로 이드 가상 장치(Android Virtual Device, AVD)가 필요하다. 다양한 실제 장치에 대응하는 가상 장 치를 생성하는 데 필요한 AVD 파일들은 안드로이드 SDK에 포함되어 함께 배포되며, 실제 장 치에서 실행되는 안드로이드 운영체제와 유사한 에뮬레이터(emulator)에 의해 작동한다.

따라서 AVD를 생성할 때는 가상 장치로 구현할 장치와 안드로이드 시스템 이미지를 선택한 다. 시스템 이미지에는 리눅스 커널과 안드로이드 프레임워크가 포함된다.

AVD를 생성하려면 안드로이드 스튜디오 메인 메뉴에서 **Tools ➡ AVD Manager**(또는 툴바의
AVD Manager 버튼(🔲))를 선택한다. 안드로이드 스튜디오를 설치한 후 생성한 AVD가 없을 때
는 그림 1.15의 AVD 매니저 대화상자가 나타나며, 하나 이상의 AVD를 생성한 후에는 그림
1.16의 AVD 매니저 대화상자가 나타난다(안드로이드 스튜디오를 설치할 때 '컴포넌트 선택 대화상자'
에서 기본으로 선택된 AVD 옵션의 선택을 해제하지 않았다면 하나의 AVD가 이미 설치되어 있겠지만 추
가로 설치해보자).

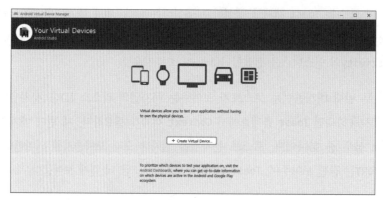

그림 1.15 | AVD를 최초로 생성할 때 나타나는 AVD 매니저 대화상자

그림 1.16 | 이미 생성된 AVD가 있을 때 나타나는 AVD 매니저 대화상자

두 경우 모두 AVD를 추가로 생성하려면 **+ Create Virtual Device...** 버튼을 클릭하면 된다. 그
러면 가상 장치를 선택하는 대화상자가 나타난다(그림 1.17).

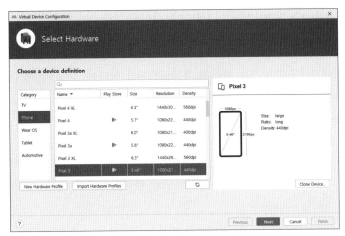

그림 1.17 | 가상 장치 선택하기

여기서는 원하는 장치를 선택하면 된다. 하지만, 사용하는 컴퓨터의 메인 메모리 크기가 작거나 CPU의 성능이 떨어진다면 가급적 화면 해상도(resolution)가 낮은 장치를 선택하는 것이 좋다. 여기서는 **Pixel 3**을 선택하자. 그리고 **NEXT** 버튼을 클릭하면 시스템 이미지를 선택하는 대화상자가 나타난다(그림 1.18).

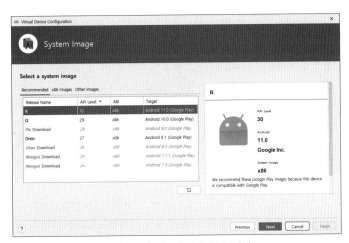

그림 1.18 | 시스템 이미지 선택하기

여기서는 가상 장치에서 실행될 안드로이드 운영체제를 선택한다.

System Image 대화상자의 맨 위에는 세 개의 탭이 있다. 'Recommended'에서는 가장 최근 버전들의 시스템 이미지를 보여주며, 'x86 Images'에서는 인텔 x86 계열의 CPU에 적합한 시스템 이미지를 보여준다(64비트 CPU의 컴퓨터에서는 'x86_64'를 선택). 'Other Images'에서는 다른 아키텍처의 CPU(armeabi-v7a, arm64-v8a 등)에서 사용 가능한 모든 시스템 이미지를 보여준다.

'Release Name' 열에서 'Download'라는 파란색 글씨가 나타나는 것은 현재 컴퓨터에 설치되지 않은 시스템 이미지이므로 이것을 클릭해 다운로드해야 한다는 것을 의미한다. 'API Level'은 안드로이드 운영체제와 대응되는 API 레벨을 나타내며, 'ABI'는 x86과 armeabi-v7a 등의 CPU 아키텍처를 나타낸다.

'Target' 열에서는 구글 플레이 API가 포함된 것인지를 보여준다. 구글 지도(map)와 같은 구글 서비스를 사용하는 애플리케이션을 만든다면 구글 플레이 API가 지원되는 시스템 이미지가 필요하다.

'Recommended'에서 가급적 최신 버전의 안드로이드를 선택하고 **NEXT** 버튼을 누른다. 그러면 AVD를 구성할 수 있는 대화상자가 나타난다(그림 1.19).

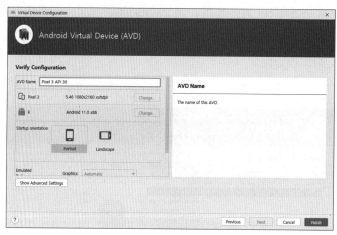

그림 1.19 │ **AVD 구성 대화상자**

'AVD Name' 필드에는 Pixel 2 API 30과 같이 장치를 알아보기 쉬운 이름을 입력한다. 이름 중간에는 특수 문자가 없어야 하며, 대문자, 소문자, ( ), 공백(space)을 사용할 수 있다.

그림 1.19 왼쪽 밑에 있는 'Show Advanced Settings' 버튼을 클릭하면 추가 옵션을 보여준다(그림 1.20).

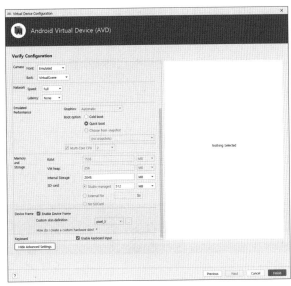

그림 1.20 | AVD 추가 설정 옵션

사용하는 컴퓨터에 웹 캠(web cam)이 설치되어 있다면 'Camera'의 'Front'(전면 카메라)나 'Back' (후면 카메라)를 'Webcam0'으로 선택해서 에뮬레이터가 카메라를 사용할 수 있게 한다. 또는 'VirtualScene'이나 'Emulated'를 선택하면 웹 캠이 없어도 마치 카메라가 있는 것처럼 처리하는 모의 카메라가 설치된다(애플리케이션에서 카메라 기능을 사용할 때 에뮬레이터가 임의로 이미지를 만들어줌). 애플리케이션에서 카메라 기능이 필요 없다면 'None'을 선택하면 된다.

'Emulated Performance'에서는 AVD로 실행되는 에뮬레이터의 성능과 직결되는 사항을 지정한다. 'Graphics'에서는 하드웨어 그래픽 카드나 소프트웨어 중 어느 것으로 그래픽을 처리할 것인지 선택한다. 'Automatic'이 선택되면 그래픽 카드의 유무를 에뮬레이터가 판단해서 처리한다. 그리고 에뮬레이터를 다시 시작할 때 부팅 속도가 빨라지므로 기본으로 선택된 'Quick boot'를 그대로 두자.

'Memory and Storage'의 'RAM'에서는 에뮬레이터가 사용할 메모리 크기를 지정한다.

그리고 아래로 스크롤하면 SD 카드의 용량을 지정할 수 있는 옵션이 있는데, 기본으로 512MB가 지정되어 있어 실제 장치의 SD 카드처럼 필요한 데이터를 읽고 쓸 수 있다.

또한 맨 밑의 'Device Frame'의 'Enable Device Frame'을 체크하면 에뮬레이터가 실행될 때 실제 장치 화면 형태로 나타나며, 그렇지 않으면 직사각형의 화면만 나타난다.

'Keyboard'의 'Enable keyboard input'을 체크하면 에뮬레이터에서 앱이 실행되어 입력을 받을 때 개발 컴퓨터 시스템의 키보드를 사용하게 된다(단, 한/영 전환 시에는 에뮬레이터에 나타난 소프트 키보드의 전환 키를 마우스로 클릭해야 한다). 체크를 해제하면 실제 장치처럼 에뮬레이터 화면에 소프트 키보드가 나타나므로 마우스로 클릭해 입력해야 한다.

선택이 끝났으면 **Finish** 버튼을 클릭한다.

조금 기다리면 AVD가 생성되고 현재 설치되어 있는 AVD의 내역을 보여주는 Your Virtual Devices 대화상자가 나타난다(그림 1.21).

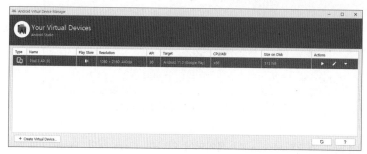

그림 1.21 | 현재 설치된 AVD 내역

이후로는 AVD Manager를 실행할 때 이 대화상자가 나타난다. 그리고 원하는 AVD를 선택하고 오른쪽의 Actions에 있는 연필 모양의 아이콘(✏)을 클릭하면 AVD 구성 대화상자(그림 1.19)가 나타나므로 AVD 구성을 변경할 수 있다. 또한 맨 오른쪽의 역삼각형 아이콘(▼)을 클릭하면 해당 AVD를 조회, 삭제, 복제할 수 있으며, 맨 왼쪽의 가로로 누운 삼각형 아이콘(▶)을 클릭하면 해당 AVD를 실행할 수 있다.

새로 생성된 AVD로 에뮬레이터가 잘 실행되는지 테스트해보자. 그림 1.21의 AVD 내역에서 원하는 AVD를 선택하고 맨 오른쪽의 'Actions'에 있는 첫 번째 아이콘(▶)을 클릭해 에뮬레이터를 실행하자.

잠시 후 에뮬레이터가 새 창으로 나타나는데, 실제 장치(폰이나 태블릿)에서 전원을 켰을 때처럼 초기 화면이 나오려면 조금 기다려야 한다.

그림 1.22 | 에뮬레이터가 실행됨

여기까지 제대로 되었다면 앱을 실행할 에뮬레이터가 준비된 것이다. 기본으로 설치된 앱을 보려면 화면의 빈 곳을 마우스로 클릭한 후 위쪽으로 끌면 된다.

AVD가 생성되었으므로 이제는 GeoQuiz 앱을 실행할 수 있다. 우선, 안드로이드 스튜디오 메인 창 위의 장치 선택 드롭다운에서 그림 1.23과 같이 실행할 에뮬레이터(또는 실제 장치)를 선택한다.

그림 1.23 │ 앱을 설치하고 실행할 장치를 선택하기

제일 위에는 실행 중이거나 사용 가능한 에뮬레이터 및 연결된 실제 장치를 보여준다.

'Pixel 3 API 30' 에뮬레이터를 선택하자(실제 장치에서 실행하는 방법은 2장에서 배울 것이다).

앱을 실행할 장치를 선택했으므로 다음 세 가지 방법 중 하나로 앱을 실행한다. 안드로이드 스튜디오 메인 창 위쪽 중앙에 있는 툴바의 초록색 삼각형으로 된 Run 'app' 버튼(▶)을 클릭한다. 또는 메인 메뉴의 **Run ➡ Run 'app'**을 선택하거나 단축키인 **Shift+F10[Control+R]**을 누르면 된다.

GeoQuiz 앱이 실행되어 화면이 나오면 지리 퀴즈를 맞춰보자. **TRUE** 또는 **FALSE** 버튼을 누르면 그림 1.1과 같이 정답 여부를 알려주는 토스트 메시지가 나타났다가 잠시 후 사라진다.

실행 중인 앱을 중단하려면 안드로이드 스튜디오 메인 창 위의 툴바에서 빨간색 작은 사각형 버튼(■)을 클릭하거나 메인 메뉴의 **Run ➡ Stop 'app'**을 선택한다. 또는 에뮬레이터 화면의 왼쪽 밑에 있는 백(Back) 버튼(◀)을 클릭해도 된다.

에뮬레이터(또는 실제 장치)에서 앱을 실행하면서 테스트하다가 앱의 일부 코드나 리소스를 변경할 때가 있다. 이때는 실행 중인 앱을 종료하고 앱을 변경한 후 앱 전체를 다시 빌드해 설치 및 실행해야 한다. 그런데 코드나 리소스의 일부만 변경했는데도 앱 전체를 다시 빌드하고 설치 및 실행하는 것은 비효율적이고 시간도 많이 걸린다. 이럴 때는 안드로이드 스튜디오에서 변경한 코드와 리소스만 현재 실행 중인 애플리케이션 프로세스와 교체해 계속 실행할 수 있다. 이렇게 하려면 다음 세 개의 안드로이드 스튜디오 툴바 버튼을 클릭하면 된다.

- **Apply Code Changes 버튼(▤)**: 함수 내부 코드에 간단한 변경이 생겼을 때는 이 버튼을 클릭해 현재 실행 중인 앱과 액티비티를 다시 시작하지 않고 변경된 함수만 적용해 계속 실행할 수 있다.

- **Apply Changes and Restart Activity 버튼(↻)**: 앱의 리소스(예를 들어, 레이아웃이나 문자열 리소스)가 변경되었다면 현재 실행 중인 앱은 다시 실행되지 않아도 되지만 관련 액티비티는 다시 시작되어야 한다. 이때 이 버튼을 클릭하면 된다.

- **Run 'app' 버튼(▶)**: 클래스 상속 구조나 함수 시그니처와 같은 구조적 변경이 생겼다면 앱 전체를 다시 빌드하고 실행해야 한다. 이때 이 버튼을 누르면 현재 실행 중인 앱이 변경된 버전으로 다시 시작하여 실행된다. 하지만 다시 설치되지는 않는다(앱이 실행 중이지 않을 때는 Run 'app' 버튼의 아이콘이 다른 형태(▶)로 나타나며, 이 버튼을 클릭하면 앱이 다시 빌드되고 설치되어 실행된다).

지금까지 얘기한 버튼을 잘 사용하면 앱을 테스트하는 시간이 줄어든다. 그런데 만에 하나 기대와 다르게 앱이 실행될 때는 현재 실행 중인 앱을 종료하고 다시 빌드하고 설치해 실행해야 한다(안드로이드 스튜디오 3.6 이전 버전에서는 이와 유사한 기능으로 Instant Run이 있었지만 3.6 버전부터는 없어졌다).

에뮬레이터는 처음으로 실행할 때 시간이 걸리므로 앱을 테스트하는 동안 실행 상태로 두자.

에뮬레이터로 테스트하는 것도 유용하지만, 실제 장치에서 앱을 테스트하는 것이 더 정확한 결과를 얻을 수 있다. 2장에서는 GeoQuiz 앱을 실제 장치에서 실행하는 방법을 알아볼 것이다.

GeoQuiz 앱이 실행 중에(예를 들어, 버튼을 눌렀을 때) 에러가 발생해 중단된다면 로그캣(Logcat) 창에 나오는 정보를 참고하면 된다(안드로이드 스튜디오 메인 창 아래의 테두리에 있는 '**Logcat**' 버튼을 클릭하면 로그캣 창이 열린다).

에러를 나타내는 예외(exception) 메시지들은 로그캣 창에 빨간색으로 표시된다(그림 1.24).

그림 1.24 | 예외 메시지의 예

이때는 작성한 코드를 책의 코드와 비교한 후 앱을 다시 실행시킨다(로그캣의 사용 방법은 3장에서, 앱을 디버깅하는 방법은 5장에서 배운다).

AVD 에뮬레이터 기능 살펴보기

GeoQuiz 앱이 실행된 에뮬레이터의 모습은 그림 1.25와 같다.

그림 1.25 | 에뮬레이터에서 실행되는 GeoQuiz 앱

에뮬레이터에는 오른쪽에 툴바가 있어서 다양한 기능과 설정을 할 수 있다. 툴바의 각 버튼은 마우스로 클릭하거나 키보드의 단축키를 눌러서 사용할 수 있다. 각 버튼에 마우스 커서를 대면 버튼 설명과 단축키를 보여주는 툴 팁 메시지가 나타나므로 어떤 기능을 하는지 쉽게 알수 있다. 각 버튼의 기능은 다음과 같다.

- █ : 에뮬레이터 창을 최소화한다.
- █ : 에뮬레이터를 종료시킨다.
- █ : 실제 장치의 전원 버튼처럼 화면을 잠근다.

- ◀》: 오디오 볼륨을 크게, ◀ : 오디오 볼륨을 작게 한다.
- ◇: 장치를 왼쪽으로 회전시킨다.
- ◇: 장치를 오른쪽으로 회전시킨다.
- ◎: 현재 화면의 내용을 이미지로 캡처한다. 이미지의 위치는 확장 컨트롤 패널의 Settings 에서 지정한다.
- ⊕: 에뮬레이터 화면을 확대/축소할 수 있다.
- ◀: 장치의 백(Back) 버튼처럼 작동한다.
- ●: 장치의 홈(Home) 버튼처럼 작동한다.
- ■: 장치의 최근 실행 앱 버튼처럼 작동한다.
- ⋯: 확장 컨트롤 패널을 보여준다(그림 1.26).

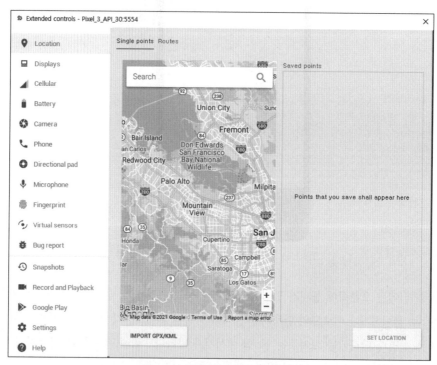

그림 1.26 | 에뮬레이터 확장 컨트롤 패널

- Location: 파일(GPX 또는 KML)에 저장된 한 개 또는 여러 개의 모의 위치 데이터를 에뮬레이터에서 받을 수 있으며, 에뮬레이터가 받은 모의 위치 정보는 실행 중인 앱에서 위치 정보를 요청할 때 사용된다. 모의 위치 데이터는 위도, 경도, 고도로 구성된다.

- Displays: 에뮬레이터에서 사용할 해상도의 디스플레이를 추가하고 선택할 수 있다.
- Cellular: 셀룰러 연결 네트워크 타입(LTE, GSM 등), 음성 통화와 데이터 통신 사용 형태를 지정할 수 있다.
- Battery: 배터리 잔존량, 충전기 연결 여부 등의 모의 배터리 상태를 지정할 수 있다.
- Camera: 가상 카메라에 사용되는 이미지를 지정할 수 있다.
- Phone: 전화번호를 지정해 전화가 걸려온 것처럼 해주거나 SMS 메시지가 전송된 것처럼 할 수 있다.
- Directional pad: 에뮬레이터에서 안드로이드 장치나 외부 연결 장치(게임 컨트롤러 등)의 방향 패드를 모의로 동작할 수 있다.
- Microphone: 가상 헤드셋의 마이크와 오디오 입력을 설정할 수 있다.
- Fingerprint: 에뮬레이터에 사전 정의된 모의 지문을 등록해 지문 인증을 테스트할 수 있다.
- Virtual sensors: 실제 장치의 각종 센서를 시뮬레이션할 수 있다. 예를 들어, 실제 장치의 가속도(accelerometer) 센서, 자이로스코프(gyroscope) 센서, 자기(magnetometer) 센서, 회전(Rotation) 센서를 사용하는 것처럼 장치 회전과 이동 및 기울임 효과를 시뮬레이션하고 각 센서의 결과를 알려준다. 이때 요(yaw), 피치(pitch), 롤(roll) 값을 설정할 수 있다.
- Bug report: 오류가 생길 당시의 화면, 에뮬레이터 버전, 안드로이드 버전, AVD 구성, 개발 컴퓨터 운영체제 등의 정보와 오류 데이터를 수집하며, 구글에 전송할 수 있다.
- Snapshots: 에뮬레이터의 빠른 부팅(quickboot)을 위해 필요한 스냅샷을 저장한다.
- Record and Playback: 에뮬레이터 화면에서 앱이 실행되는 것을 WEBM(구글 지원 오픈소스 동영상 형식)이나 GIF로 녹화하거나 재생할 수 있다.
- Google Play: 구글 플레이 서비스 버전 등을 보여주고 업데이트할 수 있다.
- Settings: 에뮬레이터 환경 설정에 관한 옵션을 제공한다. 에뮬레이터 창의 테마, 에뮬레이터의 화면 캡처 버튼(📷)을 눌러서 캡처한 현재 화면 이미지를 저장할 파일 시스템 위치, 에뮬레이터 창을 다른 창의 맨 위에 놓을지 등이다.
- Help: 네 가지의 부속 패널로 구성된다. 에뮬레이터에서 사용할 수 있는 단축키 내역, 에뮬레이터 온라인 문서, 관련 라이선스, 에뮬레이터 버전 정보를 보여준다.

궁금증 해소하기: 안드로이드 앱 빌드 절차

안드로이드 앱의 빌드가 어떤 절차로 이루어지는지 무척 궁금했을 것이다. 프로젝트의 내용을 수정하면 따로 명령하지 않아도 안드로이드 스튜디오가 자동으로 앱을 빌드한다는 것을 이미 알고 있을 것이다. 빌드를 하는 동안 안드로이드 도구가 리소스와 코드 그리고 AndroidManifest.xml 파일(애플리케이션에 관한 메타데이터를 포함)을 가지고 하나의 .apk 파일로 만든다. 그리고 이 파일은 실제 장치나 에뮬레이터에서 실행될 수 있게 디버그 키가 부여된다(.apk를 구글 플레이 스토어에 배포하려면 구글에서 릴리즈 키를 받아 앱에 포함시켜야 한다. 이 절차에 관한 자세한 정보는 안드로이드 개발자 문서인 https://developer.android.com/tools/publishing/preparing.html을 참고하자).

안드로이드 스튜디오에서는 프로젝트의 빌드와 관리에 필요한 모든 것을 그래들(Gradle) 자동화 빌드 도구를 사용해 처리하므로 신경 쓰지 않아도 된다.

그런데 레이아웃 파일인 activity_main.xml의 내용은 어떻게 애플리케이션의 **View** 객체로 변환될까? 빌드 절차의 일부로 **aapt2**(Android Asset Packaging Tool 2)가 레이아웃 파일의 리소스들을 좀 더 압축된 형태로 컴파일한다. 그리고 이렇게 컴파일된 리소스들이 .apk 파일로 통합된다. 그 다음에 **MainActivity**의 **onCreate(Bundle?)** 메서드에서 **setContentView(…)** 메서드가 호출되면, **MainActjivity**는 **LayoutInflater** 클래스를 사용해서 레이아웃 파일에 정의된 각 **View**의 인스턴스를 생성한다(그림 1.27).

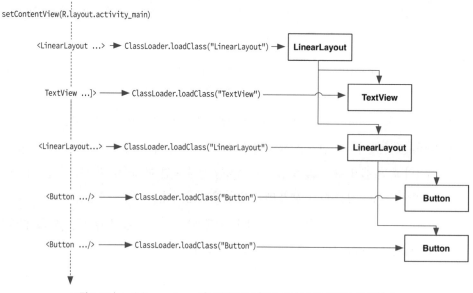

그림 1.27 | activity_main.xml을 인플레이트(XML 요소를 뷰 객체로 생성)하기

뷰 클래스를 XML로 정의하는 대신에 액티비티에서 코틀린이나 자바 코드로 생성할 수도 있다. 하지만 이것은 그리 좋은 방법이 아니다. XML로 정의하면 프레젠테이션(사용자 인터페이스) 계층을 애플리케이션 로직과 분리할 수 있기 때문이다. 이 장점은 3장에서 알아볼 '장치의 구성 변경'에서 특히 유용하다.

서로 다른 XML 속성들이 어떻게 작동하는지, 그리고 뷰 객체가 자신을 어떻게 화면에 보여주는지에 관한 더 자세한 내용은 10장에서 배울 것이다.

안드로이드 빌드 도구들

지금까지 알아본 모든 빌드 작업은 안드로이드 스튜디오에서 자동으로 수행되었다. 모든 빌드 작업이 안드로이드 스튜디오 IDE(Integrated Development Environment)에 통합되어 있기 때문이다. 빌드가 진행되면 aapt2와 같은 안드로이드 표준 빌드 도구들이 호출되어 진행되며, 모든 빌드 절차는 안드로이드 스튜디오가 그래들 빌드 도구를 이용해 관리한다.

때에 따라서는 안드로이드 스튜디오 외부에서 빌드 작업을 수행해야 할 때가 있다. 이때는 개발 컴퓨터 운영체제의 명령행에서 직접 그래들을 실행해 빌드 작업을 수행하면 된다.

명령행에서 그래들을 사용하려면 명령 프롬프트 창(윈도우 시스템)이나 터미널 창(맥이나 리눅스)을 열고 프로젝트 디렉터리로 이동한 후 다음 명령을 실행한다.

- 맥/리눅스 시스템: `$ ./gradlew tasks`
- 윈도우 시스템: `> gradlew.bat tasks`

명령을 실행하면 실행 가능한 작업 내역을 보여준다. 이 중에서 필요한 작업은 installDebug다. 이 작업을 다음과 같이 명령행에서 실행한다.

- 맥/리눅스 시스템: `$ ./gradlew installDebug`
- 윈도우 시스템: `> gradlew.bat installDebug`

이렇게 하면 현재 연결된 장치에 앱이 빌드되어 설치된다. 단, 실행은 되지 않는다. 따라서 실행하려면 해당 장치에서 직접 앱을 실행해야 한다.

챌린지

챌린지(challenge)는 여러분 스스로 도전해 풀어야 하는 연습문제로, 각 장의 맨 뒤에 있다. 어떤 챌린지는 각 장의 내용을 복습하는 것으로 쉽지만 어떤 챌린지는 더 어렵고 깊이가 있다.

챌린지를 직접 해보면 배웠던 것을 확실히 알게 되고, 여러분의 능력에 대해 자신감을 갖게 되어 스스로 안드로이드 프로그래밍을 할 수 있게 된다.

챌린지를 풀다가 막히면 잠시 휴식을 취한 후 산뜻한 기분으로 다시 시도해보기 바란다. 그래도 해결이 안 되면 이 책의 포럼(https://forums.bignerdranch.com/)을 방문하라. 포럼에 질문하거나 자신의 해결책을 올릴 수 있으며, 다른 독자들이 올린 질문과 해결책도 볼 수 있다.

그리고 챌린지를 하기 전에는 현재 작성된 프로젝트의 복사본을 만들어 백업해두자. 즉, 컴퓨터의 파일 탐색기에서 프로젝트 이름(GeoQuiz)으로 된 디렉터리를 다른 곳에 복사한다.

챌린지: 토스트 커스터마이징

이번 챌린지에서는 토스트 메시지가 화면 아래가 아니라 위에 나타나도록 해보자. 이때는 **Toast** 클래스의 **setGravity** 함수를 사용한다. 그리고 이 함수의 첫 번째 인자로 Gravity.TOP 상수를 전달하면 된다. 자세한 내용은 https://developer.android.com/reference/kotlin/android/widget/Toast를 참고한다.

2

안드로이드와
모델-뷰-컨트롤러

이번 장에서는 GeoQuiz 앱의 기능을 개선해 그림 2.1처럼 하나 이상의 질문을 처리해보자.

이렇게 하려면 **Question**이라는 클래스를 GeoQuiz 프로젝트에 추가해야 한다. 이 클래스의 각 인스턴스는 하나의 true-false 질문을 갖는다.

그 다음에 **MainActivity**에서 그것들을 관리하기 위해 **Question** 객체들을 저장하는 컬렉션으로 **List**를 생성할 것이다.

그림 2.1 | **Next** 버튼을 누르자!

새로운 클래스 만들기

GeoQuiz 프로젝트 도구 창의 app/java 디렉터리 아래에 있는 com.bignerdranch.android. geoquiz 패키지에서 오른쪽 마우스 버튼을 클릭한 후 **New ➡ Kotlin Class/File**을 선택한다. 클래스 이름은 'Question'으로 입력하고 **Class**를 더블 클릭하거나 Enter 키를 누른다(그림 2.2).

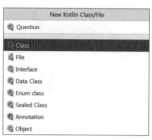

그림 2.2 │ Question 클래스 생성하기

안드로이드 스튜디오가 Question.kt를 생성하고 편집기 창에서 열어준다. 리스트 2.1과 같이 변경하자.

리스트 2.1 │ Question 클래스 변경하기(Question.kt)

```
class Question {
}
data class Question(@StringRes val textResId: Int, val answer: Boolean)
```

Question 클래스는 두 개의 데이터, 즉 질문 텍스트와 정답(true 또는 false)을 갖는다. 참고로 코틀린에서 클래스 이름 다음에 지정되는 괄호는 기본 생성자와 속성을 나타낸다.

@StringRes 애노테이션은 없어도 되지만, 다음 두 가지 이유로 지정하는 것이 좋다. 첫 번째, 생성자에서 유효한 문자열 리소스 ID를 제공하는지를 컴파일 시점에서 Lint(안드로이드 스튜디오에 내장된 코드 검사기)가 검사한다. 따라서 유효하지 않은 리소스 ID(예를 들어, 문자열이 아닌 리소스를 참조하는 ID)가 생성자에 사용되어 런타임 시에 앱이 중단되는 것을 방지해준다. 두 번째, 애노테이션을 지정함으로써 다른 개발자가 쉽게 코드를 알 수 있다.

그런데 textResId의 타입이 String이 아니고 Int인 이유가 뭘까? textResId 변수는 질문 문자열 리소스의 리소스 ID(항상 Int 타입)를 갖기 때문이다.

우리가 정의한 클래스 중에는 리스트 2.1의 **Question** 클래스처럼 주로 데이터를 갖는 클래스가 많이 있으며, 그중에는 업무에 관련된 것도 있고 프로그램에서 필요해서 생성한 것도 있다. 이런 클래스들은 비즈니스 로직을 처리하는 함수보다는 주로 데이터를 저장하는 속성을 갖는다. 따라서 클래스 인스턴스끼리 각 속성의 값을 비교하거나(**equals()** 함수), 인스턴스를 컬렉션(예를 들어, HashMap)에 저장할 때 사용할 키 값(해시 코드)을 생성하는(**hashCode()** 함수) 기능이나, 속성값을 문자열로 쉽게 출력하는(**toString()** 함수) 기능이 공통으로 필요하다.

이런 이유로 코틀린에서는 **데이터 클래스(data class)**라는 개념을 추가하였다. 즉, 클래스를 정의할 때 data 키워드를 지정하면 이 클래스를 데이터 클래스로 간주하며, 방금 설명했던 기능들을 처리해주는 함수들을 해당 클래스에 맞게 코틀린 컴파일러가 자동으로 생성해준다. 이 책에서는 주로 데이터를 저장하는 모든 모델 클래스에 data 키워드를 사용한다.

Question 클래스가 완성되었으니 이제는 이 클래스와 함께 작동하도록 **MainActivity**를 수정하자. 우선 GeoQuiz 앱의 각 요소들이 어떻게 함께 작동하는지 잠시 살펴보자.

MainActivity에서는 **Question** 객체를 저장하는 **List**를 생성하고, 그 다음에 질문을 보여주고 사용자의 응답에 피드백을 제공하기 위해 **TextView** 및 세 개의 **Button**들과 상호 동작하도록 할 것이다. 그림 2.3의 다이어그램은 이런 요소들 간의 관계를 나타낸다.

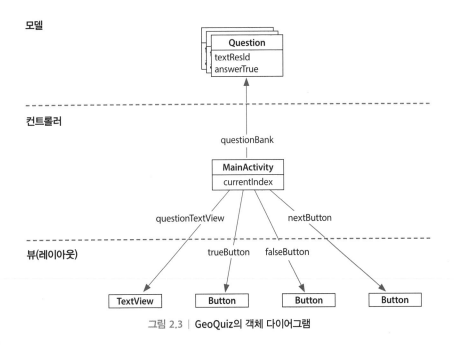

그림 2.3 | GeoQuiz의 객체 다이어그램

모델-뷰-컨트롤러와 안드로이드

그림 2.3의 객체들은 세 부분, 즉 모델(Model), 컨트롤러(Controller), 뷰(View)로 분리됨에 주목하자. 안드로이드 API는 **모델-뷰-컨트롤러**(줄여서 MVC)라는 아키텍처에 맞추어 설계되었다. 애플리케이션의 어떤 객체든 **모델 객체(model object)** 또는 **뷰 객체(view object)** 또는 **컨트롤러 객체 (controller object)**가 되어야 한다는 것이 MVC의 주요 관점이다.

- 모델 객체는 애플리케이션의 '데이터'와 '비즈니스 로직'을 갖는다. 모델 클래스는 앱과 관계가 있는 것들을 **모델링**한다. 예를 들어, 사용자, 상품, 서버에 저장된 사진 등이다. 또는 GeoQuiz 앱처럼 true-false 문제일 수도 있다. 모델 객체는 UI(사용자 인터페이스)를 모른다. 데이터를 보존하고 관리하는 것이 유일한 목적이다.

  안드로이드 애플리케이션에서 모델 클래스는 일반적으로 생성하는 커스텀 클래스다. 애플리케이션의 모든 모델 객체들은 **모델 계층(model layer)**을 구성하며, GeoQuiz의 모델 계층은 **Question** 클래스로 구성된다.

- 뷰 객체는 자신을 화면에 그리는 방법과 터치와 같은 사용자의 입력에 응답하는 방법이다. 쉽게 말해서, 화면에서 볼 수 있는 것이라면 그것은 뷰 객체다.

  안드로이드는 구성 가능한 뷰 클래스를 풍부하게 제공하지만, 여러분이 직접 커스텀 뷰 클래스를 생성할 수도 있다. 애플리케이션의 뷰 객체들은 **뷰 계층(view layer)**을 구성하며, GeoQuiz의 뷰 계층은 res/layout/activity_main.xml 요소들로부터 인플레이트되는 위젯들로 구성된다.

- 컨트롤러 객체는 뷰와 모델 객체를 결속하며 '애플리케이션 로직'을 포함한다. 컨트롤러 객체는 뷰 객체에 의해 촉발되는 다양한 이벤트에 응답하고 모델 객체 및 뷰 계층과 주고받는 데이터의 흐름을 관리한다.

  안드로이드에서 컨트롤러는 일반적으로 **Activity**나 **Fragment**의 서브 클래스(fragment는 8장에서 배울 것이다)이며, GeoQuiz의 컨트롤러 계층은 **MainActivity**만으로 구성되어 있다.

그림 2.4에서는 사용자 이벤트(예를 들어, 버튼을 누름)에 응답하는 객체 간의 제어 흐름을 보여준다. 이때 모델 객체와 뷰 객체가 서로 직접 통신하지 않는다는 것에 주목하자. 컨트롤러가 모든 것의 중간에 위치해 한 객체로부터 메시지를 받아서 다른 객체에 전달한다.

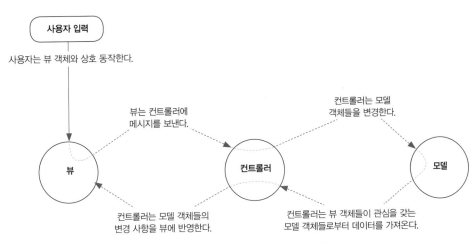

그림 2.4 | 사용자 입력의 MVC 처리 흐름

MVC 사용하기

애플리케이션의 기능이 많아지면 너무 복잡해져 이해하기 어려울 수 있다. 따라서 코드를 클래스로 분리하면 설계에 도움이 되고 전체를 이해하기도 쉬워진다. 개별적인 변수와 함수 대신 클래스 관점으로 생각할 수 있기 때문이다.

이와 유사하게 클래스들을 모델과 뷰 그리고 컨트롤러 계층으로 분리하면 애플리케이션을 설계하고 이해하는 데 도움이 된다. 개별적인 클래스 대신 계층의 관점으로 생각할 수 있기 때문이다.

비록 GeoQuiz가 복잡한 앱은 아니지만, 계층을 분리하면 장점이 많다는 것을 알 수 있다. 여기서는 잠시 후에 GeoQuiz의 뷰 계층에서 **NEXT** 버튼을 포함하도록 변경할 것이다. 그리고 이렇게 하면 바로 앞에서 생성했던 **Question** 클래스가 내부적으로 어떻게 구현되어 있는지 기억하지 않아도 된다.

MVC는 클래스를 재사용하기 쉽도록 해준다. 여러 일을 혼자서 처리하는 클래스보다는 제한된 책임을 갖는 클래스를 재사용하는 것이 더 쉽기 때문이다.

예를 들어, 모델 클래스인 **Question**은 true-false 질문을 보여주는 위젯에 관해 아무것도 모른다. 이렇게 함으로써 앱 전체에서 **Question** 클래스를 다른 목적으로 사용하기가 쉬워진다. 예를 들어, 한번에 하나의 질문만을 보여주는 데 사용한 동일 객체를 한번에 모든 질문들을 보여줄 때도 사용할 수 있다.

MVC는 큰 앱은 물론 GeoQuiz와 같이 작고 간단한 앱에도 잘 적용되지만, 더 크고 복잡한 앱에서는 컨트롤러 계층이 훨씬 커지거나 복잡해질 수 있다. 대개는 액티비티나 다른 컨트롤러들을 **가볍게(thin)** 유지하려고 한다. 가벼운 액티비티는 가능한 한 비즈니스 로직을 적게 포함하기 때문이다. 그리고 앱의 컨트롤러를 가볍게 만드는 데 MVC가 더 이상 적합하지 않을 때는 19장에서 배울 MVVM(모델-뷰-뷰모델) 아키텍처가 그 대안이 될 수 있다.

뷰 계층 변경하기

이제 MVC 아키텍처에 관해 이해가 되었을 것이다. 지금부터는 GeoQuiz의 뷰 계층에서 **NEXT** 버튼을 포함하도록 변경해보자.

안드로이드에서 뷰 계층의 객체들은 레이아웃 파일에 정의된 XML로부터 인플레이트되어 생성된다. GeoQuiz 앱에는 단 하나의 레이아웃만이 activity_main.xml 파일에 정의되어 있다. 이 레이아웃은 그림 2.5에 있는 것처럼 변경해야 한다(여기서는 공간을 절약하기 위해 변경되지 않는 위젯들의 속성은 나타내지 않았다).

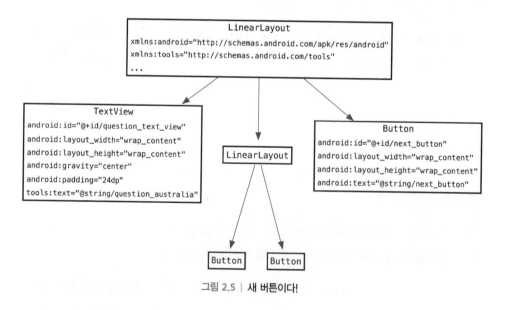

그림 2.5 | 새 버튼이다!

뷰 계층에서 다음을 변경해야 한다.

- **TextView**에 android:id 속성을 추가한다. **MainActivity**의 코드에서 이 위젯에 텍스트를 설정하려면 리소스 ID가 필요하기 때문이다. 그리고 gravity 속성을 "center"로 설정해 텍스트가 **TextView**의 중앙에 위치하게 한다.

- **TextView**로부터 android:text 속성을 제거한다. 이제는 질문 텍스트를 속성 정의에 직접 설정하지 않고 사용자가 다음 질문을 클릭할 때 동적으로 설정할 것이다.

- 레이아웃 편집기에서 레이아웃을 디자인할 때 **TextView**에 보여줄 기본 문자열을 지정한다. 이때는 **TextView**에 tools:text 속성을 추가하고 @string/를 사용해서 질문을 나타내는 문자열 리소스를 참조하게 한다.

  또한, 안드로이드 스튜디오가 tools:text 속성을 알 수 있게 레이아웃의 루트 태그에 tools 네임스페이스도 추가한다. 이 네임스페이스를 사용하면 **TextView** 위젯의 속성을 오버라이드해 레이아웃 디자인에 해당 문자열 리소스를 보여줄 수 있다. tools 네임스페이스 속성들은 앱이 장치에서 실행되어 위젯들이 화면에 나타날 때는 무시된다. 즉, android:text로 지정된 값은 런타임 시에 나타나고, tools:text로 지정된 값은 디자인 시에 보기 위해 사용된다.

- 루트 **LinearLayout**의 자식으로 새로운 **Button** 위젯을 추가한다.

편집기 창의 activity_main.xml 탭을 선택하고 오른쪽 위에 있는 코드 버튼(☰ Code)을 클릭해 코드 뷰로 전환한 후 리스트 2.2와 같이 변경하자.

리스트 2.2 | 새 버튼을 추가하고 텍스트 뷰 변경하기(res/layout/activity_main.xml)

```
<LinearLayout xmlns:android="http://schemas.android.com/apk/res/android"
        xmlns:tools="http://schemas.android.com/tools"
        android:layout_width="match_parent"
        android:layout_height="match_parent"
        ... >

    <TextView
        android:id="@+id/question_text_view"
        android:layout_width="wrap_content"
        android:layout_height="wrap_content"
        android:gravity="center"
        android:padding="24dp"
        android:text="@string/question_text"
        tools:text="@string/question_australia" />

    <LinearLayout ... >
        ...
    </LinearLayout>
```

```
<Button
    android:id="@+id/next_button"
    android:layout_width="wrap_content"
    android:layout_height="wrap_content"
    android:text="@string/next_button" />
```

</LinearLayout>

이처럼 activity_main.xml을 변경하면 이제는 눈에 익은 에러가 나타날 것이다. 바로 문자열 리소스가 누락되었다는 경고 에러다.

res/values/strings.xml을 편집기 창에서 열고 question_text를 question_australia로 변경하고 새 버튼의 문자열도 추가하자.

리스트 2.3 | 문자열 변경하기(res/values/strings.xml)

```
<string name="app_name">GeoQuiz</string>
<string name="question_text">캔버라는 호주의 수도다.</string>
<string name="question_australia">캔버라는 호주의 수도다.</string>
<string name="true_button">True</string>
<string name="false_button">False</string>
<string name="next_button">Next</string>
...
```

strings.xml 파일을 변경하는 김에 사용자에게 보여줄 문자열을 몇 개 더 추가하자.

리스트 2.4 | 질문 문자열 추가하기(res/values/strings.xml)

```
<string name="question_australia">캔버라는 호주의 수도다.</string>
<string name="question_oceans">태평양은 대서양보다 더 크다.</string>
<string name="question_mideast">수에즈 운하는 홍해와 인도양을 연결한다.</string>
<string name="question_africa">나일강은 이집트에서 시작된다.</string>
<string name="question_americas">아마존강은 아메리카 대륙에서 가장 긴 강이다.</string>
<string name="question_asia">바이칼 호수는 세계에서 가장 오래되고 가장 깊은 담수호다.</string>
...
```

참고로 문자열 안에 아포스트로피(')나 줄바꿈 문자(n) 등을 넣어야 할 때는 \'나 \n과 같이 이스케이프 시퀀스 문자인 \를 앞에 추가해야 한다.

다시 activity_main.xml로 돌아가 편집기 창 오른쪽 위의 디자인 버튼(🖼 Design)이나 분할 버튼(▤ Split)을 클릭하자. 그러면 레이아웃 디자인이 그림 2.1과 같이 보일 것이다.

이로써 GeoQuiz 앱의 뷰 계층에서 할 일은 끝났다. 이제는 컨트롤러 클래스인 **MainActivity**에 모든 것을 연결하자.

컨트롤러 계층 변경하기

1장에서는 GeoQuiz 앱에 하나만 있는 컨트롤러인 **MainActivity**가 하는 일이 그리 많지 않았다. 즉, activity_main.xml에 정의된 레이아웃을 화면에 보여주고 두 개의 버튼에 리스너를 설정한 후 토스트 메시지를 만들기 위해 그것들을 코드와 연결하였다.

이제는 보여줄 질문이 여러 개이므로 GeoQuiz의 모델과 뷰 계층을 결합하려면 **MainActivity**가 더 많은 일을 해야 한다.

편집기 창에서 MainActivity.kt 탭을 클릭하고 **Question** 객체를 저장한 **List**와 이 **List**의 인덱스를 생성하자.

리스트 2.5 | List 추가하기(MainActivity.kt)

```kotlin
class MainActivity : AppCompatActivity() {

    private lateinit var trueButton: Button
    private lateinit var falseButton: Button

    private val questionBank = listOf(
            Question(R.string.question_australia, true),
            Question(R.string.question_oceans, true),
            Question(R.string.question_mideast, false),
            Question(R.string.question_africa, false),
            Question(R.string.question_americas, true),
            Question(R.string.question_asia, true))

    private var currentIndex = 0
    ...
}
```

여기서는 **Question** 클래스의 생성자를 여러 번 호출해 **Question** 객체를 저장하는 **List**를 생성한다(listOf는 List를 생성하는 코틀린의 컬렉션 함수다). 더 복잡한 프로젝트에서는 **Question** 객체들이 어딘가(데이터베이스 등)에서 생성되고 저장되는데, 모델 데이터를 저장하는 더 좋은 방법은 나중에 알아보겠다. 지금은 일단 컨트롤러 내부에서 간단하게 **List**로 생성하고 사용한다.

지금부터는 questionBank, currentIndex, 그리고 **Question** 클래스의 속성을 사용해서 여러 개의 질문을 화면에 보여줄 것이다.

우선, **TextView**와 **NEXT** 버튼을 참조하는 속성을 추가한다. 그리고 **TextView**의 참조를 얻은 후 현재의 인덱스가 가리키는 질문 텍스트를 **TextView**에 설정한다. 또한, **NEXT** 버튼의 참조도 얻는다(**NEXT** 버튼의 클릭 리스너는 잠시 후에 추가할 것이다).

리스트 2.6 | TextView를 코드와 연결하기(MainActivity.kt)

```kotlin
class MainActivity : AppCompatActivity() {

    private lateinit var trueButton: Button
    private lateinit var falseButton: Button
    private lateinit var nextButton: Button
    private lateinit var questionTextView: TextView
    ...
    override fun onCreate(savedInstanceState: Bundle?) {
        ...
        trueButton = findViewById(R.id.true_button)
        falseButton = findViewById(R.id.false_button)
        nextButton = findViewById(R.id.next_button)
        questionTextView = findViewById(R.id.question_text_view)

        trueButton.setOnClickListener { view: View ->
            ...
        }

        falseButton.setOnClickListener { view: View ->
            ...
        }

        val questionTextResId = questionBank[currentIndex].textResId
        questionTextView.setText(questionTextResId)
    }
}
```

코드에 에러가 없는지 확인한 후 GeoQuiz를 실행하자(실행 방법은 1장의 그림 1.23과 이 그림 아래의 설명을 참고한다). 그러면 **List**의 첫 번째 질문이 **TextView**에 나타나고 **Next** 버튼도 보일 것이다. 앱을 종료하자.

이제 **NEXT** 버튼이 작동하게 하자. **View.OnClickListener**를 이 버튼에 설정하는데, 이 리스너에서는 **List**의 인덱스 값을 증가시키고 **TextView**의 텍스트를 변경한다.

```kotlin
override fun onCreate(savedInstanceState: Bundle?) {
    ...
    falseButton.setOnClickListener { view: View ->
        ...
    }

    nextButton.setOnClickListener {
        currentIndex = (currentIndex + 1) % questionBank.size
        val questionTextResId = questionBank[currentIndex].textResId
        questionTextView.setText(questionTextResId)
    }

    val questionTextResId = questionBank[currentIndex].textResId
    questionTextView.setText(questionTextResId)
}
```

이제 questionTextView에 보여줄 텍스트를 변경하는 동일한 코드를 두 곳에 갖게 되었다. 이 코드를 리스트 2.8처럼 하나의 함수에 넣자. 그 다음에 nextButton의 리스너와 onCreate (Bundle?)의 끝에서 이 함수를 각각 호출해 액티비티의 뷰에 텍스트를 설정하게 한다.

리스트 2.8 | 동일한 코드를 하나의 함수에 모아두기(MainActivity.kt)

```kotlin
class MainActivity : AppCompatActivity() {
    ...
    override fun onCreate(savedInstanceState: Bundle?) {
        ...
        nextButton.setOnClickListener {
            currentIndex = (currentIndex + 1) % questionBank.size
            val questionTextResId = questionBank[currentIndex].textResId
            questionTextView.setText(questionTextResId)
            updateQuestion()
        }

        val questionTextResId = questionBank[currentIndex].textResId
        questionTextView.setText(questionTextResId)
        updateQuestion()
    }

    private fun updateQuestion() {
        val questionTextResId = questionBank[currentIndex].textResId
        questionTextView.setText(questionTextResId)
    }
}
```

GeoQuiz 앱을 실행해 새로 추가한 **NEXT** 버튼을 테스트해보자.

이제 질문을 제대로 처리하게 되었으니 다음은 답을 처리할 차례다. 이 시점에서 GeoQuiz는 정답 여부를 판단하지 못하므로 이것을 수정하자. 이번에는 동일한 코드를 두 곳에 따로 작성하지 말고 해당 코드를 캡슐화하는 다음의 private 함수를 **MainActivity**에 추가해보자.

```
private fun checkAnswer(userAnswer: Boolean)
```

이 함수는 사용자가 **TRUE**나 **FALSE** 중 어떤 버튼을 눌렀는지 식별하는 Boolean 변수를 인자로 받는다. 그리고 사용자가 선택한 답이 현재의 **Question** 객체가 갖는 정답과 맞는지 확인한 후 이에 적합한 메시지를 사용자에게 보여주는 **Toast**를 생성한다.

리스트 2.9와 같이 **checkAnswer(Boolean)** 함수의 구현 코드를 MainActivity.kt에 추가하자.

리스트 2.9 | checkAnswer(Boolean) 추가하기(MainActivity.kt)

```
class MainActivity : AppCompatActivity() {
    ...
    private fun updateQuestion() {
        ...
    }

    private fun checkAnswer(userAnswer: Boolean) {
        val correctAnswer = questionBank[currentIndex].answer

        val messageResId = if (userAnswer == correctAnswer) {
            R.string.correct_toast
        } else {
            R.string.incorrect_toast
        }

        Toast.makeText(this, messageResId, Toast.LENGTH_SHORT)
            .show()
    }
}
```

그리고 리스트 2.10에 있듯이, 버튼의 리스너에서 **checkAnswer(Boolean)**을 호출한다.

리스트 2.10 | checkAnswer(Boolean) 호출하기(MainActivity.kt)

```
override fun onCreate(savedInstanceState: Bundle?) {
    ...
    trueButton.setOnClickListener { view: View ->
        Toast.makeText(
```

```
            this,
            R.string.correct_toast,
            Toast.LENGTH_SHORT
        )
            .show()
        checkAnswer(true)
    }

    falseButton.setOnClickListener { view: View ->
        Toast.makeText(
            this,
            R.string.correct_toast,
            Toast.LENGTH_SHORT
        )
            .show()
        checkAnswer(false)
    }
    ...
}
```

GeoQuiz 앱을 다시 실행해서 현재의 질문에 대한 답과 우리가 누른 버튼을 기준으로 토스트가 올바른 메시지를 보여주는지 확인해보자.

아이콘 추가하기

GeoQuiz 앱이 제대로 실행된다. 그런데 **NEXT** 버튼에 오른쪽 화살표 아이콘을 추가하면 사용자 인터페이스가 더욱더 보기 좋을 것 같다.

이 화살표 아이콘은 이 책의 다운로드 파일에 있다(이 파일에는 이 책의 모든 안드로이드 스튜디오 프로젝트가 포함되어 있다). 다운로드 파일은 '이 책에 대하여'를 참고해 다운로드한다.

컴퓨터에서 다운로드된 파일의 압축을 풀고 Ch02/GeoQuiz/app/src/main/res 디렉터리를 보면 그 안에 drawable-hdpi, drawable-mdpi, drawable-xhdpi, drawable-xxhdpi, drawable-xxxhdpi 서브 디렉터리들이 있을 것이다. 이 디렉터리들의 이름 끝에 붙은 접미사는 장치의 화면 픽셀 밀도를 나타내는 수식자(qualifier)다(다운로드 파일에는 없지만 ldpi와 tvdpi 등도 있다).

- mdpi   중밀도(medium-density) 화면(~160dpi)

- hdpi   고밀도(high-density) 화면(~240dpi)

- xhdpi   초고밀도(extra-high-density) 화면(~320dpi)

- xxhdpi   극초고밀도(extra-extra-high-density) 화면(~480dpi)

- xxxhdpi   궁극초고밀도(extra-extra-extra-high-density) 화면(~480dpi)

각 디렉터리 안에는 이미지 파일인 arrow_right.png와 arrow_left.png가 있다. 이 파일들의 이미지는 디렉터리 이름에 지정된 화면 픽셀 밀도에 맞춰져 있다.

여기서는 그 이미지 파일 모두를 GeoQuiz에 포함시킬 것이다. 그러면 GeoQuiz 앱이 실행될 때 해당 장치에 가장 적합한 이미지를 안드로이드 운영체제가 선택한다. 그런데 해상도만 다른 동일한 이미지 파일들이 각 디렉터리에 중복되어 있어서 앱의 크기가 증가된다. 하지만 GeoQuiz는 간단한 앱이라서 문제되지 않는다.

앱의 어떤 화면 밀도 수식자에도 포함되지 않는 화면 밀도를 갖는 장치에서 앱을 실행하면 안드로이드 운영체제가 해당 장치에 적합한 크기로 이미지를 조정한다. 이런 특성 덕분에 모든 종류의 화면 밀도로 된 이미지들을 제공하지 않아도 된다(밀도마다 중복된 이미지를 갖는 데 따른 대안으로 22장에서 mipmap 디렉터리를 알아볼 것이다).

프로젝트에 리소스 추가하기

다음 단계로 GeoQuiz의 리소스에 이미지 파일(화살표 아이콘)들을 추가해보자.

우선 프로젝트 도구 창의 위에 있는 드롭다운에서 **Project** 를 선택해 프로젝트 뷰로 전환한다. 그리고 각 항목 왼쪽의 작은 삼각형(▶)을 클릭해 GeoQuiz/app/src/main/res를 확장한다(그림 2.6).

그리고 그 아래에 drawable-hdpi, drawable-mdpi, drawable-xhdpi, drawable-xxhdpi, drawable-xxxhdpi 서브 디렉터리가 있는지 확인한다. 이 서브 디렉터리가 없다면 컴퓨터의 파일 탐색기에서 다운로드 파일의

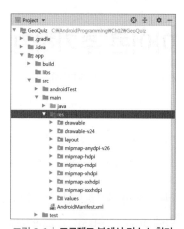

그림 2.6 | **프로젝트 뷰에서 리소스 찾기**

Ch02/GeoQuiz/app/src/main/res 디렉터리에 있는 다섯 개의 drawable 서브 디렉터리들을 선택해 클립보드로 복사한다. 그런 다음 안드로이드 스튜디오 프로젝트 도구 창의 GeoQuiz/app/src/main/res 디렉터리에 붙여넣기 한다(**res 디렉터리**에서 오른쪽 마우스 버튼을 클릭한 후 Paste를 선택하고 Copy 대화상자에서 **Refactor** 버튼을 클릭한다). 그렇지 않고 이미 있다면 각

drawable 디렉터리의 이미지 파일들을 복사하여 붙여넣기 한다.

모든 이미지 파일을 복사한 후 각 drawable 디렉터리를 확장하면 그림 2.7처럼 프로젝트 도구 창이 보일 것이다.

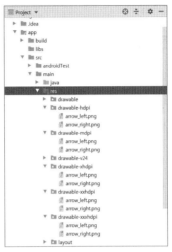

그림 2.7 | GeoQuiz의 각 drawable 디렉터리에 있는 이미지

프로젝트 도구 창을 다시 **Android** 뷰로 전환한 후 drawable을 확장하면 그림 2.8과 같이 drawable 이미지 파일별로 모아서 보여준다.

그림 2.8 | GeoQuiz의 drawable 이미지 파일들

res/drawable 디렉터리에는 어떠한 이미지 파일(.png, .jpg, .gif 등)도 추가할 수 있으며, 추가된 이미지 파일은 리소스 ID가 자동으로 부여된다(파일 이름은 소문자여야 하며, 중간에 공백이 없어야 한다).

이미지 파일의 리소스 ID는 장치의 화면 밀도를 나타내는 수식자와는 무관하며, 코드에 사용하기 위해 필요하다(수식자는 이미 drawable 디렉터리의 접미사로 지정되었다). 그리고 앱이 실행될 때 어떤 drawable 디렉터리의 이미지를 사용할 것인가는 안드로이드 운영체제가 결정한다(이 작업은 안드로이드 리소스 시스템이 수행하며, 어떻게 작동하는지는 3장에서부터 자세히 배울 것이다).

XML에서 리소스 참조하기

리소스 ID는 코드에서 리소스를 참조하기 위해 사용한다. 그런데 여기서는 레이아웃의 **NEXT** 버튼에 화살표 아이콘을 추가로 보여주고자 한다. 이럴 때 XML에서는 어떻게 리소스를 참조해야 할까?

편집기 창에 열려 있는 activity_main.xml 파일 탭을 선택하고(열려 있지 않으면 프로젝트 도구 창의 **Android** 뷰에서 app ➡ res ➡ layout 밑에 있는 activity_main.xml을 더블 클릭한다), 편집기 창의 오른쪽 위에 있는 코드 버튼(☰ Code)이나 분할 버튼(▦ Split)을 클릭해 코드 뷰로 전환한 후 리스트 2.11과 같이 변경해 **Button** 위젯에 두 개의 속성을 추가한다. 이때 분할 버튼을 클릭해 분할 뷰로 하면 레이아웃 코드와 디자인을 같이 볼 수 있어서 좋다.

리스트 2.11 | NEXT 버튼에 아이콘 추가하기(res/layout/activity_main.xml)

```
<LinearLayout ... >
    ...
    <LinearLayout ... >
        ...
    </LinearLayout>

    <Button
        android:id="@+id/next_button"
        android:layout_width="wrap_content"
        android:layout_height="wrap_content"
        android:text="@string/next_button"
        android:drawableEnd="@drawable/arrow_right"
        android:drawablePadding="4dp" />

</LinearLayout>
```

XML 리소스에서는 리소스 타입과 이름으로 또 다른 리소스를 참조한다. 문자열 리소스의 참조는 @string/로 시작하며, 화면에 그릴 수 있는 drawable 리소스의 참조는 @drawable/로 시작한다(리소스의 이름을 짓는 것과 res 디렉터리에서 작업하는 것에 관해서는 3장에서부터 자세히 배울 것이다).

GeoQuiz를 실행해 **NEXT** 버튼의 새로운 모습을 보자. 그리고 종전처럼 여전히 잘 작동하는지 테스트해보자.

화면 픽셀 밀도

리스트 2.11의 activity_main.xml에서는 속성값을 dp 단위로 지정하였다. 이게 무엇인지 알아보자.

때로는 뷰 속성들의 값을 특정 크기로 지정해야 한다(대개는 단위가 픽셀이지만, 때로는 포인트, 밀리미터, 인치로 나타낸다). 이런 값은 텍스트 크기나 마진(margin), 또는 패딩(padding) 속성에서 흔히 보게 된다. 텍스트 크기는 장치의 화면에 나타나는 텍스트의 픽셀 높이다. 마진은 각 뷰간의 간격을 나타내며, 패딩은 한 뷰의 바깥쪽 테두리와 이것의 내부 콘텐츠 간의 간격을 나타낸다. 다시 말해, 마진은 뷰 바깥의 여백이고, 패딩은 뷰 내부의 여백이라고 생각하면 된다.

앞의 '아이콘 추가하기' 절에서 보았듯이, 안드로이드에서는 화면 밀도 수식자가 이름에 붙은 여러 개의 drawable 폴더(예를 들어, drawable-xhdpi)를 사용해서 서로 다른 화면 픽셀 밀도에 맞게 자동으로 이미지 크기를 조정한다. 그런데 이미지 크기가 조정될 때 마진은 어떻게 될까? 그리고 사용자가 기본 크기보다 더 큰 텍스트 크기를 설정하면 어떻게 될까?

이런 문제를 해결하기 위해 안드로이드는 밀도에 독립적인 크기 단위를 제공한다. 따라서 서로 다른 화면 밀도에서 일정한 크기를 갖도록 그 단위를 사용하면 된다. 그리고 안드로이드가 그 단위를 런타임 시에 픽셀로 변환하므로 신경 쓸 필요도 없다(그림 2.9).

그림 2.9 | TextView에 적용되는 크기 단위

- px: **pixel**(픽셀)의 줄임말이다. 화면 밀도와는 무관하게 1픽셀은 화면의 1픽셀과 일치한다. 픽셀은 장치의 화면 밀도에 적합하게 조정되지 않으므로 사용을 권장하지 않는다.

- dp: **density-independent pixel**(밀도 독립적 픽셀)의 줄임말로, '딥' 또는 '디피'라고 발음한다. 마진과 패딩 등의 크기를 픽셀 값으로 지정하지 않을 때 사용한다. **1dp**는 항상 장치 화면의 1/160인치이며, 화면 밀도와 무관하게 일정한 크기를 갖는다. 따라서 장치의 화면이 고밀도일 때는 더 많은 수의 화면 픽셀을 채우기 위해 dp를 사용한다.

- sp: **scale-independent pixel**(크기 독립적 픽셀)의 줄임말이다. sp는 사용자의 폰트 크기 선택도 고려한 dp다. 주로 화면에 나타나는 텍스트 크기를 설정하기 위해 sp를 사용한다.

- pt, mm, in: 포인트(1/72인치), 밀리미터, 인치로 크기를 지정할 수 있는 크기 단위이다. 그런데 모든 장치에 잘 맞도록 구성되지 않아 사용을 권장하지 않는다.

실무는 물론이고 이 책에서는 dp와 sp를 사용하며, 안드로이드는 이 값들을 런타임 시에 픽셀로 변환한다.

장치에서 실행하기

GeoQuiz 앱이 실제 하드웨어 장치에서 실행될 수 있도록 장치를 연결하고 설정해보자.

첫 번째, 실제 안드로이드 장치를 컴퓨터에 연결한다. 맥 시스템에서는 시스템에서 장치를 바로 인식하지만, 윈도우 시스템에서는 **USB/ADB**(Android Debug Bridge) 드라이버를 설치해야 한다.

구글에서 만든 Pixel이나 Nexus 같은 레퍼런스(reference) 폰이나 태블릿은 안드로이드 SDK 매니저에서 구글 USB 드라이버를 설치하면 된다. 자세한 설치 방법은 https://developer.android.com/studio/run/win-usb를 참고하자.

구글 외 다른 안드로이드 장치는 장치 제조사(예를 들어, 삼성이나 LG 등)에서 제공하는 OEM 드라이버를 다운로드하고 설치해야 한다. 자세한 설치 방법과 드라이버 내역(제조사와 다운로드 링크)은 https://developer.android.com/studio/run/oem-usb에서 알 수 있다(제조사에 따라 다를 수 있지만, 다운로드한 드라이버를 실행하면 간단하게 설치되는 경우가 많다).

대부분의 제조사가 USB/ADB 통합 드라이버를 제공하므로 설치가 끝나고 장치를 연결하면 USB 저장 장치와 ADB 장치 모두 인식이 가능하다.

두 번째, USB를 통해서 ADB 장치로 연결이 되었더라도 앱이 실제 장치에 설치되고 실행되려면 장치에서 **USB 디버깅(Debugging)**이 가능하도록 설정해야 한다.

USB 디버깅 설정 옵션은 **개발자 옵션(Developer options)**에 있지만, 기본적으로 '개발자 옵션'은 보이지 않는다. 따라서 이 옵션을 보려면 **설정(Settings) ➡ 디바이스 정보(About Tablet/Phone)**에서 아래에 있는 **빌드 번호(Build Number)**를 일곱 번 터치한다. 그러면 몇 번 두드렸는지 알려주고 **개발자가 되었다**는 메시지를 보여준다(만일 새 장치를 구입했는데 **개발자 옵션**이 보인다면 이렇게 하지 않아도 된다). 그런 다음에 **설정**을 다시 보면 **개발자 옵션**이 보이며, 거기에 있는 **USB 디버깅**을 체크하면 된다.

이처럼 설정할 때 그리고 개발 컴퓨터에 장치를 처음 연결할 때는 장치에 **USB 디버깅**의 허용 여부를 확인하는 대화상자가 나타난다. 이때 '이 컴퓨터에서 항상 허용'을 체크하고 **확인**을 누르면 장치가 정상적으로 연결된다.

이제 실제 장치에서 GeoQuiz 앱을 실행할 수 있다. 우선, 연결된 장치를 확인하고 선택하자. 안드로이드 스튜디오 메인 창 위의 장치 선택 드롭다운에서 그림 2.10과 같이 실행할 장치를 선택한다.

그림 2.10 | 연결된 장치 확인 및 선택하기

Running devices에는 현재 연결된 실제 장치와 실행 중인 AVD 에뮬레이터를 보여준다. 이제 연결된 장치를 선택하자.

만일 연결된 장치가 보이지 않으면 앞에서 설명한 사전 준비 작업이 잘 되었는지 다시 확인한다. 특히, 장치의 설정에서 **USB 디버깅 허용**을 **허용 안 함**으로 바꿨다가 다시 **허용함**으로 설정해보자. 이렇게 하면 장치를 다시 인식할 것이다. 그렇게 해도 여전히 장치를 인식하지 못하면 https://developer.android.com/studio/run/device를 참고하자.

마침내 실제 장치가 연결되었다. 안드로이드 스튜디오 메인 창 위쪽 중앙에 있는 툴바의 초록색 삼각형으로 된 Run(실행) 버튼(▶)을 클릭해 앱을 실행하자. 또는 메인 메뉴의 **Run ➡ Run 'app'**을 선택하거나 단축키인 **Shift+F10[Control+R]** 키를 누르면 된다. 실행한 후에는 종전처럼 제대로 작동하는지 테스트해보자.

(여기에 있는 3개의 챌린지를 해볼 때는 현재 프로젝트를 백업하고 시작하기 바란다. 3장에서는 챌린지 이전 상태부터 시작하기 때문이다.)

챌린지: TextView에 리스너 추가하기

NEXT 버튼을 누르면 다음 질문을 볼 수 있어서 좋다. 그런데 **TextView**를 클릭해도 다음 질문을 볼 수 있게 할 수 있다.

힌트: 이때는 **Button**에 사용했던 **View.OnClickListener**를 **TextView**에 사용한다. 왜냐하면 **Button**과 마찬가지로 **TextView**도 **View**의 서브 클래스이기 때문이다.

챌린지: PREVIOUS 버튼 추가하기

사용자가 클릭해 이전 질문을 볼 수 있는 버튼을 추가해보자. 사용자 인터페이스는 그림 2.11처럼 생성한다.

굉장한 도전이 될 것이다. 이 챌린지를 하려면 1장과 2장에 나왔던 내용들을 다시 살펴봐야 한다.

그림 2.11 │ 이제는 PREVIOUS 버튼도 있다!

챌린지: Button을 ImageButton으로 변경하기

NEXT 버튼과 PREVIOUS 버튼이 아이콘으로 보인다면 사용자 인터페이스가 훨씬 더 보기 좋을 것 같다.

그림 2.12 | 아이콘 버튼

이 챌린지를 해결하려면 두 개의 위젯을 Button 대신 ImageButton으로 변경해야 한다.

ImageButton은 ImageView에서 상속받는 위젯이다. 반면, Button은 TextView에서 상속받는다. 그림 2.13은 각 위젯의 상속 관계다.

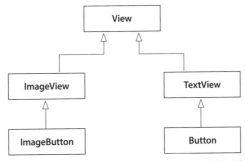

그림 2.13 | ImageButton과 Button의 상속 다이어그램

NEXT 버튼의 text와 drawable 속성을 다음과 같이 하나의 **ImageView** 속성으로 변경한다.

```
<~~Button~~ ImageButton
    android:id="@+id/next_button"
    android:layout_width="wrap_content"
    android:layout_height="wrap_content"
    ~~android:text="@string/next_button"~~
    ~~android:drawableEnd="@drawable/arrow_right"~~
    ~~android:drawablePadding="4dp"~~
    android:src="@drawable/arrow_right"
/>
```

물론, **ImageButton**과 같이 작동하도록 **MainActivity**를 변경해야 한다.

두 버튼을 **ImageButton**으로 변경하면 안드로이드 스튜디오에서 android:contentDescription 속성이 빠졌다는 경고를 보여준다. 이 속성은 시력이 안 좋은 사용자들을 지원하는데, 이 속성값을 문자열로 지정하면 해당 문자열이 큰 소리로 읽힌다(단, 사용자가 이 기능을 장치에 설정했을 때만 그렇다).

마지막으로, android:contentDescription 속성을 각 **ImageButton**에 추가해 챌린지를 완성해보자.

CHAPTER

3

액티비티 생명주기

이번 장에서는 흔히 발생하는 '장치 회전 문제'의 원인을 알아보고, 이를 토대로 장치를 가로
방향으로 회전시킬 때 생기는 장치 회전 문제를 대체 레이아웃(그림 3.1)을 보여주어 해결하는
방법을 알아보자.

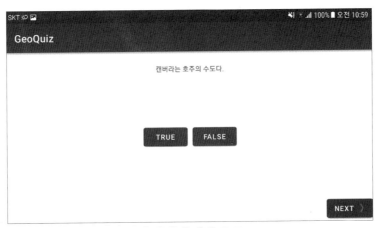

그림 3.1 | 가로 방향에서 실행되는 GeoQuiz 앱

GeoQuiz 화면 회전시키기

GeoQuiz 앱은 잘 작동한다. 장치의 방향을 바꾸지만 않는다면 말이다. 앱이 실행 중일 때 **NEXT** 버튼을 눌러 다음 문제를 보자. 그런 다음 장치를 가로 방향으로 회전시켜보자. 에뮬레이터에서 실행 중이라면 에뮬레이터의 오른쪽에 있는 툴바에서 '왼쪽으로 회전'이나 '오른쪽으로 회전' 버튼을 클릭해 회전시키면 된다(그림 3.2).

그림 3.2 │ 에뮬레이터의 회전 버튼

회전 방향 버튼을 클릭해도 회전하지 않는다면 다음과 같이 자동 회전을 활성화시킨다. 우선 화면 맨 위를 마우스로 클릭한 채 아래로 끌면 빠른 설정이 나오는데, 그림 3.3에 화살표로 표시된 자동 회전 아이콘을 클릭한다. 그러면 이 아이콘이 회색에서 파란색(또는 청녹색)으로 바뀌면서 자동 회전이 활성화된다.

그림 3.3 │ 자동 회전 설정

현재 어떤 문제를 보고 있든 장치가 회전되면 항상 첫 번째 문제가 다시 표시된다. 어떻게 그리고 왜 이런 일이 생길까? 이 문제는 액티비티 **생명주기**(lifecycle)와 관련 있다.

이 문제를 해결하는 방법은 4장에서 배울 것이다. 하지만 이 문제로 인한 결함 발생을 막으려면 먼저 문제의 근원을 이해하는 것이 중요하다.

액티비티 상태와 생명주기 콜백

Activity의 모든 인스턴스는 생명주기를 갖는다. 그리고 생명주기 동안에 액티비티는 네 가지 상태, 즉 실행 재개(resumed), 일시 중지(paused), 중단(stopped), 존재하지 않음(nonexistent)으로 상호 전환된다. 또한, 각 전환이 발생할 때 액티비티에 상태 변경을 알려주는 **Activity** 함수들이 있으며, 이 함수들은 안드로이드가 자동 호출한다. 그림 3.4는 액티비티 생명주기와 상태 그리고 관련 함수다.

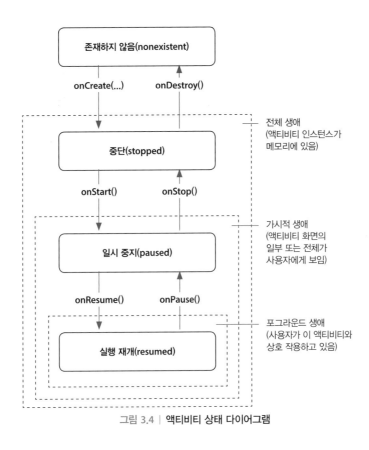

그림 3.4 | 액티비티 상태 다이어그램

그림 3.4에서 액티비티의 각 상태를 볼 수 있다. 즉, 액티비티의 인스턴스가 메모리에 있거나, 사용자에게 보이거나, 사용자의 입력을 받으면서 포그라운드에서 실행 중일 때다. 표 3.1은 이 내용을 요약한 것이다.

표 3.1 | 액티비티 상태

상태	메모리에 있음?	사용자에게 보임?	포그라운드에서 실행?
존재하지 않음	아니오	아니오	아니오
중단	예	아니오	아니오
일시 중지	예	예(부분적*)	아니오
실행 재개	예	예	예

(* 당시 상황에 따라 일시 중지된 액티비티의 전체 또는 일부가 사용자에게 보일 수 있다.)

존재하지 않음 상태는 액티비티가 아직 론칭되지 않았거나 소멸되었음(예를 들어, 사용자가 백 버튼을 눌러서)을 나타낸다. 이 때문에 때로는 이 상태를 '소멸(destroyed)' 상태라고도 한다. 이때 액티비티 인스턴스는 메모리에 존재하지 않으며, 사용자가 보거나 상호 작용하기 위한 뷰도 없다.

중단 상태는 액티비티 인스턴스가 메모리에 있지만, 이것의 뷰는 화면에서 볼 수 없다는 것을 나타낸다. 액티비티가 처음 시작될 때 거쳐가는 상태이며, 액티비티 인스턴스의 뷰가 화면에서 완전히 가려졌을 때 언제든 다시 진입하는 상태다. 예를 들어, 전체 화면을 사용하는 다른 액티비티를 사용자가 시작하거나 홈 버튼을 누를 때 등이다.

일시 중지 상태는 액티비티가 포그라운드(foreground)에서 작동하지는 않지만, 액티비티 인스턴스의 뷰 전체 또는 일부를 화면에서 볼 수 있음을 나타낸다. 예를 들어, 이 액티비티 위에 새로운 대화상자나 투명 액티비티가 사용자에 의해 시작된다면 이 액티비티는 일부만 화면에 보이게 된다. 만일 사용자가 다중 창 모드('분할 화면 모드'라고도 함)로 두 개의 액티비티를 같이 보고 있다면 액티비티 전체가 화면에 보일 수 있지만, 포그라운드에 존재하지 않을 수도 있다.

실행 재개 상태는 액티비티가 메모리에 있으면서 화면에서 전체를 볼 수 있고 포그라운드에 있음을 나타낸다. 사용자가 현재 상호 작용하고 있는 액티비티가 바로 이 상태다. '실행 재개' 상태는 장치의 전체 시스템에 걸쳐 하나의 액티비티만 될 수 있다. 즉, 한 액티비티가 '실행 재개' 상태가 되면 직전에 실행 중이던 액티비티는 다른 상태로 바뀐다는 의미다.

Activity의 서브 클래스는 그림 3.4에 있는 함수들을 사용해 액티비티 생명주기의 전환 시점에 필요한 일을 처리할 수 있다. 이 함수들을 **생명주기 콜백(lifecycle callback)**이라고 한다.

이미 생명주기 콜백 함수 중 하나인 **onCreate(Bundle?)**을 알고 있을 것이다. 액티비티 인스턴스가 생성되고 화면에 나타나기 전에 안드로이드 운영체제가 이 함수를 호출한다.

UI(사용자 인터페이스)를 준비하기 위해 액티비티에서는 다음과 같이 **onCreate(Bundle?)** 함수를 오버라이드(override)한다.

- 위젯을 인플레이트해 뷰 객체로 생성한 후 화면에 보여준다(**setContentView(Int)**를 호출).
- 인플레이트된 위젯의 객체 참조를 얻는다.
- 사용자와의 상호 작용을 처리하기 위해 위젯에 리스너를 설정한다.
- 외부의 모델 데이터를 연결한다.

onCreate(Bundle?) 함수를 비롯한 **Activity** 생명주기 함수를 우리가 호출하지 않음을 기억하라. 단지 액티비티 생명주기 콜백 함수들를 오버라이드만 하면 된다. 그러면 상태가 변경됨을 액티비티에 알려주기 위해 안드로이드가 생명주기 콜백 함수들을 적절한 시점에 호출해준다.

액티비티 생명주기 로깅하기

여기서는 GeoQuiz 앱의 액티비티인 **MainActivity**의 생명주기를 살펴보기 위해 생명주기 함수들을 오버라이딩한다. 이때 각 함수에서는 해당 함수가 호출되었음을 알려주는 메시지만 로깅한다. 이렇게 하면 사용자가 하는 것과 관련해서 **MainActivity**의 상태가 실행할 때 어떻게 변하는지 아는 데 도움이 된다.

로그 메시지 만들기

안드로이드에서 **android.util.Log** 클래스는 공유되는 시스템 수준의 로그에 로그 메시지를 전달한다. **Log** 클래스는 메시지를 로깅하기 위한 함수들을 갖고 있다. 그중에서 다음 함수를 자주 사용할 것이다.

```
public static Int d(String tag, String msg)
```

d는 'debug(디버그)'를 의미하며, 로그 메시지의 레벨을 나타낸다(**Log** 레벨에 관한 자세한 내용은 이 장 뒤쪽의 '궁금증 해소하기: 로그 레벨'에 있다). 첫 번째 매개변수는 메시지의 출처를 나타내며, 두 번째 매개변수는 메시지의 내용이다.

일반적으로 첫 번째 문자열에는 클래스 이름을 값으로 갖는 **TAG** 상수를 지정한다. 이렇게 하면 메시지의 근원을 알기 쉽다.

2장에서 작성한 GeoQuiz 프로젝트를 안드로이드 스튜디오에서 열고(웰컴 스크린에서 'Open an Existing Project'를 선택하거나 웰컴 스크린 왼쪽에 나타나는 최근 프로젝트 목록에서 선택) **MainActivity. kt**를 편집기 창에서 열어 **MainActivity** 클래스에 TAG 상수를 추가한다.

```
import ...

private const val TAG = "MainActivity"

class MainActivity : AppCompatActivity() {
    ...
}
```

참고로, 이처럼 .kt 파일 내부에서 클래스 바깥쪽에 선언한 변수를 코틀린에서는 최상위 수준 속성이라고 한다. 최상위 수준 속성은 다음 두 가지 상황에 사용할 수 있다. 첫째, 특정 클래스의 인스턴스를 생성하지 않고 바로 사용할 수 있으므로 애플리케이션이 실행되는 동안 속성값을 계속 보존해야 할 때다. 둘째, 애플리케이션 전체에서 사용하는 상수를 정의할 때 유용하다.

그다음에 **onCreate(Bundle?)** 에서 **Log.d(...)** 를 호출해 메시지를 로깅하자.

리스트 3.2 | onCreate(Bundle?)에 Log.d(...) 호출 추가하기(MainActivity.kt)

```
override fun onCreate(savedInstanceState: Bundle?) {
    super.onCreate(savedInstanceState)
    Log.d(TAG, "onCreate(Bundle?) called")
    setContentView(R.layout.activity_main)
    ...
}
```

MainActivity 의 생명주기 함수 중에서 **onCreate(Bundle?)** 은 오버라이드되었으니 이제 나머지 함수 다섯 개를 추가로 오버라이드한다. 이 코드는 **onCreate(Bundle?)** 다음에 추가하면 된다.

리스트 3.3 | 생명주기 함수를 추가로 오버라이드하기(MainActivity.kt)

```
class MainActivity : AppCompatActivity() {
    ...
    override fun onCreate(savedInstanceState: Bundle?) {
        ...
    }

    override fun onStart() {
        super.onStart()
        Log.d(TAG, "onStart() called")
```

```
        }

        override fun onResume() {
            super.onResume()
            Log.d(TAG, "onResume() called")
        }

        override fun onPause() {
            super.onPause()
            Log.d(TAG, "onPause() called")
        }

        override fun onStop() {
            super.onStop()
            Log.d(TAG, "onStop() called")
        }

        override fun onDestroy() {
            super.onDestroy()
            Log.d(TAG, "onDestroy() called")
        }

        private fun updateQuestion() {
            ...
        }
        ...
}
```

Log.d(…)를 호출해 메시지를 로깅하기 전에 오버라이드되는 슈퍼 클래스 함수를 호출한다는 점에 유의하자. 오버라이드하는 각 콜백 함수에서는 오버라이드되는 슈퍼 클래스 함수를 호출하는 코드가 맨 앞에 있어야 한다.

각 함수에 override 키워드가 있는 이유는 오버라이드하는 함수가 슈퍼 클래스에 있는지 컴파일러에게 확인하라고 요청하기 위해서다. 예를 들어, 다음과 같이 함수 이름을 틀리게 해서 오버라이드하려고 하면 컴파일러가 에러를 발생시킨다.

```
override fun onCreat(savedInstanceState: Bundle?) {
    ...
}
```

슈퍼 클래스인 **AppCompatActivity**가 **onCreat(Bundle?)** 함수를 갖고 있지 않아(함수 이름의 제일 끝에 e가 빠졌다) 컴파일러가 에러를 발생시킬 수 있지만, 이처럼 override 키워드를 사용하면 오타로 인한 에러 발생을 런타임이 아닌 컴파일 시점에 방지할 수 있다. 그리고 이처럼 슈퍼 클래스의 함수를 오버라이드할 때 코틀린에서는 반드시 override 키워드를 지정해야 한다.

LogCat 사용하기

그림 3.5와 같이 아래쪽에 로그캣(Logcat) 창이 열렸는지 확인한다. 만일 열리지 않았다면 맨 밑의 테두리에 있는 'Logcat' 도구 버튼을 클릭한다.

그림 3.5 | 로그캣 창

로그캣 창에서는 앱의 메시지가 시스템의 다른 메시지와 함께 나온다. 따라서 리스트 3.1에서 추가했던 **TAG** 상수의 값을 사용하면 앱의 메시지만 쉽게 찾아볼 수 있다. 로그캣 창의 오른쪽 위에 있는 드롭다운을 클릭하여 'Edit Filter Configuration'을 선택하면 메시지를 필터링할 수 있는 대화상자가 나온다. 그림 3.6과 같이 필터 이름을 **MainActivity**로 입력하고, **Log Tag** 필드에도 **MainActivity**를 입력한 후 **OK** 버튼을 클릭한다.

그림 3.6 | 로그캣에서 필터 생성하기

이렇게 하면 Logcat 창의 오른쪽 위의 드롭다운에 **MainActivity**가 나오고 태그가 **MainActivity**로 된 GeoQuiz 앱의 메시지들만 보여준다. 그리고 필터 드롭다운 왼쪽의 검색 필드에 D/MainActivity를 입력하면 리스트 3.3의 생명주기 함수에서 로깅한 메시지만 나온다(그림 3.7). GeoQuiz를 실행하자.

그림 3.7 | GeoQuiz 앱의 MainActivity 생명주기 함수들이 출력하는 메시지

이제는 GeoQuiz 앱이 실행 중인 장치나 에뮬레이터에서 사용자의 액션에 따라 어떤 생명주기 함수들이 호출되는지 쉽게 알 수 있다.

액티비티 생명주기가 사용자 액션에 어떻게 응답하는지 살펴보기

GeoQuiz 앱이 설치 및 실행될 때는 생명주기 함수 **onCreate(Bundle?)**, **onStart()**, **onResume()** 가 차례대로 호출되고(그림 3.7) **MainActivity** 인스턴스가 생성된다. 즉, **MainActivity** 인스턴스가 '실행 재개' 상태가 된다(메모리에 로드되고, 사용자에게 보이며, 포그라운드에서 작동함).

앞으로는 서로 다른 액티비티 생명주기 함수들을 오버라이드해 앱에 필요한 일을 처리한다. 그리고 이때 각 함수의 사용법을 자세히 알아볼 것이다. 일단 지금은 생명주기 함수들이 언제 호출되는지 로그캣의 메시지를 통해 살펴보자.

일시적으로 액티비티 떠나기

GeoQuiz 앱이 실행 중인 상태에서 로그캣 창의 왼쪽 위에 있는 메시지 지움 버튼(🗑)을 클릭해 현재 나타난 메시지들을 지운다. 그리고 GeoQuiz 화면을 보면서 실제 장치나 에뮬레이터의 홈 버튼을 누른 후, 로그캣 메시지를 확인해보자. 이때 **MainActivity**는 **onPause()**, **onStop()** 호출을 받지만, **onDestroy()**는 호출되지 않는다(그림 3.8). 그러면 **MainActivity**는 어떤 상태일까?

그림 3.8 | 홈 버튼을 누르면 액티비티가 중단된다

장치의 홈 버튼을 누르면 안드로이드 운영체제에 '나는 다른 작업을 하려고 한다. 그런데 현재의 액티비티 화면에서 볼일이 다 끝나지 않았으므로 다시 돌아올 수 있다.'라고 알리는 셈이 된다. 따라서 안드로이드 운영체제는 현재 액티비티를 일시 중지했다가 중단시킨다. 즉, GeoQuiz 앱에서 홈 버튼을 누른 후에는 **MainActivity**의 인스턴스가 '중단' 상태가 된다(메모리에는 있지만 사용자에게는 보이지 않으며, 포그라운드에서 실행되지 않는다). 그러나 사용자가 나중에 GeoQuiz 앱으로 돌아오면 안드로이드 운영체제는 재빨리 **MainActivity** 인스턴스를 다시 시작한다(홈 버튼 누름에 관해서는 추가로 알아볼 것이 있는데, '중단' 상태의 앱은 안드로이드 운영체제의 판단에 따라 소멸될 수 있기 때문이다. 추가적인 내용은 4장에서 다룬다).

오버뷰 화면(overview screen)에서 GeoQuiz 태스크를 선택해 다시 GeoQuiz 앱으로 돌아가자. 이때는 최근 앱(Recents) 버튼을 누르면 된다. 장치에 따라 버튼의 모습이나 위치가 다를 수 있지만, 에뮬레이터의 경우는 그림 3.9와 같다.

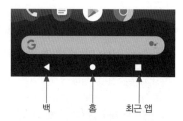

그림 3.9 | 백 버튼, 홈 버튼, 최근 앱 버튼

만일 장치에 최근 앱 버튼이 없고 홈 버튼 하나만 있다면(그림 3.10), 화면의 아래쪽에서 위로 쓸어 올리면 오버뷰 화면이 나타난다. 그런데 이렇게 해도 나타나지 않는다면 해당 장치의 사용법을 확인한다.

그림 3.10 | 홈 버튼만 있을 때

그림 3.11과 같이 오버뷰 화면의 각 카드는 이전에 사용자가 사용했던 앱을 나타낸다. 오버뷰 화면은 '최근 앱 화면' 또는 '태스크 매니저'라고도 한다. 여기서는 개발자 문서에서 얘기하는 '오버뷰 화면'이라고 하겠다.

그림 3.11 | 오버뷰 화면

오버뷰 화면에서 GeoQuiz 태스크를 클릭하면 **MainActivity**가 화면에 나타난다. 이때 로그캣 창의 메시지를 보면 **onStart()**와 **onResume()**이 호출되었음을 알 수 있다. 하지만 **onCreate(...)**는 호출되지 않았는데 홈 버튼을 누른 후에 **MainActivity**는 '중단' 상태가 되었기 때문이다. 따라서 **MainActivity** 인스턴스는 여전히 메모리에 있으므로 다시 생성될 필요가 없다. 그리고 오버뷰 화면에서 선택되면 액티비티만 다시 시작되어('일시 정지'이면서 화면에 볼 수 있는 상태) 실행이 재개된다(포그라운드로 '실행 재개'되는 상태).

액티비티는 '일시 중지' 상태에 머물러 있을 수도 있는데, 이때는 일부만 화면에 보이거나(예를 들어, 투명한 백그라운드를 갖거나 더 작은 화면 크기를 갖는 다른 액티비티가 '일시 중지'된 액티비티 화면 위에 있을 때) 또는 전체 화면이 보일 수도 있다(다중 창 모드일 때).

여기서 잠시 다중 창 모드(multi window mode)에 관해 알아보자. 다중 창 모드는 안드로이드 7.0 Nougat(누가) 이상에서만 사용할 수 있다. 따라서 사용하는 실제 장치의 안드로이드가 Nougat 이전 버전이라면 에뮬레이터를 사용해서 테스트해야 한다. 오버뷰 화면을 다시 열고 GeoQuiz 카드의 위에 있는 포개진 사각형 아이콘을 길게 누르자. 그러면 앱 카드들을 보여주는 오버뷰 화면이 밑에 나타난다(그림 3.12의 왼쪽 그림). 그리고 밑의 앱에서 원하는 앱 카드를 클릭하면 다중 창 모드가 되며, 위의 창에는 GeoQuiz 앱이, 방금 선택한 다른 앱은 아래 창에 열린다(그림 3.12의 오른쪽 그림).

그림 3.12 | 다중 창 모드에서 두 개의 앱 열기

아래 창에 열린 다른 앱을 클릭하고 로그캣의 메시지를 보면 GeoQuiz의 MainActivity에서 onPause()가 호출되었음을 알 수 있다. 즉, MainActivity는 현재 '일시 중지' 상태다.

그리고 위의 창에 열린 GeoQuiz를 클릭하면 MainActivity의 onResume()가 호출된다. 이제는 MainActivity가 '실행 재개' 상태가 되었기 때문이다.

다중 창 모드를 벗어날 때는 화면 중앙에 있는 구분자를 아래로 끌어서 아래 창을 덮거나 구분자를 위로 끌어서 위의 창을 덮으면 된다.

액티비티 끝내기

장치의 백 버튼을 누른 후 로그캣의 메시지를 확인해보자. MainActivity의 onPause(), onStop(), onDestroy()가 호출되었을 것이다(그림 3.13). 이제는 MainActivity의 인스턴스가 존재하지 않는 상태다(메모리에 없고 화면에도 보이지 않으며, 포그라운드에서도 동작하지 않음).

그림 3.13 | 백 버튼을 누르면 액티비티 인스턴스가 소멸된다

장치의 백 버튼을 눌렀다는 것은 앱의 사용자가 해당 액티비티를 **끝냈**다는 의미다. 달리 말해, 안드로이드 운영체제에 '나는 이 액티비티를 다 사용했으므로 더 이상 필요 없다.'라고 알리는 셈이다. 그러면 안드로이드 운영체제는 해당 액티비티를 소멸시키고 메모리로부터 모든 흔적을 지운다. 이것이 바로 장치의 제한된 리소스를 절약하는 안드로이드의 방식이다.

또한, 오버뷰 화면에서 해당 앱의 카드를 옆으로 밀어내도 앱을 끝낼 수 있으며, 코드에서는 **Activity.finish()**를 호출해 액티비티를 끝낼 수 있다.

액티비티 회전시키기

앞에서 얘기했던 GeoQuiz 앱의 결함을 다시 생각해보자. GeoQuiz를 다시 실행해 **NEXT** 버튼을 눌러 두 번째 문제가 나오게 한다. 그다음에 장치를 회전해보자(에뮬레이터에서는 오른쪽에 있는 툴바의 좌/우 회전 버튼을 클릭).

세로에서 가로 또는 가로에서 세로 방향으로 회전하면 GeoQuiz에서 매번 첫 번째 문제를 다시 보여준다. 이때 무슨 일이 생기는지 로그캣을 확인해보자. 그림 3.14와 같은 메시지가 나왔을 것이다.

그림 3.14 | MainActivity가 죽었다가 다시 살아난다!

이 메시지를 보면 알 수 있듯이, 장치를 회전하면 보고 있던 **MainActivity** 인스턴스는 소멸되었다가 다시 새로운 인스턴스로 생성된다. 다시 한번 장치를 회전해 액티비티의 소멸과 재생성을 확인해보자.

GeoQuiz 앱의 결함은 바로 이 때문이다. 장치의 방향이 바뀔 때마다 현재의 **MainActivity** 인스턴스는 완전히 소멸된다. 따라서 현재 인스턴스의 currentIndex에 저장된 값이 메모리에서 지워진다. 즉, 장치를 회전하면 그 당시 사용자가 어떤 문제를 보고 있었는지 GeoQuiz가 모르게 된다는 의미다.

장치가 회전될 때 안드로이드는 완전히 새로운 **MainActivity** 인스턴스를 생성한다. 따라서 **onCreate(Bundle?)**에서 currentIndex의 값이 0으로 초기화되므로 사용자는 첫 번째 문제를 다시 보게 된다.

이 결함은 4장에서 해결하고, 우선은 사용자가 장치를 회전할 때 어째서 안드로이드 운영체제가 액티비티를 소멸시키는지 자세히 알아보자.

장치 구성 변경과 액티비티 생명주기

장치를 회전하면 **장치 구성**(device configuration)이 변경된다. 장치 구성은 각 장치의 현재 상태를 나타내는 특성들의 집합이다. 장치 구성을 이루는 특성에는 화면 방향, 화면 밀도, 화면 크기, 키보드 타입, 도크(dock) 모드, 언어 등이 있다.

일반적으로 앱에서는 서로 다른 장치 구성에 맞추기 위해 대체 리소스를 제공한다. 장치마다 다른 화면 밀도를 고려해 여러 화살표 아이콘을 프로젝트에 추가했을 때 이미 이런 예를 보았다.

런타임 구성 변경(runtime configuration change)이 생길 때는 새로운 구성에 더 잘 맞는 리소스들이 있을 수 있다. 따라서 안드로이드는 현재의 액티비티 인스턴스를 소멸시키고 새로운 구성에 가장 적합한 리소스를 찾는다. 그리고 그런 리소스를 사용해서 해당 액티비티의 새 인스턴스를 다시 빌드한다. 실제로 어떻게 이런 일이 이루어지는지 장치의 화면 방향이 가로 방향으로 변경될 때 안드로이드가 찾아 사용할 대체 리소스를 생성해서 알아보자.

가로 방향 레이아웃 생성하기

프로젝트 도구 창의 **res** 디렉터리에서 오른쪽 마우스 버튼을 클릭한 후 **New ➡ Android Resource File**을 선택한다. 그러면 리소스 타입과 이 타입의 수식자를 선택하는 그림 3.15의 대화상자가 나타난다. 파일 이름에 activity_main을 입력하고 리소스 타입 드롭다운에서 'Layout'을 선택하면 디렉터리 이름이 **Layout**으로 변경된다. 루트 요소 필드에는 **FrameLayout**을 입력하고 Source set은 'main'을 그대로 둔다.

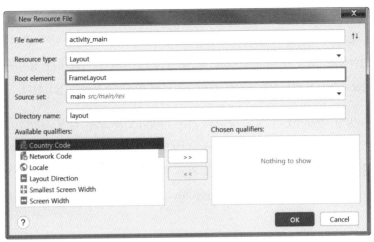

그림 3.15 | 새로운 리소스 파일 생성하기

그리고 사용 가능한 **수식자**(qualifier) 목록에서 밑으로 스크롤해 'Orientation(방향)'을 선택한 후 >> 버튼을 클릭해 선택된 수식자로 옮긴다. 그러면 화면 방향을 선택하는 드롭다운이 나온다. 그림 3.16과 같이 'Landscape'를 선택하면 디렉터리 이름이 **layout-land**로 변경되며, 이 디렉터리에 새로운 리소스 파일이 위치하게 한다. 그리고 **OK** 버튼을 클릭하자.

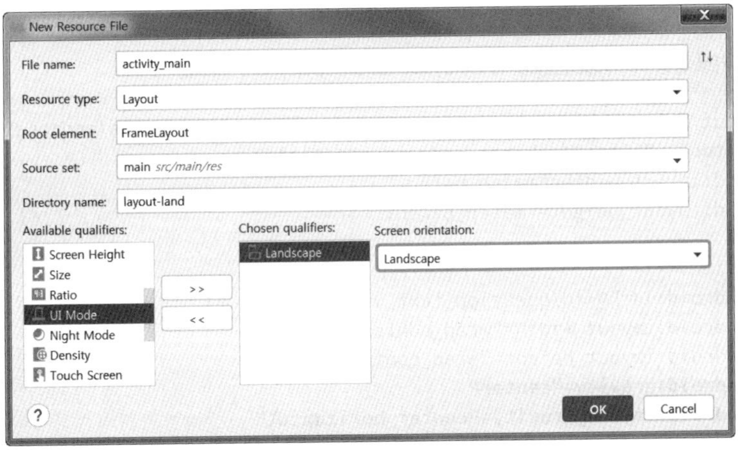

그림 3.16 | res/layout-land/activity_main.xml 생성하기

이렇게 하면 안드로이드 스튜디오가 res/layout-land/ 폴더를 만들고 이 폴더에 새로운 레이아웃 파일인 activity_main.xml도 생성해준다. 프로젝트 도구 창을 **Project** 뷰로 전환한 후 app/src/main/res 디렉터리를 보면 **layout-land** 디렉터리가 보인다. 이를 확인했으면 프로젝트 도구 창을 다시 **Android** 뷰로 전환한다. 그러면 이 디렉터리가 '**activity_main.xml (land)**'로 보인다.

이미 알고 있듯이, res 서브 디렉터리의 구성 수식자로 현재의 장치 구성에 가장 잘 맞는 리소스들을 안드로이드가 식별한다. -land 접미사는 여러 구성 수식자 중 하나다. 안드로이드가 인식하는 구성 수식자의 내역 및 각 구성 수식자가 나타내는 장치 구성 내역은 https://developer.android.com/guide/topics/resources/providing-resources.html을 참고한다.

이제는 가로 방향 레이아웃과 세로 방향의 기본 레이아웃을 모두 갖게 되었다. 장치가 가로 방향일 때 안드로이드는 res/layout-land/ 디렉터리의 레이아웃 리소스를 찾아 사용하며, 세로 방향일 때는 res/layout/ 디렉터리의 기본 레이아웃 리소스를 사용한다. 이때 두 디렉터리에 있는 레이아웃 파일은 이름이 같아야 한다. 그래야만 동일한 리소스 ID로 참조될 수 있다.

현재 res/layout-land/activity_main.xml은 빈 화면을 보여준다. 이 문제를 해결하기 위해 res/layout/activity_main.xml의 모든 내용(루트 **LinearLayout**의 제일 앞에 있는 **TextView**부터 제일 끝의 **Button**까지만)을 복사한 후 res/layout-land/activity_main.xml로 붙여넣는다 (**FrameLayout**의 여는 태그와 닫는 태그 사이에 붙여넣는다).

그런 다음, res/layout/의 기본 레이아웃과 달라지도록 가로 방향 레이아웃을 변경하자(리스트 3.4).

리스트 3.4 | 가로 방향 레이아웃 변경하기(res/layout-land/activity_main.xml)

```
<FrameLayout xmlns:android="http://schemas.android.com/apk/res/android"
    xmlns:tools="http://schemas.android.com/tools"
    android:layout_width="match_parent"
    android:layout_height="match_parent" >

    <TextView
        android:id="@+id/question_text_view"
        android:layout_width="wrap_content"
        android:layout_height="wrap_content"
        android:gravity="center"
        android:layout_gravity="center_horizontal"
        android:padding="24dp"
        tools:text="@string/question_australia"/>

    <LinearLayout
        android:layout_width="wrap_content"
        android:layout_height="wrap_content"
        android:orientation="horizontal"
        android:layout_gravity="center_vertical|center_horizontal">

        <Button
```

```
        .../>

    <Button
        .../>

</LinearLayout>

<Button
    android:id="@+id/next_button"
    android:layout_width="wrap_content"
    android:layout_height="wrap_content"
    android:layout_gravity="bottom|right"
    android:text="@string/next_button"
    android:drawableEnd="@drawable/arrow_right"
    android:drawablePadding="4dp"/>

</FrameLayout>
```

FrameLayout은 가장 간단한 **ViewGroup**이며, 자식 뷰들을 배치하는 특별한 방법을 갖고 있지 않다. 따라서 자식 뷰들은 자신에게 지정된 android:layout_gravity 속성에 따라 배치된다(이 속성의 값에서 경고가 나타날 것이다. 이 내용은 5장에서 자세히 설명한다). **FrameLayout**의 자식인 **TextView**, **LinearLayout**, **Button**에 android:layout_gravity 속성을 추가한 것도 이 때문이다. 단, 중첩된 **LinearLayout**의 **Button**들은 **FrameLayout**의 자식이 아니므로 이 속성을 추가하지 않는다.

GeoQuiz를 다시 실행하자. 그리고 장치를 가로 방향으로 돌려서 새 레이아웃이 나오는지 보자(그림 3.17). 이때 레이아웃만 새로 바뀐 게 아니고, **MainActivity**도 새로운 인스턴스가 생성되어 시작한다.

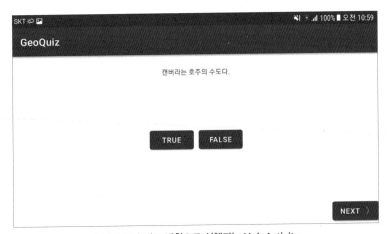

그림 3.17 | 가로 방향으로 실행되는 MainActivity

이번에는 다시 세로 방향으로 돌려서 res/layout/의 기본 레이아웃이 나오는지 확인해보자. 물론 이때에도 **MainActivity** 인스턴스가 새로 생성되어 시작된다.

4장에서는 장치 회전으로 발생하는 GeoQuiz 앱의 결함을 해결하는 방법을 알아본다.

궁금증 해소하기: UI 변경과 다중 창 모드

안드로이드 7.0 이전에는 대부분의 액티비티가 매우 짧은 시간 동안만 '일시 중지' 상태에 머물렀다가 곧바로 '실행 재개' 상태나 '중단' 상태로 바뀌었다.

이런 이유로 액티비티의 상태가 '일시 중지'가 아닌 '실행 재개'일 때 UI를 변경해야 한다고 생각하는 개발자들이 많아서, UI와 관련해서 진행 중인 변경(예를 들어, 애니메이션이나 데이터 갱신)의 시작과 중단을 **onResume()**과 **onPause()**에서 하는 것이 일반적이었다.

그런데 다중 창 모드가 안드로이드 7.0에 도입되면서 많은 앱들이 제대로 동작하지 못하는 일이 생기게 되었다. 즉, 다중 창 모드일 때는 '일시 중지' 상태의 액티비티일지라도, 긴 시간 동안 화면에 완전하게 보일 수 있어서 사용자들은 '일시 중지'된 액티비티가 실행 중이라고 생각할 수 있다.

예를 들어, 비디오 재생을 하는 안드로이드 7.0 이전의 앱이 있다고 해보자. 이 앱은 **onResume()**에서 비디오를 재생하고 **onPause()**에서 중단한다. 따라서 다중 창 모드에서 사용자가 다른 창의 앱을 사용하면 비디오 재생 앱은 '일시 중지' 상태가 되므로 **onPause()**에서 재생을 중단한다. 이렇게 되면 다른 창의 앱을 사용하는 동안에 비디오를 볼 수 없으므로 사용자의 불만을 초래한다.

다행스럽게도 이 문제는 비교적 간단하게 해결할 수 있다. **onResume()**이 아닌 **onStart()**에서 비디오를 재생하고 **onPause()**가 아닌 **onStop()**에서 중단하도록 코드를 변경해주면 해결된다.

즉, 안드로이드 7.0 이후에는 액티비티를 화면에 볼 수 있는 **onStart()**부터 **onStop()**까지의 전체 생명주기 동안에 UI를 변경해야 한다.

그러나 여전히 많은 앱들이 다중 창 모드에서 제대로 작동하지 못한다. 이에 구글 안드로이드 팀은 2018년 11월에 다중 창 모드의 **다중 실행 재개(multi-resume)** 지원 사양을 내놓았다. 간단히 말해, 다중 창 모드의 장치에서는 사용자가 어떤 창의 앱을 사용하건 각 창에 완전하게 보이는 액티비티들이 '실행 재개' 상태('일시 중지' 상태가 아닌)가 되며, 굳이 안드로이드 7.0 이전의 앱들을 수정하지 않아도 다중 창 모드에서 문제없이 실행된다.

안드로이드 9.0 Pie(파이) 이상에서 앱이 실행될 때는 매니페스트 파일에 <meta-data android:name="android.allow_multiple_resumed_activities" android:value="true" />를 추가해 '다중 실행 재개' 모드를 사용할 수 있다(매니페스트는 6장에서 자세히 배울 것이다).

궁금증 해소하기: 로그 레벨

android.util.Log 클래스로 로그 메시지를 출력하면 메시지의 내용은 물론이고 메시지의 중요도를 나타내는 **레벨(level)**도 제어할 수 있다. 표 3.2에 있듯이, 안드로이드는 다섯 개의 로그 레벨을 지원한다. 각 레벨은 자신과 부합되는 **Log** 클래스의 함수를 가지며, 이런 함수를 호출하면 쉽게 로그 메시지를 출력할 수 있다.

표 3.2 │ 로그 레벨과 함수

로그 레벨	함수	용도
ERROR	Log.e(...)	에러
WARNING	Log.w(...)	경고
INFO	Log.i(...)	정보성 메시지
DEBUG	Log.d(...)	디버깅 출력이며 필터링할 수 있다.
VERBOSE	Log.v(...)	개발 전용

또한, 각 로깅 함수는 두 개의 시그니처(signature)를 갖는다. 하나는 태그 문자열과 메시지 문자열로 된 두 개의 인자를 받고, 다른 하나는 이 두 인자에 **Throwable** 인스턴스를 추가로 받는다. **Throwable** 인스턴스는 앱이 발생시킬 수 있는 특정 예외에 관한 정보를 쉽게 로깅할 수 있게 한다. 리스트 3.5는 몇 가지 간단한 로그 함수 시그니처의 사용 예다.

```
// DEBUG 로그 레벨로 메시지를 로깅한다
Log.d(TAG, "Current question index: $currentIndex")

try {
    val question = questionBank[currentIndex]
} catch (ex: ArrayIndexOutOfBoundsException) {
    // 스택에 저장된 예외의 기록과 함께 ERROR 로그 레벨로 메시지를 로깅한다
    Log.e(TAG, "Index was out of bounds", ex)
}
```

챌린지: 정답 맞춘 문제를 건너뛰기

사용자가 정답을 맞춘 문제를 다시 볼 때 **TRUE**와 **FALSE** 버튼을 비활성화해 다시 답을 하지 않아도 되게 해보자.

챌린지: 점수 보여주기

사용자가 모든 문제에 대해 답을 한 후에 **Toast**로 점수를 백분율(%)로 보여주자. 행운을 빈다!

CHAPTER

4

UI 상태 유지하기

안드로이드는 적절한 시점에 대체 리소스를 제공하지만, 장치 회전에 따른 액티비티 소멸 및 재생성은 문제가 생길 수 있다. 예를 들어, 장치의 방향이 바뀔 때 GeoQuiz 앱에서 첫 번째 문제가 다시 나타나는 결함 같은 경우다.

이런 결함을 해결하려면 장치 회전 후에 재생성되는 **MainActivity** 인스턴스가 currentIndex 의 직전 값을 알아야 한다. 그러려면 장치 회전과 같은 런타임 구성 변경 시에 해당 데이터를 보존할 방법이 필요하다.

이 장에서는 **ViewModel**에 UI 데이터를 저장해 GeoQuiz 앱의 UI 상태가 유실되는 결함을 해결한다. 또한, 이보다는 덜 생기지만 여전히 문제가 많은 결함인 '프로세스 종료에 따른 UI 상태 유실'도 안드로이드의 인스턴스 상태 보존 메커니즘을 사용해 해결한다.

ViewModel 의존성 추가하기

우선 **ViewModel** 클래스를 프로젝트에 추가한다. **ViewModel** 클래스는 안드로이드 Jetpack의 lifecycle-extensions(생명주기 확장) 라이브러리에 포함되어 제공되는데(Jetpack은 이 장의 뒷부분에서 더 자세히 알아본다), 사용하려면 우선 프로젝트 **의존성(dependencies)**에 lifecycle-extensions 라이브러리를 포함시켜야 한다.

프로젝트 의존성은 그래들(Gradle) 구성 파일인 build.gradle 파일에 지정한다(그래들은 안드로이드 앱의 빌드 도구다). 안드로이드 스튜디오에서 3장에서 작성한 프로젝트를 열어 프로젝트 도구 창이 **Android** 뷰로 선택된 상태에서 제일 밑의 Gradle scripts를 확장하면 두 개의 build.gradle 파일이 보일 것이다. build.gradle(Project: GeoQuiz)은 프로젝트 전체에 대한 빌드 구성 파일이며, 실제 위치는 GeoQuiz/build.gradle이다. 그리고 build.gradle(Module: GeoQuiz.app)은 **app** 모듈의 빌드 파일이며, 실제 위치는 GeoQuiz/app/build.gradle이다. **app** 모듈의 빌드 파일을 더블 클릭해 편집기 창에 열면 리스트 4.1과 같다.

리스트 4.1 | 그래들 의존성(app/build.gradle)

```
plugins {
    id 'com.android.application'
    id 'kotlin-android'
}

android {
    ...
}

dependencies {
    ...
}
```

프로젝트 의존성은 dependencies 블록에 지정한다. 안드로이드 프레임워크에 포함되지 않은 외부 라이브러리를 앱에서 사용하려면(예를 들어, 해당 라이브러리의 클래스) 의존성을 지정한다. 대부분의 라이브러리 의존성이 자동으로 포함되지만, 직접 지정해야 하는 것도 있다.

그리고 의존성에 지정된 라이브러리는 앱이 빌드될 때 그래들이 찾아서 내려받아 앱에 포함해준다. 따라서 라이브러리를 알 수 있는 문자열만 정확하게 지정하면 나머지는 그래들이 해준다(앱을 빌드한 후 프로젝트 도구 창이 **Project** 뷰로 선택된 상태에서 아래에 있는 External Libraries를 확장하면 의존성에 지정된 라이브러리와 안드로이드 프레임워크 라이브러리를 모두 볼 수 있다).

리스트 4.2와 같이 lifecycle-extensions 라이브러리 의존성을 app/build.gradle 파일에 추가한다 위치는 dependencies 블록 안의 어디라도 상관없다. 하지만, 새로 추가하는 의존성은 맨 끝에 넣는 것이 좋다.

리스트 4.2 | lifecycle-extensions 의존성 추가하기(app/build.gradle)

```
dependencies {
    ...
    implementation 'androidx.constraintlayout:constraintlayout:2.0.4'
    implementation 'androidx.lifecycle:lifecycle-extensions:2.2.0'
    ...
}
```

이처럼 **build.gradle** 파일이 변경되면 그림 4.1과 같이 프로젝트를 동기화해야 한다는 메시지가 나온다(그림 4.1).

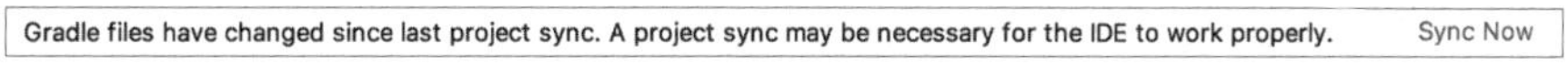
Gradle files have changed since last project sync. A project sync may be necessary for the IDE to work properly.
Sync Now

그림 4.1 | **프로젝트 동기화 메시지**

이 메시지가 나오는 이유는 변경한 것에 따라 그래들이 의존성 라이브러리를 내려받거나 삭제해 빌드를 변경해야 하기 때문이다. 그러려면 **Sync Now**를 클릭하거나 메뉴 바의 **File ➡ Sync Project with Gradle Files**를 선택하면 된다.

ViewModel 추가하기

이제 **ViewModel**을 알아보자. **ViewModel**은 특정 액티비티 화면과 연동되며, 해당 화면에 보여줄 데이터를 형식화하는 로직을 두기 좋은 곳이다. **ViewModel**은 모델 객체와 연동되어 모델을 '장식한다'. 즉, 모델 데이터를 화면에 보여주는 기능을 **ViewModel**이 수행한다. **ViewModel**을 사용하면 화면에서 필요한 모든 데이터를 한곳에서 종합하고 데이터를 형식화할 수 있다.

androidx.lifecycle 패키지는 **생명주기를 인식하는** 컴포넌트를 비롯해서 생명주기 관련 API도 제공하며, **ViewModel**도 androidx.lifecycle 패키지의 일부다. 생명주기를 인식하는 컴포넌트는 액티비티와 같은 다른 컴포넌트의 생명주기를 관찰하고 상태를 고려해 작동한다.

구글에서는 액티비티 생명주기(그리고 이 책 후반부에서 배울 다른 컴포넌트 생명주기) 처리를 쉽게 할 수 있도록 androidx.lifecycle 패키지와 이 패키지의 내용물(클래스나 인터페이스 등)을 만들었다. 11장에서는 또 다른 생명주기 인식 컴포넌트인 LiveData를, 25장에서는 생명주기 인식 컴포넌트를 생성하는 방법을 알아본다.

ViewModel의 서브 클래스인 **QuizViewModel**을 생성할 준비가 되었다. 이제 프로젝트 도구 창이 **Android** 뷰로 되어 있는지 확인하고, app/java 밑에 있는 **com.bignerdranch.android. geoquiz** 패키지에서 오른쪽 마우스 버튼을 클릭한 후 **New ➡ Kotlin Class/File**을 선택한다. 이름에 **QuizViewModel**을 입력하고 드롭다운에서 'Class'를 더블 클릭하거나 Enter 키를 누른다.

자동 생성되어 편집기 창에 열린 QuizViewModel.kt를 리스트 4.3과 같이 변경한다. 여기서는 **init** 블록을 추가하고 **onCleared()**를 오버라이드한다. 그리고 **QuizViewModel** 인스턴스가 생성되거나 소멸될 때 메시지를 로깅한다(**init**로 지정된 {} 안의 코드를 **초기화 블록**이라고 하며, 이 코드는 클래스 인스턴스 생성 시에 자동으로 실행된다).

리스트 4.3 | ViewModel 클래스 생성하기(QuizViewModel.kt)

```
package com.bignerdranch.android.geoquiz

private const val TAG = "QuizViewModel"

class QuizViewModel : ViewModel() {

    init {
        Log.d(TAG, "ViewModel instance created")
    }

    override fun onCleared() {
        super.onCleared()
        Log.d(TAG, "ViewModel instance about to be destroyed")
    }
}
```

onCleared() 함수는 **ViewModel** 인스턴스(여기서는 **QuizViewModel** 인스턴스)가 소멸되기 전에 호출되므로 클린업 할 것이 있으면 이 함수에서 하면 된다. 지금은 **ViewModel**의 생명주기를 알아보기 위해 인스턴스가 곧 소멸된다는 메시지만 로깅한다.

다음으로 MainActivity.kt를 열어 **onCreate(Bundle?)**에서 현재 액티비티를 **QuizViewModel** 인스턴스와 연결한다.

리스트 4.4 | ViewModel 인스턴스 사용하기(MainActivity.kt)

```
class MainActivity : AppCompatActivity() {
    ...
    override fun onCreate(savedInstanceState: Bundle?) {
        ...
```

```
        setContentView(R.layout.activity_main)

        val provider: ViewModelProvider = ViewModelProvider(this)
        val quizViewModel = provider.get(QuizViewModel::class.java)
        Log.d(TAG, "Got a QuizViewModel: $quizViewModel")

        trueButton = findViewById(R.id.true_button)
        ...
    }
    ...
}
```

ViewModelProvider(this)를 호출하면 현재 액티비티와 연관된 **ViewModelProvider** 인스턴스를 생성하고 반환한다.

그리고 **provider.get(QuizViewModel::class.java)**를 호출하면 **QuizViewModel** 인스턴스를 반환한다. 따라서 새로 추가한 첫 번째와 두 번째 줄의 코드는 다음과 같이 한 줄의 연쇄 호출 코드로 작성해도 된다.

```
ViewModelProvider(this).get(QuizViewModel::class.java)
```

ViewModelProvider는 **ViewModel**의 레지스트리처럼 작동한다. 즉, 액티비티(여기서는 **MainActivity**) 인스턴스가 처음으로 **QuizViewModel**을 요청하면 **ViewModelProvider**가 새로운 **QuizViewModel** 인스턴스를 생성하고 반환한다. 그리고 장치 구성이 변경되어 새로 생성된 **MainActivity** 인스턴스가 **QuizViewModel**을 또 요청하면 **QuizViewModel** 인스턴스가 새로 생성되지 않고 최초 생성되었던 인스턴스가 반환된다. 또한, **MainActivity** 인스턴스가 종료되어(예를 들어, 사용자가 백 버튼을 눌러서) 소멸될 때는 **QuizViewModel** 인스턴스도 같이 메모리에서 제거된다.

ViewModel 생명주기와 ViewModelProvider

3장에서는 액티비티가 네 개의 상태, 실행 재개(resumed), 일시 중지(paused), 중단(stopped), 존재하지 않음(nonexistent)으로 전환됨을 배웠다. 또한, 사용자가 액티비티를 끝내거나 또는 구성에 변경이 있으면 시스템이 액티비티를 소멸시킬 수 있다는 사실도 배웠다.

사용자가 액티비티를 끝낸다는 것은 그 당시 UI 상태가 더 이상 필요 없음을 의미하므로 상태 데이터를 초기화하면 된다. 이와 달리 사용자가 장치를 회전해서 액티비티 화면의 방향이 바뀔 때는 회전 이전과 이후의 UI 상태는 같아야 한다. 사용자는 계속 같은 화면을 볼 수 있기를 기대하기 때문이다.

액티비티의 isFinishing 속성으로 이런 두 가지 시나리오 중 어느 것에 해당되는지 판단할 수 있다. 만일 isFinishing이 true면 사용자가 액티비티를 끝냈음을 의미한다(예를 들어, 백 버튼을 누르거나 오버뷰 화면에서 해당 앱 카드를 없앴을 때). 따라서 현재의 액티비티 인스턴스가 소멸되더라도 이 당시의 UI 상태는 보존할 필요 없다. 그렇지 않고 isFinishing이 false면 장치의 회전에 따른 구성 변경으로 인해 시스템이 현재의 액티비티 인스턴스를 소멸시킨다는 것을 의미한다. 따라서 사용자가 계속 같은 화면을 볼 수 있도록 UI 상태가 보존되어야 한다. 이때 **ViewModel**을 사용하면 다른 방법을 사용하지 않아도 액티비티의 UI 상태 데이터를 메모리에 보존할 수 있다.

ViewModel의 생명주기는 사용자의 기대를 더 잘 반영하는데, 이는 장치의 구성 변경이 생겨도 계속 존재하다가 액티비티가 종료될 때만 소멸되기 때문이다.

앞의 리스트 4.4 코드에서 했던 것처럼, **ViewModel** 인스턴스는 액티비티 생명주기와 **연동**된다. **ViewModel** 인스턴스는 액티비티 상태 변화와 무관하게 액티비티가 종료될 때까지(예를 들어, 사용자가 백 버튼을 누를 때) 메모리에 남아 있다가 액티비티가 종료되면 소멸된다(그림 4.2).

그림 4.2 | **MainActivity와 연동되는 QuizViewModel**

장치의 회전 등에 따른 구성 변경이 생길 때마다 현재의 액티비티 인스턴스는 소멸되고 다시 새 인스턴스가 생성되지만, 액티비티와 연관되는 **ViewModel**은 메모리에 남는다(그림 4.3).

회전 이전	회전	회전 이후

그림 4.3 | 장치 회전 시 MainActivity와 QuizViewModel

그렇다면 실제 어떻게 되는지 알아보자. 안드로이드 스튜디오 아래에 로그캣 창이 열렸는 지 확인하고 열리지 않았다면 맨 밑의 테두리에 있는 'Logcat' 도구 버튼을 클릭한다. 그 다음에 로그캣 창의 오른쪽 위에 있는 드롭다운을 클릭하고 'Edit Filter Configuration' 을 선택하면 메시지를 필터링할 수 있는 대화상자가 나타난다. 그림 4.4와 같이 필터 이 름을 'ViewModelAndActivity'로 입력하고(원하는 이름을 지정해도 된다), Log Tag 필드에는 'QuizViewModel|MainActivity'를 입력한 후 OK 버튼을 클릭한다(입력한 두 클래스 이름 사이의 파이프 문자인 |는 정규표현식의 or를 의미한다.)

그림 4.4 | 로그캣에서 메시지 필터 생성하기

이제는 로그캣 창의 오른쪽 위에 있는 드롭다운에 ViewModelAndActivity가 나오고 태그 가 MainActivity 또는 QuizViewModel로 된 GeoQuiz 앱의 메시지들만 보인다. 그리고 드롭 다운 왼쪽의 검색 필드에 D/MainActivity|D/QuizViewModel을 입력하면 MainActivity 또는 QuizViewModel에서 Log.d(...)로 로깅한 디버깅 레벨의 메시지만 보인다. 그러면 로그캣 창의 왼쪽 위에 있는 '메시지 지움' 버튼(🗑)을 클릭해 현재 나타난 메시지들을 지운다.

GeoQuiz를 실행해 로그캣의 메시지를 살펴보자. MainActivity 인스턴스가 생성되고 onCreate (Bundle?)에서 최초로 ViewModel을 요청할 때 새로운 QuizViewModel 인스턴스가 생성됨을 알 수 있다(그림 4.5).

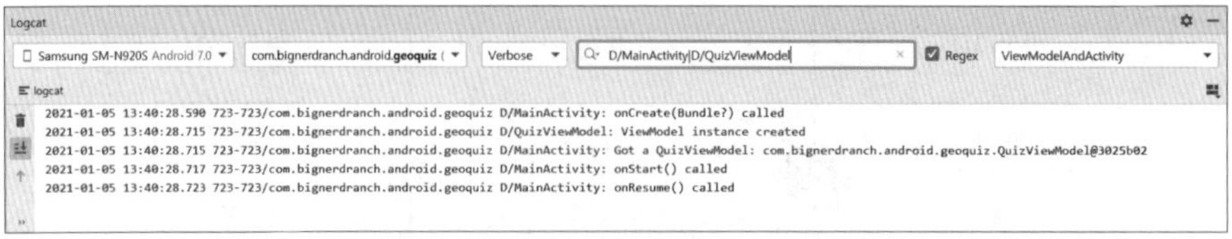

그림 4.5 | QuizViewModel 인스턴스가 생성됨

로그캣 창의 메시지를 지운 후 장치를 회전해보자. **MainActivity** 인스턴스는 소멸되었지만, **QuizViewModel** 인스턴스는 남아있음을 알 수 있다(그림 4.6). 장치가 회전된 후 새로운 **MainActivity** 인스턴스가 생성될 때 **QuizViewModel**을 다시 요청한다. 그런데 이전에 생성된 **QuizViewModel** 인스턴스가 여전히 메모리에 남아있으므로 **ViewModelProvider**는 새 인스턴스를 생성하지 않고 기존 인스턴스를 반환한다.

그림 4.6 | MainActivity 인스턴스는 소멸되지만 QuizViewModel 인스턴스는 남아있음

다시 로그캣 창의 메시지를 지운 후 마지막으로 백 버튼을 눌러보자. **MainActivity** 인스턴스가 소멸될 때 **QuizViewModel** 인스턴스도 같이 소멸됨을 알 수 있다(그림 4.7). 이때 **QuizViewModel**의 **onCleared()**가 호출된다.

그림 4.7 | MainActivity 인스턴스와 QuizViewModel 인스턴스가 모두 소멸됨

MainActivity와 **QuizViewModel** 간의 관계는 단방향이다. 즉, 액티비티는 **ViewModel**을 참조하지만, **ViewModel**은 액티비티를 참조하지 않는다. **ViewModel**은 액티비티나 다른 뷰의 참조를 가지면 안 된다. **메모리 유실**(memory leak)이 생길 수 있기 때문이다.

소멸되어야 하는 객체의 참조를 다른 객체가 가지면 메모리 유실이 생길 수 있다. 이때 참조되는 객체를 가비지 컬렉터가 메모리에서 제거할 수 없게 된다(이것을 강한 참조(strong reference)라

고 한다). 구성 변경으로 인한 메모리 유실은 흔히 생기는 결함이다. 강한 참조와 가비지 컬렉션은 이 책의 범위를 벗어나니 자세한 내용은 코틀린이나 자바 관련 도서를 참고하기 바란다.

장치 회전 시에 액티비티 인스턴스는 소멸되지만, **ViewModel** 인스턴스는 메모리에 남는다. 그런데 **ViewModel** 인스턴스가 액티비티 인스턴스에 대해 강한 참조를 가지면 다음 두 가지 문제가 생길 수 있다. 첫째, 액티비티 인스턴스가 메모리에서 제거되지 않아서 이 인스턴스가 사용하는 메모리가 유실된다. 둘째, **ViewModel** 인스턴스가 현재 사용되지 않는 과거 액티비티의 참조를 갖게 되어 **ViewModel** 인스턴스가 과거 액티비티의 뷰를 변경하려고 하면 **IllegalStateException**이 발생한다.

ViewModel에 데이터 추가하기

자, 이제 장치 회전으로 인한 GeoQuiz의 결함을 해결해보자. 장치가 회전되어도 **QuizViewModel** 인스턴스는 소멸되지 않으므로, 액티비티의 UI 상태 데이터를 **QuizViewModel** 인스턴스에 보존할 수 있다.

따라서 질문 데이터와 현재의 인덱스 데이터 및 처리 로직을 액티비티로부터 **QuizViewModel**로 옮길 것이다. 우선 안드로이드 스튜디오 메뉴의 **Edit** ➡ **Cut**을 사용하여 **MainActivity**의 currentIndex와 questionBank 속성을 잘라내기 한다(리스트 4.5).

리스트 4.5 | 액티비티의 모델 데이터 잘라내기(MainActivity.kt)

```
class MainActivity : AppCompatActivity() {
    ...
    private val questionBank = listOf(
        Question(R.string.question_australia, true),
        Question(R.string.question_oceans, true),
        Question(R.string.question_mideast, false),
        Question(R.string.question_africa, false),
        Question(R.string.question_americas, true),
        Question(R.string.question_asia, true)
    )

    private var currentIndex = 0
    ...
}
```

그다음에 리스트 4.6에 있는 대로 currentIndex와 questionBank 속성을 **QuizViewModel**에 붙여넣기한다(안드로이드 스튜디오 메뉴의 **Edit** ➡ **Paste** 사용). 그리고 **MainActivity** 같은 외

부 클래스에서 currentIndex 속성값을 사용할 수 있도록 이 속성의 접근 제한자(access modifier)인 private을 삭제한다. 이때 questionBank의 private 접근 제한자는 그대로 둔다. **MainActivity**에서 이 속성을 직접 사용하지 않기 때문이다. 대신에 **QuizViewModel**에 추가할 함수와 연산 속성(computed property)을 사용할 것이다(연산 속성은 리스트 4.7에서 추가 설명한다). 그리고 **init** 초기화 블록과 **onCleared()** 함수는 더 이상 사용하지 않으므로 삭제한다.

리스트 4.6 | 모델 데이터를 QuizViewModel에 넣기(QuizViewModel.kt)

```
class QuizViewModel : ViewModel() {

    init {
        Log.d(TAG, "ViewModel instance created")
    }
    override fun onCleared() {
        super.onCleared()
        Log.d(TAG, "ViewModel instance about to be destroyed")
    }

    var currentIndex = 0

    private val questionBank = listOf(
        Question(R.string.question_australia, true),
        Question(R.string.question_oceans, true),
        Question(R.string.question_mideast, false),
        Question(R.string.question_africa, false),
        Question(R.string.question_americas, true),
        Question(R.string.question_asia, true)
    )
}
```

그리고 다음 문제를 처리할 수 있게 인덱스를 변경하는 함수를 **QuizViewModel**에 추가하고, 현재 문제의 텍스트와 정답을 반환하는 두 개의 연산 속성도 추가한다(여기서 추가하는 함수와 연산 속성은 리스트 4.9의 **MainActivity**에서 사용한다).

리스트 4.7 | QuizViewModel에 비즈니스 로직 추가하기(QuizViewModel.kt)[1]

```
class QuizViewModel : ViewModel() {

    var currentIndex = 0
```

---

[1] currentQuestionAnswer와 currentQuestionText는 연산 속성이다. 이것은 다른 속성의 값을 사용해서 산출된 값을 자·신의 값으로 반환하므로 이 속성이 값을 지정하는 필드(후원 필드(backing field)라고 함)가 클래스 인스턴스에 생기지 않는다. 그리고 get()은 속성의 값을 반환하는 접근자(accessor)다. 코틀린의 클래스 속성에 관한 자세한 내용은 코틀린 관련 도서를 참고하자.

```
    private val questionBank = listOf(
        ...
    )

    val currentQuestionAnswer: Boolean
        get() = questionBank[currentIndex].answer

    val currentQuestionText: Int
        get() = questionBank[currentIndex].textResId

    fun moveToNext() {
        currentIndex = (currentIndex + 1) % questionBank.size
    }
}
```

이미 얘기했듯이, **ViewModel**은 사용하기 쉽도록 자신과 연관된 화면에서 필요한 모든 데이터를 저장하고 형식화한다. 따라서 프레젠테이션 로직 코드를 액티비티와 분리할 수 있어서 액티비티를 좀 더 간단하게 유지할 수 있다. 가능한 한 액티비티를 간단하게 유지하는 것이 좋다. 액티비티에 추가되는 모든 코드는 뜻하지 않게 액티비티 생명주기의 영향을 받을 수 있기 때문이다. 또한, 간단하게 유지하면 액티비티는 화면에 나타나는 것을 처리하는 것만 집중하고, 보여줄 데이터를 결정하는 내부 로직은 신경 쓰지 않아도 된다.

하지만 여기서는 **updateQuestion()**과 **checkAnswer(Boolean)** 함수를 **MainActivity**에 남겨두고, 리스트 4.7에서 추가했던 **QuizViewModel**의 연산 속성들을 사용하도록 잠시 후에 이 함수들을 변경할 것이다.

다음으로 액티비티와 연관된 **QuizViewModel** 인스턴스를 보존하기 위해 늦게 초기화되는 속성을 추가한다.

리스트 4.8 | 늦게 초기화되는 QuizViewModel(MainActivity.kt)

```
class MainActivity : AppCompatActivity() {
    ...
    private val quizViewModel: QuizViewModel by lazy {
        ViewModelProvider(this).get(QuizViewModel::class.java)
    }

    override fun onCreate(savedInstanceState: Bundle?) {
        ...
        val provider: ViewModelProvider = ViewModelProvider(this)
        val quizViewModel = provider.get(QuizViewModel::class.java)
        Log.d(TAG, "Got a QuizViewModel: $quizViewModel")
```

```
        ...
    }
    ...
}
```

이처럼 by lazy 키워드를 사용하면 quizViewModel을 var이 아닌 val 속성으로 선언할 수 있어 좋다. 왜냐하면 액티비티 인스턴스가 생성될 때 **QuizViewModel** 인스턴스 참조를 **quizViewModel**에 한번만 저장하기 때문이다.

또한, by lazy 키워드를 사용하면 최초로 quizViewModel이 사용될 때까지 초기화를 늦출 수 있다. 여기서는 **MainActivity** 인스턴스가 생성된 후 호출되는 **onCreate(Bundle?)**에서 **quizViewModel**이 사용되므로 이때 quizViewModel이 **QuizViewModel** 인스턴스 참조로 초기화되어 안전하게 사용할 수 있다.

마지막으로, 문제와 정답 및 인덱스를 **QuizViewModel**로부터 가져오도록 **MainActivity**를 변경한다(리스트 4.9).

리스트 4.9 | QuizViewModel로부터 문제와 정답 및 인덱스 가져오기(MainActivity.kt)

```
class MainActivity : AppCompatActivity() {
    ...
    override fun onCreate(savedInstanceState: Bundle?) {
        ...
        nextButton.setOnClickListener {
            currentIndex = (currentIndex + 1) % questionBank.size
            quizViewModel.moveToNext()
            updateQuestion()
        }
        ...
    }
    ...
    private fun updateQuestion() {
        val questionTextResId = questionBank[currentIndex].textResId
        val questionTextResId = quizViewModel.currentQuestionText
        questionTextView.setText(questionTextResId)
    }

    private fun checkAnswer(userAnswer: Boolean) {
        val correctAnswer = questionBank[currentIndex].answer
        val correctAnswer = quizViewModel.currentQuestionAnswer
        ...
    }
```

GeoQuiz 앱을 실행해 **NEXT** 버튼을 한 번 이상 누른 후, 앱이 실행 중인 장치나 에뮬레이터를 회전해보자. 이제는 회전하기 직전에 보던 문제를 `MainActivity`가 기억해서 보여준다. 이로써 장치 회전으로 생긴 UI 상태 유실 결함은 해결되었다. 그러나 아직 자축은 이르다. 눈에 띄지 않는 또 다른 결함이 있다.

프로세스 종료 시에 데이터 보존하기

장치의 구성 변경이 생길 때만 안드로이드 운영체제가 액티비티 인스턴스를 소멸시키는 것은 아니다. 각 앱은 **프로세스**(더 구체적으로는 리눅스 프로세스)로 실행되며, 프로세스는 UI 관련 작업을 실행하는 하나의 스레드와 앱의 객체들을 저장하는 메모리를 포함한다.

그리고 사용자가 다른 앱으로 이동하거나 안드로이드 운영체제가 메모리를 회수할 때 앱의 프로세스는 안드로이드 운영체제에 의해 소멸된다. 앱의 프로세스가 소멸될 때는 이 프로세스에 저장된 모든 객체들도 같이 소멸된다(안드로이드 앱 프로세스에 관한 자세한 내용은 23장에서 알아본다).

'실행 재개'나 '일시 중지' 상태의 액티비티를 포함하는 프로세스는 다른 프로세스보다 높은 우선순위를 갖는다. 안드로이드 운영체제가 리소스를 회수할 때는 우선순위가 낮은 프로세스를 먼저 선택하지만, 화면에 보이는 액티비티를 포함하는 프로세스는 리소스 회수가 되지 않는다. 만일 화면에 보이면서 사용자와 상호 작용하는 포그라운드 프로세스의 리소스가 회수된다면 뭔가 장치에 문제가 생긴 것이다.

그런데 '중단' 상태의 액티비티는 종료시킬 좋은 대상이 된다. 따라서 예를 들어, 사용자가 앱을 사용하다가 홈 버튼을 눌러 다른 앱에서 비디오를 보거나 게임을 한다면 앱의 프로세스가 소멸될 수 있다(여러 개의 액티비티가 있는 앱에서는 액티비티들이 개별적으로 소멸되지 않는다. 대신에 안드로이드 운영체제는 메모리에 있는 해당 앱의 액티비티들과 함께 해당 앱의 프로세스 전체를 메모리에서 제거한다).

안드로이드 운영체제가 앱의 프로세스를 소멸시킬 때는 메모리에 있는 앱의 모든 액티비티들과 `ViewModel`들이 제거되지만, 액티비티나 `ViewModel`의 그 어떤 생명주기 콜백 함수도 호출하지 않는다.

그렇다면 액티비티가 소멸될 때 UI 상태 데이터를 보존해 액티비티의 재구성에 사용할 수 있는 방법은 무엇일까? **SIS(Saved Instance State, 저장된 인스턴스 상태)**에 데이터를 저장하는 것이 방법이 될 수 있다. SIS는 안드로이드 운영체제가 일시적으로 액티비티 외부에 저장하는 데이터이며, **Activity.onSaveInstanceState(Bundle)**을 오버라이드해 SIS에 데이터를 추가할 수 있다.

액티비티가 '중단' 상태로 바뀔 때는(예를 들어, 사용자가 홈 버튼을 누른 후 다른 앱을 실행할 때) 언제든지 안드로이드 운영체제가 **Activity.onSaveInstanceState(Bundle)**을 호출한다. 중단된 액티비티는 **종료 대상**이 되므로 이때 시점이 중요하다. 만일 우선순위가 낮은 백그라운드 앱이라서 앱의 프로세스가 종료된다면 **Activity.onSaveInstanceState(Bundle)**이 이미 호출되었다고 생각하면 된다.

액티비티의 슈퍼 클래스에 기본 구현된 **onSaveInstanceState(Bundle)**에서는 현재 액티비티의 모든 뷰가 자신들의 상태를 **Bundle** 객체의 데이터로 저장한다. **Bundle**은 문자열 키와 이 키의 값을 쌍으로 갖는 구조체다. **onCreate(Bundle?)**의 인자로 전달되는 **Bundle** 객체를 앞에서 이미 보았다.

```
override fun onCreate(savedInstanceState: Bundle?) {
    super.onCreate(savedInstanceState)
    ...
}
```

그리고 오버라이드한 **onCreate(Bundle?)**에서는 인자로 받은 **Bundle** 객체를 액티비티의 슈퍼 클래스에 정의된 **onCreate(Bundle?)**에 전달해 호출한다. 그러면 슈퍼 클래스의 **onCreate(Bundle?)**에서는 인자로 받은 **Bundle** 객체에 저장된 뷰들의 상태 데이터를 사용해서 액티비티의 뷰 계층을 다시 생성한다.

onSaveInstanceState(Bundle) 오버라이드하기

조금 전에 얘기했듯이, 액티비티의 슈퍼 클래스에 기본 구현된 **onSaveInstanceState(Bundle)**에서는 현재 액티비티의 모든 뷰가 자신들의 상태를 **Bundle** 객체의 데이터로 저장한다. 그리고 액티비티에서 **onSaveInstanceState(Bundle)**을 오버라이드하면 추가적으로 **Bundle** 객체에 데이터를 저장할 수 있으며, 이 데이터는 **onCreate(Bundle?)**에서 다시 받을 수 있다. 장치 회전과 같은 이유로 액티비티 인스턴스가 소멸될 때 currentIndex의 값을 저장하는 방법이 바로 이것이다.

우선, MainActivity.kt에서 상수를 추가한다. 이때 이 상수는 **Bundle** 객체에 저장될 데이터의 키로 사용된다.

리스트 4.10 | 키로 사용할 상수 추가하기(MainActivity.kt)

```
private const val TAG = "MainActivity"
private const val KEY_INDEX = "index"

class MainActivity : AppCompatActivity() {
    ...
}
```

그다음에 **onSaveInstanceState(Bundle)**을 오버라이드해 currentIndex의 값을 **Bundle** 객체에 저장한다. 이때 키는 리스트 4.10의 상수인 KEY_INDEX이며, 키의 값은 currentIndex다.

리스트 4.11 | onSaveInstanceState(Bundle) 오버라이드하기(MainActivity.kt)

```
override fun onPause() {
    ...
}

override fun onSaveInstanceState(savedInstanceState: Bundle) {
    super.onSaveInstanceState(savedInstanceState)
    Log.d(TAG, "onSaveInstanceState")
    savedInstanceState.putInt(KEY_INDEX, quizViewModel.currentIndex)
}

override fun onStop() {
    ...
}
```

마지막으로 **onCreate(Bundle?)**에서는 **Bundle** 객체에 저장된 값을 확인해 값이 있으면 그 값을 currentIndex에 지정하면 된다. 그렇지 않고 키("index")가 **Bundle** 객체에 없거나 **Bundle** 객체 참조가 null이면 currentIndex의 값을 0으로 설정한다.

리스트 4.12 | onCreate(Bundle?)에서 Bundle 객체 값 확인하기(MainActivity.kt)

```
override fun onCreate(savedInstanceState: Bundle?) {
    super.onCreate(savedInstanceState)
    Log.d(TAG, "onCreate(Bundle?) called")
    setContentView(R.layout.activity_main)

    val currentIndex = savedInstanceState?.getInt(KEY_INDEX, 0) ?: 0
```

```
    quizViewModel.currentIndex = currentIndex
    ...
}
```

---

onCreate(Bundle?)에서는 null이 될 수 있는 **Bundle** 객체 참조를 인자로 받는다. 왜냐하면 액티비티의 새로운 인스턴스가 최초로 생성될 때는(사용자가 앱을 시작하여) 상태 데이터가 없으므로 **Bundle** 객체 참조가 null이 되기 때문이다. 하지만, 장치 회전이나 프로세스 종료 후에 액티비티 인스턴스가 다시 생성될 때는 **Bundle** 객체 참조가 null이 아니다. 그리고 **Bundle** 객체 참조가 null이 아니면 **onSaveInstanceState(Bundle)**에서 추가한(리스트 4.11) 키와 값의 쌍으로 된 데이터가 **Bundle** 객체에 포함된다. 물론, **Bundle** 객체에는 프레임워크에서 추가한 정보(예를 들어, **EditText**의 값이나 다른 기본 UI 위젯의 상태 데이터)도 포함될 수 있다.

장치 회전의 경우는 테스트하기 쉽다. 우선 실제 장치나 에뮬레이터에서 **설정**(Settings) ➡ **개발자 옵션**(Developer options)을 선택한다. 만일 실제 장치에서 '개발자 옵션'이 보이지 않을 때는 2장을 참고해 활성화한다. 그리고 에뮬레이터에서 '개발자 옵션'이 안보일 때는 **System ➡ About emulated device**(또는 System ➡ About Tablet/Phone)을 선택한 후 아래로 스크롤해 'Build number'를 빠르게 일곱 번 클릭하면 '이제 개발자입니다!(You are now a developer!)'라는 메시지가 나온다.

이제 **설정 ➡ 개발자 옵션**(에뮬레이터에서는 **설정 ➡ 시스템 ➡ 고급 ➡ 개발자 옵션**)이 선택된 상태에서 아래로 계속 스크롤해보면 '애플리케이션(Apps)'으로 표시된 곳에 '활동 보관 안 함(Don't keep activities)'이 있을 것이다. 이 옵션을 활성화하면 된다. 예를 들어, 실제 장치에서는 그림 4.8과 같이 보일 것이다.

그림 4.8 | 액티비티 종료 시 유지하지 않음

이제 GeoQuiz를 실행해 **NEXT** 버튼을 눌러서 다른 문제가 나오게 한다. 그리고 앞의 그림 4.4 와 4.5에서 했던 것처럼 로그캣을 설정하고 **MainActivity**와 **QuizViewModel**의 메시지를 살펴 보자. 우선 로그캣 창의 왼쪽 위에 있는 '메시지 지움' 버튼(🗑)을 클릭해 현재 나타난 메시지 들을 지운다. 그리고 이미 알고 있듯이 홈 버튼을 누르면 액티비티가 '일시 정지' 상태로 되었 다가 '중단' 상태가 된다. 이때 나타난 메시지는 그림 4.9와 같다.

그림 4.9 | 홈 버튼을 눌렀을 때의 메시지

여기서는 '중단' 상태의 액티비티가 소멸되었다는 메시지를 보여주며, **onSaveInstanceState (Bundle)**이 호출되었다는 메시지도 보여준다. 따라서 새로 생성된 액티비티 인스턴스의 **onCreate(Bundle?)**에서는 소멸된 인스턴스에서 **Bundle** 객체에 저장했던 문제 인덱스(리스트 4.11)를 사용해서 현재 액티비티 인스턴스의 문제 인덱스를 복원할 수 있다(리스트 4.12).

정말로 복원되는지 확인하려면 오버뷰 화면에서 GeoQuiz 앱을 선택해서 화면을 보면, 홈 버 튼을 누를 당시의 문제가 그대로 보일 것이다.

테스트가 끝났으면 '활동 보관 안 함' 설정 옵션을 비활성화한다. 여기서는 액티비티가 확실하 게 메모리에서 제거되도록 하기 위해 임시로 이 옵션을 활성화했지만, 이 경우에는 성능 저하 가 생길 수 있기 때문이다. 홈 버튼 대신 백 버튼을 누르면 '활동 보관 안 함' 설정 옵션과는 무관하게 항상 액티비티가 소멸된다는 사실을 알아두자. 사용자가 백 버튼을 누른다는 것은 더 이상 현재 액티비티를 사용하지 않겠다는 의미이기 때문이다.

SIS와 액티비티 레코드

액티비티(프로세스)의 소멸에도 어떻게 **onSaveInstanceState(Bundle)**에 저장된 데이터가 존 속할까? **onSaveInstanceState(Bundle)**이 호출될 때 데이터가 저장된 **Bundle** 객체는 안드 로이드 운영체제에 의해 액티비티의 **액티비티 레코드**(activity record)로 저장되기 때문이다.

액티비티 레코드가 무엇인지 알기 위해 액티비티 생명주기에 **보존**(stashed) 상태를 추가해보자 (그림 4.10).

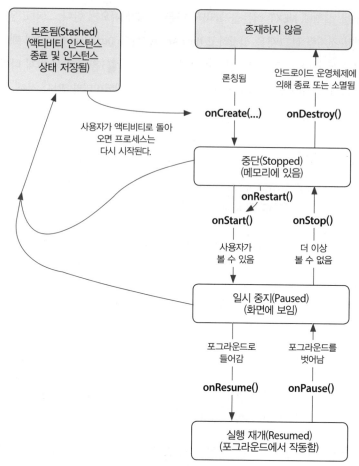

보존됨(Stashed)
(액티비티 인스턴스
종료 및 인스턴스
상태 저장됨)

존재하지 않음

론칭됨

안드로이드 운영체제에
의해 종료 또는 소멸됨

사용자가 액티비티로 돌아
오면 프로세스는
다시 시작된다.

onCreate(...)

onDestroy()

중단(Stopped)
(메모리에 있음)

onRestart()

onStart()

onStop()

사용자가
볼 수 있음

더 이상
볼 수 없음

일시 중지(Paused)
(화면에 보임)

포그라운드로
들어감

포그라운드를
벗어남

onResume()

onPause()

실행 재개(Resumed)
(포그라운드에서 작동함)

그림 4.10 | 완전한 액티비티 생명주기

액티비티가 보존 상태이면 액티비티 인스턴스는 존재하지 않지만, 액티비티 레코드 객체는 안드로이드 운영체제에 살아있다. 따라서 안드로이드 운영체제는 해당 액티비티 레코드를 사용해서 액티비티를 되살릴 수 있다.

액티비티는 **onDestroy()**가 호출되지 않고 보존 상태가 될 수 있다. 그러므로 장치에 이상이 생기지 않는 한, **onStop()**과 **onSaveInstanceState(Bundle)**이 호출되는 것에 의존해서 코드를 작성하면 된다. 일반적으로는 현재 액티비티에 속하는 작고 일시적인 상태 데이터를 **Bundle** 객체에 보존하기 위해 **onSaveInstanceState(Bundle)**을 오버라이드한다. 그리고 지속해서 저장할 데이터(예를 들어, 사용자가 입력/수정한 것)는 **onStop()**을 오버라이드해서 처리한다. 이 함수가 실행된 후에는 언제든 해당 액티비티가 소멸될 수 있기 때문이다.

그런데 액디비티 레코드는 언세 없어실까? 액티비티가 종료되면 액티비티 레코드도 같이 소멸된다. 액티비티 레코드는 장치가 다시 부팅될 때도 폐기된다(액티비티 종료의 의미는 3장의 '액티비티 끝내기' 절을 참고하자).

ViewModel vs SIS

이미 얘기했듯이, SIS에는 프로세스가 종료될 때는 물론이고, 장치의 구성 변경이 생길 때도 **Bundle** 객체를 사용해서 액티비티 레코드를 저장할 수 있다. 액티비티가 최초 실행될 때는 SIS의 **Bundle** 객체 참조가 null이다. 그리고 장치를 회전하면 안드로이드 운영체제가 현재 액티비티 인스턴스의 **onSaveInstanceState(Bundle)**을 호출하므로 보존할 상태 데이터를 이 함수에서 **Bundle** 객체에 저장할 수 있다. 그리고 이후에 새로운 액티비티 인스턴스가 생성되면 안드로이드 운영체제가 **Bundle** 객체에 저장된 상태 데이터를 **onCreate(Bundle?)**의 인자로 전달한다.

그렇다면 SIS만 사용해도 충분한데, GeoQuiz 앱에서는 굳이 **ViewModel**도 같이 사용할까? 사실 GeoQuiz 앱은 간단해서 SIS만 사용해도 된다.

그러나 대부분의 앱은 GeoQuiz처럼 작으면서 하드코딩된 데이터에 의존하지 않는다. 대신에 데이터베이스, 인터넷, 또는 둘 다로부터 동적인 데이터를 가져온다. 그리고 이런 작업은 비동기적이면서 느릴 수 있으며, 장치의 배터리나 네트워크 리소스를 많이 사용한다. 또한, 이런 작업을 액티비티 생명주기와 결속해서 처리하면 오류도 많이 생길 수 있다.

ViewModel의 진가는 액티비티의 동적 데이터를 처리할 때 발휘된다(11장과 24장에서 체감할 수 있다). 예를 들어, **ViewModel**은 장치의 구성 변경이 생겨도 다운로드 작업을 계속할 수 있게 해준다. 그리고 이미 알고 있듯이, 사용자가 액티비티를 끝내면 **ViewModel**은 자동으로 클린업이 된다.

하지만 프로세스가 종료되면 **ViewModel**이 처리하지 못한다. 자신이 가진 모든 것이 프로세스와 함께 메모리에서 완전히 제거되기 때문이다. SIS가 주목받는 이유가 바로 이 때문이다. 그런데 SIS에는 제약이 있다. SIS는 직렬화되어(serialized) 디스크에 저장되므로 크거나 복잡한 객체를 저장하는 것은 피해야 한다.

이 책을 쓸 당시에 구글 안드로이드 팀에서는 **ViewModel**의 개선 작업을 적극적으로 진행하고 있었다. 그 결과 lifecycle-viewmodel-savedstate 라이브러리가 새로 배포되었다. 이 라이브러리는 프로세스가 종료될 때 **ViewModel**이 자신의 상태 데이터를 보존할 수 있게 해준다. 따라서 액티비티의 SIS와 더불어 **ViewModel** 사용할 때의 어려움을 덜어줄 것이다.

이제는 **ViewModel**이나 SIS 중 어느 것이 더 좋은가는 문제되지 않으므로 두 가지를 절충해서 사용하면 된다.

즉, UI 상태를 다시 생성하기 위해 필요한 소량의 정보(예를 들어, GeoQuiz 앱의 현재 문제 인덱스)를 저장할 때는 SIS를 사용하고, 장치의 구성 변경이 생겨서 UI에 넣는 데 필요한 많은 데이터에 빠르고 쉽게 접근하고자 메모리에 캐싱할 때는 **ViewModel**을 사용한다. 프로세스가 종료된 후 액티비티 인스턴스가 다시 생성될 때는 SIS 데이터를 사용해서 **ViewModel**을 설정할 수 있다. 이렇게 하면 **ViewModel**과 액티비티가 절대 소멸되지 않는 것처럼 처리할 수 있다.

그런데 장치의 구성 변경 후에 SIS 데이터를 사용해서 **ViewModel**을 변경하면 앱에서 불필요한 작업을 하게 된다. 구성 변경 시에는 **ViewModel**이 메모리에 남아 있기 때문이다. 또한, **ViewModel**의 변경 작업으로 사용자가 기다리게 되거나 쓸데없이 리소스(배터리 등)를 사용하게 된다.

이 문제를 해결하려면 **ViewModel**을 더 영리하게 만들면 된다. 즉, **ViewModel**의 데이터를 변경하기 위해 더 많은 작업이 필요할 때는 **ViewModel**의 데이터 갱신이 필요한지 먼저 검사한 후에 데이터를 가져오는 작업을 수행하고 변경한다.

```
class SomeFancyViewModel : ViewModel() {
    ...
    fun setCurrentIndex(index: Int) {
        if (index != currentIndex) {
            currentIndex = index
            // 현재의 문제를 데이터베이스에서 로드한다
        }
    }
}
```

여기서는 문제의 인덱스 값을 현재의 인덱스 값과 비교해서 다를 때만 해당 인덱스의 문제를 데이터베이스(주석으로만 표시됨) 등에서 새로 가져온다. 같으면 이미 문제를 갖고 있는 것이기 때문이다. 따라서 필요할 때만 **ViewModel** 데이터의 변경 작업이 수행된다.

장기간 저장하는 데이터의 경우는 **ViewModel**이나 SIS 모두 해결책이 아니다. 따라서 액티비티의 상태와 무관하게 앱이 장치에 설치되어 있는 동안 계속 남아 있어야 할 데이터를 저장해야 한다면 다른 영구 저장소를 사용해야 한다. 이 책에서는 두 종류의 로컬 영구 저장소를 알아보는데, 바로 11장의 데이터베이스와 26장의 공유 프리퍼런스(shared preference)다. 공유 프리퍼런스는 매우 작고 간단한 데이터에 좋으며, 로컬 데이터베이스는 더 크고 복잡한 데이터에 적합하다. 또한, 로컬 저장소와 더불어 어딘가 원격 서버에 데이터를 저장할 수도 있다. 24장에서는 웹 서버로부터 데이터를 가져와 사용하는 방법을 알아본다.

만일 GeoQuiz 앱에 문제를 더 많이 넣는다면 ViewModel에 문제를 하드코딩하지 않고 데이터베이스나 웹 서버에 저장하는 것이 좋다. 그리고 문제는 거의 변경되지 않으므로 액티비티 생명주기 상태와 독립적으로 저장하는 것이 좋다. 그런데 메모리에 비해 데이터베이스를 사용하는 작업은 상대적으로 느리므로, UI에 보여줄 필요가 있는 데이터를 데이터베이스로부터 로드하고 UI를 보여주는 동안에는 ViewModel을 사용해서 메모리에 유지하는 것이 좋다.

이번 장에서는 장치의 구성 변경과 프로세스 중단을 올바르게 처리해 GeoQuiz 앱의 상태 유실 결함을 해결하였다. 다음 장에서는 안드로이드 스튜디오의 디버깅 도구로 앱의 다른 결함을 해결하는 방법을 알아보자.

궁금증 해소하기: Jetpack, AndroidX, 그리고 아키텍처 컴포넌트

ViewModel을 포함하는 lifecycle-extensions와 lifecycle-viewmodel 라이브러리는 안드로이드 Jetpack 컴포넌트의 일부다. 줄여서 Jetpack이라고 하는 안드로이드 Jetpack 컴포넌트는 안드로이드 앱 개발을 더욱더 쉽게 하고자 구글이 만든 라이브러리 모음이며, developer.android.com/jetpack에서 모든 Jetpack 라이브러리의 내역을 볼 수 있다. **app** 모듈의 build.gradle 파일에 해당 라이브러리의 의존성을 추가하면 어떤 Jetpack 라이브러리도 프로젝트에 포함시킬 수 있다.

각 Jetpack 라이브러리는 androidx 네임스페이스로 시작하는 패키지에 위치한다. 이런 이유로 때로는 'AndroidX'와 'Jetpack'을 혼용하기도 한다.

1장에서 GeoQuiz 프로젝트를 생성할 때 보았던 것과 동일한 그림 4.11의 프로젝트 구성 대화상자를 기억할 것이다. 이 대화상자의 'Use legacy android.support libraries'는 거의 모든 경우에 선택 해제되어 있어야 한다(구버전의 레거시(legacy) 지원 라이브러리는 더 이상 업그레이드되지 않으므로 사용하지 않는 것이 좋다). 그래야만 기본적으로 필요한 Jetpack 라이브러리를 프로젝트에 추가해 사용할 수 있기 때문이다.

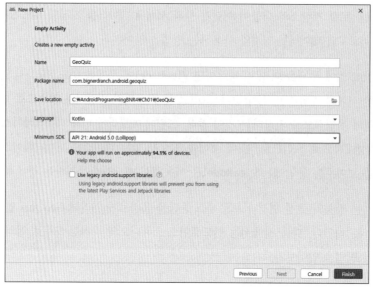

그림 4.11 │ Jetpack 라이브러리 사용 옵션

Jetpack 라이브러리는 기반(foundation), 아키텍처(architecture), 행동(behavior), UI의 네 가지 범주로 분류된다. 이 중에서 아키텍처 범주의 라이브러리들을 **아키텍처 컴포넌트**(architecture components)라고도 한다. **ViewModel**도 이런 아키텍처 컴포넌트 중 하나다. 다른 주요 아키텍처 컴포넌트는 이 책의 다른 장에서 알아본다(11장에서 **Room**, 19장에서 **Data Binding**, 27장에서 **WorkManager**).

또한, 기반 라이브러리도 알아보는데, 14장에서 **AppCompat**, 20장에서 **Test**, 그리고 행동 라이브러리의 알림(notification) 관련 클래스와 인터페이스들은 27장에서 사용하고, UI 라이브러리의 프래그먼트(fragment) 관련 클래스와 인터페이스들은 8장에서, 레이아웃(layout) 관련 클래스와 인터페이스들은 9장과 10장에서 사용한다.

일부 Jetpack 컴포넌트들은 완전히 새로운 것인 반면에, 다른 컴포넌트는 지원 라이브러리(support library)로 불렸던 이전의 많은 라이브러리를 소수의 더 큰 라이브러리로 모아 놓은 것이다. 따라서 이제부터는 종전의 지원 라이브러리 대신 Jetpack(AndroidX) 버전을 사용한다.

궁금증 해소하기: 섣부른 해결책 피하기

장치의 구성 변경으로 인한 앱의 결함(UI 상태 유실)을 앱 회전을 비활성화해서 해결하려고 하는 사람들이 있다. 이렇게 해서 사용자가 앱 화면을 회전시킬 수 없다면 UI 상태 데이터는 절대로 유실되지 않는다. 그러나 애석하게도 이런 방법은 장치 회전에 따른 문제는 해결하겠지만, 앱의 다른 결함을 일으키기 쉽다. 개발이나 테스트할 때는 잘 나타나지 않지만, 사용자는 틀림없이 생명주기와 관련해서 다음 두 가지 결함에 직면할 여지를 남기기 때문이다.

첫째, 런타임 시에 생길 수 있는 구성 변경이 있다. 예를 들어, 창 크기 조정이나 야간 모드 변경 등이다. 물론 이런 구성 변경도 별도로 잡아내어 무시하거나 처리할 수 있을 것이다. 하지만, 이 방법은 나쁜 방법이다. 왜냐하면 런타임 구성 변경에 따라 올바른 리소스를 자동 선택해주는 시스템의 기능을 비활성화시키기 때문이다.

둘째, 회전의 비활성화나 첫째 방법과 같은 구성 변경 처리는 프로세스 중단으로 인한 문제를 해결하지 못한다. 따라서 **앱에서 필요해서** 가로나 세로 방향으로 고정시키고 싶다고 하더라도 구성 변경과 프로세스 중단에 대비하는 코드를 여전히 작성해야 한다. 그리고 이렇게 하려면 **ViewModel**과 SIS를 잘 알아야 한다.

5

안드로이드 앱의 디버깅

이 장에서는 앱에 결함이 있을 때 무엇을 어떻게 하면 되는지 알아보겠다. 먼저 안드로이드 스튜디오에서 제공하는 로그캣(LogCat), 안드로이드 Lint 및 디버거(debugger)의 사용법을 살펴보자.

우선, 디버깅을 실습하기 위해 4장에서 작성한 GeoQuiz 앱의 코드에 일부러 에러가 생기도록 해보자. 안드로이드 스튜디오에서 4장에서 작성한 프로젝트를 열어 리스트 5.1과 같이 MainActivity.kt에서 **onCreate(Bundle?)**의 코드 한 줄을 주석으로 처리한다.

리스트 5.1 | **중요한 코드를 주석으로 처리하기(MainActivity.kt)**

```
override fun onCreate(savedInstanceState: Bundle?) {
    ...
    trueButton = findViewById(R.id.true_button)
    falseButton = findViewById(R.id.false_button)
    nextButton = findViewById(R.id.next_button)
    // questionTextView = findViewById(R.id.question_text_view)
    ...
}
```

그리고 실제 장치나 에뮬레이터에서 GeoQuiz 앱을 실행해 어떻게 되는지 살펴보자. 곧바로 앱이 중단될 것이다.

안드로이드 9.0 Pie(API 28) 이전 버전에서는 앱이 중단되었다는 에러 메시지가 나타난다. 반면에 9.0 이상 버전에서는 아무런 메시지가 없이 앱의 빈 화면이 잠시 나타났다가 사라지므로 이 때는 론처 화면(에뮬레이터에서는 홈 화면 아래쪽의 빈 곳을 마우스로 클릭한 채 위로 끌어주면 나옴)에서 GeoQuiz 앱 아이콘을 눌러 다시 실행하면 그림 5.1과 같은 메시지를 볼 수 있다.

그림 5.1 | GeoQuiz가 중단된다

물론 여러분은 앱에서 무엇이 잘못되었는지 알고 있다. 하지만 그 이유를 모른다면 새로운 관점으로 앱을 살펴보는 것이 도움이 될 수 있다.

예외와 스택 기록

안드로이드 스튜디오 메인 창의 아래쪽 테두리에 있는 'Logcat' 도구 버튼을 클릭해 로그캣 창을 열어 창의 크기를 늘리자(로그캣 창의 맨 위 테두리 선에 마우스 커서를 놓고 화살표가 나타나면 클릭한 채로 위로 끌면 됨). 또한, 로그캣 창의 오른쪽 위에 있는 드롭다운에 'Show only selected application'이 선택되어 있는지 확인한다.

그다음에 로그캣 창에서 위 또는 아래로 스크롤해보면 그림 5.2와 같은 빨간색의 에러 메시지를 볼 수 있는데, 이것이 바로 안드로이드 런타임 예외(exception) 메시지다.

그런데 메시지가 너무 많이 나와서 그림 5.2의 에러 메시지를 찾기 어렵다. 중앙에 'Verbose'로 나타난 로그 레벨 드롭다운에서 'Error'를 선택하고 이 드롭다운 오른쪽의 검색 상자(돋보기 아이콘이 있음)에 'fatal exception'을 입력한다. 그러면 이때 앱을 중단시킨 예외 메시지를 바로 찾아 보여준다(만일 그림 5.2의 에러 메시지가 없으면 로그캣 창의 왼쪽 위에 있는 '메시지 지움' 버튼(🗑)을 클릭해 현재 나타난 메시지들을 모두 지운 후 GeoQuiz 앱을 다시 실행하자).

그림 5.2 │ 로그캣의 예외와 스택 기록 메시지

이 메시지에서는 최상위 수준의 예외와 이것의 스택 기록(stack trace), 그리고 이 예외를 초래한 예외들과 이 예외들의 스택 기록을 이어서 보여준다. 이런 식으로 원인이 된 예외가 없는 마지막 예외까지 연관된 예외 모두를 보여준다.

그런데 코틀린 코드를 작성하고 있는데 스택 기록에 java.lang 패키지의 예외가 나타나서 이상하다고 생각할 수 있을 것이다. 안드로이드 앱을 개발할 때 코틀린 코드는 자바 코드와 같은 저수준 바이트 코드로 컴파일된다. 그리고 이때 코틀린 예외들은 내부적으로 java.lang 패키지의 예외 클래스들과 연관된다. 예를 들어 **kotlin.RuntimeException**은 **kotlin.UninitializedPropertyAccessException**의 슈퍼 클래스이며, 안드로이드에서 실행될 때는 **java.lang.RuntimeException**이 된다.

작성하는 대부분의 코드에서는 원인이 된 예외가 없는 마지막 예외(메시지 앞에 Caused by로 표시됨)가 주 관심사다. 여기서는 **kotlin.UninitializedPropertyAccessException**이 마지막 예외다. 그리고 이 예외 바로 아래 줄이 스택 기록의 첫 번째 줄이다. 이 줄에서는 예외가 발생했던 파일과 줄 번호는 물론이고 클래스와 함수도 알려준다. 이 줄 오른쪽의 파란색 링크를 클릭하면 편집기 창에 열려 있는(열려 있지 않으면 자동으로 열어준다) 소스 코드의 해당 줄로 이동한다.

여기서는 MainActivity.kt의 90번째 줄에서 questionTextView 변수를 처음 사용하며 이 코드는 **updateQuestion()** 내부에 있다. **UninitializedPropertyAccessException**이라는 예외 이름은 문제 해결에 대한 힌트를 준다. 즉, 이 속성이 초기화되지 않았다는 의미다.

결함을 수정하기 위해 questionTextView 속성을 초기화하는 줄의 주석을 제거한다.

리스트 5.2 | 에러 코드 줄의 주석 제거하기(MainActivity.kt)

```
override fun onCreate(savedInstanceState: Bundle?) {
    ...
    trueButton = findViewById(R.id.true_button)
    falseButton = findViewById(R.id.false_button)
    nextButton = findViewById(R.id.next_button)
    // questionTextView = findViewById(R.id.question_text_view)
    ...
}
```

런타임 예외가 생기면 로그캣 창의 메시지에 **Caused by**로 표시된 마지막 예외와 우리가 작성한 코드를 참조하는 스택 기록의 첫 번째 줄을 살펴야 한다. 문제가 생긴 곳이 바로 해결책을 찾는 시작점이 되기 때문이다.

컴퓨터에 연결되어 있지 않더라도 장치에 설치된 앱에서 실행이 중단되면 각 장치에서 가장 최근에 실행된 코드 줄 정보를 로그에 수록한다. 저장된 로그 데이터의 크기나 폐기 시점은 장치에 따라 다를 수 있지만 일반적으로 10분 이내로는 로깅된 메시지를 볼 수 있다. 따라서 이때는 문제가 생긴 장치를 컴퓨터에 연결해 로그캣 창의 맨 왼쪽 위에 있는 장치 선택 드롭다운에서 해당 장치를 선택하면 로그캣에서 메시지를 볼 수 있다.

오작동 진단하기

앱의 문제들이 항상 실행 중단 시에만 발생하는 것은 아니다. 경우에 따라서는 오작동일 수도 있다. 예를 들어, **NEXT** 버튼을 아무리 눌러도 전혀 반응이 없다고 해보자. 이것은 실행 중단이 아닌 오작동에 의한 결함일 것이다.

MainActivity.kt의 nextButton 리스너에서 문제 인덱스의 값을 증가시키는 코드를 주석으로 처리하자.

```kotlin
override fun onCreate(savedInstanceState: Bundle?) {
    ...
    nextButton.setOnClickListener {
        // quizViewModel.moveToNext()
        updateQuestion()
    }
    ...
}
```

그런 다음에 GeoQuiz 앱을 실행해 **NEXT** 버튼을 눌러보자. 다음 문제가 나타나지 않고 아무 반응이 없을 것이다.

이런 결함은 실행 중단된 경우보다 더 까다롭다. 예외를 발생시키지 않기 때문에 결함을 찾아 해결하는 게 쉽지 않은데, 예외를 찾아 없애면 되는 것이 아니기 때문이다. 이런 오작동은 다음 두 가지 이유 때문에 생길 수 있다. 문제의 인덱스 값이 변경되지 않았거나, **updateQuestion()**이 호출되지 않았을 때다.

여기서는 의도적으로 에러가 생기게 했으므로 결함의 원인을 알고 있다. 그런데 앱에서 무엇이 문제를 유발하는지 감을 잡을 수 없다면 그 원인을 색출해야 한다. 지금부터는 이럴 때 필요한 두 가지 방법, 즉 스택 기록의 진단 로깅과 디버거를 사용한 중단점(breakpoint) 설정을 알아보자.

스택 기록 로깅하기

MainActivity의 **updateQuestion()**에 로그문을 추가하자.

리스트 5.4 | 두 마리 토끼를 잡는 Exception(MainActivity.kt)

```kotlin
private fun updateQuestion() {
    Log.d(TAG, "Updating question text", Exception())
    val questionTextResId = quizViewModel.currentQuestionText
    questionTextView.setText(questionTextResId)
}
```

Log.d의 오버로딩된 함수 중에서 여기서 사용한 **Log.d(String, String, Throwable)**은 앞에서 봤던 **UninitializedPropertyAccessException**처럼 전체 스택 기록을 로깅한다. 따라서 이 스택 기록을 보면 **updateQuestion()**을 어디에서 호출했는지 알 수 있다.

`Log.d(String, String, Throwable)`의 인자로 전달하는 예외는 이미 발생한 예외가 되면 안된다. 따라서 새로운 **Exception**을 생성해서 함수에 전달하면 된다. 그러면 이 예외가 생성되었던 곳을 알 수 있다.

Debug 레벨의 로그 메시지만 볼 수 있게 로그캣 창의 위쪽 중앙에 있는 로그 레벨 드롭다운에서 **Debug**를 선택하고 오른쪽의 검색 필드 값은 지운다. 그리고 로그캣 창의 왼쪽 위에 있는 '메시지 지움' 버튼(🗑)을 클릭해 현재 나타난 메시지들을 지우자.

GeoQuiz를 실행해 **NEXT** 버튼을 누른 후 로그캣의 메시지를 확인해보자(그림 5.3). 만일 그림 5.3의 에러 메시지가 나오지 않으면 로그캣 창의 왼쪽 위에 있는 '메시지 지움' 버튼(🗑)을 클릭해 현재 나타난 메시지들을 지운 후 **NEXT** 버튼을 다시 누르면 된다.

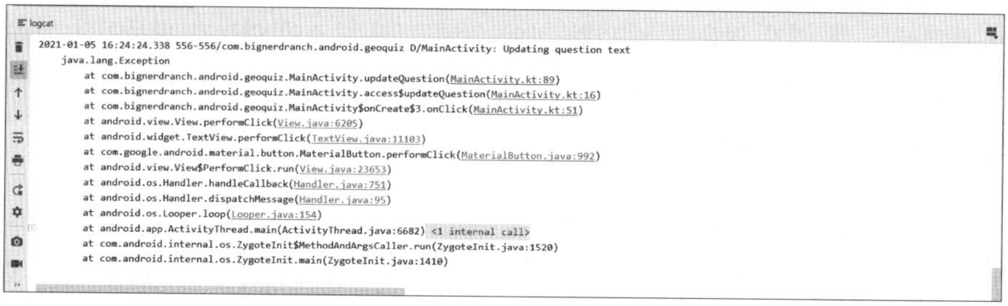

```
logcat
2021-01-05 16:24:24.338 556-556/com.bignerdranch.android.geoquiz D/MainActivity: Updating question text
    java.lang.Exception
        at com.bignerdranch.android.geoquiz.MainActivity.updateQuestion(MainActivity.kt:89)
        at com.bignerdranch.android.geoquiz.MainActivity.access$updateQuestion(MainActivity.kt:16)
        at com.bignerdranch.android.geoquiz.MainActivity$onCreate$3.onClick(MainActivity.kt:51)
        at android.view.View.performClick(View.java:6205)
        at android.widget.TextView.performClick(TextView.java:11103)
        at com.google.android.material.button.MaterialButton.performClick(MaterialButton.java:992)
        at android.view.View$PerformClick.run(View.java:23653)
        at android.os.Handler.handleCallback(Handler.java:751)
        at android.os.Handler.dispatchMessage(Handler.java:95)
        at android.os.Looper.loop(Looper.java:154)
        at android.app.ActivityThread.main(ActivityThread.java:6682) <1 internal call>
        at com.android.internal.os.ZygoteInit$MethodAndArgsCaller.run(ZygoteInit.java:1520)
        at com.android.internal.os.ZygoteInit.main(ZygoteInit.java:1410)
```

그림 5.3 | 실행 결과

스택 기록의 맨 위 라인은 **Exception**을 로깅한 줄이다. 거기에서 아래로 세 번째 줄을 보면 **onClick(View)**의 내부 코드에서 **updateQuestion()**이 호출되었음을 알 수 있다. **onClick(View)**가 있는 줄의 오른쪽 링크를 클릭하면 `MainActivity.kt`의 해당 줄로 이동하게 되는데(주석으로 처리된 문제 인덱스를 증가시키는 줄의 바로 다음 줄), 지금은 이 결함을 그냥 두자. 잠시 후에 디버거로 이 결함 코드를 다시 찾을 것이다.

스택 기록의 로깅은 강력한 도구이지만 너무 메시지가 많고 길어서 알아보기 어렵다. 또한, 이렇게 기록이 많이 쌓이는 것을 그대로 두면 로그캣의 메시지를 찾아보기도 어렵게 되며 누군가가 스택 기록을 보고 코드가 하는 일을 훔쳐볼 수도 있다.

반면에, 코드가 하는 일을 보여주는 스택 기록이 때때로 무엇이 필요한지 알려주기도 한다. 예를 들어, https://stackoverflow.com이나 https://forums.bignerdranch.com에서 도움을 받고자 한다면 질문에 스택 기록을 포함하는 것이 도움이 된다. 이때는 로그캣에 나타난 메시지를 바로 복사 및 붙여넣기 하면 된다.

계속하기 전에 안드로이드 스튜디오 메인 창 상단의 빨간색의 작은 사각형을 눌러 현재 실행 중인 앱을 중단시키고 MainActivity.kt의 로그문을 삭제하자.

리스트 5.5 | 잘 가라, 친구여(MainActivity.kt)

```
private fun updateQuestion() {
    Log.d(TAG, "Updating question text", Exception())
    val questionTextResId = quizViewModel.currentQuestionText
    questionTextView.setText(questionTextResId)
}
```

중단점 설정하기

이번에는 안드로이드 스튜디오에 포함된 디버거를 사용해서 결함을 찾아보자. 우선 **updateQuestion()**이 호출되었는지 알기 위해서 **중단점(breakpoint)**을 설정한다. 중단점은 설정된 해당 라인이 실행되기 전에 실행을 일시 중지시켜서 그다음부터 어떻게 실행되는지 코드를 한 줄씩 살펴볼 수 있게 해준다.

MainActivity.kt에서 **updateQuestion()** 함수를 보자. 이 함수의 첫 번째 줄에서 맨 왼쪽 영역의 회색 바를 클릭한다. 그러면 그림 5.4처럼 회색 바에 빨간색의 작은 원이 나타난다. 이 것이 바로 중단점이다. 중단점을 해제할 때는 작은 원을 다시 클릭하면 된다(원하는 줄에서 **Ctrl+ F8[Command+F8]** 키를 눌러도 중단점을 지정/해제할 수 있다).

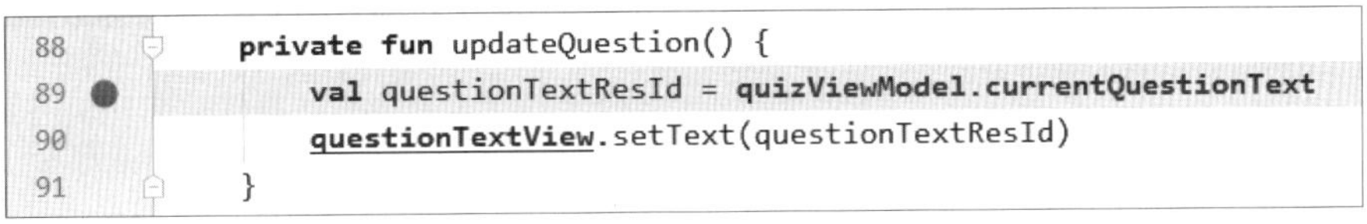

```
88          private fun updateQuestion() {
89  ●           val questionTextResId = quizViewModel.currentQuestionText
90              questionTextView.setText(questionTextResId)
91          }
```

그림 5.4 | 중단점

디버거가 중단점을 처리하게 하려면 앱을 일반 실행 모드가 아닌 디버깅 모드로 실행되게 해야 한다. 이때는 안드로이드 스튜디오 메인 창의 위쪽에 있는 **Debug 'app'** 버튼을 클릭한다(그림 5.5). 또는 메인 메뉴의 **Run ➡ Debug 'app'**을 선택해도 된다. 그러면 앱이 빌드되고 장치(실제 장치나 에뮬레이터)에 설치된 후 디버거가 연결되는 것을 기다린다는 메시지를 장치에서 잠시 보여주고 정상적으로 디버깅이 진행된다.

앱 디버깅　　안드로이드 프로세스에
디버거 연결

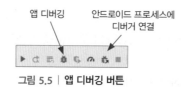

그림 5.5 | 앱 디버깅 버튼

실행 중인 앱을 다시 시작하지 않고 디버깅해야 하는 경우가 있다. 이때는 실행 중인 앱에 디버거를 연결(attach)하면 된다. 즉, 그림 5.5에 있는 '**안드로이드 프로세스에 디버거 연결**' 버튼을 클릭하거나 메인 메뉴의 **Run ➡ Attach to process...**를 선택한다. 그리고 대화상자에서 앱의 프로세스를 선택하고 **OK** 버튼을 클릭하면 디버거가 연결되어 디버깅되면서 실행된다. 단 디버거가 연결될 때부터 중단점이 활성화되므로, 디버거 연결 전에 실행되어 지나쳤던 중단점들은 무시된다.

여기서는 GeoQuiz 앱의 맨 처음부터 디버깅할 것이므로 '**앱 디버깅**' 버튼을 클릭하자. 그러면 앱이 빌드되고 장치에 설치된 후 일시 중지된다. 왜냐하면 `MainActivity.onCreate(Bundle?)`이 호출되고 이어서 `updateQuestion()`이 호출되어 중단점을 만났기 때문이다. 만일 **Run 'app'** 버튼(▶)을 클릭해 GeoQuiz 앱이 실행 중일 때 '**안드로이드 프로세스에 디버거 연결**' 버튼을 클릭해 디버거를 연결했다면 앱이 일시 중지되지 않는데, 이는 디버거를 연결하기 전에 `MainActivity.onCreate(Bundle?)`가 이미 실행되었기 때문이다.

그림 5.6 | 게 섰거라!

그림 5.6의 편집기 창에는 `MainActivity.kt`가 열려 있고, 실행이 일시 중지된 중단점이 있는 줄이 강조되어 있다. 또한, 밑에는 프레임(Frames) 뷰와 변수(Variables) 뷰가 있는 디버그 도구 창이 열려 있다(디버그 도구 창이 자동으로 열리지 않으면 맨 밑의 테두리에 있는 '5: Debug' 도구 창 버

튼을 클릭하면 된다). 변수 뷰의 첫 번째 줄에 있는 **this**의 왼쪽 화살표를 클릭해 확장하면, 그림 5.6처럼 현재의 **MainActivity** 인스턴스가 갖고 있는 변수들을 볼 수 있다.

디버그 도구 창을 자세히 보면 위에 여러 개의 버튼이 있다(그림 5.7). 이 버튼들을 사용하면 코드를 이동하면서 디버깅할 수 있다. 특히 '**Evaluate Expression**' 버튼을 사용해서 디버깅 중에 간단한 코틀린 명령문(표현식)을 실행해볼 수 있다.

그림 5.7 | 디버그 도구 창

그림 5.3의 스택 기록을 보면 **updateQuestion()**이 **onCreate(Bundle?)** 내부에서 호출되었음을 알 수 있다. 하지만, **NEXT** 버튼이 어떻게 동작하는지 조사해볼 것이므로 프레임 뷰의 왼쪽 맨 위에 있는 'Resume Program' 버튼(▐▶)을 클릭해서 계속 실행하자. 그다음에 GeoQuiz 앱의 화면에서 **NEXT** 버튼을 누르면 다시 중단점을 만나서 실행이 일시 중지된다('**Resume Program**' 버튼을 클릭하면 중단점 이후의 코드를 계속 실행한다). (만일 GeoQuiz 앱의 화면이 나타나지 않으면 앱을 종료하고 장치의 **설정 ➡ 개발자 옵션 ➡ 디버깅할 앱 선택**에서 GeoQuiz 앱을 선택한 후 다시 앱을 실행하자.)

마침내 관심을 두는 실행 지점에서 중지되었으니 조금 더 자세히 살펴보자. 변수 뷰에서는 프로그램의 객체들이 가진 값을 살펴볼 수 있다. 그림 5.6의 변수 뷰를 보면 첫 번째 줄에 this(현재의 **MainActivity** 인스턴스를 나타냄)가 있다.

this 변수 왼쪽의 작은 화살표를 클릭해 확장하면 **MainActivity**, **MainActivity**의 슈퍼 클래스인 **Activity**, **Activity**의 슈퍼 클래스, 또다시 그것의 슈퍼 클래스 등에 선언된 모든 변수를 볼 수 있다. 지금은 우리가 생성했던 변수에만 집중하자.

여기서는 문제의 인덱스 값을 갖는 quizViewModel.currentIndex 변수가 유일한 관심사다. this 변수의 몇 줄 밑에 보면 quizViewModel이 있다. 이것을 확장해서 currentIndex를 찾아보자(그림 5.8).

그림 5.8 | 런타임 시에 변수 값 살펴보기

기대하는 currentIndex 값은 1이다. **NEXT** 버튼을 한번 눌렀으니 currentIndex 값이 0에서 1로 증가되어야 한다. 그런데 그림 5.8에서 보듯이, currentIndex 값은 여전히 0이다.

편집기 창의 코드를 살펴보자. **MainActivity.updateQuestion()** 내부의 코드에서는 **Quiz ViewModel**의 질문 텍스트로 **TextView**의 값을 변경하는 것만 수행하므로 여기는 문제가 없다. 그렇다면 어디에서 결함이 생기는 것일까?

결함을 찾으려면 이 함수의 실행을 끝내고 **MainActivity.updateQuestion()** 바로 전에 실행된 코드가 무엇인지 알아봐야 한다. 먼저 'Step Out' 버튼(⬆)을 클릭한다. 이 버튼을 클릭하고 편집기 창을 보면 **updateQuestion()**이 호출되었던 코드 바로 다음, 즉 **nextButton**의 **OnClickListener**로 이동해 있다.

따라서 **updateQuestion()** 호출 전에 currentIndex 변수의 값을 증가시키는 코드가 실행되지 않았음을 알 수 있다. 이미 알고 있듯이, currentIndex 변수의 값을 증가시키는 코드는 **quizViewModel.moveToNext()**에 있으니 이 코드가 호출되지 않은 것이다(주석으로 처리했음). 따라서 이 코드를 실행하도록 변경해야 한다. 그런데 디버깅하면서 코드를 수정할 때는 디버깅을 중단해야 한다. 만일 디버깅 중에 코드를 변경하면 편집기 창의 코드는 변경되지만, 디버거로 실행되는 코드는 변경되기 전의 코드이므로 디버거가 잘못된 정보를 보여줄 수 있다.

디버깅을 끝내기 위해 그림 5.7의 **Stop** 버튼을 클릭해 앱의 실행을 중단시키고 **OnClickListener**를 이전의 정상적인 상태로 되돌리자. 또한 중단점을 클릭하여 해제하자.

리스트 5.6 | **코드를 정상 상태로 되돌리기(MainActivity.kt)**

```
override fun onCreate(savedInstanceState: Bundle?) {
    ...
    nextButton.setOnClickListener {
        // quizViewModel.moveToNext()
        updateQuestion()
```

```
        }
        ...
}
```

지금까지 오작동 코드를 찾는 방법으로 스택 기록 로깅과 디버거에서 중단점을 설정하는 두 가지 방법을 알아보았다. 그러면 어떤 방법이 더 좋을까? 각 방법은 나름의 쓰임새가 있으니 각자 취향에 따라 선택하여 사용하면 된다.

코드의 여러 곳에서 발생한 스택 기록을 하나의 로그에서 볼 수 있다는 점이 스택 기록을 로깅하는 방법의 장점이지만, 반면에 단점도 있다. 무슨 일이 생겼는지 알려면 로깅 코드를 추가하고, 앱을 다시 빌드, 배포, 조사하는 방법을 새로 배워야 한다. 반면에, 디버거는 이보다 더 편리하다. 앱을 디버거에 연결해 실행하면 앱이 실행되는 동안 중단점을 설정해 이것저것 살펴보면서 여러 가지 문제에 관한 정보를 얻을 수 있다.

안드로이드 특유의 디버깅

대부분의 안드로이드 디버깅은 앞에서 했던 것처럼 앱을 실행하면서 진행한다. 그런데 때로는 리소스와 같이 코틀린 컴파일러는 전혀 알 수 없는 안드로이드 특유의 문제들을 접할 수 있다. 이럴 때는 안드로이드 Lint가 유용하다.

안드로이드 Lint 사용하기

안드로이드 Lint(또는 그냥 Lint)는 안드로이드 코드의 **정적 분석기**(static analyzer)다. 정적 분석기란, 앱을 실행하지 않고 코드를 검사해 결함을 찾는 프로그램이다. Lint는 안드로이드 프레임워크에 관한 자신의 지식을 사용해 사전에 코드를 더 깊이 있게 살펴보고, 컴파일러가 알 수 없는 문제를 찾는다. 그러므로 대부분의 경우에 Lint의 조언은 받아들일 만한 가치가 있다.

7장에서는 호환성 문제에 관한 Lint의 경고를 보게 된다. 그리고 Lint는 XML에 정의된 객체의 타입 검사도 할 수 있다.

또한, 수동으로 Lint를 실행해 프로젝트의 모든 잠재적인 문제들을 알아볼 수도 있다. 안드로이드 스튜디오 메뉴 바의 **Analyze ➡ Inspect Code...**를 선택하면 프로젝트의 어느 부분을 검사할 것인지 선택하는 대화상자가 나온다. 'Whole project'를 선택하고 **OK** 버튼을 클릭하면 안드로이드 스튜디오가 스펠링이나 코틀린 코드 검사와 같은 다른 정적 분석기를 비롯한 안드로이드 Lint도 같이 실행한다.

Lint가 작업을 끝내면 검사 도구 창에 잠재적 문제들을 유형별로 볼 수 있다. Android와 Lint를 확장해 프로젝트에 관한 Lint의 정보를 보자(그림 5.9).

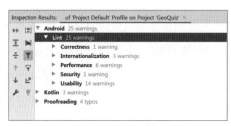

그림 5.9 | Lint의 각종 경고

Lint의 경고 개수가 그림과 다르더라도 개의치 말자. 안드로이드의 각종 검사 도구들은 계속 진화하고 있어서 Lint에 새로운 검사가 추가되었을 수 있다. 그리고 안드로이드 프레임워크에도 새로운 제약이 추가되었을 수 있으며, 새로운 버전의 도구들과 의존성 라이브러리가 사용할 수 있게 되었을 수도 있다.

'Internationalization'을 확장하고 그 밑의 'Bidirectional Text'를 확장하면 이 문제에 관한 더 자세한 정보를 알 수 있다. 'Using left/right instead of start/end attributes'를 클릭해보자(그림 5.10).

그림 5.10 | Lint 경고의 설명

이 Lint 경고는 레이아웃 속성값으로 start나 end 대신 left나 right를 사용하는 것은 문제가 될 수 있다는 의미다. 왜냐하면 아랍어 등과 같이 오른쪽에서 왼쪽으로 텍스트를 읽고 쓰는 언어 즉, 로케일(locale)로 설정된 장치에서 이 앱이 사용된다면 레이아웃이 제대로 나타나지 않을 수 있기 때문이다(이와 관련된 내용은 17장의 지역화에서 배운다).

'Using left/right instead of start/end attributes'를 확장하여 문제가 되는 파일인 activity_main.xml을 클릭해 경고를 초래한 코드를 보자(그림 5.11).

그림 5.11 | Lint 경고를 초래한 코드 보기

activity_main.xml 파일 이름 밑의 두 번째 경고 설명을 더블 클릭해보자. 그러면 편집기 창에 res/layout/land/activity_main.xml이 열리고, 경고를 초래한 줄에 커서가 위치한다(코드 버튼을 눌러 코드 뷰로 전환한다).

```
<Button
    android:id="@+id/next_button"
    android:layout_width="wrap_content"
    android:layout_height="wrap_content"
    android:layout_gravity="bottom|right"
    android:text="@string/next_button"
    android:drawableEnd="@drawable/arrow_right"
    android:drawablePadding="4dp"/>
```

경고가 발생한 코드에는 **NEXT** 버튼이 가로 방향 레이아웃의 오른쪽 밑에 나타나도록 layoutgravity 속성을 "bottom|right"로 설정하였다. 이때 "bottom|right"를 "bottom|end"로 변경하면 경고가 해결된다(리스트 5.7). 그리고 이렇게 하면 오른쪽에서 왼쪽으로 텍스트를 읽는 로케일로 설정된 장치에서는 **NEXT** 버튼이 왼쪽 밑에 위치하게 된다.

리스트 5.7 | 양방향 텍스트 경고 해결하기(res/layout/land/activity_main.xml)

```
...
<Button
    android:id="@+id/next_button"
    android:layout_width="wrap_content"
    android:layout_height="wrap_content"
    android:layout_gravity="bottom|right"
    android:layout_gravity="bottom|end"
```

```
        android:text="@string/next_button"
        android:drawableEnd="@drawable/arrow_right"
        android:drawablePadding="4dp"/>
...
```

리스트 5.7의 XML을 변경하면 검사 도구 창의 Lint 경고가 바로 사라진다. 다음은 오른쪽에서 왼쪽으로의 로케일로 설정된 장치에서 activity_main.xml 레이아웃이 어떻게 보이는지 알아보자.

편집기 창 오른쪽 위의 분할 버튼(▤ Split)을 클릭해 레이아웃의 XML과 디자인을 같이 볼 수 있게 하자. 현재의 레이아웃 디자인을 보면 그림 5.12의 왼쪽 이미지와 같이 보일 것이다. 디자인 창의 오른쪽 위에 있는 로케일 버튼(◉ Default (en-us) ✓)을 클릭한 후 'Preview Right to Left'로 선택한다. 그러면 레이아웃 디자인이 그림 5.12의 오른쪽 이미지 같이 바뀌게 된다(디자인 창의 크기가 작아지면 로케일 버튼의 모양이 달라진다. 이때는 위치는 같으면서 모양이 달라진 로케일 버튼(≫)을 클릭하면 된다).

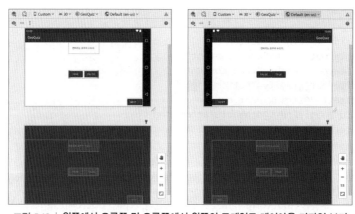

그림 5.12 | 왼쪽에서 오른쪽 및 오른쪽에서 왼쪽의 로케일로 레이아웃 디자인 보기

대부분은 Lint의 경고를 해결하지 않아도 앱이 잘 실행된다. 하지만 Lint의 경고가 앞으로 생길 수 있는 문제를 예방하는 데 도움이 될 수도 있으니 진지하게 검토해볼 것을 권한다. Lint를 아예 무시하면 심각한 문제를 인지하지 못할 수도 있다.

Lint 도구는 자신이 찾은 각 문제에 관한 상세한 정보와 해결 방법에 관한 제안을 제공한다. Lint가 GeoQuiz에서 찾은 다른 문제들에 대한 검토는 각자 해보자.

프로젝트 빌드 문제 해결

리소스를 추가하지도 않고 참조하거나 다른 파일에서 참조하는 리소스를 삭제할 때 발생하는 빌드 에러는 잘 알고 있을 것이다. 이때는 리소스를 추가하거나 참조를 제거하면 안드로이드 스튜디오가 앱을 에러 없이 다시 빌드해준다.

그런데 때로는 이런 빌드 에러들이 없어지지 않고 계속 남아있거나 난데없이 나타날 수 있다. 만일 이런 일이 생기면 다음과 같이 해보자.

리소스 파일들의 XML 코드가 제대로 작성되었는지 재확인한다

레이아웃이나 문자열 등의 리소스를 참조하는 리소스 ID는 R 클래스의 내부 클래스에 정수형 상수로 선언된다. 그리고 R 클래스는 앱을 빌드할 때마다 내부적으로 자동 생성된다. 따라서 R 클래스가 앱의 모든 리소스를 반영하는 최신 버전으로 생성되지 않으면 어디서 리소스를 참조하든 프로젝트에 에러가 생긴다. 주로 XML 파일 중 하나에 오타가 있어서 생기곤 한다. 특히, 레이아웃 XML은 항상 검사되는 것이 아니므로 오타가 있으면 눈에 잘 띄지 않는다. 오타를 찾아 수정하고 다시 빌드하면 R 클래스가 올바르게 생성되어 리소스 참조에 문제가 생기지 않는다.

프로젝트를 처음부터 다시 빌드한다

안드로이드 스튜디오 메인 메뉴의 Build ➡ Clean Project를 선택한다. 그러면 안드로이드 스튜디오가 프로젝트를 완전히 새롭게 빌드하므로 에러가 없어질 수 있다.

그래들을 사용해 현재 설정에 맞게 프로젝트를 동기화한다

그래들의 구성 파일인 build.gradle 파일을 수정하면 그래들이 프로젝트를 동기화하라고 알려준다. 이때 메시지의 Sync now 링크를 클릭하면 동기화 작업을 해준다(이 메시지가 나오는 이유는 변경한 것에 따라 그래들이 의존성 라이브러리를 내려받거나 삭제해 빌드를 변경해야 하기 때문이다). 또는 수동으로 그래들 동기화 작업을 실행할 수 있다. 이때는 안드로이드 스튜디오 메인 메뉴의 File ➡ Sync Project with Gradle Files를 선택하면 된다. 그러면 안드로이드 스튜디오가 그래들을 실행해 현재 프로젝트 설정에 맞게 앱을 다시 빌드해서 그래들 구성을 변경한 후에 생기는 문제를 해결하는 데 도움이 될 수 있다.

안드로이드 Lint를 실행한다

안드로이드 Lint가 알려주는 경고를 유심히 살펴본다. Lint를 사용하면 때로는 예상하지 못했던 문제를 발견할 수 있다.

그래도 여전히 리소스 관련 문제나 그 외 문제들이 생긴다면 에러 메시지와 레이아웃 파일들을 찬찬히 다시 살펴보자. 오류 발생에 흥분한 나머지 간과하기 쉽기 때문이다.

마지막으로 안드로이드 스튜디오를 사용하는 데 막히는 게 있거나 문제가 있다면 https://stackoverflow.com에 있는 질의와 응답을 확인하거나, 이 책의 포럼인 https://forums.bignerdranch.com을 확인해보기 바란다.

챌린지: 프로파일러 살펴보기

프로파일러(profiler) 도구 창은 안드로이드 장치의 리소스(CPU, 메모리, 네트워크)를 앱이 어떻게 사용하고 있는지 그 상세 내역을 생성하고 보여준다. 따라서 앱의 성능을 측정하고 조정하는 데 유용하다. 프로파일러 정보를 보려면 앱을 시작해야 한다. 그러나 이에 앞서 최신 프로파일링 정보를 수집할 수 있게 프로젝트를 구성할 필요가 있다.

만일 앱이 API 26 이전의 SDK를 사용해서 생성되었다면 안드로이드 프로파일러에서 지원하는 모든 메트릭(metric)을 측정할 수 있도록 컴파일 시에 추가되는 모니터링 코드를 포함해서 앱을 빌드해야 한다. 최신 프로파일링을 활성화하기 위해 그림 5.13의 'Edit Configurations...'를 클릭하자.

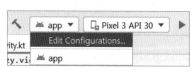

그림 5.13 | 앱 실행 구성

그리고 'Run/Debug Configurations' 대화상자의 오른쪽 위에 있는 Profiling 탭을 선택하고 'Enable advanced profiling for older devices'를 체크한 후 **Apply**와 **OK** 버튼을 차례대로 누른다. 다 되었으면 앱을 실행한다.

프로파일러 도구 창을 보려면 안드로이드 스튜디오 메뉴 바에서 **View** ➡ **Tool Windows** ➡ **Profiler**를 선택하거나 맨 밑의 테두리에 있는 도구 창 버튼(**⊙ Profiler**)을 클릭하면 된다.

실행 중인 앱을 모니터링하는 프로파일러 도구 창은 그림 5.14와 같다(제일 위의 경계선을 마우스로 끌어서 창의 크기를 조정할 수 있다).

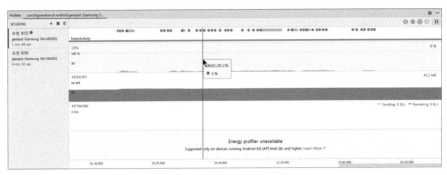

그림 5.14 | 프로파일러 도구 창

왼쪽의 SESSIONS 패널은 현재의 프로파일링 세션과 안드로이드 스튜디오가 마지막에 시작된 이래로 수행 및 저장했던 세션들의 리스트를 보여준다. SESSIONS 패널의 오른쪽은 현재 프로파일링이 진행 중인 상태 창이다. 이 창에서는 최근의 메트릭을 계속 스크롤해서 보여주며, 오른쪽 위의 Live 버튼(▮▮)을 누르면 일시 정지된다. 그리고 Live 버튼을 다시 누르면 다시 현재 시간부터 실시간으로 메트릭을 스크롤해서 보여준다.

상태 창의 제일 윗줄은 **이벤트 타임라인**(event time-line)이며, 액티비티의 상태 변화와 다른 이벤트(예를 들어, 사용자의 화면 터치, 텍스트 입력, 장치 방향 전환)들을 같이 보여준다. 또한, 제일 밑의 타임라인은 앱이 시작된 이래로 경과된 시간을 나타낸다.

그리고 나머지 타임라인들은 CPU, 메모리, 네트워크, 에너지 사용의 실시간 데이터를 보여준다. 또한, 타임라인의 어디서든 마우스를 클릭하지 않고 커서를 대면 그림 5.15와 같은 추가 정보를 보여준다(그림 5.15에 나타난 것은 CPU 타임라인의 추가 정보이며, 앱 프로세스와 시스템 및 다른 앱 프로세스의 CPU 사용 비율, 앱에서 사용 중인 전체 스레드 수를 보여준다).

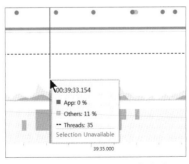

그림 5.15 | CPU 타임라인의 추가 정보

그리고 CPU, 메모리, 네트워크, 에너지 타임라인들을 클릭하면 해당 프로파일러 창을 보여준다.

6

두 번째 액티비티 만들기

이 장에서는 GeoQuiz 앱에 두 번째 액티비티를 추가해본다. 새로운 액티비티에서는 현재의 문제에 대한 답을 커닝할 수 있는 기회를 사용자에게 제공하는 두 번째 화면을 추가할 것이다.

그림 6.1 | 커닝 기회를 제공하는 CheatActivity

만일 사용자가 '정답 보기' 버튼을 클릭한 후 **MainActivity**로 돌아가서 문제에 답을 하면 메시지를 받게 된다(그림 6.2).

그림 6.2 │ **MainActivity**는 커닝한 것을 안다

이런 내용이 안드로이드 프로그래밍 실습에 좋은 이유는 무엇일까? 다음을 배울 수 있기 때문이다.

- 새로운 액티비티와 이것의 새 레이아웃을 생성하는 방법
- 액티비티에서 다른 액티비티를 시작시키는 방법. 액티비티를 **시작한다**는 것은 액티비티의 인스턴스를 생성하고 이것의 **onCreate(Bundle?)** 함수를 호출하도록 안드로이드 운영체제에 요청함을 의미한다.
- 시작시킨 부모 액티비티와 시작된 자식 액티비티 간에 데이터를 전달하는 방법

두 번째 액티비티 준비하기

이 장에서는 할 일이 많지만, 다행스럽게도 안드로이드 스튜디오의 액티비티 생성 위저드가 많은 일을 처리해준다. 우선 5장에서 작성했던 GeoQuiz 프로젝트를 안드로이드 스튜디오에서 열고 프로젝트 도구 창이 **Android** 뷰로 되어 있는지 확인한다. app/res/values 밑에 있는

strings.xml을 열고 이 장에서 필요한 모든 문자열부터 추가하자.

리스트 6.1 | 문자열 추가하기(res/values/strings.xml)

```
<resources>
    ...
    <string name="incorrect_toast">틀렸음!</string>
    <string name="warning_text">정말로 답을 보겠습니까?</string>
    <string name="show_answer_button">정답 보기</string>
    <string name="cheat_button">커닝하기!</string>
    <string name="judgment_toast">커닝은 나쁜 짓이죠.</string>

</resources>
```

새로운 액티비티 생성하기

일반적으로 새로운 액티비티를 생성하려면 코틀린 클래스 파일과 XML 레이아웃 파일을 생성하고 애플리케이션 매니페스트 파일을 수정한다. 이때 안드로이드 스튜디오의 액티비티 생성 위저드를 사용하면 편리하다.

app/java 폴더 밑에 있는 **com.bignerdranch.android.geoquiz** 패키지에서 오른쪽 마우스 버튼을 클릭한 후 **New ➡ Activity ➡ Empty Activity**를 선택한다(그림 6.3).

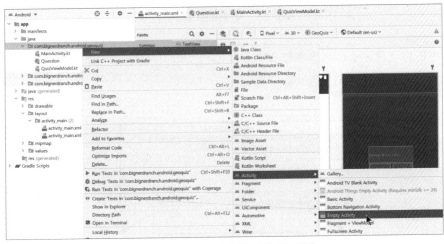

그림 6.3 | 새 액티비티 생성하기 메뉴 선택

그리고 그림 6.4의 대화상자처럼 **액티비티 이름 필드**에 **CheatActivity**를 입력한다. 이것이 **Activity** 서브 클래스 이름이다. **레이아웃 이름**은 **activity_cheat**로 자동 설정되며, 액티비티의 XML 레이아웃 파일의 이름이 된다. 단, 'Generate a Layout File'이 체크된 상태여야 생성된다. Launcher Activity는 앱이 실행될 때 최초로 실행되는 액티비티를 나타내는데, 지금 생성하는 액티비티는 그렇게 하지 않을 것이므로 체크되지 않은 상태로 두면 된다.

패키지 이름은 액티비티 코틀린 파일(여기서는 CheatActivity.kt)이 위치할 패키지(물리적으로는 파일 시스템의 디렉터리)를 나타내며, 여기서는 **com.bignerdranch.android.geoquiz**로 지정한다. Source Language도 Kotlin을 그대로 두고, **Finish** 버튼을 클릭하자.

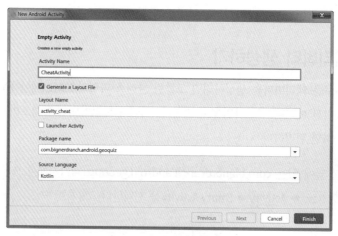

그림 6.4 | 새 액티비티 생성하기

새 액티비티가 생성되었으니 이제는 앞의 그림 6.1에 있는 UI(사용자 인터페이스)를 만들어보자. 그림 6.5는 위젯들의 정의 내역이다.

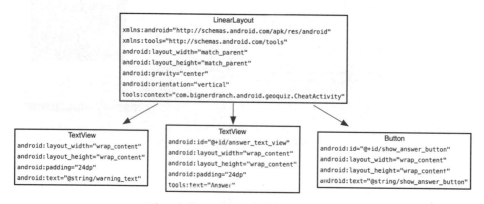

그림 6.5 | CheatActivity의 레이아웃 다이어그램

편집기 창에 CheatActivity.kt와 activity_cheat.xml이 열려 있을 것이다. 편집기 위쪽의 activity_cheat.xml 탭을 클릭한 후 오른쪽 위에 있는 코드 버튼(☰ Code)을 클릭해 코드 뷰로 전환한다.

자동으로 생성된 레이아웃을 리스트 6.2와 같이 **LinearLayout**으로 변경하고 위젯들을 추가한다(가능하면 그림 6.5를 사용해 레이아웃의 XML을 작성하고 리스트 6.2와 비교하자).

리스트 6.2 │ 두 번째 액티비티의 레이아웃 변경하기(res/layout/activity_cheat.xml)

```xml
<LinearLayout xmlns:android="http://schemas.android.com/apk/res/android"
    xmlns:tools="http://schemas.android.com/tools"
    android:layout_width="match_parent"
    android:layout_height="match_parent"
    android:gravity="center"
    android:orientation="vertical"
    tools:context="com.bignerdranch.android.geoquiz.CheatActivity">

    <TextView
        android:layout_width="wrap_content"
        android:layout_height="wrap_content"
        android:padding="24dp"
        android:text="@string/warning_text"/>

    <TextView
        android:id="@+id/answer_text_view"
        android:layout_width="wrap_content"
        android:layout_height="wrap_content"
        android:padding="24dp"
        tools:text="정답"/>

    <Button
        android:id="@+id/show_answer_button"
        android:layout_width="wrap_content"
        android:layout_height="wrap_content"
        android:text="@string/show_answer_button"/>

</LinearLayout>
```

여기서 **tools** 네임스페이스(xmlns:tools)를 사용하는 **TextView**의 tools:text 속성에 주목하자. 이 속성이 사용자에게 보여줄 정답이다. 이처럼 **tools** 네임스페이스의 **text** 속성을 사용하면 디자인 시에 지정된 값(여기서는 '정답')이 미리보기에 나타나지만, 앱을 실행할 때는 나타나지 않으므로 편리하다.

activity_cheat.xml의 가로 방향 레이아웃은 자동으로 생성되지 않는다. 그런데 자동으로 생성된 디폴트 레이아웃이 가로 방향에서 어떻게 보이는지 미리보기하는 방법이 있다.

편집기 창의 오른쪽 위에 있는 분할 버튼(▤ Split)을 클릭해 분할 뷰로 전환하면 왼쪽에는 레이아웃 XML 코드를, 오른쪽에는 디자인을 같이 볼 수 있다. 디자인 창의 왼쪽 위에 있는 방향 전환 버튼(◎)을 클릭한 후 'Landscape'를 선택하면(그림 6.6), 가로 방향 레이아웃을 미리 볼 수 있다.

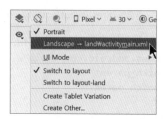

그림 6.6 | activity_cheat.xml을 가로 방향으로 미리보기

기본 레이아웃(res/layout/activity_cheat.xml)이 양방향 모두에서 잘 나타나므로 가로 방향 레이아웃을 따로 만들 필요 없다. 레이아웃 미리보기를 다시 세로 방향으로 되돌리자.

새로운 액티비티 서브 클래스

CheatActivity.kt는 편집기 창에 자동으로 열려 있으니 편집기 위쪽의 CheatActivity.kt 탭을 클릭해 다음을 살펴보자.

CheatActivity 클래스에는 기본으로 구현된 **onCreate(Bundle?)** 함수가 자동 생성되어 있으며, 이 함수는 activity_cheat.xml에 정의된 레이아웃의 리소스 ID를 인자로 전달해 **setContentView(…)**를 호출한다.

onCreate(Bundle?) 함수는 앞으로 많은 일을 수행한다. 일단 지금은 안드로이드 스튜디오의 액티비티 생성 위저드가 자동으로 생성한 **CheatActivity**의 매니페스트(manifest) 선언을 살펴보자.

매니페스트에 액티비티 선언하기

매니페스트(manifest)는 XML 파일이며, 안드로이드 운영체제에게 앱을 설명하는 메타데이터를 포함한다. 파일 이름은 AndroidManifest.xml이며, 프로젝트의 app/manifests 디렉터리에 위치한다.

프로젝트 도구 창에서 app/manifests/AndroidManifest.xml을 더블 클릭하거나 **Ctrl+Shift +N[Command+Shift+O]** 키를 누른 후 검색 필드에 파일명(여기서는 AndroidManifest.xml)을 입력하고 **Enter[Return]** 키를 눌러서 편집기 창에 열자.

앱의 모든 액티비티는 안드로이드 운영체제가 알 수 있게 반드시 매니페스트에 선언해야 한다.

1장에서 안드로이드 스튜디오의 프로젝트 위저드로 생성한 **MainActivity**는 이미 매니페스트에 선언되어 있다. 이와 마찬가지로 **CheatActivity**도 액티비티 생성 위저드에서 자동으로 선언해준다(리스트 6.3의 음영으로 표시된 부분).

리스트 6.3 | 매니페스트에 선언된 CheatActivity(manifests/AndroidManifest.xml)

```xml
<manifest xmlns:android="http://schemas.android.com/apk/res/android"
    package="com.bignerdranch.android.geoquiz">

    <application
        android:allowBackup="true"
        android:icon="@mipmap/ic_launcher"
        android:label="@string/app_name"
        android:roundIcon="@mipmap/ic_launcher_round"
        android:supportsRtl="true"
        android:theme="@style/Theme.GeoQuiz">
        <activity android:name=".CheatActivity">
        </activity>
        <activity android:name=".MainActivity">
            <intent-filter>
                <action android:name="android.intent.action.MAIN" />

                <category android:name="android.intent.category.LAUNCHER" />
            </intent-filter>
        </activity>
    </application>

</manifest>
```

액티비티를 선언할 때는 android:name 속성이 필요하다. 여기서는 이 속성값이 ".Cheat Activity"다. 그런데 맨 앞의 점(.)은 무엇일까? 이것은 manifest 요소의 package 속성에 지정된 패키지에 **CheatActivity** 클래스가 위치함을 안드로이드 운영체제에게 알린다.

때로는 android:name="com.bignerdranch.android.geoquiz.CheatActivity"처럼 패키지 경로 전체를 지정할 수도 있는데, 이것은 리스트 6.3에 지정된 것과 같은 의미다.

매니페스트에서는 알아볼 것들이 많은데 이 책 후반부의 다른 장에서 차차 살펴보고, 우선 여기서는 **CheatActivity**를 선언하고 실행하는 데 필요한 것에만 집중하자.

MainActivity에 '커닝하기!' 버튼 추가하기

여기서는 사용자가 화면에서 **MainActivity**의 **커닝하기!** 버튼을 누르면 **CheatActivity**의 인스턴스를 생성하게 한다. 따라서 res/layout/activity_main.xml과 res/layout-land/activity_main.xml에 새 버튼을 추가해야 한다.

그림 6.2에서 새로운 **커닝하기!** 버튼이 **NEXT** 버튼 위에 있는 것을 볼 수 있다. 기본 레이아웃인 res/layout/activity_main.xml에 루트 **LinearLayout**의 자식으로 새 버튼을 추가한다. 위치는 **NEXT** 버튼 정의 바로 앞이다(편집기 창의 오른쪽 위에 있는 분할 버튼(⊞■ Split)을 클릭해 분할 뷰로 전환하면 코드와 디자인을 같이 볼 수 있어서 좋다).

리스트 6.4 | **커닝하기!** 버튼을 기본 레이아웃에 추가하기(res/layout/activity_main.xml)

```
    ...
    </LinearLayout>

    <Button
        android:id="@+id/cheat_button"
        android:layout_width="wrap_content"
        android:layout_height="wrap_content"
        android:layout_marginTop="24dp"
        android:text="@string/cheat_button" />

    <Button
        android:id="@+id/next_button"
        .../>

</LinearLayout>
```

가로 방향 레이아웃에서는 루트 **FrameLayout**의 아래쪽 중앙에 새 버튼을 보여줄 것이다. 프로젝트 도구 창이 **Android** 뷰일 때는 res/layout/activity_main.xml 밑에 activity_main.xml (land)로 표시된 파일을 더블 클릭해 편집기 창에 열고 리스트 6.5의 버튼을 추가한다.

리스트 6.5 | **커닝하기!** 버튼을 가로 방향 레이아웃에 추가하기(res/layout-land/activity_main.xml)

```
    ...
    </LinearLayout>
```

```xml
<Button
    android:id="@+id/cheat_button"
    android:layout_width="wrap_content"
    android:layout_height="wrap_content"
    android:layout_gravity="bottom|center_horizontal"
    android:text="@string/cheat_button" />

<Button
    android:id="@+id/next_button"
    .../>

</FrameLayout>
```

편집기 창의 MainActivity.kt 탭을 클릭해서 **커닝하기!** 버튼의 참조 변수 하나를 추가하고 객체 참조를 얻은 후 **View.onClickListener**를 설정한다.

리스트 6.6 | **커닝하기!** 버튼을 액티비티에 연결하기(MainActivity.kt)

```kotlin
class MainActivity : AppCompatActivity() {

    private lateinit var trueButton: Button
    private lateinit var falseButton: Button
    private lateinit var nextButton: Button
    private lateinit var cheatButton: Button
    private lateinit var questionTextView: TextView
    ...
    override fun onCreate(savedInstanceState: Bundle?) {
        ...
        nextButton = findViewById(R.id.next_button)
        cheatButton = findViewById(R.id.cheat_button)
        questionTextView = findViewById(R.id.question_text_view)
        ...
        nextButton.setOnClickListener {
            quizViewModel.moveToNext()
            updateQuestion()
        }

        cheatButton.setOnClickListener {
            // CheatActivity를 시작시킨다
        }

        updateQuestion()
    }
    ...
}
```

이제는 **CheatActivity**를 시작시키는 코드를 작성해보자.

액티비티 시작시키기

startActivity(Intent) 함수를 사용하면 한 액티비티에서 다른 액티비티를 쉽게 시작시킬 수 있다.

startActivity(Intent)는 시작시키고자 하는 액티비티에 대해 호출하는 static 함수라고 생각할지도 모르겠지만 그렇지 않다. 액티비티에서 startActivity(Intent)를 호출하면 이 호출은 안드로이드 운영체제에게 전달된다.

조금 더 구체적으로 말해서, startActivity(Intent) 호출은 ActivityManager라고 하는 안드로이드 운영체제의 컴포넌트로 전달된다. 그다음에 ActivityManager는 해당 액티비티의 인스턴스를 생성하고 이 인스턴스의 onCreate(Bundle?) 함수를 호출한다(그림 6.7).

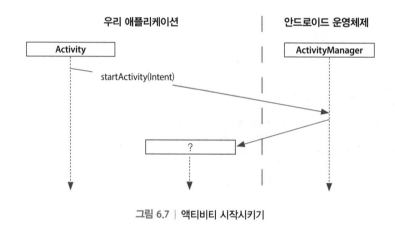

그림 6.7 | 액티비티 시작시키기

그렇다면 어떤 액티비티를 시작시킬지 ActivityManager가 어떻게 알 수 있을까? 이 정보는 Intent 매개변수에 있다.

인텐트로 통신하기

인텐트(intent)는 컴포넌트가 운영체제와 통신하는 데 사용할 수 있는 객체다. 지금까지 보았던 컴포넌트는 액티비티뿐이지만, 컴포넌트에는 서비스(service), 브로드캐스트 수신자(broadcast receiver), 콘텐트 제공자(content provider)도 있다.

인텐트는 다목적 통신 도구로, 이것을 추상화한 Intent 클래스는 인텐트의 용도에 따라 서로 다른 생성자들을 제공한다.

여기서는 시작시킬 액티비티를 **ActivityManager**에 알려주려고 인텐트를 사용한다. 따라서 다음 생성자를 사용한다.

```
Intent(packageContext: Context, class: Class<?>)
```

먼저 **CheatActivity** 클래스를 인자로 받는 **Intent** 객체를 생성하고 이 인텐트를 startActivity (Intent) 인자로 전달하는 코드를 cheatButton의 리스너 내부에 추가한다(리스트 6.7).

리스트 6.7 | CheatActivity 시작시키기(MainActivity.kt)

```
cheatButton.setOnClickListener {
    // CheatActivity를 시작시킨다
    val intent = Intent(this, CheatActivity::class.java)
    startActivity(intent)
}
```

Intent 생성자에 전달하는 **Class** 인자에는 **ActivityManager**가 시작시켜야 하는 액티비티 클래스를 지정한다. 여기서 **Context** 인자는 이 액티비티 클래스가 있는 애플리케이션 패키지를 **ActivityManager**에게 알려준다.

액티비티를 시작시키기에 앞서, **ActivityManager**는 시작시킬 액티비티 클래스(여기서는 **CheatActivity**)가 매니페스트의 **activity** 요소에 선언되어 있는지 확인한다. 만일 선언되어 있다면 해당 액티비티를 시작시키고 모든 것이 순조롭게 진행될 것이다. 선언되어 있지 않으면 **ActivityNotFoundException**이 발생되고 앱 실행이 중단된다. 모든 액티비티가 반드시 매니페스트에 선언되어야 하는 이유가 바로 이 때문이다.

실제 장치나 에뮬레이터에서 *GeoQuiz* 앱을 실행하고 **커닝하기!** 버튼을 눌러서 CheatActivity 인스턴스가 화면에 나타나는지 확인한다. 그다음에 장치의 백(Back) 버튼을 누르면 **Cheat Activity** 인스턴스가 소멸되고 다시 **MainActivity** 화면으로 돌아오는지도 확인해보자.

명시적 인텐트와 암시적 인텐트

Context 객체와 **Class** 객체를 사용해서 생성하는 **Intent**는 **명시적**(explicit) 인텐트다. 명시적 인텐트는 앱 내부에 있는 액티비티를 시작시키기 위해 사용한다.

같은 앱 내부에 있는 두 개의 액티비티가 앱 외부의 **ActivityManager**를 통해서 통신해야 한다는 것이 이상하게 보일 수도 있다. 그렇지만 이렇게 하면 한 애플리케이션의 액티비티가 다른 애플리케이션의 액티비티와 함께 작동하는 것이 쉬워진다.

한 애플리케이션의 액티비티에서 다른 애플리케이션의 액티비티를 시작시키려면 **암시적 (implicit)** 인텐트(15장에서 자세히 알아본다)를 생성한다.

액티비티 간의 데이터 전달

MainActivity와 **CheatActivity**가 준비되었으니 이 액티비티들 간의 데이터 전달에 관해 생각해보자. 그림 6.8에서 두 액티비티 간에 전달할 데이터를 보여준다.

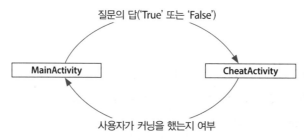

그림 6.8 | MainActivity와 CheatActivity 간의 통신

CheatActivity가 시작되면 **MainActivity**는 현재 문제에 대한 답을 **CheatActivity**에 알린다.

사용자가 장치의 백 버튼을 눌러서 **MainActivity**로 돌아가면 **CheatActivity**는 소멸되며, 이때 사용자가 커닝을 했는지 여부를 **MainActivity**에 전달한다.

이러한 액티비티 간의 통신은 **MainActivity**에서 **CheatActivity**로 데이터를 전달하면서 시작된다.

인텐트 엑스트라 사용하기

현재 문제의 정답을 **CheatActivity**에 알려주려면 다음 코드의 결과 값을 전달해야 한다.

```
questionBank[currentIndex].answer
```

이 값은 **startActivity**(Intent)에 전달되는 **Intent**의 **엑스트라**(extra) 값으로 전달된다.

엑스트라는 호출하는 액티비티가 인텐트에 포함시킬 수 있는 임의의 데이터로, 생성자 인자로 생각할 수 있다(액티비티 인스턴스는 안드로이드 운영체제에 의해 생성되고 그 생명주기가 관리된다). 요청된 인텐트는 안드로이드 운영체제가 받아서 수신 액티비티에 전달한다. 그다음에 수신 액티비티는 해당 인텐트의 엑스트라로 전달된 데이터를 추출해 사용한다(그림 6.9).

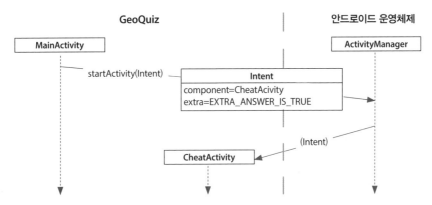

그림 6.9 | 인텐트 엑스트라: 서로 다른 액티비티 간의 데이터 전달

엑스트라는 키와 값이 한 쌍으로 된 구조로, **MainActivity.onSaveInstanceState(Bundle)**에서 currentIndex의 값을 저장하기 위해 사용했던 **Bundle** 객체의 구조와 동일하다(4장 참고).

인텐트에 엑스트라를 추가할 때는 **Intent.putExtra(…)**를 사용하며, 주로 **putExtra(name: String, value: Boolean)**을 호출한다.

Intent.putExtra(…)는 여러 형태로 오버로딩되어 있지만 항상 두 개의 인자를 갖는다. 첫 번째 인자는 항상 **String** 타입이며 엑스트라로 저장할 데이터 항목의 키를 나타낸다. 그리고 두 번째 인자는 이 키의 값을 나타내며, 다양한 타입으로 오버로딩되어 있다. **Intent.putExtra(…)** 함수는 **Intent** 객체 자신을 반환하므로 필요하다면 점(.)을 사용해서 연속적으로 **Intent** 함수를 호출할 수 있다.

우선 엑스트라의 키로 사용할 상수를 CheatActivity.kt에 추가한다.

리스트 6.8 | 엑스트라 상수 추가하기(CheatActivity.kt)

```
private const val EXTRA_ANSWER_IS_TRUE =
        "com.bignerdranch.android.geoquiz.answer_is_true"
```

```
class CheatActivity : AppCompatActivity() {
    ...
}
```

액티비티는 코드 여러 곳에서부터 시작될 수 있다. 따라서 엑스트라 키는 엑스트라의 데이터를 읽어서 사용하는 액티비티에 정의해야 한다. 이때 리스트 6.8처럼 엑스트라의 키 값에 패키지 이름을 사용하면 다른 앱의 엑스트라와의 충돌을 방지할 수 있다.

다음으로 **MainActivity**로 돌아가서 인텐트에 엑스트라를 쓰는 코드를 추가해야 한다. 그런데 더 좋은 방법이 있다. **MainActivity**나 앱의 다른 코드에서는 **CheatActivity**가 인텐트의 엑스트라로 무엇을 받는지 알 필요가 없다. 따라서 **CheatActivity**의 실행을 위해 인텐트를 요청하는 코드를 별도의 함수로 캡슐화하면 좋다.

리스트 6.9와 같이 **CheatActivity**에 **newIntent(...)** 함수를 추가한다. 여기서는 이 함수를 동반 객체(companion object) 내부에 둔다.

리스트 6.9 | CheatActivity의 newIntent(...) 함수 추가하기(CheatActivity.kt)

```
class CheatActivity : AppCompatActivity() {

    override fun onCreate(savedInstanceState: Bundle?) {
        ...
    }

    companion object {
        fun newIntent(packageContext: Context, answerIsTrue: Boolean): Intent {
            return Intent(packageContext, CheatActivity::class.java).apply {
                putExtra(EXTRA_ANSWER_IS_TRUE, answerIsTrue)
            }
        }
    }
}
```

이 함수에서는 **CheatActivity**가 필요로 하는 엑스트라 데이터를 갖는 인텐트를 생성한다. **Boolean** 타입의 answerIsTrue 인자는 EXTRA_ANSWER_IS_TRUE 상수 값을 키로 갖도록 엑스트라에 저장된다.

이처럼 동반 객체를 사용하면 클래스 인스턴스를 생성하지 않고 동반 객체의 함수를 사용할 수 있다(자바의 static 메서드와 유사함). 따라서 리스트 6.10의 **CheatActivity.newIntent (this@MainActivity, answerIsTrue)**처럼 동반 객체를 포함하는 클래스 이름을 사용해서 동반 객체의 함수를 호출할 수 있다. 또한, 동반 객체를 포함하는 클래스에서는 동반 객체를 자신의 멤버인 것처럼 인식하므로 편리하다.

다음으로 **MainActivity**의 **커닝하기!** 버튼 리스너에서 **newIntent(...)** 함수를 사용하도록 수정 한다(리스트 6.10).

리스트 6.10 │ 엑스트라를 갖는 인텐트로 CheatActivity 시작시키기(MainActivity.kt)

```
cheatButton.setOnClickListener {
    // CheatActivity를 시작시킨다
    val intent = Intent(this, CheatActivity::class.java)
    val answerIsTrue = quizViewModel.currentQuestionAnswer
    val intent = CheatActivity.newIntent(this@MainActivity, answerIsTrue)
    startActivity(intent)
}
```

여기서는 엑스트라 하나만 있으면 되지만, 필요하다면 **Intent** 하나에 여러 개의 엑스트라를 쓸 수 있다. 이때는 **newIntent(...)** 함수에 더 많은 인자를 추가하면 된다. 이제 인텐트로 전달 한 엑스트라로부터 데이터를 추출해서 사용해보자.

여기서는 엑스트라의 데이터 값을 꺼낼 때 **Intent.getBooleanExtra(String, Boolean)** 함 수를 사용할 것이다. 이 함수의 첫 번째 인자는 추출하는 엑스트라 데이터 항목의 이름(키)이 며, 두 번째 인자는 첫 번째 인자로 주어진 키가 엑스트라에 없을 때 반환할 기본값이다.

다음으로 **CheatActivity** 클래스의 **onCreate(Bundle?)** 함수에 코드를 추가한다. 이 코드에 서는 인텐트로 전달된 엑스트라의 값을 추출해 클래스 속성에 저장한다.

리스트 6.11 │ 엑스트라 사용하기(CheatActivity.kt)

```
class CheatActivity : AppCompatActivity() {

    private var answerIsTrue = false

    override fun onCreate(savedInstanceState: Bundle?) {
        super.onCreate(savedInstanceState)
        setContentView(R.layout.activity_cheat)

        answerIsTrue = intent.getBooleanExtra(EXTRA_ANSWER_IS_TRUE, false)
    }
    ...
}
```

Activity.intent는 항상 액티비티를 시작시켰던 **Intent** 객체를 반환한다. 이 **Intent** 객체는 **startActivity(Intent)**를 호출할 때 인자로 전달되었던 객체다.

여기서 **intent** 대신 자바 스타일로 **getIntent()**를 사용해도 된다. 그러나 코틀린에서는 클래스 속성의 값을 가져올 때 게터(getter)를 사용하지 않아도 된다. 속성을 참조할 때 자동으로 게터를 호출해주기 때문이다.

마지막으로 정답을 보여줄 **TextView**와 '**정답 보기**' 버튼을 연결해 엑스트라에서 추출한 값을 사용하도록 **CheatActivity**에 코드를 추가한다(리스트 6.12).

리스트 6.12 | 커닝할 수 있게 하기(CheatActivity.kt)

```kotlin
class CheatActivity : AppCompatActivity() {

    private lateinit var answerTextView: TextView
    private lateinit var showAnswerButton: Button

    private var answerIsTrue = false

    override fun onCreate(savedInstanceState: Bundle?) {
        ...

        answerIsTrue = intent.getBooleanExtra(EXTRA_ANSWER_IS_TRUE, false)
        answerTextView = findViewById(R.id.answer_text_view)
        showAnswerButton = findViewById(R.id.show_answer_button)
        showAnswerButton.setOnClickListener {
            val answerText = when {
                answerIsTrue -> R.string.true_button
                else -> R.string.false_button
            }
            answerTextView.setText(answerText)
        }
    }
    ...
}
```

이 코드에서는 **TextView.setText(Int)**를 사용해서 **TextView**의 텍스트를 설정한다. **TextView.setText(Int)** 함수는 여러 형태로 오버로딩되어 있지만, 여기서는 문자열 리소스의 리소스 ID를 인자로 받는 것을 사용한다.

GeoQuiz를 다시 실행해서 **커닝하기!** 버튼을 누르면 **CheatActivity**가 시작된다. '**정답 보기**' 버튼을 눌러서 현재 문제의 정답이 나타나는지 확인한다. 그다음에 백 버튼을 누르면 다시 **MainActivity** 화면으로 돌아가는지도 확인한다.

자식 액티비티로부터 결과 돌려받기

이 시점에서 사용자는 아무런 벌칙 없이 커닝을 할 수 있다. 이제는 사용자가 정답을 봤는지 여부를 **CheatActivity**가 **MainActivity**에 알려주도록 수정해보자.

자식 액티비티로부터 데이터를 돌려받고 싶으면 **Activity.startActivityForResult(Intent, Int)** 함수를 호출한다.

첫 번째 매개변수는 종전과 동일한 **Intent** 객체다. 두 번째 매개변수는 **요청 코드**(request code)로 사용자가 정의한 정수다. 요청 코드는 자식 액티비티에 전달되었다가 부모 액티비티가 다시 돌려받으며 부모 액티비티가 여러 타입의 자식 액티비티들을 시작시킬 때 어떤 자식 액티비티가 결과를 돌려주는 것인지 알고자 할 때도 사용된다. 현재 **MainActivity**는 한 가지 타입의 자식 액티비티만 시작시키지만, 향후를 대비해서 요청 코드의 상수 값을 사용하는 것이 좋다.

MainActivity에서 **startActivityForResult(Intent, Int)**를 호출하도록 cheatButton의 리스너 코드를 변경한다.

리스트 6.13 | startActivityForResult(Intent, Int) 호출하기(MainActivity.kt)

```
private const val TAG = "MainActivity"
private const val KEY_INDEX = "index"
private const val REQUEST_CODE_CHEAT = 0

class MainActivity : AppCompatActivity() {
    ...
    override fun onCreate(savedInstanceState: Bundle?) {
        ...
        cheatButton.setOnClickListener {
            ...
            startActivity(intent)
            startActivityForResult(intent, REQUEST_CODE_CHEAT)
        }

        updateQuestion()
    }
    ...
}
```

결과 데이터 설정하기

부모 액티비티에 데이터를 돌려주기 위해 자식 액티비티에서 호출하는 함수에는 다음 두 가지가 있다.

```
setResult(resultCode: Int)
setResult(resultCode: Int, data: Intent)
```

일반적으로 **결과 코드**(result code)는 사전 정의된 두 개의 상수, 즉 Activity.RESULT_OK(정수 -1) 또는 Activity.RESULT_CANCELED(정수 0) 중 하나다(결과 코드를 정의할 때 RESULT_FIRST_USER(정수 1) 상수도 사용할 수 있다).

자식 액티비티가 어떻게 끝났는지에 따라 부모 액티비티에서 다른 액션을 취할 때 결과 코드를 사용하면 유용하다.

예를 들어, 자식 액티비티가 **OK** 버튼과 **Cancel** 버튼을 갖고 있고, 둘 중 어떤 버튼이 눌러졌는가에 따라 자식 액티비티가 결과 코드 값을 다르게 설정한다고 해보자. 그러면 부모 액티비티는 해당 결과 코드 값에 따라 다른 액션을 취할 수 있다.

자식 액티비티에서는 **setResult(...)**를 호출하지 않을 수도 있다. 부모 액티비티에서 어떤 결과 코드인지 구분할 필요가 없거나 인텐트의 데이터를 받을 필요가 없다면, 안드로이드 운영체제가 기본 결과 코드를 전달하게 할 수 있다. 자식 액티비티가 **startActivityForResult(...)**로 시작되었다면 결과 코드는 항상 부모 액티비티에 반환된다. 이때 자식 액티비티에서 **setResult(...)**를 호출하지 않은 상태에서 사용자가 장치의 백 버튼을 누르면 부모 액티비티는 결과 코드로 Activity.RESULT_CANCELED를 받게 된다.

인텐트 돌려주기

자식 액티비티가 부모 액티비티에 인텐트의 엑스트라를 돌려줄 수도 있다. 여기서는 엑스트라를 부모 액티비티인 **MainActivity**에 전달하는 것이 주 관심사다. 따라서 **Intent**를 생성하고 엑스트라를 저장한 후 **Activity.setResult(Int, Intent)**를 호출해 부모인 **MainActivity**에서 엑스트라 데이터를 받게 한다.

앞에서 **CheatActivity**가 받는 엑스트라 키의 상수를 **CheatActivity**에 정의했으니, 자식인 **CheatActivity**가 부모인 **MainActivity**에 전달할 새로운 엑스트라도 그것처럼 하면 된다.

이제 엑스트라의 키로 사용할 상수를 CheatActivity에 추가하고, 인텐트를 생성해 거기에 엑스트라를 저장한다. 그리고 결과 코드를 설정하는 **private** 함수도 추가한다. 마지막으로 '**정답 보기**' 버튼의 리스너에 이 함수의 호출 코드를 추가한다.

리스트 6.14 | **결과 설정하기(CheatActivity.kt)**

```kotlin
const val EXTRA_ANSWER_SHOWN = "com.bignerdranch.android.geoquiz.answer_shown"
private const val EXTRA_ANSWER_IS_TRUE =
        "com.bignerdranch.android.geoquiz.answer_is_true"

class CheatActivity : AppCompatActivity() {
    ...
    override fun onCreate(savedInstanceState: Bundle?) {
        ...
        showAnswerButton.setOnClickListener {
            ...
            answerTextView.setText(answerText)
            setAnswerShownResult(true)
        }
    }

    private fun setAnswerShownResult(isAnswerShown: Boolean) {
        val data = Intent().apply {
            putExtra(EXTRA_ANSWER_SHOWN, isAnswerShown)
        }
        setResult(Activity.RESULT_OK, data)
    }
    ...
}
```

사용자가 '**정답 보기**' 버튼을 누르면 CheatActivity는 setResult(Int, Intent)를 호출하기 위해 인텐트를 생성하고 결과 코드를 추가한다.

그리고 사용자가 장치의 백 버튼을 눌러서 다시 **MainActivity**로 돌아가면 **ActivityManager**가 부모 액티비티인 **MainActivity**의 다음 함수를 호출한다.

```
onActivityResult(requestCode: Int, resultCode: Int, data: Intent)
```

여기서 첫 번째 매개변수는 **MainActivity**에서 전달했던 요청 코드다. 나머지 매개변수인 결과 코드와 인텐트는 자식 액티비티인 **CheatActivity**의 setResult(Int, Intent)로 전달되었던 것들이다.

그림 6.10에서는 이러한 상호 작용의 시퀀스 다이어그램(sequence diagram)을 보여준다.

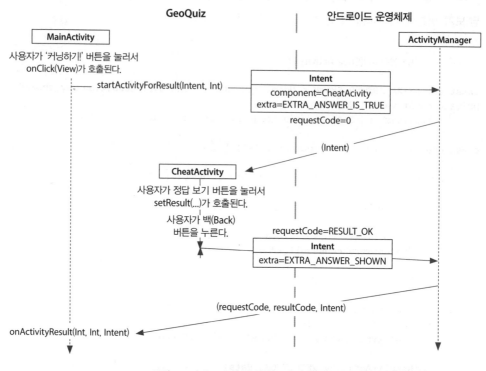

그림 6.10 | GeoQuiz의 시퀀스 다이어그램

이제는 **CheatActivity**에서 설정한 결과 데이터를 처리하기 위해 **MainActivity**에서 **onActivity Result(Int, Int, Intent)**를 오버라이딩하여 구현하는 것만 남았다.

결과 데이터 처리하기

CheatActivity가 돌려주는 값을 저장하는 새로운 속성을 QuizViewModel.kt에 추가한다.

사용자의 커닝 상태(커닝 여부를 나타내는 데이터)는 UI 상태의 일부다. 따라서 사용자의 커닝 상태는 **MainActivity** 대신 **QuizViewModel**에서 보존해야 한다. 이렇게 하면 액티비티 소멸이 아닌 구성 변경 시에 계속 보존되기 때문이다(4장 참고).

리스트 6.15 | QuizViewModel에 사용자 커닝 상태 보존하기(QuizViewModel.kt)

```
class QuizViewModel : ViewModel() {

    var currentIndex = 0
    var isCheater = false
```

```
    ...
}
```

그다음에 **CheatActivity**가 돌려주는 결과 값을 가져오기 위해 MainActivity.kt에서 **onActivityResult(…)**를 오버라이드한다. 이때 요청 코드와 결과 코드가 기대한 값인지 확인한다. 다시 말하지만, 이렇게 하면 코드를 유지 보수하기가 쉬워진다. 특히, 인텐트로 시작시키는 자식 액티비티의 종류가 늘어났을 때 아주 유용하다.

리스트 6.16 | onActivityResult(…) 오버라이드하기(MainActivity.kt)

```
class MainActivity : AppCompatActivity() {
    ...
    override fun onCreate(savedInstanceState: Bundle?) {
        ...
    }

    override fun onActivityResult(requestCode: Int,
                                  resultCode: Int,
                                  data: Intent?) {
        super.onActivityResult(requestCode, resultCode, data)

        if (resultCode != Activity.RESULT_OK) {
            return
        }

        if (requestCode == REQUEST_CODE_CHEAT) {
            quizViewModel.isCheater =
                data?.getBooleanExtra(EXTRA_ANSWER_SHOWN, false) ?: false
        }
    }
    ...
}
```

마지막으로 사용자가 정답을 커닝했는지 여부를 확인하고 그에 따른 적절한 응답을 주기 위해 **MainActivity**의 checkAnswer(Boolean) 함수를 수정한다.

리스트 6.17 | isCheater의 값에 의거 토스트 메시지 변경하기(MainActivity.kt)

```
class MainActivity : AppCompatActivity() {
    ...
    private fun checkAnswer(userAnswer: Boolean) {
        val correctAnswer: Boolean = quizViewModel.currentQuestionAnswer

        val messageResId = if (userAnswer == correctAnswer) {
```

```
        R.string.correct_toast
    } else {
        R.string.incorrect_toast
    }
    val messageResId = when {
        quizViewModel.isCheater -> R.string.judgment_toast
        userAnswer == correctAnswer -> R.string.correct_toast
        else -> R.string.incorrect_toast
    }

    Toast.makeText(this, messageResId, Toast.LENGTH_SHORT)
            .show()
    }
}
```

GeoQuiz를 실행해 **커닝하기!** 버튼을 클릭한 후 계속해서 '정답 보기' 버튼을 클릭해보자. 그다음에 장치의 백 버튼을 눌러서 **MainActivity** 화면으로 돌아온 후 **TRUE** 또는 **FALSE** 버튼을 눌러 현재 문제의 답을 해보자. 그러면 '커닝은 나쁜 짓이죠.'라는 불쾌한(?) 메시지가 나타난다.

이 상태에서 다음 문제로 이동하면 어떻게 될까? 여전히 커닝한 상태가 된다. 이것을 문제마다 별도로 처리하고 싶다면 이 장 제일 마지막의 '**챌린지: 문제마다 커닝 여부 관리하기**'를 구현하면 된다.

안드로이드가 액티비티를 어떻게 알까?

지금부터는 액티비티 사이를 이동할 때 안드로이드 운영체제에서 어떻게 하는지 살펴보자. 우선, GeoQuiz 앱을 실행하면 안드로이드 운영체제는 앱을 시작시키는 것이 아니라 앱의 액티비티를 시작시킨다. 조금 더 구체적으로 말하면, 앱의 **론처**(launcher) 액티비티를 시작시킨다. GeoQuiz의 경우는 **MainActivity**가 론처 액티비티다.

안드로이드 프로젝트 위저드가 GeoQuiz 앱과 **MainActivity**를 생성할 때 기본적으로 **MainActivity**를 론처 액티비티로 만들며, 론처 액티비티는 매니페스트의 **MainActivity** 선언부에 있는 intent-filter 요소로 정의된다(리스트 6.18).

리스트 6.18 | 론처 액티비티로 선언된 MainActivity(manifests/AndroidManifest.xml)

```
<manifest xmlns:android="http://schemas.android.com/apk/res/android"
    ... >
```

```
<application
    ... >
    <activity android:name=".CheatActivity">
    </activity>
    <activity android:name=".MainActivity">
        <intent-filter>
            <action android:name="android.intent.action.MAIN"/>

            <category android:name="android.intent.category.LAUNCHER"/>
        </intent-filter>
    </activity>
</application>
```

```
</manifest>
```

MainActivity의 인스턴스가 화면에 나타나면 사용자는 **커닝하기!** 버튼을 누를 수 있다. 이때 사용자가 버튼을 누르면 **MainActivity**의 위로 **CheatActivity**의 인스턴스가 시작되며, 이 액티비티들은 스택에 존재하게 된다(그림 6.11).

그리고 **CheatActivity**에서 백 버튼을 누르면 이 인스턴스는 스택에서 제거되고 **MainActivity**가 스택의 맨 위에서 재실행된다(그림 6.11).

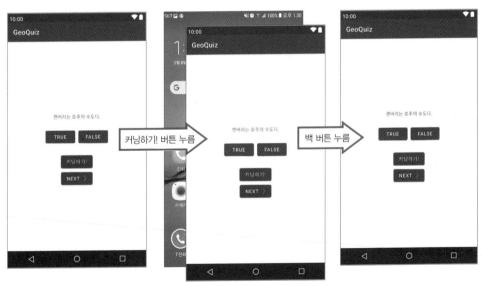

그림 6.11 | GeoQuiz의 백 스택

또한, **CheatActivity**에서 **Activity.finish()**를 호출해도 **CheatActivity**가 스택에서 제거된다.

만일 GeoQuiz를 실행해 **MainActivity**에서 백 버튼을 누르면 **MainActivity**가 스택에서 제거되고 GeoQuiz를 실행하기 전에 보고 있었던 화면으로 돌아간다(그림 6.12).

그림 6.12 | **홈 화면 보기**

만일 론처 앱에서 GeoQuiz를 시작시키고 **MainActivity**에서 백 버튼을 누르면 론처 화면으로 돌아간다(그림 6.13).

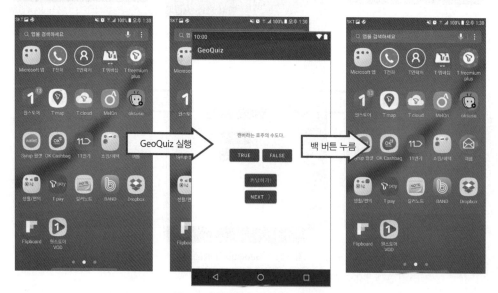

그림 6.13 | **론처에서 GeoQuiz 실행하기**

론처에서 백 버튼을 누르면 론처를 열기 전에 보고 있던 앱의 화면으로 돌아간다.

이제는 **ActivityManager**가 **백 스택**(back stack)을 유지한다는 점과 이러한 백 스택이 앱의 액티비티만을 위한 것이 아님을 이해했을 것이다. 모든 앱의 액티비티들이 백 스택을 공유하며, 이때 앱이 아닌 안드로이드 운영체제에 있는 **ActivityManager**가 개입된다(업(Up) 버튼이 궁금하지 않은가? 이 버튼을 구현하고 구성하는 방법은 14장에서 설명한다).

챌린지: GeoQuiz 허점 보완하기

GeoQuiz 앱에는 심각한 허점이 있다. 사용자가 정답을 커닝한 후에 **CheatActivity** 화면에서 장치를 회전해서 커닝 결과를 지울 수 있다. 그리고 **MainActivity**로 돌아오면 전혀 커닝하지 않은 것처럼 된다.

4장에서 배웠던 방법으로 장치 회전과 프로세스 종료 시에 **CheatActivity**의 UI 상태를 보존해 이 결함을 해결하라.

챌린지: 문제마다 커닝 여부 관리하기

현재는 사용자가 한 문제의 답만 커닝해도 모든 문제의 답을 커닝한 것으로 간주한다. 문제마다 커닝 여부를 알 수 있도록 GeoQuiz를 변경하자. 그리고 사용자가 커닝했던 문제에 답을 하면 지금처럼 경고성 토스트를 보여주고, 아직 커닝하지 않은 문제에 답을 하면 정상적으로 처리한다.

7

안드로이드 SDK 버전과 호환성

지금부터는 안드로이드의 여러 버전에 관한 기본 정보들을 알아보자. 이 장에서 알아보는 정보들은 매우 중요하다. 왜냐하면 앞으로 이 책을 계속 읽으면서 지금보다 더 복잡하고 실무적인 앱들을 개발할 때 꼭 알고 있어야 하는 정보이기 때문이다.

안드로이드 SDK 버전

SDK 버전 및 각 버전과 관련된 안드로이드 펌웨어 버전, 그리고 2021년 1월을 기준으로 각 버전을 사용 중인 장치의 비율을 보면 표 7.1과 같다(자료 출처: 안드로이드 스튜디오 새 프로젝트 생성 마법사).

표 7.1 | 안드로이드 API 레벨, 펌웨어 버전, 사용 중인 장치의 비율
(사용 비율이 0.1% 미만인 안드로이드 버전은 표에서 생략함)

API 레벨	코드명	장치 펌웨어 버전	사용 비율(%)
29	Q	10.0	8.2
28	Pie	9.0	31.3
27	Oreo	8.1	14.0
26		8.0	7.3

API 레벨	코드명	장치 펌웨어 버전	사용 비율(%)
25	Nougat	7.1	5.4
24		7.0	7.5
23	Marshmallow	6.0	11.2
22	Lollipop	5.1	7.4
21		5.0	1.8
19	KitKat	4.4	4.0
18	Jelly Bean	4.3	0.3
17		4.2	0.8
16		4.1	0.6
15	Ice Cream Sandwich	4.0.3, 4.0.4	0.2

각 '코드명' 배포 다음에는 증분적(incremental) 배포가 뒤따른다. 예를 들어, 아이스크림 샌드위치(ICS)는 처음에 안드로이드 4.0(API 레벨 14)으로 배포되었다. 그리고 곧바로 증분적 배포인 안드로이드 4.0.3과 4.0.4(API 레벨 15)로 교체되었다.

사용 비율은 시간이 지나면서 계속 바뀌겠지만, 표 7.1을 보면 중요한 추세를 알 수 있다. 즉, 새로운 버전의 안드로이드가 나오더라도 구버전을 사용하는 장치들이 곧바로 업그레이드되거나 교체되지 않는다는 사실이다. 2021년 1월을 기준으로 장치의 15.1%가 여전히 안드로이드 6.0 또는 그 이전 버전을 사용하고 있다.

그런데 구버전의 안드로이드가 실행되는 장치가 여전히 많은 이유는 무엇일까? 안드로이드 장치 제조사나 통신사 간의 과도한 경쟁 때문이다. 통신사들은 경쟁사에는 없는 특성과 장치를 원한다. 장치 제조사들 역시 이런 압력을 받는다. 즉 모든 제조사의 폰이 같은 운영체제를 기반으로 하지만, 다른 제조사와의 경쟁에서는 이겨야 하기 때문이다.

그러므로 각 제조사의 안드로이드 장치는 구글이 배포한 새로운 버전의 순정 안드로이드를 그대로 사용하지 않는다. 이로 인해 각 제조사의 장치에 새로운 안드로이드 버전이 설치되고 최적화되려면 수개월 이상의 시간이 필요하다. 또한, 각 제조사는 오래된 장치를 최신 버전으로 업데이트해주기보다는 새로운 장치에 그 자원을 집중한다.

호환성과 안드로이드 프로그래밍

새로운 배포와 결합되는 업그레이드가 지연됨에 따라 호환성이 안드로이드 프로그래밍에서 호환성이 매우 중요해졌다. 폭넓은 시장에 대응하기 위해 안드로이드 개발자들은 다양한 안드로이드 버전(가장 최신 버전과 이전의 셋 또는 네 개의 버전)을 실행하는 장치와 서로 다른 장치 폼팩터(예를 들어, 폴더블 폰) 모두에서 실행이 잘되는 앱을 만들어야 한다.

서로 다른 크기의 장치들을 대상으로 하는 것은 생각보다 쉽다. 폰의 화면은 크기가 다양하지만, 안드로이드 레이아웃 시스템이 잘 맞추어 처리하기 때문이다. 만일 화면 크기에 따라 커스텀 리소스나 레이아웃을 제공해야 한다면, 구성 수식자(configuration qualifier)를 사용해서 처리할 수 있다(이 내용은 17장에서 알아본다). 그런데 안드로이드 TV나 안드로이드 웨어 장치는 UI가 많이 달라서 앱의 UI와 디자인을 재고해야 한다.

최소 안드로이드 버전

실습 프로젝트에서 사용하는 안드로이드 최저 버전은 API 레벨 21(Lollipop)이다. 이보다 이전 버전의 점유율은 시간이 갈수록 감소하고 있어서 지원 노력 대비 효과가 낮기 때문이다.

증분적인(incremental) 배포(예를 들어, 8.x의 x)는 과거 버전과 호환성 문제가 거의 없다. 그러나 메이저 버전(예를 들어, 8.x의 8)의 경우는 다르다. 일례로 5.x 버전 장치들만 지원하는 작업은 그리 어렵지 않다. 그러나 4.x 버전 장치들도 같이 지원해야 한다면 버전 간의 차이점을 파악하고 반영하느라 시간을 더 들여야 한다. 다행스럽게도 이런 작업을 쉽게 할 수 있게 도와주는 라이브러리를 구글에서 제공하고 있다. 이런 라이브러리들에 관해서는 다른 장에서 배울 것이다.

1장에서 GeoQuiz 프로젝트를 생성할 때 최저(Minimum) SDK 버전을 지정했다(그림 7.1).

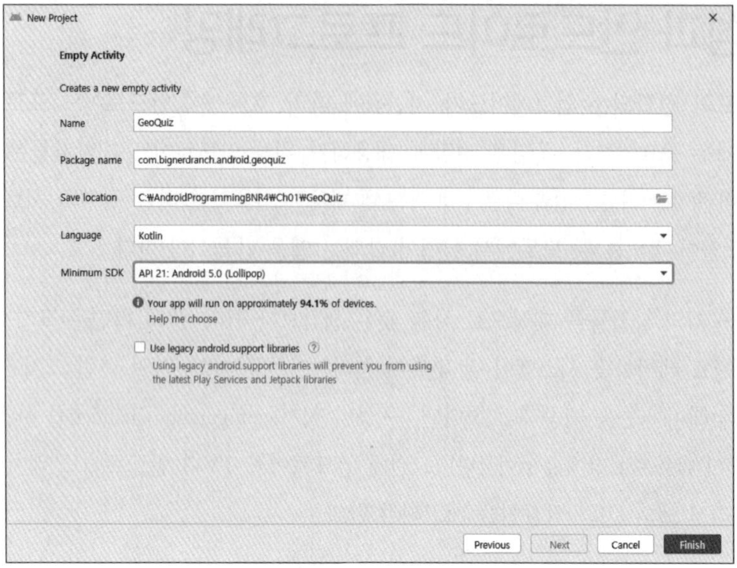

그림 7.1 | 기억하시나요?

최소 지원 버전 이외에 **목표(target)** 버전과 **컴파일(compile)** 버전도 설정할 수 있다. 이 버전들의 기본값과 변경 방법을 잠시 알아보자.

이런 모든 속성들은 **app** 모듈의 build.gradle 파일에 설정되며, 컴파일 버전 속성은 이 파일에만 설정되어 있다. 최소 SDK 버전과 목표 SDK 버전도 build.gradle 파일에 설정되어 있지만, 매니페스트 파일(AndroidManifest.xml)에서도 값을 설정할 수 있다.

앱 모듈의 build.gradle 파일을 열면 다음과 같은 compileSdkVersion, minSdkVersion, targetSdkVersion의 값을 볼 수 있다.(안드로이드 스튜디오의 프로젝트 도구 창이 **Android** 뷰인 상태에서 Gradle Scripts 밑의 'build.gradle (Module: 프로젝트명.app)'을 더블 클릭하면 편집기 창에 열린다).

```
...
compileSdkVersion 30
...
defaultConfig {
    applicationId "com.bignerdranch.android.geoquiz"
    minSdkVersion 21
    targetSdkVersion 30
    ...
```

최소 SDK 버전

minSdkVersion 값은 앱을 설치하는 기준으로 삼는 최소한의 안드로이드 버전이다. 이 버전 값을 API 레벨 21(Lollipop)로 설정하면 Lollipop 또는 그 이상 버전의 안드로이드 장치에서 GeoQuiz 앱을 설치하고 실행할 수 있다. Lollipop보다 낮은 버전의 안드로이드 장치에 GeoQuiz 앱을 설치하려고 하면 안드로이드가 거부한다.

표 7.1을 다시 보면 최소 SDK 버전 값으로 API 21이 가장 좋은 선택인 이유를 알 수 있을 것이다. 이 값으로 지정하면 94.1%의 안드로이드 장치에 앱을 설치할 수 있다.

목표 SDK 버전

targetSdkVersion 값은 앱 설계에 사용된 API 레벨을 안드로이드에 알려준다. 대부분의 경우에 이 값이 가장 최신의 안정화된 안드로이드 버전이 되는데. 그 이유는 하위 버전과의 호환성이 유지되기 때문이다.

목표 SDK를 더 하위 버전으로 지정할 때는 언제일까? 새로운 SDK에서는 앱이 장치에 보이는 방법이 변경될 수 있으며, 심지어는 안드로이드 운영체제가 내부적으로 작동하는 방식도 달라질 수 있다. 만일 앱을 이미 설계했다면 이후에 나온 새로운 SDK에서 기대한 대로 작동하는지 확인해야 한다. 이때 안드로이드 버전 코드와 주요 변경 사항을 확인할 수 있는 https://developer.android.com/reference/android/os/Build.VERSION_CODES.html 문서를 참고하면 좋다.

앱이 잘 작동하던 상위 버전에서 동작했던 대로 하위 버전에서도 여전히 잘 작동하는지 확인하려면 목표 SDK를 하위 버전으로 지정해야 한다. 이때 그 하위 버전 이후의 SDK에서 변경된 내용은 무시된다.

단, 구글 플레이 스토어에 신규 앱이나 앱의 업데이트를 올리고자 한다면 한 가지 고려할 것이 있다. 목표 SDK의 최저 버전에 제한이 있기 때문이다. 이 책을 저술하는 시점에는 최소한 API 레벨은 26(Oreo)이다. 따라서 최신 버전의 성능이나 보안성 개선 등의 장점을 사용자가 얻을 수 있도록 이보다 낮은 버전의 목표 SDK 앱은 플레이 스토어에서 거부된다.

컴파일 SDK 버전

리스트 7.1의 compileSdkVersion이 컴파일 SDK 버전이며 매니페스트 파일(AndroidManifest.xml)에는 사용되지 않는다. 이것은 우리와 컴파일러만 아는 정보다.

안드로이드의 기능들은 SDK의 클래스와 함수(코틀린 기준, 자바는 메서드) 형태로 사용된다. 컴파일 SDK 버전은 코드를 빌드할 때 사용하는 버전이며, 안드로이드 스튜디오가 import 문으로 참조되는 클래스나 함수(자바는 메서드)를 찾을 때 어떤 버전의 SDK에서 찾을 것인가를 결정하는 것이 바로 이 버전이다.

컴파일 SDK 버전을 선택할 때 가장 좋은 방법은 가장 최신에 가까우면서 안정된 API 레벨을 선택하는 것이다. 그렇지만 필요하다면 기존 앱의 컴파일 SDK 버전을 변경할 수 있다. 예를 들어, 안드로이드의 또 다른 최신 버전이 배포된다면 이 버전의 새로운 함수(자바는 메서드)나 클래스를 사용하기 위해서 기존 컴파일 SDK 버전을 변경할 수 있다.

build.gradle 파일의 최소 SDK 버전, 목표 SDK 버전, 컴파일 SDK 버전은 변경할 수 있다. 그리고 변경하면 그래들이 동기화가 필요하다는 메시지를 보여준다. 이때 메시지의 맨 오른쪽에 있는 'Sync Now' 링크를 클릭해 프로젝트를 그래들과 동기화해야 한다(또는 안드로이드 스튜디오 메인 메뉴에서 File ➡ Sync Project with Gradle Files를 선택한다).

상위 버전의 API 코드를 안전하게 추가하기

GeoQuiz 앱에서는 최소 SDK 버전과 컴파일 SDK 버전이 차이가 나므로 호환성 문제를 꼭 고려해야 한다. 예를 들어, GeoQuiz에서 최소 SDK 버전인 Lollipop(API 레벨 21)보다 상위 버전의 SDK 코드를 사용하면 어떻게 될까? Lollipop이 실행 중인 장치에 앱을 설치하고 실행하면 중단되거나 해당 코드는 무시된다.

다행히도 안드로이드 Lint 덕분에 이런 문제(하위 버전 장치에서 상위 버전의 코드를 호출함으로써 생기는)를 컴파일 시점에 잡아낼 수 있다. 만일 최소 SDK 버전보다 상위 버전의 코드를 사용하면 안드로이드 Lint가 경고해준다.

현재 GeoQuiz의 모든 코드는 API 레벨 21 또는 그 이전 버전에 소개되었던 것들이다. 그러면 API 레벨 21(Lollipop) 이후 버전의 코드를 추가하고 무슨 일이 생기는지 알아보자.

6장에서 작성된 GeoQuiz 프로젝트를 안드로이드 스튜디오에서 열고 MainActivity.kt를 더블 클릭해 편집기 창에 연다. 그리고 '**정답 보기**' 버튼의 **onClickListener**에 다음 코드를 추가한다. 이 코드에서는 **CheatActivity** 화면이 나타날 때 애니메이션을 수행한다.

리스트 7.1 | 액티비티 애니메이션 코드 추가하기(MainActivity.kt)

```kotlin
class MainActivity : AppCompatActivity() {
    ...
    override fun onCreate(savedInstanceState: Bundle?) {
        ...
        cheatButton.setOnClickListener { view ->
            // CheatActivity를 시작시킨다
            val answerIsTrue = quizViewModel.currentQuestionAnswer
            val intent = CheatActivity.newIntent(this@MainActivity, answerIsTrue)
            val options = ActivityOptions
                    .makeClipRevealAnimation(view, 0, 0, view.width, view.height)

            startActivityForResult(intent, REQUEST_CODE_CHEAT, options.toBundle())
        }

        updateQuestion()
    }
    ...
}
```

여기서는 **ActivityOptions** 클래스를 사용해 액티비티가 시작되는 방법을 커스터마이즈한다. 이때 **makeClipRevealAnimation(...)** 함수를 호출해 **CheatActivity**가 애니메이션을 수행하도록 지정한다. **makeClipRevealAnimation(...)**에는 애니메이션 소스로 사용할 뷰 객체(여기서는 **커닝하기!** 버튼), 새 액티비티를 보여주기 시작하는 x와 y 위치(소스 뷰에 상대적인), 새 액티비티의 최초 너비와 높이를 인자로 전달한다..

리스트 7.1의 **cheatButton.setOnClickListener { view -> ... }**에서는 **cheatButton**의 클릭리스너를 정의하며, **{ view -> ... }**는 람다식(lambda expression)이다. 여기서 view는 람다식의 인자 이름이며 클릭되는 뷰 객체를 나타낸다. 이처럼 람다식의 인자가 하나일 때는 생략할 수 있고 자동 생성되는 인자인 it을 사용할 수 있지만, 여기서는 이름이 있는 인자를 지정하였다. 왜냐하면 다른 사람이 이 코드를 파악할 때 인자가 무엇을 나타내는지 알기 쉽기 때문이다.

마지막으로 **options.toBundle()**을 호출해 **ActivityOptions** 객체를 **Bundle** 객체에 넣은 다음에 **startActivityForResult(...)**의 인자로 전달해 호출한다. 따라서 **Bundle** 객체에 지정한 대로 **ActivityManager**가 **CheatActivity**를 시작시킨다(애니메이션을 보여주면서).

리스트 7.1의 코드를 추가하면 Lint가 **makeClipRevealAnimation(…)** 코드를 빨간색으로 표시해 경고성 에러임을 알려준다. 그리고 마우스 커서를 이 함수 이름에 대면 Lint가 'Call requires API level 23 (current min is 21)' 메시지를 보여준다. 즉, **makeClipRevealAnimation(…)** 함수는 API 레벨 23의 안드로이드 SDK에 추가되어서 API 레벨 22 이하의 안드로이드 장치에서는 해당 코드가 제대로 실행되지 않을 수 있음을 사전에 알려준다.

현재 GeoQuiz 앱의 컴파일 SDK 버전은 API 레벨 30이므로 컴파일러가 이 코드를 컴파일하는 데는 문제없다. 그러나 안드로이드 Lint는 최소 SDK 버전이 API 레벨 21임을 알고 있으므로 경고성 에러로 알려주는 것이다.

이 상태에서 GeoQuiz 앱을 실행하면 어떻게 될까? GeoQuiz 앱은 장치나 에뮬레이터에 문제없이 설치되어 실행된다. 그러나 **makeClipRevealAnimation(…)** 함수 호출 코드는 그 실행이 무시된다.

그렇다면 이 에러를 어떻게 없앨 수 있을까? 첫 번째는 최소 SDK 버전을 안드로이드 6.0(API 레벨 23) 이상으로 변경하는 방법이다. 하지만 안드로이드 6.0 이상의 장치에서만 GeoQuiz 앱의 설치 및 실행이 가능하게 되므로 원래 의도했던 안드로이드 5.0 장치에서는 사용할 수 없게 된다.

따라서 장치의 안드로이드 버전을 검사하는 조건문 내부에 더 높은 버전의 API 실행 코드를 포함하는 것이 좋은 방법이다. 리스트 7.2와 같이 코드를 변경하자.

리스트 7.2 | 장치의 안드로이드 버전부터 확인하기(MainActivity.kt)

```
class MainActivity : AppCompatActivity() {
    ...
    @SuppressLint("RestrictedApi")
    override fun onCreate(savedInstanceState: Bundle?) {
        ...
        cheatButton.setOnClickListener { view ->
            ...
            if (Build.VERSION.SDK_INT >= Build.VERSION_CODES.M) {
                val options = ActivityOptions
                        .makeClipRevealAnimation(view, 0, 0, view.width, view.height)

                startActivityForResult(intent, REQUEST_CODE_CHEAT, options.toBundle())
            } else {
                startActivityForResult(intent, REQUEST_CODE_CHEAT)
            }
        }
```

```
        updateQuestion()
    }
```

Build.VERSION.SDK_INT 상수는 현재 장치의 안드로이드 버전인데, 이 상수 값을 M(Marshmallow)과 비교한다(버전 코드들은 https://developer.android.com/reference/android/os/Build.VERSION_CODES.html에서 볼수 있다).

이제는 API 레벨 23 이상의 안드로이드 장치에서 앱이 실행될 때만 애니메이션 코드가 호출되며, 앱 또한 API 레벨 21에서 안전하게 실행된다. 따라서 안드로이드 Lint는 경고 에러를 발생시키지 않는다.

API 레벨 23(Marshmallow) 이상 버전의 실제 안드로이드 에뮬레이터에서 GeoQuiz 앱을 실행해 **커닝하기!** 버튼을 눌러서 **CheatActivity**가 시작될 때 애니메이션이 작동하는지 확인해보자.

그런데 전환 애니메이션(transition animation)이 매우 빠르게 수행되므로 애니메이션이 수행되는지 알기 어렵다. 이럴 때는 애니메이션의 진행을 보기 위해 전환이 느리게 처리되도록 장치나 에뮬레이터의 설정을 변경하면 된다. 장치나 에뮬레이터에서 설정 앱을 실행하고 '개발자 옵션'을 선택하고 아래로 스크롤해 '전환 효과 애니메이션 배율'(Transition animation scale)을 선택한 뒤 '애니메이션 배율'(Animation Scale)을 10x로 설정한다. 실제 장치의 화면 예를 보면 그림 7.2와 같다.

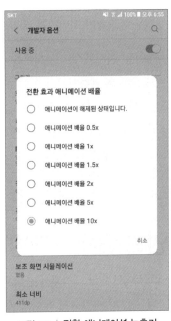

이렇게 하면 전환이 10배 느려지므로 전환 애니메이션이 수행되는 것을 볼 수 있다. GeoQuiz 앱을 다시 실행해 **커닝하기!** 버튼을 눌러서 애니메이션이 작동하는 것을 확인해보자(화면이 커지면서 나타난다). 확인되었으면 '애니메이션 배율'(Animation Scale)을 기본값인 1x로 다시 설정한다.

그림 7.2 | 전환 애니메이션 늦추기

GeoQuiz 앱을 API 레벨 21(Lollipop) 버전의 실제 안드로이드 장치나 에뮬레이터에서 실행하면 애니메이션이 수행되지 않지만, 앱은 여전히 안전하게 실행된다. 이처럼 새로운 API를 처리하는 또 다른 예를 27장에서 다룰 것이다.

Jetpack 라이브러리

API 레벨을 고려한 코드는 잘 작동하지만 다음 두 가지 이유로 최선의 방법은 아니다. 첫 번째는 안드로이드 버전마다 다른 코드가 실행되게 해야 하므로 추가 코드를 작성해야 한다. 두 번째는 장치에서 실행되는 안드로이드 버전에 따라 앱이 다르게 실행되므로 사용자 경험이 달라진다.

4장에서는 Jetpack 라이브러리와 AndroidX에 관해 배웠다. Jetpack 라이브러리는 새로운 기능(예를 들어, `ViewModel`)과 함께 이에 대한 하위 호환성(backward compatibility)도 제공한다. 따라서 Jetpack 라이브러리를 사용하면 조건문을 사용한 API 레벨 확인 코드를 작성하지 않아도 된다.

Jetpack의 많은 AndroidX 라이브러리는 이전의 지원 라이브러리를 개선한 것이다. 따라서 가능하면 언제든 이 라이브러리를 사용해야 한다. 그리고 이렇게 하면 서로 다른 API 버전을 확인하고 따로 처리하지 않아도 되니 앱 개발 또한 더욱 쉬워진다. 아울러 자신들의 장치에서 실행되는 안드로이드 버전과 무관하게 같은 사용자 경험을 갖게 되어 사용자 입장에서도 좋다.

그렇다고 Jetpack 라이브러리가 호환성의 만병통치약은 아니다. 왜냐하면 우리가 사용하려는 모든 기능을 포함하지는 않기 때문이다. 구글의 안드로이드 팀은 새로운 API들을 Jetpack 라이브러리에 추가해 하위 호환성을 갖게 하는 훌륭한 일을 하고 있다. 그러나 특정 API들은 여전히 사용할 수 없는 경우가 있다. 이럴 때는 어쩔 수 없이 해당 API들이 Jetpack 라이브러리에 추가될 때까지는 안드로이드 버전 확인 코드를 따로 작성해야 한다.

안드로이드 개발자 문서 사용하기

안드로이드 Lint 에러에서는 비호환성 코드가 어떤 API 레벨인지 알려준다. 그런데 특정 클래스나 함수가 어떤 API 레벨에 속하는지는 안드로이드 개발자 문서에서도 알 수 있다.

지금부터라도 개발자 문서를 사용하는 데 익숙해지는 것이 좋다. 안드로이드 SDK에는 알아둘 것이 매우 많다. 그리고 정기적으로 새로운 안드로이드 버전이 나오면 이 버전에는 새로운 것이 무엇이 있고 어떻게 사용하는지 배워두어야 한다.

안드로이드 개발자 문서는 유용하고 방대한 양의 정보로 가득 차 있다. 개발자 웹 페이시는 https://developer.android.com이며 플랫폼, 안드로이드 스튜디오, 구글 플레이, Jetpack, 코틀린, 문서, 뉴스 등 7개 부분으로 이루어져 있다.

표 7.2 | 안드로이드 개발자 문서

플랫폼	기본 플랫폼의 정보가 있으며, 지원되는 폼팩터 및 서로 다른 안드로이드 버전에 중점을 둔다.
안드로이드 스튜디오	안드로이드 스튜디오의 내려받기 및 각종 도구와 기능을 소개한다.
구글 플레이	구글 플레이의 소개와 구글 플레이 콘솔을 통한 앱의 배포 등을 알려준다.
Jetpack	Jetpack 라이브러리들에 관한 상세한 정보를 알려준다. 이 중 일부는 이 책에서 사용된다.
코틀린	코틀린 소개와 앱 개발에 필요한 각종 정보를 제공한다.
문서	개발자 문서의 메인 페이지다. API 문서, 샘플 코드, 디자인 가이드라인, 교육 과정 정보를 제공한다. 여기 있는 문서와 정보는 개발자라면 항상 참고해야 한다.
뉴스	안드로이드 관련 최신 기사와 소식을 알려준다.

앱을 개발하면서 개발자가 항상 참고해야 하는 문서는 API 문서일 것이다. 코틀린의 안드로이드 플랫폼 API 문서는 https://developer.android.com/reference/kotlin/packages에 있다. AndroidX 라이브러리 문서는 https://developer.android.com/reference/kotlin/androidx/packages에 있다.

여기서는 코틀린의 안드로이드 플랫폼 API 문서 페이지인 https://developer.android.com/reference/kotlin/packages에 접속해 필요한 내용을 잠시 살펴보자. 이 페이지가 나오면 왼쪽 패널에서 **android.app ➡ Classes**를 확장한 후 아래로 스크롤해 **ActivityOptions**를 찾아 클릭한다.

그러면 그림 7.3과 같이 **ActivityOptions** 클래스의 API 문서가 나타난다(현재 코틀린 API 문서 페이지는 개선 작업이 진행 중이므로 약간 달리 보일 수 있다).

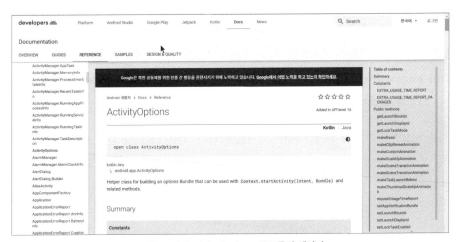

그림 7.3 | ActivityOptions API 문서 페이지

이 페이지에서 **ActivityOptions** 클래스의 상세한 정보를 볼 수 있다. 조금 밑으로 스크롤하면 리스트 7.1에서 사용했던 **makeClipRevealAnimation(...)** 함수를 볼 수 있으며, 이것을 클릭하면 그림 7.4의 페이지가 나타난다.

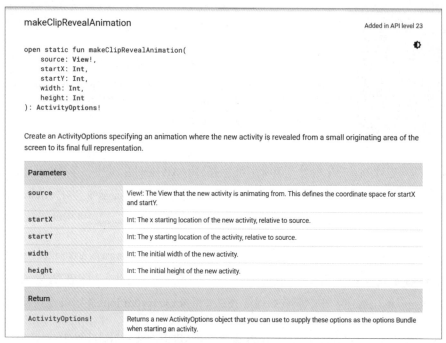

그림 7.4 | makeClipRevealAnimation(...) 함수

맨 위에는 **makeClipRevealAnimation(...)** 함수의 시그니처(이름, 매개변수, 반환 값의 타입)를 보여준다. 이 함수는 새로운 **ActivityOptions** 객체를 반환한다. 오른쪽 위에는 이 함수가 API 레벨 23에서 추가되었음을 알려준다. 따라서 프로젝트의 최소 SDK 버전이 API 레벨 23(안드로이드 6.0, Marshmallow) 이상이라면 이 함수를 사용할 수 있다. 그리고 시그니처 밑에는 각 매개변수의 타입과 설명이 있으며, 맨 밑에는 반환 값의 타입과 설명이 있다.

이 책을 읽으면서 개발자 문서를 자주 보기를 바란다. 특히, 챌린지 연습 문제를 풀려면 API 문서를 봐야 할 것이다. 특정 클래스나 함수 등을 자세히 살펴봐야 할 때도 언제든지 API 문서를 참고하자.

챌린지: 장치의 안드로이드 버전 보여주기

GeoQuiz 레이아웃에 **TextView** 위젯 하나를 추가하자. 이 위젯은 장치에서 실행 중인 안드로이드 운영체제의 API 레벨을 사용자에게 알려준다(그림 7.5).

그림 7.5 | 장치의 안드로이드 버전 보여주기

이 **TextView**의 텍스트는 레이아웃에 미리 지정할 수 없다. 왜냐하면 런타임 시에만 장치의 안드로이드 버전을 알 수 있기 때문이다. 안드로이드 API 문서의 **TextView** 클래스 페이지에 있는 텍스트 설정 함수를 찾아보자. 하나의 문자열 리소스 ID 또는 **CharSequence**를 인자로 받는 함수를 찾으면 된다.

텍스트의 크기나 글자체를 조정할 때는 API 문서의 **TextView** 클래스 페이지에 있는 다른 XML 속성들을 사용한다.

챌린지: 커닝 횟수 제한하기

사용자가 최대 세 번까지만 정답을 커닝할 수 있게 제한해보자. 그리고 사용자의 커닝 횟수를 남은 커닝 횟수를 **커닝하기!** 버튼 밑에 보여주고, 남은 커닝 횟수가 없을 때는 **커닝하기!** 버튼을 비활성화해서 더 이상 사용할 수 없게 만들어보자.

8

UI 프래그먼트와
프래그먼트 매니저

이 장부터는 CriminalIntent(크리미널인텐트)라는 애플리케이션을 개발할 것이다. Criminal Intent는 사무실 범죄(office crime)의 상세 내역을 기록한다. 휴게실 싱크대에 더러운 접시들을 팽개쳐 놓거나 자신의 문서를 인쇄한 후 용지가 떨어진 공유 프린터를 외면하고 그냥 가버리는 일과 같은 비양심적인 행위가 바로 사무실 범죄의 일례다(범죄라고 하니까 어감이 좀 이상하지만 법적인 측면보다는 도덕적인 관점으로 이해하자).

CriminalIntent 앱에 제목, 발생일자, 사진을 포함해 범죄 내역을 기록한다. 또한, 연락처에서 용의자를 찾아내어 이메일, 트위터, 페이스북 등으로 항의할 수 있다. 범죄를 문서화하고 알린 후에는 분노를 삭이고 하던 일을 계속하면 된다.

CriminalIntent는 무려 11개 장에 걸쳐 완성되는 복잡한 앱이다. 그리고 **리스트-디테일** (**list-detail**) 사용자 인터페이스를 갖는다. 즉, 저장된 범죄 데이터를 리스트 형태로 보여주며, 사용자는 리스트에서 새로운 범죄를 추가하거나 보고자 하는 범죄 데이터를 선택해 디테일(상세 내역)을 수정할 수 있다(그림 8.1).

그림 8.1 | 리스트-디테일 앱인 CriminalIntent

UI 유연성의 필요

리스트-디테일 애플리케이션은 두 개의 액티비티로 구성된다고 생각할 수 있다. 하나는 리스트(목록) 뷰를 관리하고, 다른 것은 디테일(상세 내역) 뷰를 관리한다. 그리고 리스트의 특정 범죄를 클릭하면 디테일 액티비티의 인스턴스를 시작한다. 그다음에 백 버튼을 누르면 디테일 액티비티를 소멸시키고 리스트로 돌아와서 또 다른 범죄를 선택할 수 있게 한다.

이렇게만 해도 좋은 앱이라 할 수 있다. 그런데 더 세련된 UI(사용자 인터페이스)와 화면 간의 이동을 원한다면 어떻게 하면 될까?

우선 CriminalIntent 앱이 화면이 큰 장치에서 실행되는 경우를 생각해보자. 어떤 장치들은 적어도 가로 방향에서 리스트와 디테일을 동시에 보여줄 만큼 화면이 크다(그림 8.2).

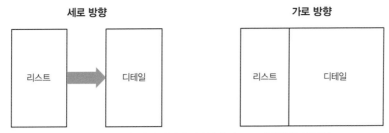

그림 8.2 │ 다양한 화면 너비에 이상적인 리스트-디테일 인터페이스

또는 사용자가 한 범죄의 상세 내역을 보면서 리스트의 다음 범죄를 보기 원한다고 해보자. 이때는 백 버튼을 눌러서 리스트 화면으로 이동하는 대신 곧바로 리스트에서 다른 범죄를 선택할 수 있다면 좋을 것이다.

이 두 가지 시나리오에 공통으로 필요한 것이 바로 UI 유연성이다. 즉, 사용자나 장치가 요구하는 것에 따라 런타임 시에 액티비티의 뷰를 구성하거나 변경할 수 있는 능력이다.

그런데 액티비티는 이런 유연성을 제공하도록 설계되지 않았다. 액티비티의 뷰들은 런타임 시에 변경되며, 이 뷰들을 제어하는 코드는 액티비티 내부에 있어야 한다. 따라서 액티비티는 사용하는 특정 화면과 강하게 결합되어 있다.

프래그먼트 개요

하나 이상의 **프래그먼트(fragment)**로 앱의 UI를 관리하면 유연성이 좋아진다. 프래그먼트는 액티비티의 작업 수행을 대행할 수 있는 컨트롤러 객체다. 여기서 작업이란 UI 관리를 말하며, UI는 화면 전체 또는 일부분이 될 수 있다.

UI를 관리하는 프래그먼트를 **UI 프래그먼트**라 한다. UI 프래그먼트는 레이아웃 파일로부터 인플레이트(inflate)되는 자신의 뷰를 하나 갖는다. 프래그먼트의 뷰는 사용자가 보면서 상호 작용하기를 원하는 UI 요소들을 포함한다.

액티비티의 뷰는 자신의 UI를 갖는 대신 프래그먼트를 넣을 컨테이너를 가지며, 이 컨테이너에는 인플레이트된 프래그먼트의 뷰가 추가된다. 이 장에서는 액티비티가 하나의 프래그먼트만 포함하지만, 액티비티는 여러 개의 다른 프래그먼트 뷰를 수용하는 다수의 컨테이너를 가질 수 있다.

앱과 사용자가 원하는 화면을 구성 또는 변경하려면 액티비티와 연관된 하나 이상의 프래그먼트를 사용한다. 기술적으로 액티비티의 뷰는 액티비티 생애 동안 함께 존재하므로 안드로이드의 기본 원칙에도 위배되지 않는다.

리스트와 디테일을 같이 보여주기 위해 리스트-디테일 애플리케이션이 어떻게 작동하는지 알아보자. 여기서는 하나의 리스트 프래그먼트와 하나의 디테일 프래그먼트로 액티비티의 뷰를 구성하여 디테일 프래그먼트의 뷰는 선택된 리스트 항목의 상세 내역을 보여줄 것이다.

그리고 사용자가 다른 리스트 항목을 선택하면 새로운 디테일 뷰를 보여줄 것이다. 이때 프래그먼트를 사용하면 쉽다. 액티비티에서 기존의 디테일 프래그먼트를 다른 디테일 프래그먼트로 교체하면 되기 때문이다(그림 8.3). 이렇게 뷰가 변경되더라도 액티비티는 소멸하지 않는다.

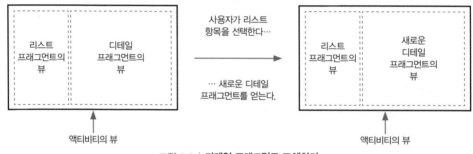

그림 8.3 | 디테일 프래그먼트 교체하기

UI 프래그먼트를 사용하면 앱의 UI를 조립 가능한 요소로 분리할 수 있어서 유용하며, 탭 인터페이스를 비롯한 여러 가지를 쉽게 만들 수 있다.

새로운 안드로이드 Jetpack API 중에서도 프래그먼트를 잘 활용하는 API가 있다(예를 들어, 내비게이션 컨트롤러). 따라서 프래그먼트를 사용하면 Jetpack API를 같이 사용할 때도 유용하다.

CriminalIntent 앱 개발 시작하기

이 장에서는 CriminalIntent 앱의 디테일 부분 개발을 시작해 끝날 즈음에는 CriminalIntent UI가 그림 8.4와 같이 될 것이다.

그림 8.4 │ 이 장이 끝난 후의 CriminalIntent UI

그림 8.4의 화면은 **CrimeFragment**라는 UI 프래그먼트가 관리하며, **CrimeFragment**의 인스턴스는 **MainActivity**라는 액티비티가 **호스팅**한다.

액티비티는 자신의 뷰 계층 구조에 프래그먼트와 그 뷰를 포함하는 곳을 제공하는데, 이것을 호스팅이라고 생각하면 된다(그림 8.5). 프래그먼트는 화면에 보이는 뷰를 자체적으로 가질 수 없으며, 액티비티의 뷰 계층에 추가될 때만 화면에 자신의 뷰가 보인다.

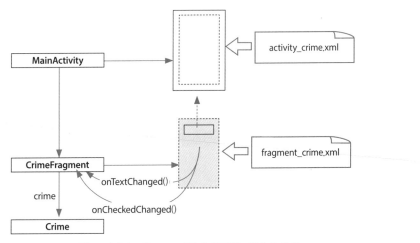

그림 8.5 │ **CrimeFragment**를 호스팅하는 MainActivity

CriminalIntent는 큰 프로젝트라서 객체 다이어그램(object diagram)을 사용하면 프로젝트를 이해하는 데 도움이 된다. 그림 8.6에서는 CriminalIntent의 큰 그림을 보여준다. 단, 여기서는 이 장의 내용과 관계있는 객체들만 표시했다. 이 그림의 객체들과 이들 사이의 관계를 모두 기억할 필요는 없지만, 시작에 앞서 무엇을 해야 하는지 알고 있으면 좋을 것이다.

그림을 보면 이전에 개발했던 GeoQuiz 앱의 액티비티들이 했던, UI를 생성하고 관리하며 모델 객체들과 상호 작용하는 일을 CrimeFragment가 한다는 것을 알 수 있다.

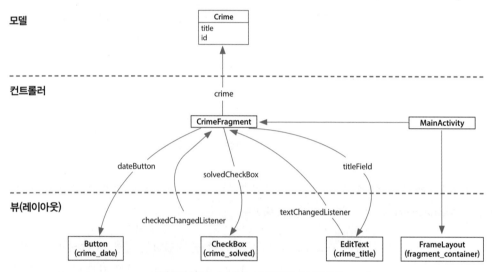

그림 8.6 | CriminalIntent의 객체 다이어그램

그림 8.6에서 Crime, CrimeFragment, MainActivity가 작성할 클래스들이다.

Crime의 인스턴스는 사무실 범죄 하나를 나타내며, 이 장에서는 Crime은 제목(title), ID, 발생일자(date), 그리고 해결 여부를 나타내는 불(bool) 값을 가진다. 제목은 '해로운 싱크대 쓰레기' 또는 '누군가가 내 요구르트를 훔쳐 갔음!'과 같이 서술적인 내용이며, ID는 Crime 인스턴스를 고유하게 식별하는 데 사용된다.

이 장에서는 간단하게 Crime의 단일 인스턴스를 사용하며, CrimeFragment는 이 인스턴스 참조를 저장하는 속성인 crime을 갖는다.

MainActivity의 뷰는 CrimeFragment의 뷰가 나타날 곳을 정의하는 하나의 FrameLayout으로 구성된다.

CrimeFragment의 뷰는 **EditText**, **Button**, **CheckBox**를 자식 뷰로 갖는 하나의 **Linear Layout**으로 구성된다. **CrimeFragment**는 각 자식 뷰를 참조하는 속성을 가지며, 각 자식 뷰에 리스너를 설정해 변경이 생길 때 모델 계층도 변경한다.

새로운 프로젝트 생성하기

프래그먼트와 앱에 관한 내용은 이 정도면 이해가 되었을 것이다. 이제는 새로운 앱을 생성할 시간이다. 우선 새 프로젝트를 생성한다. 안드로이드 스튜디오 메인 메뉴의 **File ➡ New ➡ New Project...**를 선택하거나 웰컴 스크린에서 'Create New Project'를 선택하면 그림 8.7과 같이 앱과 액티비티 유형을 선택하는 대화상자가 나타난다.

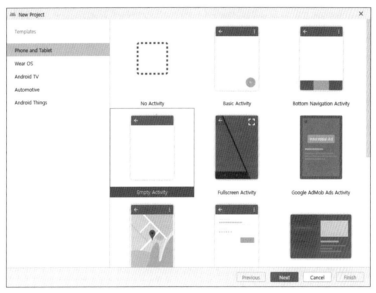

그림 8.7 | 앱과 액티비티 유형(프로젝트 템플릿) 선택하기

스마트폰과 태블릿에서 실행되는 앱을 나타내는 'Phone and Tablet'과 'Empty Activity'가 기본으로 선택되어 있는데, 그대로 두고 **NEXT** 버튼을 클릭하면 프로젝트를 구성하는 대화상자가 나타난다(그림 8.8).

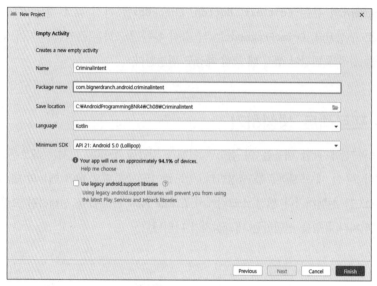

그림 8.8 | CriminalIntent 프로젝트 구성하기

그림 8.8과 같이 'Name'에 CriminalIntent를 입력하고 'Package name'에는 com.bignerdranch. android.criminalintent를 입력한다. 'Save location'은 원하는 디렉터리를, 'Language'는 Kotlin을, 'Minimum SDK'는 'API 21: Android 5.0 (Lollipop)'을 선택한다. 끝으로 'Use legacy android.support libraries'가 선택 해제되어 있는지 확인한다(각 필드의 자세한 설명은 1장 참고). Finish 버튼을 클릭하면 안드로이드 스튜디오가 새 프로젝트를 생성하고 열어준다.

MainActivity에 추가 작업을 계속하기에 앞서, 일단 CriminalIntent 앱의 모델 계층인 Crime 클래스를 생성하자.

Crime 데이터 클래스 생성하기

CriminalIntent 프로젝트 도구 창의 app/java 밑에 있는 com.bignerdranch.android. criminalintent 패키지에서 오른쪽 마우스 버튼을 클릭한 후 New ➡ Kotlin Class/File을 선택한다. 클래스 이름을 Crime으로 입력하고 Class를 더블 클릭한다.

편집기 창에 열린 Crime.kt를 리스트 8.1과 같이 변경하자. 클래스 정의에 data 키워드를 추가해 Crime을 데이터 클래스로 만든다(데이터 클래스의 자세한 설명은 2장 참고).

```
data class Crime(val id: UUID = UUID.randomUUID(),
                 var title: String = "",
                 var date: Date = Date(),
                 var isSolved: Boolean = false)
```

Date 클래스의 import 문이 java.util 패키지로 선언되어 있는지 확인한다. 만일 그렇지 않다면 java.util.Date나 java.util.*로 변경한다.

Crime 데이터 클래스는 id, title(제목), date(발생일자), isSolved(해결여부) 등 네 개의 속성을 가지며, 여기서는 기본 생성자에서 각 속성값을 초기화한다.

UUID는 안드로이드 프레임워크에 포함된 유틸리티 클래스다(UUID는 Universally Unique Identifier의 줄임말로, 128bit의 고유한 값이다). 이 클래스는 고유한 ID 값을 쉽게 생성하는 방법을 제공한다. 여기서는 기본 생성자에서 UUID.randomUUID()를 호출해 임의의 UUID 값을 갖는 고유 ID를 생성한다.

Date 속성은 Date 클래스의 기본 생성자를 호출해 현재 일자로 초기화된다.

이 장에서 CriminalIntent의 모델 계층인 Crime 클래스에 필요한 속성은 이것이 전부다.

이제는 모델 계층 및 프래그먼트를 호스팅할 수 있는 액티비티가 생성되었다. 지금부터는 액티비티가 프래그먼트를 호스팅하는 방법을 자세히 알아보자.

UI 프래그먼트 생성하기

UI 프래그먼트를 생성하는 과정은 액티비티를 생성할 때와 같다.

- 레이아웃 파일에 위젯들을 정의해 UI를 구성한다.
- 클래스를 생성하고 정의된 레이아웃을 이 클래스의 뷰로 설정한다.
- 레이아웃으로부터 인플레이트된 위젯들을 코드에 연결한다.

CrimeFragment의 레이아웃 정의하기

CrimeFragment의 뷰가 Crime 인스턴스에 포함된 정보를 보여준다.

우선 res/values/strings.xml 파일을 열어 사용자가 볼 문자열을 리소스로 추가한다.

리스트 8.2 | 문자열 추가하기(res/values/strings.xml)

```
<resources>
    <string name="app_name">CriminalIntent</string>
    <string name="crime_title_hint">범죄의 제목을 입력하세요.</string>
    <string name="crime_title_label">제목</string>
    <string name="crime_details_label">상세 내역</string>
    <string name="crime_solved_label">해결됨</string>
</resources>
```

다음으로 UI를 정의한다. CrimeFragment의 레이아웃은 수직 방향의 LinearLayout으로 구성되며, LinearLayout은 두 개의 TextView와 EditText, Button, Checkbox를 하나씩 포함한다.

프로젝트 도구 창의 res/layout 폴더에서 오른쪽 마우스 버튼을 클릭한 후 New ➡ Layout Resource File을 선택한다. 대화상자에서 'File name' 필드에는 fragment_crime을 입력하고, 'Root element' 필드에는 LinearLayout을 입력한 후 OK 버튼을 클릭한다.

그러면 fragment_crime.xml 파일이 생성되어 편집기 창에 열린다. 오른쪽 위에 있는 코드 버튼(≡ Code)을 클릭한 후 자동 생성된 XML을 보면 LinearLayout이 추가되어 있다. 리스트 8.3과 같이 fragment_crime.xml에 필요한 위젯을 추가한다.

리스트 8.3 | 프래그먼트 뷰의 레이아웃 파일(res/layout/fragment_crime.xml)

```
<LinearLayout xmlns:android="http://schemas.android.com/apk/res/android"
    xmlns:tools="http://schemas.android.com/tools"
    android:orientation="vertical"
    android:layout_width="match_parent"
    android:layout_height="match_parent"
    android:layout_margin="16dp">

    <TextView
        style="?android:listSeparatorTextViewStyle"
        android:layout_width="match_parent"
        android:layout_height="wrap_content"
        android:text="@string/crime_title_label"/>

    <EditText
```

```
        android:id="@+id/crime_title"
        android:layout_width="match_parent"
        android:layout_height="wrap_content"
        android:hint="@string/crime_title_hint"/>

    <TextView
        style="?android:listSeparatorTextViewStyle"
        android:layout_width="match_parent"
        android:layout_height="wrap_content"
        android:text="@string/crime_details_label"/>

    <Button
        android:id="@+id/crime_date"
        android:layout_width="match_parent"
        android:layout_height="wrap_content"
        tools:text="Thu Mar 12 11:56 EST 2020"/>

    <CheckBox
        android:id="@+id/crime_solved"
        android:layout_width="match_parent"
        android:layout_height="wrap_content"
        android:text="@string/crime_solved_label"/>

</LinearLayout>
```

첫 번째 **TextView**에는 뷰의 스타일과 관련된 새로운 속성인 style="?android:listSeparatorTextViewStyle"이 포함되어 있는데, 일단 여기서는 개의치 말자(10장의 '스타일, 테마, 테마 속성'에서 배운다).

여기서 tools 네임스페이스(xmlns:tools)를 사용하는 **Button**의 tools:text 속성은 범죄 발생일자다. 이처럼 tools 네임스페이스의 **text** 속성을 사용하면 디자인할 때 지정된 값(여기서는 범죄 발생일자)이 레이아웃 디자인에 나타나지만, 앱을 실행할 때는 나타나지 않아 편리하다.

편집기 창의 오른쪽 위에 있는 디자인 버튼(🖼 Design)을 클릭해 프래그먼트 뷰의 디자인을 확인해보자(그림 8.9).

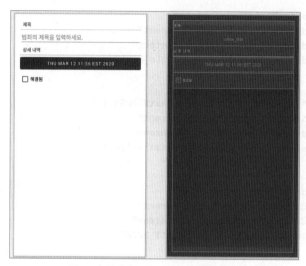

그림 8.9 | 변경된 프래그먼트 레이아웃 디자인

CrimeFragment 클래스 생성하기

이제 프래그먼트 클래스인 **CrimeFragment**를 생성하자. 프로젝트 도구 창의 app/java 밑에 있는 com.bignerdranch.android.criminalintent 패키지에서 오른쪽 마우스 버튼을 클릭한 후 **New ➡ Kotlin Class/File**을 선택한다. 클래스 이름을 **CrimeFragment**로 입력하고 **Class**를 더블 클릭한다. 그리고 리스트 8.4와 같이 **Fragment**의 서브 클래스로 변경한다.

리스트 8.4 | Fragment의 서브 클래스로 변경하기(CrimeFragment.kt)

```
class CrimeFragment : Fragment() {
}
```

: Fragment()를 입력한 후 **Alt+Enter[Option+Return]** 키를 누르고 **Import**를 선택하면 안드로이드 스튜디오가 **android.app.Fragment**와 **androidx.fragment.app.Fragment**를 보여준다. **android.app.Fragment**는 현재의 안드로이드 버전 프레임워크에 포함된 프래그먼트 클래스다. 여기서는 호환성을 지원하는 Jetpack 라이브러리(네임 스페이스가 androidx로 시작하는 패키지에 있다)의 프래그먼트 클래스를 사용할 것이므로 **androidx.fragment.app.Fragment**를 선택한다(그림 8.10).

그림 8.10 | Jetpack 라이브러리의 Fragment 클래스 선택하기

만일 그림 8.10의 팝업이 나타나지 않으면 Fragment를 클릭하고 Alt+Enter[Option+Return] 키를 눌러 Import를 클릭한 후 androidx.fragment.app.Fragment를 선택한다. 만일 다른 프래그먼트 클래스를 선택했을 때는 직접 import 문을 수정하거나 잘못된 import 문을 삭제 및 Fragment를 클릭하고 Alt+Enter[Option+Return] 키를 눌러 Import를 클릭한 후 androidx. fragment.app.Fragment를 선택한다.

다른 타입의 프래그먼트들

새로 개발하는 안드로이드 앱은 Jetpack(androidx) 버전의 프래그먼트를 사용해서 빌드해야 한다. 그런데 기존에 개발된 앱에서는 안드로이드 프레임워크의 프래그먼트와 v4 지원 라이브러리 프래그먼트가 있다. 이것들은 레거시 버전의 Fragment 클래스이므로 현재의 Jetpack 버전 Fragment 클래스로 변경하는 것을 고려해야 한다.

안드로이드 태블릿과 UI 유연성의 필요에 따라 API 레벨 11에 프래그먼트가 도입되었다. 그리고 새로운 안드로이드 버전이 나올 때마다 안드로이드 프레임워크의 프래그먼트에 새로운 기능이 추가되었다. 그리고 구버전의 안드로이드 장치에 프래그먼트의 지원이 필요함에 따라 v4 지원 라이브러리에도 Fragment 클래스가 추가되었다.

Android 9.0(API 28)을 기준으로 프레임워크 버전의 프래그먼트는 더 이상 사용되지 않고 (deprecated 됨) 업데이트도 이루어지지 않으므로 새 프로젝트에서는 사용하면 안 된다. 또한, v4 지원 라이브러리를 비롯한 종전의 지원 라이브러리 프래그먼트도 Jetpack 라이브러리로 옮겨져 더 이상 업데이트되지 않는다. 앞으로 모든 업데이트는 Jetpack 라이브러리의 프래그먼트에만 적용된다.

따라서 새 프로젝트에서는 항상 Jetpack 라이브러리의 프래그먼트만을 사용하고 기존 프로젝트의 프래그먼트도 새로운 기능 추가와 결함 해결이 지원되는 Jetpack 버전으로 변경해야 한다.

프래그먼트 생명주기 함수 구현하기

CrimeFragment는 모델 및 뷰 객체와 상호 작용하는 컨트롤러다. 따라서 특정 범죄의 상세 내역을 보여주고 사용자가 수정한 상세 내역 데이터를 변경하는 것이 CrimeFragment의 역할이다.

GeoQuiz 앱에서는 액티비티가 자신의 생명주기 함수에서 대부분의 컨트롤러 작업을 수행했는데, CriminalIntent 앱에서는 프래그먼트가 자신의 생명주기 함수에서 한다. 대부분의 프래그먼트 생명주기 함수는 이미 알고 있는 **Activity** 생명주기 함수(예를 들어, **onCreate (Bundle?)**)와 대응된다(프래그먼트 생명주기는 이 장 뒤에 있는 '**FragmentManager**와 프래그먼트 생명주기' 절에서 배운다).

이제 CrimeFragment.kt에서 **Crime** 인스턴스 참조 속성과 **Fragment.onCreate(Bundle?)**의 구현 코드를 추가하자.

참고로 안드로이드 스튜디오에서는 함수를 오버라이드할 때 지원하는 편리한 기능이 있다. **onCreate(Bundle?)** 함수를 오버라이드할 때 함수 이름 앞 쪽의 몇 글자만 입력하면 그림 8.11과 같이 함수 목록을 보여준다.

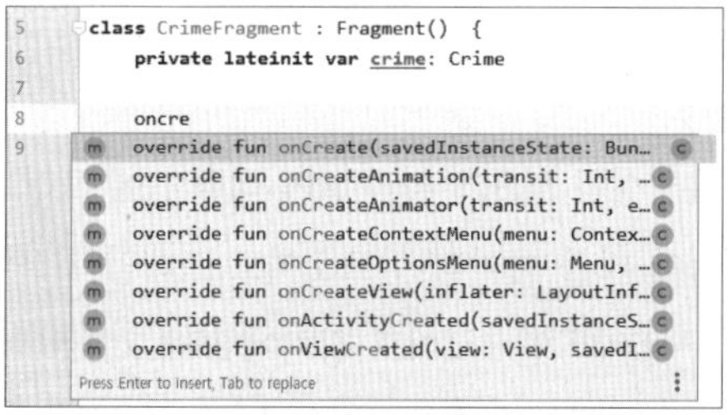

그림 8.11 | onCreate(Bundle?) 함수 오버라이딩

이때 **onCreate(Bundle?)** 함수를 선택하고 **Enter[Return]** 키를 누르거나 마우스를 클릭하면 안드로이드 스튜디오가 해당 함수의 선언 코드를 추가해준다(이 함수의 슈퍼 클래스 버전을 호출하는 코드도 같이 추가해준다). 그다음에 리스트 8.5와 같이 코드를 변경한다.

리스트 8.5 | Fragment.onCreate(Bundle?) 오버라이드 하기(CrimeFragment.kt)

```
class CrimeFragment : Fragment() {

    private lateinit var crime: Crime

    override fun onCreate(savedInstanceState: Bundle?) {
        super.onCreate(savedInstanceState)
        crime = Crime()
    }
}
```

이 코드에는 주목할 것이 두 가지 있다. 첫째, **Fragment.onCreate(Bundle?)**은 **public** 함수다. 코틀린에서 함수를 정의할 때 가시성 한정자(visibility modifier)를 지정하지 않으면 기본으로 **public**이 되기 때문이다. **Fragment**의 다른 생명주기 함수들도 **public**이어야 한다. 이 함수들도 프래그먼트를 호스팅하는 어떤 액티비티에서도 자동 호출될 것이기 때문이다.

둘째, 프래그먼트는 액티비티와 유사하게 자신의 상태 데이터를 저장하거나 가져오는 **Bundle** 객체를 갖는다. 그리고 **Activity.onSaveInstanceState(Bundle)**을 오버라이드하듯이, 필요에 따라 **Fragment.onSaveInstanceState(Bundle)** 함수를 오버라이드할 수 있다.

더불어 **Fragment.onCreate(Bundle?)**에서는 프래그먼트의 뷰를 인플레이트하지 않음에 유의한다. 프래그먼트 인스턴스는 **Fragment.onCreate(Bundle?)**에서 구성하지만, 프래그먼트의 뷰는 프래그먼트의 또 다른 생명주기 함수인 **onCreateView(LayoutInflater, ViewGroup?, Bundle?)**에서 생성하고 구성한다.

이 함수에서는 프래그먼트 뷰의 레이아웃을 인플레이트한 후 인플레이트된 **View**를 호스팅 액티비티에 반환해야 한다. **LayoutInflater**와 **ViewGroup** 매개변수는 레이아웃을 인플레이트하기 위해 필요하다. **Bundle**은 저장된 상태 데이터를 가지며, **onCreateView(…)** 함수에서 뷰를 재생성하는 데 사용된다.

이제 `fragment_crime.xml`을 인플레이트하는 **onCreateView(…)**의 구현 코드를 CrimeFragment.kt에 추가하자. 이때도 그림 8.11과 같은 방법을 사용하면 편리하다.

리스트 8.6 | onCreateView(…) 오버라이드 하기(CrimeFragment.kt)

```
class CrimeFragment : Fragment() {

    private lateinit var crime: Crime

    override fun onCreate(savedInstanceState: Bundle?) {
        super.onCreate(savedInstanceState)
        crime = Crime()
    }

    override fun onCreateView(
        inflater: LayoutInflater,
        container: ViewGroup?,
        savedInstanceState: Bundle?
    ): View? {
        val view = inflater.inflate(R.layout.fragment_crime, container, false)
        return view
    }
}
```

onCreateView(...) 내부에서는 레이아웃 리소스 ID를 인자로 전달해 **LayoutInflater. inflate(...)**를 호출함으로써 프래그먼트의 뷰를 명시적으로 인플레이트한다. **inflate(...)** 함수의 두 번째 인자는 위젯들을 올바르게 구성하는 데 필요한 뷰의 부모다. 세 번째 인자는 인플레이트된 뷰를 이 뷰의 부모에게 즉시 추가할 것인지를 **LayoutInflater**에 알려준다. 여기서는 false를 전달하였다. 왜냐하면 이 프래그먼트의 뷰는 액티비티의 컨테이너 뷰에 호스팅되기 때문이다. 따라서 이 프래그먼트의 뷰는 인플레이트되는 즉시 부모 뷰에 추가될 필요가 없으며, 액티비티가 나중에 이 뷰를 추가한다.

프래그먼트에 위젯 연결하기

이제는 **onCreateView(...)** 함수에서 **EditText**, **Checkbox**, **Button**을 프래그먼트와 연결해보자. 뷰가 인플레이트된 후에 **findViewById**를 사용해서 **EditText**의 참조를 얻는 것부터 시작한다.

리스트 8.7 | EditText 위젯을 코드에 연결하기(CrimeFragment.kt)

```kotlin
class CrimeFragment : Fragment() {

    private lateinit var crime: Crime
    private lateinit var titleField: EditText
    ...
    override fun onCreateView(
        inflater: LayoutInflater,
        container: ViewGroup?,
        savedInstanceState: Bundle?
    ): View? {
        val view = inflater.inflate(R.layout.fragment_crime, container, false)

        titleField = view.findViewById(R.id.crime_title) as EditText

        return view
    }
}
```

Fragment.onCreateView(...)에서 **EditText**의 참조를 얻는 것은 **Activity.onCreate(Bundle?)**에서 했던 것과 거의 같다. 액티비티의 뷰 대신 프래그먼트의 뷰에서 **View.findViewById(Int)**를 호출한다는 것만 다르다. 종전에 사용했던 **Activity.findViewById(Int)** 함수는 내부적으로 **View.findViewById(Int)**를 호출하는 편의(convenience) 함수다. **Fragment** 클래스에는 이것과 부합되는 편의 함수가 없으므로 **View.findViewById(int)**를 직접 호출한 것이다.

EditText의 참조를 얻었으니 생명주기 콜백 함수인 **onStart()**에 리스너를 추가하자.

리스트 8.8 | EditText 위젯에 리스너 추가하기(CrimeFragment.kt)

```kotlin
class CrimeFragment : Fragment() {
    ...
    override fun onCreateView(
        inflater: LayoutInflater,
        container: ViewGroup?,
        savedInstanceState: Bundle?
    ): View? {
        ...
    }

    override fun onStart() {
        super.onStart()

        val titleWatcher = object : TextWatcher {
            override fun beforeTextChanged(
                sequence: CharSequence?,
                start: Int,
                count: Int,
                after: Int
            ) {
                // 여기서는 이 함수의 실행 코드를 구현할 필요가 없어서 비워 둔다
            }

            override fun onTextChanged(
                sequence: CharSequence?,
                start: Int,
                before: Int,
                count: Int
            ) {
                crime.title = sequence.toString()
            }

            override fun afterTextChanged(sequence: Editable?) {
                // 여기서는 이 함수의 실행 코드를 구현할 필요가 없어서 비워 둔다
            }
        }

        titleField.addTextChangedListener(titleWatcher)
    }
}
```

프래그먼트에서의 리스너 설정은 액티비티의 경우와 똑같다. 리스트 8.8에서는 **TextWatcher** 인터페이스를 구현하는 익명의 클래스를 생성한다. **TextWatcher** 인터페이스에는 세 개의 함

수가 정의되어 있지만, 여기서는 **onTextChanged(...)** 하나만 필요하다. 따라서 나머지 두 함수의 실행 코드는 구현하지 않는다.

onTextChanged(...)에서는 사용자가 입력한 데이터 값을 갖고 있는 **CharSequence** 객체의 **toString()** 함수를 호출한다. 그리고 이 함수에서 반환하는 문자열은 **Crime**의 제목을 설정하는 데 사용된다.

TextWatcher 리스너는 **onStart()**에 설정해야 한다. 사용자와 뷰가 상호 작용할 때뿐만 아니라 장치 회전 등으로 인해 뷰 상태가 복원되면서 데이터가 설정될 때도 작동되는 리스너가 있기 때문이다. 예를 들어, 여기서 구현한 **EditText**의 **TextWatcher**나 **CheckBox**의 **OnCheckChangedListener** 등 데이터 입력에 반응하는 리스너들이 이에 해당된다.

반면에 **OnClickListener** 같은 리스너는 사용자와 상호 작용할 때만 반응하므로 뷰에 데이터를 설정하는 것에는 영향을 받지 않는다. 따라서 GeoQuiz 앱에서는 장치 회전 시에는 작동하지 않는 **OnClickListener**만 사용해서 모든 리스너 설정을 **onCreate(...)**에서 할 수 있었다.

뷰(여기서는 **EditText**)의 상태는 **onCreateView(...)**가 호출된 이후와 **onStart()**가 호출되기 전에 복원되며, 이때 **EditText**의 값이 crime.title에 설정된다. 그러므로 만일 **onStart()**가 아닌 **onCreate(...)**나 **onCreateView(...)** 등에 **EditText**의 **TextWatcher** 리스너를 설정했다면, 이 리스너의 **beforeTextChanged(...)**, **onTextChanged(...)**, **afterTextChanged(...)** 함수들이 뷰 상태 복원 전에 실행된다. 따라서 복원되지 못한 데이터가 crime.title에 설정되는 문제가 생기지만, **onStart()**에 리스너를 설정하면 뷰 상태가 복원된 후에 리스너가 실행되어 이런 문제가 발생하지 않는다.

다음으로 리스트 8.9와 같이 범죄 일자를 보여주기 위한 **Button**을 코드와 연결한다.

리스트 8.9 | Button 텍스트 설정하기(CrimeFragment.kt)

```kotlin
class CrimeFragment : Fragment() {

    private lateinit var crime: Crime
    private lateinit var titleField: EditText
    private lateinit var dateButton: Button
    ...
    override fun onCreateView(
        inflater: LayoutInflater,
        container: ViewGroup?,
        savedInstanceState: Bundle?
    ): View? {
```

```
        val view = inflater.inflate(R.layout.fragment_crime, container, false)

        titleField = view.findViewById(R.id.crime_title) as EditText
        dateButton = view.findViewById(R.id.crime_date) as Button

        dateButton.apply {
            text = crime.date.toString()
            isEnabled = false
        }

        return view
    }
}
```

여기서는 버튼을 비활성화해 사용자가 눌러도 응답하지 않게 한다. 이때 버튼은 비활성화되었음을 보여주는 형태로 바뀐다. 이 버튼을 다시 활성화해 사용자가 범죄 일자를 선택하게 하는 것은 13장에서 할 것이다.

그다음에 onCreateView(...)에서 CheckBox의 참조를 얻고 onStart()에서 OnCheckedChange Listener를 설정한다. 이 리스너에서는 Crime의 isSolved 속성값을 변경한다(리스트 8.10). 이 리스너를 onStart()에 설정하면 장치 회전 등으로 인해 프래그먼트의 상태가 복원될 때는 작동하지 않겠지만, 모든 리스너를 한 곳에 두고 쉽게 찾는 데는 도움이 된다.

리스트 8.10 | CheckBox의 변경을 리스닝하기(CrimeFragment.kt)

```
class CrimeFragment : Fragment() {

    private lateinit var crime: Crime
    private lateinit var titleField: EditText
    private lateinit var dateButton: Button
    private lateinit var solvedCheckBox: CheckBox
    ...
    override fun onCreateView(
        inflater: LayoutInflater,
        container: ViewGroup?,
        savedInstanceState: Bundle?
    ): View? {
        val view = inflater.inflate(R.layout.fragment_crime, container, false)

        titleField = view.findViewById(R.id.crime_title) as EditText
        dateButton = view.findViewById(R.id.crime_date) as Button
        solvedCheckBox = view.findViewById(R.id.crime_solved) as CheckBox
        ...
    }
```

```
    override fun onStart() {
        ...
        titleField.addTextChangedListener(titleWatcher)

        solvedCheckBox.apply {
            setOnCheckedChangeListener { _, isChecked ->
                crime.isSolved = isChecked
            }
        }
    }
}
```

여기서 **setOnCheckedChangeListener { _, isChecked -> crime.isSolved = isChecked}**
는 {} 안의 람다식으로 나타낸 **OnCheckedChangeListener** 인터페이스의 구현 객체를 리스
너로 등록한다. 이 인터페이스는 **onCheckedChanged(…)** 함수만 정의하고 있으며, 이 함수는
두 개의 인자를 받는다. 첫 번째 인자는 **OnCheckedChanged** 이벤트가 발생한 **View**(여기서는
solvedCheckBox)이며, 두 번째 인자는 **Boolean** 값이다. 따라서 **solvedCheckBox**가 체크 또는
체크 해제될 때 **onCheckedChanged(…)** 함수가 실행되어 **Crime**의 **isSolved** 속성값을 변경한
다. 람다식에서는 첫 번째 인자를 밑줄(_)로 나타내었다. 이것은 첫 번째 인자를 이 람다식에
서 사용할 필요가 없으므로 이름을 생략한다는 의미이며, 내부적으로 **solvedCheckBox** 참조
가 전달된다.

이제 **CrimeFragment**의 코드가 완성되었다. 지금이라도 바로 CriminalIntent 앱을 실행해 우
리가 작성한 코드를 테스트해볼 수 있다면 참 좋을 것이다. 그러나 지금은 할 수 없다. 프래
그먼트는 독자적으로 자신의 뷰를 화면에 보여줄 수 없기 때문이다. 화면에 보여주려면 우선
CrimeFragment를 **MainActivity**에 추가해야 한다.

UI 프래그먼트의 호스팅

UI 프래그먼트를 호스팅하려면 액티비티는 다음 두 가지를 수행해야 한다.

- 액티비티의 레이아웃에 프래그먼트의 뷰를 배치할 곳을 정의해야 한다.
- 프래그먼트 인스턴스의 생명주기를 관리해야 한다.

프래그먼트는 액티비티의 코드에서 추가할 수 있다. 프래그먼트를 언제 액티비티에 추가할 것인지, 그리고 이후에 어떻게 할 것인지는 우리가 결정한다. 또한 프래그먼트를 제거하고 다른 프래그먼트로 교체할 수 있으며, 첫 번째 프래그먼트를 다시 추가할 수도 있다.

상세한 코드는 이 장 뒤에서 살펴보고, 우선 **MainActivity**의 레이아웃부터 정의하자.

컨테이너 뷰 정의하기

여기서는 호스팅하는 액티비티의 코드에서 UI 프래그먼트를 추가한다. 그렇지만 액티비티의 뷰 계층에 프래그먼트의 뷰를 배치하는 코드를 여전히 추가해야 한다.

MainActivity의 레이아웃인 activity_main.xml이 편집기 창에 열려 있을 것이다(혹시 열려 있지 않으면 프로젝트 도구 창에서 res/layout/activity_main.xml을 더블 클릭한다). 편집기 창의 오른쪽 위에 있는 코드 버튼(≡ Code)을 클릭해 코드 뷰로 전환한 후 리스트 8.11과 같이 변경한다.

리스트 8.11 │ **프래그먼트 컨테이너 레이아웃 생성하기(res/layout/activity_main.xml)**

```
<androidx.constraintlayout.widget.ConstraintLayout
    xmlns:android="http://schemas.android.com/apk/res/android"
    xmlns:tools="http://schemas.android.com/tools"
    xmlns:app="http://schemas.android.com/apk/res-auto"
    android:layout_width="match_parent"
    android:layout_height="match_parent"
    tools:context=".MainActivity">

    <TextView
        android:layout_width="wrap_content"
        android:layout_height="wrap_content"
        android:text="Hello World!"
        app:layout_constraintBottom_toBottomOf="parent"
        app:layout_constraintLeft_toLeftOf="parent"
        app:layout_constraintRight_toRightOf="parent"
        app:layout_constraintTop_toTopOf="parent"/>

</androidx.constraintlayout.widget.ConstraintLayout>
<FrameLayout
    xmlns:android="http://schemas.android.com/apk/res/android"
    android:id="@+id/fragment_container"
    android:layout_width="match_parent"
    android:layout_height="match_parent"/>
```

이 **FrameLayout**은 **CrimeFragment**의 **컨테이너 뷰**(container view)가 된다. 그러나 이 레이아웃은 서로 다른 프래그먼트를 호스팅하는 데 공동으로 사용할 수 있다.

activity_main.xml에는 하나의 프래그먼트를 호스팅할 하나의 컨테이너 뷰만 있다. 하지만 액티비티의 레이아웃은 이보다 더 복잡할 수 있으며, 레이아웃 자신의 위젯들은 물론이고 다수의 컨테이너 뷰들을 정의할 수 있다.

CriminalIntent 앱을 실행해 확인해보자. 그런데 그림 8.12처럼 비어 있는 **FrameLayout**만 나온다(앱 이름이 포함된 툴바(toolbar)만 제일 위에 나타난다 이 툴바는 액티비티를 구성할 때 자동으로 앱에 포함된다. 이 내용은 14장에서 자세히 알아본다).

그림 8.12 | 텅 빈 FrameLayout

현재는 **MainActivity**에서 프래그먼트를 호스팅하지 않아서 **FrameLayout**이 비어 있다. 이 **FrameLayout**의 내부에 프래그먼트의 뷰를 추가하는 코드는 좀 더 뒤에서 작성할 것이다. 우선은 프래그먼트를 생성해야 한다.

FragmentManager에 UI 프래그먼트 추가하기

Fragment 클래스가 허니콤(Honeycomb) 버전에 추가되면서 **FragmentManager**를 호출하는 코드를 포함하도록 **Activity** 클래스가 변경되었다. **FragmentManager**는 프래그먼트 리스트와 프래그먼트 트랜잭션의 백 스택(back stack)을 처리한다(그림 8.13). **FragmentManager**는 프래그먼트의 뷰를 액티비티의 뷰 계층에 추가하고 프래그먼트의 생명주기를 주도하는 책임을 갖는다.

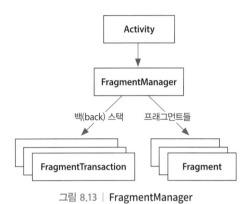

그림 8.13 | FragmentManager

CriminalIntent 앱에서는 **FragmentManager**의 프래그먼트 리스트에만 관심을 둔다.

프래그먼트 트랜잭션

FragmentManager에 프래그먼트를 관리하도록 넘겨주는 코드를 MainActivity.kt에 추가한다(이 코드는 뒤에서 살펴볼 것이므로 지금은 일단 작성만 한다).

리스트 8.12 | CrimeFragment 추가하기(MainActivity.kt)

```kotlin
class MainActivity : AppCompatActivity() {

    override fun onCreate(savedInstanceState: Bundle?) {
        super.onCreate(savedInstanceState)
        setContentView(R.layout.activity_main)

        val currentFragment =
            supportFragmentManager.findFragmentById(R.id.fragment_container)

        if (currentFragment == null) {
            val fragment = CrimeFragment()
            supportFragmentManager
                .beginTransaction()
                .add(R.id.fragment_container, fragment)
                .commit()
```

```
        }
    }
}
```

코드에서 액티비티에 프래그먼트를 추가하기 위해 액티비티의 **FragmentManager**를 호출했다. 이때 Jetpack 라이브러리와 **AppCompatActivity** 클래스를 사용하고 있으므로 support FragmentManager 속성을 사용해서 액티비티의 프래그먼트 매니저를 참조할 수 있다.

supportFragmentManager의 이름 앞에는 'support'가 붙어 있는데, 이 속성은 v4 지원 라이브러리로부터 유래된 것이다. 그러나 지금은 v4 지원 라이브러리가 Jetpack 내부에 androidx 라이브러리로 포함되었다.

리스트 8.12의 코드를 이해하려면 **add(...)**와 주변의 코드를 살펴봐야 한다. 다음 코드에서 음영으로 표시한 부분은 **프래그먼트 트랜잭션**(fragment transaction)을 생성하고 커밋한다.

```
if (currentFragment == null) {
    val fragment = CrimeFragment()
    supportFragmentManager
        .beginTransaction()
        .add(R.id.fragment_container, fragment)
        .commit()
}
```

프래그먼트 트랜잭션은 프래그먼트 리스트에 프래그먼트를 추가(add), 삭제(remove), 첨부(attach), 분리(detach), 변경(replace)하는 데 사용된다. 프래그먼트 트랜잭션을 사용하면 여러 개의 오퍼레이션(트랜잭션으로 실행되는 각 함수 코드)을 묶어서 수행할 수 있다. 예를 들어, 다수의 프래그먼트를 동시에 서로 다른 컨테이너에 추가하는 경우다. 프래그먼트로 런타임 시에 화면을 구성 또는 변경하는 방법의 핵심이 바로 프래그먼트 트랜잭션이다.

FragmentManager는 프래그먼트 트랜잭션의 백 스택을 유지 관리한다. 따라서 프래그먼트 트랜잭션이 다수의 오퍼레이션을 포함한다면 해당 트랜잭션이 백 스택에서 제거될 때 이 오퍼레이션들이 역으로 실행된다. 그러므로 다수의 프래그먼트 오퍼레이션들을 하나의 트랜잭션으로 묶으면 UI 상태를 더욱 잘 제어할 수 있다.

FragmentManager.beginTransaction() 함수는 **FragmentTransaction**의 인스턴스를 생성해 반환한다. **FragmentTransaction** 클래스는 **플루언트 인터페이스**(fluent interface)를 사용한다(플루

언트 인터페이스는 코드를 이해하기 쉽게 해주는 객체지향 기법이며, 일반적으로 함수의 연쇄 호출 형태로 구현된다). 즉, **FragmentTransaction**을 구성하는 함수들이 Unit 대신 **FragmentTransaction** 객체를 반환하기 때문에 이 함수들을 연쇄(계속 이어서) 호출할 수 있다(코틀린의 **Unit**은 하나의 인스턴스만 생성되는 싱글톤 객체이며 자바의 **void**와 같이 함수의 반환 값이 없음을 나타내는 데 사용된다). 따라서 앞의 음영으로 표시된 코드는 '새로운 프래그먼트 트랜잭션 인스턴스를 생성하고 이 인스턴스에 add() 오퍼레이션을 포함시킨 후 커밋해라'라는 의미다.

add(...) 함수는 컨테이너 뷰 ID와 새로 생성된 **CrimeFragment** 인스턴스를 매개변수로 갖는다. 여기서 컨테이너 뷰 ID는 activity_main.xml에 정의했던 **FrameLayout**의 리소스 ID다.

컨테이너 뷰 ID는 다음 두 가지 목적으로 사용된다.

- 액티비티 뷰의 어느 위치에 프래그먼트 뷰가 나타나야 하는지를 **FragmentManager**에 알려준다.
- **FragmentManager**의 리스트에서 프래그먼트를 고유하게 식별하는 데 사용된다.

FragmentManager로부터 **CrimeFragment**를 가져오려면 다음의 음영 표시된 코드처럼 컨테이너 뷰 ID로 요청한다.

```
val currentFragment =
    supportFragmentManager.findFragmentById(R.id.fragment_container)

if (currentFragment == null) {
    val fragment = CrimeFragment()
    supportFragmentManager
        .beginTransaction()
        .add(R.id.fragment_container, fragment)
        .commit()
}
```

FragmentManager가 **FrameLayout**의 리소스 ID를 사용해서 **CrimeFragment**를 식별한다는 것이 이상하게 보일지 모른다. 그러나 컨테이너 뷰의 리소스 ID로 UI 프래그먼트를 식별하는 것이 **FragmentManager**가 작동하는 방법이다. 만일 하나의 액티비티에 여러 개의 프래그먼트를 추가한다면, 각 프래그먼트에 대해 별도의 리소스 ID를 갖는 컨테이너 뷰를 생성하기 때문이다.

중요한 부분을 알아보았으니, 이제 리스트 8.12의 전체 코드가 어떻게 작동하는지 살펴보자.

우선, R.id.fragment_container의 컨테이너 뷰 ID와 연관된 프래그먼트를 **FragmentManager**에 요청한다. 만일 이 프래그먼트가 리스트에 이미 있다면, **FragmentManager**가 그것을 반환한다.

그런데 요청한 프래그먼트가 어째서 이미 프래그먼트 리스트에 있는 것일까? 여러 이유로 액티비티가 소멸되었다가 다시 생성될 때를 대비해서 리스트에 보존하기 때문이다. 즉, 장치가 회전되거나 안드로이드 운영체제의 메모리 회수로 **MainActivity**가 소멸되었다가 **다시 생성**되면 **MainActivity.onCreate(Bundle?)**이 다시 호출된다. 따라서 액티비티가 소멸될 때는 이 액티비티의 **FragmentManager** 인스턴스가 해당 액티비티의 프래그먼트 리스트를 보존한다. 그리고 해당 액티비티가 다시 생성되면 새로운 **FragmentManager** 인스턴스가 그 리스트를 가져와서 리스트에 있는 프래그먼트를 다시 생성해 이전 상태로 복원한다.

이와는 달리 지정된 컨테이너 뷰 ID의 프래그먼트가 리스트에 없다면, **fragment** 변수는 null이 된다. 이때는 새로운 **CrimeFragment**와 새로운 프래그먼트 트랜잭션(프래그먼트를 리스트에 추가하는)을 생성한다.

이제는 **MainActivity**가 **CrimeFragment**를 호스팅하게 되었다. 정말 그런지 CriminalIntent 앱을 실행해보자. 그러면 그림 8.14처럼 화면에서 fragment_crime.xml에 정의된 뷰를 볼 수 있다.

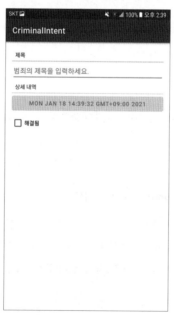

그림 8.14 | MainActivity에 호스팅된 CrimeFragment의 뷰

FragmentManager와 프래그먼트 생명주기

지금부터는 프래그먼트 생명주기를 자세하게 살펴보자.

그림 8.15는 프래그먼트 생명주기를 보여준다. 프래그먼트 생명주기는 액티비티 생명주기와 유사하다. 즉 중단(stopped) 상태, 일시 중지(paused) 상태, 실행 재개(resumed) 상태를 가지며, 상태가 전환될 때 필요한 일을 처리하기 위해 오버라이드할 수 있는 함수들도 갖는다. 이 함수들은 액티비티 생명주기 함수들과 대응된다.

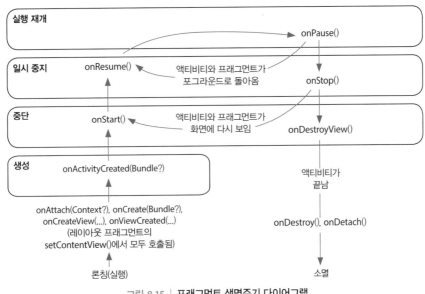

그림 8.15 | **프래그먼트 생명주기 다이어그램**

액티비티와 프래그먼트의 생명주기 함수가 대응된다는 점이 중요하다. 프래그먼트는 액티비티를 대신해 작동하므로 프래그먼트의 상태는 액티비티의 상태를 반영해야 한다. 따라서 프래그먼트는 액티비티의 작업을 처리하기 위해 액티비티와 일치하는 생명주기 함수가 필요하다.

프래그먼트 생명주기와 액티비티 생명주기가 다른 점은 프래그먼트 생명주기 함수는 안드로이드 운영체제가 아닌 호스팅 액티비티의 **FragmentManager**가 호출한다는 점이다. 프래그먼트는 액티비티가 내부적으로 처리해서 안드로이드 운영체제는 액티비티가 사용하는 프래그먼트에 관해서는 아무것도 모른다..

onAttach(Context?), **onCreate(Bundle?)**, **onCreateView(…)**, **onViewCreated(…)** 함수들은 프래그먼트를 **FragmentManager**에 추가할 때 호출된다.

onActivityCreated(Bundle?) 함수는 호스팅 액티비티의 onCreate(Bundle?) 함수가 실행된 후 호출된다. 앱에서는 MainActivity.onCreate(Bundle?)에서 CrimeFragment를 추가하는데, onActivityCreated(Bundle?) 함수는 프래그먼트가 추가된 후에 호출된다.

액티비티가 이미 실행 중일 때 프래그먼트를 추가하면 어떻게 될까? 이때 FragmentManager는 해당 프래그먼트가 호스팅 액티비티의 상태를 따라잡는 데 필요한 프래그먼트 생명주기 함수를 몇 개이든 차례대로 즉시 호출한다. 예를 들어, 이미 실행 중인 액티비티에 프래그먼트가 추가되면 이 프래그먼트는 onAttach(Context?), onCreate(Bundle?), onCreateView(...), onActivityCreated(Bundle?), onStart(), onResume()의 순서로 이 함수들의 호출을 연속해서 받게 된다.

일단 프래그먼트의 상태가 액티비티의 상태를 따라잡으면 이후부터는 호스팅 액티비티의 FragmentManager가 액티비티 상태와 동조된 프래그먼트 상태를 유지한다. 즉, 안드로이드 운영체제로부터 액티비티 생명주기 함수들이 호출되면 이것과 부합되는 프래그먼트 생명주기 함수들을 호출해준다.

프래그먼트를 사용하는 애플리케이션 아키텍처

프래그먼트를 사용하는 앱은 올바른 방법으로 설계해야 한다. 많은 개발자가 프래그먼트를 배우자마자 앱의 모든 컴포넌트에 프래그먼트를 사용하려고 하는데, 이 방식은 프래그먼트를 잘못 사용하는 것이다.

프래그먼트는 주요 컴포넌트를 재사용하게끔 캡슐화한다. 여기서 주요 컴포넌트는 앱의 전체 화면에 나타난다. 만일 한번에 너무 많은 프래그먼트를 화면에 넣는다면, 프래그먼트 트랜잭션 때문에 코드가 지저분하게 된다. 따라서 작은 컴포넌트들을 재사용할 때는 프래그먼트 대신 커스텀 뷰(View의 서브 클래스 또는 View의 서브 클래스의 서브 클래스)로 추출하는 것이 좋은 방법이다.

일반적으로 한 화면에는 최대 두 개 또는 세 개 정도의 프래그먼트를 사용하는 것이 좋다(그림 8.16).

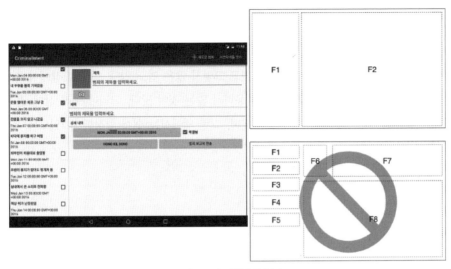

그림 8.16 | 적을수록 좋다

프래그먼트 사용 여부 결정하기

프래그먼트는 안드로이드 커뮤니티에서 논의가 많은 주제다. 어떤 사람들은 프래그먼트와 이 것의 생명주기에 관련해 추가되는 복잡성에 부정적이라서 프래그먼트를 절대 사용하지 않는 다. 그러나 이것은 문제가 있다. 왜냐하면 **ViewPager**나 Jetpack 내비게이션 라이브러리 같이 프래그먼트에 의존하는 안드로이드 API가 있기 때문이다. 그러므로 만일 이런 API를 앱에 사 용해야 한다면 프래그먼트를 사용해야 한다.

그리고 프래그먼트에 의존하는 API가 필요 없더라도, 프래그먼트는 많은 요구사항을 갖는 큰 애플리케이션에 유용하다. 반면에 간단하고 단일 화면을 갖는 애플리케이션에는 프래그먼트 가 필요하지 않다.

새로운 앱을 시작할 때는 나중에 프래그먼트를 추가하는 것이 어려움의 도가니가 될 수 있음 을 유념해야 한다. UI 프래그먼트를 호스팅하는 액티비티로 기존 액티비티를 변경하는 것은 어렵지 않지만, 성가신 일이 여럿 생길 수 있다. 액티비티로 관리되는 UI와 프래그먼트로 관리 되는 UI가 뒤섞여서 혼란만 가중되기 때문이다. 그럴 바에는 아예 처음부터 프래그먼트를 사 용해서 코드를 작성하는 것이 훨씬 더 쉽고 재작업에 따르는 고통을 걱정하지 않아도 된다.

그러므로 프래그먼트에 관해서는 '거의 언제나 프래그먼트를 사용하자.' 단, 개발 중인 앱이 지 금이나 앞으로도 여전히 작은 규모라면 굳이 프래그먼트을 사용하려고 노력할 필요는 없다.

그러나 규모가 큰 앱에서는 프래그먼트가 제공하는 유연성이 프래그먼트 도입에 따른 복잡성을 상쇄시켜주므로 프로젝트에 적용하는 것이 좋다.

이제부터는 프래그먼트를 사용하는 앱도 있고 그렇지 않은 앱도 있다. 하나의 장에서 개발하는 앱은 규모가 작으므로 프래그먼트를 사용하지 않는 것이 낫다. 그러나 여러 장에 걸쳐 개발하는 큰 앱은 여러분에게 좋은 경험이 되며, 그런 앱에서는 쉽게 확장할 수 있도록 프래그먼트를 사용할 것이다.

RecyclerView로
리스트 보여주기

지금 CriminalIntent 앱의 모델 계층은 하나의 **Crime** 인스턴스(범죄 데이터)로 구성되어 있다. 이 장에서는 많은 수의 **Crime** 인스턴스는 리스트 형태로, 리스트의 각 행에서는 **Crime** 인스턴스의 제목과 발생일자가 보이게 변경해보자(그림 9.1).

그림 9.1 | **범죄 리스트**

그림 9.2는 이 장에서 CriminalIntent 앱에 변경할 내용을 보여준다.

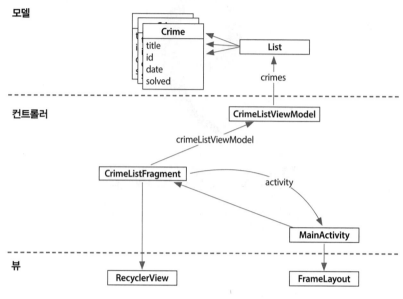

그림 9.2 | 범죄 리스트를 갖는 CriminalIntent

컨트롤러 계층에는 화면에 보여줄 데이터를 캡슐화하는 **CrimeListViewModel**(ViewModel의 서브 클래스)이 있다. **CrimeListViewModel**은 crimes 속성을 통해서 **Crime** 객체들을 저장한 **List**를 참조한다.

범죄 리스트를 화면에 보여주려면 CriminalIntent의 컨트롤러 계층에 새로운 프래그먼트인 **CrimeListFragment**가 필요하다. **CrimeListFragment**는 화면에 범죄 리스트를 보여주며, **MainActivity**는 **CrimeListFragment** 인스턴스를 호스팅한다.

그림 8장에서 생성했던 **CrimeFragment**는 그림 9.2의 어디에 있을까? **CrimeFragment**는 범죄의 상세 내역을 보여주는 디테일 뷰의 일부이므로 여기에는 표시하지 않았다(CriminalIntent의 리스트와 디테일 부분의 연결은 12장에서 한다.).

그림 9.2에서는 **MainActivity**와 **CrimeListFragment**에 연관된 뷰 객체들도 볼 수 있다. **MainActivity**의 뷰는 하나의 프래그먼트를 포함하는 **FrameLayout**으로 구성되고, **Crime ListFragment**의 뷰는 **RecyclerView**로 구성된다. **RecyclerView** 클래스에 관한 자세한 내용은 이 장 뒤에서 알아본다.

새로운 프래그먼트 및 ViewModel 추가하기

우선 8장에서 개발한 CriminalIntent 프로젝트를 안드로이드 스튜디오에서 열자(웰컴 스크린에서 'Open an Existing Project'를 선택해 프로젝트와 같은 이름의 디렉터리를 선택하거나 웰컴 스크린 왼쪽에 나타나는 최근 프로젝트 목록에서 선택한다. 안드로이드 스튜디오에 다른 프로젝트가 열려 있다면 메인 메뉴 바의 File ➡ Open...을 선택 후 프로젝트와 같은 이름의 디렉터리를 선택한다).

맨 먼저 **Crime** 객체들을 갖는 **List**를 참조하는 새 **ViewModel**을 추가한다. 4장에서 배웠듯이, **ViewModel** 클래스는 lifecycle-extensions 라이브러리에 포함되어 있다. 따라서 이 라이브러리 의존성을 app/build.gradle 파일에 추가해야 한다(프로젝트 도구 창이 Android 뷰로 선택된 상태에서 맨 밑의 Gradle Scripts를 확장한 후 build.gradle (Module: CriminalIntent.app)을 더블클릭해 편집기 창에 열자).

리스트 9.1 | lifecycle-extensions 의존성 추가하기(app/build.gradle)

```
dependencies {
    ...
    implementation 'androidx.appcompat:appcompat:1.2.0'
    implementation 'androidx.core:core-ktx:1.3.2'
    implementation 'androidx.constraintlayout:constraintlayout:2.0.4'
    implementation 'androidx.lifecycle:lifecycle-extensions:2.2.0'
    ...
}
```

그런 다음 안드로이드 스튜디오가 프로젝트 동기화를 해야 한다는 메시지를 보여주면 '**Sync Now**'를 클릭한다.

다음으로 새로운 코틀린 클래스인 **CrimeListViewModel**을 생성한다(com.bignerdranch.android.criminalintent 패키지에서 오른쪽 마우스 버튼을 클릭한 후 New ➡ Kotlin Class/File을 선택하고 CrimeList ViewModel 입력 및 Class를 더블 클릭한다). 그리고 **ViewModel**의 서브 클래스로 변경하고 **Crime** 객체를 저장한 **List**를 참조하는 속성도 추가한다. 마지막으로 이 **List**에 모의 데이터를 채우는 init 초기화 블록도 추가한다.

리스트 9.2 | 범죄 데이터 생성하기(CrimeListViewModel.kt)

```
class CrimeListViewModel : ViewModel() {

    val crimes = mutableListOf<Crime>()
```

```
    init {
        for (i in 0 until 100) {
            val crime = Crime()
            crime.title = "Crime #$i"
            crime.isSolved = i % 2 == 0
            crimes += crime
        }
    }
}
```

향후에는 crimes 속성이 참조하는 List에 사용자가 생성한 범죄 데이터가 저장되지만, 지금
은 일단 모의 데이터로 100개의 Crime 객체를 채운다. 여기서 init 초기화 블록은 CrimeList
ViewModel 인스턴스가 생성될 때 자동 실행된다.

CrimeListViewModel은 데이터를 장기간 저장할 수 있는 저장소는 아니지만 여기서는
CrimeListFragment의 뷰를 채우는 데 필요한 데이터를 갖는다(장기간 저장할 수 있는 데이터 저
장소(데이터베이스 등)에 관해서는 11장에서 배운다).

코틀린의 컬렉션 생성 함수인 mutableListOf()는 내부적으로 ArrayList로 생성되며 저장된
요소의 값을 변경할 수 있는 MutableList 타입이다. 여기서는 <Crime> 제네릭 타입을 지정했
으므로 Crime 객체만 저장할 수 있다.

다음으로 새로운 CrimeListFragment 클래스를 생성하자. 그리고 androidx.fragment.app.
Fragment의 서브 클래스로 지정한 후 CrimeListViewModel을 참조하는 속성을 추가한다.

리스트 9.3 | CrimeListFragment 생성 및 구현하기(CrimeListFragment.kt)

```
private const val TAG = "CrimeListFragment"

class CrimeListFragment : Fragment() {

    private val crimeListViewModel: CrimeListViewModel by lazy {
        ViewModelProvider(this).get(CrimeListViewModel::class.java)
    }

    override fun onCreate(savedInstanceState: Bundle?) {
        super.onCreate(savedInstanceState)
        Log.d(TAG, "Total crimes: ${crimeListViewModel.crimes.size}")
    }

    companion object {
        fun newInstance(): CrimeListFragment {
```

```
        return CrimeListFragment()
    }
  }
}
```

이 코드를 작성하면서 Fragment의 경우는 Alt+Enter[Option+Return] 키를 눌러 Import를 클릭한 후, androidx.fragment.app 패키지의 것을 선택한다.

ViewModelProvider(this)를 호출하면 현재의 CrimeListFragment 인스턴스와 연관된 ViewModelProvider 인스턴스를 생성하고 반환한다. 그리고 연속 호출된 get(CrimeList ViewModel::class.java)에서는 CrimeListViewModel 인스턴스를 반환하며, 이것의 참조를 crimeListViewModel 속성이 갖는다. 따라서 프래그먼트인 CrimeListFragment가 뷰모델인 CrimeListViewModel과 연결이 이루어진다.

동반 객체(companion object)에 정의된 newInstance() 함수에서는 CrimeListFragment 인스턴스를 생성하고 반환한다(이때 newInstance() 함수는 CrimeListFragment 클래스의 인스턴스를 생성하지 않고 호출할 수 있다. 자바의 static 메서드와 유사하다). 따라서 액티비티에서 CrimeListFragment 인스턴스를 생성하려면 newInstance() 함수를 호출하면 된다(6장의 리스트 6.9에서 newIntent() 함수를 사용한 것과 유사하며, 프래그먼트에 데이터를 전달하는 방법은 12장에서 배운다).

지금은 CrimeListFragment가 프래그먼트의 골격만 갖춘 상태이며, 이것의 인스턴스가 생성될 때 CrimeListViewModel이 참조하는 List의 Crime 객체 수만 메시지로 로깅한다. CrimeListFragment의 나머지 코드는 이번 장 뒤에서 작성할 것이다.

프래그먼트에 사용되는 ViewModel 생명주기

4장에서 액티비티와 함께 사용되는 ViewModel의 생명주기를 알아보았다. 그런데 ViewModel이 프래그먼트와 같이 사용되면 생명주기가 약간 달라진다. 이때도 두 개의 상태('생성됨' 또는 '소멸되어 존재하지 않음')만 갖는 것은 동일하나, 액티비티 대신 프래그먼트의 생명주기와 결합된다.

다시 말해, 프래그먼트의 뷰가 화면에 나타나 있는 한 ViewModel은 활성화된 상태를 유지하며, 장치 회전 시에도 유지되어 새로 생성된 프래그먼트 인스턴스가 이어서 사용할 수 있다.

ViewModel은 프래그먼트가 소멸할 때 같이 소멸한다. 예를 들어, 사용자가 백 버튼을 누르거나 호스팅 액티비티가 프래그먼트를 다른 것으로 교체할 때 해당 액티비티가 화면에 나타나 있더라도 프래그먼트 및 이것과 연관된 **ViewModel**은 더 이상 필요 없으므로 소멸한다.

한 가지 특별한 경우는 프래그먼트 트랜잭션을 백 스택에 추가할 때다. 만일 액티비티가 현재 프래그먼트를 다른 것으로 교체할 때 트랜잭션이 백 스택에 추가된다면 해당 프래그먼트 인스턴스와 이것의 **ViewModel**은 소멸되지 않는다. 따라서 사용자가 백 버튼을 누르면 프래그먼트 트랜잭션이 역으로 수행되어 교체되기 전의 프래그먼트 인스턴스가 다시 화면에 나타나고 **ViewModel**의 모든 데이터는 보존된다.

다음으로 **MainActivity**가 **CrimeFragment**(특정 범죄 데이터의 상세 내역을 보여줌) 대신 **CrimeList Fragment**(범죄 데이터들을 리스트 형태로 보여줌)의 인스턴스를 호스팅하도록 변경한다.

리스트 9.4 | 프래그먼트 트랜잭션을 사용해서 CrimeListFragment 추가하기(MainActivity.kt)

```
class MainActivity : AppCompatActivity() {

    override fun onCreate(savedInstanceState: Bundle?) {
        ...
        if (currentFragment == null) {
            val fragment = CrimeFragment() CrimeListFragment.newInstance()
            supportFragmentManager
                .beginTransaction()
                .add(R.id.fragment_container, fragment)
                .commit()
        }
    }
}
```

현재는 **MainActivity**가 항상 **CrimeListFragment**를 보여주도록 하드코딩되었다. 12장에서는 사용자가 앱 화면을 이동하는 것에 따라 **MainActivity**가 **CrimeListFragment**와 **CrimeFragment**를 상호 교체하도록 변경할 것이다.

CriminalIntent 앱을 실행해보면 비어 있는 **CrimeListFragment**를 호스팅하는 **MainActivity**의 **FrameLayout**이 보인다(그림 9.3).

그림 9.3 | 텅 빈 MainActivity 화면

CrimeListFragment의 onCreate(Bundle?) 함수에서 출력했던 로그 메시지를 로그캣 창에서 찾아보면 모의 데이터의 전체 개수를 보여주는 다음 메시지를 볼 수 있다.

```
2021-01-18 15:25:56.954 2334-2334/com.bignerdranch.android.criminalintent
    D/CrimeListFragment: Total crimes: 100
```

만약 안드로이드 스튜디오 아래쪽에 로그캣 창이 열리지 않았다면 맨 밑의 테두리에 있는 'Logcat' 도구 버튼을 클릭한다. 그다음에 로그캣 창의 위쪽 가운데에 있는 검색 필드에 D/CrimeListFragment를 입력하고 CriminalIntent 앱을 다시 실행한다.

RecyclerView 추가하기

여기서는 CrimeListFragment가 범죄 리스트를 사용자에게 보여줄 수 있게 RecyclerView를 사용한다.

RecyclerView 클래스는 다른 Jetpack 라이브러리에 있어서 사용하려면 우선 **RecyclerView** 라이브러리 의존성을 app/build.gradle 파일에 추가해야 한다. 프로젝트 도구 창이 **Android** 뷰로 선택된 상태에서 맨 밑의 Gradle Scripts를 확장한 후 build.gradle (Module: CriminalIntent.app)을 더블 클릭해 편집기 창에서 추가하면 된다.

리스트 9.5 | RecyclerView 의존성 추가하기(app/build.gradle)

```
dependencies {
    ...
    implementation 'androidx.lifecycle:lifecycle-extensions:2.2.0'
    implementation 'androidx.recyclerview:recyclerview:1.1.0'
    ...
}
```

그리고 안드로이드 스튜디오가 프로젝트 동기화를 해야 한다는 메시지를 보여주면 '**Sync Now**'를 클릭한다.

RecyclerView는 **CrimeListFragment**의 레이아웃 파일에 둘 것이다. 그러므로 이 레이아웃 파일을 먼저 생성한다. 프로젝트 도구 창의 res/layout 디렉터리에서 오른쪽 마우스 버튼을 클릭한 후 **New ➡ Layout Resource File**을 선택한다. 대화상자에서 파일 이름에는 **fragment_crime_list**를 입력하고 Root element에는 **androidx.recyclerview.widget.RecyclerView**를 입력한다. 나머지 필드는 그대로 두고 **OK** 버튼을 클릭한다(그림 9.4).

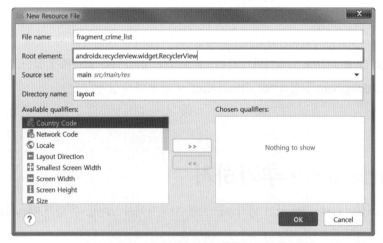

그림 9.4 | CrimeListFragment의 레이아웃 파일 추가하기

fragment_crime_list.xml 파일이 생성되어 편집기 창에 열리면 오른쪽 위에 있는 코드 버튼 (☰ Code)을 클릭해 코드 뷰로 전환한 후 ID 속성을 추가한다. 그리고 이 **RecyclerView**에는 자식 뷰를 추가하지 않을 것이므로 닫는 태그를 수정하자.

리스트 9.6 | RecyclerView를 레이아웃 파일에 추가하기(layout/fragment_crime_list.xml)

```
<androidx.recyclerview.widget.RecyclerView
    xmlns:android="http://schemas.android.com/apk/res/android"
    android:id="@+id/crime_recycler_view"
    android:layout_width="match_parent"
    android:layout_height="match_parent">
    android:layout_height="match_parent"/>

</androidx.recyclerview.widget.RecyclerView>
```

이제는 **CrimeListFragment**의 뷰가 준비되었으니 이 뷰를 프래그먼트와 연결한다. 이 레이아웃 파일을 사용해 **RecyclerView**를 찾도록 **CrimeListFragment**를 변경한다(리스트 9.7).

리스트 9.7 | CrimeListFragment의 뷰 설정하기(CrimeListFragment.kt)

```kotlin
class CrimeListFragment : Fragment() {

    private lateinit var crimeRecyclerView: RecyclerView

    private val crimeListViewModel: CrimeListViewModel by lazy {
        ViewModelProvider(this).get(CrimeListViewModel::class.java)
    }

    override fun onCreate(savedInstanceState: Bundle?) {
        super.onCreate(savedInstanceState)
        Log.d(TAG, "Total crimes: ${crimeListViewModel.crimes.size}")
    }

    override fun onCreateView(
        inflater: LayoutInflater,
        container: ViewGroup?,
        savedInstanceState: Bundle?
    ): View? {
        val view = inflater.inflate(R.layout.fragment_crime_list, container, false)

        crimeRecyclerView =
            view.findViewById(R.id.crime_recycler_view) as RecyclerView
        crimeRecyclerView.layoutManager = LinearLayoutManager(context)

        return view
    }
```

```
    ...
}
```

RecyclerView가 생성된 후에는 곧바로 LayoutManager를 설정해야 하며, 여기서는 Linear LayoutManager를 설정했다. 만일 설정하지 않으면 RecyclerView가 작동하지 않는다.

RecyclerView는 항목들을 화면에 위치시키는 일을 직접 하지 않고 LayoutManager에 위임한다. 그러면 LayoutManager는 모든 항목들의 화면 위치를 처리하고 스크롤 동작도 정의한다. 따라서 LayoutManager가 설정되지 않으면 RecyclerView의 작동이 바로 중단된다.

LayoutManager는 안드로이드 프레임워크에 내장된 것 중 하나를 선택할 수 있으며, 서드파티 라이브러리의 것도 사용할 수 있다. 여기서는 LinearLayoutManager를 사용했는데, 이것은 리스트의 항목들을 수직 방향으로 배치한다. 이 책 후반부에서는 GridLayoutManager를 사용해서 격자 형태로 항목들을 배치할 것이다.

실제 장치나 에뮬레이터에서 CriminalIntent 앱을 실행하면 또다시 텅 빈 화면을 보게 된다. 그런데 실제로는 비어 있는 RecyclerView를 보는 것이다.

항목 뷰 레이아웃 생성하기

RecyclerView는 ViewGroup의 서브 클래스이며, **항목 뷰**(item view)라고 하는 자식 View 객체들의 리스트를 보여준다. 각 항목 View는 RecyclerView의 행으로 나타나며 데이터 저장소에서 가져온 하나의 객체(여기서는 List에 저장된 하나의 Crime 객체)를 나타낸다. 객체가 갖는 데이터 중에서 어떤 것들을 화면에 보여주는가에 따라 항목 View가 복잡할 수도 있고 간단할 수도 있다.

우선 Crime 객체의 범죄 제목과 발생일자만 항목 View에 보여주자(그림 9.5).

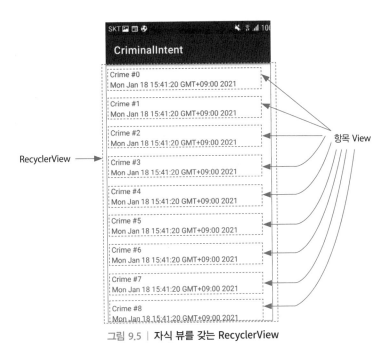

그림 9.5 | 자식 뷰를 갖는 RecyclerView

한 행으로 보이는 **RecyclerView**의 각 항목은 자신의 뷰 계층 구조를 가질 수 있다. **Crime Fragment**가 전체 화면의 뷰 계층 구조를 갖는 것과 같다. 여기서는 각 항목의 **View** 객체가 두 개의 **TextView**를 포함하는 **LinearLayout**이 된다.

리스트 항목 **View**의 새 레이아웃은 액티비티나 프래그먼트에서 하는 것과 같은 방법으로 생성한다. 프로젝트 도구 창의 **res/layout**에서 오른쪽 마우스 버튼을 클릭한 후 New ➡ Layout Resource File을 선택한다. 대화상자에서 File name에는 **list_item_crime**을 입력하고 Root element에는 **LinearLayout**을 입력한 후 **OK** 버튼을 클릭한다.

list_item_crime.xml 파일이 생성되어 편집기 창에 열리면 오른쪽 위에 있는 코드 버튼 (☰ **Code**)을 클릭해 코드 뷰로 전환한 후 리스트 9.8과 같이 변경한다. 여기서는 **LinearLayout**에 패딩(padding)과 두 개의 **TextView**를 추가한다(패딩이 두 개의 **TextView**와 **LinearLayout** 테두리 간의 여백을 나타낸다). 이때 주의할 것이 있다. **LinearLayout**의 **layout_height** 속성을 반드시 "wrap_content"로 변경해야 한다. 만일 "match_parent"를 그대로 두면 첫 번째 항목이 **RecyclerView**의 전체 화면을 차지해서 다른 항목이 보이지 않게 된다.

```xml
<LinearLayout xmlns:android="http://schemas.android.com/apk/res/android"
    android:orientation="vertical"
    android:layout_width="match_parent"
    android:layout_height="match_parent">
    android:layout_height="wrap_content"
    android:padding="8dp">

    <TextView
        android:id="@+id/crime_title"
        android:layout_width="match_parent"
        android:layout_height="wrap_content"
        android:text="Crime Title"/>

    <TextView
        android:id="@+id/crime_date"
        android:layout_width="match_parent"
        android:layout_height="wrap_content"
        android:text="Crime Date"/>

</LinearLayout>
```

편집기 창의 오른쪽 위에 있는 디자인 버튼(🖼 Design)이나 분할 버튼(▤ Split)을 클릭하면 방금 생성한 RecyclerView의 한 항목에 대한 레이아웃 디자인을 볼 수 있다. RecyclerView에 여러 항목을 채우는 방법은 곧 알아보겠다.

ViewHolder 구현하기

RecyclerView는 항목 View가 ViewHolder 인스턴스에 포함되어 있다고 간주한다. ViewHolder는 항목 View의 참조(때로는 항목 뷰에 포함된 특정 위젯의 참조)를 갖는다.

RecyclerView.ViewHolder의 서브 클래스인 CrimeHolder를 CrimeListFragment의 내부 클래스로 정의하자.

리스트 9.9 | 초기 버전의 CrimeHolder(CrimeListFragment.kt)

```kotlin
class CrimeListFragment : Fragment() {
    ...
    override fun onCreateView(
        inflater: LayoutInflater,
        container: ViewGroup?,
```

```
        savedInstanceState: Bundle?
    ): View? {
        ...
    }

    private inner class CrimeHolder(view: View)
        : RecyclerView.ViewHolder(view) {

    }
    ...
}
```

CrimeHolder의 생성자는 항목 **View**를 인자로 받으며, **CrimeHolder** 인스턴스가 생성될 때 이 **View**는 슈퍼클래스인 **RecyclerView.ViewHolder**의 생성자 인자로 전달된다. 그리고 리스트 9.9 코드에는 나타나 있지 않지만, **RecyclerView.ViewHolder** 슈퍼 클래스로부터 상속받은 itemView 속성이 생성자로 전달된 항목 **View**의 참조를 갖는다(그림 9.6).

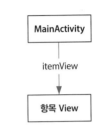

그림 9.6 | ViewHolder와 이것의 itemView 속성

RecyclerView는 자체적으로 **View**를 생성하지 않으며, 항상 항목 **View**를 참조하는 **ViewHolder**를 생성한다(그림 9.7).

그림 9.7 | ViewHolder

itemView가 참조하는 항목 **View**가 간단할 때는 **ViewHolder**가 할 일이 적다. 그러나 복잡해지면 **ViewHolder**가 항목 **View**의 서로 다른 부분(자식 **View**)을 **Crime** 객체에 더 쉽고 효율적으로 연결해준다.

ViewHolder(여기서는 **CrimeHolder**)의 인스턴스가 처음 생성될 때 항목 **View**에 포함된 **TextView**(범죄 제목과 발생일자)의 참조를 알아내어 속성에 저장하도록 **CrimeHolder**를 변경한다.

리스트 9.10 | 항목 View의 TextView 참조를 속성에 저장하기(CrimeListFragment.kt)

```
private inner class CrimeHolder(view: View)
    : RecyclerView.ViewHolder(view) {

    val titleTextView: TextView = itemView.findViewById(R.id.crime_title)
    val dateTextView: TextView = itemView.findViewById(R.id.crime_date)
}
```

여기서 CrimeHolder의 기본 생성자에 정의된 인자 겸 속성인 view는 itemView 속성과 동일한 항목 View의 참조 값을 갖는다. 따라서 새로 추가한 코드에서 itemView 대신 view를 사용해도 된다.

이제는 변경된 **CrimeHolder**가 항목 **View**의 **TextView**들에 대한 참조를 보존할 수 있으므로 이 **TextView**들의 값을 쉽게 보여줄 수 있게 되었다(그림 9.8).

그림 9.8 | 변경된 CrimeHolder

그런데 **CrimeHolder**의 인스턴스는 누가 또는 어디서 생성하는 것일까? 이에 대한 답을 알아보자.

어댑터를 구현해 RecyclerView에 데이터 채우기

그림 9.7에는 간단하게 나타나 있지만, **RecyclerView**는 자신이 **ViewHolder**를 생성하지 않는다. 대신에 이 일을 **어댑터**(adapter)에 요청한다. 어댑터는 컨트롤러 객체로, **RecyclerView**와 **RecyclerView**가 보여줄 데이터 사이에 위치한다.

어댑터는 다음의 일을 처리한다.

- 필요한 **ViewHolder** 인스턴스들을 생성한다.
- 모델 계층의 데이터를 **ViewHolder**들과 바인딩한다.

그리고 **RecyclerView**는 다음의 일을 처리한다.

- 새로운 **ViewHolder** 인스턴스의 생성을 어댑터에게 요청한다.
- 지정된 위치의 데이터 항목에 **ViewHolder**를 바인딩하도록 어댑터에게 요청한다.

이제는 어댑터를 생성할 때가 되었다. 리스트 9.11과 같이 **CrimeAdapter**라는 이름의 내부 클래스를 **CrimeListFragment**에 추가하고 **RecyclerView.Adapter**의 서브 클래스로 지정한다. 그리고 **Crime** 객체가 저장된 **List**를 인자로 받아 crimes 속성에 저장하는 기본 생성자도 추가한다.

리스트 9.11의 **CrimeAdapter**에서는 **onCreateViewHolder**(…), **onBindViewHolder**(…), **getItemCount**() 함수를 오버라이드한다. 이때 다음과 같이 하면 코드를 입력하는 부담을 줄일 수 있다. 일단 다음 쪽 CrimeAdapter 클래스에서 첫 번째 줄의 **private inner class CrimeAdapter(var crimes: List<Crime>) : RecyclerView.Adapter<CrimeHolder>() {**까지 입력하고 **CrimeAdapter**를 클릭한다. 그리고 **Alt+Enter[Option+Return]** 키를 누른 후 팝업의 'Implement members'를 선택하면 대화상자가 나타난다. 여기서 세 개의 함수를 선택하고 (**Ctrl** 키를 누른 채로 마우스 클릭) **OK** 버튼을 클릭하면 이 함수들의 기본 코드가 자동 생성되어 추가된다. 그런 다음에 리스트 9.11의 몸체 코드를 입력한다.

리스트 9.11 | CrimeAdapter 생성하기(CrimeListFragment.kt)

```
class CrimeListFragment : Fragment() {
    ...
    private inner class CrimeHolder(view: View)
        : RecyclerView.ViewHolder(view) {
        ...
```

```
    }

    private inner class CrimeAdapter(var crimes: List<Crime>)
        : RecyclerView.Adapter<CrimeHolder>() {

        override fun onCreateViewHolder(parent: ViewGroup, viewType: Int)
                : CrimeHolder {
            val view = layoutInflater.inflate(R.layout.list_item_crime, parent, false)
            return CrimeHolder(view)
        }

        override fun getItemCount() = crimes.size

        override fun onBindViewHolder(holder: CrimeHolder, position: Int) {
            val crime = crimes[position]
            holder.apply {
                titleTextView.text = crime.title
                dateTextView.text = crime.date.toString()
            }
        }
    }
    ...
}
```

Adapter.onCreateViewHolder(…)는 보여줄 뷰(여기서는 list_item_view.xml)를 인플레이트한 후 이 뷰를 처리하는 **ViewHolder**(여기서는 **CrimeHolder**) 인스턴스를 생성하고 반환한다. 지금은 **onCreateViewHolder(…)**의 매개변수를 신경 쓰지 말자. 이 매개변수는 같은 **RecyclerView**에 서로 다른 타입의 뷰를 보여줄 때만 필요하다. 자세한 내용은 이 장 뒤의 '챌린지: RecyclerView의 ViewType'에서 볼 수 있다.

Adapter.onBindViewHolder(holder: CrimeHolder, position: Int)는 인자로 전달된 위치에 있는 **Crime** 객체의 범죄 제목과 발생일자를 **CrimeHolder** 인스턴스가 참조하는 **TextView**의 **text** 속성에 지정한다. 여기서는 **Crime** 객체가 **List**에 저장되어 있으므로 인자로 전달된 위치가 **List**의 인덱스로 사용된다.

데이터가 저장된 데이터 셋에 몇 개의 데이터가 있는지 **RecyclerView**가 알아야 할 때 **Adapter.getItemCount()**를 호출해 어댑터에게 요청한다. 여기서는 **getItemCount()**가 **List**에 저장된 **Crime** 객체의 수를 반환한다.

화면에 보여줄 **Crime** 객체 또는 이 객체가 저장된 **List**를 **RecyclerView**는 모르며, **CrimeAdapter**가 안다(그림 9.9).

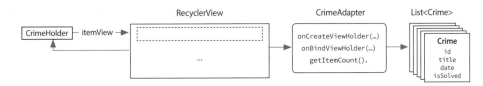

그림 9.9 | CrimeAdapter는 RecyclerView와 List<Crime> 사이에 위치

RecyclerView는 화면에 보여줄 뷰 객체가 필요하면 자신과 연관된 **CrimeAdapter**에게 요청한다. 그림 9.10은 **RecyclerView**와 **CrimeAdapter** 간의 소통을 보여준다.

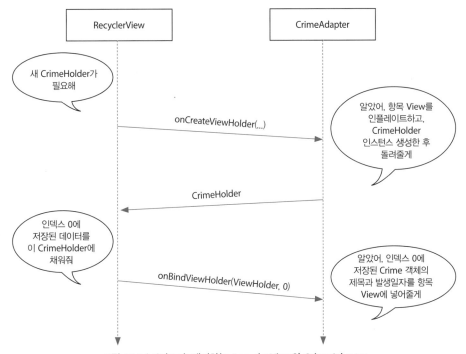

그림 9.10 | 오손도손 얘기하는 RecyclerView와 CrimeAdapter

RecyclerView는 **CrimeAdapter**의 **onCreateViewHolder(ViewGroup, Int)** 함수를 호출해 **CrimeHolder** 인스턴스를 생성한다. 이때 화면에 보여줄 항목 **View**를 생성자 인자로 전달한다. 그러나 **CrimeAdapter**가 생성해 **RecyclerView**에게 반환하는 **CrimeHolder**(그리고 이것의 itemView 속성)는 아직 데이터가 바인딩되지 않았다.

그런 다음에 **RecyclerView**는 **CrimeAdapter**의 **onBindViewHolder(ViewHolder, Int)** 함수를 호출한다. 이때 **CrimeHolder**와 데이터 셋 내부의 **Crime** 객체 위치를 인자로 전달한다. 그리고 **CrimeAdapter**는 이 함수에서 해당 위치의 모델 데이터인 **Crime** 객체를 찾아 이것을

CrimeHolder의 항목 View와 바인딩(binding) 즉, **Crime** 객체의 데이터를 항목 **View**에 채운다.

이런 모든 처리가 끝나면 **RecyclerView**가 리스트 항목을 화면에 보여준다.

RecyclerView의 어댑터 설정하기

이제는 어댑터(CrimeAdapter)가 준비되었으니 **RecyclerView**에 연결해야 한다. **CrimeList Fragment**의 UI를 설정하는 **updateUI** 함수를 구현할 것인데, 지금은 이 함수에서 **Crime Adapter**를 생성해 **RecyclerView**에 설정한다.

리스트 9.12 │ 어댑터 설정하기(CrimeListFragment.kt)

```
class CrimeListFragment : Fragment() {

    private lateinit var crimeRecyclerView: RecyclerView
    private var adapter: CrimeAdapter? = null
    ...
    override fun onCreateView(
        inflater: LayoutInflater,
        container: ViewGroup?,
        savedInstanceState: Bundle?
    ): View? {
        val view = inflater.inflate(R.layout.fragment_crime_list, container, false)

        crimeRecyclerView =
            view.findViewById(R.id.crime_recycler_view) as RecyclerView
        crimeRecyclerView.layoutManager = LinearLayoutManager(context)

        updateUI()

        return view
    }

    private fun updateUI() {
        val crimes = crimeListViewModel.crimes
        adapter = CrimeAdapter(crimes)
        crimeRecyclerView.adapter = adapter
    }
    ...
}
```

맨 끝에 추가한 **crimeRecyclerView.adapter**에서 adapter는 **RecyclerView**의 속성이다. 코틀린에서는 속성의 값을 보존하는 필드를 내부적으로 유지하는데, 이것을 후원 필드(backing field)라고 한다. 또한, 필드의 값을 반환하는 게터와 값을 변경하는 세터가 자동 생성되고 자동 호출된다(자바와는 다르다). 즉, 속성의 값을 참조할 때는 게터가 자동 호출되며, 이 코드처럼 속성의 값을 지정/변경할 때는 세터가 자동 호출된다. 그러므로 게터(adapter 속성의 경우는 getAdapter())나 세터(adapter 속성의 경우는 setAdapter(RecyclerView.Adapter))를 호출할 필요 없다. crimeRecyclerView.adapter = adapter 대신 crimeRecyclerView.setAdapter(adapter)로 해도 결과는 같다. 두 가지 모두 adapter 속성의 세터를 호출하는 것이기 때문이다. 그러나 코틀린 속성의 특성을 잘 활용하는 코드는 **crimeRecyclerView.adapter = adapter**이다.

이후 다른 장에서는 UI에 더 많은 것을 구성하면서 **updateUI()**에 더 많은 코드를 추가할 것이다.

실제 장치나 에뮬레이터에서 CriminalIntent 앱을 실행하면 그림 9.11과 같이 **RecyclerView**에서 모의 데이터 리스트를 보여준다.

그림 9.11 | 모의 데이터로 채워진 RecyclerView

화면에서 위나 아래로 스크롤하면 더 많은 데이터(항목 **View**)를 볼 수 있다(에뮬레이터에서는 화면의 중간쯤에서 마우스 왼쪽 버튼을 클릭한 채로 위나 아래로 끌었다가 놓으면 화면이 스크롤된다). 화면에서 볼 수 있는 모든 **CrimeHolder**들이 서로 다른 모의 데이터(**Crime** 객체)를 보여준다(만일 한 행의 크기가 그림 9.11의 한 행보다 훨씬 크거나 행 하나만 화면에 보인다면, 항목 뷰의 높이 속성이 잘못 지정되어서 그런 것이다. 이때는 list_item_crime.xml에서 **LinearLayout**의 android:layout_height 속성값을 "wrap_content"로 변경하고 앱을 다시 실행하면 된다).

위나 아래로 스크롤할 때 따끈따끈한 버터처럼 매끄럽게 움직일 것이다. **onBindViewHolder(…)** 함수가 최소한의 꼭 필요한 일만 수행하도록 작고 효율적으로 만들어졌기 때문이다. 이처럼 **onBindViewHolder(…)** 함수를 효율적으로 만들자. 그렇지 않으면 스크롤할 때마다 차갑고 딱딱한 버터 덩어리 같은 느낌이 들 것이다.

뷰의 재활용: RecyclerView

그림 9.11에서는 한 화면에 12개의 **View**를 보여준다. 그리고 화면을 스크롤하면 100개의 **View** 를 볼 수 있다. 그렇다면 메모리에 100개의 **View**를 모두 갖고 있는 것일까? 그렇지 않다. 이게 다 **RecyclerView** 덕분이다.

List에 저장된 모든 **Crime** 객체에 대해 하나씩 항목 **View**를 생성한다면 앱이 제대로 실행되지 않는다. **List**가 100개보다 훨씬 많은 데이터를 가질 수 있지만, 화면에서는 하나의 **Crime** 이 하나의 항목 **View**만 필요하므로 한꺼번에 100개의 항목 **View**를 미리 생성하고 기다릴 필요 없다. 그러므로 필요할 때만 항목 **View** 객체를 생성하는 것이 좋다.

RecyclerView가 바로 이런 일을 수행한다. 100개의 항목 **View**를 생성하는 대신에 한 화면을 채우는 데 충분한 개수만 생성해, 화면이 스크롤되면서 항목 **View**가 화면을 벗어날 때 **RecyclerView**는 해당 항목 **View**를 버리지 않고 재활용한다. 이름 그대로 **RecyclerView**는 끊임없이 항목 **View**를 재활용한다.

이런 이유로 **onCreateViewHolder(ViewGroup, Int)** 함수는 **onBindViewHolder(ViewHolder, Int)**보다 덜 호출된다. 일단 충분한 수의 **ViewHolder**가 생성되면 **RecyclerView**는 **onCreate ViewHolder(…)**의 호출을 중단하고 기존의 **ViewHolder**를 재활용해 **onBindViewHolder (ViewHolder, Int)**에 전달함으로써 시간과 메모리를 절약한다.

리스트 항목의 바인딩 개선하기

현재는 **CrimeAdapter**가 **Adapter.onBindViewHolder(…)** 함수에서 **Crime** 객체의 데이터를 **CrimeHolder**가 참조하는 **TextView**로 직접 바인딩한다. 이렇게 해도 앱은 잘 실행된

다. 그렇지만 **CrimeHolder**와 **CrimeAdapter** 간의 기능 분담을 명쾌하게 하는 것이 좋다. **CrimeAdapter**는 **CrimeHolder**가 내부적으로 하는 일을 모르는 것이 좋기 때문이다.

데이터 바인딩 작업을 수행하는 모든 코드는 **CrimeHolder** 내부에 두는 것이 좋다. 이렇게 하려면 우선 바인딩되는 **Crime** 객체의 참조를 보존하는 속성을 추가하면 된다. 그리고 내친 김에 기존의 **TextView** 참조 속성(titleTextView와 dateTextView)들을 **private**으로 변경하고 **bind(Crime)** 함수를 **CrimeHolder**에 추가한다. 이 함수에서는 바인딩되는 **Crime** 객체의 참조를 새로 추가하는 속성에 보존하며, titleTextView와 dateTextView가 참조하는 **TextView** 의 **text** 속성값을 현재 참조되는 **Crime** 객체의 속성값으로 설정한다.

리스트 9.13 | bind(Crime) 함수 작성하기(CrimeListFragment.kt)

```
private inner class CrimeHolder(view: View)
    : RecyclerView.ViewHolder(view) {

    private lateinit var crime: Crime

    private val titleTextView: TextView = itemView.findViewById(R.id.crime_title)
    private val dateTextView: TextView = itemView.findViewById(R.id.crime_date)

    fun bind(crime: Crime) {
        this.crime = crime
        titleTextView.text = this.crime.title
        dateTextView.text = this.crime.date.toString()
    }
}
```

이제는 바인딩할 **Crime** 객체가 전달되면 **CrimeHolder**가 이 객체의 데이터를 반영해 제목 **TextView**와 발생일자 **TextView**의 **text** 속성값을 변경한다.

다음으로 **RecyclerView**가 요청할 때마다 **bind(Crime)** 함수를 호출하도록 변경해서 지정된 **CrimeHolder**를 특정 **Crime** 객체와 바인딩하자.

리스트 9.14 | bind(Crime) 함수 호출하기(CrimeListFragment.kt)

```
private inner class CrimeAdapter(var crimes: List<Crime>)
    : RecyclerView.Adapter<CrimeHolder>() {

    override fun onCreateViewHolder(parent: ViewGroup, viewType: Int): CrimeHolder {
        ...
    }
```

```
    override fun onBindViewHolder(holder: CrimeHolder, position: Int) {
        val crime = crimes[position]
        holder.apply {
            titleTextView.text = crime.title
            dateTextView.text = crime.date.toString()
        }
        holder.bind(crime)
    }

    override fun getItemCount() = crimes.size
}
```

그런 다음에 CriminalIntent 앱을 다시 실행해보면 그림 9.11과 같이 실행된다.

리스트 항목 선택에 응답하기

사용자가 **RecyclerView**의 리스트 항목을 누르면 CriminalIntent 앱이 응답해야 하는데, 선택된 범죄(**Crime** 객체)의 상세 내역 뷰를 보여주는 것은 12장에서 하고, 일단 지금은 **Toast** 메시지를 보여주자.

앞에서 얘기했듯이, **RecyclerView**는 강력하고 기능도 좋지만 실질적인 책임은 거의 없다. 여기서도 그렇다. 터치 이벤트를 처리하는 것은 우리 몫이다.

따라서 **OnClickListener**를 설정해 터치 이벤트를 처리하면 된다. 이때 각 항목 **View**는 자신과 연관된 **CrimeHolder**를 갖고 있으므로 **CrimeHolder**에서 항목 **View**의 **OnClickListener**를 구현하면 된다.

리스트 항목의 모든 **View**에 클릭 이벤트를 처리하도록 **CrimeHolder**를 변경한다.

리스트 9.15 | **CrimeHolder에서 클릭 이벤트 처리하기(CrimeListFragment.kt)**

```
private inner class CrimeHolder(view: View)
    : RecyclerView.ViewHolder(view), View.OnClickListener {
    private lateinit var crime: Crime

    private val titleTextView: TextView = itemView.findViewById(R.id.crime_title)
    private val dateTextView: TextView = itemView.findViewById(R.id.crime_date)

    init {
        itemView.setOnClickListener(this)
```

```
    }

    fun bind(crime: Crime) {
        this.crime = crime
        titleTextView.text = this.crime.title
        dateTextView.text = this.crime.date.toString()
    }

    override fun onClick(v: View) {
        Toast.makeText(context, "${crime.title} pressed!", Toast.LENGTH_SHORT)
                .show()
    }
}
```

리스트 9.15에서는 **CrimeHolder** 자신이 **OnClickListener** 인터페이스를 구현하고 있다. 그리고 리스트 행의 항목 **View**(itemView 속성이 참조함)에 발생하는 클릭 이벤트를 **CrimeHolder**가 받도록 설정되어 있다.

CriminalIntent 앱을 다시 실행해 리스트의 아무 행이나 눌러보면 해당 행의 항목을 눌렀다는 **Toast** 메시지를 볼 수 있다.

궁금증 해소하기: ListView와 GridView

안드로이드 운영체제에는 **ListView**, **GridView**, **Adapter** 클래스가 포함되어 있다. 안드로이드 5.0까지는 이 클래스들을 사용해서 리스트나 그리드 형태로 항목들을 생성하였다.

이 컴포넌트들의 API는 **RecyclerView**의 것과 매우 유사하다. **ListView**나 **GridView** 클래스는 리스트의 항목들을 스크롤하지만 각 항목에 관해서는 잘 알지 못한다. 그리고 리스트의 각 항목 **View**를 생성하는 일은 **Adapter**가 수행하지만, **ListView**나 **GridView**에서는 **ViewHolder** 패턴을 사용하도록 강제하지 않는다(하지만 사용하는 것이 좋다).

이런 기존 컴포넌트들은 **RecyclerView**로 대체되었다. **ListView**나 **GridView**의 작동 방식을 변경하려면 복잡하기 때문이다.

예를 들어, 수평 방향으로 스크롤 가능한 **ListView**를 생성하는 기능은 **ListView** API에 포함되어 있지 않아 많은 작업이 필요하다. 커스텀 레이아웃을 갖고 스크롤 가능한 **RecyclerView**를 생성하는 것도 여전히 많은 작업이 필요하다. 그러나 **RecyclerView**는 기능 확장이 되도록 설계되었으므로 나쁘지 않다.

RecyclerView의 또 다른 주요 기능은 리스트 항목의 애니메이션이다. ListView나 GridView의 경우 항목을 추가하거나 삭제할 때 생동감 있게 보이도록 하려면 구현이 복잡하고 에러가 생기기 쉽다. 그러나 RecyclerView는 몇 가지 애니메이션 기능이 내장되어 있어서 훨씬 쉬우며, 이런 애니메이션 기능을 쉽게 커스터마이징할 수 있다.

예를 들어, 리스트의 첫 번째 위치(인덱스 값은 0)에 있는 범죄 데이터가 여섯 번째 위치(인덱스 값은 5)로 움직이는 것을 보고 싶다면 다음과 같이 하면 된다.

```
recyclerView.adapter.notifyItemMoved(0, 5)
```

챌린지: RecyclerView의 ViewType

이 챌린지에서는 RecyclerView에 두 가지 타입의 행을 생성한다. 평범한 범죄를 보여주는 행과 심각한 범죄를 보여주는 행이다. 이것을 구현하려면 RecyclerView.Adapter의 **뷰 타입**(view type) 특성을 사용해야 한다. 우선 Crime 객체에 새로운 속성으로 requiresPolice(경찰의 개입이 필요한지를 나타냄)를 추가한 후 이것을 사용해서 CrimeAdapter에 어떤 뷰가 로드될 것인지 결정한다. 이때 getItemViewType(Int) 함수를 구현해야 한다(https://developer.android.com/reference/kotlin/androidx/recyclerview/widget/RecyclerView.Adapter#getitemviewtype).

또한, getItemViewType(Int) 함수에서 반환된 viewType 값을 기준으로 서로 다른 ViewHolder 객체를 반환하는 코드를 onCreateViewHolder(ViewGroup, Int) 함수에 추가해야 한다. 그리고 경찰의 개입이 필요 없는 평범한 범죄는 원래의 레이아웃을 사용하며, 경찰의 개입이 필요한 범죄는 '**경찰에 연락**'으로 표시된 버튼을 포함하는 새로운 레이아웃을 사용한다.

CHAPTER

10

레이아웃과 위젯으로
사용자 인터페이스 생성하기

이 장에서는 **RecyclerView**의 리스트 항목에 스타일을 추가하고, 레이아웃과 위젯에 관해 자세히 알아본다. 그리고 그래픽 레이아웃 편집기를 사용해 **ConstraintLayout** 내부에 위젯들을 배치하는 방법도 알아본다. 그림 10.1은 이 장이 끝났을 때 **CrimeListFragment**의 뷰를 보여준다.

그림 10.1 | 이미지가 있는 CriminalIntent

이전의 장에서는 중첩된 레이아웃 계층 구조로 위젯들을 배치하였다. 예를 들어, 1장의 GeoQuiz에서 생성했던 layout/activity_main.xml 파일에서는 **LinearLayout** 내부에 다른 **LinearLayout**을 중첩하였다. 이런 중첩은 레이아웃을 파악하고 변경하는 데 어렵게 하며, 앱의 성능도 저하된다. 중첩된 레이아웃을 안드로이드 운영체제가 처리하고 보여주는 데 시간이 오래 걸리기 때문이다. 이렇게 되면 결국 사용자가 뷰를 화면에서 보는 데 지연이 생길 수 있음을 의미한다.

중첩되지 않은 레이아웃은 안드로이드 운영체제가 빠르게 처리해서 보여준다. **Constraint Layout**이 빛을 발하는 이유 중 하나가 바로 이것이다. 또한, **ConstraintLayout**을 사용하면 중첩하지 않고도 복잡한 레이아웃을 만들 수 있다.

ConstraintLayout에 들어가기 앞서 먼저 해야 할 일이 있다. 프로젝트에 그림 10.1의 수갑 이미지를 복사해야 한다. 이 책에서 제공하는 파일을 내려받고(책 앞부분의 '이 책에 대하여' 참고) 9장에서 작성한 CriminalIntent 프로젝트를 안드로이드 스튜디오에서 연다. 그다음에 내려받은 파일의 Ch10/CriminalIntent/app/src/main/res 밑에 있는 5개의 drawable 서브 디렉터리인 **drawable-hdpi drawable-mdpi drawable-xhdpi drawable-xxhdpi drawable-xxxhdpi**를 프로젝트의 **res** 폴더에 복사한다(서브 디렉터리마다 해상도에 맞는 ic_solved.png 파일이 있다. 복사 방법을 알고 싶으면 2장의 '프로젝트에 리소스 추가하기' 절을 참고한다).

ConstraintLayout 개요

ConstraintLayout을 사용할 때는 중첩된 레이아웃을 사용하는 대신 **제약**(constraint)들을 레이아웃에 추가한다. 제약은 두 개의 물건을 연결해 끌어당기는 고무 밴드라고 생각하면 된다. 예를 들어, **ImageView**의 오른쪽 가장자리로부터 이것의 부모(**ConstraintLayout** 자신)의 오른쪽 가장자리로 제약을 연결(설정)할 수 있다(그림 10.2). 이때 제약은 **ImageView**를 오른쪽으로 유지한다.

그림 10.2 | **오른쪽 가장자리 제약이 설정된 ImageView**

또한, **ImageView**의 네 방향(상하좌우) 가장자리 모두에서 제약을 생성할 수 있다. 그리고 수평이나 수직의 정반대 제약(opposing constraint)을 지정하면 **ImageView**가 두 제약의 정중앙에 위치한다. 예를 들어, 수평 방향의 정반대 제약이 있을 때는 그림 10.3처럼 된다.

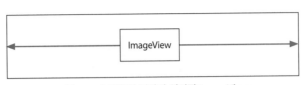

그림 10.3 │ **정반대 제약이 설정된 ImageView**

다시 말해 **ConstraintLayout**에 뷰(위젯)를 위치시킬 때는 제약만 지정하면 된다.

그렇다면 위젯의 크기 조정은 어떻게 해야 할까? 세 가지 방법이 있다. 위젯이 포함한 콘텐츠에 맞춰 스스로 결정하게 하거나(wrap_content), 직접 지정하거나, 지정된 제약에 맞춰 위젯이 자동으로 확장되게 하는 방법이다.

지금까지 얘기한 방법을 사용하면 여러 종류의 레이아웃을 중첩하지 않고, 하나의 **Constraint Layout**으로 복잡한 레이아웃을 만들 수 있다. 이 장에서는 list_item_crime.xml 레이아웃 파일에 제약을 사용하는 방법을 알아본다.

레이아웃 편집기 개요

지금까지는 XML을 직접 입력해 레이아웃을 생성하였다. 여기서는 안드로이드 스튜디오의 그래픽 레이아웃 편집기(layout editor)를 사용한다.

우선 res/layout/list_item_crime.xml을 열어(이미 열려 있으면 위쪽의 탭을 선택) 편집기 창의 오른쪽 위에 있는 디자인 버튼(■ Design)을 클릭해서 디자인 뷰로 변경한다(그림 10.4).

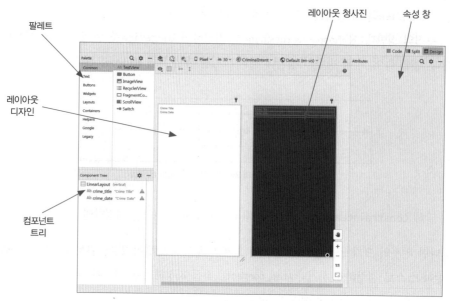

레이아웃 청사진   속성 창

팔레트

레이아웃
디자인

컴포넌트
트리

그림 10.4 | 레이아웃 편집기

레이아웃 편집기에 관한 자세한 내용은 1장의 그림 1.12에서 이미 알아보았으니 중요한 것만
다시 짚어보자.

그림 10.4의 중앙에서 왼쪽에 있는 것이 **레이아웃 디자인**(preview)이며 장치 화면에 나타나는
레이아웃의 모습을 보여준다. 반면에 오른쪽에 있는 것은 **레이아웃 청사진**(blueprint)이며 각 뷰
의 윤곽을 보여주는데, 각 뷰의 크기나 경계를 보고자 할 때 유용하다.

화면의 왼쪽 위에는 **팔레트**(palette)가 있으며, 여기에 레이아웃에 넣을 수 있는 모든 위젯들이
유형별로 포함되어 있다. 왼쪽 아래에는 **컴포넌트 트리**(component tree)가 있으며 위젯들이 어
떻게 레이아웃에 구성되어 있는지 보여준다. 팔레트나 컴포넌트 트리가 보이지 않으면 레이아
웃 디자인 왼쪽에 나타나는 수직 바 형태의 탭('Palette'나 'Component Tree'로 표시됨)을 클릭하면
된다.

화면 오른쪽에는 **속성**(attributes) 창이 있어서 컴포넌트 트리나 레이아웃 디자인에서 선택된 위
젯의 속성을 보거나 수정할 수 있다.

우선 list_item_crime.xml을 **ConstraintLayout**으로 변환하자. 컴포넌트 트리의 루트 **Linear
Layout**에서 오른쪽 마우스 버튼을 클릭한 후 'Convert LinearLayout to ConstraintLayout'을 선
택한다(그림 10.5).

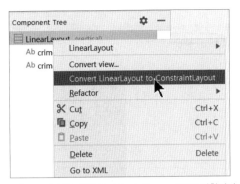

그림 10.5 | 루트 뷰를 ConstraintLayout으로 변환하기

그러면 안드로이드 스튜디오에서 그림 10.6의 대화상자가 나타난다. 이 대화상자의 옵션은 기본으로 선택되며, 변환하는 레이아웃이 중첩된 레이아웃을 포함하거나, 코틀린 코드에서 이 레이아웃을 참조할 때는 그 내용을 분석해 이상이 없도록 자동으로 수정해준다. list_item_crime.xml은 간단한 레이아웃 파일이므로 안드로이드 스튜디오가 최적화할 것은 그리 많지 않다. 기본 선택을 그대로 두고 OK 버튼을 누른다.

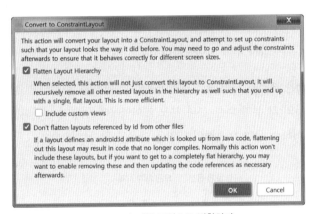

그림 10.6 | 기본 구성으로 변환하기

그리고 컴포넌트 트리의 **linearLayout**을 클릭하면 그림 10.7과 같이 변환된 **ConstraintLayout**이 보인다(컴포넌트 트리의 루트 레이아웃이 소문자 l로 시작하는 **linearLayout**으로 바뀌고 바로 왼쪽에 연결선 같은 이미지가 있으면 변환이 끝난 것이다).

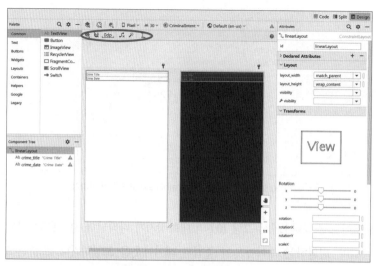

그림 10.7 | ConstraintLayout으로 변환된 list_item_crime.xml

얼핏 보면 앞의 그림 10.4와 같아 보이지만, 타원으로 표시한 툴바 버튼들이 추가로 생겼음을 알 수 있다. 이 버튼들이 보이지 않는다면 레이아웃 디자인의 빈 공간을 클릭하면 된다.

그런데 컴포넌트 트리의 루트 레이아웃이 소문자 l로 시작하는 linearLayout으로 나타난 이유 가 무엇일까? 그 이유는 잠시 후에 알아보겠다.

ConstraintLayout은 **제약**을 사용해서 레이아웃의 뷰(위젯)를 배치하고 정렬한다. 여기서 제 약은 레이아웃 내부의 각 뷰가 다른 뷰나 부모 레이아웃과 어떻게 연관되는지 알려주는 것을 말한다. 제약을 제어하는 툴바 버튼들의 내역은 다음과 같다(그림 10.8).

그림 10.8 | **제약 제어 버튼들**

보기 옵션: 이 버튼을 누르고 'Show All Constraints'를 선택하면 레이아웃 디자인과 청사진 모두에 설정된 제약들을 보여준다. 따라서 제약이 많이 설정되어 있으면 많은 정보를 볼 수 있다. 또한, 1장의 그림 1.13에서 설명했듯이 'Show System UI'를 선택하면 레이아웃과 함께 장치 화면 맨 위의 상태 바나 앱 이름을 포함한 앱 바 등도 같이 볼 수 있다. 앱 바의 자세한

내용은 14장에서 배운다.

자동 연결 활성화/비활성화: 이 버튼을 누르면 자동연결(autoconnect)의 활성화와 비활성화를 전환할 수 있다. 자동연결이 활성화된 후 팔레트의 뷰를 끌어서 레이아웃 디자인에 넣으면 제약이 자동으로 추가된다. 아이콘에 사선 모양이 있으면 비활성화 상태이며, 없으면 활성화된 상태다.

모든 제약 삭제: 이 버튼을 누르면 레이아웃 파일에 지정된 모든 제약을 삭제한다.

제약 추론: 이 버튼을 누르면 자동 연결과 유사하게 안드로이드 스튜디오가 자동으로 제약을 추론(infer)해 생성해준다. 단, 이 버튼을 누를 때만 그렇게 해준다.

가이드라인: 이 버튼을 누르면 여러 개의 뷰를 정렬할 때 기준으로 사용할 수 있는 기준선(guideline)이나 분리선(barrier)을 수직이나 수평 방향으로 설정할 수 있다. 따라서 여러 개의 뷰를 같은 위치로 정렬할 때 사용하면 편리하다. 기준선이나 분리선 모두 디자인 시점에서만 사용되고 런타임 시에는 나타나지 않는다. 단, XML 파일에는 별도의 요소로 정의된다.

그리고 중앙에 '0dp'로 표시된 버튼은 기본 마진(margin)을 의미한다. 즉, **ConstraintLayout**에 위젯을 추가할 때 위젯과 **ConstraintLayout** 간의 여백 크기다. 이 버튼을 누르면 0, 8, 16, 24 등의 원하는 값을 선택할 수 있다. 일단 기본값인 0dp 그대로 두자.

ConstraintLayout 사용하기

앞에서 list_item_crime.xml을 **ConstraintLayout**으로 변환했을 때 안드로이드 스튜디오가 기존 레이아웃을 고려해 모든 제약을 자동으로 추가하였다. 자동으로 추가된 제약을 모두 삭제하고 직접 다시 생성해서 제약이 어떻게 작동하는지 알아보자.

우선 컴포넌트 트리에서 **linearLayout**으로 나타난 루트 뷰를 선택한다. 그런데 **Constraint Layout**으로 변환했는데 어째서 **linearLayout**으로 되어 있을까? 이것은 자동으로 지정된 **ConstraintLayout**의 ID이다. 레이아웃 편집기의 맨 오른쪽 위에 있는 코드 버튼(≡ Code)을 클릭해 코드 뷰로 전환하고 XML의 위쪽을 보면 android:id="@+id/linearLayout"으로 지정된 것을 볼 수 있다. 확인했으면 오른쪽 위의 디자인 버튼(◼ Design)을 클릭해 다시 디자인 뷰로 변경한다.

linearLayout이 선택된 상태에서 그림 10.8의 '**모든 제약 삭제**' 버튼을 클릭하고 대화상자에서

Yes를 클릭하면 레이아웃 편집기 오른쪽 위에 빨간색의 에러 버튼(❗)이 나타난다(컴포넌트 트리에도 나타난다). 이 버튼을 클릭하면 그림 10.9와 같이 자세한 설명과 해결 방안을 대화상자로 보여준다(대화상자 위의 경계선을 마우스로 끌면 크기를 늘릴 수 있으며, 경고나 에러 제목 왼쪽의 화살표를 클릭하면 자세한 내용을 볼 수 있다).

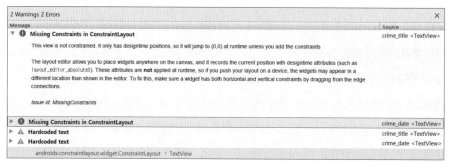

그림 10.9 | ConstraintLayout 에러

레이아웃에 포함된 뷰(여기서는 **TextView**)들이 충분한 제약을 갖고 있지 않으면 **Constraint Layout**에서 해당 뷰들을 어디에 위치시키는지 알 수 없다. 여기서는 두 개의 **TextView** 모두 아무 제약도 갖고 있지 않으므로 런타임 시에 올바른 위치에 나타날 수 없어서 에러가 발생하였다. 확인이 되었으면 오른쪽 위의 **X**를 클릭해 대화상자를 닫는다.

이 장을 진행하면서 필요한 제약들을 추가해 에러를 해결할 것이다. 런타임 시에 예기치 않은 오작동을 막기 위해 이런 에러나 경고를 항상 주의 깊게 살펴보자.

공간 확보하기

현재는 두 개의 **TextView**가 항목 뷰 레이아웃의 전체 영역을 점유하고 있어서 제약을 연결하기가 어려우므로 공간을 확보해야 한다. 일단 두 **TextView**의 크기를 줄인다.

컴포넌트 트리에서 **crime_title**(범죄 제목)을 선택하면 오른쪽 속성 창의 위에 그림 10.10과 같이 속성이 나타난다. 속성 창이 열려 있지 않으면 맨 오른쪽 테두리에 **Attributes**로 표시된 도구 버튼을 클릭하면 된다.

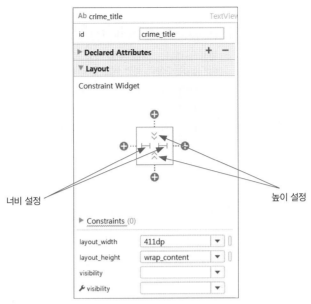

그림 10.10 | 제목 TextView의 속성

TextView의 수직과 수평 크기는 높이와 너비 설정으로 결정되며, 그림 10.11과 같이 세 가지 중 하나를 선택할 수 있다. 그리고 설정 결과는 layout_height와 layout_width 속성값으로 지정된다.

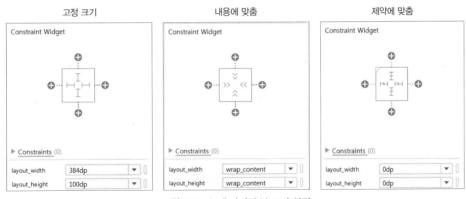

그림 10.11 | 세 가지의 뷰 크기 설정

그림 10.11의 왼쪽은 고정된 크기이고, 가운데는 **TextView**의 내용(값)에 맞춰 크기가 자동 조정되는 wrap_content이며, 오른쪽은 지정된 제약에 맞춰 자동 조정되는 크기다.

이것의 의미는 표 10.1과 같다.

표 10.1 | 뷰 크기 설정 유형

설정 유형	설정 값	용도
고정 크기	Xdp	변경되지 않는 크기로 뷰를 지정한다(X는 크기 값). 크기 지정 단위는 dp다(dp는 2장의 '화면 픽셀 밀도' 참고).
내용에 맞춤	wrap_content	뷰에서 '원하는' 크기가 자동 지정된다. TextView의 경우는 이것의 내용을 보여주는데 충분한 정도의 크기임을 의미한다.
제약에 맞춤	0dp	지정된 제약에 맞춰 뷰의 크기가 신축성 있게 조정된다.

현재는 범죄 제목과 발생일자 **TextView**가 모두 레이아웃의 전체 영역을 차지하도록 지정되어 있으므로 너비와 높이를 모두 조정해야 한다. 컴포넌트 트리의 **crime_title**이 선택된 상태에서 너비와 높이 설정 드롭다운을 차례대로 클릭해 wrap_content로 설정한다(그림 10.12).

같은 방법으로 crime_date의 너비와 높이도 wrap_content로 설정한다.

이제는 두 **TextView** 모두 올바른 크기가 되었다(그림 10.13). 하지만 제약이 지정되지 않아서 앱을 실행해보면

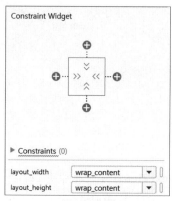

그림 10.12 | 제목의 너비와 높이 설정하기

겹쳐 보인다. 따라서 레이아웃 디자인에서 보는 뷰의 위치는 앱이 실행될 때와는 다를 수 있다. 레이아웃 디자인에서는 제약을 쉽게 추가하고자 뷰를 위치시킬 수 있지만, 이것은 런타임이 아닌 디자인 시에만 가능하기 때문이다.

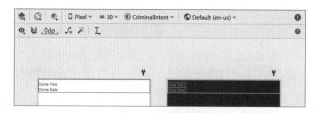

그림 10.13 | 올바른 크기로 조정된 TextView들

TextView들이 올바르게 배치되게 제약을 추가하는 것은 더 뒤에서 하고, 우선 레이아웃에 필요한 세 번째 뷰를 추가해보자.

위젯 추가하기

수갑 이미지를 보여줄 **ImageView**를 레이아웃에 추가하자. 그림 10.14와 같이 팔레트의 **ImageView**를 클릭한 후 끌어서 컴포넌트 트리의 **crime_date** 밑에 놓는다(레이아웃 디자인에 놓아도 되지만 컴포넌트 트리에 놓는 것이 더 정확하다).

그림 10.14 | **팔레트의 ImageView 선택하기**

그리고 리소스 선택 대화상자가 나타나면 **ImageView**의 리소스로 ic_solved를 선택한다(그림 10.15). 이 이미지는 범죄가 해결되었음을 나타내는 데 사용할 것이다. 그리고는 **OK** 버튼을 클릭한다.

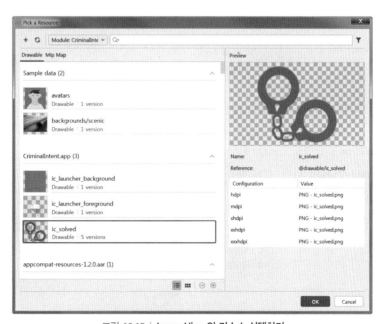

그림 10.15 | **ImageView의 리소스 선택하기**

이제는 **ImageView**가 레이아웃에 포함되었지만, 아직 아무 제약도 갖고 있지 않다. 따라서 제약을 추가해야 한다.

컴포넌트 트리에서 **ImageView**를 클릭해 선택하면 그림 10.16과 같이 네 방향의 중앙에 나타나는 작은 원들을 볼 수 있다(작은 원들이 보이지 않으면 레이아웃 편집기의 오른쪽 밑에 나타난 확대 버튼(**+**)을 눌러서 약간 크게 하면 보인다). 이것들을 **제약 핸들**(constraint handle)이라고 한다.

그림 10.16 │ ImageView의 제약 핸들

여기서는 이 **ImageView**를 항목 뷰 레이아웃의 오른쪽에 두려고 하므로 **ImageView**의 위, 오른쪽, 아래에 제약을 설정한다.

제약을 추가하기 전에 오른쪽 밑으로 **ImageView**를 끌어서 **TextView**와 떨어진 곳에 놓는다 (그림 10.17). **ImageView**의 현재 위치를 염려하지는 말자. 제약을 추가하면 올바른 위치를 바로 찾을 수 있다.

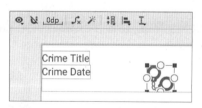

그림 10.17 │ ImageView를 임시로 옮기기

우선 **ImageView**의 위쪽과 **ConstraintLayout**의 위쪽 사이에 제약을 설정하자. 레이아웃 디자인에서 **ImageView**의 위쪽 제약 핸들을 천천히 끌어서 **ConstraintLayout**의 위쪽에 놓는다(그림 10.18).

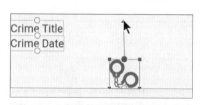

그림 10.18 │ 위쪽 제약을 생성 중임을 보여줌

그러면 그림 10.19와 같이 ImageView가 ConstraintLayout의 맨 위에 들러붙은 것처럼 보이
면서 ImageView의 위쪽 핸들이 속이 찬 반원 모양으로 바뀐다(마진 설정이 안 되어서 붙은 것처
럼 보인다).

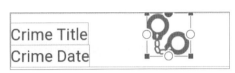

그림 10.19 | 위쪽 제약이 생성된 ImageView

ImageView의 네 모서리에 있는 사각형 모양의 핸들은 크기를 조정하는 데 사용하므로 잘못
클릭하지 않게 주의한다. 그리고 잘못해서 TextView 중 하나와 제약을 연결하지 않게 주의한
다. 만일 잘못 연결했다면 해당 제약 핸들에서 오른쪽 마우스 버튼을 누른 후, 메뉴의 Delete
를 선택해서 삭제하고 다시 제약을 설정하면 된다.

제약이 설정되면 해당 뷰가 새 제약에 맞춰 자동으로 제 위치를 잡는다. 따라서 ConstraintLayout
에서는 제약을 설정하거나 삭제해 뷰의 위치를 조정할 수 있다.

ImageView를 클릭하고 위쪽 제약 핸들에 마우스 커서를 올려 보면 핸들의 모양이 바뀌면서
연결된 부분이 강조되므로 ConstraintLayout의 위에 제대로 연결되었는지 확인할 수 있다(그
림 10.20).

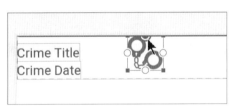

그림 10.20 | ConstraintLayout과 제약이 올바르게 설정된 ImageView

같은 방식으로 ImageView의 아래쪽 제약 핸들을 끌어서 ConstraintLayout의 아래쪽에 연
결한다. 이때도 잘못해서 TextView 중 하나와 제약이 연결되지 않게 주의한다(그림 10.21).

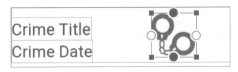

그림 10.21 | 위와 아래 제약이 설정된 ImageView

마지막으로 **ImageView**의 오른쪽 제약 핸들을 끌어서 **ConstraintLayout**의 오른쪽에 연결한다. 이제 모든 제약이 설정되었다(그림 10.22).

그림 10.22 | 세 가지 제약이 설정된 ImageView

ConstraintLayout의 내부 작업

그래픽 레이아웃 편집기에서 **ConstraintLayout**을 수정하면 자동으로(내부적으로) XML에 반영되며, 직접 XML을 수정할 수도 있다. 그리고 그래픽 레이아웃 편집기를 사용하면 처음에 **ConstraintLayout**을 생성할 때 초기에 필요한 제약을 쉽게 추가할 수 있다. 그런데 **Constraint Layout**의 XML은 다른 **ViewGroup**에 비해 장황하고 복잡해서 처음부터 제약을 직접 추가하려면 많은 작업을 해야 한다. 그러므로 처음 화면을 생성할 때는 그래픽 레이아웃 편집기를 사용하는 것이 좋다. 단, 기존 레이아웃의 사소한 변경을 실시할 때는 직접 XML로 작업하는 것이 좋을 수 있다.

(모든 사람이 즐겨 사용하지는 않더라도 **ConstraintLayout**의 경우는 특히 그래픽 레이아웃 편집기가 유용하다. 따라서 어느 한쪽만을 고집할 필요 없다. 그래픽 레이아웃 편집기 사용과 XML 직접 작성은 언제든지 할 수 있기 때문이다. 이 책의 레이아웃을 생성할 때 두 가지 방법을 함께 사용하면 편리하다.)

레이아웃 편집기의 맨 오른쪽 위에 있는 코드 버튼(☰ Code)을 클릭해 코드 뷰로 전환한 후 **ImageView**에 추가한 세 개의 제약이 어떻게 XML로 구현되었는지 알아보자.

```
<androidx.constraintlayout.widget.ConstraintLayout
    ... >
  ...
  <ImageView
      android:id="@+id/imageView"
      android:layout_width="wrap_content"
      android:layout_height="wrap_content"
      app:layout_constraintBottom_toBottomOf="parent"
      app:layout_constraintEnd_toEndOf="parent"
      app:layout_constraintTop_toTopOf="parent"
      app:srcCompat="@drawable/ic_solved" />

</androidx.constraintlayout.widget.ConstraintLayout>
```

XML 코드를 보면 두 개의 **TextView**에 빨간색으로 에러가 있음을 보여준다. 이 에러는 좀 더 뒤에서 해결할 것이다

모든 위젯은 단일 **ConstraintLayout**의 직계 자식이며 중첩된 레이아웃이 없다. 만일 **Linear Layout**을 사용해서 이와 똑같은 레이아웃을 생성했다면, 하나의 **LinearLayout** 내부에 또 다른 **LinearLayout**이 중첩되었을 것이다.

이미 얘기했듯이, 레이아웃 중첩을 줄이면 레이아웃을 처리하고 보여주는 시간도 단축되어서 더 빠르고 매끄러운 사용자 경험을 제공할 수 있다.

앞의 XML에서 **ImageView**에 설정된 위쪽 제약을 보면 다음과 같다.

```
app:layout_constraintTop_toTopOf="parent"
```

이 속성의 이름은 layout_으로 시작한다. 이처럼 layout_으로 시작하는 모든 속성을 **레이아웃 매개변수**(layout parameter)라고 한다. 다른 속성들과 달리 레이아웃 매개변수는 위젯의 **부모**(parent)에 대한 방향을 나타낸다. 즉, 부모 내부에 자식 요소를 배치하는 방법을 부모 레이아웃에게 알려주는 것이다. 그동안 보았던 레이아웃 매개변수로는 layout_width와 layout_height 등이 있다.

여기서 제약의 이름은 constraintTop이며 **ImageView**의 위쪽 제약을 의미한다.

이 속성 끝의 toTopOf="parent"는 부모인 **ConstraintLayout**의 위쪽 가장자리에 연결되는 제약임을 의미한다.

XML의 설명은 이 정도로 하고 다시 그래픽 레이아웃 편집기로 돌아가자.

속성 수정하기

이제는 **ImageView**가 제대로 배치되었으니 제목 **TextView**의 위치와 크기를 조정해보자.

우선 레이아웃 편집기의 오른쪽 위에 있는 디자인 버튼(🖼 Design)을 클릭해 다시 디자인 뷰로 변경하고, 레이아웃 편집기의 왼쪽 위에 있는 '보기 옵션' 버튼(👁)을 클릭해서 'Show All Constraints'를 선택해(체크되도록) 모든 설정된 제약이 레이아웃 디자인에 나타나게 한다.

그리고 레이아웃 디자인에서 'Crime Date' **TextView**를 클릭하고 끌어서 잠시 다른 위치로 비켜 둔다(그림 10.23). 다시 말하지만, 레이아웃 디자인에서 위치를 변경해도 제약이 변경되지 않으면 결국 런타임 시에는 제약들만 존재하여 반영되지 않는다.

그림 10.23 | 'Crime Date'야 비켜주라

그런 다음 레이아웃 디자인(또는 컴포넌트 트리)에서 '**Crime Title**'을 클릭해 선택한다.

여기서는 'Crime Title' **TextView**를 레이아웃의 왼쪽 위에, 그리고 **ImageView**의 왼쪽에 위치시킬 것이다. 이렇게 하려면 다음의 세 가지 제약이 필요하다.

- 'Crime Title'의 왼쪽에서 부모(**ConstraintLayout**)의 왼쪽으로 연결되는 제약
- 'Crime Title'의 위에서 부모의 위쪽으로 연결되는 제약
- 'Crime Title'의 오른쪽에서 **ImageView**의 왼쪽으로 연결되는 제약

레이아웃에 이 제약들을 추가한다(그림 10.24). 제약이 제대로 연결되지 않으면 **Ctrl+Z** [**Command+Z**] 키를 눌러 취소하고 다시 하면 된다.

그림 10.24 | 'Crime Title' TextView의 제약들

이제는 'Crime Title' **TextView**의 제약에 마진을 추가한다. 'Crime Title' **TextView**가 선택된 상태에서 오른쪽의 속성 창을 보자. 이 **TextView**의 위와 왼쪽 및 오른쪽에 제약을 추가했으므로 각 제약의 마진을 선택할 수 있는 드롭다운이 나타난다(그림 10.25). 왼쪽과 위의 마진은 16dp, 오른쪽 마진은 8dp로 한다.

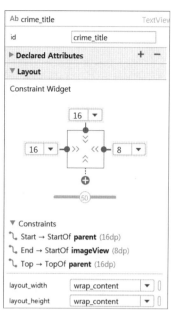

그림 10.25 | 'Crime Title' TextView에 마진 추가하기

안드로이드 스튜디오는 기본 마진 값으로 8dp나 16dp를 사용한다. 이 값들은 안드로이드의 머티리얼 디자인(material design) 지침을 따른 것이다. 모든 안드로이드 디자인 지침은 https:// developer.android.com/design/index.html에서 볼 수 있으며, 가능한 한 이 지침을 따를 것이다.

추가한 제약이 그림 10.26과 같은지 확인해보자(연결된 제약은 신축성 있는 용수철처럼 보인다).

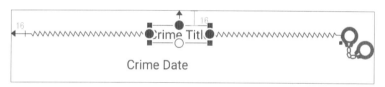

그림 10.26 | 설정이 끝난 'Crime Title' TextView의 제약

제약이 설정되었으니 'Crime Title' TextView의 수평 방향 설정을 0dp(match constraint)로 조정해서 ConstraintLayout 내부의 사용 가능한 공간을 'Crime Title' TextView가 채울 수 있게한다. 수직 방향 설정은 wrap_content를 그대로 둔다. 이렇게 하면 범죄 제목을 보여주기에 충분한 높이가 자동 조정된다. 그림 10.27과 같이 설정되었는지 확인한다.

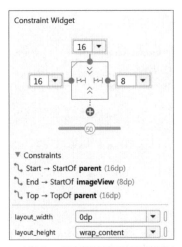

그림 10.27 | 'Crime Title' TextView의 너비와 높이 설정

다음으로 'Crime Date'의 제약을 추가하자. 우선 레이아웃 디자인(또는 컴포넌트 트리)에서 'Crime Date'를 클릭해 선택한 후 다음 세 가지 제약을 추가한다.

- 'Crime Date'의 왼쪽에서 부모(**ConstraintLayout**)의 왼쪽으로 연결되는 제약이며, 16dp 의 마진을 갖는다.
- 'Crime Date'의 위에서 'Crime Title'의 아래쪽으로 연결되는 제약이며, 8dp의 마진을 갖는다.
- 'Crime Date'의 오른쪽에서 **ImageView**의 왼쪽으로 연결되는 제약이며, 8dp의 마진을 갖는다.

제약이 설정되면 'Crime Date' **TextView**의 수평 방향 설정을 0dp(match constraint)로 조정하고, 수직 방향 설정은 wrap_content 그대로 둔다. 그런 다음에 그림 10.28과 같이 설정되었는지 확인한다.

마지막으로 레이아웃 디자인에서 **ImageView**를 클릭해서 위, 아래, 오른쪽 마진 모두 8dp로 설정하고 레이아웃의 빈 공간을 클릭한다.

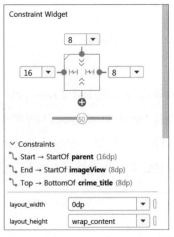

그림 10.28 | 'Crime Date' TextView 설정

레이아웃 디자인이 이제는 그림 10.29처럼 되어야 하며, 이것은 그림 10.1의 한 행이 된다.

그림 10.29 | 완성된 ConstraintLayout

레이아웃 편집기의 맨 오른쪽 위에 있는 코드 버튼(☰ Code)을 클릭해 코드 뷰로 전환한 후, 그래픽 레이아웃 편집기에서 변경한 결과가 XML에 반영된 것을 살펴보자. 두 개의 **TextView** 가 이제는 붉게 표시되지 않을 것이다. 또한 두 개의 **TextView**에 적합한 제약이 추가되어서 런타임 시에 **ConstraintLayout**에서 이 위젯들을 올바르게 배치할 수 있다.

레이아웃 편집기의 오른쪽 위에 있는 디자인 버튼(◪ Design)을 클릭하고, 다시 디자인 뷰로 변경해서 컴포넌트 트리를 보면 경고 표시(⚠)가 세 개 있다. 두 개의 **TextView**에 있는 경고는 문자열을 코드에 하드코딩해서 그런 것이다. res/values/strings.xml에 문자열 리소스로 추가한 후 참조하면 이 경고는 없어지겠지만 여기서는 무시하자.

ImageView에도 경고가 하나 있다. 이 경고는 콘텐츠 설명(content description)을 설정하지 않아서 나타난 것이다. 지금은 이 경고도 무시하자. 콘텐츠 설명의 자세한 내용은 18장에서 배운다.

에뮬레이터나 실제 장치에서 CriminalIntent 앱을 실행해보면 그림 10.30과 같이 **RecyclerView**의 각 행마다 세 개의 컴포넌트가 일렬로 나타난 것을 볼 수 있다.

그림 10.30 | 각 행에 나타난 세 개의 뷰

동적인 리스트 항목 만들기

레이아웃에서 필요한 모든 제약을 설정했으니 해결된 범죄에는 수갑 이미지가 보이게끔 **ImageView**를 변경해보자.

우선 **ImageView**의 id를 변경한다. **ConstraintLayout**에 **ImageView**를 추가했을 때 imageView라는 id가 기본으로 지정되었지만, 이 id는 적절하지 않으므로 변경한다. 컴포넌트 트리에서 **ImageView**를 선택한 후, 그림 10.31과 같이 속성 창에서 id를 crime_solved로 변경하고 Enter[Return] 키를 누르면 된다. 이때 이 **ImageView**의 id를 참조하는 모든 코드도 같이 변경할 것인지 묻는 대화상자가 나타나면 **Refactor**를 클릭한다(다시 대화상자가 나타나면 **Continue**를 누른다). 그러면 안드로이드 스튜디오가 관련 코드를 자동으로 찾아서 변경해준다.

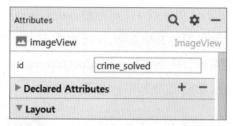

그림 10.31 | ImageView의 id 변경하기

현재는 crime_solved를 서로 다른 레이아웃인 list_item_crime.xml과 fragment_crime.xml에서 같이 사용하고 있다. 따라서 문제가 될 거라고 생각할 수 있다. 그러나 그렇지 않다. 레이아웃 id는 한 레이아웃 내부에서만 고유하면 되기 때문이다.

Id가 변경되었으니 관련 코드를 추가하자. CrimeListFragment.kt를 편집기 창에 열고(이미 열려 있으면 탭을 클릭) **CrimeHolder** 클래스에서 리스트 10.1의 진한 글씨 코드를 추가한다. 이 코드에서는 **ImageView**의 참조를 갖는 인스턴스 변수를 선언하고 범죄 상태(Crime의 isSolved 속성) 값이 true면 수갑 이미지를 보여준다.

리스트 10.1 | 수갑 이미지를 보여주는 코드 추가하기(CrimeListFragment.kt)

```
private inner class CrimeHolder(view: View)
    : RecyclerView.ViewHolder(view), View.OnClickListener {
    ...
    private val dateTextView: TextView
    private val solvedImageView: ImageView = itemView.findViewById(R.id.crime_solved)
```

```
    init {
        ...
    }

    fun bind(crime: Crime) {
        this.crime = crime
        titleTextView.text = this.crime.title
        dateTextView.text = this.crime.date.toString()
        solvedImageView.visibility = if (crime.isSolved) {
            View.VISIBLE
        } else {
            View.GONE
        }
    }
    ...
}
```

CriminalIntent 앱을 다시 실행해 홀수 번째 항목의 수갑 이미지만 나타나는지 확인해보자 (**CrimeListViewModel**에서 모의 데이터를 생성할 때 홀수 번째 항목만 **Crime.isSolved** 값을 true로 지정 했다).

레이아웃 속성을 더 자세히 알아보기

지금부터는 list_item_crime.xml 레이아웃의 디자인을 약간 변경하면서 위젯과 속성에 관해 추가로 살펴보겠다.

우선 편집기 창에서 list_item_crime.xml을 선택하고 오른쪽 위에 있는 디자인 버튼(■ Design) 을 클릭해 디자인 뷰로 변경한다. 그리고 crime_title **TextView**를 선택한 후 다음과 같이 일부 속성을 변경한다. textAppearance를 확장한 후 **textSize** 속성을 **18sp**로 입력하고 **textColor** 속성을 **@android:color/black**으로 설정한다(직접 입력하거나, textColor의 오른쪽 버튼(▐)을 클릭 한 후 '리소스 선택' 대화상자에서 아래로 스크롤하여 android 밑의 black을 선택하고 **OK** 버튼을 누르면 된다).

text	Crime Title
🔧 text	
contentDescription	
∨ textAppearance	@android:style/Te: ▼
fontFamily	sans-serif ▼
typeface	▼
textSize	18sp ▼
lineSpacingExtra	▼
textColor	@android:color/black
textStyle	B *I* T_T
textAlignment	≣ ≣ ≣ ≣ ≣

그림 10.32 │ crime_title TextView의 크기와 색상 변경하기

CriminalIntent 앱을 다시 실행하면 좀 더 보기 좋은 화면으로 보일 것이다(그림 10.33).

그림 10.33 │ 시원한 화면의 CriminalIntent

스타일, 테마, 테마 속성

스타일(style)은 위젯이 어떻게 보이고 작동하는지를 나타내는 속성들을 갖는 XML 리소스다.

예를 들어, 다음은 보통보다 더 큰 크기의 텍스트 위젯을 구성하는 스타일 리소스다.

```
<style name="BigTextStyle">
    <item name="android:textSize">20sp</item>
    <item name="android:padding">3dp</item>
</style>
```

스타일 리소스를 사용하면 우리 나름의 스타일을 만들 수 있다(이 내용은 21장에서 배운다). 이 때 프로젝트의 res/values에 스타일 파일로 추가한 후 @style/my_own_style과 같이 레이아웃에서 참조할 수 있다.

이제 layout/fragment_crime.xml(이 장에서 작업했던 list_item_crime.xml이 아님)의 **TextView** 위젯을 살펴보자. 각 **TextView** 위젯은 안드로이드가 생성한 스타일을 참조하는 style 속성을 갖는다. 이 특별한 스타일은 **TextView**들을 항목 구분자(list separator)처럼 보이게 만들며(밑줄로 나타남), 앱의 **테마**(theme)에서 나온 것이다. 테마는 스타일의 모음이다. 즉, 자신의 속성이 다른 스타일 리소스들을 가리키는 스타일 리소스가 바로 테마다.

안드로이드에서는 앱이 사용할 수 있는 테마를 제공한다. CriminalIntent 앱을 생성했을 때 프로젝트 생성 위저드에서 앱의 테마를 자동 설정하였다. 이 테마는 매니페스트 파일(app/manifests/AndroidManifest.xml)의 application 태그에서 참조된다.

테마 속성 참조(theme attribute reference)를 사용하면 앱의 테마 스타일을 위젯에 적용할 수 있다. fragment_crime.xml에서 **TextView**에 사용한 ?android:listSeparatorTextViewStyle이 바로 테마 속성 참조다.

이 테마 속성 참조에서는 안드로이드의 런타임 리소스 매니저에게 '이 앱의 테마에 가서 listSeparatorTextViewStyle이라는 이름의 속성을 찾아라. 이 속성은 다른 스타일 리소스를 가리킨다. 이 리소스의 값을 가져와서 여기에 넣어라.'라고 알려주는 것이다.

모든 안드로이드 테마는 listSeparatorTextViewStyle이라는 이름의 속성을 포함한다. 그런데 특정 테마의 전체적인 룩앤필(look and feel)에 따라 이 속성의 정의는 달라질 수 있다. 이처럼 테마 속성 참조를 사용하면 **TextView**들이 앱에 적합한 룩앤필을 갖게 된다.

스타일과 테마가 어떻게 작동하는지는 21장에서 자세히 알아본다.

궁금증 해소하기: 마진 vs 패딩

GeoQuiz와 CriminalIntent 모두에서 위젯들의 마진(margin)과 패딩(padding) 속성들을 지정하였다. 이제는 레이아웃 매개변수가 무엇인지 이해하고 있으니 두 속성 간의 차이점을 쉽게 알 수 있을 것이다.

마진 속성은 레이아웃 매개변수이며 위젯들 간의 간격을 결정한다. 따라서 위젯 자신은 마진을 알 수 없고, 당연히 해당 위젯의 부모가 마진을 처리해야 한다.

반면에 패딩은 레이아웃 매개변수가 아니다. 패딩은 위젯이 갖고 있는 콘텐츠보다 자신이 얼마나 더 커야 하는지를 나타내며, android:padding 속성으로 알려준다. 예를 들어, fragment_crime.xml에서 날짜 버튼의 텍스트 크기는 변경하지 않고 버튼 자체를 아주 크게 만들고 싶다고 해보자(그림 10.34).

그림 10.34 | 솔직히 큰 버튼이 좋아요!

이때 다음과 같이 패딩 속성을 **Button**에 추가하면 된다.

```
<Button
    android:id="@+id/crime_date"
    android:layout_width="match_parent"
    android:layout_height="wrap_content"
```

```
android:padding="80dp"
tools:text="Thu Mar 12 11:56 EST 2020"/>
```

헉, 버튼이 너무 크다. 이 패딩 속성을 삭제하는 것이 좋겠다.

궁금증 해소하기: ConstraintLayout의 다른 기능

ConstraintLayout은 자신의 자식 뷰들을 배치하는 데 도움이 되는 기능을 많이 갖고 있다. 이 장에서는 부모 및 부모에 포함된 다른 자식 뷰에 대한 제약을 각 뷰에 지정해 배치하였다. 게다가 가이드라인(**androidx.constraintlayout.widget.Guideline** 클래스) 같은 도우미 뷰를 포함하고 있어서 화면에 뷰를 쉽게 배치할 수 있게 해준다.

가이드라인은 앱 화면에 나타나지 않으며 뷰를 배치하는 데 도움을 주는 도구다. 가이드라인은 수평과 수직 방향의 두 가지가 있으며, **dp** 값을 사용하거나 화면에 대한 비율(%)로 설정해 특정 위치에 둘 수 있다. 그리고 화면 크기가 다르더라도 같은 위치에 나타나도록 다른 뷰들이 가이드라인에 제약을 연결할 수 있다.

그림 10.35는 수직 방향의 가이드라인을 사용하는 예다. 여기서는 가이드라인이 부모 너비의 20%가 되는 지점에 위치한다. 그리고 범죄 제목과 발생일자 모두 부모가 아닌 가이드라인에 대해 왼쪽 제약을 갖는다.

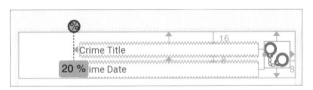

그림 10.35 | 가이드라인 사용하기

이외에도 **MotionLayout**이 있다. **MotionLayout**은 **ConstraintLayout**을 확장한 것이며, 뷰에 애니메이션을 쉽게 추가해준다. **MotionLayout**을 사용하려면 **MotionScene** 파일을 생성한다. 이 파일은 애니메이션이 어떻게 수행되어야 하는지, 그리고 시작과 끝 레이아웃의 어떤 뷰들이 상호 연관되는지를 나타낸다. 그리고 **Keyframe**을 정의해서 애니메이션에 개입되는 뷰들도 정의할 수 있다.

챌린지: 날짜 형식 지정하기

Date 객체는 일반적인 날짜가 아닌 타임스탬프(timestamp)다. 타임스탬프는 **Date**의 **toString()**을 호출하면 반환되며, CriminalIntent의 **RecyclerView** 항목에도 있다. 타임스탬프는 정확한 날짜와 시간을 기록하는 데는 좋지만 'Mar 12, 2020'처럼 사람이 생각하는 형태의 날짜를 보여준다면 더 좋을 것이다. 이럴 때 **android.text.format.DateFormat** 클래스의 인스턴스를 사용하면 된다. 안드로이드 API 문서에서 이 클래스를 찾아보는 것으로 챌린지를 시작해보자.

DateFormat 클래스의 함수들을 사용하면 자주 사용하는 형식의 날짜를 만들 수 있고, 형식 문자열을 지정해 원하는 형태의 날짜를 만들 수도 있다. 챌린지의 일환으로 'Thursday, Jan 14, 2021'처럼 요일도 보여주는 형식 문자열을 만들어보자.

11

데이터베이스와
Room 라이브러리

거의 모든 애플리케이션은 장시간 동안 데이터를 저장할 곳이 필요하다. 이 장에서는 Room 라이브러리를 사용해서 CriminalIntent 앱의 데이터베이스를 쿼리할 수 있는 코드를 구현하고, 데이터베이스로부터 범죄 데이터를 가져와서 범죄 리스트에 보여주도록 앱을 변경한다(그림 11.1).

그림 11.1 | 데이터베이스의 범죄 데이터 보여주기

4장에서는 장치 회전 및 프로세스 종료 시에 **ViewModel**과 SIS(Saved Instance State)를 사용해서 일시적인 UI 상태 데이터를 지속하는 방법을 배웠다. **ViewModel**과 SIS는 UI와 관련된 적은 수의 데이터에는 아주 좋다. 하지만 이 방법은 UI와 결부되지 않는 데이터의 저장에는 사용할 수 없다. 또한, 액티비티나 프래그먼트 인스턴스에 연관되지 않으면서 UI 상태와 무관하게 영구적으로 지속할 필요가 있는 데이터의 저장에도 사용할 수 없다.

따라서 이런 앱 데이터는 **ViewModel**이나 SIS 대신 로컬 파일 시스템이나 로컬 데이터베이스 또는 웹 서버에 저장해야 한다.

Room 아키텍처 컴포넌트 라이브러리

Room은 Jetpack의 아키텍처 컴포넌트 라이브러리로, 데이터베이스 설정과 사용을 쉽게 해준다. Room을 사용하면 애노테이션이 지정된 코틀린 클래스로 데이터베이스 구조와 쿼리를 정의할 수 있다.

Room은 API, 애노테이션(annotation), 컴파일러로 구성되어 있다. 데이터베이스를 정의하고 인스턴스를 생성하기 위해 상속받는 클래스들이 API에 포함되어 있다. 그리고 데이터베이스에 저장할 필요가 있는 클래스, 데이터베이스를 나타내는 클래스, 데이터베이스 테이블을 사용하는 함수들을 정의하는 클래스 등을 나타내기 위해 애노테이션을 사용한다. 컴파일러는 지정한 애노테이션을 컴파일해서 데이터베이스 구현체(클래스나 인터페이스 등)를 생성한다.

우선 10장에서 개발한 CriminalIntent 프로젝트를 안드로이드 스튜디오에서 열자. 그리고 Room을 사용하는 데 필요한 room-runtime과 room-compiler 의존성을 app/build.gradle 파일에 추가한다(프로젝트 도구 창이 **Android** 뷰로 선택된 상태에서 맨 밑의 Gradle Scripts를 확장한 후 build.gradle (Module: CriminalIntent.app)을 더블 클릭해 편집기 창에서 열자).

리스트 11.1 | 의존성 추가하기(app/build.gradle)

```
...
plugins {
    id 'com.android.application'
    id 'kotlin-android'
    id 'kotlin-kapt'
}

android {
```

```
    ...
}
...
dependencies {
    ...
    implementation 'androidx.core:core-ktx:1.3.2'
    implementation 'androidx.room:room-runtime:2.2.6'
    kapt 'androidx.room:room-compiler:2.2.6'
    ...
}
```

코드 앞 부분에 안드로이드 스튜디오의 **플러그인(plug-in)**으로 kotlin-kapt를 추가하였다. 플러그인은 안드로이드 스튜디오 같은 IDE에 기능을 추가하는 방법이다. 안드로이드 스튜디오에 추가할 수 있는 플러그인의 자세한 목록은 https://plugins.jetbrains.com/androidstudio를 참고하자.

kotlin-kapt는 코틀린 애노테이션 처리 도구(Kotlin annotation processor tool)다. 라이브러리에서 생성한 클래스를 코드에서 직접 사용하고자 할 때가 있다. 그런데 기본적으로 라이브러리가 생성한 클래스들은 안드로이드 스튜디오에서 알 수가 없어 이런 클래스들을 **import**해서 사용하려고 하면 에러가 발생한다. kotlin-kapt 플러그인을 추가하면 라이브러리가 생성한 클래스들을 안드로이드 스튜디오에서 알 수 있으므로 **import**해서 사용할 수 있다.

리스트 11.1에서 추가한 첫 번째 의존성인 room-runtime은 데이터베이스를 정의하는 데 필요한 모든 클래스와 애노테이션을 포함하는 Room API다. 그리고 두 번째 의존성인 room-compiler는 지정한 애노테이션을 컴파일해서 데이터베이스 구현체(클래스나 인터페이스 등)를 생성한다. room-compiler 의존성을 지정할 때는 implementation 대신 kapt 키워드를 사용해 Room 컴파일러가 생성한 클래스들을 안드로이드 스튜디오가 알 수 있게 한다.

안드로이드 스튜디오가 프로젝트 동기화를 해야 한다는 메시지를 보여주면 'Sync Now'를 클릭한다. room-runtime과 room-compiler 의존성이 추가되었으니 데이터베이스에 저장할 모델 계층을 준비하자.

데이터베이스 생성하기

Room으로 데이터베이스를 생성할 때는 다음 세 단계로 한다.

- 모델 클래스에 애노테이션을 지정해 데이터베이스 **엔터티(entity)**로 만든다.

- 데이터베이스 자체를 나타내는 클래스를 생성한다.
- 데이터베이스가 모델 데이터를 처리할 수 있게 타입 변환기(type converter)를 생성한다.

곧 알게 되겠지만 Room은 이 단계가 수월하게 이루어지도록 해준다.

엔터티 정의하기

Room은 우리가 정의한 **엔터티**를 기반으로 앱의 데이터베이스 테이블 구조를 만든다. 엔터티는 우리가 생성하는 모델 클래스로, @Entity 애노테이션으로 지정한다. 그러면 이 애노테이션으로 Room이 해당 클래스의 데이터베이스 테이블을 생성한다.

여기서는 **Crime** 객체를 데이터베이스에 저장할 것이므로 **Crime** 클래스를 엔터티로 변경한다. 프로젝트 도구 창에서 app/java 밑의 com.bignerdranch.android.criminalintent 패키지에 있는 Crime.kt를 편집기 창에 열고 두 개의 애노테이션을 추가하면 된다(Alt+Enter[Option+Return] 키를 눌러 필요한 import 문도 추가한다).

리스트 11.2 | Crime을 엔터티로 만들기(Crime.kt)

```
@Entity
data class Crime(@PrimaryKey val id: UUID = UUID.randomUUID(),
                 var title: String = "",
                 var date: Date = Date(),
                 var isSolved: Boolean = false)
```

@Entity 애노테이션은 클래스 수준에 적용된다. 이 엔터티 애노테이션은 **Crime** 클래스가 데이터베이스 테이블의 구조를 정의함을 나타낸다. 따라서 테이블의 각 행(row)이 하나의 **Crime** 객체를 나타내며, 클래스에 정의된 각 속성은 테이블의 열(column)이므로 속성 이름은 열의 이름이 된다. 따라서 **Crime** 객체 데이터를 저장하는 테이블은 id, title, date, isSolved 열을 갖는다.

id 속성에는 @PrimaryKey 애노테이션이 추가되었다. 이 애노테이션은 **기본 키**(primary key) 열을 지정한다. 기본 키는 테이블의 모든 행에 고유한 데이터를 갖는 열이므로 각 행을 검색하는 데 사용할 수 있다. 여기서는 id 속성값이 모든 **Crime** 객체에 고유하다. 따라서 id 속성에 @PrimaryKey를 지정하면 이 속성을 사용해 특정 **Crime** 객체 데이터를 쿼리할 수 있다.

Crime 클래스에 애노테이션을 지정했으니 데이터베이스 클래스를 생성하자.

데이터베이스 클래스 생성하기

엔터티 클래스는 데이터베이스 테이블의 구조를 정의한다. 앱에 여러 개의 데이터베이스가 있을 때는 특정 엔터티 클래스는 여러 데이터베이스에서 사용될 수 있다. 이런 경우가 흔하지는 않지만 가능하다. 이런 이유로 엔터티 클래스를 데이터베이스와 연관시켜 주어야 Room이 테이블을 생성하는 데 사용할 수 있다.

우선 데이터베이스에 특정한 코드를 모아둘 새로운 패키지인 database를 생성하자. 프로젝트 도구 창의 java 밑에 있는 com.bignerdranch.android.criminalintent에서 오른쪽 마우스 버튼을 클릭해서 New ➡ Package를 선택하고, 대화상자에서 **database**를 입력한 후 Enter 키를 누른다.

다음으로 이 패키지에 새로운 클래스인 **CrimeDatabase**를 생성하고 리스트 11.3과 같이 변경한다.

리스트 11.3 | 초기의 CrimeDatabase 클래스(database/CrimeDatabase.kt)

```
package com.bignerdranch.android.criminalintent.database

@Database(entities = [ Crime::class ], version=1)
abstract class CrimeDatabase : RoomDatabase() {
}
```

@Database 애노테이션은 이 클래스가 앱의 데이터베이스를 나타낸다고 Room에게 알려준다. 이 애노테이션에는 두 개의 매개변수를 지정해야 한다. 첫 번째 매개변수에는 이 데이터베이스의 테이블들을 생성하고 관리하는 데 사용할 엔터티 클래스들을 지정한다. 여기서는 앱에서 유일한 엔터티 클래스인 **Crime** 클래스만 지정하였다.

두 번째 매개변수에는 데이터베이스의 버전을 지정한다. 데이터베이스를 처음 생성했을 때는 버전이 1이다. 그리고 앱을 계속 개발하는 동안 새로운 엔터티를 추가하거나 기존 엔터티에 새로운 속성을 추가할 수 있다. 추가할 때는 @Database 애노테이션의 엔터티들을 변경하거나 데이터베이스 버전 번호를 증가시켜야 한다(이것은 15장에서 한다).

데이터베이스 클래스인 **CrimeDatabase**는 **RoomDatabase**의 서브 클래스다. 현재는 아무것도 갖고 있지 않으며, **abstract**로 지정되어서 이 클래스의 인스턴스를 생성할 수 없다. Room을 사용해서 데이터베이스 인스턴스를 얻는 방법은 이번 장 뒤에서 배운다.

타입 변환기 생성하기

Room은 내부적으로 SQLite를 사용한다. SQLite는 MySQL이나 PostgreSQL 같은 오픈 소스 관계형 데이터베이스다(SQL은 Structured Query Language의 약어이며 표준 데이터베이스 언어다). 다른 데이터베이스와 달리 SQLite는 라이브러리를 사용해서 데이터를 읽거나 데이터를 쓸 수 있는 파일에 저장한다. 안드로이드는 추가 도우미 클래스들과 함께 SQLite 라이브러리를 표준 라이브러리에 포함하고 있다.

Room은 코틀린 객체와 데이터베이스 사이에서 객체-관계 매핑(ORM, Object-Relational Mapping) 계층의 역할을 하면서 SQLite 사용을 쉽게 해준다. Room을 사용하면 대부분의 경우에 SQLite를 자세히 알 필요 없다. SQLite에 관해 더 자세히 알고 싶으면 https://www.sqlite.org의 문서를 참고하기 바란다.

Room은 기본 데이터 타입을 SQLite 데이터베이스 테이블에 쉽게 저장할 수 있지만, 이외의 다른 타입은 문제가 생길 수 있다. **Crime** 클래스에는 Room이 저장 방법을 모르는 **Date**와 **UUID** 타입 속성이 있다. 따라서 이런 타입의 데이터를 데이터베이스 테이블에 저장하거나 가져오는 방법을 Room에게 알려주어야 한다.

데이터 타입을 변환하는 방법을 Room에게 알려주려면 **타입 변환기**를 지정하면 된다. 타입 변환기는 Room에게 특정 타입을 데이터베이스에 저장되는 타입으로 변환하는 방법을 알려준다. 이때 각 타입에 대해서 @TypeConverter 애노테이션이 지정된 두 개의 함수가 필요한데, 데이터베이스에 데이터를 저장하기 위해 타입을 변환하는 함수와 데이터베이스로부터 읽은 데이터를 우리가 원하는 타입으로 변환하는 함수다.

앞에서 생성했던 database 패키지에 **CrimeTypeConverters** 클래스를 생성하고, **Date**와 **UUID** 타입 각각에 대해 두 개의 함수를 추가한다.

리스트 11.4 | **타입 변환 클래스와 함수 추가하기(database/CrimeTypeConverters.kt)**

```kotlin
class CrimeTypeConverters {

    @TypeConverter
    fun fromDate(date: Date?): Long? {
        return date?.time
    }

    @TypeConverter
    fun toDate(millisSinceEpoch: Long?): Date? {
        return millisSinceEpoch?.let {
```

```
        Date(it)
    }
}

@TypeConverter
fun toUUID(uuid: String?): UUID? {
    return UUID.fromString(uuid)
}

@TypeConverter
fun fromUUID(uuid: UUID?): String? {
    return uuid?.toString()
}
}
```

처음 두 개의 함수는 **Date** 타입의 변환을 처리하고 그다음 두 개의 함수는 **UUID** 타입의 변환을 처리한다.

다음으로 변환기 클래스를 데이터베이스 클래스에 추가한다.

리스트 11.5 | 타입 변환기 활성화하기(database/CrimeDatabase.kt)

```
@Database(entities = [ Crime::class ], version=1)
@TypeConverters(CrimeTypeConverters::class)
abstract class CrimeDatabase : RoomDatabase() {
}
```

이처럼 @TypeConverters 애노테이션을 추가하면서 **CrimeTypeConverters** 클래스를 전달하면, Room은 타입을 변환할 때 해당 클래스의 함수들을 사용한다.

이제 데이터베이스와 테이블 정의는 완료되었다.

DAO 정의하기

데이터베이스 테이블의 데이터를 액세스하려면 **DAO(Data Access Object)**를 생성해야 한다. DAO는 데이터베이스 작업을 수행하는 함수들을 포함하는 인터페이스다. 이 장에서 CriminalIntent의 DAO에는 두 개의 쿼리 함수가 필요하다. 그것은 바로 데이터베이스의 모든 범죄 데이터를 반환하는 함수와 지정된 **UUID**를 갖는 하나의 범죄 데이터를 반환하는 함수다. 우선 **database** 패키지에 **CrimeDao** 인터페이스를 생성하고(**database** 패키지에서 오른쪽 마우스 버튼을 누른 후 New ➡ Kotlin Class/File을 선택하고 **CrimeDao**를 입력한 후 **Interface**를 더블 클릭한다), Room의 @Dao 애노테이션을 추가한다.

리스트 11.6 | DAO 인터페이스(database/CrimeDao.kt)

```
@Dao
interface CrimeDao {
}
```

이처럼 @Dao 애노테이션을 지정하면 **CrimeDao**가 DAO 중 하나임을 Room이 알게 된다. 그리고 데이터베이스 클래스에 **CrimeDao**를 등록하면(잠시 후에 할 것이다) 이 인터페이스에 추가된 함수들의 실행 코드를 Room이 생성한다.

다음으로 두 개의 쿼리 함수를 **CrimeDao**에 추가한다.

리스트 11.7 | DAO에 쿼리 함수 추가하기(database/CrimeDao.kt)

```
@Dao
interface CrimeDao {

    @Query("SELECT * FROM crime")
    fun getCrimes(): List<Crime>

    @Query("SELECT * FROM crime WHERE id=(:id)")
    fun getCrime(id: UUID): Crime?
}
```

@Query 애노테이션은 **getCrimes()**와 **getCrime(UUID)** 함수가 데이터베이스의 데이터를 읽는다는 것을 나타낸다(추가, 변경, 삭제가 아님). 이 DAO에 정의된 각 쿼리 함수의 반환 타입은 쿼리가 반환하는 결과의 타입을 반영한다.

@Query 애노테이션은 문자열로 된 SQL 명령을 받는다. 대부분의 경우는 간단한 SQL만 알면 되지만, SQL에 관한 더 자세한 내용은 https://www.sqlite.org에 접속해 'SQL Syntax'를 선택해서 참고하자.

SELECT * FROM crime은 crime 데이터베이스 테이블에 저장된 모든 행의 모든 열을 가져오며, SELECT * FROM crime WHERE id=(:id)는 id 값이 일치하는 행의 모든 열만 가져온다.

이 장에서 필요한 **CrimeDao** 인터페이스의 함수들을 작성하였다. 기존 범죄 데이터를 변경하는 함수를 이 인터페이스에 추가하는 것은 12장에서, 새로운 범죄 데이터를 추가하는 함수의 추가는 14장에서 한다.

다음으로 **CrimeDao** 인터페이스를 데이터베이스 클래스에 등록해야 한다. **CrimeDao**는 인터페이스이므로 이것을 구현하는 클래스를 Room이 생성한다. 하지만 이렇게 되려면 **CrimeDao**의 인스턴스를 생성하게 데이터베이스 클래스에 알려주어야 한다.

그렇다면 리스트 11.8과 같이 **CrimeDao**를 반환 타입으로 갖는 추상 함수를 CrimeDatabase.kt에 추가한다.

리스트 11.8 | 데이터베이스에 CrimeDao 등록하기(database/CrimeDatabase.kt)

```
@Database(entities = [ Crime::class ], version=1)
@TypeConverters(CrimeTypeConverters::class)
abstract class CrimeDatabase : RoomDatabase() {

    abstract fun crimeDao(): CrimeDao
}
```

이제는 데이터베이스가 생성되면 우리가 사용할 수 있는 **CrimeDao** 구현 클래스를 Room이 생성한다. 따라서 **CrimeDao**의 참조를 가지면 **CrimeDao**에 정의된 함수들을 호출해서 데이터베이스를 사용할 수 있다.

리포지터리 패턴으로 데이터베이스 액세스하기

데이터베이스 액세스를 위해 여기서는 구글의 앱 아키텍처 지침에서 권장하는 **리포지터리 패턴**(repository pattern)을 사용한다(https://developer.android.com/jetpack/docs/guide).

리포지터리 클래스는 리포지터리(데이터 저장소)를 구현한다. 또한 단일 또는 여러 소스로부터 데이터를 액세스하는 로직을 캡슐화하고, 로컬 데이터베이스나 원격 서버로부터 특정 데이터셋을 가져오거나 저장하는 방법을 결정한다. 그리고 UI 코드에서는 리포지터리에 모든 데이터를 요청한다. UI는 어떻게 데이터를 저장하거나 가져오는지에 관여하지 않으므로 이런 일은 리포지터리에서 구현한다.

CriminalIntent는 간단한 앱이므로 데이터베이스로부터 데이터를 가져오는 것만 리포지터리에서 처리하겠다.

app/java 밑의 com.bignerdranch.android.criminalintent 패키지에 **CrimeRepository** 클래스를 생성하고 동반 객체(companion object)를 추가한다.

리스트 11.9 | 리포지터리 구현하기(CrimeRepository.kt)

```
class CrimeRepository private constructor(context: Context) {

    companion object {
        private var INSTANCE: CrimeRepository? = null

        fun initialize(context: Context) {
            if (INSTANCE == null) {
                INSTANCE = CrimeRepository(context)
            }
        }

        fun get(): CrimeRepository {
            return INSTANCE ?:
            throw IllegalStateException("CrimeRepository must be initialized")
        }
    }
}
```

CrimeRepository는 **싱글톤**(singleton)이다. 즉, 앱이 실행되는 동안 하나의 인스턴스만 생성된다는 의미다.

싱글톤은 앱이 메모리에 있는 한 계속 존재하므로, 싱글톤이 갖는 속성은 액티비티나 프래그먼트의 생명주기 상태가 변경되어도 계속 유지될 수 있다. 그러나 안드로이드 운영체제가 메모리에서 앱을 제거하면 싱글톤도 같이 소멸한다. 따라서 **CrimeRepository** 싱글톤은 데이터를 장기간 저장하기 위한 해결책이 될 수 없지만, 대신에 CriminalIntent 앱에서 범죄 데이터를 갖고 있으면서 컨트롤러 클래스 간의 데이터를 쉽게 전달하는 방법을 제공한다.

CrimeRepository를 싱글톤으로 만들고자 여기서는 두 개의 함수를 동반 객체에 추가하였다. 하나는 **CrimeRepository**의 인스턴스를 생성하는 함수이고, 다른 하나는 기존에 생성된 **CrimeRepository** 인스턴스를 반환하는 함수다. 그리고 **CrimeRepository**의 생성자를 **private**으로 지정해서 외부에서 **CrimeRepository.initialize(Context)**를 호출해야만 **CrimeRepository** 인스턴스를 생성할 수 있게 했다.

게터 함수인 **get()**에서는 **CrimeRepository** 인스턴스가 생성되지 않으면 **IllegalStateException**을 발생시킨다. 따라서 앱이 시작될 때 리포지터리인 **CrimeRepository** 인스턴스를 생성해야 한다.

이렇게 하려면 **Application**의 서브 클래스를 생성하면 된다(리스트 11.10). app/java 밑의 com.bignerdranch.android.criminalintent 패키지에 **CriminalIntentApplication** 클래스를 생성해서 **Application**의 서브 클래스로 지정하고, **Application.onCreate()**를 오버라이드해 **CrimeRepository** 인스턴스를 생성하게 한다.

리스트 11.10 | Application 서브 클래스 생성하기(CriminalIntentApplication.kt)

```
class CriminalIntentApplication : Application() {

    override fun onCreate() {
        super.onCreate()
        CrimeRepository.initialize(this)
    }
}
```

Activity.onCreate(...)와 유사하게 **Application.onCreate()**는 앱이 최초로 메모리에 로드될 때 안드로이드 시스템이 자동 호출한다. 따라서 한번만 초기화되는 작업을 수행하는 데 적합하다.

액티비티나 프래그먼트와는 달리 **Application** 인스턴스 즉, **CriminalIntentApplication** 인스턴스는 CriminalIntent 앱이 최초 실행될 때 생성되거나 앱 프로세스 소멸로 인해 **CriminalIntentApplication** 인스턴스가 소멸된 후 CriminalIntent 앱이 다시 실행될 때 재생성된다.

CriminalIntentApplication 인스턴스를 안드로이드 시스템에서 사용하려면 매니페스트에 등록해야 한다. AndroidManifest.xml을 편집기 창에 열어 android:name 속성을 추가해서 앱을 설정하면 된다. 이렇게 하면 이후부터는 **CriminalIntentApplication** 인스턴스가 앱의 **Context** 객체로 사용된다.

리스트 11.11 | CriminalIntentApplication을 등록하기(manifests/AndroidManifest.xml)

```
<manifest xmlns:android="http://schemas.android.com/apk/res/android"
        package="com.bignerdranch.android.criminalintent">

    <application
        android:name=".CriminalIntentApplication"
```

```
            android:allowBackup="true"
            ... >
            ...
    </application>

</manifest>
```

이제는 CriminalIntent 앱이 실행될 때 안드로이드 운영체제가 **CriminalIntentApplication** 인스턴스를 생성하고 이 인스턴스의 **onCreate()**를 호출한다. 따라서 **CrimeRepository** 인스턴스가 생성되어 사용할 수 있다.

다음으로 데이터베이스 객체와 DAO 객체의 참조를 저장하는 두 개의 속성을 **Crime Repository**에 추가한다.

리스트 11.12 | 리포지터리 속성 설정하기(CrimeRepository.kt)

```
private const val DATABASE_NAME = "crime-database"

class CrimeRepository private constructor(context: Context) {

    private val database : CrimeDatabase = Room.databaseBuilder(
        context.applicationContext,
        CrimeDatabase::class.java,
        DATABASE_NAME
    ).build()

    private val crimeDao = database.crimeDao()

    companion object {
        ...
    }
}
```

Room.databaseBuilder()는 세 개의 매개변수를 사용해서 **CrimeDatabase**의 실체 클래스를 생성한다. 데이터베이스가 안드로이드 장치의 파일 시스템을 액세스하므로 첫 번째 매개변수는 데이터베이스의 컨텍스트로, 주로 앱의 **Context**(여기서는 **CriminalIntentApplication**) 객체를 전달한다. 두 번째 매개변수는 Room으로 생성하고자 하는 데이터베이스 클래스(여기서는 **CrimeDatabase**), 세 번째 매개변수는 Room으로 생성하고자 하는 데이터베이스 파일 이름이다. 다른 컴포넌트에서는 **CrimeDatabase**를 액세스할 필요가 없으므로 여기서는 **private** 문자열로 지정하였다(SQLite에서는 한 데이터베이스가 하나의 파일로 생성된다).

다음으로 DAO의 데이터베이스 액세스 함수들을 **CrimeRepository**에서 사용하기 위한 함수를 추가한다.

리스트 11.13 | 리포지터리 함수 추가하기(CrimeRepository.kt)

```
class CrimeRepository private constructor(context: Context) {

    ...
    private val crimeDao = database.crimeDao()

    fun getCrimes(): List<Crime> = crimeDao.getCrimes()

    fun getCrime(id: UUID): Crime? = crimeDao.getCrime(id)

    companion object {
        ...
    }
}
```

Room은 DAO에 쿼리를 구현하므로 리포지터리에 DAO의 함수를 호출하는 함수가 필요하다. 이렇게 하면 리포지터리에서 DAO(여기서는 **CrimeDao**)의 함수를 호출만 하면 되므로 코드가 간단해지고 이해하기 쉬워진다.

쿼리 테스트하기

리포지터리가 준비되었지만 쿼리 함수를 테스트하기 전에 할 일이 하나 더 있다. 현재 데이터베이스에는 범죄 데이터가 하나도 없다. 코드에서 모의 데이터를 생성해 데이터베이스에 추가할 수 있지만, 데이터를 추가하는 DAO 함수를 아직 구현(14장에서 할 것이다)하지 않았으니 이 책에서 제공하는 다운로드 파일에 있는 데이터베이스 파일을 사용하자. 이렇게 하면 안드로이드 스튜디오의 장치 파일 탐색기(Device File Explorer)를 사용해서 에뮬레이터에 파일을 업로드하는 방법도 함께 알 수 있다.

단, 이렇게 테스트할 때 한 가지 단점이 있다. 에뮬레이터는 루트 권한으로 사용할 수 있어서 데이터베이스 파일의 업로드 및 앱에서의 사용이 가능하지만, 실제 장치에서는 데이터베이스 파일을 복사하지 못하거나 복사가 되더라도 권한이 없어서 앱에서 사용하지 못할 수 있다. 따라서 여기서는 에뮬레이터에서 테스트한다.

테스트 데이터베이스 업로드하기

안드로이드 장치의 각 애플리케이션은 자신의 **샌드박스(sandbox)**에 디렉터리를 갖는다. 그리고 샌드박스에 파일을 저장하면 다른 애플리케이션이나 호기심 많은 다른 사용자가 액세스하는 것을 막아준다(물론 장치가 '루팅'되지 않았을 경우다. 루팅된 장치는 사용자가 무엇이든 다 할 수 있다).

각 애플리케이션의 샌드박스 디렉터리는 /data/data 뒤에 애플리케이션 패키지 이름이 붙은 디렉터리가 된다. 예를 들어, CriminalIntent의 샌드박스 디렉터리 전체 경로는 /data/data/com.bignerdranch.android.criminalintent가 된다.

우선 이 책에서 제공하는 파일을 내려받는다(이 책 맨 앞의 '이 책에 대해' 참고).

파일을 업로드하려면 에뮬레이터가 실행 중이어야 한다. 안드로이드 스튜디오의 오른쪽 밑에 있는 'Device File Explorer' 도구 버튼을 클릭해 장치 파일 탐색기를 열자. 그러면 에뮬레이터의 모든 디렉터리와 파일을 보여준다.

data/data/ 폴더를 확장하면 프로젝트의 패키지 이름과 같은 **com.bignerdranch.android. criminalintent** 서브 폴더가 보일 것이다(이전에 CriminalIntent 앱을 최소 한번 실행했을 때만 생성된다. 따라서 만일 이 폴더가 없으면 지금 CriminalIntent 앱을 실행하자). 이 폴더에 있는 파일이나 디렉터리는 CriminalIntent 앱에서만 사용할 수 있다. 여기에 데이터베이스 파일을 업로드한다.

패키지 이름 폴더에서 오른쪽 마우스 버튼을 클릭한 후 'Upload…'를 선택한다.

그러면 대화상자가 열려서 디렉터리나 파일을 선택할 수 있다. 이 책에서 제공하는 파일에서 /Ch11 밑에 있는 databases 서브 디렉터리를 선택하고 **OK** 버튼을 누르면 잠시 후 업로드가 끝났다는 메시지가 나타난다. 장치 파일 탐색기 창의 샌드박스 폴더를 보면 databases 폴더가 업로드되었음을 알 수 있다.

데이터베이스 파일이 에뮬레이터에 저장되었으니 리포지터리를 사용해서 쿼리할 수 있는 데이터가 준비되었다. 그런데 현재는 **CrimeListViewModel**에서 100개의 모의 데이터를 생성해서 리스트로 보여준다. 따라서 모의 데이터를 생성하는 코드를 삭제하고 **CrimeRepository**의 **getCrimes()** 함수를 호출하는 코드로 교체해야 한다(리스트 11.14). **CrimeListViewModel** 클래스를 편집기 창에 열고 리스트 11.4와 같이 변경한다.

```
class CrimeListViewModel : ViewModel() {

    val crimes = mutableListOf<Crime>()

    init {
        for (i in 0 until 100) {
            val crime = Crime()
            crime.title = "Crime #$i"
            crime.isSolved = i % 2 == 0
            crimes += crime
        }
    }

    private val crimeRepository = CrimeRepository.get()
    val crimes = crimeRepository.getCrimes()
}
```

이제 CriminalIntent 앱을 실행해보자. 그런데 앱이 중단된다!.

예상했던 것이니 염려하지 마라. 안드로이드 스튜디오의 맨 아래 테두리에 있는 'Logcat' 도구 창 버튼을 클릭해 로그캣 창을 열고 위쪽 중간에 있는 검색 필드에 'IllegalStateException'을 입력한 후 스크롤해보면 다음과 같은 의미의 메시지가 보일 것이다.

```
Caused by: java.lang.IllegalStateException: Cannot access database on the main
thread since it may potentially lock the UI for a long period of time.
```

이 에러는 Room 라이브러리에서 발생된 것으로, 긴 시간 동안 UI를 차단하는 데이터베이스 액세스를 main 스레드(thread)에서 하려고 했기 때문에 그렇다. 따라서 데이터베이스 액세스와 같이 시간이 걸리는 작업은 백그라운드에서 수행해야 한다. 잠시 main 스레드에 관해 알아본 뒤에 코드를 변경하자.

애플리케이션의 스레드

데이터베이스로부터 데이터를 가져오는 것은 즉시 처리되지 않고 오래 걸릴 수 있다. Room 은 메인 스레드에서의 데이터베이스 액세스를 허용하지 않으며, 액세스하려고 하면 Illegal StateException을 발생시킨다.

왜 그럴까? 이것을 이해하려면 스레드가 무엇인지, 그리고 메인 스레드는 무엇이고 무슨 일을 하는지 알아야 한다.

스레드는 단일의 실행 시퀀스다. 스레드 내부의 코드는 한 단계씩 실행된다. 모든 안드로이드 앱은 **main 스레드**로 시작된다. 그러나 main 스레드는 미리 정해진 순서로 실행되지 않는다. 대신에 무한 루프에 머물면서 사용자나 시스템이 유발한 이벤트를 기다린다. 그리고 이벤트가 발생하면 응답하는 코드를 실행한다(그림 11.2).

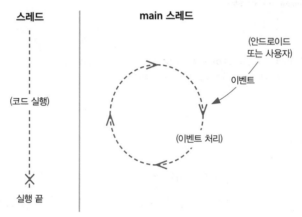

그림 11.2 | **일반 스레드 vs main 스레드**

앱이 직원 한 명만 있는 큰 규모의 신발 가게라고 해보자. 이 직원은 초인적인 플래시(Flash)다. 가게에는 상품을 준비하고, 고객의 신발을 가져오고, 발 측정용 브랜녹(Brannock) 기구로 고객의 발 크기를 측정하는 일 등 할 일이 많다. 비록 모든 일을 혼자 하지만, 초인적인 플래시가 판매원이므로 모든 고객은 적시에 서비스를 받을 수 있다.

단, 이런 상황에서 일을 하려면 직원인 플래시는 어떤 한 가지 일에 많은 시간을 소비할 수 없다. 그런데 만일 택배로 보낸 신발이 잘못되었다면? 이 문제를 해결하려면 누군가는 오랜 시간 전화와 씨름을 해야 한다. 결국 플래시가 전화를 붙잡고 있는 동안 고객들은 신발을 기다리느라 짜증이 날 것이다.

플래시는 앱의 **main 스레드**와 같다. main 스레드는 UI를 변경하는 모든 코드를 실행하며, 액티비티 시작, 버튼 누름 등 서로 다른 UI 관련 이벤트들에 대한 응답으로 실행되는 코드들도 포함된다. 이벤트들은 어떤 형태로든 모두 UI와 관련이 있어서 **main 스레드**를 **UI 스레드**라고도 한다.

이벤트 루프에서는 UI 코드를 순서대로 유지한다. 따라서 시기 적절하게 코드가 실행되면서도 상호 충돌이 생기지 않는다. 지금까지 작성했던 모든 코드는 **main** 스레드에서 실행되었다.

백그라운드 스레드

데이터베이스 액세스는 플래시가 택배 업체와 통화하는 것과 매우 유사하다. 즉, 다른 일보다 시간이 많이 걸린다. 따라서 이 시간 동안 UI는 완전히 응답 불가능이 될 것이고, 결국은 **애플리케이션이 응답하지 않는(Application Not Responding, ANR)** 결과를 초래하게 된다.

main 스레드가 중요한 이벤트에 대한 응답에 실패했다고 안드로이드의 와치독(watchdog)이 판단하면 ANR이 발생하며, 그림 11.3과 같이 애플리케이션이 중단된다(10초 이내에 UI 응답이 없으면 사용자가 불편하지 않도록 안드로이드 시스템에서 ANR을 발생시킨다).

그림 11.3 | 애플리케이션 중단

결국 신발 가게는 두 번째 직원(기왕이면 초인적인 플래시)을 고용해서 문제를 해결해야 한다. 안드로이드에서도 이와 유사하게 조치를 하고 있다. 즉, **백그라운드 스레드**를 생성해서 데이터베이스를 액세스하는 것이다.

백그라운드 스레드를 앱에 추가할 때 고려할 중요한 규칙이 두 가지 있다.

- 장시간 실행되는 모든 작업은 백그라운드 스레드로 수행되어야 한다. 이렇게 하면 main 스레드가 UI 관련 작업을 자유롭게 처리할 수 있어서 사용자를 위한 UI 응답을 지속적으로 처리할 수 있다.

- UI는 main 스레드에서만 변경할 수 있다. 백그라운드 스레드에서 UI를 변경하려고 하면 에러가 발생한다. 따라서 백그라운드 스레드에서 생성되는 모든 데이터는 main 스레드에 전달해서 UI를 변경하게 해야 한다.

안드로이드에서 백그라운드 스레드로 작업을 실행하는 방법에는 여러 가지가 있다. 비동기 네트워크를 요청을 하는 방법은 24장에서, 핸들러(Handler)를 사용해서 많은 소규모 백그라운드 작업을 수행하는 방법은 25장에서, WorkManager를 사용해서 주기적인 백그라운드 작업을 수행하는 방법은 27장에서 알아본다.

CriminalIntent 앱에서는 백그라운드에서 데이터베이스 작업을 실행하고자 두 가지 방법을 사용하는데, 이 장에서는 쿼리 데이터를 포함하는 LiveData를 사용하고, 12장과 14장에서는 Executor를 사용해서 데이터를 추가 및 변경한다.

LiveData 사용하기

LiveData는 Jetpack의 lifecycle-extensions 라이브러리에 있는 데이터 홀더 클래스이며, Room에서 LiveData를 사용한다. lifecycle-extensions 라이브러리 의존성은 4장에서 app/build.gradle 파일에 이미 추가해서 여기서는 LiveData 클래스를 바로 사용할 수 있다.

LiveData의 목적은 앱의 서로 다른 부분 간에 데이터 전달을 쉽게 만드는 것이다. 예를 들어, 범죄 데이터를 보여줘야 하는 프래그먼트로 CrimeRepository에서 데이터를 전달하는 경우다. 또한, LiveData는 스레드 간에도 데이터를 전달할 수 있어서 백그라운드 스레드에서 main 스레드로 데이터를 전달할 수 있다.

Room DAO의 쿼리에서 LiveData를 반환하도록 구성하면, Room이 백그라운드 스레드에서 쿼리 작업을 자동 실행한 후 그 결과를 LiveData 객체로 반환한다. 따라서 액티비티나 프래그먼트에서는 LiveData 객체를 관찰하도록 설정만 하면 된다. 그리고 LiveData 객체가 준비되면 main 스레드의 액티비티나 프래그먼트에 통보되므로 이때 LiveData를 사용해서 데이터를 처리하면 된다.

우선 CrimeDao.kt를 편집기 창에 열고 원래의 반환 타입을 포함하는 **LiveData** 객체를 반환하도록 쿼리 함수들의 반환 타입을 변경한다.

리스트 11.15 │ DAO에서 LiveData 반환하기(database/CrimeDao.kt)

```
@Dao
interface CrimeDao {

    @Query("SELECT * FROM crime")
    fun getCrimes(): List<Crime>
    fun getCrimes(): LiveData<List<Crime>>

    @Query("SELECT * FROM crime WHERE id=(:id)")
    fun getCrime(id: UUID): Crime?
    fun getCrime(id: UUID): LiveData<Crime?>
}
```

CrimeDao를 구현한 자동 생성된 클래스에서 **LiveData**의 인스턴스를 반환하므로 Room은 백그라운드 스레드에서 쿼리를 실행한다. 그리고 쿼리가 완료되면 범죄 데이터가 **main** 스레드로 전달되고 **LiveData** 객체를 관찰하는 옵저버(observer)(여기서는 리스트 11.19의 **CrimeList Fragment**)에 통보된다.

다음으로 **CrimeRepository**의 쿼리 함수들이 **LiveData**를 반환하도록 변경한다.

리스트 11.16 │ 리포지터리에서 LiveData 반환하기(CrimeRepository.kt)

```
class CrimeRepository private constructor(context: Context) {
    ...
    private val crimeDao = database.crimeDao()

    fun getCrimes(): List<Crime> = crimeDao.getCrimes()
    fun getCrimes(): LiveData<List<Crime>> = crimeDao.getCrimes()

    fun getCrime(id: UUID): Crime? = crimeDao.getCrime(id)
    fun getCrime(id: UUID): LiveData<Crime?> = crimeDao.getCrime(id)
    ...
}
```

LiveData 관찰하기

데이터베이스의 범죄 데이터를 범죄 리스트 화면에 보고자 **CrimeRepository.getCrimes()**
로부터 반환되는 **LiveData** 객체를 관찰하도록 **CrimeListFragment**를 변경한다. 우선
CrimeListViewModel.kt를 편집기 창에 열고 crimes 속성 이름을 변경해 이 속성에서 무슨
데이터를 저장하는지 알기 쉽게 한다.

리스트 11.17 | 속성 이름 변경하기(CrimeListViewModel.kt)

```
class CrimeListViewModel : ViewModel() {

    private val crimeRepository = CrimeRepository.get()
    val crimes crimeListLiveData = crimeRepository.getCrimes()
}
```

다음으로 변경 전의 속성 이름인 crimes를 참조하는 **CrimeListFragment**의 코드를 변경한다.
그리고 리포지터리로부터 반환되는 **LiveData**를 관찰하는 코드를 리스트 11.19에 추가하고자
updateUI() 함수도 변경한다.

그리고 **updateUI()** 함수는 리스트 11.19의 **LiveData** 관찰 코드에서 호출할 것이므로
onCreateView(…)의 **updateUI()** 호출 코드도 삭제한다.

리스트 11.18 | crimes 속성 참조 코드와 updateUI() 함수 변경하기(CrimeListFragment.kt)

```
class CrimeListFragment : Fragment() {
    ...
    override fun onCreate(savedInstanceState: Bundle?) {
        super.onCreate(savedInstanceState)
        Log.d(TAG, "Total crimes: ${crimeListViewModel.crimes.size}")
    }
    ...
    override fun onCreateView(
        ...
    ): View? {
        ...
        crimeRecyclerView.layoutManager = LinearLayoutManager(context)

        updateUI()

        return view
    }

    private fun updateUI() {
```

```
    private fun updateUI(crimes: List<Crime>) {
        val crimes = crimeListViewModel.crimes
        adapter = CrimeAdapter(crimes)
        crimeRecyclerView.adapter = adapter
    }
    ...
}
```

이제 LiveData를 관찰하도록 CrimeListFragment를 변경한다. LiveData는 데이터베이스로
부터 반환되는 범죄 데이터들을 포함한다. 그리고 CrimeListFragment는 데이터베이스로부터
결과가 반환되는 것을 기다렸다가 LiveData가 반환되면 RecyclerView를 범죄 데이터로 채울
수 있다. 따라서 RecyclerView 어댑터를 비어 있는 List로 초기화해야 한다. 그리고 새로운
범죄 데이터가 LiveData로 반환될 때 RecyclerView 어댑터가 새로운 범죄 List를 갖도록 설
정한다(Observer의 import 문을 추가할 때 androidx.lifecycle.Observer를 선택한다).

리스트 11.19 | LiveData 옵저버와 RecyclerView 어댑터 설정하기(CrimeListFragment.kt)

```
class CrimeListFragment : Fragment() {

    private lateinit var crimeRecyclerView: RecyclerView
    private var adapter: CrimeAdapter? = null
    private var adapter: CrimeAdapter? = CrimeAdapter(emptyList())
    ...
    override fun onCreateView(
        ...
    ): View? {
        ...
        crimeRecyclerView.layoutManager = LinearLayoutManager(context)
        crimeRecyclerView.adapter = adapter
        return view
    }

    override fun onViewCreated(view: View, savedInstanceState: Bundle?) {
        super.onViewCreated(view, savedInstanceState)
        crimeListViewModel.crimeListLiveData.observe(
            viewLifecycleOwner,
            Observer { crimes ->
                crimes?.let {
                    Log.i(TAG, "Got crimes ${crimes.size}")
                    updateUI(crimes)
                }
            })
    }
    ...
}
```

LiveData.observe(LifecycleOwner, Observer) 함수(여기서는 crimeListViewModel.crimeList LiveData.observe())는 LiveData 인스턴스에 옵저버를 등록하기 위해 사용된다.

observe(...) 함수의 첫 번째 인자로 지정된 viewLifecycleOwner는 코틀린의 속성이며, androidx. fragment.app.fragment의 getViewLifecycleOwner() 함수를 호출하는 것과 같다. viewLifecycleOwner는 프래그먼트 뷰의 생명주기를 나타내는 LifecycleOwner 구현 객체를 반환한다. 따라서 여기서는 CrimeListFragment의 생명주기가 아닌 CrimeListFragment의 **뷰의 생명주기**에 맞춰 옵저버가 LiveData 인스턴스의 변경을 관찰하고 변경이 생기면 실행된다는 의미다. 이 내용은 바로 밑에서 추가로 설명한다.

observe(...) 함수의 두 번째 인자는 Observer 인터페이스를 구현하는 객체, 즉 옵저버이며 여기서는 람다식으로 구현되었다. 옵저버는 LiveData의 새로운 데이터를 처리하며, 여기서는 LiveData의 범죄 데이터 리스트가 변경될 때마다 실행된다. 즉, LiveData의 범죄 List를 받아서 로그 메시지를 출력하고 updateUI() 함수를 호출한다.

만일 LiveData의 변경이 생길 때마다 옵저버가 실행되면 프래그먼트의 뷰가 유효한 상태가 아닐 때(예를 들어, 화면에 보이지 않을 때)도 updateUI(crimes) 함수에서 프래그먼트의 뷰를 변경하려고 할 것이고 결국 앱이 중단된다.

그러므로 LiveData.observe(...) 함수의 첫 번째 인자로 LifecycleOwner 객체를 지정하는 것이다. 이렇게 하면 옵저버의 생명주기는 지정한 LifecycleOwner 객체가 나타내는 안드로이드 컴포넌트의 생명주기에 한정된다. 리스트 11.19에서 옵저버의 실행은 프래그먼트 뷰의 생명주기와 연동된다.

따라서 프래그먼트의 뷰가 유효한 상태일 때만 LiveData 객체가 옵저버에게 변경(새로운 데이터를 받았음)을 통보해 UI를 변경할 수 있다. 이처럼 LiveData는 프래그먼트 뷰의 생명주기에 따라 반응해서 이런 컴포넌트를 **생명주기-인식 컴포넌트**(lifecycle-aware component)라고 한다. 이 내용은 25장에서 자세히 배운다.

LifecycleOwner 인터페이스를 구현하는 객체는 Lifecycle 객체를 포함한다. Lifecycle은 안드로이드 생명주기의 현재 상태를 유지 관리하는 객체다(액티비티, 프래그먼트, 뷰, 심지어는 앱 자체도 자신의 생명주기를 갖는다). '생성'이나 '실행 재개'와 같은 생명주기 상태는 Lifecycle.State 열거형(enum)에 정의되어 있으며, Lifecycle.getCurrentState()를 사용하면 Lifecycle 객체의 상태를 알 수 있다.

AndroidX의 **Fragment** 클래스는 **LifecycleOwner** 인터페이스를 구현하며, 프래그먼트 인스턴스의 생명주기 상태를 나타내는 **Lifecycle** 객체를 갖고 있다.

프래그먼트 뷰의 생명주기는 **FragmentViewLifecycleOwner**가 별개로 유지 및 관리한다. 각 프래그먼트는 자신의 뷰의 생명주기를 유지 및 관리하는 **FragmentViewLifecycleOwner** 인스턴스를 갖는다.

리스트 11.19에서는 **observe(...)** 함수의 첫 번째 인자로 viewLifecycleOwner를 전달하므로 옵저버의 실행이 프래그먼트 자신이 아닌 프래그먼트 뷰의 생명주기와 연동된다. 프래그먼트 뷰의 생명주기는 프래그먼트 인스턴스의 생명주기와 별개지만 프래그먼트의 생명주기를 반영한다. 그런데 프래그먼트의 **유보(retaining)**로 이를 변경할 수 있다(CriminalIntent 앱에서는 프래그먼트를 유보하지 않는다). 뷰의 생명주기와 프래그먼트 유보는 25장에서 더 자세히 배운다.

Fragment.onViewCreated(...)는 **Fragment.onCreateView(...)**가 실행된 후 호출되므로 프래그먼트 뷰의 계층 구조에 맞춰 모든 뷰들이 형성된 후 실행된다. 따라서 **onViewCreated(...)**에서 **LiveData** 변경을 관찰하면 프래그먼트 뷰가 범죄 데이터를 보여줄 준비가 되었음을 확신할 수 있다. **observe()** 함수의 첫 번째 인자로 프래그먼트 자신이 아닌 viewLifecycleOwner를 전달하는 것도 이 때문이다. 여기서 원하는 것은 프래그먼트의 뷰가 좋은 상태일 때 **LiveData**로부터 범죄 리스트를 받는 것이다. 따라서 프래그먼트 뷰의 **LifecycleOwner** 객체를 사용하면 뷰가 화면에 보이지 않을 때는 **LiveData**의 변경 데이터를 받지 않는다.

이제 준비가 다 되었다. 에뮬레이터에서 CriminalIntent 앱을 실행해보면 에뮬레이터에 업로드했던 데이터베이스 데이터를 볼 수 있다(그림 11.4).

그림 11.4 | 데이터베이스의 범죄 데이터 보여주기

궁금증 해소하기: 싱글톤

CrimeRepository에 사용된 것처럼 싱글톤(singleton) 패턴은 안드로이드에서 매우 자주 사용된다. 그런데 싱글톤이 앱의 유지 보수를 어렵게 만들 수도 있다.

싱글톤은 프래그먼트나 액티비티보다 더 오래 존재한다. 또한, 싱글톤은 장치를 회전시키더라도 여전히 존재하며 앱의 액티비티와 프래그먼트를 오갈 때도 계속 남는다.

싱글톤을 사용하면 모델 객체를 소유하는 클래스를 편리하게 만들 수 있다. 범죄 데이터(Crime 객체)를 변경하는 많은 액티비티와 프래그먼트를 갖고 있는 더 복잡한 CriminalIntent 앱을 생각해보자. 한 컨트롤러가 범죄 데이터를 변경할 때 변경된 데이터를 어떻게 다른 컨트롤러에 전달할 수 있을까?

이때 만일 CrimeRepository가 범죄 데이터의 소유 클래스이면서 모든 변경 데이터가 Crime Repository에 전달된다면 변경 데이터의 전달을 훨씬 쉽게 할 수 있다. 즉, 컨트롤러 사이를 이동하는 동안 특정 범죄의 식별자로 범죄 ID를 전달할 수 있으며, 각 컨트롤러는 이 ID를 사용해서 CrimeRepository로부터 해당 범죄 객체의 모든 데이터를 가져올 수 있다.

그러나 싱글톤은 몇 가지 단점을 갖고 있다. 첫째, 싱글톤은 컨트롤러보다 더 오랜 생애 동안 데이터를 저장하게 해주지만 싱글톤 자신도 생애가 있다. 즉, 앱이 종료된 후 어떤 시점에서 안드로이드 운영체제가 메모리를 회수되면 싱글톤은 자신의 인스턴스 변수와 함께 소멸된다. 따라서 싱글톤은 장기간에 걸쳐 데이터를 저장할 수 있는 방법은 아니며, 데이터를 디스크에 쓰거나 웹 서버로 전송하는 것만이 해결책이다.

둘째, 싱글톤은 코드의 단위 테스트를 어렵게 만들 수 있다(단위 테스트는 20장에서 배운다). 안드로이드 개발자들은 주로 **의존성 주입**(dependency injection)으로 이 문제를 해결한다. 이렇게 하면 객체들을 싱글톤으로 공유할 수 있다. 의존성 주입에 관한 내용은 24장의 '궁금증 해소하기: 의존성 관리하기'를 참고하자.

셋째, 싱글톤은 잘못 사용될 수 있다. 편리하다고 아무 생각 없이 모든 것에 싱글톤을 사용하려고 할 수 있다. 왜냐하면 싱글톤은 코드 어디서나 사용할 수 있으며, 나중에 사용할 데이터가 어떤 것이든 싱글톤에 저장할 수 있기 때문이다. 그러나 '이 데이터는 어디에 사용되는가? 이 기능이 중요한 곳은 어디인가?'라는 매우 중요한 질문을 스스로에게 해야 한다.

싱글톤은 잘 구성된 안드로이드 앱의 핵심 컴포넌트다. 단, 올바르게 사용될 때만 그렇다!

12

프래그먼트 간의 이동

이 장에서는 CriminalIntent 앱의 범죄 리스트와 상세 내역을 연동할 것이다. 즉, 사용자가 범죄 리스트의 특정 항목을 누르면 MainActivity에서 CrimeListFragment를 CrimeFragment의 새로운 인스턴스로 교체하여 CrimeFragment는 선택된 범죄 데이터의 상세 내역을 화면에 보여준다(그림 12.1).

그림 12.1 | CrimeListFragment를 CrimeFragment로 교체하기

이렇게 하려면 호스팅 액티비티가 프래그먼트들을 바꿔치기해서 이동을 구현하는 방법, **프래그먼트 인자**(fragment argument)를 사용해서 프래그먼트 인스턴스에게 데이터를 전달하는 방법, 그리고 UI 변경에 따라 **LiveData**를 **변환**(transformation)하는 방법을 알아야 한다. 자! 그럼 시작해보자.

단일 액티비티: 프래그먼트의 우두머리

GeoQuiz 앱에서는 한 액티비티(MainActivity)가 다른 액티비티(CheatActivity)를 시작시켰지만, CriminalIntent 앱에서는 **단일 액티비티 아키텍처**(single activity architecture)를 사용한다. 단일 액티비티 아키텍처를 사용하는 앱은 하나의 액티비티와 다수의 프래그먼트를 가지며, 그 액티비티는 사용자 이벤트에 반응해 프래그먼트들을 상호 교체한다.

리스트의 특정 범죄 데이터를 사용자가 누르면 **CrimeListFragment**로부터 **CrimeFragment**로의 이동(즉 교체)을 구현하기 위해 호스팅 액티비티의 프래그먼트 매니저에서 프래그먼트 트랜잭션을 시작시킨다 그리고 이 일을 수행하는 코드를 **CrimeListFragment**의 **CrimeHolder.onClick(View)**에 둔다. 이때 **onClick(View)**에서는 **MainActivity**의 **FragmentManager** 인스턴스를 생성한 후 **CrimeListFragment**를 **CrimeFragment**로 교체하는 트랜잭션을 커밋한다.

이때 **CrimeListFragment**의 **CrimeHolder.onClick(View)**의 코드를 다음과 같이 작성한다고 해보자.

```
fun onClick(view: View) {
    val fragment = CrimeFragment.newInstance(crime.id)
    val fm = activity.supportFragmentManager
    fm.beginTransaction()
      .replace(R.id.fragment_container, fragment)
      .commit()
}
```

이처럼 해도 **CrimeFragment**로의 이동이 잘되지만 바람직한 방법은 아니다. 프래그먼트는 독자적이고 구성 가능한 단위가 되어야 하는데 그렇지가 않기 때문이다. 이처럼 액티비티의 **FragmentManager**에서 다른 프래그먼트로 교체하는 일을 액티비티가 아닌 프래그먼트에서 하려면 이 프래그먼트는 자신을 호스팅하는 액티비티가 어떤 레이아웃을 갖고 어떻게 작동되는지 알아야 한다. 따라서 프래그먼트의 기본 취지에 어긋난다.

즉, 앞의 코드에서 **CrimeListFragment**는 **CrimeFragment**를 **MainActivity**에 추가하면서 **MainActivity**의 레이아웃에 fragment_container가 있을 것이라고 가정한다. 그러나 이런 일은 **CrimeListFragment**의 호스팅 액티비티인 **MainActivity**가 해야 할 일이다.

따라서 여기서는 프래그먼트의 독립성을 유지하기 위해 프래그먼트에 콜백(callback) 인터페이스를 정의하고 호스팅 액티비티가 해당 콜백 인터페이스를 구현해 프래그먼트 교체를 수행하게 한다.

프래그먼트 콜백 인터페이스

프래그먼트 교체 기능을 호스팅 액티비티에 위임하기 위해 프래그먼트에는 **Callbacks**라는 이름의 커스텀 콜백 인터페이스를 정의하고, 이 인터페이스에는 프래그먼트가 필요로 하는 일을 수행하게 하는 함수를 정의한다. 그리고 이 프래그먼트를 호스팅하는 모든 액티비티는 반드시 해당 인터페이스를 구현해야 한다.

콜백 인터페이스를 사용하면 어떤 액티비티가 호스팅하는지 알 필요 없이 프래그먼트가 자신을 호스팅하는 액티비티의 함수들을 호출할 수 있다.

콜백 인터페이스를 사용해서 **CrimeListFragment**의 클릭 이벤트 처리를 호스팅 액티비티에게 위임하자. 우선 11장에서 작성된 프로젝트를 안드로이드 스튜디오에서 열어 CrimeList Fragment.kt를 편집기 창에 연다. 여기서 하나의 콜백 함수를 갖는 **Callbacks** 인터페이스를 선언하고 **Callbacks**를 구현하는 객체 참조를 저장하기 위해 callbacks 속성을 추가한다. 그리고 **onAttach(Context)**와 **onDetach()**를 오버라이드해 callbacks 속성을 설정 또는 설정 해제한다.

리스트 12.1 | 콜백 인터페이스 추가하기(CrimeListFragment.kt)

```kotlin
class CrimeListFragment : Fragment() {

    /**
     * 호스팅 액티비티에서 구현할 인터페이스
     */
    interface Callbacks {
        fun onCrimeSelected(crimeId: UUID)
    }

    private var callbacks: Callbacks? = null
```

```
private lateinit var crimeRecyclerView: RecyclerView
private var adapter: CrimeAdapter = CrimeAdapter(emptyList())
private val crimeListViewModel: CrimeListViewModel by lazy {
    ViewModelProvider(this).get(CrimeListViewModel::class.java)
}

override fun onAttach(context: Context) {
    super.onAttach(context)
    callbacks = context as Callbacks?
}

override fun onCreateView(
    ...
): View? {
    ...
}

override fun onViewCreated(view: View, savedInstanceState: Bundle?) {
    ...
}

override fun onDetach() {
    super.onDetach()
    callbacks = null
}
...
}
```

Fragment.onAttach(Context) 생명주기 함수는 프래그먼트가 호스팅 액티비티에 연결될 때 호출된다. 여기서는 onAttach(...)의 인자로 전달된 Context 객체의 참조를 callbacks 속성에 저장하며, CrimeListFragment를 호스팅하는 액티비티 인스턴스가 Context 객체다.

Activity는 Context의 서브 클래스다. 따라서 onAttach(...)의 인자로 Activity 타입을 전달해도 되지만, 슈퍼 타입인 Context를 전달하는 것이 코드의 유연성이 좋다. 또한, onAttach(Activity)는 향후 API 버전에서 없어질 수 있으므로(deprecated), onAttach(Context)를 사용한다.

onAttach(Context)와 반대로, 프래그먼트가 액티비티에서 분리될 때 호출되는 생명주기 함수인 Fragment.onDetach()에서는 callbacks 속성을 null로 설정한다. 이 함수가 호출될 때는 호스팅 액티비티를 사용할 수 없거나 호스팅 액티비티가 계속 존재한다는 보장이 없기 때문이다.

onAttach(Context)에서 인자로 전달된 **Context** 객체의 참조를 callbacks 속성에 지정할 때는 **CrimeListFragment.Callbacks** 타입으로 변환한다. 따라서 **CrimeListFragment**를 호스팅하는 액티비티는 **반드시 CrimeListFragment.Callbacks** 인터페이스를 구현해야 한다. 이처럼 중요한 내용은 반드시 문서화한다.

어떤 액티비티가 호스팅을 하든 이제는 **CrimeListFragment**가 호스팅 액티비티의 콜백 구현 함수(여기서는 **onCrimeSelected(UUID)**)를 호출할 수 있게 되었다. **CrimeListFragment. Callbacks** 인터페이스를 구현하는 호스팅 액티비티면 어떤 것도 가능하다.

범죄 리스트의 특정 항목을 누르면 **CrimeListFragment**의 내부 클래스인 **CrimeHolder**의 **onClick(View)**가 호출되며, 지금은 토스트 메시지만 보여준다. 이제는 토스트 메시지 대신 **Callbacks** 인터페이스를 통해서 호스팅 액티비티의 **onCrimeSelected(UUID)**를 호출하도록 변경하고 호스팅 액티비티가 **Callbacks** 인터페이스의 **onCrimeSelected(UUID)**를 구현하도록 변경한다.

우선 리스트 12.2와 같이 **CrimeHolder.onClick(View)**를 변경한다.

리스트 12.2 | **호스팅 액티비티의 onCrimeSelected(...) 호출하기(CrimeListFragment.kt)**

```kotlin
class CrimeListFragment : Fragment() {
    ...
    private inner class CrimeHolder(view: View)
        : RecyclerView.ViewHolder(view), View.OnClickListener {
        ...
        fun bind(crime: Crime) {
            ...
        }

        override fun onClick(v: View?) {
            Toast.makeText(context, "${crime.title} clicked!", Toast.LENGTH_SHORT)
                .show()
            callbacks?.onCrimeSelected(crime.id)
        }
    }
    ...
}
```

다음으로 호스팅 액티비티인 **MainActivity**가 **CrimeListFragment.Callbacks** 인터페이스의 **onCrimeSelected(UUID)**를 구현하도록 변경한다. 일단 지금은 로그 메시지만 출력한다.

```kotlin
private const val TAG = "MainActivity"

class MainActivity : AppCompatActivity(),
    CrimeListFragment.Callbacks {

    override fun onCreate(savedInstanceState: Bundle?) {
        ...
    }

    override fun onCrimeSelected(crimeId: UUID) {
        Log.d(TAG, "MainActivity.onCrimeSelected: $crimeId")
    }
}
```

안드로이드 스튜디오의 아래쪽 테두리에 있는 'Logcat' 도구 버튼을 클릭해 로그캣 창을 열어 위쪽 중앙의 검색 필드에 D/MainActivity를 입력한다. 그다음에 CriminalIntent 앱을 실행해보자. 그러면 범죄 리스트의 각 항목을 클릭할 때마다 MainActivity의 onCrimeSelected(UUID)가 호출되어 로그 메시지가 나타난다. 이 함수는 Callbacks 인터페이스를 통해 CrimeListFragment로부터 호출된 것이다.

프래그먼트 교체하기

콜백 인터페이스를 제대로 연결하였으니 사용자가 CrimeListFragment의 범죄 리스트에서 특정 항목을 누르면 MainActivity의 onCrimeSelected(UUID)에서 CrimeListFragment가 CrimeFragment 인스턴스로 교체되도록 변경하자. 지금은 콜백으로 전달되는 Crime 객체의 ID를 사용하지 않는다.

리스트 12.4 | CrimeListFragment를 CrimeFragment로 교체하기(MainActivity.kt)

```kotlin
class MainActivity : AppCompatActivity(),
    CrimeListFragment.Callbacks {

    override fun onCreate(savedInstanceState: Bundle?) {
        ...
    }

    override fun onCrimeSelected(crimeId: UUID) {
        Log.d(TAG, "MainActivity.onCrimeSelected: $crimeId")
        val fragment = CrimeFragment()
        supportFragmentManager
```

```
        .beginTransaction()
        .replace(R.id.fragment_container, fragment)
        .commit()
    }
}
```

FragmentTransaction.replace(Int, Fragment)는 액티비티에 현재 호스팅된 프래그먼트를
두 번째 인자로 전달된 프래그먼트로 교체하여 첫 번째 인자로 전달된 리소스 ID를 갖는 컨테
이너에 넣는다. 만일 기존에 호스팅된 프래그먼트가 없으면 FragmentTransaction.add(Int,
fragment)를 호출할 때와 같게 새로운 프래그먼트로 추가된다.

CriminalIntent 앱을 다시 실행해 범죄 리스트의 아무 항목이나 눌러보자. 그러면 그림 12.2의
화면이 나온다.

그림 12.2 | 비어 있는 CrimeFragment 화면

지금은 범죄의 상세 내역 화면이 비어 있는데, 어떤 Crime 객체를 보여줄 것인지 CrimeFragment
에게 알려주지 않았기 때문이다. 이 작업은 잠시 후에 하고 프래그먼트 간의 이동을 구현하는
데 추가로 해야 할 작업을 먼저 실시하자.

현재 화면에서 백 버튼을 클릭해보면 범죄 리스트를 보여주는 CrimeListFragment 화면으로
돌아가지 않는다. 앱을 시작할 당시에 실행되었던 MainActivity 인스턴스만이 앱의 백 스택

에 존재했기 때문이다.

사용자는 백 버튼을 누르면 상세 내역 화면으로부터 범죄 리스트 화면으로 당연히 돌아갈 것이라고 생각하므로, 프래그먼트 교체 트랜잭션을 백 스택에 추가해서 구현한다(리스트 12.5).

리스트 12.5 | 프래그먼트 트랜잭션을 백 스택에 추가하기(MainActivity.kt)

```kotlin
class MainActivity : AppCompatActivity(),
    CrimeListFragment.Callbacks {
    ...
    override fun onCrimeSelected(crimeId: UUID) {
        val fragment = CrimeFragment()
        supportFragmentManager
            .beginTransaction()
            .replace(R.id.fragment_container, fragment)
            .addToBackStack(null)
            .commit()
    }
}
```

이처럼 트랜잭션을 백 스택에 추가하면 사용자가 백 버튼을 누를 때 해당 트랜잭션이 취소되면서 이전 상태로 복원되며, 여기서는 **CrimeFragment**가 **CrimeListFragment**로 교체된다.

FragmentTransaction.addToBackStack(String)을 호출할 때 백 스택 상태의 이름을 나타내는 문자열을 인자로 전달할 수 있다. 그러나 여기서는 그럴 필요가 없어서 null을 전달하였다.

CriminalIntent 앱을 다시 실행해 범죄 리스트의 아무 항목이나 눌러서 상세 내역(**CrimeFragment**) 화면이 나오게 한다. 그 다음에 백 버튼을 누르면 이번에는 범죄 리스트(**CrimeListFragment**) 화면으로 돌아간다.

프래그먼트 인자

범죄 리스트의 특정 범죄 데이터가 선택되면 이제는 **CrimeListFragment**에서 호스팅 액티비티(**MainActivity**)의 **onCrimeSelected(UUID)**를 호출하며, 이때 해당 범죄 데이터의 ID를 인자로 전달한다.

그런데 **MainActivity**의 **onCrimeSelected(UUID)**에서 **CrimeListFragment**를 **CrimeFragment** 인스턴스로 교체할 때 **onCrimeSelected(UUID)**의 인자로 전달된 범죄 데이터의 ID를

CrimeFragment로 전달하는 방법이 필요하다. 이렇게 해야만 CrimeFragment가 데이터베이스의 해당 범죄 데이터를 가져와서 UI에 채워 보여줄 수 있다.

바로 이럴 때 프래그먼트 인자(fragment argument)가 해결책을 제공한다. 프래그먼트 인자를 사용하면 프래그먼트에 속하는 어딘가에 데이터를 저장할 수 있다. 여기서 프래그먼트에 속하는 '어딘가'는 **인자 번들**(arguments bundle)을 말한다. 프래그먼트는 자신의 부모 액티비티나 다른 외부 소스에 의존하지 않고 인자 번들로부터 데이터를 가져올 수 있다.

프래그먼트 인자는 프래그먼트의 캡슐화를 도와준다. 그리고 캡슐화가 잘된 프래그먼트는 재사용할 수 있는 구성 요소가 되므로 어떤 액티비티에도 쉽게 호스팅될 수 있다.

프래그먼트 인자를 생성하기 위해 우선 **Bundle** 객체를 생성한다. 이 **Bundle** 객체는 액티비티의 인텐트 엑스트라와 마찬가지로 키와 값의 쌍으로 된 데이터를 포함하며, 각 쌍의 데이터를 인자라고 한다. 그다음에 타입마다 따로 있는 **Bundle**의 'put' 함수들을 사용해서 인자들을 **Bundle** 객체에 추가한다(**Intent**의 경우와 유사하다). 예를 들면 다음과 같다.

```
val args = Bundle().apply {
    putSerializable(ARG_MY_OBJECT, myObject)
    putInt(ARG_MY_INT, myInt)
    putCharSequence(ARG_MY_STRING, myString)
}
```

모든 프래그먼트 인스턴스는 자신에게 첨부된 **Bundle** 객체에 프래그먼트 인자들을 저장할 수 있다.

인자를 프래그먼트에 첨부하기

인자 번들을 프래그먼트에 추가할 때는 **Fragment.setArguments(Bundle)**을 호출한다. 단, 프래그먼트가 생성되어 해당 프래그먼트가 액티비티에 추가되기 전에 프래그먼트에 첨부해야 한다.

이렇게 하려면 **newInstance(...)**라는 이름의 함수를 포함하는 동반 객체(companion object)를 **Fragment** 클래스에 추가하는 것이 좋다. 이 함수에서는 프래그먼트 인스턴스와 번들 인스턴스를 생성하고 번들 인스턴스에 인자를 저장한 후 프래그먼트 인자로 첨부한다.

그리고 호스팅 액티비티가 프래그먼트의 인스턴스를 필요로 할 때 이 프래그먼트의 생성자를 직접 호출하는 대신 **newInstance(...)** 함수를 호출하면 된다. 그러면 이 함수에서 필요한 인자들을 전달할 수 있다.

CrimeFragment.kt를 편집기 창에 열어 **newInstance(UUID)** 함수와 인자를 번들에 저장할 때 사용하는 키의 문자열 상수를 추가한다. **newInstance(UUID)** 함수에서는 **UUID 타입**(여기서는 범죄 ID)의 인자를 받아서 인자 번들 인스턴스를 생성하고 인자를 저장하며, 프래그먼트 인스턴스를 생성한 후 인자 번들을 프래그먼트에 첨부한다.

리스트 12.6 | newInstance(UUID) 함수 작성하기(CrimeFragment.kt)

```
private const val ARG_CRIME_ID = "crime_id"

class CrimeFragment : Fragment() {
    ...
    override fun onStart() {
        ...
    }

    companion object {

        fun newInstance(crimeId: UUID): CrimeFragment {
            val args = Bundle().apply {
                putSerializable(ARG_CRIME_ID, crimeId)
            }
            return CrimeFragment().apply {
                arguments = args
            }
        }
    }
}
```

(리스트 12.6에서 **arguments**는 Fragment의 속성이며, 코틀린에서는 속성에 값을 설정할 때 세터(setter)를 자동 호출한다. 따라서 끝에 있는 **arguments = args**는 **setArguments(args)**와 같다.)

다음으로 **MainActivity**에서 **CrimeFragment** 인스턴스를 생성할 때 **UUID**를 인자로 전달해 **CrimeFragment.newInstance(UUID)**를 호출하도록 변경한다. 이 **UUID**는 **MainActivity.onCrimeSelected(UUID)**의 인자로 받은 것이다(여기서 **UUID**는 범죄 리스트에서 선택된 범죄 데이터 ID다).

리스트 12.7 | CrimeFragment.newInstance(UUID) 사용하기(MainActivity.kt)

```
class MainActivity : AppCompatActivity(),
    CrimeListFragment.Callbacks {
    ...
```

```
    override fun onCrimeSelected(crimeId: UUID) {
        val fragment = CrimeFragment()
        val fragment = CrimeFragment.newInstance(crimeId)
        supportFragmentManager
            .beginTransaction()
            .replace(R.id.fragment_container, fragment)
            .addToBackStack(null)
            .commit()
    }
}
```

코드의 독립성이 액티비티와 프래그먼트 양쪽 모두에 필요한 것은 아니다. 즉, **MainActivity**는 **CrimeFragment**에 관해 많은 것을 알아야 한다. 예를 들면, **CrimeFragment**가 **new Instance (UUID)** 함수를 갖고 있다는 것 등이다. 호스팅 액티비티는 자신의 프래그먼트들을 호스팅하는 방법을 자세히 알아야 하므로 지극히 정상적이다. 이와 달리 프래그먼트는 자신의 호스팅 액티비티를 자세히 알 필요가 없다.

프래그먼트 인자 가져오기

프래그먼트가 자신에게 전달된 인자를 액세스할 때는 **Fragment** 클래스의 arguments 속성을 참조하면 된다. 그런 다음에 **Bundle**의 '**get**' 함수들(타입별로 따로 있음) 중 하나를 호출하면 된다.

프래그먼트 인자에서 **UUID**를 가져오도록 **CrimeFragment**의 **onCreate(...)**를 변경한다. 일단 지금은 인자가 예상대로 첨부되었는지 확인할 수 있게 로그 메시지로 ID 값을 보여준다.

리스트 12.8 | **프래그먼트 인자에서 범죄 데이터 ID 얻기(CrimeFragment.kt)**

```
private const val TAG = "CrimeFragment"
private const val ARG_CRIME_ID = "crime_id"

class CrimeFragment : Fragment() {
    ...
    override fun onCreate(savedInstanceState: Bundle?) {
        super.onCreate(savedInstanceState)
        crime = Crime()
        val crimeId: UUID = arguments?.getSerializable(ARG_CRIME_ID) as UUID
        Log.d(TAG, "args bundle crime ID: $crimeId")
        // 궁극적으로는 데이터베이스로부터 데이터를 로드해야 한다
    }
    ...
}
```

(코틀린에서는 속성을 참조할 때 게터(getter)를 자동 호출해준다. 따라서 끝에 새로 추가한 코드의 arguments 대신 **getArguments()**를 사용해도 된다.)

우선 로그캣 창을 열고 위쪽 중앙의 검색 필드에 **D/CrimeFragment**를 입력한다. 그다음에 CriminalIntent 앱을 실행해 범죄 리스트의 특정 항목을 클릭해보면 상세 내역 화면이 나타날 때 'args bundle crime ID: 2476e2d9-df44-4ca5-ae75-0ee18ddbbee2'와 같은 로그 메시지가 로 그캣 창에 나타난다.

CriminalIntent 앱은 이전과 똑같이 작동한다. 그러나 내부적으로는 범죄 리스트에서 선택된 범죄 데이터 ID가 **CrimeFragment**로 전달되면서도 **CrimeFragment**의 독립성은 여전히 유지 된다.

상세 내역 화면에 보여줄 Crime 객체를 LiveData 변환으로 얻기

CrimeFragment가 범죄 데이터 ID를 갖게 되었으니 이 ID를 갖는 범죄 데이터가 화면에 보이 도록 데이터베이스에서 범죄 데이터(Crime 객체)를 가져와보자. 이렇게 하기 위해 **ViewModel**의 서브 클래스로 **CrimeDetailViewModel**을 생성해 데이터베이스를 검색할 것이다. **ViewModel** 을 사용하면 장치 회전 시에도 데이터가 보존되므로 데이터베이스 검색 쿼리를 매번 다시 할 필요가 없기 때문이다.

지정된 ID를 갖는 범죄 데이터를 **CrimeFragment**가 **CrimeDetailViewModel**에 요청하면 리 포지터리(**CrimeRepository**)의 **getCrime(UUID)**를 호출한 후 쿼리 결과로 받은 범죄 데이터를 **CrimeFragment**에 전달한다. 이때 리포지터리와 **CrimeDetailViewModel**, 그리고 **CrimeFragment** 간의 데이터 전달을 쉽게 하기 위해 11장에서 했던 것처럼 **Crime** 객체를 갖는 **LiveData**를 사용 한다.

프로젝트 도구 창에서 **app/java** 밑의 com.bignerdranch.android.criminalintent 패키지에 **CrimeDetailViewModel** 클래스를 생성하고 리스트 12.9와 같이 변경한다.

```kotlin
class CrimeDetailViewModel() : ViewModel() {

    private val crimeRepository = CrimeRepository.get()
    private val crimeIdLiveData = MutableLiveData<UUID>()

    var crimeLiveData: LiveData<Crime?> =
        Transformations.switchMap(crimeIdLiveData) { crimeId ->
            crimeRepository.getCrime(crimeId)
        }

    fun loadCrime(crimeId: UUID) {
        crimeIdLiveData.value = crimeId
    }
}
```

crimeRepository 속성은 CrimeRepository 인스턴스 참조를 보존한다. 이렇게 속성을 사용한 이유는 향후에 CrimeDetailViewModel의 여러 곳에서 CrimeRepository 인스턴스를 사용하기 때문이다.

crimeIdLiveData 속성은 변경 가능한 UUID 타입의 데이터를 저장한 LiveData를 참조한다. 여기서는 CrimeFragment가 현재 화면에 보여준(또는 곧 보여줄) 범죄 데이터 ID가 LiveData에 저장된 데이터다. CrimeDetailViewModel 인스턴스가 최초 생성될 때는 crimeIdLiveData가 설정되지 않는다. 그러나 향후에 CrimeFragment 인스턴스가 생성될 때(범죄 리스트 화면에서 특정 범죄 데이터가 선택되어 상세 내역 화면으로 이동될 때) CrimeFragment의 onCreate(Bundle?)에서 CrimeDetailViewModel.loadCrime(UUID)를 호출하므로(리스트 12.10 참고), 이때 crimeIdLiveData가 범죄 ID로 설정되어 어떤 범죄 데이터를 가져올 것인지 CrimeDetailViewModel이 알 수 있다.

crimeLiveData 속성은 상세 내역 화면에 보여줄 Crime 객체를 저장한 LiveData를 참조하며, 이 LiveData는 Transformations.switchMap(crimeIdLiveData) {...}로부터 반환된다. 그리고 switchMap(crimeIdLiveData) {...}에서는 인자로 전달된 crimeIdLiveData의 범죄 ID를 갖는 범죄 데이터를 데이터베이스로부터 가져와서 LiveData로 반환한다.

Transformations 클래스는 두 LiveData 객체 간의 변환을 해주는 함수들을 갖고 있다. switchMap(LiveData<X>, Function<X, LiveData<Y>!>) 함수에서는 첫 번째 인자로 전달된 LiveData에 설정된 각 값에 대해 두 번째 인자의 함수를 적용해서 변환하며, 이 결과를 LiveData로 반환한다.

리스트 12.9의 **switchMap(...)** 함수에는 **crimeIdLiveData** 속성이 첫 번째 인자로 전달되고, 두 번째 인자의 변환 함수로는 람다식({...})이 지정되었다. 이 람다식의 **crimeRepository. getCrime(crimeId)** 함수는 crimeIdLiveData 속성값(범죄 ID)을 갖는 범죄 데이터를 데이터 베이스에서 검색해 가져와서 **Crime** 객체를 갖는 **LiveData**로 반환한다. 그리고 이 **LiveData** 가 crimeLiveData 속성에 설정된다. 이제 상세 내역 화면에 보여줄 **Crime** 객체를 저장한 **LiveData**가 준비되었다.

리스트 12.11의 **CrimeFragment.onViewCreated(...)**에서 crimeIdLiveData 속성을 참조할 때(값이 변경되는지 관찰하고 만일 변경되면 UI를 변경하기 위해서) **Transformations.switchMap (crimeIdLiveData) {...}**가 실행된다.

다음으로 리스트 12.10과 같이 CrimeFragment.kt를 변경한다. 여기서는 **onCreate(...)**에 서 **CrimeDetailViewModel**의 **loadCrime(UUID)**를 호출해 **CrimeFragment**를 **CrimeDetail ViewModel**과 연결한다.

리스트 12.10 │ CrimeFragment를 CrimeDetailViewModel에 연결하기(CrimeFragment.kt)

```
class CrimeFragment : Fragment() {

    private lateinit var crime: Crime
    ...
    private lateinit var solvedCheckBox: CheckBox
    private val crimeDetailViewModel: CrimeDetailViewModel by lazy {
        ViewModelProvider(this).get(CrimeDetailViewModel::class.java)
    }

    override fun onCreate(savedInstanceState: Bundle?) {
        super.onCreate(savedInstanceState)
        crime = Crime()
        val crimeId: UUID = arguments?.getSerializable(ARG_CRIME_ID) as UUID
        Log.d(TAG, "args bundle crime ID: $crimeId")
        // 궁극적으로는 데이터베이스로부터 데이터를 로드해야 한다
        crimeDetailViewModel.loadCrime(crimeId)
    }
    ...
}
```

다음으로 **CrimeDetailViewModel**의 crimeLiveData가 변경되는지 관찰해서 새 데이터가 있으 면 UI를 변경하도록 **CrimeFragment**를 변경한다. 그리고 **Observer**의 import 문도 추가한다.

```kotlin
...
import androidx.fragment.app.Fragment
import androidx.lifecycle.Observer
...
class CrimeFragment : Fragment() {

    private lateinit var crime: Crime
    ...

    override fun onCreateView(
        ...
    ): View? {
        ...
    }

    override fun onViewCreated(view: View, savedInstanceState: Bundle?) {
        super.onViewCreated(view, savedInstanceState)
        crimeDetailViewModel.crimeLiveData.observe(
            viewLifecycleOwner,
            Observer { crime ->
                crime?.let {
                    this.crime = crime
                    updateUI()
                }
            })
    }

    override fun onStart() {
        ...
    }

    private fun updateUI() {
        titleField.setText(crime.title)
        dateButton.text = crime.date.toString()
        solvedCheckBox.isChecked = crime.isSolved
    }
    ...
}
```

CrimeFragment는 자신의 crime 속성에 Crime 객체 참조를 따로 갖고 있다! 이 속성은 사용자가 화면에서 변경한 현재의 데이터를 갖는 Crime 객체를 나타낸다. 반면에 CrimeDetail ViewModel.crimeLiveData의 Crime 객체 데이터는 데이터베이스에 현재 저장된 것을 나타낸다. CrimeFragment의 crime 속성을 사용해서 현재 화면의 데이터를 데이터베이스에 변경하는 것은 잠시 후에 한다.

CriminalIntent 앱을 다시 실행해 범죄 리스트의 특정 범죄 데이터를 눌러서 선택해보면, 데이터가 채워진 상세 내역 화면을 볼 수 있다(그림 12.3의 중간 이미지).

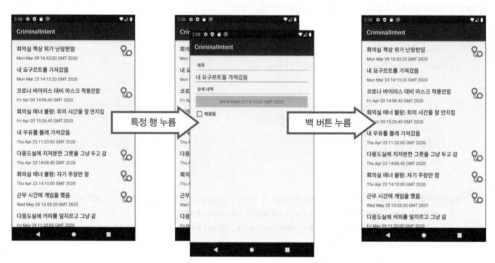

그림 12.3 | CriminalIntent 앱의 백(back) 스택

범죄 리스트에서 해결된(수갑 이미지가 있는) 범죄 데이터를 선택하면 **CrimeFragment**가 상세 내역 화면을 보여줄 때 **CheckBox**의 체크 표시가 깜박거리면서 나타나는 것을 볼 수 있다. 이 것은 정상이다. 즉, 사용자가 범죄 리스트에서 특정 데이터를 선택할 때 **CrimeFragment**가 시작되어 해당 데이터의 데이터베이스 쿼리가 시작된다. 그리고 쿼리가 끝나면 **CrimeFragment** 의 crimeDetailViewModel.crimeLiveData 옵저버가 실행되어 각 위젯의 데이터(범죄 제목, 발생일자, 해결 여부)를 화면에 보여준다. 이때 **CheckBox**는 체크 상자를 클릭할 때 생동감을 주기 위해 기본적으로 애니메이션을 수행해서 깜박거리는 것처럼 보인다. 이런 깜박거림은 **View. jumpDrawablesToCurrentState()**를 호출해서 애니메이션을 생략하면 해결할 수 있다.

CheckBox의 깜박거림만이 아닌 상세 내역 화면 전체가 나타나는 데 시간 지연이 생긴다면, 일정 개수의 범죄 데이터를 메모리에 미리 로드한 후(예를 들어, 앱이 시작될 때) 공유되는 곳에 보존해서 사용하면 된다. CriminalIntent 앱에서는 이런 시간 지연이 거의 없으니, 상세 내역 화면이 나타날 때만 **CheckBox**의 애니메이션을 생략하면 된다.

리스트 12.12 | CheckBox 애니메이션 생략하기(CrimeFragment.kt)

```
class CrimeFragment : Fragment() {
    ...
    private fun updateUI() {
```

```
        titleField.setText(crime.title)
        dateButton.text = crime.date.toString()
        solvedCheckBox.isChecked = crime.isSolved
        solvedCheckBox.apply {
            isChecked = crime.isSolved
            jumpDrawablesToCurrentState()
        }
    }
    ...
}
```

CriminalIntent 앱을 다시 실행해 해결된(수갑 이미지가 있는) 범죄 데이터를 눌러서 선택해보자. 이제는 상세 내역 화면이 나타날 때 **CheckBox**의 애니메이션이 수행되지 않아서 깜박거림이 보이지 않지만, 상세 내역 화면의 **CheckBox**를 클릭하면 생동감 있는 애니메이션이 원래대로 수행된다.

상세 내역 화면에서 범죄 제목을 변경한 후 백 버튼을 눌러서 범죄 리스트 화면으로 이동해보면, 범죄 리스트 화면에서는 해당 범죄의 제목이 변경되지 않았다. 이 문제는 데이터베이스의 해당 범죄 데이터를 변경해서 쉽게 해결할 수 있다.

데이터베이스 변경하기

CriminalIntent 앱에서는 사용자가 상세 내역 화면을 벗어날 때 사용자가 변경한 데이터를 데이터베이스에 저장해야 한다.

우선 기존의 범죄 데이터를 변경하는 함수와 새로운 데이터를 추가하는 함수를 **CrimeDao**에 추가한다. 단, 새 데이터 추가 함수는 14장에서 메뉴를 추가할 때 사용한다.

리스트 12.13 | 데이터베이스 함수 추가하기(database/CrimeDao.kt)

```
@Dao
interface CrimeDao {

    @Query("SELECT * FROM crime")
    fun getCrimes(): LiveData<List<Crime>>

    @Query("SELECT * FROM crime WHERE id=(:id)")
    fun getCrime(id: UUID): LiveData<Crime?>

    @Update
```

```
    fun updateCrime(crime: Crime)

    @Insert
    fun addCrime(crime: Crime)
}
```

변경 함수와 추가 함수의 애노테이션에는 매개변수를 지정하지 않아도 Room이 적합한 SQL 명령을 생성한다.

updateCrime() 함수에는 @Update 애노테이션을 사용한다. 이 함수는 **Crime** 객체를 인자로 받아 이 객체에 저장된 ID를 사용해서 데이터베이스 테이블의 관련 행을 찾은 후 이 객체의 데이터로 변경한다.

addCrime() 함수에는 @Insert 애노테이션을 사용한다. 이 함수는 인자로 받은 **Crime** 객체의 데이터를 데이터베이스 테이블에 추가한다.

다음으로 방금 **CrimeDao**에 추가한 두 함수를 호출하도록 리포지터리를 변경한다. 다시 말하지만, 이 DAO 함수들이 **LiveData**를 반환하므로 Room은 **CrimeDao.getCrimes()**와 **CrimeDao. getCrime(UUID)**의 데이터베이스 쿼리를 백그라운드 스레드로 자동 실행한다. 이 경우 **LiveData**가 해당 데이터를 **main** 스레드로 전달하기 때문에 UI를 변경할 수 있다.

그러나 변경이나 추가의 경우에는 Room이 백그라운드 스레드로 자동 실행하지 못한다. 따라서 백그라운드 스레드로 변경이나 추가 함수들을 호출해야 하는데, 이때 주로 **executor**를 사용한다.

Executors 사용하기

Executors는 스레드를 참조하는 객체다. **Executors** 인스턴스는 **execute**라는 함수를 가지며, 이 함수는 실행할 코드 블록을 받는다. **Executors** 인스턴스를 생성하면 이 인스턴스가 새로운 백그라운드 스레드를 사용해 블록의 코드를 실행한다. 따라서 **main** 스레드를 방해하지 않고 데이터베이스 작업을 안전하게 수행할 수 있다.

여기서는 **Executors**를 **CrimeDao**에 직접 구현할 수 없다. 정의한 인터페이스를 기반으로 Room이 함수를 자동 생성하기 때문이다. 따라서 **CrimeRepository**에 **Executors**를 구현해야 한다. **CrimeRepository.kt**를 편집기 창에 열어 **Executors** 인스턴스의 참조를 저장하는 속성과 **Executors**를 사용하는 함수를 추가하자(리스트 12.14).

```kotlin
class CrimeRepository private constructor(context: Context) {
    ...
    private val crimeDao = database.crimeDao()
    private val executor = Executors.newSingleThreadExecutor()

    fun getCrimes(): LiveData<List<Crime>> = crimeDao.getCrimes()

    fun getCrime(id: UUID): LiveData<Crime?> = crimeDao.getCrime(id)

    fun updateCrime(crime: Crime) {
        executor.execute {
            crimeDao.updateCrime(crime)
        }
    }

    fun addCrime(crime: Crime) {
        executor.execute {
            crimeDao.addCrime(crime)
        }
    }
    ...
}
```

newSingleThreadExecutor() 함수는 새로운 스레드를 참조하는 **executors** 인스턴스를 반환한다. 따라서 이 인스턴스를 사용해서 실행하는 어떤 작업도 **main** 스레드와 별개로 수행되므로 UI를 방해하지 않는다. **updateCrime(Crime)**과 **addCrime(Crime)** 모두 **execute {}** 블록 내부에서 DAO 함수를 호출한다.

프래그먼트 생명주기에 맞춰 데이터베이스에 데이터 쓰기

마지막으로 사용자가 상세 내역 화면에서 입력한 데이터를 데이터베이스에 쓰도록 변경하자. 이 작업은 사용자가 상세 내역 화면을 벗어날 때 수행한다.

우선, **Crime** 객체를 데이터베이스에 변경하는 함수를 CrimeDetailViewModel.kt에 추가한다.

리스트 12.15 | 데이터베이스에 변경하기(CrimeDetailViewModel.kt)

```kotlin
class CrimeDetailViewModel() : ViewModel() {
    ...
    fun loadCrime(crimeId: UUID) {
        crimeIdLiveData.value = crimeId
    }
```

```
    fun saveCrime(crime: Crime) {
        crimeRepository.updateCrime(crime)
    }
}
```

saveCrime(Crime)에서는 인자로 받은 **Crime** 객체를 데이터베이스에 변경한다. **Crime Repository**는 백그라운드 스레드에서 데이터베이스의 데이터 변경을 처리하므로 **saveCrime (Crime)** 함수의 코드는 매우 간단하다.

다음으로 사용자가 변경한 범죄 데이터를 데이터베이스에 저장하도록 **CrimeFragment**를 변경한다.

리스트 12.16 | onStop()에서 저장하기(CrimeFragment.kt)

```
class CrimeFragment : Fragment() {
    ...
    override fun onStart() {
        ...
    }

    override fun onStop() {
        super.onStop()
        crimeDetailViewModel.saveCrime(crime)
    }

    private fun updateUI() {
        ...
    }
    ...
}
```

Fragment.onStop()은 프래그먼트가 중단 상태가 되면(프래그먼트 화면 전체가 안보이게 될 때) 언제든 호출된다. 따라서 여기서는 사용자가 상세 내역 화면을 떠나거나(백 버튼을 눌러서) 작업을 전환하면(홈 버튼을 누르거나 오버뷰 화면에서 다른 앱을 선택할 때) 데이터가 저장된다. 그러므로 **onStop()**에서 데이터를 저장하면 사용자가 상세 내역 화면을 떠나거나 메모리 부족으로 안드로이드가 프로세스를 종료할 때도 데이터가 유실되지 않고 저장된다.

CriminalIntent 앱을 다시 실행해 범죄 리스트의 특정 범죄를 선택하자. 그다음에 상세 내역 화면에서 데이터를 변경하고(발생일자는 제외) 백 버튼을 누르면, 범죄 리스트의 해당 범죄에도 변경된 데이터가 반영되었음을 볼 수 있다. 다음 장에서는 상세 내역 화면의 범죄 발생일자 버튼을 코드와 연결해 사용자가 발생일자를 선택해서 변경할 수 있게 해보자.

궁금증 해소하기: 프래그먼트 인자를 사용하는 이유는

이 장에서는 프래그먼트의 새로운 인스턴스를 생성할 때 인자를 전달하려고 newInstance(…) 함수를 프래그먼트에 추가하였다. 이런 패턴은 코드 구성 관점이나 프래그먼트 인자 모두에 유용하다. 이와는 달리, 생성자를 사용하면 프래그먼트 인스턴스에 인자를 전달할 수 없다.

예를 들어, newInstance(UUID) 함수를 추가하는 대신 UUID 타입의 범죄 ID를 인자로 받는 생성자를 CrimeFragment에 추가할 수 있다. 그런데 이 방법에는 결함이 있다. 장치 회전에 따른 구성 변경이 생기면 현재 액티비티의 프래그먼트 매니저는 구성 변경이 생기기 전에 호스팅되었던 프래그먼트 인스턴스를 자동으로 재생성한다. 그다음으로는 재생성된 프래그먼트 인스턴스를 새 액티비티 인스턴스에 추가한다.

그리고 구성 변경 후에 프래그먼트 매니저가 프래그먼트를 다시 생성할 때는 해당 프래그먼트의 인자가 없는 기본 생성자를 호출한다. 따라서 구성 변경 후에는 새로 생성된 프래그먼트 인스턴스가 범죄 ID를 받지 못하게 된다.

그렇다면 프래그먼트 인자를 사용할 때는 무엇이 다를까? 프래그먼트 인자는 프래그먼트 생애에 걸쳐 보존된다. 구성 변경이 생기더라도 프래그먼트 매니저가 새 프래그먼트 인스턴스를 생성하면서 프래그먼트 인자를 다시 첨부하기 때문이다. 따라서 새 프래그먼트는 첨부된 인자 번들을 사용해서 자신의 상태 데이터를 다시 생성할 수 있다.

그런데 이렇게 복잡하게 프래그먼트 인자를 사용하지 않고 프래그먼트의 인스턴스 변수를 사용해서 상태 데이터를 보존하면 되지 않을까? 그러나 항상 보존된다는 보장이 없다. 구성 변경이 생기거나 사용자가 다른 앱 화면으로 이동해서 안드로이드 운영체제가 프래그먼트를 다시 생성하면 프래그먼트의 모든 인스턴스 변수들이 갖는 값이 없어진다.

다른 방법으로는 SIS(Saved Instance State, 인스턴스 상태 보존) 메커니즘이 있다. 이때는 범죄 ID를 프래그먼트 인스턴스 변수에 저장한다. 그리고 프래그먼트가 소멸하면 자동 호출되는 onSaveInstanceState(Bundle)에서 범죄 ID를 Bundle 객체에 저장했다가 나중에 프래그먼트 인스턴스가 재생성되면 호출되는 onCreate(Bundle)에서 Bundle 객체의 범죄 ID를 꺼내어 사용하면 된다. 이 방법도 모든 경우에 통용된다.

그런데 이 방법은 유지 보수가 어렵다. 만일 몇 년이 지난 후에 해당 프래그먼트의 코드를 다시 보면서 또 다른 인자를 추가할 때 onSaveInstanceState(Bundle)에서 해당 인자를 저장했는지 기억하기 어렵기 때문이다.

따라서 모든 경우에 프래그먼트의 상태 데이터를 잘 보존하려면 프래그먼트 인자를 사용하는 것이 가장 좋다.

챌린지: 효율적으로 RecyderView를 다시 로드하기

지금은 사용자가 범죄 상세 내역 화면의 범죄 데이터를 변경하고 범죄 리스트 화면으로 돌아오면 CrimeListFragment가 모든 범죄 데이터를 RecyclerView에 다시 채워서 보여준다. 하나의 범죄 데이터만 변경되었을 뿐인데 오히려 이렇게 하는 것은 매우 비효율적이다.

변경된 범죄 데이터와 연관된 행만 다시 채워서 보여주도록 CrimeListFragment의 Recycler View를 변경하자. CrimeListFragment의 내부 클래스로 정의된 CrimeAdapter의 슈퍼 클래스를 RecyclerView.Adapter<CrimeHolder> 대신 androidx.recyclerview.widget. ListAdapter<Crime, CrimeHolder>로 변경하면 된다.

ListAdapter는 현재의 RecyclerView 데이터와 새로 RecyclerView에 설정하는 데이터 간의 차이를 아는 RecyclerView의 어댑터다. 이런 차이점 비교는 백그라운드 스레드에서 수행되므로 UI에 영향을 주지 않는다. 그리고 비교가 끝난 후 ListAdapter는 변경된 데이터의 행들만 다시 채워서 보여주도록 RecyclerView에게 알려준다.

ListAdapter는 androidx.recyclerview.widget.DiffUtil을 사용해서 데이터 셋의 어떤 부분이 변경되었는지 판단한다. 이 챌린지를 완료하려면 DiffUtil.ItemCallback<Crime>을 구현하는 클래스를 ListAdapter에 제공해야 한다.

또한, 변경된 범죄 리스트가 RecyclerView의 어댑터에 전달되도록 ListAdapter.submitList (MutableList<T>?)를 호출해서 CrimeListFragment를 변경한다(UI를 변경할 때마다 Recycler View의 어댑터를 새로운 어댑터 객체에 다시 지정하지 않게 한다).

더 자세한 내용은 https://developer.android.com/reference/kotlin에 접속해 androidx.recyclerview. widget.DiffUtil과 androidx.recyclerview.widget.ListAdapter의 API 문서 페이지를 참고하자.

13

대화상자

대화상자(Dialog)는 사용자의 주의를 끌고 입력을 받는 데 사용되며 사용자의 선택을 받거나 중요한 정보를 보여줄 때도 유용하다. 이 장에서는 사용자가 범죄 발생일자를 변경할 수 있는 대화상자를 추가해보자. 즉, **CrimeFragment**에서 날짜 버튼을 클릭하면 그림 13.1의 대화상자가 나오게 해보자.

그림 13.1 | 범죄 발생일자를 선택하는 대화상자

그림 13.1의 대화상자는 **AlertDialog**의 서브 클래스인 **DatePickerDialog**의 인스턴스다. **DatePickerDialog**는 사용자가 날짜를 선택할 수 있게 해주며 사용자 선택을 알아내기 위해 구현하는 리스너 인터페이스를 제공한다. **AlertDialog**는 다목적의 **Dialog** 서브 클래스이며 커스텀 대화상자를 생성할 때 흔히 사용한다.

DialogFragment 생성하기

DatePickerDialog를 화면에 보여줄 때는 **Fragment**의 서브 클래스인 **DialogFragment** 인스턴스에 포함시키는 것이 좋다. **DialogFragment** 없이 **DatePickerDialog**를 보여줄 수 있지만, **FragmentManager**로 **DatePickerDialog**를 관리하는 것이 유연성이 좋다.

게다가 그냥 **DatePickerDialog**만 사용하면 장치가 회전될 때 화면에서 사라진다. 반면에 **DatePickerDialog**가 프래그먼트에 포함되면 장치 회전 후에도 대화상자가 다시 생성되어 화면에 다시 나타난다.

DatePickerFragment라는 이름의 **DialogFragment** 서브 클래스를 생성하고, 이어서 **DatePicker Fragment** 내부에서 **DatePickerDialog** 인스턴스를 생성하고 구성할 것이다. **DatePickerFragment**는 **MainActivity**에 의해 호스팅된다.

그림 13.2는 지금까지 얘기한 클래스 인스턴스들의 관계를 보여준다.

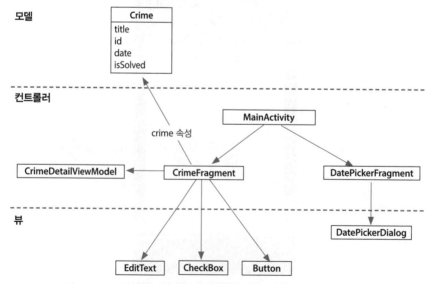

그림 13.2 | MainActivity에 의해 호스팅되는 두 프래그먼트의 객체 다이어그램

맨 먼저 할 일은 다음과 같다.

- **DatePickerFragment** 클래스를 생성한다.
- **DatePickerDialog** 인스턴스를 생성해 대화상자를 만든다.
- **FragmentManager**를 통해 대화상자를 화면에 보여준다.

CrimeFragment와 **DatePickerFragment** 간에 필요한 데이터의 전달은 이 장 뒤에서 알아본다. 우선 12장까지 작성된 CriminalIntent 프로젝트를 안드로이드 스튜디오에서 열자.

그리고 프로젝트 도구 창에서 **app/java** 밑의 com.bignerdranch.android.criminalintent 패키지에 **DatePickerFragment**라는 이름의 새로운 클래스를 생성한다. 이 클래스의 슈퍼 클래스는 **DialogFragment**로 지정하고 **DialogFragment**의 import 문을 추가할 때 Jetpack 버전인 **androidx.fragment.app.DialogFragment**를 선택한다.

DialogFragment는 다음 함수를 갖고 있다.

---

onCreateDialog(savedInstanceState: Bundle?): Dialog

DialogFragment를 화면에 보여주려고 호스팅 액티비티의 **FragmentManager**가 이 함수를 호출한다.

그다음에 DatePickerFragment.kt에 **onCreateDialog(Bundle?)**을 추가한다. 이 함수에서는 오늘 날짜로 초기화되는 **DatePickerDialog** 인스턴스를 생성한다(DialogFragment의 import 문을 추가할 때 androidx.fragment.app.DialogFragment를 선택하고, Calendar는 java.util.Calendar를 선택한다).

리스트 13.1 │ DialogFragment 생성하기(DatePickerFragment.kt)

```
...
import androidx.fragment.app.DialogFragment
import java.util.*
...

class DatePickerFragment : DialogFragment() {

    override fun onCreateDialog(savedInstanceState: Bundle?): Dialog {
        val calendar = Calendar.getInstance()
        val initialYear = calendar.get(Calendar.YEAR)
```

```
        val initialMonth = calendar.get(Calendar.MONTH)
        val initialDay = calendar.get(Calendar.DAY_OF_MONTH)

        return DatePickerDialog(
            requireContext(),
            null,
            initialYear,
            initialMonth,
            initialDay
        )
    }
}
```

DatePickerDialog 생성자는 여러 개의 인자를 받는다. 첫 번째는 이 뷰에서 필요한 리소스를 사용려면 지정해야 하는 컨텍스트 객체다. 두 번째는 날짜 리스너로, 이 장 뒤에서 추가한다. 나머지 세 개는 초깃값(년, 월, 일)이며, 여기서는 일단 오늘 날짜로 초기화한다.

DialogFragment 보여주기

다른 모든 프래그먼트처럼 DialogFragment의 인스턴스도 호스팅 액티비티의 Fragment Manager가 관리한다.

FragmentManager에 추가되는 DialogFragment를 화면에 나타나게 하려면 다음 프래그먼트 인스턴스 함수 중 하나를 호출하면 된다.

```
show(manager: FragmentManager, tag: String)
show(transaction: FragmentTransaction, tag: String)
```

String 인자는 FragmentManager의 리스트에서 DialogFragment를 고유하게 식별할 때 사용된다. FragmentManager나 FragmentTransaction 중 어떤 것을 사용하는가는 우리에게 달렸다. FragmentTransaction을 인자로 전달할 때는 직접 트랜잭션을 생성한 후 커밋해야 한다. 그렇지 않고 FragmentManager를 인자로 전달하면 트랜잭션이 자동으로 생성되어 커밋된다. 여기서는 FragmentManager를 인자로 전달한다.

CrimeFragment에 DatePickerFragment의 태그 상수를 추가한 후 날짜 버튼이 눌러지지 않게 비활성화시키는 코드를 onCreateView(...) 메서드에서 삭제한다. 그다음에 날짜 버튼이 눌러섰을 때 DatePickerFragment를 보여주는 View.OnClickListener를 설정한다.

```kotlin
private const val TAG = "CrimeFragment"
private const val ARG_CRIME_ID = "crime_id"
private const val DIALOG_DATE = "DialogDate"

class CrimeFragment : Fragment() {
    ...
    override fun onCreateView(inflater: LayoutInflater,
                              container: ViewGroup?,
                              savedInstanceState: Bundle?): View? {
        ...
        solvedCheckBox = view.findViewById(R.id.crime_solved) as CheckBox

        dateButton.apply {
            text = crime.date.toString()
            isEnabled = false
        }

        return view
    }
    ...
    override fun onStart() {
        ...
        solvedCheckBox.apply {
            ...
        }

        dateButton.setOnClickListener {
            DatePickerFragment().apply {
                show(this@CrimeFragment.getParentFragmentManager(), DIALOG_DATE)
            }
        }
    }
    ...
}
```

this@CrimeFragment는 DatePickerFragment가 아닌 CrimeFragment로부터 require FragmentManager()를 호출하기 위해 필요하다. 여기서는 apply 블록 내부의 this가 Date PickerFragment를 참조하므로 this 다음에 @CrimeFragment를 지정했다.

DialogFragment의 show(FragmentManager, String) 함수에서 첫 번째 인자인 프래그먼트 매니저 인스턴스 참조는 null 값이 될 수 없는 타입이다. 그런데 Fragment.fragmentManager 속성은 null 값이 될 수 있는 타입이므로 첫 번째 인자로 전달할 수 없다. 따라서 여기서 는 Fragment의 getParentFragmentManager() 함수를 사용했는데 이 함수는 null이 아 닌 FragmentManager 인스턴스를 반환하기 때문이다. 만일 Fragment.requireFragment

Manager()가 호출되었는데 프래그먼트(여기서는 **CrimeFragment**)의 fragmentManager 속성이 null이면 **IllegalStateException**이 발생한다. 이 예외는 해당 프래그먼트와 연관된 프래그먼트 매니저가 없음을 나타낸다.

CriminalIntent 앱을 실행해 특정 항목을 클릭하면 해당 범죄의 상세 내역 화면이 나타난다. 그다음에 날짜 버튼을 클릭하면 그림 13.3의 대화상자가 나타나고 확인 버튼을 클릭하면 대화상자가 사라진다.

다음으로 이 대화상자에서 특정 범죄의 발생일자를 보여주고 사용자가 변경할 수 있게 해보자.

그림 13.3 | 날짜 선택 대화상자

두 프래그먼트 간의 데이터 전달하기

인텐트 엑스트라를 사용한 두 액티비티 간의 데이터 전달, 콜백 인터페이스를 사용한 프래그먼트와 액티비티 간의 데이터 전달, 프래그먼트 인자를 사용한 액티비티로부터 프래그먼트로의 데이터 전달에 관해서는 이미 다른 장에서 알아보았다.

여기서는 같은 액티비티에 의해 호스팅되는 두 프래그먼트, 즉 **CrimeFragment**와 **DatePicker Fragment** 간의 데이터 전달이 필요하다(그림 13.4).

그림 13.4 │ CrimeFragment와 DatePickerFragment 간의 데이터 전달

DatePickerFragment에 범죄 발생일자(**Crime** 객체의 date)를 전달하기 위해 `newInstance(Date)` 함수를 작성하고, 이 함수의 인자로 전달된 발생일자를 **DatePickerFragment**의 프래그먼트 인 자로 전달한다.

그다음에 대화상자에서 사용자가 선택한 날짜를 **DatePickerFragment**에서 **CrimeFragment**로 돌려준다. 더불어 사용자가 선택한 날짜를 인자로 받는 콜백 인터페이스 함수를 **DatePicker Fragment**에 선언하기 위해 **CrimeFragment**가 모델 계층(**Crime** 객체)과 자신의 뷰(범죄 상세 내 역 화면)를 변경한다(그림 13.5).

그림 13.5 │ CrimeFragment와 DatePickerFragment 간의 처리 흐름

DatePickerFragment에 데이터 전달하기

DatePickerFragment에 현재의 범죄 발생일자를 전달하고자 여기서는 **DatePickerFragment** 의 인자 번들에 해당 날짜를 저장한다.

일반적으로 프래그먼트 인자의 생성과 설정은 프래그먼트 생성자를 대체하는 **newInstance(...)** 함수에서 처리한다. 따라서 DatePickerFragment.kt에서 동반 객체(companion object) 내부에 **newInstance(Date)** 함수를 추가하면 된다(Date의 **import** 문을 추가할 때 java.util.Date를 선택한다).

리스트 13.3 | newInstance(Date) 함수 추가하기(DatePickerFragment.kt)

```kotlin
private const val ARG_DATE = "date"

class DatePickerFragment : DialogFragment() {

    override fun onCreateDialog(savedInstanceState: Bundle?): Dialog {
        ...
    }

    companion object {
        fun newInstance(date: Date): DatePickerFragment {
            val args = Bundle().apply {
                putSerializable(ARG_DATE, date)
            }

            return DatePickerFragment().apply {
                arguments = args
            }
        }
    }
}
```

여기서 arguments는 **DatePickerFragment**의 속성(최상위 슈퍼 클래스인 **Fragment**로부터 **Dialog Fragment**로 상속되고 다시 **DatePickerFragment**로 상속됨)이며, 프래그먼트 인자를 갖는다.

그다음에 **CrimeFragment**에서 **DatePickerFragment**의 생성자 호출 코드를 삭제하고, **Date PickerFragment.newInstance(Date)** 호출로 교체한다.

리스트 13.4 | newInstance(...) 호출 추가하기(CrimeFragment.kt)

```kotlin
override fun onStart() {
    ...
    dateButton.setOnClickListener {
        DatePickerFragment().apply {
        DatePickerFragment.newInstance(crime.date).apply {
            show(this@CrimeFragment.getParentFragmentManager(), DIALOG_DATE)
        }
    }
}
```

DatePickerFragment는 Date 객체의 데이터를 사용해서 DatePickerDialog를 초기화해야 한다. DatePickerDialog를 초기화하려면 월, 일, 년의 정수 값들이 필요하다. 그러나 Date 객체는 타임스탬프 형태이므로 이런 형식의 정수를 제공할 수 없다.

따라서 필요한 정수들을 얻으려면 Date 객체를 사용해서 Calendar 객체를 생성해야 한다. 그렇게 해야 이 Calendar 객체로부터 필요한 형태의 정수를 얻을 수 있다.

프래그먼트 인자로부터 얻은 Date 객체의 값을 Calendar 객체로 옮긴 후 DatePickerDialog를 초기화하는 코드를 DatePickerFragment.kt의 onCreateDialog(Bundle?)에 추가한다.

리스트 13.5 | DatePickerDialog 초기화하기(DatePickerFragment.kt)

```kotlin
class DatePickerFragment : DialogFragment() {

    override fun onCreateDialog(savedInstanceState: Bundle?): Dialog {
        val date = arguments?.getSerializable(ARG_DATE) as Date
        val calendar = Calendar.getInstance()
        calendar.time = date
        val initialYear = calendar.get(Calendar.YEAR)
        val initialMonth = calendar.get(Calendar.MONTH)
        val initialDate = calendar.get(Calendar.DAY_OF_MONTH)

        return DatePickerDialog(
            requireContext(),
            null,
            initialYear,
            initialMonth,
            initialDate
        )
    }
    ...
}
```

이제는 CrimeFragment가 DatePickerFragment에 범죄 발생일자를 전달할 수 있다. Criminal Intent 앱을 다시 실행해보면 이전처럼 모든 것이 잘 작동함을 확인할 수 있다.

CrimeFragment로 데이터 반환하기

CrimeFragment가 DatePickerFragment로부터 사용자가 선택한 날짜를 돌려받으려면 두 프래그먼트 간의 관계를 계속해서 유지하고 관리하는 방법이 필요하다.

액티비티의 경우에 **startActivityForResult(...)** 함수를 호출하면 **ActivityManager**가 부모-자식 액티비티 관계를 계속해서 유지하고 관리한다. 따라서 자식 액티비티가 끝나면 이것의 결과를 어떤 액티비티가 받아야 하는지 **ActivityManager**가 안다.

대상 프래그먼트 설정하기

CrimeFragment를 **DatePickerFragment**의 **대상 프래그먼트**(target fragment)로 만들면 액티비티의 경우와 유사한 연결을 만들 수 있다. 그리고 **CrimeFragment** 인스턴스와 **DatePickerFragment** 인스턴스 모두가 안드로이드 운영체제에 의해 소멸되었다가 다시 생성되더라도 두 프래그먼트 간의 연결은 자동으로 복구된다. 이렇게 하려면 다음 **Fragment** 함수를 호출하면 된다.

```
setTargetFragment(fragment: Fragment, requestCode: Int)
```

이 함수는 대상이 되는 프래그먼트와 요청 코드를 인자로 받는데, 이 요청 코드는 **startActivityForResult(...)**의 인자로 전달되는 것과 같은 의미를 갖는다.

이때 **FragmentManager**는 대상 프래그먼트와 요청 코드를 계속 관리한다. 대상을 설정했던 프래그먼트의 targetFragment와 targetRequestCode 속성을 사용하면 이 정보를 알 수 있다.

이제 CrimeFragment.kt에서 요청 코드의 상수를 정의하고 **DatePickerFragment** 인스턴스의 대상 프래그먼트로 **CrimeFragment**를 설정한다.

리스트 13.6 | **대상 프래그먼트 설정하기(CrimeFragment.kt)**

```
...
private const val DIALOG_DATE = "DialogDate"
private const val REQUEST_DATE = 0

class CrimeFragment : Fragment() {
    ...
    override fun onStart() {
        ...
        dateButton.setOnClickListener {
            DatePickerFragment.newInstance(crime.date).apply {
                setTargetFragment(this@CrimeFragment, REQUEST_DATE)
                show(this@CrimeFragment.getParentFragmentManager(), DIALOG_DATE)
            }
```

```
            }
        }
        ...
}
```

대상 프래그먼트로 데이터 전달하기

CrimeFragment와 **DatePickerFragment**가 연결되었으니 **CrimeFragment**로 데이터(사용자가 선택한 날짜)를 반환해야 한다. 여기서는 **DatePickerFragment**에 콜백 인터페이스를 생성한다. 이때 이 콜백 인터페이스는 **CrimeFragment**가 구현한다.

우선 **DatePickerFragment**에 **onDateSelected()**라는 하나의 함수를 갖는 콜백 인터페이스를 생성한다.

리스트 13.7 | 콜백 인터페이스 생성하기(DatePickerFragment.kt)

```
class DatePickerFragment : DialogFragment() {

    interface Callbacks {
        fun onDateSelected(date: Date)
    }

    override fun onCreateDialog(savedInstanceState: Bundle?): Dialog {
        ...
    }
    ...
}
```

다음으로 **Callbacks** 인터페이스를 **CrimeFragment**에 구현한다. 이때 **onDateSelected(Date)** 에서는 인자로 전달된 **Date** 객체를 **Crime** 객체의 **date** 속성(CrimeFragment의 crime 속성이 참조함)에 설정하고 UI(범죄 상세 내역 화면)를 변경한다.

리스트 13.8 | 콜백 인터페이스 구현하기(CrimeFragment.kt)

```
class CrimeFragment : Fragment(), DatePickerFragment.Callbacks {
    ...
    override fun onStop() {
        ...
    }

    override fun onDateSelected(date: Date) {
```

```
        crime.date = date
        updateUI()
    }
    ...
}
```

이제는 **CrimeFragment**가 사용자가 선택한 날짜를 처리할 수 있으므로 이 날짜를 **DatePicker Fragment**가 전달해야 한다. **DatePickerDialog**의 리스너를 **DatePickerFragment**에 추가하면, 이 리스너에서는 사용자가 선택한 날짜를 **CrimeFragment**에게 전달한다(리스트 13.9).

리스트 13.9 | **사용자가 선택한 날짜 전달하기(DatePickerFragment.kt)**

```
class DatePickerFragment : DialogFragment() {
    ...
    override fun onCreateDialog(savedInstanceState: Bundle?): Dialog {
        val dateListener = DatePickerDialog.OnDateSetListener {
                _: DatePicker, year: Int, month: Int, day: Int ->

            val resultDate : Date = GregorianCalendar(year, month, day).time

            targetFragment?.let { fragment ->
                (fragment as Callbacks).onDateSelected(resultDate)
            }
        }

        val date = arguments?.getSerializable(ARG_DATE) as Date
        ...
        return DatePickerDialog(
            requireContext(),
            null,
            dateListener,
            initialYear,
            initialMonth,
            initialDate
        )
    }
    ...
}
```

OnDateSetListener는 사용자가 선택한 날짜를 받는 데 사용된다. 첫 번째 매개변수는 결과가 산출되는 **DatePicker** 객체이며, 여기서는 사용하지 않으므로 밑줄(_)을 지정하였다. 코틀린에서는 사용되지 않은(생략된) 매개변수를 나타낼 때 밑줄(_)을 사용한다.

선택된 날짜는 년, 월, 일 형식으로 제공된다. 그러나 이 값들을 **Date** 타입으로 **CrimeFragment**에 전달해야 하므로 **GregorianCalendar**의 인자로 이 값들을 전달한 후 time 속성을 사용해서 **Date** 객체를 얻는다.

targetFragment 속성은 **DatePickerFragment**와 연관된 프래그먼트(여기서는 **CrimeFragment**) 인스턴스 참조를 갖는다. 이 속성은 null 값을 가질 수 있으므로 null에 안전한 let 블록이 사용되었다. let 블록에서는 targetFragment 속성이 참조하는 프래그먼트 인스턴스의 타입을 **Callbacks** 인터페이스 타입으로 변환한 후, 새로운 날짜를 인자로 전달해 **onDateSelected()** 함수를 호출한다. 따라서 **CrimeFragment**에 구현된 **onDateSelected()** 함수가 호출되어 실행되므로, 사용자가 선택한 날짜가 **CrimeFragment**에 전달될 수 있다.

CriminalIntent 앱을 다시 실행하고 특정 항목을 클릭하면 해당 범죄의 상세 내역 화면이 나타난다. 이때 날짜 버튼을 클릭하면 대화상자도 나타난다. 그리고 날짜를 변경한 후 **OK** 버튼을 누르면 대화상자가 사라지고 상세 내역 화면(**CrimeFragment**의 뷰)에 변경된 날짜가 나타난다. 그다음에 백 버튼을 누르면 범죄 리스트가 나타나고 해당 범죄의 발생일자가 변경된 날짜로 바뀜을 확인할 수 있다. 다시 말해 모델 계층의 **Crime** 객체 데이터가 변경되었다.

챌린지: 더 많은 대화상자 만들기

TimePickerFragment라는 이름의 또 다른 대화상자 프래그먼트(**DialogFragment**)를 작성한다. 이 프래그먼트에서는 **TimePicker** 위젯을 사용해서 사용자가 당일의 범죄 발생 시간을 선택할 수 있게 한다. 그리고 화면에 **TimePickerFragment**를 보여주는 또 다른 버튼을 **Crime Fragment**에 추가한다.

CHAPTER

14

앱 바

잘 디자인된 안드로이드 앱에서 중요한 컴포넌트 중 하나가 **앱 바(app bar)**다. 앱 바는 사용자가 수행할 수 있는 액션(action)과 화면 간을 이동할 수 있는 메커니즘을 제공한다. 더불어 디자인의 일관성도 제공한다.

이 장에서는 앱 바에 Criminal Intent 앱의 메뉴를 추가해보자. 사용자는 이 메뉴를 통해 새로운 범죄를 추가할 수 있다(그림 14.1).

앱 바는 **액션 바(action bar)** 또는 **툴바(toolbar)** 라고도 한다. 이와 관련된 내용은 이 장 끝의 '궁금증 해소하기: 앱 바 vs 액션 바 vs 툴바'에서 추가로 알아보겠다.

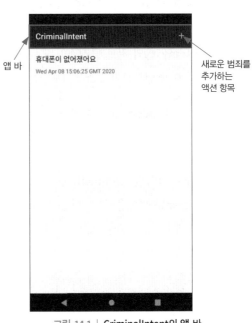

앱 바

새로운 범죄를
추가하는
액션 항목

그림 14.1 | CriminalIntent의 앱 바

AppCompat의 기본 앱 바

CriminalIntent 앱은 이미 간단한 앱 바를 갖고 있다(그림 14.2).

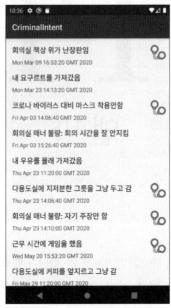

그림 14.2 | CriminalIntent의 앱 바

이렇게 앱 바를 포함하는 이유는 새로운 프로젝트를 생성할 때 안드로이드 스튜디오가 **AppCompatActivity**의 서브 클래스인 모든 액티비티에 앱 바를 기본으로 포함하도록 설정하기 때문이다. 이때 안드로이드 스튜디오가 다음 내용을 수행함으로써 이런 일이 가능해진다.

- Jetpack의 **AppCompat** 라이브러리 의존성을 추가한다.
- 앱 바를 포함하는 **AppCompat** 테마(theme) 중 하나를 적용한다.

우선 13장까지 작성된 CriminalIntent 프로젝트를 안드로이드 스튜디오에서 열자. 그리고 app/build.gradle 파일을 열면 다음의 **AppCompat** 라이브러리 의존성이 추가되었음을 볼 수 있다(제일 뒤의 1.2.0은 버전이며, 이는 달라질 수 있다).

```
dependencies {
    ...
    implementation 'androidx.appcompat:appcompat:1.2.0'
    ...
```

'AppCompat'은 'application compatibility'의 단축어다. Jetpack의 **AppCompat** 라이브러리는 안드로이드 버전이 달라도 일관된 UI를 유지하는 데 핵심이 되는 클래스와 리소스들을 포함한다. https://developer.android.com/reference/kotlin/androidx/packages에 접속한 후 왼쪽 패널에서 androidx.appcompat으로 시작하는 **AppCompat**의 각 하위 패키지를 클릭하면, 무엇이 포함되어 있는지 자세히 알 수 있다.

안드로이드 스튜디오 4.1.1 이전 버전에서는 새 프로젝트를 생성할 때 앱의 테마를 자동으로 **Theme.AppCompat.Light.DarkActionBar**로 설정한다. 이 테마는 **res/values/styles.xml**에 설정되어 있으며, 앱 전체의 기본 스타일을 지정한다(스타일 이름은 **AppTheme**이다).

```
<resources>
    <!-- Base application theme. -->
    <style name="AppTheme" parent="Theme.AppCompat.Light.DarkActionBar">
        ...
    </style>
</resources>
```

그러나 안드로이드 스튜디오 4.1.1 버전부터는 새 프로젝트를 생성할 때 앱의 테마를 자동으로 **Theme.MaterialComponents.DayNight.DarkActionBar**로 설정한다. 이 테마는 **res/values/themes.xml**에 설정되어 있으며, 앱 전체의 기본 스타일을 지정한다(스타일 이름은 **Theme.앱이름**이며 여기서는 **Theme.CriminalIntent**다).

```
<resources xmlns:tools="http://schemas.android.com/tools">
    <!-- Base application theme. -->
    <style name="Theme.CriminalIntent" parent="Theme.MaterialComponents.
    DayNight.DarkActionBar">
        ...
    </style>
</resources>
```

애플리케이션의 테마는 매니페스트 파일에 애플리케이션 수준으로 지정되며, 액티비티마다 선택적으로 지정될 수도 있다. 프로젝트 도구 창에서 manifests/AndroidManifest.xml 파일을 열고 <application> 태그에 포함된 android:theme 속성을 보면, 다음과 같이 지정되었음을 볼 수 있다.

```
<manifest ... >
    <application
```

```
            ...
            android:theme="@style/Theme.CriminalIntent" >
            ...
    </application>
</manifest>
```

스타일과 테마는 21장에서 더 자세히 알아볼 테니 지금부터는 앱 바에 액션 메뉴를 추가해보자.

메뉴

앱 바의 오른쪽 위에는 메뉴(menu)를 넣을 수 있다. 메뉴는 **액션 항목(action item)**으로 구성되며 (때로는 **메뉴 항목**이라고도 함), 액션 항목은 현재 화면과 관련된 액션 또는 앱 전체의 액션을 수행할 수 있다. 여기서는 사용자가 새로운 범죄 데이터를 추가할 수 있는 액션 항목을 생성해본다.

액션 항목의 이름은 문자열 리소스로 만들어야 한다. res/values/strings.xml을 열어 새로운 액션을 나타내는 문자열을 추가한다.

리스트 14.1 | 메뉴 문자열 추가하기(res/values/strings.xml)

```
<resources>
    ...
    <string name="crime_solved_label">해결됨</string>
    <string name="new_crime">새로운 범죄</string>

</resources>
```

XML로 메뉴 정의하기

메뉴는 레이아웃과 유사한 리소스로, XML 파일로 생성해 프로젝트의 res/menu 디렉터리에 둔다. 그리고 코드에서 메뉴를 인플레이트해 사용할 수 있도록 앱을 빌드하면 메뉴 파일의 리소스 ID가 자동 생성된다.

먼저 프로젝트 도구 창의 **res** 디렉터리에서 오른쪽 마우스 버튼을 클릭한 후 **New ➡ Android Resource File**을 선택한다. 그리고 파일 이름에는 'fragment_crime_list'를 입력하고 리소스 타입은 'Menu'로 변경한 후 **OK** 버튼을 클릭한다(그림 14.3). 그러면 res/menu/fragment_crime_list.

xml 파일이 생성되고 편집기 창에 열린다.

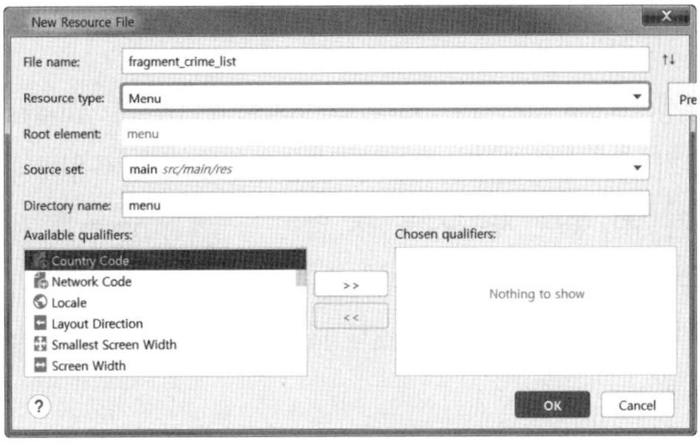

그림 14.3 | 메뉴 파일 생성하기

여기서는 메뉴 파일의 이름이 **CrimeListFragment**의 레이아웃 파일 이름과 같다. 그러나 메뉴 파일은 res/menu/에 생성된다. 편집기 창에 열린 fragment_crime_list.xml 파일에서 편집기 창의 오른쪽 위에 있는 코드 버튼(≡ Code)을 클릭해 코드 뷰로 전환하고 리스트 14.2의 item 요소를 추가한다.

리스트 14.2 | CrimeListFragment의 메뉴 리소스 생성하기(res/menu/fragment_crime_list.xml)

```
<menu xmlns:android="http://schemas.android.com/apk/res/android"
      xmlns:app="http://schemas.android.com/apk/res-auto">
    <item
        android:id="@+id/new_crime"
        android:icon="@android:drawable/ic_menu_add"
        android:title="@string/new_crime"
        app:showAsAction="ifRoom|withText"/>
</menu>
```

showAsAction 속성은 액션 항목이 앱 바 자체에 보이게 할 것인지, 아니면 **오버플로 메뉴**(overflow menu)에 포함되어 보이게 될 것인지를 나타낸다. 여기서는 ifRoom과 withText 두 값을 같이 지정했으므로 앱 바에 공간이 있으면 액션 항목의 아이콘과 텍스트 모두 앱 바에 나타난다. 만일 아이콘을 보여줄 공간은 있지만 텍스트의 공간은 없다면 아이콘만 나타나고, 둘다 보여줄 공간이 없으면 해당 액션 항목은 오버플로 메뉴에 들어간다.

오버플로 메뉴에 액션 항목이 있으면 그림 14.4처럼 앱 바의 제일 오른쪽에 있는 세 개의 점으로 나타나서 이것을 누르고 선택할 수 있다.

그림 14.4 | 앱 바의 오버플로 메뉴

showAsAction 속성의 다른 값으로는 always와 never가 있는데, always는 액션 항목을 항상 앱 바에 보여주기 때문에 권장하지 않는다. 대신에 ifRoom을 사용해서 안드로이드 운영체제가 결정하게 하는 것이 좋다. 자주 사용하지 않는 액션에는 never를 지정해서 오버플로 메뉴에 두는 것이 좋다. 화면이 너무 어수선해지는 것을 피하려면 사용자가 자주 사용할 액션 항목들만 앱 바에 두어야 한다. 따라서 리스트 14.2와 같이 ifRoom과 withText 두 값을 같이 지정하는 것이 좋다.

앱의 네임스페이스

fragment_crime_list.xml에서는 xmlns 태그를 사용해서 새로운 네임스페이스(namespace)로 app을 정의하는데, 보통의 android 네임스페이스와는 다르다. 여기서는 showAsAction 속성을 지정하기 위해 app 네임스페이스가 사용되었다.

app과 같이 특이한 네임스페이스는 **AppCompat** 라이브러리와 관련해서 필요하다. 앱 바(당시에는 액션 바라고 했던) API는 안드로이드 3.0에서 처음 추가되었다. 원래 **AppCompat** 라이브러리의 앱 바는 더 이전 버전의 안드로이드를 지원하는 앱에 호환성 버전의 액션 바를 넣을 수 있게 만든 것으로, 액션 바를 지원하지 않는 안드로이드 버전을 실행하는 장치까지도 액션 바가 나타날 수 있게 한다.

AppCompat 라이브러리는 커스텀 showAsAction 속성을 정의하고 있으며, 안드로이드의 내장된 showAsAction 속성을 사용하지 않는다.

메뉴 생성하기

메뉴는 **Activity** 클래스의 콜백(callback) 함수가 관리한다. 메뉴가 필요하면 안드로이드는 **Activity** 함수인 onCreateOptionsMenu(Menu)를 호출한다.

그런데 이 앱에서는 액티비티가 아닌 프래그먼트에 구현된 코드를 호출한다. **Fragment**는 자신의 메뉴 콜백 함수들을 갖고 있다. 이 예제에서는 이 함수들을 **CrimeListFragment**에 구현한다. 메뉴를 생성하고 액션 항목의 선택에 응답하는 함수들은 다음과 같다.

```
onCreateOptionsMenu(menu: Menu, inflater: MenuInflater)
onOptionsItemSelected(item: MenuItem): Boolean
```

CrimeListFragment.kt에서 **onCreateOptionsMenu(Menu, MenuInflater)**를 오버라이드해 fragment_crime_list.xml에 정의된 메뉴를 인플레이트하자.

리스트 14.3 | 메뉴 리소스 인플레이트하기(CrimeListFragment.kt)

```
class CrimeListFragment : Fragment() {
    ...
    override fun onDetach() {
        super.onDetach()
        callbacks = null
    }

    override fun onCreateOptionsMenu(menu: Menu, inflater: MenuInflater) {
        super.onCreateOptionsMenu(menu, inflater)
        inflater.inflate(R.menu.fragment_crime_list, menu)
    }
    ...
}
```

이 함수에서는 **MenuInflater.inflate(Int, Menu)**를 호출할 때 메뉴 파일의 리소스 ID를 인자로 전달한다. 이렇게 함으로써 파일에 정의된 액션 항목들로 **Menu** 인스턴스가 채워진다.

여기서는 슈퍼 클래스에 구현된 **onCreateOptionsMenu(…)**를 먼저 호출했다. 따라서 슈퍼 클래스에 정의된 어떤 메뉴 기능도 여전히 작동할 수 있다. 하지만 슈퍼 클래스인 **Fragment**의 **onCreateOptionsMenu(…)** 함수에서는 아무 일도 하지 않기 때문에 특별한 의미는 없다.

CrimeListFragment를 호스팅하는 액티비티(여기서는 **MainActivity**)가 운영체제로부터 자신의 **onCreateOptionsMenu(…)** 콜백 함수 호출을 받았을 때 **FragmentManager**는 **Fragment. on CreateOptionsMenu(Menu, MenuInflater)**를 호출하는 책임을 갖는다. 단, 다음의 **Fragment** 함수를 호출해서 **CrimeListFragment**가 **onCreateOptionsMenu(…)** 호출을 받아야 함을 **FragmentManager**에 명시적으로 알려주어야 한다.

```
setHasOptionsMenu(hasMenu: Boolean)
```

따라서 **CrimeListFragment.onCreate(Bundle?)**에 **CrimeListFragment**가 메뉴 콜백 호출을 받아야 함을 **FragmentManager**에 알려주는 코드를 추가한다.

리스트 14.4 | 메뉴 콜백 호출을 받도록 하기(CrimeListFragment.kt)

```
class CrimeListFragment : Fragment() {
    ...
    override fun onAttach(context: Context) {
        ...
    }

    override fun onCreate(savedInstanceState: Bundle?) {
        super.onCreate(savedInstanceState)
        setHasOptionsMenu(true)
    }
    ...
}
```

CriminalIntent 앱을 실행하고 메뉴를 확인해보자(그림 14.5).

그림 14.5 | 앱 바에 나타난 범죄 추가 액션 항목 아이콘

그런데 액션 항목의 텍스트는 어디 있을까? 대부분의 폰에서는 세로 방향일 때 아이콘을 보여줄 공간밖에 없지만, 앱 바의 + 아이콘을 길게 누르면 텍스트를 볼 수 있다(그림 14.6).

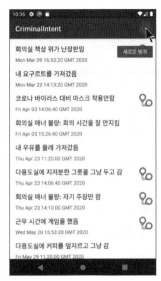

그림 14.6 | 앱 바의 아이콘 제목 보기

가로 방향에서는 앱 바에 아이콘과 텍스트를 같이 보여준다(그림 14.7).

그림 14.7 | 앱 바에 같이 나타난 아이콘과 텍스트

메뉴 선택에 응답하기

사용자가 '**새로운 범죄**' 액션 항목을 눌렀을 때 그에 대한 응답을 하려면 **CrimeListFragment** 가 데이터베이스에 새로운 범죄 데이터(**Crime** 인스턴스)를 추가할 방법이 필요하다. 그러기 위 해서는 리포지터리의 **addCrime(Crime)** 함수를 호출하는 코드를 **CrimeListViewModel**에 추 가하면 된다.

```kotlin
class CrimeListViewModel : ViewModel() {

    private val crimeRepository = CrimeRepository.get()
    val crimeListLiveData = crimeRepository.getCrimes()

    fun addCrime(crime: Crime) {
        crimeRepository.addCrime(crime)
    }
}
```

사용자가 메뉴 항목을 누르면 프래그먼트에서 **onOptionsItemSelected(MenuItem)** 함수의 콜백 호출을 받게 되고, 이 함수는 사용자가 선택한 **MenuItem**의 인스턴스를 인자로 받는다.

지금 메뉴에는 액션 항목 하나만 있지만, 메뉴는 대개 둘 이상의 액션 항목을 갖는다. 이때 어떤 액션 항목이 선택되었는지는 **MenuItem**의 ID를 확인해서 알아낸 뒤 해당 항목에 적합한 응답을 하면 된다. 이 ID는 메뉴 파일의 **MenuItem**에 지정한 리소스 ID와 일치한다.

이제 CrimeListFragment.kt의 **onOptionsItemSelected(MenuItem)** 함수를 구현해서 **MenuItem**의 선택에 응답하게 한다(리스트 14.6). 이 함수에서는 새로운 **Crime** 객체를 생성하고 데이터베이스에 추가한다. 그다음에 부모 액티비티(**MainActivity**)에 구현된 **onCrimeSelected(...)** 콜백 함수(12장의 리스트 12.7 참고)를 호출해 **CrimeListFragment**를 **CrimeFragment**로 교체한다. 이렇게 하면 데이터베이스에 새로 추가된 범죄 데이터(**Crime** 객체)가 상세 내역 화면에 보이고, 사용자가 변경할 수도 있게 된다.

리스트 14.6 | 메뉴 선택에 응답하기(CrimeListFragment.kt)

```kotlin
class CrimeListFragment : Fragment() {
    ...
    override fun onCreateOptionsMenu(menu: Menu, inflater: MenuInflater) {
        super.onCreateOptionsMenu(menu, inflater)
        inflater.inflate(R.menu.fragment_crime_list, menu)
    }

    override fun onOptionsItemSelected(item: MenuItem): Boolean {
        return when (item.itemId) {
            R.id.new_crime -> {
                val crime = Crime()
                crimeListViewModel.addCrime(crime)
                callbacks?.onCrimeSelected(crime.id)
                true
            }
```

```
            else -> return super.onOptionsItemSelected(item)
        }
    }
    ...
}
```

---

onOptionsItemSelected(MenuItem) 함수는 Boolean 값을 반환한다. 즉, 선택된 MenuItem
을 정상적으로 처리하고 나면 더 이상의 처리가 필요 없음을 나타내는 true를 반환해야 한다.
만일 false를 반환하면, 호스팅 액티비티의 onOptionsItemSelected(MenuItem) 함수를 호
출해 메뉴 처리가 계속된다. 그리고 처리를 구현하지 않은 액션 항목 ID는 슈퍼 클래스에 구
현된 onOptionsItemSelected(MenuItem) 함수를 호출한다.

이제는 범죄 데이터를 직접 추가할 수 있다. 따라서 에뮬레이터로 업로드했던 데이터베이스
(11장의 '데이터베이스 업로드하기' 참고)는 더 이상 필요 없다. 우선 데이터베이스 파일을 삭제해
보자. 안드로이드 스튜디오의 오른쪽 밑에 있는 'Device File Explorer' 도구 버튼을 클릭해 장
치 파일 탐색기를 열어 data/data/ 폴더를 확장한다. 그리고 프로젝트의 패키지 이름(여기서
는 com.bignerdranch.android.criminalintent)과 같은 서브 폴더를 확장하면 **databases** 폴더
가 보이는데, 이 폴더에서 오른쪽 마우스 버튼을 클릭한 후 **Delete...**를 선택하면 삭제된다(그
림 14.8).

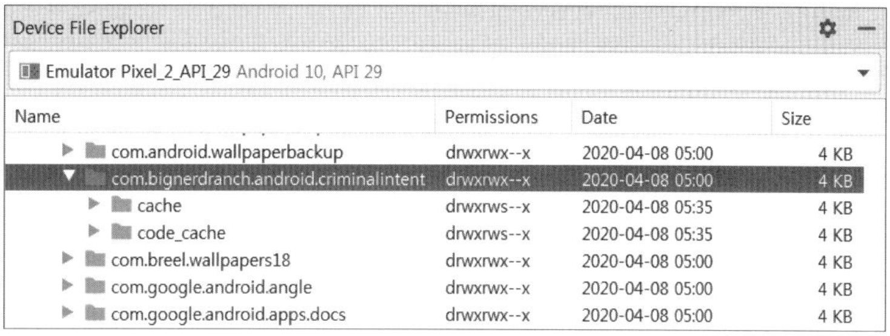

그림 14.8 | 데이터베이스 파일의 삭제

CriminalIntent 앱을 실행하면 비어 있는 범죄 리스트가 나타난다(그림 14.9의 왼쪽 이미지). 이
때 오른쪽 위의 + 버튼을 클릭하면 범죄 상세 내역 화면이 나타난다(그림 14.9의 중간 이미지).
그리고 범죄 제목, 발생일자, 해결 여부를 입력 또는 선택하고 백 버튼을 누르면, 방금 새로 추
가한 범죄 데이터가 범죄 리스트에 나타난다(그림 14.9의 오른쪽 이미지).

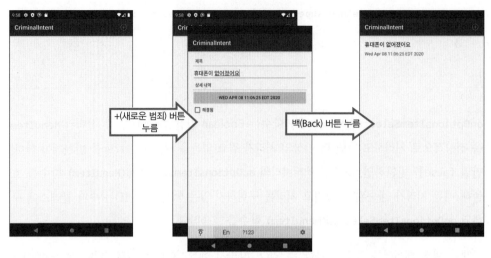

그림 14.9 │ 새로운 범죄 데이터 추가

그림 14.9의 왼쪽 이미지처럼 텅 빈 범죄 리스트가 나타나면 황당할 것이다. 그러므로 이처럼 리스트에 데이터가 없을 때는 사용자에게 뭔가를 알려주는 것이 좋다(이 장 끝의 '챌린지: 텅 빈 RecyclerView'를 해보면 도움이 된다).

에뮬레이터에서 한글을 사용하려면 우선 한국어를 추가해야 한다. 에뮬레이터에서 **Settings ➡ System ➡ Languages & input ➡ Languages ➡ Add a language**를 클릭한 후 스크롤하여, 끝 부분에 있는 **한국어 ➡ 대한민국**을 선택한다. 그리고 '한국어(대한민국)' 오른쪽의 아이콘(≡)을 클릭하고 영어 위로 끌어서 놓는다. 이렇게 하면 에뮬레이터의 기본 언어가 한국어로 설정된다. 여기까지 설정하면 한글을 사용할 준비가 된 것이다. 한글과 영문을 전환할 때는 화면 왼쪽 밑에 있는 지구본 모양의 키를 클릭하면 된다.

안드로이드 애셋 스튜디오 사용하기

메뉴 파일에 있는 android:icon 속성의 값인 @android:drawable/ic_menu_add는 **시스템 아이콘**(system icon)을 참조한다. 시스템 아이콘은 이 프로젝트의 리소스가 아니고 장치에 있는 아이콘이다.

앱을 개발할 때는 시스템 아이콘을 참조해도 무난하다. 그러나 시스템 아이콘은 장치나 안드로이드 버전에 따라 매우 다를 수 있다. 따라서 앱이 실행되는 장치에 따라 의도한 디자인과 맞지 않는 아이콘이 나타날 수 있다.

이 문제를 해결할 수 있는 첫 번째 방법은 자체 아이콘을 만드는 것이다. 이때는 각 화면 밀도별로 하나씩 만들어야 한다. 더 자세한 내용은 안드로이드의 아이콘 디자인 지침 페이지인 https://material.io/design/iconography/를 참고한다.

두 번째 방법은 앱의 요구에 맞는 시스템 아이콘을 찾아서 프로젝트의 **drawable** 리소스로 복사하는 것이다.

시스템 아이콘은 안드로이드 SDK 디렉터리에 있다. SDK를 설치할 때 디렉터리를 변경하지 않으면 맥 시스템은 /Users/user/Library/Android/sdk에 SDK가 있으며, 윈도우 시스템은 C:\Users\user\AppData\Local\Android\Sdk에 있다(여기서 user는 사용자마다 다르다). 안드로이드 스튜디오 메인 메뉴의 **File ➡ Project Structure**를 선택한 후 대화상자 왼쪽 위의 SDK Location을 선택하면 SDK가 설치된 경로를 확인할 수 있다.

fragment_crime_list.xml에 있는 ic_menu_add를 포함해서 안드로이드 리소스는 SDK 설치 디렉터리 아래의 platforms/android-XX/data/res에 있다. 여기서 XX는 안드로이드 버전의 API 레벨이며, API 30 레벨의 경우는 platforms/android-30/data/res에 있다.

세 번째 방법은 안드로이드 스튜디오에 포함된 안드로이드 애셋 스튜디오(Asset Studio)를 사용하는 것으로, 개중 가장 쉬운 방법이다. 애셋 스튜디오를 사용하면 앱 바에 사용할 이미지를 생성하고 커스터마이징할 수 있다.

프로젝트 도구 창의 res/ drawable 디렉터리에서 오른쪽 마우스 버튼을 클릭한 후 New ➡ Image Asset을 선택하면 애셋 스튜디오 대화상자가 나타난다(그림 14.10).

그림 14.10처럼 맨 위의 아이콘 타입 드롭다운에서 'Action Bar and Tab Icons'

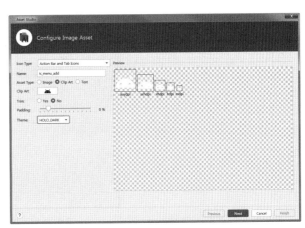

그림 14.10 | 애셋 스튜디오

를 선택하고 Name 필드에는 'ic_menu_add'를 입력한 후 애셋 타입을 'Clip Art'로 선택한다. 그런 다음 맨 밑의 테마(Theme)를 'HOLO_DARK'로 변경한다. 앱 바에 어두운 테마를 사용하면 이미지가 밝은 색으로 나타난다.

그리고 'Clip Art' 오른쪽의 이미지 버튼을 클릭하면 클립 아트 아이콘을 선택할 수 있는 대화 상자가 나타난다(그림 14.11).

그림 14.11 | 클립 아트 아이콘 선택하기

그림 14.11과 같이 + 기호 아이콘을 선택하고 OK 버튼을 누르면 다시 그림 14.10의 대화상자로 돌아간다. 그리고 NEXT 버튼을 클릭하면 그림 14.12의 대화상자가 나타난다. 여기서는 애셋 스튜디오가 생성해주는 파일들을 미리 보여준다. 맨 위의 XML 파일은 이 아이콘의 XML이며, 이 XML을 사용해서 화면 해상도(xxhdpi, xhdpi, hdpi, mdpi)에 따라 서로 다른 **drawable** 디렉터리에 PNG 파일들이 생성된다. 각 PNG 파일을 클릭하면 해당 해상도에 맞는 이미지를 미리 볼 수 있다.

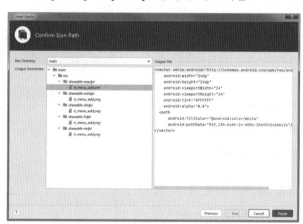

그림 14.12 | 애셋 스튜디오가 생성해주는 파일들

Finish 버튼을 클릭하면 각 **drawable** 디렉터리에 XML 및 PNG 파일들이 생성된다. 이제 원하는 리소스(아이콘) 파일이 프로젝트에 생성되었으니 메뉴 액션 항목에서 이 리소스를 참조하도록 **android:icon** 속성을 변경하자.

리스트 14.7 │ **프로젝트에 포함된 아이콘 리소스 참조하기(res/menu/fragment_crime_list.xml)**

```
<item
    android:id="@+id/new_crime"
    android:icon="@android:drawable/ic_menu_add"
    android:icon="@drawable/ic_menu_add"
    android:title="@string/new_crime"
    app:showAsAction="ifRoom|withText"/>
```

CriminalIntent 앱을 실행하면 변경된 메뉴 아이콘이 나타난다(그림 14.13). 이렇게 하면 각 사용자의 장치에 설치된 안드로이드 버전과 무관하게 항상 같은 모양으로 나타난다.

그림 14.13 │ **변경된 메뉴 아이콘**

궁금증 해소하기: 앱 바 vs 액션 바 vs 툴바

앱 바를 '툴바' 또는 '액션 바'라고 하는 얘기를 가끔 들을 것이다. 그리고 안드로이드 문서에서도 이 용어들을 혼용해서 사용한다. 하지만 앱 바, 액션 바, 툴바가 정말 같은 것일까? 이 용어들은 서로 관련이 있으나 정확하게 같은 것은 아니며, UI 설계 요소로는 '앱 바'라고 한다.

안드로이드 5.0(롤리팝, API 레벨 21) 이전에는 앱 바가 **ActionBar** 클래스를 사용해서 구현되었다. 따라서 액션 바와 앱 바 두 용어는 같은 것으로 간주했다. 그러나 안드로이드 5.0부터는 앱 바를 구현하는 방법으로 **Toolbar** 클래스가 도입되었다.

2021년을 기준으로 **AppCompat** 라이브러리는 Jetpack의 **Toolbar** 위젯을 사용해서 액션 바(앱 바)를 구현한다(그림 14.14).

(CriminalIntent 앱을 실행하고 범죄 리스트에서 하나를 선택해 상세 내역 화면이 나타나게 한다. 그리고 안드로이드 스튜디오 메뉴 바의 **Tools ➡ Layout Inspector**를 선택하면 그림 14.14와 같이 레이아웃 검사기 도구 창이 열린다. 그리고 왼쪽의 컴포넌트 트리 패널에서 우리가 원하는 레이아웃이나 컴포넌트를 확장하고 선택하면 중앙의 레이아웃 화면에 표시해주며, 속성과 상세 정보를 오른쪽 패널에 보여준다. 그림 14.14에서는 액션 바를 선택하였다).

그림 14.14 | 레이아웃 검사기로 본 액션 바

ActionBar와 Toolbar는 매우 유사한 컴포넌트다. 그러나 툴바는 변경된 UI를 가지며 액션 바보다 유연성 있게 사용할 수 있는 반면에, 액션 바는 항상 화면의 제일 위쪽에 나타나며 한 화면에 하나만 있는 등 많은 제약을 가졌다. 게다가 액션 바의 크기는 정해져 있어서 변경할 수 없지만, 툴바는 이런 제약을 갖지 않는다.

이 장에서는 AppCompat 테마 중 하나에서 제공한 툴바를 사용했지만, 액티비티나 프래그먼트의 레이아웃 파일에 포함된 뷰로 툴바를 포함할 수 있다. 그리고 화면의 어떤 위치에도 툴바를 둘 수 있고 여러 개를 넣을 수도 있다. 이런 유연성 덕분에 흥미로운 화면 디자인이 가능하다. 예를 들어, 각 프래그먼트가 자신의 툴바를 갖는다고 해보자. 그리고 한 화면에서 동시에 여러 개의 프래그먼트를 수용한다면, 화면 위에 하나의 툴바를 공유하지 않고 각 프래그먼트가 자신의 툴바를 갖고 나타날 수 있다.

또한, 툴바는 내부에 다른 뷰들을 둘 수 있고 높이도 조정할 수 있어서 앱의 작동 방식에 훨씬 더 좋은 유연성을 제공한다.

궁금증 해소하기: AppCompat 앱 바 사용하기

이 장에서 보았듯이, 메뉴 항목을 추가해 앱 바의 내용을 변경할 수 있다. 이외에도 런타임 시에 앱 바의 제목과 같은 다른 앱 바 속성을 변경할 수도 있다.

AppCompat 라이브러리의 앱 바를 사용하려면 AppCompatActivity의 supportActionBar 속성을 참조하면 된다. 예를 들어, 다음과 같이 하면 된다.

```
val appCompatActivity = activity as AppCompatActivity
val appBar = appCompatActivity.supportActionBar as Toolbar
```

여기서는 프래그먼트를 호스팅하는 액티비티의 타입을 AppCompatActivity로 변환한다 (CriminalIntent 앱에서는 AppCompat 라이브러리를 사용하므로 이미 MainActivity가 AppCompatActivity의 서브 클래스로 되어 있다. 따라서 MainActivity의 타입을 AppCompatActivity로 변환하지 않아도 앱 바를 참조할 수 있다).

그리고 supportActionBar 속성이 참조하는 ActionBar의 타입을 Toolbar로 변환하면 Toolbar의 어떤 함수도 호출할 수 있다. 다시 말지만, AppCompat 라이브러리는 Toolbar

를 사용해서 앱 바를 구현한다. 그러나 과거에 **ActionBar**를 사용했기 때문에 앱 바를 사용하는 속성의 이름에 ActionBar가 포함되어 있다.

앱 바의 참조를 얻은 후에는 다음과 같이 제목을 변경할 수 있다.

```
appBar.setTitle(R.string.some_cool_title)
```

다른 함수는 https://developer.android.com/reference/kotlin/androidx/appcompat/widget/Toolbar에 있는 **Toolbar** API 참조 문서를 보면 알 수 있다.

액티비티가 화면에 나타나 있을 때 앱 바의 메뉴 내용을 동적으로 변경해야 한다면 **invalidate OptionsMenu()** 함수를 호출해서 **onCreateOptionsMenu(Menu, MenuInflater)** 콜백 함수가 실행되도록 하면 된다. 그리고 이 함수에서 메뉴의 내용을 변경하면 화면에 반영된다.

챌린지: 텅 빈 뷰를 갖는 RecyclerView

범죄 데이터가 하나도 없으면 하얗게 비어 있는 **RecyclerView**가 화면에 나타난다. 따라서 이처럼 리스트에 아무런 항목도 없을 때는 사용자에게 뭔가를 알려주어야 한다.

이 챌린지에서는 '범죄 데이터 없음'과 같은 메시지를 새로운 뷰에 보여주고, 새로운 범죄 데이터를 생성할 수 있는 버튼을 해당 뷰에 추가해보자.

그리고 적합한 시점에 해당 뷰를 보여주거나 감추기 위해 모든 **View** 클래스에 있는 **visibility** 속성을 사용한다.

CHAPTER

15

암시적 인텐트

안드로이드에서는 **인텐트(intent)**를 사용해 장치의 다른 앱에 있는 액티비티를 시작시킬 수 있다. **명시적 인텐트(explicit intent)**에서는 시작시킬 액티비티 클래스를 지정하면 안드로이드 운영체제가 해당 액티비티를 시작시킨다. 반면에 **암시적 인텐트(implicit intent)**에서는 해야 할 작업을 알려주면 안드로이드 운영체제가 이 작업을 수행하는 데 적합한 앱의 액티비티를 찾아서 시작시킨다.

이 장에서는 암시적 인텐트를 사용해서 사용자의 연락처(contacts)에서 범죄 용의자를 한 명 선택하고(그림 15.1의 '용의자 선택' 버튼을 누를 때), 텍스트 형태의 범죄 보고서를 전송할 수 있게(그림 15.1의 '범죄 보고서 전송' 버튼을 누를 때) 해보자. 이때 사용자는 장치에 설치된 연락처 앱과 텍스트 전송 앱을 선택해 사용할 수 있다.

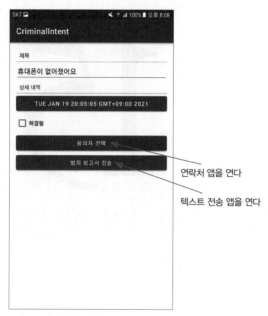

연락처 앱을 연다

텍스트 전송 앱을 연다

그림 15.1 | 연락처 앱과 텍스트 전송 앱 열기

암시적 인텐트를 사용하면 추가로 앱을 개발하지 않아도 다른 앱을 이용할 수 있다. 따라서 모바일 장치의 여러 앱들에게 공통으로 필요한 작업을 쉽게 처리할 수 있다(예를 들어, 연락처 정보 조회, 이메일 송수신 등). 그리고 사용자 또한 다른 앱들을 이 앱과 연계해 사용할 수 있다.

암시적 인텐트 생성에 앞서 다음과 같이 몇 가지 준비할 것이 있다.

- '용의자 선택' 버튼과 '범죄 보고서 전송' 버튼을 **CrimeFragment**의 레이아웃에 추가한다.
- 용의자의 이름을 저장하는 suspect 속성을 **Crime** 클래스에 추가한다.
- **포맷 리소스 문자열**(format resource string)을 사용해서 범죄 보고서를 생성한다.

버튼 추가하기

새로운 버튼들을 포함하도록 **CrimeFragment**의 레이아웃을 변경하는데, 우선 버튼에 보여줄 문자열부터 추가한다.

```
<resources>
    ...
    <string name="new_crime">새로운 범죄</string>
    <string name="crime_suspect_text">용의자 선택</string>
    <string name="crime_report_text">범죄 보고서 전송</string>
</resources>
```

그다음에 프로젝트 도구 창에서 res/layout/fragment_crime.xml 파일을 열고 편집기 창의
오른쪽 위에 있는 코드 버튼(☰ Code)을 클릭해 코드 뷰로 전환한다. 그리고 리스트 15.2와
같이 두 개의 버튼 위젯을 fragment_crime.xml에 추가한다.

리스트 15.2 | '용의자 선택' 버튼과 '범죄 보고서 전송' 버튼 추가하기(res/layout/fragment_crime.xml)

```
<LinearLayout xmlns:android="http://schemas.android.com/apk/res/android"
              ... >
    ...
    <CheckBox
        android:id="@+id/crime_solved"
        android:layout_width="match_parent"
        android:layout_height="wrap_content"
        android:text="@string/crime_solved_label"/>

    <Button
        android:id="@+id/crime_suspect"
        android:layout_width="match_parent"
        android:layout_height="wrap_content"
        android:text="@string/crime_suspect_text"/>

    <Button
        android:id="@+id/crime_report"
        android:layout_width="match_parent"
        android:layout_height="wrap_content"
        android:text="@string/crime_report_text"/>
</LinearLayout>
```

레이아웃의 디자인을 보거나(편집기 창의 오른쪽 위에 있는 디자인 버튼(▨ Design)이나 분할 버튼
(▤ Split)을 클릭하면 된다), CriminalIntent 앱을 실행해 새 버튼들이 제대로 나타나는지 확인
한다.

모델 계층에 용의자 추가하기

다음으로 Crime.kt를 편집기 창에 열고 용의자 이름을 저장할 새로운 속성을 **Crime** 클래스에 추가한다.

리스트 15.3 | suspect 속성 추가하기(Crime.kt)

```
@Entity
data class Crime(@PrimaryKey val id: UUID = UUID.randomUUID(),
                 var title: String = "",
                 var date: Date = Date(),
                 var isSolved: Boolean = false,
                 var suspect: String = "")
```

그런 다음 **suspect** 속성값을 저장하도록 데이터베이스의 **Crime** 테이블 열(column)도 추가해야한다. 이렇게 하려면 **CrimeDatabase** 클래스의 버전을 높여서 Room이 데이터베이스를 새 버전으로 이행(migration)하게 해야 한다(이행이라 함은 기존 데이터베이스의 스키마를 업데이트하고 데이터를 새 버전의 스키마에 맞춰 옮기는 것을 말한다). 이때 **Migration** 클래스를 사용한다.

app/java 밑의 이 앱 패키지(여기서는 com.bignerdranch.android.criminalintent) 밑에 있는 **database** 폴더에서 CrimeDatabase.kt를 편집기 창에 열고 리스트 15.4와 같이 변경한다.

리스트 15.4 | 새 버전의 데이터베이스로 이행하기(database/CrimeDatabase.kt)

```
@Database(entities = [ Crime::class ], version=1 version=2)
@TypeConverters(CrimeTypeConverters::class)
abstract class CrimeDatabase : RoomDatabase() {

    abstract fun crimeDao(): CrimeDao
}

val migration_1_2 = object : Migration(1, 2) {
    override fun migrate(database: SupportSQLiteDatabase) {
        database.execSQL(
            "ALTER TABLE Crime ADD COLUMN suspect TEXT NOT NULL DEFAULT ''"
        )
    }
}
```

데이터베이스의 초기 버전이 1이었으므로 여기서는 2로 올렸다. 그리고 **Migration** 객체를 생성해 데이터베이스를 업데이트한다.

Migration 클래스의 생성자는 두 개의 인자를 받는다. 첫 번째는 업데이트 전의 데이터베이스 버전이고, 두 번째는 업데이트할 버전이다. 여기서는 버전 번호를 1과 2로 지정하였다.

Migration 객체에는 **migrate(SupportSQLiteDatabase)** 함수만 구현하면 된다. 이 함수에서는 인자로 전달된 데이터베이스를 사용해서 테이블을 업그레이드하는 데 필요한 SQL 명령을 실행한다(11장에서 보았듯이 Room은 내부적으로 SQLite를 사용한다). 여기서는 ALTER TABLE 명령으로 **suspect** 열을 **Crime** 테이블에 추가한다.

생성된 **Migration** 객체는 데이터베이스를 생성할 때 제공해야 한다. CrimeRepository.kt를 편집기 창에 열고 **CrimeDatabase** 인스턴스를 생성할 때 **Migration** 객체를 Room에 제공하도록 변경한다.

리스트 15.5 | Migration 객체를 Room에 제공하기(CrimeRepository.kt)

```
...
import com.bignerdranch.android.criminalintent.database.migration_1_2
...
class CrimeRepository private constructor(context: Context) {

    private val database : CrimeDatabase = Room.databaseBuilder(
        context.applicationContext,
        CrimeDatabase::class.java,
        DATABASE_NAME
    ).build()
    ).addMigrations(migration_1_2)
        .build()
    private val crimeDao = database.crimeDao()
    ...
}
```

Migration 객체를 설정하려면 addMigrations(…)를 호출한 후에 build() 함수를 호출해야 한다. addMigrations() 함수는 여러 개의 Migration 객체를 인자로 받을 수 있으므로 선언했던 모든 Migration 객체를 한꺼번에 전달할 수 있다.

앱이 실행되어 Room이 데이터베이스를 빌드할 때는 맨 먼저 장치의 기존 데이터베이스 버전을 확인한다. 그리고 이 버전이 **CrimeDatabase** 클래스의 @Database 애노테이션에 지정된 것과 일치하지 않으면, Room이 @Database에 지정된 버전에 맞는 **Migration** 객체를 찾아서 해당 버전으로 데이터베이스를 업데이트한다.

만일 데이터베이스 버전을 변경할 때 **Migration** 객체를 제공하지 않으면 Room이 기존 버전의 데이터베이스를 삭제하고 새 버전의 데이터베이스를 다시 생성한다. 이때 기존 데이터가 모두 없어지므로 주의해야 한다.

데이터베이스 버전 변경에 필요한 것이 준비되었다. 이제 CriminalIntent 앱을 실행해보면 14장에서 추가했던 범죄 데이터를 볼 수 있다. 지금부터는 새로 추가된 **suspect** 열을 사용할 수 있다.

포맷 문자열 사용하기

마지막으로 특정 범죄의 상세 정보로 구성되는 범죄 보고서의 템플릿을 생성하면 모든 준비가 끝난다. 앱이 실행되기 전까지는 범죄의 상세 정보를 알 수 없으니 런타임 시에 대체될 수 있는 플레이스 홀더를 갖는 다음 포맷 문자열을 사용해야 한다.

%1$s! 이 범죄가 발견된 날짜는 %2$s. %3$s, 그리고 %4$s

%1$s, %2$s 등이 문자열 인자로 대체되는 플레이스 홀더들이다. 이 포맷 문자열을 코드에서 사용할 때는 **getString(...)** 함수를 호출하며, 이때 포맷 문자열 리소스 ID, 그리고 플레이스 홀더들을 대체하는 순서대로 네 개의 문자열을 인자로 전달한다.

우선, 리스트 15.6과 같이 문자열 리소스를 strings.xml에 추가한다.

리스트 15.6 | 문자열 리소스 추가하기(res/values/strings.xml)

```
<resources>
    ...
    <string name="crime_suspect_text">용의자 선택</string>
    <string name="crime_report_text">범죄 보고서 전송</string>
    <string name="crime_report">%1$s!
      이 범죄가 발견된 날짜는 %2$s. %3$s, 그리고 %4$s
    </string>
    <string name="crime_report_solved">이 건은 해결되었음</string>
    <string name="crime_report_unsolved">이 건은 미해결임</string>
    <string name="crime_report_no_suspect">용의자가 없음.</string>
    <string name="crime_report_suspect">용의자는 %s.</string>
    <string name="crime_report_subject">CriminalIntent 범죄 보고서</string>
    <string name="send_report">범죄 보고서 전송</string>
</resources>
```

다음으로 문자열 네 개를 생성하고 결합해 하나의 완전한 보고서 문자열로 반환하는 함수를 CrimeFragment.kt에 추가한다.

리스트 15.7 | getCrimeReport() 함수 추가하기(CrimeFragment.kt)

```kotlin
...
private const val REQUEST_DATE = 0
private const val DATE_FORMAT = "yyyy년 M월 d일 H시 m분, E요일"

class CrimeFragment : Fragment(), DatePickerFragment.Callbacks {
    ...
    private fun updateUI() {
        ...
    }

    private fun getCrimeReport(): String {
        val solvedString = if (crime.isSolved) {
            getString(R.string.crime_report_solved)
        } else {
            getString(R.string.crime_report_unsolved)
        }

        val dateString = DateFormat.format(DATE_FORMAT, crime.date).toString()
        var suspect = if (crime.suspect.isBlank()) {
            getString(R.string.crime_report_no_suspect)
        } else {
            getString(R.string.crime_report_suspect, crime.suspect)
        }

        return getString(R.string.crime_report,
                crime.title, dateString, solvedString, suspect)
    }

    companion object {
        ...
    }
}
```

(DateFormat 클래스의 import 문을 추가할 때는 **android.text.format.DateFormat**을 선택해야 한다.)

준비 작업이 모두 끝났다. 지금부터는 암시적 인텐트를 자세히 알아보자.

암시적 인텐트 사용하기

인텐트는 하고자 원하는 것을 안드로이드 운영체제에 알려주는 객체다. 지금까지는 우리가 생성했던 **명시적** 인텐트를 사용해서 안드로이드 운영체제가 시작시킬 액티비티 이름을 명시적으로 지정하였다.

```
val intent = Intent(this, CheatActivity::class.java)
startActivity(intent)
```

암시적 인텐트를 사용할 때는 원하는 작업을 안드로이드 운영체제에 알려준다. 그러면 해당 작업을 할 수 있다고 자신을 알린 액티비티를 안드로이드 운영체제가 찾아서 시작시킨다. 단, 안드로이드 운영체제가 그런 능력을 가진 액티비티를 두 개 이상 찾으면 사용자가 선택할 수 있게 해준다.

암시적 인텐트의 구성 요소

원하는 작업을 정의할 때 사용하는 암시적 인텐트의 주요 구성 요소는 다음과 같다.

수행하고자 하는 액션(action)

    Intent 클래스의 상수다. 예를 들어, 웹 URL을 보기 원한다면 Intent.ACTION_VIEW를 액션으로 사용하며, 텍스트 등을 전송할 때는 Intent.ACTION_SEND를 사용한다. 이외에도 여러 가지 상수가 있다.

데이터의 위치

    웹 페이지의 URL과 같은 장치 외부의 것이 될 수 있다. 또는 파일에 대한 URI나 **Content Provider**의 레코드(주로 데이터베이스 테이블의 행)를 가리키는 **콘텐츠 URI**도 될 수 있다.

액션에서 필요한 데이터의 타입

    text/html이나 audio/mpeg3과 같은 MIME 타입이다. 인텐트가 데이터의 위치를 포함하면 해당 데이터로부터 타입을 유추할 수 있다.

선택적으로 사용하는 카테고리

    액션이 **무엇(what)**을 하는지를 나타내는 데 사용되는 것이라면 카테고리는 액티비티를 **어디서**

(where), 언제(when), 어떻게(how) 사용할지를 나타낸다. 액티비티가 최상위 수준의 앱 론처에 보여야 함을 나타내기 위해 안드로이드는 android.intent.category.LAUNCHER 카테고리를 사용한다. 반면에 액티비티의 패키지에 관한 정보를 사용자에게 보여주되 론처에는 나타나지 않아야 하는 액티비티를 나타내려면 android.intent.category.INFO 카테고리를 사용한다.

예를 들어, 웹 사이트의 페이지를 보는 간단한 암시적 인텐트는 Intent.ACTION_VIEW 액션과 웹 사이트의 URL인 데이터 URI(Uri 객체)를 포함한다.

안드로이드 운영체제는 이런 정보를 기준으로 적합한 애플리케이션의 액티비티를 찾아서 실행한다(만일 하나 이상의 액티비티를 찾으면 대화상자를 보여주고 사용자가 선택하게 해준다).

액티비티는 매니페스트(AndroidManifest.xml)의 인텐트 필터를 통해서 지정된 액션을 수행할 수 있음을 알린다. 예를 들어, 웹 브라우저 앱이라면 ACTION_VIEW를 수행할 수 있는 액티비티를 선언할 때 다음과 같이 인텐트 필터를 포함하면 된다.

```
<activity
    android:name=".BrowserActivity"
    android:label="@string/app_name" >
    <intent-filter>
        <action android:name="android.intent.action.VIEW" />
        <category android:name="android.intent.category.DEFAULT" />
        <data android:scheme="http" android:host="www.bignerdranch.com" />
    </intent-filter>
</activity>
```

액티비티가 암시적 인텐트에 응답하려면 인텐트 필터에 DEFAULT 카테고리를 갖고 있어야 한다. 인텐트 필터의 action 요소는 이 액티비티가 해당 작업(여기서는 VIEW, 즉 웹 URL의 브라우징)을 수행할 수 있음을 안드로이드 운영체제에 알린다. 그리고 DEFAULT 카테고리는 해당 작업을 할 의향이 있음을(암시적 인텐트를 받겠다는) 안드로이드 운영체제에 알린다. DEFAULT 카테고리는 모든 암시적 인텐트에 기본으로 추가된다.

명시적 인텐트처럼 암시적 인텐트도 엑스트라를 포함할 수 있다. 그러나 암시적 인텐트의 엑스트라는 안드로이드 운영체제가 적합한 액티비티를 찾기 위해 사용하는 것이 아니라 액션에 따른 추가 데이터를 보낼 때 사용한다.

그리고 인텐트의 액션(action 태그로 지정됨)과 데이터(data 태그로 지정됨)는 명시적 인텐트에서도 사용할 수 있다.

범죄 보고서 전송하기

지금부터는 CriminalIntent에서 암시적 인텐트를 생성해 범죄 보고서를 발송하는 방법을 알아본다. 범죄 보고서는 문자열이므로 텍스트를 전송하는 작업을 해야 한다. 따라서 암시적 인텐트의 액션은 ACTION_SEND가 되며, 어떤 데이터나 카테고리도 지정하지 않지만 타입은 text/plain으로 지정한다.

CrimeFragment의 onCreateView(...)에서 '범죄 보고서 전송' 버튼의 참조를 얻은 후, onStart()에서 이 버튼의 리스너를 설정한다. 그리고 이 리스너 내부에서는 암시적 인텐트를 생성해 startActivity(Intent)의 인자로 전달한다.

리스트 15.8 | 범죄 보고서 전송하기(CrimeFragment.kt)

```kotlin
class CrimeFragment : Fragment(), DatePickerFragment.Callbacks {
    ...
    private lateinit var solvedCheckBox: CheckBox
    private lateinit var reportButton: Button
    ...
    override fun onCreateView(
        ...
    ): View? {
        ...
        dateButton = view.findViewById(R.id.crime_date) as Button
        solvedCheckBox = view.findViewById(R.id.crime_solved) as CheckBox
        reportButton = view.findViewById(R.id.crime_report) as Button

        return view
    }
    ...
    override fun onStart() {
        ...
        dateButton.setOnClickListener {
            ...
        }

        reportButton.setOnClickListener {
            Intent(Intent.ACTION_SEND).apply {
                type = "text/plain"
                putExtra(Intent.EXTRA_TEXT, getCrimeReport())
                putExtra(
                    Intent.EXTRA_SUBJECT,
                    getString(R.string.crime_report_subject))
            }.also { intent ->
                startActivity(intent)
            }
        }
    }
```

```
    }
    ...
}
```

여기서는 액션을 정의하는 상수 문자열을 인자로 받는 **Intent** 생성자를 사용한다. 생성해야 할 암시적 인텐트의 종류에 따라 사용할 수 있는 생성자도 달라진다. 이와 관련된 내용은 API 문서에서 **Intent** 클래스를 찾아보면 알 수 있다(https://developer.android.com/reference/android/content/Intent#public-constructors). 그런데 타입을 인자로 받는 생성자는 없으므로 **Intent**의 **type** 속성으로 지정해야 한다.

보고서의 텍스트와 제목 문자열은 엑스트라의 값에 포함되며, 엑스트라의 키는 **Intent** 클래스에 정의한 상수들을 사용한다(**EXTRA_SUBJECT**는 메시지의 제목이며, **EXTRA_TEXT**는 메시지의 데이터). 이 인텐트에 응답해 시작되는 액티비티는 엑스트라의 키로 사용된 상수들과 각 키의 값이 무엇을 의미하는지 알아야 한다.

프래그먼트에서 액티비티를 시작시키는 것은 액티비티에서 다른 액티비티를 시작시키는 것과 거의 같다. 리스트 15.8에서는 **Fragment**의 **startActivity(Intent)** 함수를 호출하며, 이 함수는 내부적으로 이것과 대응되는 **Activity**의 함수를 호출한다.

CriminalIntent 앱을 실행하고 범죄 리스트에서 한 항목을 클릭한 후 상세 내역 화면이 나타나면 '**범죄 보고서 전송**' 버튼을 눌러보자. 그러면 이 인텐트는 장치의 많은 액티비티와 일치하므로 그림 15.2와 같이 선택할 액티비티들을 보여준다. 그림 15.2은 실제 장치에서 실행한 화면이다(**ACTION_SEND** 인텐트에 응답할 수 있는 액티비티가 하나만 있다면 해당 액티비티의 앱이 바로 실행된다).

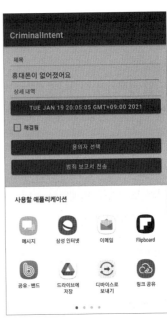

그림 15.2 │ 범죄 보고서를 전송할 수 있는 액티비티들

선택기(chooser)가 보여주는 액티비티 중에서 하나를 선택해 액티비티의 앱에서 범죄 보고서를 전송하고, 종료하면 다시 범죄 상세 내역 화면으로 돌아온다.

'메시지' 앱을 선택하면 그림 15.3과 같이 범죄 보고서가 메시지로 작성된 상태에서 새 메시지 화면이 나타난다. 그리고 맨 위의 '받는 사람'만 지정하고 '보내기'를 누르면 메시지가 전송된다.

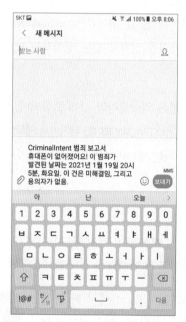

그림 15.3 | '메시지' 앱으로 범죄 보고서 전송하기

만일 선택기가 나타나지 않는다면 이미 이와 같은 암시적 인텐트의 기본 앱을 설정했거나, 이 인텐트에 응답할 수 있는 액티비티가 장치에 하나만 있어서 그렇다.

보통은 사용자가 지정한 기본 앱으로 해당 액션이 수행되게 하는 것이 좋다. 그러나 Criminal Intent에서는 ACTION_SEND를 수행할 액티비티를 사용자가 선택하기 원한다. 오늘은 사용자가 범죄 보고서를 이메일로 보낼 수 있지만, 내일은 공개적으로 창피함을 주기 위해 트위터로 보낼 수도 있기 때문이다.

액티비티를 시작시키기 위해 암시적 인텐트가 사용될 때마다 매번 선택기가 나타나게 할 수도 있다. 그렇게 하려면 이전처럼 암시적 인텐트를 생성한 후에 Intent.createChooser(Intent, String) 함수를 호출하면 된다. 이때 암시적 인텐트와 선택기의 제목 문자열을 인자로 전달한다.

그다음에 **createChooser(…)**로부터 반환된 인텐트를 **startActivity(…)**의 인자로 전달한다.

암시적 인텐트에 응답하는 액티비티들을 보여줄 선택기를 생성하는 코드를 CrimeFragment. kt에 추가한다.

리스트 15.9 | **선택기 사용하기(CrimeFragment.kt)**

```
reportButton.setOnClickListener {
    Intent(Intent.ACTION_SEND).apply {
        type = "text/plain"
        putExtra(Intent.EXTRA_TEXT, getCrimeReport())
        putExtra(
            Intent.EXTRA_SUBJECT,
            getString(R.string.crime_report_subject))
    }.also { intent ->
        startActivity(intent)
        val chooserIntent =
                Intent.createChooser(intent, getString(R.string.send_report))
        startActivity(chooserIntent)
    }
}
```

CriminalIntent 앱을 다시 실행해 범죄 리스트에서 한 항목을 선택한 후, 상세 내역 화면이 나타나면 '**범죄 보고서 전송**' 버튼을 눌러보자. 선택기의 제목이 '**범죄 보고서 전송**'으로 나타나며, 인텐트를 처리할 수 있는 액티비티가 하나 이상이면 항상 앱 선택 리스트가 나타난다.

안드로이드에 연락처 요청하기

지금부터는 사용자가 자신의 연락처에서 용의자를 선택할 수 있게 또 다른 암시적 인텐트를 생성해본다. 이 암시적 인텐트는 액션 및 관련된 데이터를 찾을 수 있는 위치를 갖는다. 이때 액션은 Intent.ACTION_PICK이며, 연락처의 데이터는 ContactsContract.Contacts.CONTENT_URI에 있다. 요컨대 연락처 데이터베이스에서 한 항목을 선택할 수 있게 해달라고 안드로이드에 요청하는 것이다.

여기서는 인텐트로 시작된 액티비티로부터 결과(연락처 데이터)를 돌려받아야 한다. 따라서 **startActivityForResult(…)** 함수를 호출하면서 인텐트와 요청 코드를 인자로 전달해야 한다. 그리고 요청 코드의 상수와 '용의자 선택' 버튼을 참조하는 속성을 CrimeFragment.kt에 추가한다.

```kotlin
private const val REQUEST_DATE = 0
private const val REQUEST_CONTACT = 1
private const val DATE_FORMAT = "yyyy년 M월 d일 H시 m분, E요일"

class CrimeFragment : Fragment(), DatePickerFragment.Callbacks {
    ...
    private lateinit var reportButton: Button
    private lateinit var suspectButton: Button
    ...
}
```

그다음에 **onCreateView(...)**의 끝에서 '용의자 선택' 버튼 객체의 참조를 얻고, **onStart()**에서 이 버튼의 클릭 리스너를 설정한다. 클릭 리스너 구현 코드에서는 연락처를 요청하는 암시적 인텐트를 생성해서 **startActivityForResult(...)**의 인자로 전달한다. 그리고 용의자가 선정되면 이 사람의 이름을 '용의자 선택' 버튼에 보여준다.

리스트 15.11 | 암시적 인텐트 전달하기(CrimeFragment.kt)

```kotlin
class CrimeFragment : Fragment(), DatePickerFragment.Callbacks {
    ...
    override fun onCreateView(
        ...
    ): View? {
        ...
        reportButton = view.findViewById(R.id.crime_report) as Button
        suspectButton = view.findViewById(R.id.crime_suspect) as Button

        return view
    }
    ...
    override fun onStart() {
        ...
        reportButton.setOnClickListener {
            ...
        }

        suspectButton.apply {
            val pickContactIntent =
                    Intent(Intent.ACTION_PICK, ContactsContract.Contacts.CONTENT_URI)

            setOnClickListener {
                startActivityForResult(pickContactIntent, REQUEST_CONTACT)
            }
        }
    }
}
```

```
    ...
}
```

pickContactIntent는 잠시 후에 한번 더 사용하므로 **OnClickListener**의 외부에 선언하였다.

다음으로 용의자가 선정되었을 때 '용의자 선택' 버튼에 텍스트를 설정하도록 **updateUI()**를 변경한다.

리스트 15.12 | '용의자 선택' 버튼에 텍스트 설정하기(CrimeFragment.kt)

```
private fun updateUI() {
    titleField.setText(crime.title)
    dateButton.text = crime.date.toString()
    solvedCheckBox.apply {
        isChecked = crime.isSolved
        jumpDrawablesToCurrentState()
    }

    if (crime.suspect.isNotEmpty()) {
        suspectButton.text = crime.suspect
    }
}
```

CriminalIntent 앱을 다시 실행해 범죄 리스트에서 한 항목을 선택한 후 상세 내역 화면이 나타나면 '**용의자 선택**' 버튼을 눌러보자. 그림 15.4와 같이 연락처 리스트가 나타난다(대개는 연락처 앱이 하나이지만 두 개 이상일 때는 하나를 선택하면 된다).

만일 장치에 다른 연락처 앱이 설치되어 있다면 화면이 다르게 보일 것이다. 다시 말하지만, 이것이 암시적 인텐트의 장점 중 하나다. 이 앱에서 연락처 앱을 사용하기 위해 앱 이름을 알 필요는 없기 때문이다. 따라서 사용자가 어떤 연락처 앱이든 설치하면, 안드로이드 운영체제는 해당 앱을 찾아 시작시킨다.

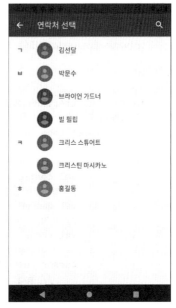

그림 15.4 | 용의자 선택을 위한 연락처 리스트

연락처 리스트에서 데이터 가져오기

이제 연락처 앱으로부터 결과를 돌려받아야 한다. 그런데 연락처 정보는 많은 앱이 공유한다. 따라서 안드로이드에서는 **ContentProvider**를 통해 연락처 데이터와 함께 작동하는 상세한 API를 제공한다. 이 API 클래스의 인스턴스들은 데이터베이스를 포함하며, 다른 앱에서 이 데이터베이스의 데이터를 사용할 수 있게 한다. **ContentProvider**는 **ContentResolver**를 통해서 사용할 수 있다(연락처 데이터베이스는 그 자체로 큰 주제라서 여기서는 자세히 다루지 않는다. 자세한 내용을 알고 싶다면 https://developer.android.com/guide/topics/providers/content-provider-basics에서 콘텐츠 제공자(Content Provider) API를 참고한다).

여기서는 **ACTION_PICK** 액션을 갖는 인텐트를 인자로 전달해 **startActivityForResult(...)**를 호출했으므로 **onActivityResult(...)**를 통해서 인텐트를 돌려받게 된다. 이 인텐트는 데이터 URI를 포함하며, 여기서 URI는 사용자가 선택한 하나의 연락처를 가리키는 위치 표시자 (locator)다.

다음으로 연락처 앱으로부터 연락처의 이름을 가져오는 **onActivityResult(...)**를 **Crime Fragment**에 구현한다. 일단 코드를 작성한 후 하나씩 알아보자.

리스트 15.13 │ **연락처의 이름 가져오기(CrimeFragment.kt)**

```
class CrimeFragment : Fragment(), DatePickerFragment.Callbacks {
    ...
    private fun updateUI() {
        ...
    }

    override fun onActivityResult(requestCode: Int, resultCode: Int, data: Intent?) {
        when {
            resultCode != Activity.RESULT_OK -> return

            requestCode == REQUEST_CONTACT && data != null -> {
                val contactUri: Uri = data.data ?: return
                // 쿼리에서 값으로 반환할 필드를 지정한다
                val queryFields = arrayOf(ContactsContract.Contacts.DISPLAY_NAME)
                // 쿼리를 수행한다. contactUri는 콘텐츠 제공자의 테이블을 나타낸다
                val cursor = requireActivity().contentResolver
                    .query(contactUri, queryFields, null, null, null)
                cursor?.use {
                    // 쿼리 결과 데이터가 있는지 확인한다
                    if (it.count == 0) {
                        return
                    }
```

```
            // 첫 번째 데이터 행의 첫 번째 열의 값을 가져온다
            // 이 값이 용의자의 이름이다
            it.moveToFirst()
            val suspect = it.getString(0)
            crime.suspect = suspect
            crimeDetailViewModel.saveCrime(crime)
            suspectButton.text = suspect
        }
    }
    }
  }
    ...
}
```

리스트 15.13에서는 반환된 데이터에 있는 연락처의 모든 표시명(display name, 쉽게 말해 테이블의 열 이름)을 가져온다. 그리고 연락처 데이터베이스를 쿼리한 후 반환된 결과셋(result set)의 행들을 읽는 데 사용할 Cursor 객체를 얻는다. 그다음에 커서가 최소한 한 행의 데이터를 갖고 있는지 확인한 후, **Cursor.moveToFirst()**를 호출해 첫 번째 행으로 커서를 이동시킨다. 그리고 **Cursor.getString(Int)**를 호출해 첫 번째 행의 첫 번째 열 값을 가져오며, 이때 이 값이 바로 용의자의 이름이다. 그다음에 이 값을 Crime 객체의 **suspect** 속성과 '**용의자 선택**' 버튼의 **text** 속성에 설정한다.

여기서는 연락처 앱으로부터 용의자 이름을 받으면 그 즉시 범죄 데이터베이스의 Crime 테이블에 저장한다. 이렇게 해야 하는 이유는 다음과 같다. **CrimeFragment**가 실행 재개(resumed) 상태일 때는 **onViewCreated(…)** 함수가 호출되므로, 범죄 데이터베이스로부터 범죄 데이터를 쿼리하게 된다. 그러나 **onActivityResult(…)**가 호출된 후에 **onViewCreated(…)**가 호출되므로 연락처 앱으로부터 받은 용의자 이름을 범죄 데이터베이스의 범죄 데이터(Crime 테이블의 **suspect** 열 값)로 덮어쓰게 된다. 따라서 연락처 앱으로부터 받은 용의자 이름이 유실되지 않도록 범죄 데이터베이스에 저장해야 한다.

연락처 앱과 범죄 데이터가 있는 장치에서 CriminalIntent 앱을 다시 실행해보자. 에뮬레이터에서는 사전에 연락처 데이터를 몇 개 추가한 후 실행한다.

범죄 리스트가 나타나면 한 항목을 선택한 후 상세 내역 화면에서 '**용의자 선택**' 버튼을 누른다. 그다음에 연락처 리스트에서 한 명을 선택하면 상세 내역 화면으로 돌아오면서 '**용의자 선택**' 버튼에 해당 이름이 나타난다(그림 15.5의 왼쪽 이미지). 그리고 '**범죄 보고서 전송**' 버튼을 누른 후 '**메시지**' 앱을 선택하면(에뮬레이터에서는 받는 사람을 지정해야 한다), 해당 용의자 이름이 범죄 보고서 메시지에도 나타난다(그림 15.5의 오른쪽 이미지).

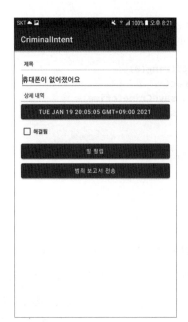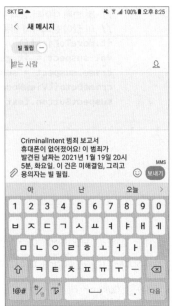

그림 15.5 | '용의자 선택' 버튼과 범죄 보고서 메시지에 나타난 용의자 이름

연락처 앱의 퍼미션

연락처 데이터베이스를 읽기 위한 퍼미션(permission)은 어떻게 얻을까? 연락처 앱이 우리에게
퍼미션을 부여한다. 연락처 앱은 연락처 데이터베이스의 모든 퍼미션을 갖고 있으며, **Intent**
의 데이터 URI를 부모 액티비티에 반환할 때 Intent.FLAG_GRANT_READ_URI_PERMISSION 플
래그도 추가한다. 이 플래그는 안드로이드에게 CriminalIntent의 부모 액티비티가 해당 데이터
를 한번 읽는 것을 허용한다고 알린다. 여기서는 연락처 데이터베이스의 전체 데이터를 액세
스할 필요가 없고 하나의 연락처 데이터만 필요하므로 퍼미션 문제는 없다.

응답하는 액티비티 확인하기

이 장에서 생성했던 첫 번째 암시적 인텐트(범죄 보고서 전송)는 어떤 경우에도 항상 응답을 받
는다. 안드로이드 장치에는 이런저런 종류의 메시지 전송 앱이 반드시 있기 때문이다. 그런데
연락처에서 용의자를 선택하기 위한 두 번째 암시적 인텐트에서는 다르다. 일부 사용자나 장
치에는 연락처 앱이 없을 수 있기 때문이다. 따라서 이때는 문제가 되는데, 안드로이드 운영체
제가 일치하는 액티비티를 찾을 수 없어서 앱이 중단되기 때문이다.

이런 문제의 해결책은 **onStart()** 함수에서 안드로이드 운영체제의 일부인 **PackageManager**를 먼저 확인하는 것이다.

리스트 15.14 | 연락처 앱이 없을 때를 대비하기(CrimeFragment.kt)

```kotlin
override fun onStart() {
    ...
    suspectButton.apply {
        val pickContactIntent =
            Intent(Intent.ACTION_PICK, ContactsContract.Contacts.CONTENT_URI)

        setOnClickListener {
            startActivityForResult(pickContactIntent, REQUEST_CONTACT)
        }

        val packageManager: PackageManager = requireActivity().packageManager
        val resolvedActivity: ResolveInfo? =
            packageManager.resolveActivity(pickContactIntent,
                PackageManager.MATCH_DEFAULT_ONLY)
        if (resolvedActivity == null) {
            isEnabled = false
        }
    }
}
```

PackageManager는 안드로이드 장치에 설치된 모든 컴포넌트와 이것들의 모든 액티비티를 알고 있다. 따라서 **resolveActivity(Intent, Int)** 함수를 호출하면 첫 번째 인자로 전달된 인텐트와 일치하는 액티비티를 찾도록 요청한다. 그리고 두 번째 인자로 우리가 원하는 플래그를 전달하면 이 플래그를 갖는 액티비티들만 찾는다. 여기서는 MATCH_DEFAULT_ONLY 플래그를 전달해 CATEGORY_DEFAULT가 매니페스트의 인텐트 필터에 정의된 액티비티들만 찾는데, **startActivity(Intent)**가 하는 것과 같다.

그리고 찾은 액티비티들이 있으면 이것들의 정보를 갖는 **ResolveInfo** 인스턴스가 반환되고, 찾지 못하면 null을 반환하므로 이때는 '용의자 선택' 버튼이 작동하지 않도록 비활성화한다.

인텐트 필터의 검사가 제대로 되는지 알아보고 싶지만 연락처 앱이 없는 장치가 없을 수도 있다. 이때는 인텐트에 임의의 카테고리를 추가해 테스트하면 된다. 리스트 15.15에서는 CATEGORY_HOME 플래그를 인텐트의 카테고리로 추가했다. 이 카테고리는 인텐트와 일치하는 연락처 애플리케이션을 찾지 못하게 일부러 추가한 것이다.

```
override fun onStart() {
    ...
    suspectButton.apply {
        ...
        pickContactIntent.addCategory(Intent.CATEGORY_HOME)
        val packageManager: PackageManager = requireActivity().packageManager
        ...
    }
}
```

CriminalIntent 앱을 다시 실행해 범죄 리스트에서 한 항목을 선택하면 상세 내역 화면의 '**용의자 선택**' 버튼이 비활성화된 것을 볼 수 있다(그림 15.6).

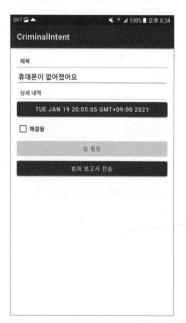

그림 15.6 | 비활성화된 '용의자 선택' 버튼

인텐트 필터의 검사가 잘 되었으니 리스트 15.15에서 추가한 코드를 삭제한다.

리스트 15.16 | 테스트 코드 삭제하기(CrimeFragment.kt)

```
override fun onStart() {
    ...
    suspectButton.apply {
        ...
        pickContactIntent.addCategory(Intent.CATEGORY_HOME)
```

```
        val packageManager: PackageManager = requireActivity().packageManager
        ...
    }
}
```

챌린지: 또 다른 암시적 인텐트

성질 급한 사용자는 범죄 보고서를 이메일 등으로 전송하지 않고 용의자에게 전화부터 할 것이다. 지명된 용의자에게 전화하는 새 버튼을 추가해보자.

우선 연락처 데이터베이스로부터 용의자의 전화번호를 추출해야 한다. 그러려면 **Contacts Contract** 데이터베이스의 또 다른 테이블인 **CommonDataKinds.Phone**을 쿼리해야 한다. **ContactsContract**와 **ContactsContract.CommonDataKinds.Phone**의 안드로이드 문서를 확인해 어떻게 쿼리하면 되는지 알아보자.

힌트: 데이터를 추가로 쿼리할 때 **런타임 퍼미션**(runtime permission)인 android.permission.READ_CONTACTS 퍼미션을 사용할 수 있다. 따라서 사용자의 퍼미션을 명시적으로 요청해 연락처를 사용해야 한다. 더 자세히 알고 싶으면 https://developer.android.com/training/permissions/requesting에서 앱 퍼미션 요청 가이드를 읽어보자.

퍼미션을 얻은 후에는 현재 작성된 쿼리에서 ContactsContract.Contacts._ID를 읽어서 연락처 데이터 ID를 얻을 수 있다. 그다음에 이 ID로 **CommonDataKinds.Phone** 테이블을 쿼리하면 된다.

전화번호를 알아내면 전화 URI를 갖는 암시적 인텐트를 다음과 같이 생성한다.

```
Uri number = Uri.parse("tel:5551234");
```

이때 액션은 Intent.ACTION_DIAL 또는 Intent.ACTION_CALL이 될 수 있다. ACTION_CALL은 전화 앱을 실행해 인텐트에 전달된 번호로 즉시 전화를 건다. 반면에 ACTION_DIAL은 번호만 입력된 상태로 사용자가 통화 버튼을 누를 때까지 대기한다.

여기서는 ACTION_DIAL의 사용을 권한다. ACTION_CALL은 제약이 있을 수 있고, 추가로 퍼미션이 필요하기 때문이다. 사용자 입장에서도 ACTION_DIAL이 좋다. 통화 버튼을 누르기 전에 잠시 흥분을 가라앉힐 수 있기 때문이다.

CHAPTER

16

인텐트를 사용한
사진 찍기

이제는 암시적 인텐트를 사용하는 방법을 알았으니, 범죄 현장의 사진도 쉽게 추가하여 적나라한 실상을 모든 사람과 공유할 수 있다.

이 장에서는 암시적 인텐트를 사용해 사용자의 카메라 앱을 실행시켜서 현장에서 찍은 사진을 받아 범죄 데이터에 추가로 저장하고 사용해보자. 그런데 사진을 어디에 저장해야 할까? 그리고 저장된 사진을 어떻게 보여주어야 할까? 이 장에서는 이런 질문의 답도 알아보자.

사진을 위한 장소

먼저 범죄 상세 내역 화면에 사진을 보여줄 곳을 만들어보자. 이때 두 개의 새로운 **View** 객체, 즉 사진을 보여줄 **ImageView**와 새로운 사진을 받을 **Button**이 필요하다(그림 16.1).

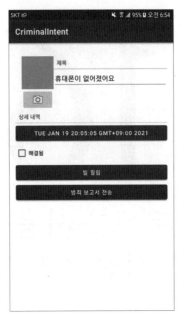

그림 16.1 | 새로운 사용자 인터페이스

섬네일(thumbnail) 이미지와 버튼을 수평으로 한 줄에 같이 두면 투박하고 볼품없게 보이니 보기 좋게 배치해보자.

프로젝트 도구 창에서 res/layout/fragment_crime.xml 파일을 열어 편집기 창의 오른쪽 위에 있는 코드 버튼(☰ Code)을 클릭해 코드 뷰로 전환한다. 그리고 리스트 16.1과 같이 fragment_crime.xml에 사진을 보여주는 **ImageView**와 사진을 찍는 **ImageButton**을 화면 왼쪽에 추가한다.

리스트 16.1 | 이미지와 카메라 버튼을 레이아웃에 추가하기(res/layout/fragment_crime.xml)

```
<LinearLayout xmlns:android="http://schemas.android.com/apk/res/android"
        ... >
    <LinearLayout
        android:layout_width="match_parent"
        android:layout_height="wrap_content"
        android:orientation="horizontal"
        android:layout_marginStart="16dp"
        android:layout_marginTop="16dp">

        <LinearLayout
            android:layout_width="wrap_content"
            android:layout_height="wrap_content"
            android:orientation="vertical">
```

```
        <ImageView
            android:id="@+id/crime_photo"
            android:layout_width="80dp"
            android:layout_height="80dp"
            android:scaleType="centerInside"
            android:cropToPadding="true"
            android:background="@android:color/darker_gray"/>

        <ImageButton
            android:id="@+id/crime_camera"
            android:layout_width="match_parent"
            android:layout_height="wrap_content"
            android:src="@android:drawable/ic_menu_camera"/>
        </LinearLayout>
    </LinearLayout>

    <TextView
        style="?android:listSeparatorTextViewStyle"
        android:layout_width="match_parent"
        android:layout_height="wrap_content"
        android:text="@string/crime_title_label"/>
    ...
</LinearLayout>
```

그다음에 방금 추가했던 **LinearLayout**의 자식으로 새로운 **LinearLayout**을 추가하고, **LinearLayout**의 자식 뷰로 기존의 **TextView**와 **EditText**를 이동시킨다.

리스트 16.2 | 범죄 제목 레이아웃 변경하기(res/layout/fragment_crime.xml)

```
<LinearLayout xmlns:android="http://schemas.android.com/apk/res/android"
            ... >
    <LinearLayout
        android:layout_width="match_parent"
        android:layout_height="wrap_content"
        android:orientation="horizontal"
        android:layout_marginStart="16dp"
        android:layout_marginTop="16dp">

        <LinearLayout
            android:layout_width="wrap_content"
            android:layout_height="wrap_content"
            android:orientation="vertical">
            ...
        </LinearLayout>
    </LinearLayout>

        <LinearLayout
            android:orientation="vertical"
```

```
            android:layout_width="0dp"
            android:layout_height="wrap_content"
            android:layout_weight="1">

        <TextView
            style="?android:listSeparatorTextViewStyle"
            android:layout_width="match_parent"
            android:layout_height="wrap_content"
            android:text="@string/crime_title_label"/>

        <EditText
            android:id="@+id/crime_title"
            android:layout_width="match_parent"
            android:layout_height="wrap_content"
            android:hint="@string/crime_title_hint"/>

    </LinearLayout>
</LinearLayout>
    ...
</LinearLayout>
```

CriminalIntent 앱을 실행해 범죄 리스트에서 한 항목을 클릭하면, 그림 16.1과 같이 상세 내역 화면이 나타난다.

꽤 좋아 보인다. 이제는 **ImageButton**을 눌렀을 때 응답하고 **ImageView**의 콘텐츠를 제어하기 위해 각각을 참조하는 속성이 필요하다. 그리고 새로 추가된 뷰를 코드와 연결하는 **findViewById(Int)** 함수를 호출하도록 **CrimeFragment**를 변경한다.

리스트 16.3 | 새 뷰 참조 속성 추가하기(CrimeFragment.kt)

```
class CrimeFragment : Fragment() {
    ...
    private lateinit var suspectButton: Button
    private lateinit var photoButton: ImageButton
    private lateinit var photoView: ImageView
    private val crimeDetailViewModel: CrimeDetailViewModel by lazy {
        ViewModelProvider(this).get(CrimeDetailViewModel::class.java)
    }
    ...
    override fun onCreateView(
        inflater: LayoutInflater,
        container: ViewGroup?,
        savedInstanceState: Bundle?
    ): View? {
        ...
        suspectButton = view.findViewById(R.id.crime_suspect) as Button
        photoButton = view.findViewById(R.id.crime_camera) as ImageButton
        photoView = view.findViewById(R.id.crime_photo) as ImageView
```

```
        return view

    }
    ...
}
```

사용자 인터페이스가 완성되었다(**ImageButton** 버튼을 코드와 연결하는 것은 잠시 후에 한다).

파일 스토리지

사진 파일은 화면이 아닌 다른 곳에 저장해야 한다. 그런데 실제 크기의 사진은 용량이 너무 커서 SQLite 데이터베이스에 넣기도 어렵다. 따라서 장치의 파일 시스템에 저장해야 한다.

다행스럽게도 이런 파일은 장치의 개인 스토리지 영역에 저장할 수 있다. SQLite 데이터베이스도 마찬가지다. **Context.getFileStreamPath(String)**이나 **Context.getFilesDir()** 같은 함수를 사용하면 일반 파일도 개인 스토리지 영역에 저장할 수 있다(SQLite 데이터베이스가 저장된 **databases** 서브 폴더와 인접한 다른 서브 폴더에 저장된다).

Context 클래스에 있는 기본적인 파일과 디렉터리 함수는 다음과 같다.

getFilesDir(): File

앱 전용 파일들의 디렉터리 핸들을 반환한다.

openFileInput(name: String): FileInputStream

데이터를 읽기 위해 파일 디렉터리의 기존 파일을 연다.

openFileOutput(name: String, mode: Int): FileOutputStream

데이터를 쓰기 위해 파일 디렉터리의 파일을 연다(생성도 한다).

getDir(name: String, mode: Int): File

파일 디렉터리 내부의 서브 디렉터리를 알아낸다.

fileList(…): Array<String>

파일 디렉터리의 파일 이름들을 알아낸다. 예를 들면, **openFileInput(String)**과 함께 사용한다.

getCacheDir(): File

캐시 파일 저장에 사용할 수 있는 디렉터리의 핸들을 반환한다. 단, 이 디렉터리는 가능한한 작은 용량을 사용하도록 주의해야 한다.

그런데 문제가 있다. 개인 스토리지 영역의 파일들은 **이 앱에서만** 읽거나 쓸 수 있기 때문이다. 물론, 다른 앱에서 해당 파일들을 사용하지 않는다면 앞의 함수들만 사용해도 충분하다.

그러나 다른 애플리케이션이 파일에 써야 한다면 앞의 함수들로는 충분하지 않다. Criminal Intent의 경우가 바로 그렇다. 왜냐하면 외부의 카메라 앱에서 개인 스토리지 영역의 파일로 사진을 저장해야 하기 때문이다.

이때 Context.MODE_WORLD_READABLE 플래그를 **openFileOutput(String, Int)** 함수에 전달해서 쓸 수 있지만, 이제는 사용 금지되어 있어서 새로운 안드로이드 버전의 장치에서도 잘 된다는 보장이 없다. 그리고 이전에는 공용의 외부 스토리지를 사용해서 파일을 전송할 수 있었지만, 보안상의 이유로 최근 버전의 안드로이드에서는 금지되었다.

따라서 다른 앱과 파일을 공유하거나 받으려면 **ContentProvider**를 통해서 해야 한다. **Content Provider**로 파일을 콘텐츠 URI로 다른 앱에 노출하면 다른 앱에서는 해당 URI로부터 파일을 다운로드하거나 쓸 수 있다. 그리고 제어할 수도 있으며, 읽거나 쓰는 것을 거부할 수 있다.

FileProvider 사용하기

다른 앱으로부터 파일을 받는 것이 전부라면 굳이 **ContentProvider** 전체를 구현할 필요 없다. 이런 용도로 사용하라고 구글에서는 **FileProvider**라는 편의 클래스를 제공한다.

ContentProvider로 **FileProvider**를 선언하기 위해 매니페스트 파일에 콘텐츠 제공자 선언을 추가한다.

```
<activity android:name=".MainActivity">
    ...
</activity>
<provider
    android:name="androidx.core.content.FileProvider"
    android:authorities="com.bignerdranch.android.criminalintent.fileprovider"
    android:exported="false"
    android:grantUriPermissions="true">
</provider>
...
```

여기서 android:authorities 속성은 이 **FileProvider**의 파일이 저장되는 위치이며, 시스템 전체에서 고유한 문자열이어야 한다. 따라서 패키지 이름을 문자열에 포함하는 것이 좋다(여기서는 com.bignerdranch.android.criminalintent가 패키지 이름이다).

그리고 exported="false" 속성을 추가하면 우리 자신 및 우리가 권한을 부여한 사람 외에는 **FileProvider**를 사용할 수 없다. 그리고 grantUriPermissions 속성을 추가하면 인텐트로 android:authorities의 URI를 전송할 때 전송된 URI에 다른 앱이 쓸 수 있는 권한을 부여할 수 있다(이 내용은 뒤에서 추가로 알아본다).

안드로이드 시스템에 **FileProvider**가 어디에 있는지 알려주었으니, 어떤 경로(path)의 파일들을 노출할 것인지도 별도의 XML 리소스 파일에 정의해서 **FileProvider**에게 알려준다. 안드로이드 스튜디오의 프로젝트 도구 창에 있는 **app/res** 폴더에서 오른쪽 마우스 버튼을 클릭한 후 **New ➡ Android Resource File**을 선택한다. 그리고 대화상자에서 이름에는 'files'를 입력하고 Resource type을 XML로 선택한다. 그런 다음 **OK** 버튼을 누르면 안드로이드 스튜디오가 새 리소스 파일을 생성하고 편집기 창에 열어준다. 편집기 창의 오른쪽 위에 있는 코드 버튼을 클릭해 코드 뷰로 전환하고 리스트 16.5와 같이 변경한다.

리스트 16.5 | 경로 추가하기(res/xml/files.xml)

```
<PreferenceScreen xmlns:android="http://schemas.android.com/apk/res/android">
</PreferenceScreen>
<paths>
    <files-path name="crime_photos" path="."/>
</paths>
```

이 XML 파일은 개인 스토리지의 루트 경로를 crime_photos로 매핑하며, 이 이름은 FileProvider가 내부적으로 사용한다.

다음으로 매니페스트 파일에 meta-data 태그를 추가해 **FileProvider**에 files.xml을 연결한다.

리스트 16.6 | **경로를 FileProvider에 연결하기(manifests/AndroidManifest.xml)**

```
<provider
    android:name="androidx.core.content.FileProvider"
    android:authorities="com.bignerdranch.android.criminalintent.fileprovider"
    android:exported="false"
    android:grantUriPermissions="true">
    <meta-data
        android:name="android.support.FILE_PROVIDER_PATHS"
        android:resource="@xml/files"/>
</provider>
```

사진 위치 지정하기

다음으로 사진을 개인 스토리지에 저장할 위치를 지정한다. 먼저 파일 이름을 얻는 연산 속성 (computed property)을 **Crime** 클래스에 추가한다(코틀린에서 연산 속성은 다른 속성의 값으로 자신의 값을 산출하므로 값을 저장하는 필드(backing field라고 함)를 갖지 않는다).

리스트 16.7 | **파일 이름 속성 추가하기(Crime.kt)**

```
@Entity
data class Crime(@PrimaryKey val id: UUID = UUID.randomUUID(),
                 var title: String = "",
                 var date: Date = Date(),
                 var isSolved: Boolean = false,
                 var suspect: String = "") {

    val photoFileName
        get() = "IMG_$id.jpg"
}
```

photoFileName은 사진 파일이 저장되는 폴더의 경로를 포함하지 않지만, 파일 이름은 고유한 것이 된다. 이는 **Crime** 클래스의 **id** 속성값이 이름 속에 포함되어 있기 때문이다.

다음으로 사진이 저장되는 위치를 찾는다. CriminalIntent 앱에서는 **CrimeRepository**가 데이터 저장에 관련된 모든 것을 책임지고 있으므로 **CrimeRepository**에 **getPhotoFile(Crime)** 함수를 추가한다. 이 함수는 **Crime** 클래스의 **photoFileName** 속성이 참조하는 사진 파일의 경로를 제공한다.

리스트 16.8 | 사진 파일 위치 찾기(CrimeRepository.kt)

```kotlin
class CrimeRepository private constructor(context: Context) {
    ...
    private val executor = Executors.newSingleThreadExecutor()
    private val filesDir = context.applicationContext.filesDir

    fun addCrime(crime: Crime) {
        ...
    }

    fun getPhotoFile(crime: Crime): File = File(filesDir, crime.photoFileName)
    ...
}
```

이 코드에서는 파일 시스템의 어떤 파일도 생성하지 않는다. 단지 올바른 위치를 가리키는 **File** 객체만 반환한다. 향후에 **FileProvider**를 사용해서 이 경로를 URI로 노출할 것이다.

끝으로 사진 파일 정보를 **CrimeFragment**에 제공하는 함수를 **CrimeDetailViewModel**에 추가한다.

리스트 16.9 | CrimeDetailViewModel을 통해 사진 파일 정보 제공하기(CrimeDetailViewModel.kt)

```kotlin
class CrimeDetailViewModel : ViewModel() {
    ...
    fun saveCrime(crime: Crime) {
        crimeRepository.updateCrime(crime)
    }

    fun getPhotoFile(crime: Crime): File {
        return crimeRepository.getPhotoFile(crime)
    }
}
```

카메라 인텐트 사용하기

다음으로 할 일은 실제로 사진을 찍을 수 있게 하는 작업이다. 암시적 인텐트를 사용하면 되므로 매우 쉬운 작업이다.

먼저, 사진 파일의 위치를 **CrimeFragment**의 **photoFile** 속성에 저장한다. 이 속성은 이후에도 몇 번 더 사용한다.

리스트 16.10 | 사진 파일 위치 저장하기(CrimeFragment.kt)

```kotlin
class CrimeFragment : Fragment(), DatePickerFragment.Callbacks {

    private lateinit var crime: Crime
    private lateinit var photoFile: File
    ...
    override fun onViewCreated(view: View, savedInstanceState: Bundle?) {
        ...
        crimeDetailViewModel.crimeLiveData.observe(
            viewLifecycleOwner,
            Observer { crime ->
                crime?.let {
                    this.crime = crime
                    photoFile = crimeDetailViewModel.getPhotoFile(crime)
                    updateUI()
                }
            })
    }
    ...
}
```

다음으로 사진을 찍고 받을 수 있게 MediaStore를 사용해 카메라 버튼을 코드와 연결한다. **MediaStore**는 미디어와 관련된 모든 것을 갖고 있는 안드로이드 클래스다.

인텐트 실행 요청하기

카메라 인텐트를 실행 요청할 준비가 되었다(인텐트는 안드로이드 운영체제가 실행하므로 실행을 요청한다는 표현이 적합하다). 이때 필요한 액션은 ACTION_IMAGE_CAPTURE이며, **MediaStore** 클래스에 상수로 정의되어 있다. 여기서는 MediaStore.ACTION_IMAGE_CAPTURE 액션을 갖는 암시적 인텐트를 요청하면 안드로이드가 카메라 액티비티를 시작시켜 사진을 찍을 수 있다. **MediaStore**에는 이미지, 비디오, 음악 등의 미디어를 처리하는 안드로이드에서 사용되는

public 인터페이스가 정의되어 있다. 그리고 카메라 앱을 시작시키는 이미지 캡처 인텐트 상수도 포함한다.

기본적으로 ACTION_IMAGE_CAPTURE 액션은 카메라 앱을 시작시키고 찍은 사진을 받을 수 있게 해준다. 다만 전체 해상도의 사진은 아니고 낮은 해상도의 섬네일 사진이다. 그리고 찍은 사진은 onActivityResult(...)에서 반환하는 Intent 객체에 포함된다.

전체 해상도의 사진을 받으려면 이미지를 저장할 파일 시스템의 위치를 알려주어야 한다. 이때는 MediaStore.EXTRA_OUTPUT 상수를 엑스트라의 키로, 사진 파일을 저장할 위치를 가리키는 Uri를 엑스트라의 값으로 설정해 인텐트에 전달하면 된다. 여기서 Uri는 FileProvider에 의해 서비스되는 위치를 가리킨다.

우선 사진 URI를 저장하는 photoUri 속성을 추가한다. 그리고 사진 파일의 참조를 얻은 후에 FileProvider가 반환하는 Uri로 photoUri 속성을 초기화한다.

리스트 16.11 | 사진 URI 속성 추가하고 초기화하기(CrimeFragment.kt)

```
class CrimeFragment : Fragment(), DatePickerFragment.Callbacks {

    private lateinit var crime: Crime
    private lateinit var photoFile: File
    private lateinit var photoUri: Uri
    ...
    override fun onViewCreated(view: View, savedInstanceState: Bundle?) {
        ...
        crimeDetailViewModel.crimeLiveData.observe(
            viewLifecycleOwner,
            Observer { crime ->
                crime?.let {
                    this.crime = crime
                    photoFile = crimeDetailViewModel.getPhotoFile(crime)
                    photoUri = FileProvider.getUriForFile(requireActivity(),
                        "com.bignerdranch.android.criminalintent.fileprovider",
                        photoFile)
                    updateUI()
                }
            })
    }
    ...
}
```

FileProvider.getUriForFile(...)을 호출하면 로컬 파일 시스템의 파일 경로를 카메라 앱에서 알 수 있는 **Uri**로 변환한다. 이 함수의 두 번째 인자는 **FileProvider**를 나타내며, 매니페스트의 **android:authorities** 속성에 정의했던 것과 같아야 한다.

다음으로 photoUri가 가리키는 위치에 저장할 새로운 사진을 요청하는 암시적 인텐트를 작성한다(리스트 16.12). 그리고 카메라 앱이 장치에 없거나 사진을 저장할 위치가 없으면, 카메라 버튼을 비활성화하는 코드도 추가한다(사용할 수 있는 카메라 앱이 있는지 판단하기 위해 여기서는 카메라 암시적 인텐트에 응답하는 액티비티의 **PackageManager**를 쿼리한다. 자세한 내용은 15장의 '응답하는 액티비티 확인하기' 절을 참고하자).

리스트 16.12 | 카메라 인텐트 실행 요청하기(CrimeFragment.kt)

```kotlin
private const val REQUEST_CONTACT = 1
private const val REQUEST_PHOTO = 2
private const val DATE_FORMAT = "yyyy년 M월 d일 H시 m분. E요일"

class CrimeFragment : Fragment(), DatePickerFragment.Callbacks {
    ...
    override fun onStart() {
        ...
        suspectButton.apply {
            ...
        }

        photoButton.apply {
            val packageManager: PackageManager = requireActivity().packageManager

            val captureImage = Intent(MediaStore.ACTION_IMAGE_CAPTURE)
            val resolvedActivity: ResolveInfo? =
                packageManager.resolveActivity(captureImage,
                        PackageManager.MATCH_DEFAULT_ONLY)
            if (resolvedActivity == null) {
                isEnabled = false
            }

            setOnClickListener {
                captureImage.putExtra(MediaStore.EXTRA_OUTPUT, photoUri)

                val cameraActivities: List<ResolveInfo> =
                    packageManager.queryIntentActivities(captureImage,
                            PackageManager.MATCH_DEFAULT_ONLY)

                for (cameraActivity in cameraActivities) {
                    requireActivity().grantUriPermission(
                        cameraActivity.activityInfo.packageName,
                        photoUri,
```

```
                    Intent.FLAG_GRANT_WRITE_URI_PERMISSION)
            }

            startActivityForResult(captureImage, REQUEST_PHOTO)
        }
    }
}
    ...
}
```

photoUri가 가리키는 위치에 실제로 사진 파일을 쓰려면 카메라 앱 퍼미션이 필요하다. 따라서 cameraImage 인텐트를 처리할 수 있는 모든 액티비티에 Intent.FLAG_GRANT_WRITE_URI_PERMISSION을 부여한다(리스트 16.4에서 매니페스트에 grantUriPermissions 속성을 추가했으므로 이처럼 퍼미션을 부여할 수 있다). 이렇게 하면 해당 액티비티들이 Uri에 쓸 수 있는 퍼미션을 갖는다.

CriminalIntent 앱을 실행해 범죄 리스트에서 한 항목을 클릭한 후 상세 내역 화면에서 카메라 버튼을 눌러보자. 그러면 그림 16.2처럼 각자 장치에 설치된 카메라 앱이 실행된다.

그림 16.2 | 실행 중인 카메라 앱

비트맵의 크기 조정과 보여주기

이제는 사진을 찍을 수 있게 되었다. 그리고 이 앱에서 사용할 수 있도록 사진은 파일 시스템의 파일로 저장된다.

다음으로 사진 파일을 읽어서 로드한 후 사용자에게 보여주자. 이렇게 하려면 적합한 크기의 Bitmap 객체로 로드해야 한다. 파일로부터 Bitmap 객체를 얻을 때는 BitmapFactory 클래스를 사용하면 된다.

```
val bitmap = BitmapFactory.decodeFile(photoFile.getPath())
```

그런데 한 가지 문제가 있다. 바로 '적합한 크기'에 관한 것이다. Bitmap은 화소(pixel) 데이터를 저장하는 간단한 객체다. 즉, 원래 파일이 압축되었더라도 Bitmap 자체는 압축되지 않는다. 따라서 1600만 화소의 24비트 카메라 이미지는 5MB 크기의 JPG로 압축될 수 있지만, Bitmap 객체로 로드하면 48MB 크기로 커진다.

이 문제를 해결하려면 직접 비트맵의 크기를 줄여야 한다. 이때 파일 크기를 먼저 확인하고, 지정된 영역에 맞추기 위해 얼마나 줄여야 할지 파악한 후 해당 파일을 읽어서 크기를 줄인 Bitmap 객체를 생성하면 된다.

프로젝트 도구 창의 패키지에 PictureUtils.kt라는 이름의 새로운 코틀린 파일(클래스가 아님)을 생성한다(프로젝트 도구 창의 app/java 밑에 있는 com.bignerdranch.android.criminalintent 패키지에서 오른쪽 마우스 버튼을 클릭한 후 New ➡ Kotlin Class/File을 선택한다. 파일 이름을 PictureUtils로 입력하고 File을 더블 클릭한다). 그리고 getScaledBitmap(String, Int, Int)라는 이름의 파일 수준 함수(코틀린 파일 내에서 클래스 외부에 정의된 함수이며, 앱의 어떤 코드에서도 사용 가능함)를 추가한다.

리스트 16.13 | getScaledBitmap(...) 함수 생성하기(PictureUtils.kt)

```
fun getScaledBitmap(path: String, destWidth: Int, destHeight: Int): Bitmap {
    // 이미지 파일의 크기를 읽는다
    var options = BitmapFactory.Options()
    options.inJustDecodeBounds = true
    BitmapFactory.decodeFile(path, options)

    val srcWidth = options.outWidth.toFloat()
    val srcHeight = options.outHeight.toFloat()
```

```kotlin
    // 크기를 얼마나 줄일지 파악한다
    var inSampleSize = 1
    if (srcHeight > destHeight || srcWidth > destWidth) {
        val heightScale = srcHeight / destHeight
        val widthScale = srcWidth / destWidth

        val sampleScale = if (heightScale > widthScale) {
            heightScale
        } else {
            widthScale
        }
        inSampleSize = Math.round(sampleScale)
    }

    options = BitmapFactory.Options()
    options.inSampleSize = inSampleSize

    // 최종 Bitmap을 생성한다
    return BitmapFactory.decodeFile(path, options)
}
```

여기서 중요한 것은 inSampleSize다. 각 화소에 대해 각 '샘플(sample)'이 얼마나 큰지를 결정한다. 예를 들어, inSampleSize가 1이면 원래 파일의 각 수평 화소당 하나의 최종 수평 화소를 갖는다. 그리고 2이면 원래 파일의 두 개의 수평 화소마다 하나의 수평 화소를 갖는다. 따라서 inSampleSize가 2일 때는 원래 이미지 화소의 1/4에 해당하는 화소 개수를 갖는 이미지가 된다.

그런데 문제가 하나 더 있다. 프래그먼트가 최초로 시작될 때는 **PhotoView**의 크기를 미리 알 수 없다. 왜냐하면 프래그먼트의 **onCreate(…)**와 **onStart()** 및 **onResume()**이 차례대로 호출되어 실행된 후에 레이아웃이 뷰 객체로 생성되기 때문이다(레이아웃이 뷰 객체로 생성될 때까지는 이것의 뷰들이 화면상의 크기를 갖지 않는다).

이 문제의 해결 방법은 두 가지가 있다. 레이아웃이 뷰 객체로 생성될 때까지 기다리거나, **PhotoView**의 크기가 어느 정도 될지 추정하는 것이다. 크기를 추정하는 방법은 효율성은 떨어지지만 구현은 쉽다.

여기서는 파일 수준 함수인 **getScaledBitmap(String, Activity)**를 작성해 특정 액티비티의 화면 크기에 맞춰 **Bitmap**의 크기를 조정한다.

```kotlin
fun getScaledBitmap(path: String, activity: Activity): Bitmap {
    val size = Point()

    @Suppress("DEPRECATION")
    activity.windowManager.defaultDisplay.getSize(size)

    return getScaledBitmap(path, size.x, size.y)
}

fun getScaledBitmap(path: String, destWidth: Int, destHeight: Int): Bitmap {
    ...
}
```

getScaledBitmap(String, Activity) 함수에서는 화면 크기를 확인해서 해당 크기에 맞춰 이미지 크기를 줄이기 위해 오버로딩된 **getScaledBitmap(String, Int, Int)** 함수를 호출한다.

다음으로 **ImageView**에 **Bitmap**을 로드하기 위해 **CrimeFragment**에 새로운 함수를 추가하고 photoView를 변경한다(photoView는 **ImageView** 객체를 참조하는 **CrimeFragment**의 속성이다).

리스트 16.15 | photoView 변경하기(CrimeFragment.kt)

```kotlin
class CrimeFragment : Fragment(), DatePickerFragment.Callbacks {
    ...
    private fun updateUI() {
        ...
    }

    private fun updatePhotoView() {
        if (photoFile.exists()) {
            val bitmap = getScaledBitmap(photoFile.path, requireActivity())
            photoView.setImageBitmap(bitmap)
        } else {
            photoView.setImageDrawable(null)
        }
    }

    override fun onActivityResult(requestCode: Int, resultCode: Int, data: Intent?) {
        ...
    }
    ...
}
```

그다음에 **updatePhotoView()** 함수를 **updateUI()**와 **onActivityResult(…)** 내부에서 호출하게 한다.

리스트 16.16 | updatePhotoView() 호출하기(CrimeFragment.kt)

```kotlin
class CrimeFragment : Fragment(), DatePickerFragment.Callbacks {
    ...
    private fun updateUI() {
        ...
        if (crime.suspect.isNotEmpty()) {
            suspectButton.text = crime.suspect
        }
        updatePhotoView()
    }
    ...
    override fun onActivityResult(requestCode: Int, resultCode: Int, data: Intent?) {
        when {
            resultCode != Activity.RESULT_OK -> return

            requestCode == REQUEST_CONTACT && data != null -> {
                ...
            }

            requestCode == REQUEST_PHOTO -> {
                updatePhotoView()
            }
        }
    }
    ...
}
```

이제는 카메라 앱에서 저장한 사진 파일을 처리할 수 있게 되었다. 따라서 **Uri**에 파일을 쓸 수 있는 퍼미션을 취소할 수 있다. 카메라 앱에서 정상적으로 사진 파일을 쓴 이후에 URI 퍼미션을 취소하도록 **onActivityResult(…)**를 변경하고 **onDetach()**를 추가해보자(**onDetach()**는 부적합한 응답이 생길 가능성에 대비한 것이다).

리스트 16.17 | URI 퍼미션 취소하기(CrimeFragment.kt)

```kotlin
class CrimeFragment : Fragment(), DatePickerFragment.Callbacks {
    ...
    override fun onStop() {
        ...
    }

    override fun onDetach() {
```

```
        super.onDetach()
        requireActivity().revokeUriPermission(photoUri,
            Intent.FLAG_GRANT_WRITE_URI_PERMISSION)
    }

    override fun onActivityResult(requestCode: Int, resultCode: Int, data: Intent?) {
        when {
            ...

            requestCode == REQUEST_PHOTO -> {
                requireActivity().revokeUriPermission(photoUri,
                    Intent.FLAG_GRANT_WRITE_URI_PERMISSION)
                updatePhotoView()
            }
        }
    }
    ...
}
```

CriminalIntent 앱을 다시 실행해 범죄 리스트에서 한 항목을 클릭한 후 상세 내역 화면에서 카메라 버튼을 누른 다음, 카메라 앱이 실행되면 사진을 찍는다. '**확인**' 또는 '**다시 시도**' 선택 버튼이 나타나면 '**확인**'을 클릭한다. 그러면 그림 16.3과 같이 사진의 섬네일 이미지가 상세 내역 화면에 나타난다.

그림 16.3 | 상세 내역 화면에 나타난 섬네일 이미지

사용하는 장치 기능 선언하기

사진 관련 기능을 구현해보았다. 그런데 할 일이 한 가지 더 있다. 앱에서 장치마다 다를 수 있는 기능(카메라나 NFC 등)을 사용할 때는 안드로이드에 알려주는 것이 좋다. 장치가 지원하지 않는 기능을 앱이 사용하면 다른 앱(예를 들어, 플레이 스토어)에서 해당 앱의 설치를 거부할 수 있기 때문이다.

카메라 사용을 선언하기 위해 매니페스트에 <uses-feature> 태그를 추가한다(리스트 16.18).

리스트 16.18 | <uses-feature> 태그 추가하기(manifests/AndroidManifest.xml)

```
<manifest xmlns:android="http://schemas.android.com/apk/res/android"
    package="com.bignerdranch.android.criminalintent" >

    <uses-feature android:name="android.hardware.camera"
                  android:required="false"/>
    ...
</manifest>
```

여기서는 생략 가능한 속성인 android:required이 있다. 왜 그랬을까? 이 속성값을 true로 지정하면 해당 기능이 없이는 앱이 제대로 작동하지 않음을 의미한다. 그런데 CriminalIntent 앱에서는 그렇지 않으므로 false를 지정하였다. 왜냐하면 resolveActivity(...)를 호출해 작동 가능한 카메라 앱이 있는지 확인해서 없으면 카메라 버튼을 사용할 수 없게 비활성화하기 때문이다.

즉, android:required 속성의 값으로 false를 지정하면 카메라 없이도 앱이 잘 실행될 수 있음을 안드로이드에 알려주는 것이다.

챌린지: 사진을 확대해서 보여주기

범죄 현장 사진을 확대해서 보여주는 새로운 **DialogFragment**를 생성하자. 그리고 범죄 상세 내역 화면의 섬네일 이미지를 누르면 사진 확대 **DialogFragment**가 나타나게 한다.

챌린지: 섬네일 이미지 효율적으로 로드하기

이 장에서는 이미지를 축소할 크기를 미리 추정하는 방법을 사용하였다. 이상적인 방법은 아니지만 잘 작동하고 빨리 구현할 수 있다.

안드로이드 API 중에는 이럴 때 사용할 수 있는 **ViewTreeObserver**라는 도구가 있다. **ViewTreeObserver**는 **Activity**의 계층 구조에 속한 어떤 뷰에서도 사용할 수 있는 객체다.

```
val observer = imageView.viewTreeObserver
```

ViewTreeObserver에는 **OnGlobalLayoutListener**를 비롯해 다양한 리스너를 등록해서 사용할 수 있다. **OnGlobalLayoutListener**는 레이아웃이 뷰 객체로 생성될 때마다 작동된다.

photoView의 적합한 크기를 사용해 **updatePhotoView()**를 호출하도록 **OnGlobalLayoutListener**를 구현하자.

17

지역화

CriminalIntent가 널리 사용되는 앱이 되어서 여러 나라 사람들이 사용하게 되었다고 해보자. 이때 맨 먼저 할 일은 사용자가 보는 모든 텍스트를 **지역화**(localization)하는 것이다. 여기서는 스페인어와 영어를 지원하는 것으로 가정한다.

지역화는 사용자의 언어 설정을 기반으로 앱의 적합한 리소스를 제공하는 절차다. 이 장에서는 스페인어 버전의 res/values/strings.xml을 제공해보자. 장치의 언어가 스페인어로 설정되면 런타임 시에 안드로이드가 스페인어 문자열을 자동으로 찾아 사용한다(그림 17.1).

그림 17.1 | IntentoCriminal

365

리소스 지역화하기

언어 설정은 장치의 구성 요소 중 하나다(장치 구성은 3장의 '장치 구성 변경과 액티비티 생명주기' 절을 참고하자). 안드로이드는 화면 방향과 크기 및 다른 구성 요소의 수식자(qualifier)에 추가해서 서로 다른 언어의 수식자도 제공한다. 따라서 지역화하기가 쉽다. 즉, 원하는 언어 구성 수식자의 리소스 서브 디렉터리를 생성해 대체 리소스를 거기에 넣어 두면 된다. 그러면 나머지는 안드로이드 리소스 시스템에서 알아서 해준다.

16장까지 작성된 CriminalIntent 프로젝트를 안드로이드 스튜디오에서 열고, 다음과 같이 새로운 **values** 리소스 파일을 생성한다. 프로젝트 도구 창의 res/values에서 오른쪽 마우스 버튼을 클릭한 후 **New → Values Resource File**을 선택한다. 대화상자가 나오면 그림 17.2와 같이 파일 이름에 **strings**를 입력한 후 Source set의 **main**은 그대로 두고 디렉터리 이름이 **values**인지 확인한다.

그리고 사용 가능한 수식자(Available qualifiers)에서 **Locale**을 선택하고 **>>** 버튼을 누른 후 수식자의 언어 목록에서 '**es: Spanish**'를 선택한다. 그러면 맨 오른쪽의 Specific Region Only에서 '**Any Region**'이 자동으로 선택된다. 이것을 그대로 두고 **OK** 버튼을 누른다(그림 17.2).

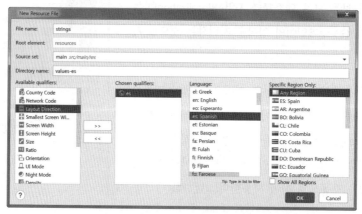

그림 17.2 | 수식자를 사용한 문자열 리소스 파일 생성하기

이때 안드로이드 스튜디오가 디렉터리 이름을 **values-es**로 변경해준다. 언어 구성 수식자는 ISO 639-1 코드의 표준을 따라 두 개의 문자로 구성되며, 스페인어는 수식자가 **es**다.

새로운 `strings.xml` 파일은 res/values-es 밑에 생성된다. 그리고 프로젝트 도구 창의 **Android** 뷰에서는 그림 17.3과 같이 파일 이름 뒤에 **(es)**를 붙여서 보여준다.

그림 17.3 | 프로젝트 도구 창의 Android 뷰로 본 strings.xml 파일

그런데 프로젝트 도구 창을 **Project** 뷰로 전환해서 보면 res/values-es 디렉터리가 생성되어 있고 그 밑에 새로운 strings.xml 파일을 확인할 수 있다(그림 17.4).

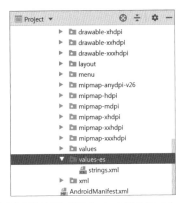

그림 17.4 | 프로젝트 도구 창의 Project 뷰로 본 strings.xml 파일

프로젝트 도구 창을 **Android** 뷰로 전환하고 스페인어로 번역된 모든 문자열을 res/values-es/ strings.xml에 추가한다(이 문자열을 일일이 입력하면 불편하니, 이 책의 다운로드 파일에서 **Ch17\ CriminalIntent\app\src\main\res\values-es** 밑에 있는 strings.xml 파일을 프로젝트의 res/values-es 밑에 복사한다).

리스트 17.1 | 스페인어로 번역된 문자열 리소스 추가하기(res/values-es/strings.xml)

```
<resources>
    <string name="app_name">IntentoCriminal</string>
    <string name="crime_title_hint">Introduzca un título para el crimen.</string>
    <string name="crime_title_label">Título</string>
    <string name="crime_details_label">Detalles</string>
```

```
        <string name="crime_solved_label">Solucionado</string>
        <string name="new_crime">Crimen Nuevo</string>
        <string name="crime_suspect_text">Elegir Sospechoso</string>
        <string name="crime_report_text">Enviar el Informe del Crimen</string>
        <string name="crime_report">%1$s!
            El crimen fue descubierto el %2$s. %3$s, y %4$s
        </string>
        <string name="crime_report_solved">El caso está resuelto</string>
        <string name="crime_report_unsolved">El caso no está resuelto</string>
        <string name="crime_report_no_suspect">no hay sospechoso.</string>
        <string name="crime_report_suspect">el/la sospechoso/a es %s.</string>
        <string name="crime_report_subject">IntentoCriminal Informe del Crimen</string>
        <string name="send_report">Enviar el informe del crimen a través de</string>
</resources>
```

이것으로 지역화된 문자열 리소스가 앱에 제공되었다. 확인하는 의미에서 장치의 언어 설정을
스페인어(**Español**로 나타난다)로 변경하고(설정 방법은 각 장치마다 다를 수 있다) CriminalIntent 앱
을 실행해 범죄 리스트에서 한 항목을 선택한 후 상세 내역 화면이 스페인어로 나타나는지 확
인한다(장치의 언어를 다시 원래 설정된 것으로 변경하려면 설정 앱의 이름이 Ajustes 또는 Configuración
로 나타나니, 이것을 실행한 후 언어를 나타내는 Idioma 항목을 찾는다).

기본 리소스

영어의 언어 구성 수식자는 -en이다(한국어는 -kr). 따라서 기존의 values 디렉터리 이름을
values-en으로 변경해도 된다고 생각할 수 있다. 그러나 좋은 생각이 아니다. 그렇게 변경하
면 이 앱은 values-en의 strings.xml과 values-es의 strings.xml을 갖는다. 그리고 이렇게
변경된 앱을 빌드하고 스페인어나 영어로 언어가 설정된 장치에서 실행하면 문제없이 실행된
다. 그러나 이 외의 다른 언어(예를 들어, 한국어나 이탈리아어)로 설정된 장치에서 실행하면 문제
가 발생한다. 안드로이드 시스템에서 현재의 구성과 일치하는 문자열 리소스를 찾을 수 없기
때문이다. 그리고 **Resources.NotFoundException**이 발생하면서 앱의 실행이 중단된다.

안드로이드 스튜디오의 AAPT(Android Asset Packaging Tool)는 리소스를 패키징하면서 많은 검
사를 수행한다. 그리고 기본 리소스 파일들이 없는 리소스를 우리가 사용하는 경우를 발견하
면 컴파일 시점에 에러가 발생한다. 예를 들면 다음과 같다.

```
Android resource linking failed

warn: removing resource
```

```
com.bignerdranch.android.criminalintent:string/crime_title_label
without required default value.

AAPT: error: resource string/crime_title_label
(aka com.bignerdranch.android.criminalintent:string/crime_title_label)
not found.

error: failed linking file resources.
```

따라서 앱에서 각 리소스의 **기본 리소스(default resource)**를 제공한다. 리소스 디렉터리 이름에 수식자가 포함되지 않은 리소스가 기본 리소스다. 기본 리소스는 현재의 장치 구성과 일치하는 리소스를 찾을 수 없으면 자동으로 사용된다. 따라서 안드로이드가 장치 구성과 일치하는 리소스 및 기본 리소스를 찾을 수 없다면 앱이 제대로 작동하지 못하게 된다.

화면 밀도는 다르게 처리된다

화면 밀도(screen density)의 경우는 기본 리소스가 다르게 제공된다. 그동안 보았듯이, 프로젝트의 drawable 디렉터리에는 -mdpi나 -xxhdpi 등의 화면 밀도 수식자가 사용된다. 그러나 장치의 화면 밀도에 어떤 drawable 리소스를 일치시킬지 또는 일치되는 것이 없을 때 기본 디렉터리를 제공하는 방법은 그리 간단하지 않다.

안드로이드는 화면 크기와 밀도를 조합해서 적합한 **drawable** 리소스를 선택한다. 이때 장치보다 더 낮거나 더 높은 밀도의 수식자를 갖는 **drawable** 디렉터리를 선택한 후 **drawable** 리소스 크기를 조정한다. https://developer.android.com/guide/practices/screens_support.html을 보면 이와 관련된 자세한 내용을 알 수 있다. 단, **drawable** 리소스의 경우는 기본 **drawable** 리소스 디렉터리인 res/drawable가 필요 없다.

번역 편집기로 문자열 리소스 확인하기

앱에서 지원할 언어가 많아질수록 각 언어의 문자열 리소스를 따로 제공하는 것도 어려워진다. 다행스럽게도 모든 번역 문자열을 한곳에서 볼 수 있게 안드로이드 스튜디오에서 간편한 번역 편집기(translation editor)를 제공한다. 시작에 앞서 수식자가 없는 기본 strings.xml을 편집기 창에 열고 crime_title_label과 crime_details_label을 주석 처리한다(리스트 17.2).

```
<resources>
    <string name="app_name">CriminalIntent</string>
    <string name="crime_title_hint">범죄의 제목을 입력하세요.</string>
    <!--<string name="crime_title_label">제목</string>-->
    <!--<string name="crime_details_label">상세 내역</string>-->
    <string name="crime_solved_label">해결됨</string>
    ...
</resources>
```

그다음에 프로젝트 도구 창의 각 언어별로 생성된 strings.xml 중 하나에서(여기서는 strings.xml (es)) 오른쪽 마우스 버튼을 클릭한 후 'Open Translations Editor'를 선택하면 번역 편집기가 실행된다. 번역 편집기에서는 앱의 모든 문자열과 언어별로 수식자가 붙은 모든 문자열의 번역 상태도 같이 보여준다. crime_title_label과 crime_details_label의 기본 문자열은 현재 주석 처리되어서 필드 이름이 빨간색이다(그림 17.5).

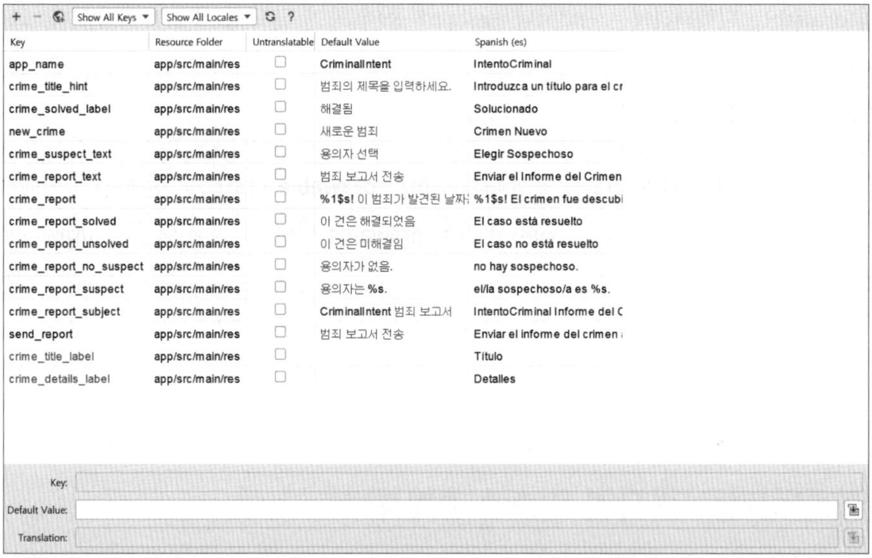

Key	Resource Folder	Untranslatable	Default Value	Spanish (es)
app_name	app/src/main/res	☐	CriminalIntent	IntentoCriminal
crime_title_hint	app/src/main/res	☐	범죄의 제목을 입력하세요.	Introduzca un titulo para el cr
crime_solved_label	app/src/main/res	☐	해결됨	Solucionado
new_crime	app/src/main/res	☐	새로운 범죄	Crimen Nuevo
crime_suspect_text	app/src/main/res	☐	용의자 선택	Elegir Sospechoso
crime_report_text	app/src/main/res	☐	범죄 보고서 전송	Enviar el Informe del Crimen
crime_report	app/src/main/res	☐	%1$s! 이 범죄가 발견된 날짜	%1$s! El crimen fue descubi
crime_report_solved	app/src/main/res	☐	이 건은 해결되었음	El caso está resuelto
crime_report_unsolved	app/src/main/res	☐	이 건은 미해결임	El caso no está resuelto
crime_report_no_suspect	app/src/main/res	☐	용의자가 없음.	no hay sospechoso.
crime_report_suspect	app/src/main/res	☐	용의자는 %s.	el/la sospechoso/a es %s.
crime_report_subject	app/src/main/res	☐	CriminalIntent 범죄 보고서	IntentoCriminal Informe del C
send_report	app/src/main/res	☐	범죄 보고서 전송	Enviar el informe del crimen
crime_title_label	app/src/main/res	☐		Titulo
crime_details_label	app/src/main/res	☐		Detalles

Key:	
Default Value:	
Translation:	

그림 17.5 | 번역 편집기를 사용해서 문자열 검사하기

번역 편집기를 사용하면 프로젝트의 리소스를 알기 쉽게 볼 수 있다. 게다가 누락된 로케일 (locale)의 리소스도 찾아서 관련 문자열 파일에 추가할 수 있다.

조금 전에 주석 처리한 기본 문자열 리소스도 번역 편집기에서 추가할 수 있다. 그러나 여기서는 그럴 필요 없이 crime_title_label과 crime_details_label의 주석만 제거하면 된다. 다음을 진행하기 전에 주석을 제거한다(편집기 창의 crime_title_label과 crime_report_subject가 선언된 줄을 각각 클릭한 후 Ctrl+/[Command+/] 키를 누르면 주석을 쉽게 제거할 수 있다). 그리고 번역 편집기 창을 닫을 때는 위쪽의 번역 편집기 탭에서 ×를 클릭하면 된다.

로케일과 리소스 선택

리소스 디렉터리는 언어 로케일(locale)에 지역(region)을 추가해 수식자로 지정할 수 있다. 예를 들어, 스페인어를 사용하는 지역의 수식자로 -es-rES가 있다. 여기서 r은 지역 수식자이고, ES는 스페인어의 ISO 3166-1-alpha-2 코드다. 이런 구성 수식자는 대소문자를 구별하지 않지만, 안드로이드의 이름 규칙을 따르는 것이 좋다. 따라서 언어 코드는 소문자로 하고, 지역 코드는 소문자 r 다음에 대문자를 사용해서 지정한다.

-es-rES와 같은 언어-지역 수식자는 두 개의 서로 다른 구성 수식자가 결합된 것처럼 보일 수 있지만, 그 자체가 하나다. 지역 수식자는 별도로 사용할 수 없기 때문이다.

안드로이드 시스템에서는 사용자의 로케일과 일치하는 리소스를 다음과 같이 자동 선택해 사용한다. 먼저, 언어와 지역 수식자 모두가 사용자 로케일과 정확하게 일치하는 리소스가 있으면 그것을 사용한다. 정확하게 일치하는 리소스가 없으면, 사용자 로케일에서 지역 수식자를 제외한 언어 수식자만으로 정확하게 일치되는 리소스를 선택해 사용한다.

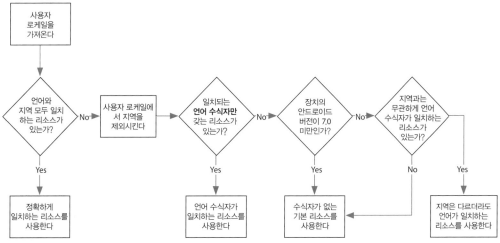

그림 17.6 | 안드로이드의 로케일 리소스 선택 및 사용(안드로이드 7 이전과 이후)

언어 수식자만으로 정확하게 일치되는 것이 없는 경우에는 리소스를 선택하는 방법은 해당 장치의 안드로이드 버전에 따라 다르다. 그림 17.6에서는 안드로이드 7.0 이전 버전과 이후 버전에서 사용자 로케일의 리소스를 선택하는 전략을 보여준다.

7.0 이전 버전의 안드로이드를 실행하는 장치에서는 언어 수식자로만 일치하는 리소스가 없으면 수식자가 없는 기본 리소스가 사용된다. 7.0 버전부터는 장치 설정에서 사용자가 두 개 이상의 로케일을 선택할 수 있다. 그리고 안드로이드가 사용자 로케일에 적합한 리소스를 선택할 때 그림 17.6처럼 지능적인 전략을 사용한다.

예를 들어, 장치의 언어가 스페인어로 설정되어 있고 지역이 칠레라고 하자(그림 17.7). 그리고 해당 장치에서 실행되는 앱에는 멕시코 지역이면서 스페인어의 수식자를 갖는(values-es-rMX) strings.xml 파일이 포함되어 있다. 그리고 기본 values 디렉터리는 영어로 된 strings.xml을 포함한다. 이때 안드로이드 7.0 이전 버전이 실행 중인 장치에서 앱을 실행하면 **언어만 일치하는 values-es 디렉터리 리소스가 없으므로** 기본 values 디렉터리의 영어로 된 strings.xml의 문자열을 보게 되지만, 안드로이드 7.0 이상 버전이 실행 중이라면 values-es-rMX/strings.xml의 문자열을 보게 된다. 지역 수식자가 칠레로 된 것은 없지만, 스페인어로 된 다른 지역의 리소스를 사용하기 때문이다.

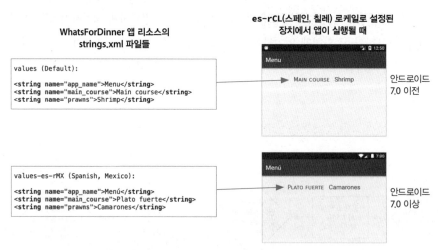

그림 17.7 | 로케일에 적합한 리소스 선택 예(안드로이드 7.0 버전 이전과 이상에서)

정리하자면 앞의 예와 같이 언어-지역 수식자로 된 디렉터리를 사용하지 말고, 가능한 한 언어 수식자만 갖는 디렉터리를 사용하는 것이 좋다. 단, 방언이나 사투리와 같은 지역 특성을 고려해서 단어나 문장을 다르게 할 필요가 있을 때만 언어-지역 수식자를 사용한다. 이렇게 하면 문자열 리소스를 유지하거나 관리하기도 쉽고, 안드로이드 시스템에서 리소스를 처리하는 데도 좋다. 그리고 이 내용은 values 디렉터리의 모든 대체 리소스에 해당된다.

구성 수식자

지금까지 대체 리소스를 제공하는 몇몇 구성 수식자를 사용하였다. 언어 관련(예를 들어, values-es), 장치 회전에 따른 화면 방향 관련(예를 들어, layout-land), 화면 밀도 관련(예를 들어, drawable-mdpi) 수식자들이다.

리소스를 대상으로 안드로이드 시스템에서 제공하는 장치 구성 수식자는 다음과 같다.

1. 모바일 국가 코드(MCC), 그다음에 선택적으로 모바일 네트워크 코드(MNC)가 붙음

2. 언어 코드, 그다음에 선택적으로 지역 코드가 붙음

3. 레이아웃 방향

4. 최소 너비

5. 사용 가능 너비

6. 사용 가능 높이

7. 화면 크기

8. 화면 비율

9. 원형 화면 여부(API 레벨 23 이상)

10. 확장 색 공간

11. 높은 명암비

12. 화면 방향

13. UI 모드

14. 야간 모드

15. 화면 밀도(dpi)

16. 터치 스크린 유형

17. 키보드 사용성

18. 기본 텍스트 입력 방법

19. 내비게이션 키 사용성

20. 기본 비-터치 내비게이션 방법

21. API 레벨

이런 구성 수식자들의 자세한 설명과 예는 https://developer.android.com/guide/topics/resources/providing-resources.html#AlternativeResources에서 볼 수 있다.

초기 안드로이드 버전에서 지원되지 않는 구성 수식자도 있다. 따라서 안드로이드 시스템에서는 그런 수식자에 플랫폼 버전 수식자를 붙여준다. 예를 들어, 원형 화면 여부를 나타내는 수식자에는 자동으로 v23 수식자를 붙여준다. 원형 화면 지원 여부 수식자는 API 레벨 23에서 추가되었기 때문이다. 따라서 새로 추가된 수식자를 이전 버전의 안드로이드 장치에서 사용해도 문제가 생기지 않는다.

대체 리소스의 우선순위 부여

하나의 리소스에 대해 여러 유형의 대체 구성 수식자들이 지정되어 있으면, 장치 구성과 일치하는 대체 리소스들이 하나 이상이 될 수 있다. 이때는 바로 앞의 21가지 구성 수식자 내역에 있는 우선순위(작은 번호가 우선순위가 높다)에 따라 대체 리소스가 선택된다.

우선순위 부여가 실제로 어떻게 되는지 알아보기 위해 또 다른 대체 리소스를 CriminalIntent 앱에 추가해보자. 이 대체 리소스는 crime_title_hint 문자열 리소스의 영어 버전이며, 현재 장치 구성의 화면 너비가 최소 600dp(예를 들어 태블릿 또는 폰의 가로 방향에서)일 때, 그리고 사용자가 텍스트를 입력하기 전에 범죄 제목 텍스트 필드에 나타난다.

앞의 '리소스 지역화하기'에서 했던 대로 values 리소스 파일을 생성한다. 단, 사용 가능한 수식자 목록에서 'Screen Width'를 선택하고 >> 버튼을 클릭한다. 그리고 Screen width에 600을 입력하면 디렉터리 이름이 자동으로 'values-w600dp'로 변경된다(그림 17.8). -w600dp 수식자는 현재 사용 가능한 화면의 너비가 600dp 이상인 장치이면 리소스가 선택된다. 폰의 경우는 세로가 아닌 가로 방향일 때(화면 크기 수식자는 이 장 끝의 '궁금증 해소하기: 장치 크기 결정하기'에서 추가로 알아본다).

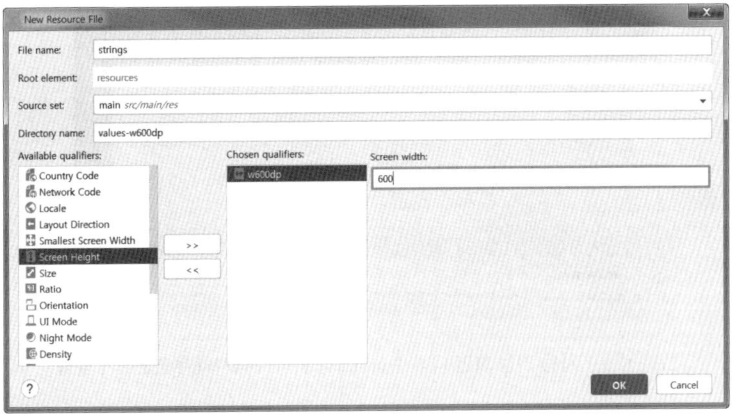

그림 17.8 | 큰 너비의 화면에서 사용할 문자열 리소스 생성하기

다음으로 res/values-w600dp/strings.xml(프로젝트 도구 창의 **Android** 뷰에서는 **strings.xml (w600dp)**로 나타남)의 crime_title_hint 값으로 긴 문자열을 추가한다.

리스트 17.3 | 큰 너비의 화면에 사용할 대체 문자열 추가하기(res/values-w600dp/strings.xml)

```
<resources>
    <string name="crime_title_hint">
        Enter a meaningful, memorable title for the crime.
    </string>
</resources>
```

큰 너비의 화면에서 다르게 보여야 할 문자열 리소스는 crime_title_hint뿐이다. 따라서 values-w600dp 디렉터리의 strings.xml에는 crime_title_hint의 문자열만 지정하였다. 이미 얘기했듯이, 구성 수식자에 따라 달라질 수 있는 이런 문자열 리소스(그리고 다른 values 리소스)에만 대체 리소스를 제공해야 한다. 그리고 대체 리소스의 문자열이 같으면 여러 곳에 중복해서 둘 필요 없다. 유지 보수만 어려워진다.

이제는 세 가지 버전의 crime_title_hint가 있다. 기본 버전의 res/values/strings.xml, 스페인어 대체 리소스인 res/values-es/strings.xml, 큰 너비 화면의 대체 리소스인 res/values-w600dp/strings.xml이다.

장치의 언어가 스페인어로 설정된 상태에서 CriminalIntent 앱을 실행해 범죄 리스트 화면에서 오른쪽 위의 + 버튼을 클릭한다. 그런 다음 범죄 상세 내역 화면이 나타나면 가로 방향으로 회전해보자(그림 17.9). 이때 스페인어 대체 리소스의 우선순위가 높으므로 res/values-w600dp/strings.xml이 아닌 res/values-es/strings.xml의 문자열이 나타나게 된다.

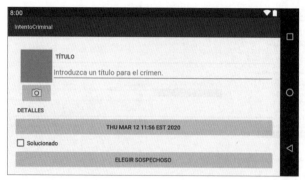

그림 17.9 | 사용 가능 화면 너비 수식자보다 언어 수식자의 우선순위가 높음

복합 수식자

새로운 리소스를 생성하는 그림 17.8의 'New Resource File' 대화상자에는 사용 가능한 수식자가 많다. 그리고 하나의 리소스 디렉터리 이름에 여러 유형의 수식자를 같이 사용할 수 있다. 단, 이때는 수식자의 우선순위가 높은 것부터 사용해야 한다. 따라서 values-es-w600dp는 적합한 디렉터리 이름이지만 values-w600dp-es는 적합하지 않다('New Resource File' 대화상자를 사용할 때는 디렉터리 이름을 올바르게 구성해야 한다).

큰 너비 화면의 스페인어 values 리소스 파일을 생성한다(그림 17.8의 대화상자에서 'File name'에 **strings**를 입력하고 왼쪽의 'Available qualifiers'에서 Locale을 선택 및 >>를 누른 후 Language에서 '**es: Spanish**'를 선택한다. 그리고 다시 왼쪽의 'Available qualifiers'에서 'Screen Width'를 선택하고 >>를 누른 후 오른쪽의 'Screen width'에 600을 입력한다. 그러면 디렉터리 이름이 values-es- w600dp가 되며, 그 밑에 strings.xml이 생성된다. 리스트 17.4와 같이 crime_title_hint의 문자열 리소스를 res/values-es-w600dp/strings.xml에 추가한다(프로젝트 도구창의 **Android** 뷰에서는 **strings. xml(es-w600dp)**로 나타남).

리스트 17.4 | 큰 너비 화면의 스페인어 문자열 리소스 생성하기(res/values-es-w600dp/strings.xml)

```
<resources>
    <string name="crime_title_hint">
        Introduzca un título significativo y memorable para el crimen.
    </string>
</resources>
```

그런 다음 장치의 언어가 스페인어로 설정된 상태에서 CriminalIntent 앱을 실행한다. 그리고 범죄 리스트 화면에서 오른쪽 위의 + 버튼을 클릭해 범죄 상세 내역 화면이 나타나면 장치를 세로로 회전하여 새로 생성한 대체 문자열 리소스가 제대로 나타나는지 확인해보자(그림 17.10).

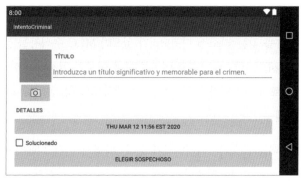

그림 17.10 | 큰 너비 화면의 스페인어 문자열 리소스

가장 적합한 리소스 찾기

그림 17.10과 같이 앱이 실행될 때 crime_title_hint의 어떤 버전을 보여줄지 안드로이드가 결정하는 방법을 알아보자. 먼저, crime_title_hint라는 이름을 갖는 네 개의 대체 문자열 리소스를 생각해보자. 그리고 장치(여기서는 Pixel 2 에뮬레이터)의 언어 구성은 스페인어, 사용 가능한 화면 너비는 600dp 이상이라고 해보자.

장치 구성	crime_title_hint의 앱 구성
• 언어: es(스페인어)	• values
• 사용 가능 높이: 411dp	• values-es
• 사용 가능 너비: 731dp	• values-es-w600dp
• (기타)	• values-w600dp

비호환의 디렉터리들을 제외시키기

가장 적합한 리소스를 찾기 위해 안드로이드는 크게 두 단계로 작업을 수행한다. 첫 번째는 현재의 구성에 호환되지 않는 리소스 디렉터리들을 대상에서 제외한다.

앞서 나온 'crime_title_hint의 앱 구성'에 있는 네 가지 모두 현재 구성과 호환된다(앱 실행 중에 장치를 세로 방향으로 회전하면 사용 가능한 너비가 411dp가 되며, values-w600dp와 values-es-w600dp

는 호환되지 않으므로 대상에서 제외된다). 따라서 다음 단계인 우선순위 처리를 진행한다.

우선순위 처리하기

호환되지 않는 리소스 디렉터리들을 대상에서 제외한 후에 안드로이드는 앞의 '구성 수식자' 절에서 알아본 우선순위를 기준으로 가장 높은 우선순위 수식자인 MCC부터 찾기 시작한 다. 만일 MCC 수식자를 갖는 리소스 디렉터리가 있으면 MCC 수식자를 **갖지 않는** 모든 리소스 디렉터리를 대상에서 제외한다. 그리고 여전히 하나 이상의 일치되는 디렉터리가 있으면 안드로이드는 그다음으로 우선순위가 높은 수식자를 대상으로 찾으며, 하나의 디렉터리만 남을 때까지 같은 처리를 계속한다.

이 예에서는 MCC 수식자를 갖는 디렉터리가 없다. 따라서 어떤 디렉터리도 대상에서 제외되지 않아서 안드로이드는 더 낮은 우선순위의 언어 수식자를 대상으로 찾는다. 여기서는 두 개의 디렉터리(values-es와 values-es-w600dp)가 -es 언어 수식자를 갖고 있지만, values와 values-w600dp 디렉터리는 언어 수식자가 없어서 제외된다.

(그러나 이미 얘기했듯이, 수식자가 없는 **values** 디렉터리는 기본 리소스다. 따라서 지금은 언어 수식자가 없어서 제외되었지만, 낮은 우선순위의 수식자에서도 일치되는 디렉터리가 없으면 기본 리소스인 values 디렉터리가 선택된다.)

장치 구성	crime_title_hint의 앱 구성
• 언어: es(스페인어)	• ~~values~~(언어 수식자가 없음)
• 사용 가능 높이: 411dp	• values-es
• 사용 가능 너비: 731dp	• values-es-w600dp
• (기타)	• ~~values-w600dp~~(언어 수식자가 없음)

그리고 여전히 찾는 대상이 여러 개이므로 안드로이드는 더 낮은 우선순위의 수식자를 계속해서 반복 처리한다. 그러다가 사용 가능한 화면 너비 수식자에 도달하면 이 수식자를 갖는 하나의 디렉터리를 찾게 되고, 너비 수식자가 없는 나머지 한 개는 제외한다. 따라서 values-es는 제외되고 values-es-w600dp만 남게 된다.

장치 구성	crime_title_hint의 앱 구성
• 언어: es(스페인어)	• ~~values~~(언어와 너비 수식자가 없음)
• 사용 가능 높이: 411dp	• values-es(너비 수식자가 없음)

- 사용 가능 너비: 731dp
- (기타)

- **values-es-w600dp**(최선의 선택이 됨)
- ~~values-w600dp~~(언어 수식자가 없음)

결국 안드로이드는 values-es-w600dp 디렉터리의 리소스를 사용하게 된다.

대체 리소스 테스트하기

서로 다른 장치 구성에서 레이아웃과 리소스가 어떻게 보이는지 알아보기 위해 앱을 테스트하는 것은 중요하다. 테스트는 실제 장치와 가상 장치 모두에서 할 수 있으며, 그래픽 레이아웃 도구도 사용할 수 있다.

그래픽 레이아웃 도구에는 서로 다른 구성에서 레이아웃이 어떻게 나타나는지 미리보기해주는 옵션이 많이 있다. 따라서 서로 다른 화면 크기, 장치 타입, API 레벨, 언어 등으로 레이아웃을 미리보기할 수 있다.

이런 옵션들을 보기 위해 res/layout/fragment_crime.xml 파일을 열고 편집기 창의 오른쪽 위에 있는 디자인 버튼(▨ Design)을 클릭해 디자인 뷰로 전환해서 그림 17.11에 보이는 툴바에서 몇 가지 설정을 시도해보자.

그림 17.11 | 다양한 장치 구성에서 레이아웃 미리보기

왼쪽부터 첫 번째 버튼으로 레이아웃의 디자인과 청사진을 같이 또는 따로 볼 수 있고, 두 번째 버튼으로 장치의 방향을 선택할 수 있다. 세 번째 버튼으로 야간(night) 모드를 선택할 수 있고, 네 번째 버튼으로 가상 장치의 종류를, 다섯 번째 버튼으로 API 레벨을 선택할 수 있다. 그리고 여섯 번째 버튼으로 앱의 테마를, 일곱 번째 버튼으로 언어를 선택할 수 있다(이제는 스페인어도 선택 옵션에 나타난다).

지역화되지 않은 리소스들의 언어로 실제 장치나 에뮬레이터를 설정하면 모든 기본 리소스들을 앱에서 포함하고 있는지 확인할 수 있다. 앱을 실행해서 모든 뷰가 잘 나타나는지 살펴보고 장치도 회전해보자.

다음 장으로 넘어가기 전에 장치의 언어를 원래 설정된 언어(예를 들어, 한국어나 영어)로 다시

변경한다. 축하한다! 이제는 한국어와 영어, 스페인어로 CriminalIntent 앱을 사용할 수 있게
되었다.

궁금증 해소하기: 장치 크기 결정하기

안드로이드는 장치 크기 검사와 관련해 세 개의 수식자를 제공한다(표 17.1).

표 17.1 | **별도의 화면 크기 수식자**

수식자 형식	의미
wXXXdp	사용 가능 너비: 너비가 XXX dp와 같거나 크다.
hXXXdp	사용 가능 높이: 높이가 XXX dp와 같거나 크다.
swXXXdp	최소 너비: 너비 또는 높이 중 더 작은 쪽이 XXX dp와 같거나 크다.

예를 들어, 화면이 최소한 300dp의 너비를 가질 때만 사용될 레이아웃을 지정하고 싶다고 해
보자. 이때는 사용 가능한 너비 수식자를 사용해서 레이아웃 파일을 res/layout-w300dp 디
렉터리에 넣으면 된다('w'는 width(너비)를 나타낸다). 마찬가지로 높이도 'h'(height)를 사용해서 하
면 된다.

그런데 높이와 너비는 장치의 방향(가로 또는 세로)에 따라 바뀔 수 있다. 이때 특정 화면의 크
기를 감지하려면 sw를 사용하면 된다. sw는 **smallest width(최소 너비)**를 의미하며, 이것으로
최소 화면 크기를 지정한다. 장치의 방향에 따라 sw는 너비나 높이 중 하나가 될 수 있다. 예
를 들어, 화면이 1024×800이라면 sw는 800이 되며, 장치가 회전되어 화면이 800×1024일 때
도 sw는 여전히 800이다.

챌린지: 날짜를 지역화하기

장치에 설정된 로케일과 무관하게 CriminalIntent에서 보여주는 날짜는 항상 미국(US) 형식
(MM/DD/YY)으로 나타난다. 장치의 로케일 구성에 맞춰 날짜 형식을 지역화하자(안드로이드 프
레임워크의 일부로 제공되는 **android.text.format.DateFormat** 클래스의 개발자 문서를 참고한다).

18

접근성

이 장에서는 CriminalIntent의 **접근성(accessibility)**을 더 좋게 해보자. 접근성이 좋은 앱은 시각, 거동, 청각 장애에 상관없이 누구나 사용할 수 있다. 이런 장애는 영구적일 수 있지만, 일부는 일시적이거나 상황에 따라 생길 수도 있다. 예를 들어, 안구 검사로 동공이 일시적으로 확장되면 초점이 맞지 않아 흐릿하게 보인다. 또는 요리하면서 기름 묻은 손으로 화면을 터치하기가 망설여지거나 시끄러운 콘서트장에서는 장치의 소리가 들리지 않을 수 있다. 따라서 앱의 접근성이 좋을수록 앱을 더 편안하게 사용할 수 있다.

접근성이 완벽하게 좋은 앱을 만들기는 어렵지만, 그렇다고 해서 시도조차 하지 않는 것은 적절하지 않다. 이 장에서는 시각 장애가 있는 사람이 CriminalIntent 앱을 쉽게 사용하도록 해보자. 그럼으로써 접근성 문제와 앱의 접근성 설계에 관해 배우는 좋은 출발점이 될 것이며, 구글의 **TalkBack(토크백)**을 자세히 살펴보는 계기가 될 것이다.

TalkBack

TalkBack은 구글에서 만든 음성 안내 지원 앱으로, 사용자가 수행하는 작업을 기반으로 화면의 내용을 음성으로 알려준다.

TalkBack은 **접근성 서비스(accessibility service)**로 작동하는 특별한 컴포넌트로, 어떤 앱을 사용하든 이것을 통해 화면으로부터 정보를 읽을 수 있다. 이런 접근성 서비스 앱은 누구나 작성할 수 있으며, 그중에서 TalkBack이 가장 많이 알려져 있다.

우선 에뮬레이터에 한국어를 추가하자. 에뮬레이터에서 **Settings ➡ System ➡ Languages & input ➡ Languages ➡ Add a language**를 클릭한 후 스크롤하여 끝 부분에 있는 **한국어 ➡ 대한민국**을 선택한다. 그리고 '한국어(대한민국)' 오른쪽의 아이콘(═)을 클릭하고 영어 위로 끌어서 놓는다. 이렇게 하면 에뮬레이터의 기본 언어가 한국어로 설정된다. 여기까지 설정하면 한글을 입/출력할 준비가 다 된 것이다. 한글과 영문을 전환할 때는 화면 왼쪽 밑에 있는 지구본 모양의 키를 클릭하면 된다.

다음으로 에뮬레이터에서 TalkBack을 사용하기 위해 플레이 스토어(구글 로그인을 해야 한다)에서 '토크백'을 검색한 후 '안드로이드 접근성 도구 모음(Android Accessibility Suite)' 앱을 설치한다(그림 18.1). 에뮬레이터에서는 구글 플레이 API가 포함된 시스템 이미지를 갖는 AVD로 생성된 것을 사용해야 한다(1장의 그림 1.18 참고). 대부분의 실제 장치에는 TalkBack이 이미 설치되어 있으니 추가로 설치할 필요가 없다. 이 장에서는 에뮬레이터에서 TalkBack을 사용한다. 물론 실제 장치에서도 사용 방법은 거의 같다.

그림 18.1 | 안드로이드 접근성 도구 모음 설치하기

그런 다음, 장치에서 소리가 나도록 되어 있는지(무음이 아닌 소리 모드) 확인한다.

이제는 안드로이드 접근성 도구 모음이 설치되어 TalkBack을 사용할 수 있다. 사용에 앞서 TalkBack을 활성화한다. 설정(Settings) 앱을 실행해 접근성(Accessibility)을 선택한다. 그런 다음 서비스 항목의 TalkBack을 선택한 후 오른쪽의 스위치를 켜서 활성화하면 된다(그림 18.2).

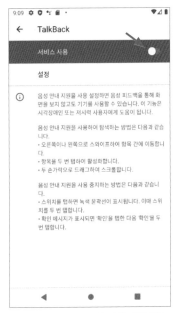

그림 18.2 │ **TalkBack 사용 설정 화면**

그러면 TalkBack에서 기기를 제어하도록 허용할지 묻는다(그림 18.3). **'허용'** 버튼을 누르면 TalkBack 서비스 사용이 활성화된다(그림 18.4).

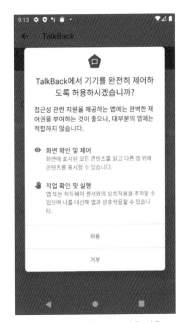

그림 18.3 │ **TalkBack 사용 허용**

그런데 TalkBack을 처음 설치하면 음성 안내의 사용법을 실습하면서 알려주는 '음성 안내 지원 가이드'가 곧바로 실행된다 이때 장치의 백 버튼을 선택하고 두 번 누르면 '음성 안내 지원 가이드'가 종료되고 TalkBack이 사용 중임을 보여주는 그림 18.4의 설정 화면으로 돌아간다.

이제는 TalkBack 사용이 허용되어 화면에서 버튼이나 항목을 한 번 클릭하면 녹색이나 파란색의 윤곽선이 표시되며, 그다음 연속해서 두 번을 클릭해야 작동함을 꼭 기억하자.

그리고 왼쪽 위의 Up 버튼(←)을 한 번 누르면 버튼 주위에 녹색 또는 파란색의 윤곽선이 나타나고 "뒤로 가기 버튼. 활성화하려면 두 번 탭하세요."라는 음성 안내가 나온다.

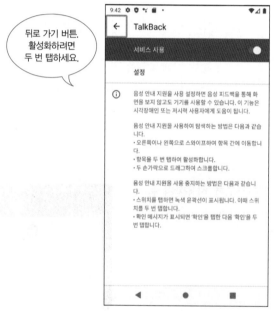

그림 18.4 | TalkBack이 활성화됨

TalkBack에서는 '터치한다(touch)', '누른다(press)'는 용어 대신 두드린다는 의미의 '탭한다(tap)'는 표현을 사용하며, '두 번 탭하면' 해당 기능이 실행된다. 시각 장애가 있는 사용자들의 실수를 줄이기 위해서다.

녹색 또는 파란색의 윤곽선은 해당 UI 요소에 **포커스**가 있음(선택됨)을 나타내며, 이 포커스는 한번에 하나의 UI 요소에만 나타난다. 그리고 특정 UI 요소에 포커스가 나타나면 TalkBack에서 해당 정보를 음성으로 알려준다.

TalkBack이 활성화된 후에 특정 UI 요소를 한 번 탭하면(누르면) 해당 요소에 포커스가 나타나며, 다시 두 번 탭하면 포커스가 있는 UI 요소의 기능이 실행된다. 예를 들어, Up 버튼에 포커스가 있을 때 두 번 탭하면 상위(이전) 화면으로 돌아가고, 체크상자에 포커스가 있을 때 두 번 탭하면 체크 상태가 변경된다(장치가 잠겨 있으면 잠금 아이콘을 누른 후 화면의 아무 데나 두 번 탭하면 잠금을 해제할 수 있다).

터치로 탐색하기

TalkBack이 활성화되면 UI 요소를 터치할 때마다 해당 정보를 즉시 음성으로 알려준다. 해당 요소에서 TalkBack이 읽을 수 있는 정보를 지정했기 때문이다(이 내용은 잠시 후에 배운다).

그림 18.4와 같이 Up 버튼(←)에 포커스가 있는 상태에서 화면의 아무 데나 두 번 탭 하면 접근성 설정 화면으로 돌아간다. 그리고 현재 화면에 보이는 것과 포커스가 있는 것에 관한 정보를 "접근성, 토크백 사용, 화면의 항목 읽어 주기 목록에 있음, 항목 29개, 활성화하려면 두 번 탭 하세요."라고 말해준다.

Toolbar, RecyclerView, Button 같은 안드로이드 프레임워크의 위젯은 기본적으로 TalkBack을 지원하므로 접근성을 향상시키는 데 바로 사용할 수 있다. 그리고 커스텀 위젯도 접근성 이벤트에 응답할 수 있지만, 이 책의 범위를 벗어나므로 여기서는 다루지 않는다.

실제 장치에서 여러 항목이 나타나는 리스트에서 스크롤하려면 반드시 두 손가락을 화면에 대고 위나 아래로 끌어주어야 한다. 반면에 에뮬레이터에서 스크롤하려면 컴퓨터 키보드의 Ctrl[Command] 버튼을 누르면서 화면에 나타난 반투명의 원을 위나 아래로 끌어야 한다(그림 18.5).

여러 항목이 나타나는 리스트에서 스크롤하면 '통통…통통' 같은 **이어콘**(earcorn, 음성 신호) 소리가 난다.

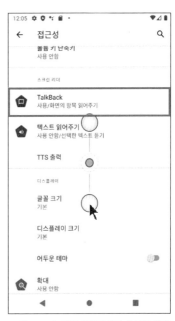

그림 18.5 | 에뮬레이터에서 스크롤하기

밀어서 이동하기

처음 사용하는 앱은 화면 어디에 무엇이 있는지 사용자는 알 수가 없다. 이런 상황에서 TalkBack이 읽어 줄 수 있는 요소에 다다를 때까지 화면 여기저기를 더듬어야 한다면, 같은 요소를 여러 번 누르다가 결국 헤매고 만다.

다행히도 사용자가 UI를 순차적으로 살펴볼 수 있는 방법이 있는데, 실제로는 TalkBack을 사용하는 방법이다. 즉 화면에서 오른쪽으로 밀면 포커스가 다음 UI 요소로 이동하고, 왼쪽으로 밀면 포커스가 이전 UI 요소로 이동된다. 따라서 사용자는 더듬거리는 시행 착오를 겪지 않고도 화면의 각 UI 요소를 이동할 수 있다.

한번 직접 해보자. CriminalIntent 앱을 실행하면 범죄 리스트 화면이 나타나고 기본적으로 앱 바의 + 액션 항목에 포커스가 나타나면서(만일 그렇지 않으면 +를 눌러서 포커스를 넣는다). "새로운 범죄. 활성화하려면 두 번 탭하세요."라고 음성 안내가 나온다(그림 18.6).

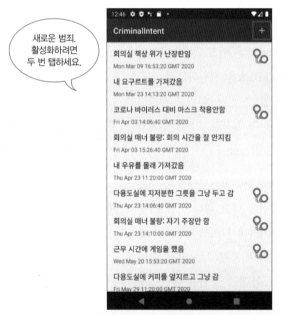

그림 18.6 | '새로운 범죄' 액션 항목이 선택됨

메뉴 항목이나 버튼 같은 프레임워크 위젯에서는 TalkBack이 해당 위젯에 보이는 텍스트를 읽어준다. 그런데 '새로운 범죄' 메뉴 항목은 아이콘이니 볼 수 있는 텍스트가 없다. 이럴 때 TalkBack은 해당 위젯의 다른 정보를 찾는다. 즉, 메뉴 XML에 지정한 제목을 TalkBack이 읽어준다. 또한 TalkBack은 사용자가 해당 위젯에 대해 취할 수 있는 액션에 관한 상세 정보도 제공하며, 때로는 위젯의 종류에 관한 정보도 알려준다.

이제 왼쪽으로 한번 밀어보면 포커스가 앱 바의 CriminalIntent 제목으로 이동하고 "크리미널인텐트"라는 음성 안내가 나온다(그림 18.7).

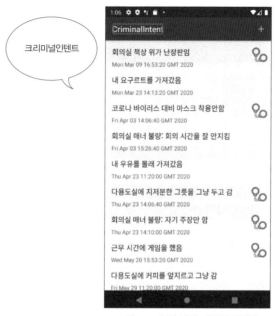

그림 18.7 | 앱 바의 제목이 선택됨

다시 오른쪽으로 밀면 TalkBack이 +(새로운 범죄) 메뉴 버튼에 관한 정보를 읽어주고, 다시 오른쪽으로 밀면 리스트의 첫 번째 범죄 항목으로 포커스가 이동한다. 그리고 왼쪽으로 밀면 포커스가 다시 + 메뉴 버튼으로 이동한다. 이처럼 안드로이드는 포커스가 순차적으로 이동하게 한다.

텍스트가 없는 요소를 TalkBack이 읽을 수 있게 만들기

'새로운 범죄' 버튼이 선택된 상태에서 두 번 탭하면 범죄 상세 내역 화면이 나타난다.

콘텐츠 설명 추가하기

범죄 상세 내역 화면에서 '**사진 찍기**' 버튼을 눌러서 포커스를 이동하면(그림 18.7), TalkBack에서 "라벨이 지정되지 않은 버튼. 활성화하려면 두 번 탭하세요."라고 읽어준다(실행 중인 안드로이드 버전에 따라 음성 안내가 약간 다를 수 있다).

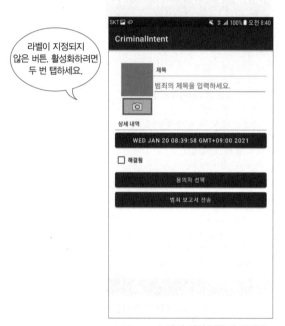

그림 18.8 │ 사진 찍기 버튼이 선택됨

'**사진 찍기**' 버튼은 텍스트를 보여주지 않아 TalkBack이 나름대로 버튼을 설명한다. TalkBack의 입장에서는 최선을 다한 것이지만, 시각 장애가 있는 사용자에게는 그리 도움이 되지 않는다.

다행히도 이런 문제는 쉽게 해결할 수 있다. 즉, **ImageButton**에 **콘텐츠 설명**(content description)을 추가해서 TalkBack이 읽게 하면 된다. 콘텐츠 설명은 TalkBack이 읽어서 해당 위젯을 알려주는 텍스트다(선택된 사진을 보여주는 **ImageView**의 콘텐츠 설명은 잠시 후에 추가한다).

위젯의 콘텐츠 설명은 XML 레이아웃 파일에 android:contentDescription 속성과 값을 지정해서 설정한다. 또는 someView.setContentDescription(someString) 함수를 사용해서 UI 설정 코드에서 설정할 수도 있다(이 방법은 더 뒤에서 설명한다).

다시 말하지만 TalkBack 사용자는 소리를 듣는 것이기 때문에 설정된 텍스트는 짤막하면서도 의미 있는 것이어야 한다. 물론 사용자가 TalkBack의 음성을 빨리 알아들을 수도 있지만, 불

필요한 정보를 포함해선 안 된다. 예를 들어, 안드로이드 프레임워크 위젯의 설명을 설정한다면 TalkBack이 이미 알고 있는 위젯의 종류에 관한 정보(예를 들어, 버튼)는 배제한다.

우선 수식자가 없는 strings.xml에 콘텐츠 설명 문자열을 추가한다.

리스트 18.1 | 콘텐츠 설명 문자열 추가하기(res/values/strings.xml)

```
<resources>
    ...
    <string name="crime_details_label">상세 내역</string>
    <string name="crime_solved_label">해결됨</string>
    <string name="crime_photo_button_description">범죄 현장 사진 찍기</string>
    <string name="crime_photo_no_image_description">
        범죄 현장 사진 없음
    </string>
    <string name="crime_photo_image_description"> 범죄 현장 사진 있음</string>
    ...
</resources>
```

이렇게 하면 추가된 문자열에 빨간색의 밑줄이 생기는데, 해당 문자열들의 스페인어 버전이 정의되지 않아서 그렇다. 콘텐츠 설명 문자열을 res/values-es/strings.xml에 추가하면 해결된다(프로젝트 도구 창이 안드로이드 뷰인 상태에서는 strings 밑에 strings.xml (es)로 나타난다).

리스트 18.2 | 스페인어 버전의 콘텐츠 설명 문자열 추가하기(res/values-es/strings.xml)

```
<resources>
    ...
    <string name="crime_details_label">Detalles</string>
    <string name="crime_solved_label">Solucionado</string>
    <string name="crime_photo_button_description">
        Tomar foto de la escena del crimen
    </string>
    <string name="crime_photo_no_image_description">
        Foto de la escena del crimen (no establecida)
    </string>
    <string name="crime_photo_image_description">
        Foto de la escena del crimen (establecida)
    </string>
    ...
</resources>
```

다음으로 fragment_crime.xml을 편집기 창에 열어 코드 뷰로 전환 후 **ImageButton**의 콘텐츠 설명을 추가한다.

리스트 18.3 | ImageButton의 콘텐츠 설명 추가하기(res/layout/fragment_crime.xml)

```
<ImageButton
    android:id="@+id/crime_camera"
    android:layout_width="match_parent"
    android:layout_height="wrap_content"
    android:src="@android:drawable/ic_menu_camera"
    android:contentDescription="@string/crime_photo_button_description"/>
```

CriminalIntent 앱을 실행해 범죄 리스트 화면에서 앱 바의 + 액션 항목을 두 번 탭하면 범죄 상세 내역 화면이 나타난다. 사진 찍기 버튼을 한 번 누르면 TalkBack이 "범죄 현장 사진 찍기 버튼, 활성화하려면 두 번 탭하세요."라고 말해준다. 이 정보는 이전의 "라벨이 지정되지 않은 버튼..." 음성 안내보다 훨씬 더 도움이 된다.

다음으로 범죄 현장 사진(현재는 회색의 플레이스 홀더를 보여주는 ImageView)을 눌러보자. 당연히 ImageView로 포커스가 이동할 거라고 생각했는데, 녹색의 윤곽선은 나타나지 않고 TalkBack 도 ImageView에 관한 정보를 알려주지 않는다. 왜 그럴까?

위젯이 포커스를 받도록 설정하기

왜냐하면 ImageView가 포커스를 받도록 등록되지 않기 때문이다. Button 같은 위젯들은 기본적으로 포커스를 받을 수 있지만, ImageView 같은 위젯들은 그렇지 않다. 위젯(뷰)이 포커스를 받게 하려면 android:focusable 속성을 true로 설정하거나 클릭 리스너를 추가하면 된다. 그리고 android:contentDescription 속성을 추가해도 포커스를 받을 수 있다.

범죄 사진을 보여주는 ImageView가 포커스를 받도록 콘텐츠 설명을 추가한다.

리스트 18.4 | ImageView에 콘텐츠 설명 추가하기(res/layout/fragment_crime.xml)

```
<ImageView
    android:id="@+id/crime_photo"
    ...
    android:background="@android:color/darker_gray"
    android:contentDescription="@string/crime_photo_no_image_description" />
```

CriminalIntent 앱을 다시 실행해 범죄 리스트 화면에서 앱 바의 + 액션 항목을 두 번 탭한 후 범죄 상세 내역 화면의 사진을 클릭해본다. 이제는 ImageView가 포커스를 받으므로 TalkBack 이 "범죄 현장 사진 없음"이라고 말해준다.

그림 18.9 | 포커스를 받을 수 있는 ImageView

대등한 사용자 경험 만들기

텍스트를 사용하지 않고 사용자에게 정보를 제공하는(예를 들어, 이미지) UI 위젯은 콘텐츠 설명을 지정해야 한다. 그러나 어떤 정보도 제공하지 않는 위젯에서는 해당 콘텐츠 설명을 null로 설정하여 TalkBack이 무시하도록 알려주어야 한다.

'사용자가 볼 수 없는데 이미지가 있다는 것을 알 필요가 있을까?'라고 생각할 수 있다. 그러나 그렇게 단정해서는 안 된다. 시각 장애가 있는 사용자도 그렇지 않은 사용자와 대등하게 정보를 얻거나 기능을 사용할 수 있어야 한다! 물론 전체적인 사용자 경험이나 처리 흐름은 다를 수 있지만, 모든 사용자는 앱에서 대등하게 기능을 사용할 수 있어야 한다.

접근성이 좋은 설계라고 해서 화면에 나타난 모든 것을 음성으로 읽어주는 것이 아니다. 그보다는 대등한 사용자 경험에 초점을 두어야 한다. 그렇다면 어떤 정보와 콘텐츠가 중요할까?

현재는 범죄 사진과 연관된 사용자 경험이 제한되어 있다. 즉, 범죄 사진 이미지(ImageView)가 있어도 TalkBack은 항상 "범죄 현장 사진 없음"이라고 말해준다. 앞에서 ImageView의 콘텐츠 설명을 그렇게 지정했기 때문이다. 정말 그런지 확인해보자(지금부터 그림 18.10까지는 실제 장치에서 실행한다. 에뮬레이터에서는 카메라 앱의 작동이 안 될 수 있다).

CriminalIntent 앱을 다시 실행해 범죄 리스트 화면에서 앱 바의 + 액션 항목을 두 번 탭한 후, 범죄 상세 내역 화면의 사진 찍기 버튼(카메라 아이콘)을 누르고 두 번 탭한다. 그러면 장치의 카메라 앱이 실행되고 TalkBack이 "카메라"라고 말해준다. 그런 다음 카메라 앱에서 셔터 버튼을 누른 후 두 번 탭해서 사진을 찍는다.

그리고 사진을 받는다(사진을 찍는 방법은 사용하는 카메라 앱에 따라 다를 수 있지만, 셔터 버튼을 눌러서 선택한 후 두 번 탭해야 사진이 찍힌다). 그러면 범죄 상세 내역 화면에서 변경된 사진이 보이는데, 그 사진을 눌러서 포커스가 이동하면 TalkBack이 "범죄 현장 사진이 없음"이라고 말해준다.

TalkBack이 상황에 따라 사용자에게 유용한 정보를 제공하게 하려면 **updatePhotoView()** 함수에서 **ImageView**의 콘텐츠 설명을 동적으로 설정해야 한다. 리스트 18.5와 같이 **CrimeFragment**의 **updatePhotoView()** 함수를 변경한다.

리스트 18.5 | 콘텐츠 설명을 동적으로 설정하기(CrimeFragment.kt)

```kotlin
class CrimeFragment : Fragment() {
    ...
    private fun updatePhotoView() {
        if (photoFile.exists()) {
            val bitmap = getScaledBitmap(photoFile.path, requireActivity())
            photoView.setImageBitmap(bitmap)
            photoView.contentDescription =
                getString(R.string.crime_photo_image_description)
        } else {
            photoView.setImageDrawable(null)
            photoView.contentDescription =
                getString(R.string.crime_photo_no_image_description)
        }
    }
    ...
}
```

이제는 **ImageView**의 사진이 변경될 때마다 **updatePhotoView()**에서 콘텐츠 설명을 변경한다. 즉, photoFile의 값이 null이거나 이미지 파일이 없으면 사진이 없다는 콘텐츠 설명을 설정하고, 사진이 있으면 사진이 있다는 콘텐츠 설명을 설정한다.

CriminalIntent 앱을 다시 실행해 범죄 리스트 화면에서 조금 전에 사진을 추가한 항목을 선택한 후 두 번 탭하면 범죄 상세 내역 화면이 나온다. 그런 다음 사진 이미지를 누르면. TalkBack에서 "범죄 현장 사진 있음"이라고 말해준다. 실제 장치에서 테스트한 예는 그림 18.10과 같다.

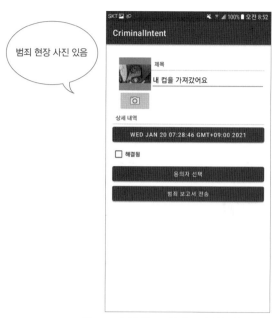

그림 18.10 | 동적으로 콘텐츠 설명을 갖는 ImageView

이제는 앱의 접근성이 더욱 향상되었다. 개발자들이 앱의 접근성을 더 좋게 만들지 않는 주된 이유 중 하나가 접근성에 관한 인식 결여 때문이다. TalkBack 사용자에게 유용하게 앱을 만드는 것이 얼마나 쉬운지 이제 알았을 것이다. 더욱이 이 앱의 TalkBack 지원을 향상시키면 BrailleBack 같은 다른 접근성 서비스도 지원할 수 있는 가능성이 커진다(BrailleBack은 시각 장애인의 점자 장치 사용을 도와주는 구글의 접근성 서비스로, TalkBack과 같이 작동하여 점자와 언어를 같이 사용하는 경험을 제공한다).

궁금증 해소하기: 접근성 검사기 사용하기

이 장에서는 TalkBack을 사용해서 앱의 접근성을 높였다. 물론 이것이 전부가 아니다. 시각 장애자를 배려하는 것은 접근성의 일부분에 불과하다.

앱의 접근성을 테스트할 때는 접근성 서비스를 실제로 상시 사용하는 사용자의 테스트가 포함되어야 한다. 이것이 가능하지 않더라도 접근성 좋은 앱을 만들기 위해 최선을 다해야 한다.

구글의 접근성 검사기(Accessibility Scanner)는 앱을 분석해 접근성이 얼마나 좋은지 평가하고 그 결과를 기반으로 자문해준다. 그러면 실제로 CriminalIntent 앱에 접근성 검사기를 사용해보자. 우선 접근성을 검사할 앱을 장치나 에뮬레이터에 설치한 뒤, 구글 플레이 스토어에서 '접근성 도구'를 검색해 설치한다(그림 18.11).

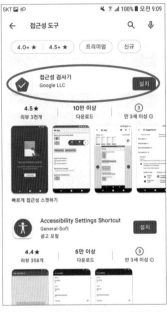

그림 18.11 | 접근성 검사기 설치하기

접근성 검사기를 처음 실행하면 **접근성** 설정 화면이 나온다. 밑으로 스크롤해서 서비스의 '접근성 검사기'를 선택한 후 사용하도록 스위치를 켠다. 그다음에 필요한 권한(다른 앱 위에 표시 등)을 요청하면 허용한다. 이렇게 하면 초기 설정이 모두 끝난다.

이제부터는 앱을 실행할 때 접근성 검사기의 파란색 체크 표시 아이콘이 화면에 나타난다. CriminalIntent 앱을 실행해 범죄 리스트의 특정 항목을 선택해서 범죄 상세 내역 화면이 나타나게 한다(그림 18.12).

그다음에 체크 표시를 누르면 접근성 검사기가 작동한다(작동에 앞서 요청하는 대로 권한을 승인해야 한다.) 그리고 '접근성 검사기에서 화면에 표시된 모든 것을 캡처하기 시작합니다.' 메시지가 나오면 **시작하기**를 클릭한다. 그다음에 그림 18.12 화면의 파란색 체크 표시 아이콘을 클릭하고 **스냅샷**을 선택하면 그림 18.13처럼 제안 사항을 보여준다.

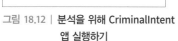

그림 18.12 | 분석을 위해 CriminalIntent 앱 실행하기

그림 18.13 | 접근성 검사기 결과 요약

여기서는 범죄 제목을 갖는 **EditText**에 검사기가 이 위젯의 접근성 문제를 발견했다는 의미다. 접근성 검사기의 제안을 보려면 **EditText**를 누른 뒤 화면 오른쪽 밑의 화살표를 클릭한다. 그러면 그림 18.14와 같이 자세한 내용을 보여준다.

여기서는 접근성 검사기가 **EditText**의 높이를 **48dp**로 늘리라고 제안하고 있다. 이 제안은 **EditText**의 **android:minHeight** 속성값을 **48dp**로 지정하면 간단하게 해결된다.

그림 18.14 | EditText에 대한 접근성 검사기의 제안

화면 맨 밑의 '자세히 알아보기'를 클릭하면 접근성 검사기의 제안을 더 자세히 볼 수 있다.

접근성 검사기를 사용하지 않을 때는 **설정 ➡ 접근성 ➡ 접근성 검사기**를 선택한 후(장치마다 약간 다를 수 있다) 서비스 사용을 끄면 된다(그림 18.15).

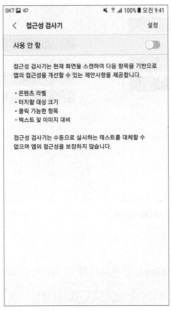

그림 18.15 | **접근성 검사기 사용 끄기**

챌린지: 범죄 리스트 접근성 개선하기

범죄 리스트 화면에서 TalkBack은 각 항목의 제목과 날짜를 읽어주는데, 범죄의 해결 상태는 알려주지 않는다. 범죄의 해결 상태를 나타내는 수갑 모양의 아이콘에 콘텐츠 설명을 추가해서 이 문제를 해결하자.

그런데 각 항목의 날짜 형식에 따라서는 TalkBack이 읽어주는 내용이 길어질 수 있고, 범죄 해결 상태는 맨 끝에 알려준다. 그리고 범죄가 해결되지 않았다면 아예 알려주지 않는다. 이 챌린지에서는 한 걸음 더 나아가 두 개의 **TextView** 내용과 아이콘의 콘텐츠 설명을 TalkBack이 읽는 대신에 **RecylerView**의 각 항목에 동적인 콘텐츠 설명(해당 항목에 보이는 데이터를 요약한 설명)을 추가하자.

19

데이터 바인딩과 MVVM

이 장부터는 BeatBox라는 새로운 프로젝트를 진행한다(그림 19.1). BeatBox는 리듬이나 박자 소리를 내는 비트 박스가 아니라, 앱에 포함된 여러 음원(sound)을 사용자가 조회하고 들을 수 있는 앱이다.

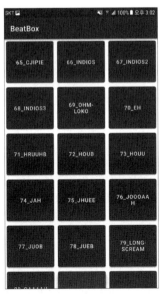

그림 19.1 | BeatBox

이 프로젝트에서는 **데이터 바인딩(data binding)**이라는 Jetpack 아키텍처 컴포넌트 라이브러리를 사용하는 방법을 배운다. 그리고 데이터 바인딩을 사용해서 **MVVM(Model-View-View Model)** 아키텍처를 구현하고 애셋(asset) 시스템을 사용해서 음원 파일을 저장하는 방법도 알아본다.

다른 아키텍처가 왜 필요할까?

지금까지 작성했던 모든 앱은 간단한 형태의 MVC 아키텍처를 사용해 잘 작동하였다. 그런데 무슨 문제가 있길래 아키텍처를 변경해야 할까?

MVC 아키텍처는 규모가 작고 간단한 앱에는 좋다. 새로운 기능을 추가하기 쉽고 앱의 동적인 부분을 쉽게 알 수 있을 뿐 아니라 프로젝트의 초기 단계에 확고한 개발 기반을 만들어줘서 앱을 빨리 개발할 수 있다.

그런데 프로젝트가 커지면 문제가 발생한다. MVC의 컨트롤러 역할인 액티비티나 프래그먼트의 규모가 커지면서 작성과 이해가 어려워져서 새로운 기능을 추가하거나 결함을 해결하는 데 시간이 오래 걸린다. 따라서 언젠가는 그런 컨트롤러들을 더 작은 부분으로 분할해야 한다.

그렇다면 어떻게 해야 할까? 점점 비대해지는 컨트롤러 클래스들이 하는 작업을 파악하여 하나의 거대한 클래스 대신 여러 클래스가 작업을 분담해 협업하게 하면 된다.

그런데 서로 다른 작업을 어떻게 분할해야 할까? 이에 대한 답은 MVVM(모델-뷰-뷰모델)과 같은 아키텍처를 사용하는 것이다. 단, 작업을 분할하는 것은 전적으로 우리의 일이다.

이미 얘기했듯이, BeatBox 앱은 MVVM 아키텍처로 작성할 것이다. 왜냐하면 MVVM에서는 뷰와 밀접한 컨트롤러 코드를 레이아웃 파일로 옮길 수 있기 때문이다. 게다가 동적인(변하는 데이터를 처리하는) 컨트롤러 코드의 일부를 **뷰모델 클래스(view model class)**에 넣어서 앱의 테스트와 검증도 쉽게 할 수 있다. 단, 각 뷰모델 클래스를 어떤 규모로 할 것인지는 각자의 판단에 달렸다. 뷰모델 클래스가 커지면 작게 분할하면 된다.

MVVM 뷰모델 vs Jetpack ViewModel

새 프로젝트 시작에 앞서 관련 용어를 먼저 정리하겠다. MVVM의 일부인 뷰모델은 4장과 9

장에서 배웠던 Jetpack **ViewModel** 클래스와 같은 것이 아니다. 따라서 혼동되지 않도록 지금부터는 Jetpack 클래스의 이름을 항상 **ViewModel**로 나타내고 MVVM 개념 관련해서는 '뷰모델'이라고 한다.

다시 말하지만, Jetpack **ViewModel**은 액티비티나 프래그먼트의 생명주기에 걸쳐 데이터를 유지하고 관리하는 클래스다. 반면에 MVVM의 뷰모델은 개념적인 아키텍처의 일부분을 말한다. 뷰모델은 Jetpack **ViewModel** 클래스를 사용해서 구현할 수 있다. 그런데 곧 이 장을 통해 알게 되겠지만, **ViewModel** 클래스를 사용하지 않고도 구현할 수 있다.

BeatBox 생성하기

우선 새 프로젝트를 생성한다. 안드로이드 스튜디오 메인 메뉴의 **File ➡ New ➡ New Project...**를 선택하거나 웰컴 스크린에서 'Create New Project'를 선택하면 앱과 액티비티 유형을 선택하는 대화상자가 나타난다. 기본으로 선택된 'Phone and Tablet'과 'Empty Activity'를 그대로 두고 **NEXT** 버튼을 클릭하면 프로젝트를 구성하는 대화상자가 나타난다.

프로젝트 이름이자 앱의 이름이 되는 'Name'에 **BeatBox**를 입력하고 'Package name'에는 com.bignerdranch.android.beatbox를 입력한다. 그리고 프로젝트의 모든 파일을 저장할 디렉터리를 'Save location'에서 각자 선택하고 'Language'가 Kotlin인지 확인한다. 'Minimum SDK'는 'API 21: Android 5.0(Lollipop)'을 선택하자. 끝으로 'Use legacy android.support libraries'가 선택 해제되어 있는지 확인한 후 **Finish** 버튼을 클릭하면 안드로이드 스튜디오가 새 프로젝트를 생성해 열어준다.

BeatBox 앱의 액티비티에서는 **RecyclerView**에 격자(grid) 형태의 버튼들을 보여줄 것이다. **RecyclerView** 의존성을 build.gradle (Module: BeatBox.app) 파일에 추가한다(안드로이드 스튜디오가 프로젝트 동기화를 해야 한다는 메시지를 보여주면 'Sync Now'를 클릭한다).

```
dependencies {
    ...
    implementation ' androidx.constraintlayout:constraintlayout:2.0.4'
    implementation 'androidx.recyclerview:recyclerview:1.1.0'
    ...
}
```

다음으로 자동 생성되어 편집기 창에 열린 res/layout/activity_main.xml을 선택하고 편집기 창의 오른쪽 위에 있는 코드 버튼(☰ Code)을 클릭해서 코드 뷰로 전환한다. 그리고 자동 생성된 모든 XML을 삭제하고 리스트 19.1과 같이 **RecyclerView**로 교체하자.

리스트 19.1 | MainActivity의 레이아웃 파일 변경하기(res/layout/activity_main.xml)

```
<androidx.recyclerview.widget.RecyclerView
    xmlns:android="http://schemas.android.com/apk/res/android"
    android:id="@+id/recycler_view"
    android:layout_width="match_parent"
    android:layout_height="match_parent" />
```

이때 BeatBox 앱을 실행하면 빈 화면만 나온다. 조금만 참자. 지금부터는 데이터 바인딩(data binding)의 세계로 들어간다.

단순 데이터 바인딩 구현하기

다음으로는 **RecyclerView**를 코드와 연결해야 한다. 이전의 다른 장에서도 했던 작업이지만, 이번에는 데이터 바인딩을 사용한다.

데이터 바인딩은 레이아웃을 사용할 때 몇 가지 장점을 제공한다. 곧 보겠지만 간단한 예로, **findViewById(...)**를 호출하지 않고 뷰를 사용할 수 있게 해준다(자동으로 뷰에 데이터를 넘겨줌). 진보된 데이터 바인딩의 사용법은 나중에 알아본다.

우선 데이터 바인딩을 활성화하고 kotlin-kapt 플러그인을 적용하도록 build.gradle (Module: BeatBox.app) 파일에 추가한다(이번에도 프로젝트 동기화를 해야 한다는 메시지가 나타나면 'Sync Now'를 클릭한다).

리스트 19.2 | 데이터 바인딩 활성화하기(app/build.gradle)

```
plugins {
    id 'com.android.application'
    id 'kotlin-android'
    id 'kotlin-kapt'
}

android {
    ...
```

```
    buildTypes {
        ...
    }
    dataBinding {
        enabled = true
    }
}
```

kotlin-kapt 플러그인을 적용하면 데이터 바인딩에서 코틀린의 애노테이션을 처리할 수 있다. 이것이 중요한 이유는 이 장의 뒷부분에서 알게 된다.

레이아웃 파일에서 데이터 바인딩을 사용하려면 <layout> 태그로 레이아웃 XML 전체를 둘러싸서 데이터 바인딩용 레이아웃 파일로 변경하면 된다. activity_main.xml을 리스트 19.3과 같이 변경한다.

리스트 19.3 │ 데이터 바인딩용 레이아웃 파일로 변경하기(res/layout/activity_main.xml)

```
<layout xmlns:android="http://schemas.android.com/apk/res/android">
    <androidx.recyclerview.widget.RecyclerView
        xmlns:android="http://schemas.android.com/apk/res/android"
        android:id="@+id/recycler_view"
        android:layout_width="match_parent"
        android:layout_height="match_parent"/>
</layout>
```

<layout> 태그는 이 레이아웃에 데이터 바인딩을 한다는 것을 나타낸다. 레이아웃에 이 태그가 있으면 데이터 바인딩 라이브러리가 **바인딩 클래스**(binding class)를 자동으로 생성한다. 기본적으로 이 클래스 이름은 레이아웃 파일 이름 끝에(중간의 _은 제외) **Binding**이 붙은 채로 지정된다(복합 단어이면 각 단어의 첫 자를 대문자로 사용하는 카멜 명명법이 사용됨).

따라서 여기서는 **ActivityMainBinding**이라는 activity_main.xml의 바인딩 클래스가 자동으로 생성된다. 그리고 이 클래스가 데이터 바인딩에 사용되므로 **setContentView(Int)**를 사용해서 뷰를 인플레이트하는 대신에 **ActivityMainBinding**의 인스턴스를 인플레이트한다.

ActivityMainBinding은 root 속성에 뷰 계층(레이아웃 전체)의 참조뿐 아니라 레이아웃 파일에 android:id가 지정된 각 자식 뷰의 참조도 갖는다. 따라서 여기서는 **ActivityMainBinding** 클래스가 두 개의 참조, 레이아웃 전체의 참조와 **RecyclerView**를 참조하는 recyclerView(자동 생성됨)을 가진다.

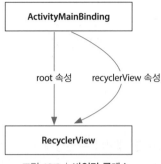

그림 19.2 | 바인딩 클래스

그런데 이 레이아웃은 하나의 뷰만 갖고 있어서 두 개의 참조 모두 **RecyclerView**를 가리킨다.

이제는 바인딩 클래스를 사용할 수 있다. 우선 **DataBindingUtil**을 사용해서 **ActivityMainBinding** 인스턴스를 인플레이트하도록 **MainActivity**의 **onCreate(Bundle?)**을 변경한다(리스트 19.4). 이때 다른 클래스처럼 **ActivityMainBinding**도 import해야 한다(만일 안드로이드 스튜디오 가 **ActivityMainBinding**을 찾을 수 없다면 뭔가 잘못되어 자동 생성되지 않은 것이다. 이때는 앞의 <layout> 태그로 지정한 레이아웃에 에러가 없는지 살펴보고, 이상이 없다면 일단 메인 메뉴의 Build ➡ Rebuild Project를 해본다. 그래도 안 되면 안드로이드 스튜디오를 다시 시작한다).

리스트 19.4 | 바인딩 클래스 인플레이트하기(MainActivity.kt)

```kotlin
class MainActivity : AppCompatActivity() {

    override fun onCreate(savedInstanceState: Bundle?) {
        super.onCreate(savedInstanceState)
        setContentView(R.layout.activity_main)

        val binding: ActivityMainBinding =
            DataBindingUtil.setContentView(this, R.layout.activity_main)
    }
}
```

바인딩 클래스가 생성되었다. 이제 **RecyclerView**를 구성해보자.

리스트 19.5 | RecyclerView 구성하기(MainActivity.kt)

```kotlin
class MainActivity : AppCompatActivity() {

    override fun onCreate(savedInstanceState: Bundle?) {
        super.onCreate(savedInstanceState)
```

```
        val binding: ActivityMainBinding =
            DataBindingUtil.setContentView(this, R.layout.activity_main)

        binding.recyclerView.apply {
            layoutManager = GridLayoutManager(context, 3)
        }
    }
}
```

여기서는 **RecyclerView**가 한 행에 세 개의 격자를 가지며, 각 격자에는 리스트 19.6의 버튼 레이아웃이 포함된다. 다음으로 음원을 나타내는 버튼을 갖는 레이아웃인 list_item_sound. xml을 res/layout 밑에 생성하고(프로젝트 도구 창의 res/layout 디렉터리에서 오른쪽 마우스 버튼을 클릭한 후 **New ➡ Layout Resource File**을 선택한다. 대화상자에서 파일 이름에 list_item_sound.xml을 입력하고 **OK** 버튼을 클릭한다), 리스트 19.6의 XML로 모두 교체한다(이 레이아웃 역시 데이터 바인딩을 사용할 것이므로 <layout> 태그로 둘러싼다).

리스트 19.6 | 음원 버튼 레이아웃 생성하기(res/layout/list_item_sound.xml)

```
<layout xmlns:android="http://schemas.android.com/apk/res/android"
        xmlns:tools="http://schemas.android.com/tools">
    <Button
        android:layout_width="match_parent"
        android:layout_height="120dp"
        android:layout_marginStart="5dp"
        android:layout_marginEnd="5dp"
        tools:text="Sound name"/>
</layout>
```

이렇게 하면 **ListItemSoundBinding** 클래스가 자동 생성된다. 그다음으로 이 클래스 인스턴스를 통해서 list_item_sound.xml과 연결되는 **SoundHolder**를 생성한다.

리스트 19.7 | SoundHolder 생성하기(MainActivity.kt)

```
class MainActivity : AppCompatActivity() {

    override fun onCreate(savedInstanceState: Bundle?) {
        ...
    }

    private inner class SoundHolder(private val binding: ListItemSoundBinding) :
        RecyclerView.ViewHolder(binding.root) {
    }
}
```

이 **SoundHolder**에서는 자동 생성된 바인딩 클래스인 **ListItemSoundBinding**을 사용한다. 그다음으로 이 **SoundHolder**와 연결되는 어댑터를 생성한다.

리스트 19.8 | SoundAdapter 생성하기(MainActivity.kt)

```kotlin
class MainActivity : AppCompatActivity() {
    ...
    private inner class SoundHolder(private val binding: ListItemSoundBinding) :
            RecyclerView.ViewHolder(binding.root) {
    }

    private inner class SoundAdapter() :
        RecyclerView.Adapter<SoundHolder>() {

        override fun onCreateViewHolder(parent: ViewGroup, viewType: Int):
                SoundHolder {
            val binding = DataBindingUtil.inflate<ListItemSoundBinding>(
                layoutInflater,
                R.layout.list_item_sound,
                parent,
                false
            )
            return SoundHolder(binding)
        }

        override fun onBindViewHolder(holder: SoundHolder, position: Int) {
        }

        override fun getItemCount() = 0
    }
}
```

이제는 **onCreate(Bundle?)**에서 **SoundAdapter**를 연결하면 된다.

리스트 19.9 | SoundAdapter 연결하기(MainActivity.kt)

```kotlin
override fun onCreate(savedInstanceState: Bundle?) {
    super.onCreate(savedInstanceState)

    val binding: ActivityMainBinding =
        DataBindingUtil.setContentView(this, R.layout.activity_main)

    binding.recyclerView.apply {
        layoutManager = GridLayoutManager(context, 3)
        adapter = SoundAdapter()
    }
}
```

드디어 데이터 바인딩을 사용해서 **RecyclerView**을 설정하였다. 지금은 앱을 실행해도 화면에는 아무것도 나오지 않는다.

애셋 가져오기

다음으로 음원 파일들을 프로젝트에 추가해 런타임 시에 사용할 수 있게 한다. 이 작업은 리소스 시스템을 사용하는 대신 **애셋(asset)**을 사용하는데, 애셋은 리소스 자체라고 생각하면 된다. 즉, 리소스처럼 APK에 포함되지만 시스템에서 특별한 구성(디렉터리 구조화와 참조 생성 등)을 하지 않은 리소스다.

애셋은 구성하는 시스템이 없으므로 원하는 대로 애셋의 이름을 지정하거나 폴더 구조로 구성할 수 있다. 그러나 단점도 있다. 참조를 하기 위한 구성이나 관리하는 시스템이 없으므로 장치의 화면 해상도, 언어, 방향 등이 달라지면 자동으로 대응할 수 없으며, 레이아웃 파일이나 다른 리소스에서 자동으로 사용할 수도 없다.

일반적으로는 리소스를 사용하는 것이 좋다. 그러나 BeatBox 앱처럼 코드에서 음원 파일들만 사용할 때는 애셋이 유리하다. 대부분의 게임 앱에서는 그래픽과 음원을 애셋으로 사용한다.

음원 애셋을 우리 프로젝트로 가져올 때가 되었다. 우선 프로젝트에 애셋 폴더를 생성한다. 프로젝트 도구 창의 **app**에서 오른쪽 마우스 버튼을 클릭한 후 **New ➡ Folder ➡ Assets Folder**를 선택한다. 그리고 그림 19.3처럼 대화상자에서 'Change Folder Location'을 체크되지 않은 상태로 두고 'Target Source Set'을 **main**으로 선택한다.

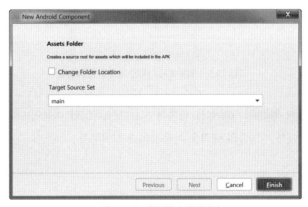

그림 19.3 | 애셋 폴더 생성하기

Finish 버튼을 클릭하면 app 아래에 assets 폴더가 생성된다.

그다음에 프로젝트 도구 창의 app/assets 폴더에서 오른쪽 마우스 버튼을 클릭한 후 **New ➡ Directory**를 선택한다. 디렉터리 이름에 'sample_sounds'를 입력하고 Enter 키를 누르면 서브 폴더가 생성된다(그림 19.4).

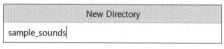

그림 19.4 | sample_sounds 폴더 생성하기

이렇게 하면 **assets** 폴더에 있는 모든 파일이 이 앱과 함께 배포된다. 여기서는 편리하게 사용하려고 sample_sounds 서브 폴더를 생성했는데, 리소스와는 달리 서브 폴더가 없어도 된다.

애셋 폴더에 넣을 음원 파일들은 plagasul이라는 사용자가 제공한 Creative Commons 라이선스 음원(https://freesound.org/people/plagasul/packs/3/)을 사용할 것이다. 다운로드한 이 책의 프로젝트 코드에서 Ch19\BeatBox\app\src\main\assets\sample_sounds 디렉터리 밑에 있는 22개의 wav 파일을 각자 운영체제의 파일 탐색기에서 클립보드로 복사한 후 BeatBox 프로젝트의 assets/sample_sounds 폴더에 붙여넣기 하자.

그림 19.5 | **외부에서 가져온 애셋 음원 파일들**

메인 메뉴의 **Build ➡ Rebuild Project**를 선택해 지금까지 작성한 내용이 에러 없이 빌드되는지 확인한다. 이제는 애셋 파일들의 내역을 사용자에게 보여주자.

애셋 사용하기

BeatBox에서는 애셋 관리와 연관된 많은 일을 하게 된다. 즉, 애셋을 찾아 유지하고 관리하며 음원으로 재생하는 일이다. 이런 일을 하는 새로운 클래스를 생성하자. 클래스 이름은 **BeatBox**로 하고 com.bignerdranch.android.beatbox 패키지에 생성한다. 그런 다음 두 개의 상수, 로그 메시지에 사용할 태그 값과 애셋이 저장된 폴더 이름을 추가한다.

리스트 19.10 | 새로운 BeatBox 클래스(BeatBox.kt)

```
private const val TAG = "BeatBox"
private const val SOUNDS_FOLDER = "sample_sounds"

class BeatBox {

}
```

애셋은 **AssetManager** 클래스로 사용하며, **AssetManager** 인스턴스는 어떤 **Context**에서도 생성할 수 있다. **BeatBox** 생성자는 **AssetManager** 인스턴스 참조를 인자로 받는다.

리스트 19.11 | AssetManager 인스턴스 참조 받기(BeatBox.kt)

```
private const val TAG = "BeatBox"
private const val SOUNDS_FOLDER = "sample_sounds"

class BeatBox(private val assets: AssetManager) {

}
```

애셋을 사용할 때 어떤 **Context**를 사용할 것인지 고민할 필요는 없다. 어떤 상황이든 모든 **Context**의 **AssetManager**가 애셋과 연결될 수 있기 때문이다.

애셋에 있는 파일들의 내역을 얻을 때는 **list(String)** 함수를 사용한다. 그리고 이 함수를 사용해서 애셋의 파일 내역을 찾는 **loadSounds()** 함수를 추가한다.

리스트 19.12 | 애셋 찾기(BeatBox.kt)

```
class BeatBox(private val assets: AssetManager) {

    fun loadSounds(): List<String> {
        try {
```

```
            val soundNames = assets.list(SOUNDS_FOLDER)!!
            Log.d(TAG, "Found ${soundNames.size} sounds")
            return soundNames.asList()
        } catch (e: Exception) {
            Log.e(TAG, "Could not list assets", e)
            return emptyList()
        }
    }
}
```

AssetManager.list(String)에서는 인자로 전달된 폴더 경로에 포함된 파일들의 이름을 반환한다. 따라서 여기서는 sample_sounds 폴더 이름을 전달해 이 폴더에 넣었던 모든 .wav 파일의 이름을 알 수 있다(**assets.list(SOUNDS_FOLDER)!!**에서 끝의 **!!**는 null이 될 수 없음을 단언하는 연산자다. 따라서 **assets.list(SOUNDS_FOLDER)**의 반환 값이 null이 아니면 정상적으로 코드를 수행하고, null이면 런타임 시에 **NullPointerException** 예외가 발생한다).

지금까지 추가한 코드가 잘 작동하는지 **BeatBox**의 인스턴스를 생성하고 **loadSounds()** 함수를 호출하는 코드를 **MainActivity**에 추가해 확인한다.

리스트 19.13 | BeatBox 인스턴스 생성하기(MainActivity.kt)

```
class MainActivity : AppCompatActivity() {

    private lateinit var beatBox: BeatBox

    override fun onCreate(savedInstanceState: Bundle?) {
        super.onCreate(savedInstanceState)

        beatBox = BeatBox(assets)
        beatBox.loadSounds()

        val binding: ActivityMainBinding =
            DataBindingUtil.setContentView(this, R.layout.activity_main)

        binding.recyclerView.apply {
            layoutManager = GridLayoutManager(context, 3)
            adapter = SoundAdapter()
        }
    }
    ...
}
```

BeatBox 앱을 실행하고, 안드로이드 스튜디오의 맨 아래 테두리에 있는 **'Logcat'** 도구 창 버튼을 클릭해서 로그캣 창을 연다. 그런 다음 로그캣 창의 위에 있는 검색 상자에 BeatBox를 입력하면 음원 파일이 몇 개 있는지 알려주는 로그 메시지를 볼 수 있다. 현재 애셋 폴더에는 22개의 .wav 파일이 있으므로 다음 메시지가 보일 것이다.

```
2021-01-14 17:58:55.475 373-373/com.bignerdranch.android.beatbox D/BeatBox:
Found 22 sounds
```

애셋 사용 코드 추가하기

애셋 파일들의 이름을 갖게 되었으니, 이 이름들을 각 버튼에 설정해 사용자에게 보여줄 수 있다. 궁극적으로는 음원 파일을 재생하므로, 파일 이름과 사용자가 볼 수 있는 이름 및 해당 음원 관련 정보를 유지하고 관리하는 객체가 필요하다.

이 모든 것을 갖는 **Sound** 클래스를 리스트 19.14와 같이 **com.bignerdranch.android.beatbox** 패키지에 생성한다.

리스트 19.14 | Sound 클래스 생성하기(Sound.kt)

```kotlin
private const val WAV = ".wav"

class Sound(val assetPath: String) {

    val name = assetPath.split("/").last().removeSuffix(WAV)
}
```

Sound 클래스의 생성자에서는 화면에 보여줄 음원 파일의 이름을 만드는 일을 한다. 즉, **String.split(String).last()**를 사용해서 경로 문자열의 맨 끝에 있는 파일 이름을 얻고, **String.removeSuffix(String)**을 사용해서 확장자인 .wav를 제거한다.

그다음으로 **BeatBox.loadSounds()** 함수에서 **Sound** 인스턴스들의 **List**를 생성한다(리스트 19.15).

```kotlin
class BeatBox(private val assets: AssetManager) {

    val sounds: List<Sound>

    init {
        sounds = loadSounds()
    }

    fun loadSounds(): ~~List<String>~~List<Sound> {

        val soundNames: Array<String>

        try {
            ~~val~~ soundNames = assets.list(SOUNDS_FOLDER)!!
            ~~Log.d(TAG, "Found ${soundNames.size} sounds")~~
            ~~return soundNames.asList()~~
        } catch (e: Exception) {
            Log.e(TAG, "Could not list assets", e)
            return emptyList()
        }
        val sounds = mutableListOf<Sound>()
        soundNames.forEach { filename ->
            val assetPath = "$SOUNDS_FOLDER/$filename"
            val sound = Sound(assetPath)
            sounds.add(sound)
        }
        return sounds
    }
}
```

다음으로 **SoundAdapter**를 **Sound** 인스턴스가 저장된 **List**에 연결한다. 우선 **getItemCount()** 함수에서 sounds.size를 반환하게 변경한다(sounds.size는 sounds **List**에 저장된 음원 파일의 개수를 나타낸다).

```kotlin
private inner class SoundAdapter(private val sounds: List<Sound>) :
        RecyclerView.Adapter<SoundHolder>() {

    ...

    override fun onBindViewHolder(holder: SoundHolder, position: Int) {
    }

    override fun getItemCount() = sounds.size
}
```

그다음에 onCreate(Bundle?)에서 BeatBox의 Sound 인스턴스 List를 어댑터 인자로 전달한다.

리스트 19.17 | Sound 인스턴스를 저장한 List를 어댑터에 전달하기(MainActivity.kt)

```kotlin
override fun onCreate(savedInstanceState: Bundle?) {
    ...

    binding.recyclerView.apply {
        layoutManager = GridLayoutManager(context, 3)
        adapter = SoundAdapter(beatBox.sounds)
    }
}
```

마지막으로 onCreate(Bundle?)에서 loadSounds() 함수 호출 코드를 삭제한다.

리스트 19.18 | loadSounds() 함수 호출 코드 삭제하기(MainActivity.kt)

```kotlin
override fun onCreate(savedInstanceState: Bundle?) {
    ...
    beatBox = BeatBox(assets)
    beatBox.loadSounds()
    ...
}
```

이제는 BeatBox의 init 블록 외부에서 BeatBox.loadSounds() 함수가 더 이상 호출되지 않는다. 따라서 이 함수의 가시성(visibility)을 public으로 지정할 필요가 없으므로 private로 변경한다(코틀린에서는 함수의 가시성이 기본적으로 public이다).

리스트 19.19 | BeatBox.loadSounds()의 가시성을 private으로 변경하기(BeatBox.kt)

```kotlin
class BeatBox(private val assets: AssetManager) {
    ...
    private fun loadSounds(): List<Sound> {
        ...
    }
}
```

BeatBox 앱을 실행해보면 격자 형태로 나타난 버튼들을 볼 수 있다(그림 19.6).

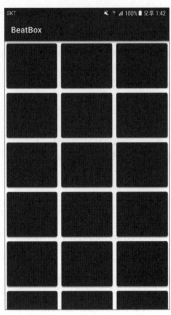

그림 19.6 | 비어 있는 버튼들

이제 각 버튼에 음원 이름을 보여주기 위해 데이터 바인딩을 사용해보자.

데이터 바인딩하기

데이터 바인딩을 사용할 때는 레이아웃 파일에 데이터를 가진 객체를 선언할 수 있다. 앞의
다른 장에서 알아보았던 범죄 객체(Crime)를 예로 들면 다음과 같다.

```
<layout xmlns:android="http://schemas.android.com/apk/res/android"
        xmlns:tools="http://schemas.android.com/tools">
    <data>
        <variable
            name="crime"
            type="com.bignerdranch.android.criminalintent.Crime"/>
    </data>
    ...
</layout>
```

이렇게 하면 다음과 같이 레이아웃 파일에서 해당 데이터 객체의 값을 **바인딩 연산자**(binding
mustache)인 @{}를 사용해서 바로 참조할 수 있다.

```
<CheckBox
    android:id="@+id/list_item_crime_solved_check_box"
    android:layout_width="wrap_content"
    android:layout_height="wrap_content"
    android:layout_alignParentRight="true"
    android:checked="@{crime.isSolved()}"
    android:padding="4dp"/>
```

데이터 바인딩을 객체 다이어그램으로 나타내면 그림 19.7과 같다.

그림 19.7 | 레이아웃과 코틀린 객체(앞의 예에서는 Crime) 간의 데이터 바인딩

여기서는 음원 이름을 각 버튼에 넣는다. 이때 데이터 바인딩을 사용해서 list_item_sound. xml 레이아웃 파일에 **Sound** 객체를 직접 바인딩한다(그림 19.8).

그림 19.8 | list_item_sound.xml 레이아웃과 Sound 객체의 바인딩

그런데 이렇게 하면 아키텍처 관점에서 문제가 생긴다. 그림 19.9의 MVC 모델을 보자.

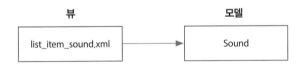

그림 19.9 | 문제가 있는 MVC 아키텍처

대부분의 아키텍처에서 하나의 클래스는 **한 가지 책임**만을 가지게 하는 것이 기본 원리다. MVC도 그렇다. 즉, 모델은 앱이 작동하는 방법을 나타내며, 컨트롤러는 모델과 뷰를 중재하면서 앱의 데이터를 보여주는 방법을 결정하고, 뷰는 화면에 데이터를 보여준다.

그림 19.8과 같이 데이터 바인딩을 사용하면 각 아키텍처 요소의 역할 분담이 분명하게 이루어지지 않는다. 보여줄 뷰의 데이터를 준비하는 코드를 **Sound** 모델 객체가 갖게 되어 컨트롤러 역할을 하기 때문이다. 따라서 Sound.kt에는 앱이 작동하는 방법을 나타내는 코드와 보여줄 뷰의 데이터를 준비하는 코드가 뒤섞이게 된다.

그러므로 데이터 바인딩을 제대로 사용하려면 뷰모델이라는 새로운 객체가 필요하다. 그리고 이 객체는 보여줄 뷰의 데이터를 준비하는 방법을 결정하는 책임을 갖는다(그림 19.10).

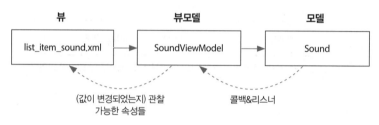

그림 19.10 | **모델-뷰-뷰모델**

이런 아키텍처를 MVVM이라고 하며, 보여줄 데이터를 형식화하기 위해 MVC의 컨트롤러 클래스가 런타임 시에 했던 대부분의 일을 뷰모델이 담당한다. 즉, 레이아웃에서 위젯들을 데이터와 바인딩하던 일을 뷰모델이 하게 된다. 그리고 컨트롤러(액티비티나 프래그먼트)는 데이터 바인딩과 뷰모델을 초기화하고 연결하는 일을 맡게 된다.

뷰모델 생성하기

다음으로 **com.bignerdranch.android.beatbox** 패키지에 뷰모델인 **SoundViewModel** 클래스를 생성하고, 사용할 **Sound** 객체 참조를 갖는 **sound** 속성을 추가한다(리스트 19.20).

리스트 19.20 | SoundViewModel 생성하기(SoundViewModel.kt)

```
class SoundViewModel {

    var sound: Sound? = null
        set(sound) {
            field = sound
        }
}
```

그리고 각 버튼에 보여줄 제목을 갖는 **title** 속성도 추가한다.

```kotlin
class SoundViewModel {

    var sound: Sound? = null
        set(sound) {
            field = sound
        }

    val title: String?
        get() = sound?.name
}
```

뷰모델에 바인딩하기

다음으로 뷰모델(**SoundViewModel**)을 레이아웃 파일과 연결한다. 우선 레이아웃 파일에 속성을 선언하자.

```xml
<layout xmlns:android="http://schemas.android.com/apk/res/android"
        xmlns:tools="http://schemas.android.com/tools">
    <data>
        <variable
            name="viewModel"
            type="com.bignerdranch.android.beatbox.SoundViewModel"/>
    </data>
    ...
</layout>
```

이렇게 정의된 viewModel은 list_item_sound.xml의 자동 생성된 바인딩 클래스인 **ListItemSoundBinding**의 속성이 된다. 따라서 **ListItemSoundBinding**에서 viewModel 속성을 사용하여 뷰모델인 **SoundViewModel**과 바인딩할 수 있다. 이제 버튼 제목을 바인딩한다.

```xml
<layout xmlns:android="http://schemas.android.com/apk/res/android"
        xmlns:tools="http://schemas.android.com/tools">
    <data>
        <variable
            name="viewModel"
            type="com.bignerdranch.android.beatbox.SoundViewModel"/>
    </data>
```

```
    <Button
        android:layout_width="match_parent"
        android:layout_height="120dp"
        ...
        android:text="@{viewModel.title}"
        tools:text="Sound name"/>
</layout>
```

바인딩 연산자인 @{} 내부에서는 간단한 코틀린 표현식을 사용할 수 있다. 예를 들어, 함수 연쇄 호출이나 수식 등이다.

RecyclerView의 각 항목(여기서는 버튼) 데이터를 갖는 SoundHolder에 다음 코드를 추가한다. 우선 SoundViewModel 인스턴스를 생성하고 이것의 참조를 바인딩 클래스인 ListItemSound Binding의 viewModel 속성에 설정한다. 그리고 바인딩 함수인 bind(...)를 추가한다.

리스트 19.24 | 뷰모델과 바인딩하기(MainActivity.kt)

```
private inner class SoundHolder(private val binding: ListItemSoundBinding) :
        RecyclerView.ViewHolder(binding.root) {

    init {
        binding.viewModel = SoundViewModel()
    }

    fun bind(sound: Sound) {
        binding.apply {
            viewModel?.sound = sound
            executePendingBindings()
        }
    }
}
```

여기서는 init 초기화 블록에서 뷰모델 인스턴스를 생성하고 바인딩 클래스의 viewModel 속성을 초기화한다. 그리고 바인딩 함수인 bind(Sound)에서는 viewModel 속성을 변경한다.

보통은 executePendingBindings()를 호출할 필요 없다. 그러나 이 앱에서는 RecyclerView에 포함된 바인딩 데이터를 변경해야 하며, RecyclerView는 빠른 속도로 뷰를 변경해야 한다. 따라서 RecyclerView에 포함된 레이아웃을 즉각 변경하도록 executePendingBindings()를 호출한 것이다. 이렇게 함으로써 RecyclerView와 RecyclerView.Adapter가 즉시 동기화되어 화면에서 RecyclerView를 스크롤할 때 훨씬 매끄럽게 보인다.

마지막으로 **onBindViewHolder(...)**에서 **bind(Sound)** 함수를 호출하여 뷰모델의 각 **Sound** 인스턴스를 **SoundHolder** 인스턴스와 연결한다.

리스트 19.25 | bind(Sound) 호출하기(MainActivity.kt)

```kotlin
private inner class SoundAdapter(private val sounds: List<Sound>) :
        RecyclerView.Adapter<SoundHolder>() {
    ...
    override fun onBindViewHolder(holder: SoundHolder, position: Int) {
        val sound = sounds[position]
        holder.bind(sound)
    }

    override fun getItemCount() = sounds.size
}
```

앱을 다시 실행하면 이제는 모든 버튼의 제목이 나타난다(그림 19.11).

그림 19.11 | 제목이 있는 버튼들

관찰 가능한 데이터

이제는 모든 게 잘 되는 것처럼 보인다. 그러나 이 코드에는 문제가 있다. 앱을 실행하면서 그림 19.12처럼 가로 방향으로 회전해서 스크롤해보자.

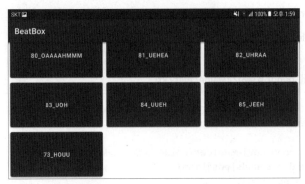

그림 19.12 | 이전에 본 것 같은데? 데자뷰?

여기서는 맨 밑에 '73_HOUU'가 보인다(다를 수도 있다). 이것은 스크롤하기 전의 화면에서도 이미 나왔다. 위와 아래로 반복하며 스크롤해보자. 이번에는 다른 음원 파일의 제목이 또다시 보일 것이다.

왜 이럴까? 이는 레이아웃이 **SoundHolder.bind(Sound)** 함수 내부에서 **SoundViewModel**의 **Sound** 객체를 변경했음을 알 수 있는 방법이 없기 때문이다. MVVM 아키텍처에서는 바로 이 방법을 찾는 것이 중요하다.

따라서 바인딩 데이터가 변경되면 뷰모델이 레이아웃 파일과 소통하게 만드는 것이 다음으로 할 일이다. 이렇게 하려면 뷰모델에서 데이터 바인딩의 **Observable** 인터페이스를 구현해야 한다. 이 인터페이스를 사용하면 바인딩 클래스가 뷰모델에 리스너를 설정할 수 있다. 따라서 바인딩 데이터가 변경되면 자동으로 콜백 호출을 받을 수 있다.

그런데 **Observable** 인터페이스의 모든 함수를 구현할 필요는 없으므로 여기서는 데이터 바인딩의 **BaseObservable** 클래스를 사용하여 다음과 같이 구현한다(이 클래스는 기본적으로 **Observable** 인터페이스를 구현하고 있다).

1. 뷰모델인 **SoundViewModel**을 **BaseObservable**의 서브 클래스로 선언한다.
2. **SoundViewModel**의 바인딩되는 속성에 @Bindable 애노테이션을 지정한다.
3. 바인딩되는 속성의 값이 변경될 때마다 **notifyChange()** 또는 **notifyPropertyChanged (Int)**를 호출한다.

여기서는 **SoundViewModel**에 약간의 코드만 추가하면 된다. **SoundViewModel**이 관찰 가능하게(observable) 변경한다.

```kotlin
import androidx.databinding.BaseObservable
import androidx.databinding.Bindable

class SoundViewModel : BaseObservable() {

    var sound: Sound? = null
        set(sound) {
            field = sound
            notifyChange()
        }

    @get:Bindable
    val title: String?
        get() = sound?.name
}
```

notifyChange()를 호출하면 데이터 객체(여기서는 Sound)의 모든 바인딩 속성값이 변경되었음을 바인딩 클래스(여기서는 ListItemSoundBinding)에 알린다. 따라서 sound 속성의 값(Sound 인스턴스 참조)이 설정되면 list_item_sound.xml의 바인딩 클래스인 ListItemSound Binding이 알림을 받게 되어 list_item_sound.xml의 버튼 제목이 변경된다(Button.setText(String)이 호출됨).

앞에서 얘기했던 또 다른 함수인 notifyPropertyChanged(Int)도 notifyChange()와 같은 기능을 수행한다. 그러나 모든 바인딩 속성이 아닌 특정 바인딩 속성의 값이 변경되었음을 알려준다는 점이 다르다. 예를 들어, notifyPropertyChanged(BR.title)의 경우는 'title 속성값만 변경되었음'을 나타낸다.

여기서 BR.title은 데이터 바인딩 라이브러리가 생성한 상수다. 클래스 이름인 BR은 'binding resource'의 단축어다. BR 상수는 @Bindable 애노테이션이 지정된 각 속성에 대해 해당 속성과 같은 이름으로 생성된다.

예를 들면 다음과 같다.

```kotlin
@get:Bindable val title: String      // BR.title 상수가 생성됨
@get:Bindable val volume: Int        // BR.volume 상수가 생성됨
@get:Bindable val etcetera: String   // BR.etcetera 상수가 생성됨
```

Observable 인터페이스를 사용하는 것이 11장에서 배운 **LiveData**를 사용하는 것과 유사하다고 생각할 수 있을 것이다. 그렇다! 실제로 **Observable** 인터페이스 대신 **LiveData**를 데이터 바인딩에 사용할 수 있다. 이 내용은 이 장 끝의 '궁금증 해소하기: LiveData와 데이터 바인딩'에서 알아본다.

BeatBox 앱을 다시 실행해보면 이번에는 가로나 세로, 어느 방향에서 스크롤해도 정상적으로 작동한다(그림 19.13).

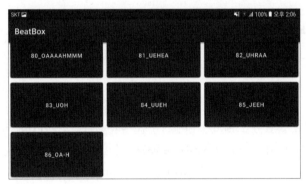

그림 19.13 | 이제 다 되었군…

궁금증 해소하기: 데이터 바인딩 추가로 알아보기

데이터 바인딩의 모든 것을 다루기에는 이 책의 범위를 벗어나지만 조금만 더 알아보자.

람다식

레이아웃 파일에 지정한 바인딩 연산자인 @{} 내부에는 간단한 코틀린 표현식은 물론이고 **람다식**(lambda expression)도 사용할 수 있다. 예를 들면 다음과 같다.

```
<Button
    android:layout_width="match_parent"
    android:layout_height="120dp"
    android:text="@{viewModel.title}"
    android:onClick="@{(view) -> viewModel.onButtonClick()}"
    tools:text="Sound name"/>
```

자바 8의 람다식처럼 이것은 리스너 인터페이스의 구현 코드로 변환된다. 단, 여기처럼 정확한 문법을 사용해야 한다. 즉, 매개변수는 반드시 괄호로 둘러싸야 하고 -> 오른쪽에는 하나의 표현식만 포함할 수 있다.

또한, 자바의 람다식과는 다르게 람다식 매개변수를 생략할 수도 있다. 따라서 다음과 같이 해도 된다.

```
android:onClick="@{() -> viewModel.onButtonClick()}"
```

더 편리한 문법

데이터 바인딩에서는 큰따옴표 안에 백틱(`) 기호도 사용할 수 있다.

```
android:text="@{`File name: ` + viewModel.title}"
```

여기서 `File name`은 **"File name"**과 같은 의미다. 또한, 바인딩 표현식에는 null 처리 연산자를 넣을 수 있다.

```
android:text="@{`File name: ` + viewModel.title ?? `No file`}"
```

여기서 title의 값이 null이면 ?? 연산자가 null 대신 'No file'을 결괏값으로 산출한다.

또한, 데이터 바인딩 표현식에서는 null 값을 자동으로 처리한다. 심지어는 앞의 코드에서 viewModel이 null일지라도 앱이 중단되지 않게 데이터 바인딩에서 null 값 여부를 검사하고 조치한다. 따라서 viewModel이 null일 때는 viewModel.title의 결과를 "null"로 반환한다.

BindingAdapter

기본적으로 데이터 바인딩에서는 바인딩 표현식을 레이아웃 속성의 게터/세터 호출로 변환한다. 예를 들어, 다음 표현식은 **text** 속성의 세터인 **setText(String)** 함수 호출로 변환되어 처리된다.

```
android:text="@{`File name: ` + viewModel.title ?? `No file`}"
```

그러나 이 정도로는 충분치 않고 특정 속성에 우리 나름의 추가 처리가 필요할 때가 있다. 이 때는 다음과 같이 **BindingAdapter**를 사용한다.

```
@BindingAdapter("app:soundName")
fun bindAssetSound(button: Button, assetFileName: String ) {
    ...
}
```

즉, 프로젝트의 어디서든 파일 수준 함수를 생성하고 @BindingAdapter 애노테이션을 지정하면 된다. 그리고 바인딩할 속성 이름을 @BindingAdapter 애노테이션의 인자로 전달한다(여기서는 app:soundName). 그다음에 @BindingAdapter 애노테이션이 적용되는 **View**를 해당 함수의 첫 번째 인자로 전달한다.

앞의 예에서는 app:soundName 속성을 갖는 **Button**을 데이터 바인딩이 접할 때마다 bindAsset Sound(...) 함수를 호출한다. 이때 해당 **Button**과 **바인딩 표현식**(binding expression)의 결과가 인자로 전달된다(여기에는 나타나지 않았지만, 바인딩 표현식은 app:soundName 속성에 지정되어 있다).

View나 **ViewGroup** 같은 더 일반화된 뷰의 **BindingAdapter**도 생성할 수 있다. 이때 **Binding Adapter**가 해당 **View**와 이것의 모든 서브 클래스에 적용된다.

예를 들어, **Boolean** 값을 기준으로 **View**(와 이것의 모든 서브 클래스 뷰)의 가시성을 설정하는 app:isGone 속성을 정의할 때는 다음과 같이 한다.

```
@BindingAdapter("app:isGone")
fun bindIsGone(view: View, isGone: Boolean ) {
    view.visibility = if (isGone) View.GONE else View.VISIBLE
}
```

여기서는 **View**가 **bindIsGone(...)**의 첫 번째 인자이므로 isGone 속성은 **app** 모듈의 **View**와 이것의 모든 서브 클래스 **View**에 대해 사용할 수 있다. 예를 들면 **Button**, **TextView**, **Linear Layout** 등에서 사용 가능하다.

안드로이드 표준 라이브러리의 위젯에는 이미 바인딩 어댑터가 정의되어 있다. 예를 들어, **TextView**에는 **TextViewBindingAdapter**가 정의되어 있어서 **TextView**의 속성들에 데이터 바인딩을 할 수 있다(**TextViewBindingAdapter**는 androidx.databinding.adapters 패키지에 있다).

궁금증 해소하기: LiveData와 데이터 바인딩

LiveData와 데이터 바인딩은 데이터가 변경되는지 관찰하면서 변경될 때 반응하는 방법을 제공한다는 면에서 서로 유사하다. 실제로 **LiveData**와 데이터 바인딩을 같이 사용할 수 있다. 다음 코드에서는 **Observable** 대신 **LiveData**를 사용해서 title 속성을 **SoundViewModel**에 바인딩했다. 현재 프로젝트 코드를 변경하지 말고 참고만 하자.

```
class SoundViewModel ~~: BaseObservable()~~ {

    val title: MutableLiveData<String?> = MutableLiveData()

    var sound: Sound? = null
        set(sound) {
            field = sound
            ~~notifyChange()~~
            title.postValue(sound?.name)
        }

    ~~@get:Bindable~~
    ~~val title: String?~~
        ~~get() = sound?.name~~
}
```

이때는 **SoundViewModel**이 **BaseObservable**의 서브 클래스가 되지 않아도 되며, @Bindable 애노테이션도 지정하지 않아도 된다. **LiveData**는 자신의 알림 메커니즘을 갖고 있기 때문이다. 그러나 11장에서 배웠듯이 **LiveData**는 **LifecycleOwner**가 필요하므로 여기서는 title 속성을 관찰할 때 사용할 **LifecycleOwner**를 데이터 바인딩 프레임워크에 알려주어야 한다. 따라서 바인딩 객체가 생성된 후 lifecycleOwner 속성을 설정하기 위해 **SoundAdapter**를 변경해야 한다.

```
private inner class SoundAdapter(private val sounds: List<Sound>) :
        RecyclerView.Adapter<SoundHolder>() {
    ...
    override fun onCreateViewHolder(parent: ViewGroup, viewType: Int):
            SoundHolder {
        val binding = DataBindingUtil.inflate<ListItemSoundBinding>(
            layoutInflater,
            R.layout.list_item_sound,
            parent,
            false
        )

        binding.lifecycleOwner = this@MainActivity

        return SoundHolder(binding)
    }
}
```

여기서는 **MainActivity**를 **LifecycleOwner**로 설정한다. 따라서 속성 이름인 title만 바뀌지 않
는다면 뷰를 변경할 필요가 없다.

20

단위 테스트와
오디오 재생

MVVM 아키텍처가 매력적인 이유 중 하나는 **단위 테스트(unit testing)**가 쉽기 때문이다. 단위 테스트는 앱의 각 단위가 제대로 작동하는지 검사하는 작은 프로그램들을 작성하는 것이다. BeatBox의 단위는 클래스이므로 이 장에서 만들 단위 테스트에서는 해당 클래스들을 대상으로 테스트한다.

또한, 이 장에서는 앞 장에서 로드한 음원 파일(.wav)을 재생하는 기능을 BeatBox 앱에 추가하고, 이때 **BeatBox** 클래스와 통합되는 **SoundViewModel**의 단위 테스트를 작성한다.

여기서는 안드로이드 오디오 API를 쉽게 사용하도록 해주는 도구인 **SoundPool** 클래스를 사용한다. **SoundPool** 클래스는 많은 음원 파일을 메모리로 로드할 수 있으며, 재생하려는 음원의 최대 개수를 언제든 제어할 수 있다. 따라서 사용자가 앱의 모든 버튼을 동시에 미친 듯이 누르더라도 앱의 실행이나 장치에는 영향을 주지 않는다.

준비되었는가? 그럼 시작해보자.

SoundPool 생성하기

BeatBox 내부에 음원 재생 기능을 추가하는 것부터 시작하자. 우선 **SoundPool** 객체를 생성한다. 19장에서 작성된 BeatBox 프로젝트를 열어 **BeatBox** 클래스에 리스트 20.1과 같이 코드를 추가한다.

리스트 20.1 | SoundPool 생성하기(BeatBox.kt)

```kotlin
private const val TAG = "BeatBox"
private const val SOUNDS_FOLDER = "sample_sounds"
private const val MAX_SOUNDS = 5

class BeatBox(private val assets: AssetManager) {

    val sounds: List<Sound>
    private val soundPool = SoundPool.Builder()
        .setMaxStreams(MAX_SOUNDS)
        .build()

    init {
        sounds = loadSounds()
    }
    ...
}
```

SoundPool 인스턴스를 생성할 때는 **SoundPool.Builder** 클래스의 **build()** 함수를 사용한다. 따라서 여기서는 **SoundPool.Builder** 인스턴스를 생성한 후 **build()**를 호출한다.

setMaxStreams(Int) 함수에서는 현재 시점에 재생할 음원의 최대 개수를 인자로 전달하여 지정할 수 있으며 여기서는 5를 전달한다. 따라서 다섯 개의 음원이 재생 중일 때 여섯 번째 음원을 재생하려고 하면 **SoundPool**이 가장 오래된 음원의 재생을 중단한다.

또한, **setAudioAttributes(AudioAttributes)**를 사용하면 오디오 스트림의 다른 속성들을 지정할 수 있다. 자세한 내용은 안드로이드 문서를 참고한다.

애셋 사용하기

현재 음원 파일들은 앱의 애셋으로 저장되어 있다. 이 파일들을 사용해서 오디오를 재생하기에 앞서, 애셋이 어떻게 작동하는지 조금 더 알아보자.

Sound 객체는 애셋 파일 경로를 갖고 있다. 그런데 애셋 파일 경로의 파일을 열 때는 **File** 클래스를 사용할 수 없고 반드시 **AssetManager**를 사용해야 한다.

```
val assetPath = sound.assetPath

val assetManager = context.assets

val soundData = assetManager.open(assetPath)
```

이렇게 하면 코틀린의 다른 **InputStream**을 사용할 때처럼 표준 **InputStream**이 반환된다.

경우에 따라서는 **InputStream** 대신 **FileDescriptor**가 필요할 수 있다. **SoundPool**을 사용할 때가 그렇다. 이때는 **AssetManager.openFd(String)**을 호출하면 된다.

```
val assetPath = sound.assetPath

val assetManager = context.assets

// AssetFileDescriptor는 FileDescriptor와 다르다...
val assetFileDescriptor = assetManager.openFd(assetPath)

// ... 그러나 필요하다면 다음과 같이 쉽게 보통의 FileDescriptor를 얻을 수 있다
val fileDescriptor = assetFileDescriptor.fileDescriptor
```

음원 로드하기

SoundPool에 음원을 로드하는 것이 다음으로 할 일이다. 오디오를 재생하는 다른 방법과 달리 **SoundPool**을 사용하면 응답이 빠르다. 따라서 음원 재생을 요청하면 즉시 재생이 시작된다.

단, 재생에 앞서 **SoundPool**로 음원을 로드해야 한다. 이때 로드할 각 음원은 자신의 정수 ID를 갖는다. 이 ID를 유지하기 위한 soundId 속성을 **Sound** 클래스에 추가한다.

리스트 20.2 | soundId 속성 추가하기(Sound.kt)

```
class Sound(val assetPath: String, var soundId: Int? = null) {
    val name = assetPath.split("/").last().removeSuffix(WAV)
}
```

여기서는 soundId 속성을 null이 가능한 Int? 타입으로 지정하였다. soundId에 null 값을 지정하여 **Sound**의 ID 값이 없음을 알려줄 수 있기 때문이다.

다음으로는 음원을 로드한다. **SoundPool**에 **Sound** 인스턴스를 로드하기 위해 **BeatBox** 클래스에 **load(Sound)** 함수를 추가한다.

리스트 20.3 | SoundPool에 음원 로드하기(BeatBox.kt)

```kotlin
class BeatBox(private val assets: AssetManager) {
    ...
    private fun loadSounds(): List<Sound> {
        ...
    }

    private fun load(sound: Sound) {
        val afd: AssetFileDescriptor = assets.openFd(sound.assetPath)
        val soundId = soundPool.load(afd, 1)
        sound.soundId = soundId
    }
}
```

여기서는 **soundPool.load(AssetFileDescriptor, Int)** 함수를 호출해 나중에 재생할 음원 파일을 **SoundPool**에 로드한다. 이 함수에서는 정수 ID를 반환하는데, 음원을 유지하고 다시 재생(또는 언로드)하기 위해서다. 그리고 이 값을 앞에서 정의했던 soundId 속성에 저장한다.

openFd(String) 에서는 **IOException**을 발생시킬 수 있으므로 **load(Sound)** 도 **IOException**을 발생시킬 수 있다. 따라서 **load(Sound)** 가 호출될 때는 항상 **IOException**을 처리해야 한다.

다음으로 **load(Sound)** 를 호출해 모든 음원을 로드하는 코드를 **BeatBox.loadSounds()** 함수 내부에 추가한다.

리스트 20.4 | 모든 음원을 로드하기(BeatBox.kt)

```kotlin
private fun loadSounds(): List<Sound> {
    ...
    val sounds = mutableListOf<Sound>()
    soundNames.forEach { filename ->
        val assetPath = "$SOUNDS_FOLDER/$filename"
        val sound = Sound(assetPath)
        sounds.add(sound)
        try {
            load(sound)
            sounds.add(sound)
```

```
        } catch (ioe: IOException) {
            Log.e(TAG, "Cound not load sound $filename", ioe)
        }
    }
    return sounds
}
```

BeatBox 앱을 실행해 에러 없이 모든 음원이 로드되는지 확인해본다. 만일 정상적으로 로드되지 않으면 로그캣(logcat) 창에 붉은색의 예외 메시지가 나타난다(아직 음원은 재생되지 않으며 화면에도 아무 변화가 없다).

음원 재생하기

BeatBox 앱에서 음원 재생이 되어야 하니 음원을 재생하는 **play(Sound)** 함수를 **BeatBox** 클래스에 추가한다.

리스트 20.5 | 음원 재생하기(BeatBox.kt)

```
class BeatBox(private val assets: AssetManager) {
    ...
    init {
        sounds = loadSounds()
    }

    fun play(sound: Sound) {
        sound.soundId?.let {
            soundPool.play(it, 1.0f, 1.0f, 1, 0, 1.0f)
        }
    }
    ...
}
```

play(Sound) 함수는 음원을 재생하기 전에 해당 음원의 soundId가 null이 아닌지 확인한다. 만일 음원 로드에 실패하면 null이 될 수 있다.

일단 null 값이 아니라고 확인되면 **SoundPool.play(Int, Float, Float, Int, Int, Float)**를 호출해 음원을 재생한다. 매개변수들의 내역은 다음과 같다. 음원 ID, 왼쪽 볼륨(0.0부터 1.0까지), 오른쪽 볼륨(0.0부터 1.0까지), 스트림 우선순위(0이면 최저 우선순위), 반복 재생 여부(0이면 반복 안 함, -1이면 무한 반복, 그 외의 숫자는 반복 횟수), 재생률(1이면 녹음된 속도 그대로, 2는 두 배 빠르게 재생, 0.5는 절반 느리게 재생)이다. 여기서는 볼륨을 최대로 하기 위해 1.0으로, 녹음된 속도 그대로 재생하기 위해 재생률을 1.0으로 지정하였다. 또한, 반복 재생을 하지 않기 위해 0을 전달하였다.

이제는 음원 재생을 **SoundViewModel**에 통합할 준비가 되었다. 그 전에 테스트에 실패하도록 단위 테스트를 작성한 후 문제점을 해결한다.

테스트 라이브러리 의존성 추가하기

테스트 코드를 작성하기 전에 테스팅 도구인 Mockito와 Hamcrest를 추가한다. Mockito는 간단한 **모의 객체**(mock object)를 쉽게 생성해주는 프레임워크다. 모의 객체는 **SoundViewModel**의 테스트를 독립적으로 할 수 있게 도와주므로, 잘못해서 동시에 다른 객체를 테스트하지 않게 해준다.

Hamcrest는 **matcher** 라이브러리다. Matcher는 코드에 '일치(match)' 조건을 쉽게 만들어주고, 만일 코드가 우리 바람과 일치하지 않으면 실패로 처리하는 도구다. 여기서는 이 두 도구를 사용해서 코드가 기대한 대로 잘 작동하는지 검사한다.

Hamcrest는 JUnit 라이브러리에 자동으로 포함되며, JUnit은 새로운 안드로이드 스튜디오 프로젝트를 생성할 때 의존성에 자동으로 포함된다. 따라서 테스트 빌드에 Mockito 의존성만 추가하면 된다. 편집기 창에서 build.gradle (Module: BeatBox.app) 파일을 열어 Mockito 의존성을 추가하고(리스트 20.6), 안드로이드 스튜디오가 프로젝트 동기화를 해야 한다는 메시지를 보여주면 'Sync Now'를 클릭한다.

리스트 20.6 | Mockito 의존성 추가하기(app/build.gradle)

```
dependencies {
    ...
    implementation 'androidx.recyclerview:recyclerview:1.1.0'
    testImplementation 'org.mockito:mockito-core:3.3.3'
    testImplementation 'org.mockito:mockito-inline:3.3.3'
}
```

testImplementation은 이 라이브러리 의존성이 이 앱의 테스트 빌드에만 포함됨을 의미한다. 따라서 디버그나 릴리즈 빌드로 생성된 APK에는 포함되지 않는다.

mockito-core는 모의 객체를 생성하고 구성하는 데 사용하는 모든 함수를 포함한다. mockito-inline은 Mockito를 코틀린에서 쉽게 사용하도록 해주는 의존성이다.

기본적으로 모든 코틀린 클래스는 **final**이다. 즉, 클래스에 open 키워드를 지정하지 않으면 상속받는 서브 클래스를 만들 수 없으며, 함수에 open 키워드를 지정하지 않으면 서브 클래스에서 오버라이드할 수 없다. 그런데 Mockito에서 모의 객체의 클래스를 생성할 때는 클래스 상속을 해야 한다. 이때 mockito-inline 의존성을 지정하면 Mockito가 **final** 클래스와 함수들의 모의 객체를 생성한다. 따라서 코틀린 클래스 소스 코드를 변경하지 않고 모의 객체를 생성할 수 있다.

테스트 클래스 생성하기

단위 테스트를 작성하는 가장 편리한 방법은 **테스트 프레임워크(testing framework)**를 사용하는 것이다. 테스트 프레임워크를 사용하면 안드로이드 스튜디오에서 테스트 코드를 더 쉽게 작성하고 실행할 수 있으며 결과 출력도 볼 수 있다.

안드로이드의 테스트 프레임워크로는 JUnit이 사용되며, 안드로이드 스튜디오와 잘 통합되어 있다. 가장 먼저 할 일은 JUnit 테스트 클래스를 생성하는 것이다. SoundViewModel.kt를 편집기에서 열어 **SoundViewModel** 클래스를 클릭한 후 안드로이드 스튜디오 메인 메뉴의 **Navigate ➡ Test**를 선택한다. 그러면 안드로이드 스튜디오가 **SoundViewModel** 클래스와 관련된 테스트 클래스로 이동시켜준다. 그러나 여기처럼 테스트 클래스가 없으면 그림 20.1과 같이 팝업으로 새로운 테스트 클래스 생성 옵션을 제공한다.

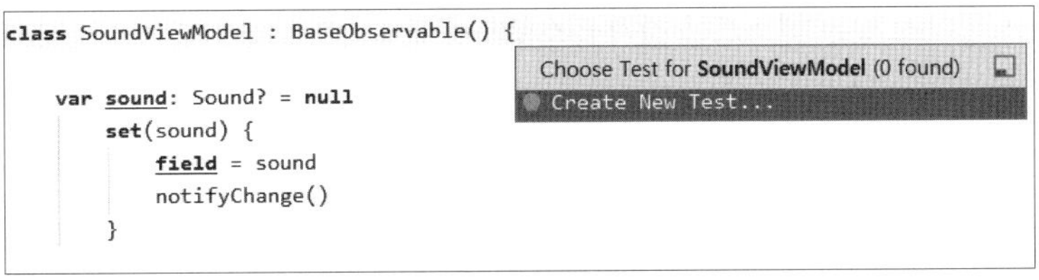

```
class SoundViewModel : BaseObservable() {

    var sound: Sound? = null
        set(sound) {
            field = sound
            notifyChange()
        }
}
```

```
Choose Test for SoundViewModel (0 found)
  Create New Test...
```

그림 20.1 | 테스트 클래스 생성 팝업

'Create New Test…'를 선택하면 대화상자가 나타난다. 그림 20.2와 같이 테스트 라이브러리를 JUnit4로 선택하고 setUp/@Before를 체크한 후 다른 필드는 그대로 두고 **OK** 버튼을 누른다.

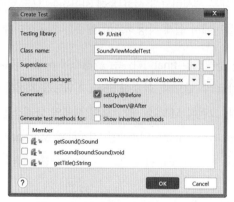

그림 20.2 | 새로운 테스트 클래스 생성하기

그러면 생성하는 테스트 클래스의 종류를 선택하는 대화상자가 나타난다(그림 20.3).

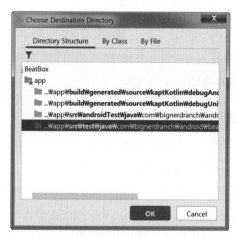

그림 20.3 | 테스트 클래스의 종류 선택하기

androidTest 폴더에 있는 테스트를 **장치 테스트**(instrumentation test)라고 한다. 장치 테스트는 안드로이드 장치나 에뮬레이터에서 실행된다. 앱이 배포된 후 APK가 실행될 시스템 프레임워크와 API를 대상으로 앱 전체를 테스트할 수 있다는 것이 장치 테스트의 장점이다. 그러나 장치 테스트는 해당 안드로이드 운영체제에서 실행되어서 설정과 실행에 시간이 더 걸린다는 단점이 있다.

이와는 달리 test 폴더에 있는 테스트는 **단위 테스트(unit test)**라고 한다. 단위 테스트는 안드로이드 런타임이 아닌 로컬 컴퓨터의 JVM(Java Virtual Machine)에서 실행되므로 빠르게 이루어진다.

안드로이드에서는 '단위 테스트'라는 용어가 폭넓게 사용된다. 즉, 하나의 클래스나 단위 기능을 별개로 검사함을 의미하며, 로컬 컴퓨터에서 실행되는 단위 테스트들은 test 폴더에 포함된다. 또한, 앱의 여러 클래스나 기능이 함께 작동하는 것을 테스트하는 **통합 테스트(integration test)**를 의미하기도 한다. 통합 테스트는 이 장 끝의 '궁금증 해소하기: 통합 테스트'에서 더 자세히 알아본다.

이 장의 나머지 부분에서는 test 폴더에 있으면서 JVM에서 실행되는 각 타입의 테스트를 **JVM 테스트**라 하고, 하나의 클래스나 단위 기능을 검사하는 테스트만 **단위 테스트**라고 하겠다.

단위 테스트는 하나의 컴포넌트(주로 클래스) 자체를 테스트하는 것이므로 작성할 수 있는 가장 작은 종류의 테스트다. 그리고 테스트를 실행하고자 전체 앱이나 장치를 사용할 필요가 없으며, 테스트를 여러 번 실행해도 충분할 만큼 빠르게 실행된다. 따라서 하나의 컴포넌트를 테스트할 때 장치 테스트로 실행하는 경우는 거의 없다. 이 점을 염두에 두고 그림 20.3과 같이 androidTest 폴더가 아닌 test 폴더를 선택하고 **OK** 버튼을 누르자. 그러면 안드로이드 스튜디오가 SoundViewModelTest.kt를 생성하고 편집기 창에 열어준다(프로젝트 도구 창을 Project 뷰로 보면 **app/src/test/java** 밑의 com.bignerdranch.android.beatbox 패키지에 있다. Android 뷰에서는 app/java 밑의 'com.bignerdranch.android.beatbox (test)'에서 볼 수 있다).

테스트 설정하기

자동 생성된 **SoundViewModelTest** 클래스는 **setUp()** 함수만 갖고 있다.

```
class SoundViewModelTest {

    @Before
    fun setUp() {
    }
}
```

테스트 클래스에서 특정 클래스를 테스트하는 데 필요한 작업은 대부분 같다. 즉, 테스트할 클래스의 인스턴스와 이 인스턴스가 필요로 하는 다른 객체들도 생성한다. 이에 따라 JUnit에서는 @Before라는 애노테이션을 제공한다. @Before가 지정된 함수 내부의 코드는 각 테스트가 실행되기 전에 한번만 실행되며, JUnit 테스트 클래스는 @Before가 지정된 **setUp()**이라는 이름의 함수를 갖는다.

테스트 대상 설정하기

setUp() 함수 내부에서는 테스트할 **SoundViewModel**의 인스턴스와 **Sound**의 인스턴스를 생성해야 한다. **SoundViewModel**이 음원 제목을 보여주는 방법을 알려면 **Sound** 인스턴스를 필요로 하기 때문이다.

SoundViewModel과 **Sound**의 인스턴스를 생성한다(리스트 20.7).

리스트 20.7 | 테스트 대상인 SoundViewModel 인스턴스 생성하기(SoundViewModelTest.kt)

```
class SoundViewModelTest {

    private lateinit var sound: Sound
    private lateinit var subject: SoundViewModel

    @Before
    fun setUp() {
        sound = Sound("assetPath")
        subject = SoundViewModel()
        subject.sound = sound
    }
}
```

지금까지는 **SoundViewModel** 인스턴스를 참조하는 속성 이름을 soundViewModel로 사용했는데, 여기서는 subject라고 했다. 테스트의 대상이 되는 객체이므로 **subject**라고 하는 것이 오히려 알기 쉽고, 테스트 함수를 다른 클래스로 옮기더라도 속성 이름을 변경할 필요가 없기 때문이다.

테스트 작성하기

setUp() 함수가 작성되었으니 이제는 테스트를 작성해본다. **@Test** 애노테이션이 지정된 테스트 클래스의 함수를 테스트라고 한다.

우선 **SoundViewModel**의 title 속성값이 **Sound**의 name 속성값과 일치하는지 검사하는 테스트 함수를 작성한다(리스트 20.8).

리스트 20.8 | title 속성 테스트하기(SoundViewModelTest.kt)

```
...
import org.junit.Assert.*
import org.hamcrest.core.Is.`is`
import org.hamcrest.MatcherAssert

class SoundViewModelTest {
    ...
    @Before
    fun setUp() {
        ...
    }

    @Test
    fun exposesSoundNameAsTitle() {
        MatcherAssert.assertThat(subject.title, `is`(sound.name))
    }
}
```

(assertThat(...) 함수와 is(...) 함수는 리스트 20.8에 있는 대로 **import**해야 한다.)

이 테스트에서는 **assertThat(...)** 함수와 **is(...)** 함수를 같이 사용하며, '테스트 대상의 **title** 속성값이 **Sound**의 **name** 속성값과 같아야 함'을 나타낸다. 따라서 두 속성값이 다르면 테스트는 실패한다.

프로젝트 도구 창의 'app/java/com.bignerdranch.android.beatbox (test)' 밑에 있는 **Sound View ModelTest**에서 오른쪽 마우스 버튼을 클릭한 후 Run 'SoundViewModelTest'를 선택하면 단위 테스트가 실행되고 안드로이드 스튜디오에서 그림 20.4의 실행 결과를 보여준다.

그림 20.4 | 테스트가 통과됨

여기서는 한 개의 테스트가 실행되어 통과되었음을 보여준다(Tests passed: 1). 만일 테스트가 실패하면 이에 관한 자세한 내용도 보여준다.

객체의 상호작용 테스트하기

다음으로 **SoundViewModel**과 **BeatBox.play(Sound)** 함수가 잘 연동되는지 검사하는 테스트를 생성한다.

이때는 주로 연동을 테스트하는 함수를 테스트 클래스에 작성한다. 우선 **onButtonClicked()**를 호출하는 테스트 함수를 작성한다(리스트 20.9)(**onButtonClicked()** 함수는 잠시 후에 **SoundViewModel**에 추가한다).

리스트 20.9 | onButtonClicked()를 호출하는 테스트 함수 작성하기(SoundViewModelTest.kt)

```
class SoundViewModelTest {
    ...
    @Test
    fun exposesSoundNameAsTitle() {
        assertThat(subject.title, `is`(sound.name))
    }

    @Test
    fun callsBeatBoxPlayOnButtonClicked() {
        subject.onButtonClicked()
    }
}
```

여기서 **onButtonClicked()** 함수는 아직 작성되지 않아 붉은색의 에러로 표시된다. 이 함수를 클릭한 후 **Alt+Enter[Option+Return]** 키를 누르고 Create member function 'SoundViewModel.onButtonClicked'를 선택하면 이 함수가 SoundViewModel.kt에 자동 생성된다(리스트 20.10). 여기서 반드시 TODO를 주석으로 처리해야 한다!

리스트 20.10 | 자동 생성된 onButtonClicked()(SoundViewModel.kt)

```
class SoundViewModel : BaseObservable() {
    fun onButtonClicked() {
        // TODO("Not yet implemented")
    }
    ...
}
```

지금은 **onButtonClicked()** 함수를 비어 있는 상태로 두고 리스트 20.9의 **SoundViewModelTest** 클래스를 다시 보자.

테스트 함수인 **callsBeatBoxPlayOnButtonClicked()**에서는 **SoundViewModel**의 **onButton Clicked()** 함수를 호출한다. 그러나 이 함수에서 **BeatBox.play(Sound)**를 호출하는 것을 검사해야 한다. 이것을 구현하기 위해 맨 먼저 할 일은 **SoundViewModel**에 BeatBox 객체를 제공하는 것이다.

이때 테스트 함수에서 **BeatBox** 인스턴스를 생성하고 **SoundViewModel** 생성자에 전달할 수 있다. 그러나 단위 테스트에서 이렇게 하면 문제가 생긴다. 만일 **BeatBox**에서 문제가 생기면 이것을 사용하는 **SoundViewModel**도 덩달아 문제가 생겨서 **SoundViewModel**의 단위 테스트가 실패할 수 있기 때문이다. 이것은 우리가 원하는 바가 아니다. **SoundViewModel**의 단위 테스트는 **SoundViewModel**에 국한된 문제가 있을 때만 실패해야 한다.

다시 말해서 **SoundViewModel** 자체의 작동과 다른 클래스와의 상호 작용은 별개로 테스트해야 한다. 이것이 단위 테스트에서 중요한 사항이다.

이런 문제를 해결하고자 **BeatBox**에 모의 객체(mock object)를 사용한다. 이때 모의 객체는 **BeatBox**의 서브 클래스가 되며, **BeatBox**와 같은 함수들을 갖는다. 단, 모든 함수가 아무 일도 하지 않으므로 **BeatBox**에서는 문제가 생기지 않는다. 따라서 **SoundViewModel**의 테스트에서는 **BeatBox**의 작동과는 무관하게 **SoundViewModel**이 **BeatBox**를 사용하는 것이 맞는지 검사할 수 있다.

Mockito를 사용해서 모의 객체를 생성할 때는 **static** 함수인 **mock(Class)**를 호출하며, 이때 모의 객체를 사용할 클래스를 인자로 전달한다. **BeatBox**의 모의 객체를 생성하고 이 객체의 참조를 갖는 속성을 **SoundViewModelTest**에 추가한다(리스트 20.11).

리스트 20.11 | BeatBox의 모의 객체 생성하기(SoundViewModelTest.kt)

```kotlin
import org.mockito.Mockito.mock

class SoundViewModelTest {

    private lateinit var beatBox: BeatBox
    private lateinit var sound: Sound
    private lateinit var subject: SoundViewModel

    @Before
    fun setUp() {
        beatBox = mock(BeatBox::class.java)
        sound = Sound("assetPath")
```

```
        subject = SoundViewModel()
        subject.sound = sound
    }
    ...
}
```

mock(Class) 함수는 클래스 참조처럼 **import**되며, **BeatBox**의 모의 객체를 자동으로 생성한다.

BeatBox의 모의 객체가 준비되었으니 이제는 **play(Sound)** 함수가 호출되는지 검사하는 테스트 작성을 마무리한다. 모든 Mockito 모의 객체는 자신의 함수들이 호출된 기록은 물론이고, 각 호출에 전달된 매개변수 내역을 유지한다. 그리고 Mockito의 **verify(Object)** 함수를 사용하면 기대한 대로 모의 객체 함수들이 호출되었는지 확인할 수 있다.

SoundViewModel에 연결된 **Sound** 객체를 사용해서 **onButtonClicked()**가 **BeatBox. play(Sound)**를 호출하는지 확인하기 위해 **verify(Object)**를 호출한다(리스트 20.12)(**Sound**는 문제가 될 함수가 없는 데이터 객체이므로 모의 객체를 생성할 필요가 없다).

리스트 20.12 | BeatBox.play(Sound)가 호출되는지 검사하기(SoundViewModelTest.kt)

```
class SoundViewModelTest {
    ...
    @Test
    fun callsBeatBoxPlayOnButtonClicked() {
        subject.onButtonClicked()

        verify(beatBox).play(sound)
    }
}
```

여기서는 **플루언트 인터페이스(fluent interface)**를 사용한다(플루언트 인터페이스는 코드를 알기 쉽게 해주며, 일반적으로 함수의 연쇄 호출 형태로 구현된다). 즉, **verify(beatBox)**에서 BeatBox 객체를 반환하므로 연속해서 이 객체의 **play(sound)** 함수를 호출할 수 있다. **verify(beatBox). play(sound)**는 다음과 같다.

```
verify(beatBox)
beatBox.play(sound)
```

여기서 verify(beatBox)는 'beatBox의 함수가 호출되었는지 검사하려고 함'이라는 의미이며, 그다음 함수 호출인 play(sound)는 'play(sound) 함수가 이처럼 호출되었는지 검사하라'는 의미로 생각할 수 있다. 결국 verify(beatBox).play(sound)는 sound를 인자로 받는 beatBox의 play(sound) 함수가 호출되었는지 확인하라는 의미다.

물론, 지금은 이런 일이 생기지 않는다. SoundViewModel.onButtonClicked() 함수의 실행 코드가 아직 없어서 beatBox.play(sound)가 호출되지 않았기 때문이다. 또한, SoundViewModel은 beatBox 참조를 갖고 있지 않아서 beatBox의 어떤 함수도 호출할 수 없다. 따라서 테스트는 실패한다. 현재는 테스트를 먼저 작성했으니 이렇게 되는 것이 정상이다. 처음부터 테스트가 실패하지 않는다면 어떤 것도 테스트할 필요가 없다.

테스트를 실행해 그림 20.5와 같이 테스트가 실패하는 것을 확인해보자(프로젝트 도구 창의 'app/java/com.bignerdranch.android.beatbox (test)' 밑에 있는 SoundViewModelTest에서 오른쪽 마우스 버튼을 클릭한 후, Run 'SoundViewModelTest'를 선택하거나 Shift+F10[Control+R] 키를 눌러 바로 직전에 수행했던 Run 명령을 실행하면 된다).

그림 20.5 | 테스트 실패 내역 출력

그림 20.5의 출력 메시지는 다음과 같다.

```
Wanted but not invoked:
beatBox.play(
    com.bignerdranch.android.beatbox.Sound@62e7f11d
);
-> at com.bignerdranch.android.beatbox.BeatBox.play(BeatBox.kt:24)
Actually, there were zero interactions with this mock.
```

beatBox.play(Sound)의 호출을 기대했지만 호출되지 않았다.

리스트 20.9의 assertThat(...)과 마찬가지로 verify(Object)은 내부적으로 어서션(assertion)을 생성한다. 그리고 어서션에 어긋나면 테스트를 실패로 처리하고, 로그에 그 이유를 설명하는 출력을 남긴다.

이제는 테스트의 결함을 수정할 때가 되었다. 우선 **SoundViewModel**의 생성자에서 **BeatBox** 인스턴스를 받도록 속성을 추가한다(여기서 기본 생성자에 선언된 **beatBox**는 매개변수이면서 속성으로도 생성된다).

리스트 20.13 | BeatBox를 SoundViewModel에 제공하기(SoundViewModel.kt)

```kotlin
class SoundViewModel(private val beatBox: BeatBox) : BaseObservable() {
    ...
}
```

이렇게 변경하면 **SoundHolder** 클래스와 **SoundViewModelTest** 클래스에서 에러가 발생한다. 우선 **SoundHolder** 클래스를 수정한다. MainActivity.kt를 편집기 창에 열어 **SoundHolder**에서 **SoundViewModel** 인스턴스를 생성할 때 beatBox 객체를 생성자에 전달하도록 변경한다(리스트 20.14).

리스트 20.14 | SoundHolder의 에러 수정하기(MainActivity.kt)

```kotlin
private inner class SoundHolder(private val binding: ListItemSoundBinding) :
    RecyclerView.ViewHolder(binding.root) {

    init {
        binding.viewModel = SoundViewModel(beatBox)
    }

    fun bind(sound: Sound) {
        ...
    }
}
```

다음으로 테스트 클래스에서 **BeatBox**의 모의 객체를 **SoundViewModel** 생성자에 전달한다(리스트 20.15).

리스트 20.15 | 테스트에 BeatBox 모의 객체 제공하기(SoundViewModelTest.kt)

```kotlin
class SoundViewModelTest {
    ...
    @Before
    fun setUp() {
        beatBox = mock(BeatBox::class.java)
        sound = Sound("assetPath")
        subject = SoundViewModel(beatBox)
        subject.sound = sound
```

```
    }
    ...
}
```

다음으로 테스트에서 기대하는 것을 수행하도록 **onButtonClicked()**를 구현한다(리스트 20.16).

리스트 20.16 | **onButtonClicked() 구현하기(SoundViewModel.kt)**

```
class SoundViewModel(private val beatBox: BeatBox) : BaseObservable() {
    ...
    fun onButtonClicked() {
        sound?.let {
            beatBox.play(it)
        }
    }
}
```

앞에서 했던 것처럼 테스트를 다시 실행하자. 이번에는 테스트가 통과되었음을 Run 도구 창에서 보게 된다(그림 20.6).

그림 20.6 | **테스트 성공!**

데이터 바인딩 콜백

이제는 버튼들이 제대로 작동하는지 테스트하는 것만 남았다. 따라서 **onButtonClicked()**를 버튼과 연결해야 한다.

사용자 인터페이스인 레이아웃에 데이터를 넣을 때 데이터 바인딩을 사용할 수 있듯이, 클릭 리스너를 연결할 때도 람다식으로 데이터 바인딩을 할 수 있다(19장 참고).

버튼 클릭을 **SoundViewModel.onButtonClicked()**에 연결하기 위해 데이터 바인딩으로 호출되는 콜백 표현식을 추가한다.

리스트 20.17 | 버튼을 코드와 연결하기(list_item_sound.xml)

```
<Button
    android:layout_width="match_parent"
    android:layout_height="120dp"
    ...
    android:onClick="@{() -> viewModel.onButtonClicked()}"
    android:text="@{viewModel.title}"
    tools:text="Sound name"/>
```

이제는 BeatBox 앱을 실행하고 음원 제목을 보여주는 버튼을 누르면 음원이 재생되어야 한다. 그런데 **Run** 버튼(▶)을 눌러서 앱을 실행하면 테스트가 다시 실행된다. 앞에서 테스트를 실행해서 **실행 구성**(run configuration)이 변경되었기 때문이다. 즉, **Run** 버튼을 누르면 SoundView ModelTest를 실행한다.

따라서 테스트가 아닌 BeatBox 앱을 실행하려면 **Run** 버튼 왼쪽의 실행 구성 드롭다운을 클릭해 **app**으로 변경한다(그림 20.7).

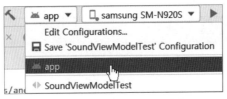

그림 20.7 | 실행 구성을 변경하기

Run 버튼을 눌러서 BeatBox 앱을 실행해 원하는 버튼을 눌러보면 음원이 제대로 재생된다. 고함치는 소리가 나겠지만 놀라지 말자. 이것이 바로 BeatBox 앱이 하려던 일이다.

음원 내리기

앱이 잘 작동한다. 하지만, 아직 마무리할 것이 있다. 음원 재생이 끝나면 **SoundPool.release()**를 호출해 **SoundPool**을 클린업(리소스 해제)해야 한다. 이 일을 하는 **BeatBox.release()** 함수를 추가한다(리스트 20.18).

```kotlin
class BeatBox(private val assets: AssetManager) {
    ...
    fun play(sound: Sound) {
        ...
    }

    fun release() {
        soundPool.release()
    }

    private fun loadSounds(): List<Sound> {
        ...
    }
    ...
}
```

그다음에 **BeatBox.release()** 함수를 호출하는 **onDestroy()** 함수를 **MainActivity**에 추가한다(리스트 20.19). 액티비티가 소멸하면 **SoundPool**도 클린업해야 하기 때문이다.

리스트 20.19 | onDestroy() 함수 추가하기(MainActivity.kt)

```kotlin
class MainActivity : AppCompatActivity() {

    private lateinit var beatBox: BeatBox

    override fun onCreate(savedInstanceState: Bundle?) {
        ...
    }

    override fun onDestroy() {
        super.onDestroy()
        beatBox.release()
    }
    ...
}
```

BeatBox 앱을 다시 실행해 **release()** 함수가 제대로 작동하는지 확인해보자. 대부분 짧은 소리만 나지만, 조금 긴 소리의 음원이 재생되는 동안에 장치를 회전하거나 백(Back) 버튼을 누르면 재생이 중단된다.

궁금증 해소하기: 통합 테스트

앞의 **SoundViewModelTest**는 단위 테스트였지만, **통합 테스트(integration test)**를 생성할 수도 있다. 통합 테스트가 무엇일까?

단위 테스트에서는 테스트 항목이 개별 클래스이지만, 통합 테스트는 여러 클래스나 컴포넌트가 함께 작동하는 앱의 일부가 테스트 대상이다. 단위 테스트와 통합 테스트 모두 중요하지만, 서로 다른 목적을 갖는다. 단위 테스트에서는 각 단위 클래스가 올바르게 작동하는지, 기대한 대로 다른 단위와 제대로 상호 작용하는지 확인한다. 반면에 통합 테스트에서는 개별적으로 테스트된 단위들과 기능이 올바르게 통합되어 작동하는지 검사한다.

통합 테스트는 데이터베이스 사용과 같은 UI가 아닌 부분을 검사하기 위해 작성한다. 그런데 안드로이드에서는 UI와 상호 작용하면서 기대한 대로 잘 되는지 검사하기 때문에 UI 수준에서 앱을 테스트하고자 이러한 테스트를 작성하는 경우가 많다. 따라서 대개는 화면별로 통합 테스트를 작성한다. 예를 들어, **MainActivity** 화면이 나타날 때 첫 번째 버튼의 제목이 sample_sounds의 첫 번째 파일 이름(예를 들어, 65_cjipie)을 보여주는지 테스트할 수 있다.

UI 수준의 통합 테스트는 액티비티나 프래그먼트와 같은 프레임워크 클래스가 필요하며, JVM 단위 테스트에서 사용할 수 없는 시스템 서비스, 파일 시스템 등도 필요할 수 있다. 이런 이유로 안드로이드에서는 통합 테스트는 주로 장치 테스트로 구현된다.

통합 테스트는 기대한 대로 앱이 **작동**하면 통과된다. **구현**될 때 통과되는 것이 아니다. 버튼 ID의 이름을 변경해도 앱의 작동에는 영향을 주지 않는다. 그런데 **findViewById(R. id.button)**을 호출해 해당 버튼이 올바른 텍스트를 보여주는지 확인하는 것은 통합 테스트로 작성할 수 있다. 이때 안드로이드에서는 **findViewById(R.id.button)** 대신 UI 테스트 프레임워크를 사용해서 통합 테스트를 작성한다. 이렇게 하면 기대하는 텍스트를 갖는 버튼이 화면에 있는지 쉽게 확인할 수 있다.

Espresso는 안드로이드 앱을 테스트하는 구글의 UI 테스트 프레임워크다. 안드로이드 스튜디오의 프로젝트 도구 창에서 Gradle Scripts 밑의 build.gradle (Module: BeatBox.app) 파일을 보면 다음과 같이 기본적으로 라이브러리 의존성에 추가되어 있다(맨 끝의 버전 번호는 변경될 수 있다).

```
androidTestImplementation 'androidx.test.espresso:espresso-core:3.3.0'
```

이처럼 Espresso가 의존성에 포함되면 통합 테스트를 하기 위해 시작될 액티비티에 관한 어서션을 만들 수 있다. 여기서는 첫 번째 sample_sounds 테스트 파일 이름을 사용하는 뷰(버튼)가 화면에 있어야 한다는 어서션을 만드는 방법을 보여준다.

```
@RunWith(AndroidJUnit4::class)
class MainActivityTest {

    @get:Rule
    val activityRule = ActivityTestRule(MainActivity::class.java)

    @Test
    fun showsFirstFileName() {
        onView(withText("65_cjipie"))
                .check(matches(isDisplayed()))
    }
}
```

여기서는 두 개의 애노테이션이 코드를 실행한다. @RunWith(AndroidJUnit4::class)는 **MainActivityTest**가 안드로이드 장치 테스트이며, 액티비티 및 다른 안드로이드 런타임 도구와 함께 작동함을 나타낸다. 그다음에 있는 activityRule의 @get:Rule은 각 테스트를 실행하기 전에 **MainActivity**의 인스턴스를 시작시켜야 함을 JUnit에게 알린다.

테스트가 설정되었으니 이제는 테스트할 **MainActivity**에 관한 어서션을 만들 수 있다. showsFirstFileName()의 onView(withText("65_cjipie"))에서는 테스트를 수행하기 위해 "65_cjipie"라는 텍스트를 갖는 뷰(버튼)를 찾는다. 그다음에 **check(matches (isDisplayed()))**를 호출해 해당 뷰가 화면에 보이는지 확인한다. 만일 그런 텍스트를 갖는 뷰가 없다면 **check(...)**는 실패한다. **check(...)** 함수는 뷰에 관한 **assertThat(...)** 형태의 어서션을 만드는 Espresso의 방법이다.

버튼처럼 뷰를 클릭해야 할 때는 클릭한 결과를 검사하는 어서션을 만들면 된다. 이때도 다음과 같이 Espresso를 사용할 수 있다.

```
onView(withText("65_cjipie"))
        .perform(click())
```

이처럼 뷰와 상호 작용할 때는 Espresso가 테스트를 멈추고 기다리며, UI의 변경이 끝났을 때를 감지한다. 그런데 Espresso를 더 오래 기다리게 할 때는 **IdlingResource**의 서브 클래스를 사용해 Espresso에게 앱의 작업이 아직 끝나지 않았음을 알린다.

Espresso로 UI를 테스트하는 방법에 관한 자세한 정보는 Espresso 문서 https://developer.android.com/training/testing/espresso를 참고하자.

다시 말하지만 통합 테스트와 단위 테스트는 그 목적이 다르다. 대부분의 사람은 단위 테스트를 먼저 시작한다. 앱의 개별적인 부분들의 작동을 정의하고 검사하는 데 도움이 되기 때문이다. 통합 테스트는 그런 개별적인 부분들에 의존해 여러 부분이 하나로 함께 잘 작동하는지 검사한다. 두 테스트는 각각 앱의 건강에 관한 서로 다른 중요한 관점을 제공하므로 테스트를 같이 하는 것이 가장 좋다.

궁금증 해소하기: 모의 객체와 테스트

통합 테스트에서는 모의 객체가 단위 테스트 때와는 다른 역할을 담당한다. 모의 객체는 다른 컴포넌트를 테스트와 관계없는 것처럼 만들어서 테스트할 컴포넌트를 격리하기 위해 존재한다. 단위 테스트는 클래스 단위로 테스트한다. 그런데 각 클래스는 다른 클래스에 대해 의존성을 가질 수 있으므로 테스트 클래스들은 서로 다른 모의 객체들을 가지며, 모의 객체가 어떻게 작동하는가는 중요하지 않다. 따라서 간단한 모의 객체를 쉽게 생성해주는 모의 프레임워크(예를 들어, Mockito)가 단위 테스트에는 안성맞춤이다.

이와는 달리 통합 테스트는 앱 전체를 한 덩어리로 테스트한다. 따라서 앱의 각 부분을 격리하는 대신에 앱이 상호 작용하는 외부의 것과 격리하기 위해 모의 객체를 사용한다. 예를 들어, 모의 데이터와 응답을 반환하는 웹 서비스를 제공하는 경우다. BeatBox 앱에서는 특정 음원 파일이 재생되었음을 알려주는 모의 **SoundPool**을 제공할 수 있을 것이다. 모의 객체는 점점 더 많아지고 여러 테스트에서 공유되며 모의 행동을 구현하므로, 통합 테스트에서는 자동화된 모의 프레임워크를 사용하지 말고 모의 객체를 직접 작성하는 것이 좋다.

어떤 경우든 다음 규칙이 적용된다. 즉, 테스트 중인 컴포넌트의 경계에 있는 개체들을 모의 객체로 만든다. 이렇게 하면 테스트하려는 범위에만 집중할 수 있다. 또한, 테스트 컴포넌트 외의 다른 컴포넌트와는 무관하게 테스트 컴포넌트에 문제가 있을 때만 테스트가 실패하므로 정확하게 테스트할 수 있다.

챌린지: 재생 속도 제어하기

이 챌린지에서는 BeatBox 앱에 재생 속도 제어 기능을 추가하자(그림 20.8). 즉, **MainActivity** 내부에서 **SeekBar**를 연결하여 **SoundPool**의 play(Int, Float, Float, Int, Int, Float) 함수에서 허용하는 재생률 값을 제어한다(리스트 20.5 참고).

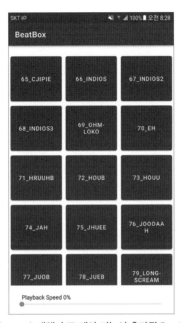

그림 20.8 │ 재생 속도 제어 기능이 추가된 BeatBox

SeekBar에 관한 자세한 내용은 https://developer.android.com/reference/android/widget/SeekBar.html 에서 볼 수 있다.

챌린지: 장치 방향 전환 시에도 음원 재생하기

현재 BeatBox는 장치를 회전하면 음원 재생을 중단한다. 이번 챌린지에서는 이 문제를 해결해보자.

BeatBox 객체를 어디에 보존하느냐가 중요하다. **MainActivity**는 BeatBox 인스턴스의 참조를 갖고 있다. 그런데 장치를 회전하면 소멸했다가 다시 생성된다. 따라서 장치가 회전될 때마다 BeatBox 인스턴스와 **SoundPool** 인스턴스가 다시 생성된다.

장치 회전 시에 정보를 보존하는 방법은 GeoQuiz 앱과 CriminalIntent 앱에서 이미 배웠다. 여기서는 Jetpack **ViewModel**을 BeatBox 앱에 추가해서 장치 회전 시에도 **BeatBox** 객체를 보존한다.

이때 **ViewModel**에서 **BeatBox** 인스턴스를 public 속성으로 노출할 수 있다. 그러면 **MainActivity** 가 Jetpack **ViewModel**의 **BeatBox** 인스턴스를 데이터 바인딩 뷰모델로 전달할 수 있다.

CHAPTER

21

스타일과 테마

지금까지 BeatBox 앱에서는 기본적인 UI 스타일을 사용하였다. 버튼과 색상 모두 그저 그런 형태이며, 앱의 전반적인 룩앤필도 차별화되지 않고 그리 돋보이지도 않는다.

이 스타일을 보기 좋게 바꾸는 기술이 있다. 해당 기술을 적용하면 그림 21.1처럼 더 세련된 모습의 BeatBox가 된다.

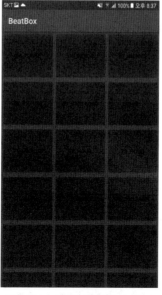

그림 21.1 | 테마가 적용된 BeatBox

색상 리소스

20장에서 작성한 BeatBox 프로젝트를 안드로이드 스튜디오에서 열자. 우선, 리스트 21.1과 같이 res/values/colors.xml 파일에 색상을 추가하자.

리스트 21.1 | 색상 추가하기(res/values/colors.xml)

```
<resources>
    ...

    <color name="red">#F44336</color>
    <color name="dark_red">#C3352B</color>
    <color name="gray">#607D8B</color>
    <color name="soothing_blue">#0083BF</color>
    <color name="dark_blue">#005A8A</color>
</resources>
```

색상 리소스는 앱 전체에서 참조하는 색상 값들을 한곳에서 지정할 수 있는 편리한 방법이다.

스타일

다음으로 **스타일(style)**을 사용해서 BeatBox의 버튼들을 변경한다. 스타일은 위젯에 적용할 수 있는 속성들의 집합이다.

프로젝트 도구 창의 **res** 폴더에서 오른쪽 마우스 버튼을 클릭한 후 New ➡ Android Resource File을 선택한다. 그리고 대화상자의 File name에 **styles**를 입력하고 **OK** 버튼을 누른다.

이어서 리스트 21.2와 같이 **BeatBoxButton**이라는 이름의 스타일을 추가하자.

리스트 21.2 | 스타일 추가하기(res/values/styles.xml)

```
<resources>

    <style name="BeatBoxButton">
        <item name="android:backgroundTint">@color/dark_blue</item>
        <item name="android:textColor">@color/black</item>
    </style>

</resources>
```

여기서는 **BeatBoxButton**이라는 스타일을 생성한다. 이 스타일에서는 android:backgroundTint 속성을 정의하고 속성값을 짙은 파란색(dark blue)으로 지정한다. 이처럼 스타일을 정의하면 이 것을 위젯들에 적용하여 위젯들의 속성을 한곳에서 변경할 수 있다.

그런 다음 **BeatBoxButton** 스타일을 BeatBox의 버튼에 적용한다. 그리고 버튼의 위 마진을 추가하고 왼쪽 마진을 조정한다. 오른쪽 마진은 삭제한다.

리스트 21.3 | 스타일 사용하기(res/layout/list_item_sound.xml)

```
<Button
    style="@style/BeatBoxButton"
    android:layout_width="match_parent"
    android:layout_height="120dp"
    android:layout_marginStart="1dp"
    android:layout_marginEnd="5dp"
    android:layout_marginTop="1dp"
    android:onClick="@{() -> viewModel.onButtonClicked()}"
    android:text="@{viewModel.title}"
    tools:text="Sound name"/>
```

BeatBox 앱을 실행해보면 그림 21.2처럼 모든 버튼들의 배경색이 짙은 파란색으로 나타난다.

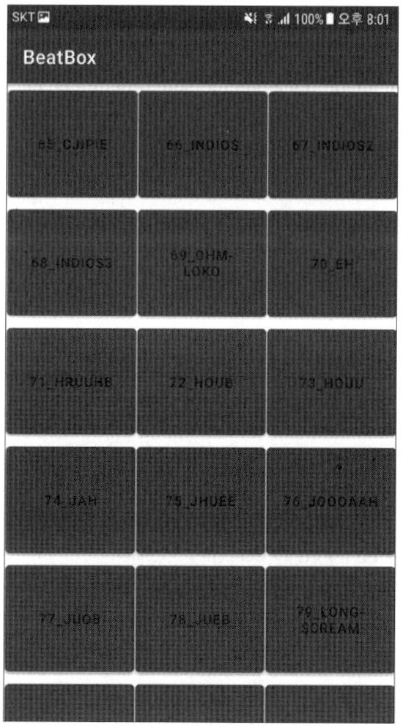

그림 21.2 | 버튼 스타일이 적용된 BeatBox

앱에서 재사용하기를 원하는 어떤 속성 집합도 스타일로 생성할 수 있다. 정말 편리하다.

스타일 상속

스타일은 상속(inheritance)도 지원하므로 다른 스타일로부터 상속받아 오버라이드할 수 있다.

BeatBoxButton.Strong이라는 새로운 스타일을 생성하자. 이 스타일은 **BeatBoxButton**으로 부터 상속받으며, 텍스트를 볼드체로 만든다.

리스트 21.4 | BeatBoxButton에서 상속받기(res/values/styles.xml)

```xml
<style name="BeatBoxButton">
    <item name="android:backgroundTint">@color/dark_blue</item>
    <item name="android:textColor">@color/black</item>
</style>

<style name="BeatBoxButton.Strong">
    <item name="android:textStyle">bold</item>
</style>
```

(여기서 android:textStyle 속성을 **BeatBoxButton** 스타일에 직접 추가할 수도 있었지만, 스타일 상속 을 보여주기 위해 일부러 **BeatBoxButton.Strong**을 생성했다.)

BeatBoxButton.Strong처럼 속성을 상속받는 스타일은 자신의 이름 앞에 상속해주는 스타일 의 이름(**BeatBoxButton**)을 붙인다.

상속을 나타내는 방법이 또 하나 있다. style을 선언할 때 parent를 지정하면 된다.

```xml
<style name="BeatBoxButton">
    <item name="android:backgroundTint">@color/dark_blue</item>
    <item name="android:textColor">@color/black</item>
</style>

<style name="StrongBeatBoxButton" parent="@style/BeatBoxButton">
    <item name="android:textStyle">bold</item>
</style>
```

BeatBoxButton.Strong 스타일을 BeatBox에 적용해보자. 리스트 21.5와 같이 list_item_ sound.xml을 변경하면 된다.

```
<Button
    style="@style/BeatBoxButton.Strong"
    android:layout_width="match_parent"
    android:layout_height="120dp"
    ...
    android:onClick="@{() -> viewModel.onButtonClicked()}"
    android:text="@{viewModel.title}"
    tools:text="Sound name"/>
```

BeatBox 앱을 실행해 버튼의 텍스트가 볼드체로 바뀌었는지 확인한다(그림 21.3).

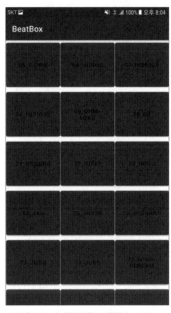

그림 21.3 | 볼드체로 바뀐 BeatBox

테마

스타일은 멋지다. 일련의 속성들을 한곳에서 정의한 후 원하는 어떤 위젯에도 적용할 수 있다. 다만, 위젯마다 일일이 적용해야 한다는 것이 스타일의 단점이다. 만일 여러 레이아웃에 많은 버튼을 갖는 복잡한 앱이었다면, **BeatBoxButton** 스타일을 모든 버튼에 일일이 추가해야 해서 번거로웠을 것이다.

테마(theme)가 있는 이유가 바로 이 때문이다. 테마는 스타일처럼 일련의 속성들을 한곳에서 정의할 수 있으며, 스타일과는 달리 그 속성들이 앱 전체에 자동으로 적용된다. 테마 속성들은 색상과 같은 구체적인 리소스의 참조는 물론이고, 스타일 참조도 저장할 수 있다. 그리고 모든 위젯(예를 들어, 버튼들)에 일괄적으로 적용할 수 있다.

테마 변경하기

manifests/AndroidManifest.xml 파일을 편집기 창에 열어 application 태그의 theme 속성을 살펴보자.

```
<manifest xmlns:android="http://schemas.android.com/apk/res/android"
    package="com.bignerdranch.android.beatbox" >

    <application
        android:allowBackup="true"
        android:icon="@mipmap/ic_launcher"
        android:label="@string/app_name"
        android:roundIcon="@mipmap/ic_launcher_round"
        android:supportsRtl="true"
        android:theme="@style/Theme.BeatBox">
        ...
    </application>

</manifest>
```

theme 속성에서는 **Theme.BeatBox** 테마를 참조한다. **Theme.BeatBox**는 themes.xml 파일에 선언되어 있다(안드로이드 스튜디오가 'Theme.앱이름'으로 자동 생성한다). 이것은 **style**로 정의되어 있지만, 앱 전체의 기본적인 스타일을 정의하는 **테마**다(안드로이드 스튜디오 4.1.1 이전 버전에서는 앱 테마가 styles.xml 파일에 선언되어 있다).

테마도 style로 정의한다. 그러나 테마는 스타일이 정의하지 못하는 다른 속성을 지정한다(이 속성들은 잠시 후에 알아본다). 테마는 매니페스트에도 선언되어 앱 전체에 걸쳐 자동으로 적용될 수 있다. @style/Theme.BeatBox에서 **Ctrl+클릭[Command+클릭]**을 한 후 **values/themes. xml**을 선택하면 안드로이드 스튜디오가 res/values/themes.xml에 정의된 **Theme.BeatBox** 테마로 바로 이동시켜준다.

```
<resources xmlns:tools="http://schemas.android.com/tools">
    <!-- Base application theme. -->

    <style name="Theme.BeatBox" parent="Theme.MaterialComponents.DayNight.
    DarkActionBar">
        ...
    </style>
</resources>
```

새 프로젝트를 생성할 때 'Use legacy android.support libraries'를 선택(체크)하면 **AppTheme** 대신 **AppCompat** 테마가 지정된다(1장의 그림 1.5 참고). **AppTheme**는 **Theme.AppCompat.Light. DarkActionBar**로부터 속성을 상속받는다.

여기서는 **Theme.BeatBox** 테마가 **Theme.MaterialComponents.DayNight.DarkActionBar**로 부터 속성을 상속받으며, 이 테마 내부에서는 부모 테마로부터 상속받은 속성을 오버라이드하 거나 새로 추가할 수 있다.

AppCompat 라이브러리에는 다음 세 가지 주요 테마가 있다.

- **Theme.AppCompat** — 어두운 분위기의 테마

- **Theme.AppCompat.Light** — 밝은 분위기의 테마

- **Theme.AppCompat.Light.DarkActionBar** — 어두운 앱 바를 갖는 밝은 분위기의 테마

BeatBox 앱이 어두운 분위기의 테마를 기본으로 하도록 부모 테마를 **Theme.AppCompat**로 변 경한다.

리스트 21.6 | 어두운 분위기의 테마로 변경하기(res/values/themes.xml)

```
<resources xmlns:tools="http://schemas.android.com/tools">
    <!-- Base application theme. -->

    <style name="Theme.BeatBox" parent="Theme.AppCompat">
        ...
    </style>
</resources>
```

BeatBox 앱을 실행해보면 새로운 테마로 변경된 것을 알 수 있다(그림 21.4).

그림 21.4 | 어두운 분위기의 BeatBox

앱 테마 색상 변경하기

이제는 BeatBox 앱 테마인 **Theme.BeatBox**의 속성들을 변경해보자. 리스트 21.7처럼 **themes. xml** 파일의 속성들을 변경한다.

리스트 21.7 | 테마 속성 변경하기(res/values/themes.xml)

```
<style name="Theme.BeatBox" parent="Theme.AppCompat">
    <!-- Primary brand color. -->
    <item name="colorPrimary">@color/purple_500red</item>
    <item name="colorPrimaryVariant">@color/purple_700dark_red</item>
    <item name="colorOnPrimary">@color/whitegray</item>
    ...
</style>
```

이 테마 속성들은 스타일 속성과 유사해 보이지만 다른 속성들이다. 스타일 속성에서는 각 위젯의 속성을 지정한다. 예를 들어, 버튼 텍스트를 볼드체로 만드는 데 사용했던 textStyle과 같은 것이다. 반면에 테마 속성은 범위가 더 넓다. 어떤 위젯도 사용할 수 있는 테마에 설정되는 속성이기 때문이다. 예를 들어, 앱 바는 자신의 배경색을 설정하기 위해 테마의

colorPrimary 속성을 찾는다.

리스트 21.7의 세 속성들은 영향력이 크다. colorPrimary 속성은 앱 바의 배경색과 몇몇 다른 곳에서 사용된다.

colorPrimaryVariant는 화면 맨 위에 나타나는 상태 바의 색상으로 사용된다. 일반적으로 colorPrimaryVariant는 colorPrimary 색상보다 약간 더 어두운 색이 된다. 상태 바에 테마를 적용하는 기능은 안드로이드 롤리팝에서 추가되었다. 이전 버전의 안드로이드 장치에서는 테마와 무관하게 상태 바가 검은색이 된다. 그림 21.5에서는 이 두 가지 테마 속성이 BeatBox 앱에 끼치는 영향을 보여준다.

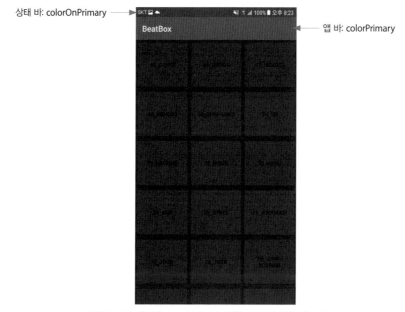

그림 21.5 | 변경된 AppCompat 색상 속성이 적용된 BeatBox

colorOnPrimary 속성은 회색(gray)으로 설정하였다. colorOnPrimary는 colorPrimary 속성의 색과 대조를 이루어야 하며, **EditText** 같은 일부 위젯에 색조(tint)를 넣는 데 사용된다.

앞의 세 가지 속성들의 색상은 조화가 잘 되어야 한다. BeatBox 앱을 실행해보면 그림 21.5와 같이 보인다.

테마 속성 오버라이드하기

테마 속성을 오버라이드하려면 어떤 안드로이드 테마 속성들이 있는지 알아야 한다. 그런데 어떤 테마 속성들이 있는지, 오버라이드 가능한 것은 어떤 것인지, 심지어는 그런 속성들이 무슨 일을 하는지에 대해서도 문서화된 것이 없다. 따라서 여기서는 그런 속성들을 직접 찾아볼 것이다.

여기서는 테마 속성을 변경해 BeatBox 앱의 배경색을 바꾸려고 한다. 이렇게 하려면 res/layout/activity_main.xml 레이아웃 파일에서 **RecyclerView**의 android:background 속성값을 직접 변경하면 된다. 그다음에는 이 속성이 있는 다른 모든 액티비티와 프래그먼트의 레이아웃 파일도 따로따로 변경한다. 그러나 이렇게 하는 것은 시간과 노력 모두 낭비하게 된다.

테마에는 항상 배경색이 설정되어 있어서 테마를 변경하지 않고 앱의 여기저기서 배경 속성을 따로 설정한다면 유지와 보수가 어려워진다.

필요한 테마 찾기

테마의 배경색을 변경하려면 배경색 속성을 오버라이드하면 된다. 그런데 배경색 속성의 이름을 찾으려면 먼저 부모 테마인 **Theme.AppCompat**에 배경색을 의미하는 이름의 속성이 설정되어 있는지 살펴봐야 한다. 만일 **Theme.AppCompat** 테마에 그런 속성이 없으면 다시 이 테마의 부모 테마로 이동해 확인하는 식으로 계속 찾아야 한다. 그리고 유사한 의미를 갖는 이름의 속성이 있으면 이것을 오버라이드하고 앱을 실행해서 맞게 선택했는지 확인하는 수밖에 없다.

부모 테마로 이동해 확인하는 방법은 다음과 같다. 리스트 21.7의 themes.xml 파일이 편집기 창에 열린 상태에서 **Theme.AppCompat**에 마우스 커서를 대고 **Ctrl+클릭[Command+클릭]**한다. 그러면 편집기 창에 values.xml이라는 매우 큰 소스 파일이 열리고 다음 코드로 이동한다(안드로이드의 모든 테마 소스 XML 파일은 안드로이드 SDK가 설치된 디렉터리 밑의 platforms/android-XX/data/res/values 디렉터리에 있다. 여기서 XX는 API 레벨을 나타내며, 29는 안드로이드 10이다).

```
<style name="Theme.AppCompat" parent="Base.Theme.AppCompat" />
```

Theme.AppCompat 테마는 Base.Theme.AppCompat으로부터 속성을 상속받는다. 그러나 </style> 태그 직전까지 정의된 속성들을 보면 배경색을 의미하는(예를 들어, background라는 단어가 포함된) 이름의 속성이 없다.

계속해서 Base.Theme.AppCompat에서 Ctrl+클릭[Command+클릭]하면 안드로이드 스튜디오에서 그림 21.6의 팝업을 보여준다.

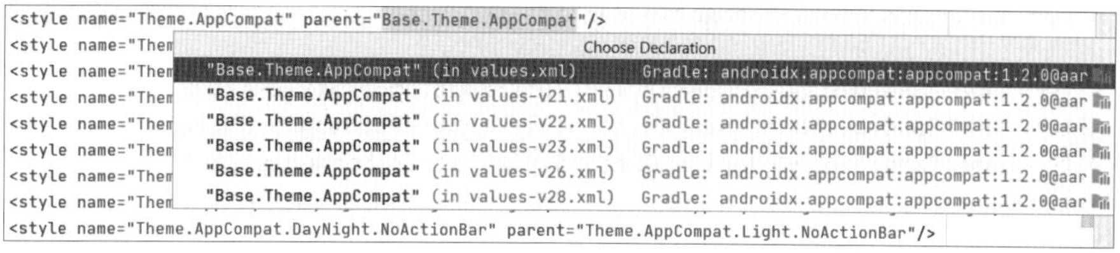

```
<style name="Theme.AppCompat" parent="Base.Theme.AppCompat"/>
<style name="Them                                        Choose Declaration
<style name="Them      "Base.Theme.AppCompat" (in values.xml)        Gradle: androidx.appcompat:appcompat:1.2.0@aar
<style name="Them      "Base.Theme.AppCompat" (in values-v21.xml)    Gradle: androidx.appcompat:appcompat:1.2.0@aar
<style name="Them      "Base.Theme.AppCompat" (in values-v22.xml)    Gradle: androidx.appcompat:appcompat:1.2.0@aar
<style name="Them      "Base.Theme.AppCompat" (in values-v23.xml)    Gradle: androidx.appcompat:appcompat:1.2.0@aar
<style name="Them      "Base.Theme.AppCompat" (in values-v26.xml)    Gradle: androidx.appcompat:appcompat:1.2.0@aar
<style name="Them      "Base.Theme.AppCompat" (in values-v28.xml)    Gradle: androidx.appcompat:appcompat:1.2.0@aar
<style name="Theme.AppCompat.DayNight.NoActionBar" parent="Theme.AppCompat.Light.NoActionBar"/>
```

그림 21.6 | 부모 테마 선택하기

이 테마는 안드로이드 버전(API 레벨)을 나타내는 리소스 수식자를 가지며, 여러 버전이 있으니 선택하라고 한다. 여기서 values/values.xml 버전을 선택하면 Base.Theme.AppCompat가 정의된 곳으로 이동한다.

(BeatBox 앱의 최소 지원 SDK 버전이 API 레벨 21인데 v21 수식자가 있는 버전 대신 수식자가 없는 버전을 선택한 것이 이상하게 보일 것이다. 그 이유는 배경 테마 속성이 API 21 안드로이드 버전보다 훨씬 전에 추가되었으므로 원래의 Base.Theme.AppCompat 버전에 존재하기 때문이다.)

```
<style name="Base.Theme.AppCompat" parent="Base.V7.Theme.AppCompat">
</style>
```

Base.Theme.AppCompat 역시 또 다른 테마로, 이름만 지정되었고 상속받은 속성을 오버라이드하지 않고 있다. 계속해서 부모인 Base.V7.Theme.AppCompat에서 Ctrl+클릭[Command+클릭]하면 이 테마가 정의된 곳으로 이동한다.

```
<style name="Base.V7.Theme.AppCompat" parent="Platform.AppCompat">
    <item name="windowNoTitle">false</item>
    <item name="windowActionBar">true</item>
    <item name="windowActionBarOverlay">false</item>
    ...
</style>
```

이제 거의 다 찾았다. **Base.V7.Theme.AppCompat**의 많은 속성들을 훑어보면 배경색을 변경하는 것처럼 보이는 이름을 갖는 속성들이 없음을 알 수 있다. 계속해서 부모인 **Platform. AppCompat**에서 **Ctrl+클릭[Command+클릭]**해서 팝업이 나오면 앞에서와 마찬가지로 values/values.xml 버전을 선택한다. 그러면 다음으로 이동한다.

```xml
<style name="Platform.AppCompat" parent="android:Theme.Holo">
    <item name="android:windowNoTitle">true</item>
    <item name="android:windowActionBar">false</item>

    <item name="android:buttonBarStyle">?attr/buttonBarStyle</item>
    <item name="android:buttonBarButtonStyle">?attr/buttonBarButtonStyle</item>
    <item name="android:borderlessButtonStyle">?attr/borderlessButtonStyle</item>
    ...
</style>
```

여기서는 **Platform.AppCompat** 테마의 부모가 **android:Theme.Holo**다. 하지만 **android:Theme. Holo**는 테마로만 참조되지 않고 **android** 네임스페이스로 참조된다.

AppCompat 라이브러리는 많은 수의 XML과 코틀린 및 자바 파일을 갖고 있으며, 이 파일들은 프로젝트를 빌드할 때 앱에 포함된다. 따라서 **Theme.AppCompat**만으로 **AppCompat** 라이브러리에 있는 것을 직접 참조할 수 있다.

Theme처럼 안드로이드 운영체제에 존재하는 테마들은 위치를 가리키는 네임스페이스를 사용해서 선언해야 한다. 따라서 이런 테마들은 **AppCompat** 라이브러리에서 **android:Theme**으로 참조한다.

이제 거의 다 왔다. 여기에는 테마에서 오버라이드할 수 있는 속성들이 많이 있다. 물론 **Platform.AppCompat**의 부모인 **Theme.Holo**를 가볼 수 있지만, 필요한 속성을 **Platform. AppCompat**에서 찾았으니 그럴 필요는 없다.

style 태그의 조금 아래를 보면 다음과 같이 windowBackground 속성이 선언되어 있다.

```xml
<style name="Platform.AppCompat" parent="android:Theme.Holo">
    ...

    <!-- Window colors -->
    ...
    <item name="android:windowBackground">@color/background_material_dark</item>
```

BeatBox 앱에서 오버라이드하려는 속성이 바로 이것이다(속성 이름으로 볼 때 거의 확실하다).
themes.xml 파일에서 리스트 21.8과 같이 windowBackground 속성을 오버라이드한다.

리스트 21.8 | 창의 배경색을 설정하기(res/values/themes.xml)

```xml
<style name="Theme.BeatBox" parent="Theme.AppCompat">
    <!-- Primary brand color. -->
    <item name="colorPrimary">@color/red</item>
    <item name="colorPrimaryVariant">@color/dark_red</item>
    <item name="colorOnPrimary">@color/gray</item>

    <item name="android:windowBackground">@color/soothing_blue</item>
</style>
```

windowBackground는 안드로이드 운영체제에 선언된 속성이므로 이것을 오버라이드하려면
android 네임스페이스를 사용해야 한다.

BeatBox 앱을 실행해 **RecyclerView** 화면을 맨 밑으로 스크롤한다(에뮬레이터에서는 화면 중간
을 클릭하고 위로 끌면 된다). 그리고 그림 21.7처럼 버튼 사이의 여백과 버튼이 없는 빈 공간이
연한 파란색으로 보이는지 확인한다.

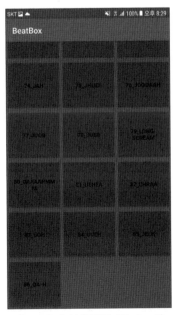

그림 21.7 | 테마 배경색을 갖는 BeatBox

windowBackground 속성을 찾고자 앞에서 했던 작업은 앱의 테마를 변경할 때 모든 안드로이드 개발자가 겪어야 하는 일이다. 이 속성들에 관한 문서는 많지 않아서 찾기 어렵다.

windowBackground 속성을 찾기 위해 거쳤던 테마들은 다음과 같다.

- **Theme.AppCompat**
- **Base.Theme.AppCompat**
- **Base.V7.Theme.AppCompat**
- **Platform.AppCompat**

여기서는 **AppCompat**의 루트 테마에 도달할 때까지 테마의 상속 구조를 따라 이동하였다. 그런데 테마와 속성을 많이 알게 되면 이렇게 이동해서 찾지 않아도 적합한 테마를 바로 선택할 수도 있다.

테마의 상속 구조는 수시로 변경되니 주의한다. 하지만 상속 구조를 따라가는 작업은 변함이 없다. 그러니 오버라이드하고자 하는 속성을 찾을 때까지 테마 상속 구조를 따라가면 된다.

버튼 속성 변경하기

앞에서는 res/layout/list_item_sound.xml 파일에 직접 style 속성을 설정해 BeatBox의 버튼들을 변경하였다. 그러나 여러 액티비티나 프래그먼트에 걸쳐 많은 버튼을 갖는 더 복잡한 앱에서는 버튼마다 style 속성을 설정하는 것이 효율적이지 못하다. 따라서 이때는 스타일을 테마에 정의하고 앱의 모든 버튼에 획일적으로 적용하는 것이 좋다.

테마에 버튼 스타일을 추가하기 전에 우선 list_item_sound.xml 파일의 style 속성을 삭제한다.

리스트 21.9 | 꺼져라! 더 좋은 방법이 있다(res/layout/list_item_sound.xml)

```
<Button
    style="@style/BeatBoxButton.Strong"
    android:layout_width="match_parent"
    android:layout_height="120dp"
    ...
    android:onClick="@{() -> viewModel.onButtonClicked()}"
```

```
android:text="@{viewModel.title}"
tools:text="Sound name"/>
```

BeatBox 앱을 다시 실행해 버튼들이 이전 모습으로 복귀되었는지 확인한다(그림 21.8).

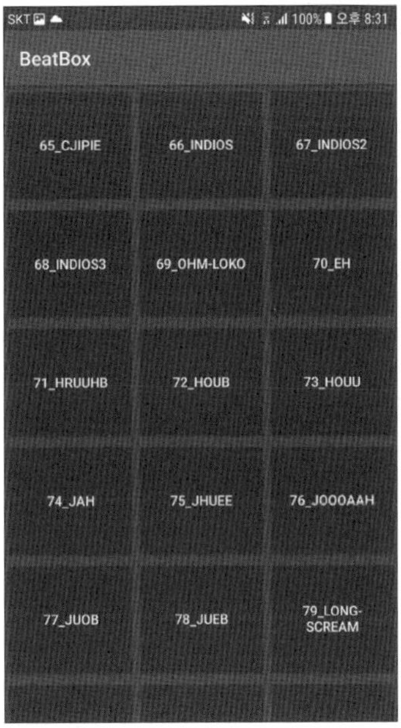

그림 21.8 | 이전 모습의 BeatBox

그리고 다시 테마를 뒤져서 buttonStyle 속성을 찾아보자. 이 속성은 **Base.V7.Theme.App Compat**에 있다.

```
<style name="Base.V7.Theme.AppCompat" parent="Platform.AppCompat">
    ...
    <!-- Button styles -->
    <item name="buttonStyle">@style/Widget.AppCompat.Button</item>
    <item name="buttonStyleSmall">@style/Widget.AppCompat.Button.Small</item>
    ...
</style>
```

buttonStyle은 앱에 있는 일반 버튼의 스타일을 지정한다.

buttonStyle 속성은 값이 아닌 스타일 리소스를 참조한다. 앞에서 windowBackground 속성을 변경할 때는 색상 값을 지정하였다. 그러나 buttonStyle 속성은 스타일을 참조해야 한다.

버튼 스타일을 알기 위해 **Widget.AppCompat.Button**을 찾아보면 다음과 같다(앞에서 속성을 찾을 때 편집기 창에 열린 values.xml 파일 탭을 선택한 후, 이 파일에서 안드로이드 스튜디오 메뉴 바의 Edit ➡ Find ➡ Find...를 선택하고 검색 상자에 **Widget.AppCompat.Button**을 입력하면 바로 찾을 수 있다).

```xml
<style name="Widget.AppCompat.Button" parent="Base.Widget.AppCompat.Button"/>
```

Widget.AppCompat.Button은 자신이 정의한 속성이 없으니 부모인 **Base.Widget.AppCompat. Button**으로 이동한다(팝업이 나타나면 values/values.xml 버전을 선택한다).

```xml
<style name="Base.Widget.AppCompat.Button" parent="android:Widget">
    <item name="android:background">@drawable/abc_btn_default_mtrl_shape</item>
    <item name="android:textAppearance">?android:attr/textAppearanceButton</item>
    <item name="android:minHeight">48dip</item>
    <item name="android:minWidth">88dip</item>
    <item name="android:focusable">true</item>
    <item name="android:clickable">true</item>
    <item name="android:gravity">center_vertical|center_horizontal</item>
</style>
```

BeatBox 앱에서 사용하는 모든 버튼에는 이 속성들이 지정된다.

기존의 버튼 스타일인 **Widget.AppCompat.Button**으로부터 상속받도록 **BeatBoxButton**의 부모를 변경하고, **BeatBoxButton.Strong** 스타일도 삭제한다.

리스트 21.10 | **버튼 스타일 변경하기**(res/values/styles.xml)

```xml
<resources>

    <style name="BeatBoxButton" parent="Widget.AppCompat.Button">
        <item name="android:backgroundTint">@color/dark_blue</item>
        <item name="android:textColor">@color/black</item>
    </style>

    <style name="BeatBoxButton.Strong">
        <item name="android:textStyle">bold</item>
    </style>

</resources>
```

여기서는 부모로 **Widget.AppCompat.Button**을 지정하였다. 일반 버튼의 모든 속성을 상속받아 선택적으로 속성을 변경하기 위해서다.

만일 **BeatBoxButton**의 부모 테마를 지정하지 않으면, 버튼이 전혀 버튼 같지 않은 형태가 된다. 버튼의 텍스트와 같은 속성들이 없어지기 때문이다.

이제 **BeatBoxButton**의 정의가 끝났다. 앞에서 안드로이드 테마를 찾을 때 알아둔 buttonStyle 속성을 우리 테마에 추가한다.

리스트 21.11 │ BeatBoxButton 스타일 사용하기(res/values/themes.xml)

```xml
<style name="Theme.BeatBox" parent="Theme.AppCompat">
    <!-- Primary brand color. -->
    <item name="colorPrimary">@color/red</item>
    <item name="colorPrimaryVariant">@color/dark_red</item>
    <item name="colorOnPrimary">@color/gray</item>
    <item name="android:windowBackground">@color/soothing_blue</item>
    <item name="buttonStyle">@style/BeatBoxButton</item>
    ...
</style>
```

buttonStyle을 정의할 때 이름 앞에 android:을 붙이지 않는다! 오버라이드하는 buttonStyle 속성이 **AppCompat** 라이브러리에 구현되기 때문이다.

이제는 buttonStyle 속성을 오버라이드하여 우리의 버튼 스타일인 **BeatBoxButton**으로 교체하였다.

BeatBox 앱을 다시 실행해보면 이제는 모든 버튼이 짙은 파란색이 된다(그림 21.9). BeatBox 앱의 어떤 레이아웃 파일도 직접 변경하지 않고 모든 일반 버튼의 모습을 바꿨다. 이것이 바로 안드로이드 테마 속성의 위력이다!

다음 장에서는 버튼들을 더욱 멋지게 만들어보자.

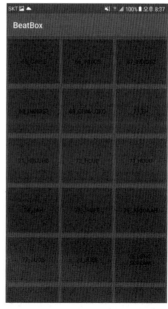

그림 21.9 │ 테마를 완전히 입힌 BeatBox

궁금증 해소하기: 테마 속성 사용하기

일단 속성이 테마에 선언되면 XML이나 코드에서 해당 속성을 사용할 수 있다.

XML에서 테마 속성을 사용할 때는 속성 이름 앞에 ?를 붙여서 참조한다(반면에 색상 리소스와 같은 값을 참조할 때는 @를 사용한다).

예를 들어, 앞의 **styles.xml**에서 버튼 스타일에 지정된 텍스트 색상 속성에서는 다음과 같이 색상 리소스를 사용한다.

```
<item name="android:textColor">@color/black</item>
```

이것을 **Theme.BeatBox** 테마의 **colorOnSecondary** 속성을 참조하게 할 때는 다음과 같이 하면 된다.

```
<item name="android:textColor">?colorOnSecondary</item>
```

또한 다음과 같이 코드에서도 테마 속성을 사용할 수 있다.

```
val theme: Resources.Theme = activity.theme
val attrsToFetch = intArrayOf(R.attr.colorOnPrimary)
val a: TypedArray = theme.obtainStyledAttributes(R.style.Theme.BeatBox, attrsToFetch)
val onPrimaryColor = a.getInt(0, 0)
a.recycle()
```

여기서는 **Theme** 객체의 **obtainStyledAttributes()**를 호출해 앱의 테마인 **R.style.Theme. BeatBox**에 있는 R.attr.colorOnPrimary 속성의 참조를 얻는다. 이때 **obtainStyled Attributes()**는 R.attr.colorOnPrimary 속성의 참조를 갖는 **TypedArray**를 반환한다. 그리고 **TypedArray**의 **getInt(...)**를 호출하여 색상 값을 알아내며, 이 색상 값은 버튼의 배경색 등을 변경하는 데 사용한다. 이와 같이 하면 BeatBox 앱의 앱 바와 버튼에서 테마 속성을 사용해 스타일을 적용할 수 있다.

BeatBox 앱에 테마를 입혔으니, 이제 버튼에 대해 뭔가 해야 할 때가 되었다.

22

XML drawable

현재는 버튼을 누르면 어떤 응답도 보여주지 않고 파란색 사각형 그대로다. 이 장에서는 **XML drawable**을 사용해서 BeatBox 앱의 사용자 인터페이스를 한층 돋보이게 해보자(그림 22.1).

안드로이드에서는 화면에 그려지는 것을 'drawable'이라고 하며, **Drawable** 클래스의 서브 클래스로 추상화된 형태이거나 비트맵 이미지일 수 있다. 이 장에서는 형태(shape) drawable, 상태 리스트(state list) drawable, 레이어 리스트(layer list) drawable을 알아본다. 세 가지 모두 XML 파일에 정의되므로 XML drawable로 분류된다.

그림 22.1 | 완성된 BeatBox

균일한 버튼 만들기

앞 장에서 작성한 BeatBox 프로젝트를 열자. 그리고 XML drawable을 생성하기 전에 먼저 list_item_sound.xml을 변경한다.

```xml
<layout xmlns:android="http://schemas.android.com/apk/res/android"
        xmlns:tools="http://schemas.android.com/tools">
    <data>
        <variable
            name="viewModel"
            type="com.bignerdranch.android.beatbox.SoundViewModel"/>
    </data>
    <FrameLayout
        android:layout_width="match_parent"
        android:layout_height="wrap_content"
        android:layout_margin="8dp">
        <Button
            android:layout_width="match_parent"
            android:layout_height="120dp"
            android:layout_marginStart="1dp"
            android:layout_marginTop="1dp"
            android:layout_width="100dp"
            android:layout_height="100dp"
            android:layout_gravity="center"
            android:onClick="@{() -> viewModel.onButtonClicked()}"
            android:text="@{viewModel.title}"
            tools:text="Sound name"/>
    </FrameLayout>
</layout>
```

나중에 버튼을 원으로 만들 때 동그랗게 되도록 각 버튼의 너비(width)와 높이(height)를 똑같이 100dp로 지정하였다.

BeatBox 앱의 **RecyclerView**에서는 화면 크기와 무관하게 항상 세 개의 열을 보여준다. 만일 장치 화면에 여분의 공간이 있으면, **RecyclerView**에서 화면에 맞게 열의 크기를 늘린다. 그런데 **RecyclerView**가 버튼 크기를 늘리는 것을 원치 않으므로 **FrameLayout**에 버튼들을 포함했다. 이렇게 하면 **FrameLayout**은 크기가 늘어나지만, 버튼은 늘어나지 않기 때문이다.

BeatBox 앱을 실행해 모든 버튼의 크기가 같은지 버튼 사이에 간격이 있는지 확인한다(그림 22.2).

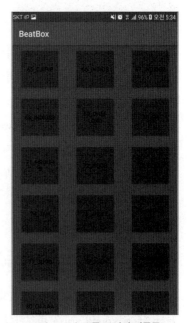

그림 22.2 | 고른 크기의 버튼들

형태 drawable

다음으로 **형태(shape) drawable**을 사용해서 버튼을 둥글게 만들어보자. XML drawable은 화면 밀도와는 무관하므로 특정 밀도의 폴더 대신 기본 drawable 폴더(이름에 수식자가 붙지 않은 폴더)에 두면 된다.

프로젝트 도구 창의 res/drawable에서 오른쪽 마우스 버튼을 클릭한 후 **New ➡ Drawable Resource File**을 선택한다. 그리고 대화상자에서 파일 이름에 button_beat_box_normal.xml을 입력하고 **OK** 버튼을 클릭한다(파일 이름에 'normal'이 포함된 이유는 잠시 후에 알아본다). 그리고 리스트 22.2의 XML로 전체 내용을 교체한다.

리스트 22.2 | 원형의 drawable 만들기(res/drawable/button_beat_box_normal.xml)

```xml
<shape xmlns:android="http://schemas.android.com/apk/res/android"
       android:shape="oval">

    <solid android:color="@color/dark_blue"/>

</shape>
```

여기서는 진한 파란색으로 채워진 원형의 '형태 drawable'을 생성한다. 형태 drawable에는 직사각형과 선을 포함한 여러 옵션이 있다. 자세한 내용은 https://developer.android.com/guide/topics/resources/drawable-resource.html을 참고한다.

그리고 리스트 22.3과 같이 버튼의 배경으로 button_beat_box_normal을 적용한다.

리스트 22.3 | 배경 drawable을 변경하기(res/values/styles.xml)

```xml
<resources>

    <style name="BeatBoxButton" parent="Widget.AppCompat.Button">
        <item name="android:backgroundTint">@color/dark_blue</item>
        <item name="android:textColor">@color/black</item>
        <item name="android:background">@drawable/button_beat_box_normal</item>
    </style>

</resources>
```

BeatBox 앱을 다시 실행해보면 이제는 모든 버튼이 원으로 나타난다(그림 22.3).

그림 22.3 | 원형의 버튼들

아무 버튼이나 눌러보면 소리는 들리지만 버튼의 모양은 그대로다. 버튼을 누를 때 눌리는 듯한 느낌의 모양으로 바뀐다면 더 좋을 것이다.

상태 리스트 drawable

버튼이 눌리는 듯한 모습으로 보이게 하려면 우선 버튼의 눌림 상태에 사용할 새로운 형태 drawable을 정의해야 한다.

res/drawable에 button_beat_box_pressed.xml을 생성하고 리스트 22.4의 XML로 전체 내용을 교체한다. 여기서는 일반 버튼과 같지만 붉은 배경색을 갖도록 만든다(프로젝트 도구 창의 **res/drawable**에서 오른쪽 마우스 버튼을 클릭한 후 New ➡ Drawable Resource File을 선택한다. 그리고 대화상자에서 파일 이름에 button_beat_box_pressed.xml을 입력하고 **OK** 버튼을 클릭한다).

리스트 22.4 | 눌러진 모습의 형태 drawable 정의하기(res/drawable/button_beat_box_pressed.xml)

```
<shape xmlns:android="http://schemas.android.com/apk/res/android"
        android:shape="oval">
```

```
    <solid android:color="@color/red"/>

</shape>
```

이제 사용자가 버튼을 누를 때 이 눌러진 모습의 버튼을 사용해보자. 이때 **상태 리스트**(state list) **drawable**을 사용한다.

상태 리스트 drawable은 어떤 것의 상태를 기반으로 다른 drawable을 참조하는 drawable이다. 버튼은 눌러진 상태와 눌러지지 않은 상태를 가지므로 상태 리스트 drawable을 사용해서 눌러질 때 배경이 되는 하나의 drawable을 지정하고, 눌러지지 않았을 때 배경이 되는 또 다른 drawable을 지정한다.

상태 리스트 drawable로 사용할 button_beat_box.xml을 res/drawable에 생성하고 리스트 22.5의 XML로 전체 내용을 교체한다.

리스트 22.5 | 상태 리스트 drawable 생성하기(res/drawable/button_beat_box.xml)

```
<selector xmlns:android="http://schemas.android.com/apk/res/android">
    <item android:drawable="@drawable/button_beat_box_pressed"
        android:state_pressed="true"/>
    <item android:drawable="@drawable/button_beat_box_normal" />
</selector>
```

이제 버튼의 배경으로 이 drawable을 사용하도록 styles.xml의 버튼 스타일을 변경한다.

리스트 22.6 | 상태 리스트 drawable 적용하기(res/values/styles.xml)

```
<resources>

    <style name="BeatBoxButton" parent="Widget.AppCompat.Button">
        <item name="android:background">@drawable/button_beat_box_normal</item>
        <item name="android:background">@drawable/button_beat_box</item>
    </style>

</resources>
```

이렇게 하면 버튼이 눌러진 상태일 때는 button_beat_box_pressed가 배경으로 사용되며, 그렇지 않을 때는 button_beat_box_normal이 버튼의 배경으로 사용된다.

BeatBox 앱을 다시 실행해 버튼을 누르면, 누르는 순간 해당 버튼의 배경이 바뀐다(그림 22.4).
한결 좋다!

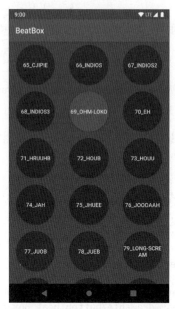

그림 22.4 | 눌린 상태의 버튼을 갖는 BeatBox

상태 리스트 drawable은 편리한 커스터마이징 도구다. 이외에도 활성/비활성 상태, 포커스
상태 등 여러 상태를 지원한다. 자세한 내용은 https://developer.android.com/reference/android/
graphics/drawable/StateListDrawable를 참고한다.

레이어 리스트 drawable

이제는 BeatBox 버튼이 둥글게 되었고 버튼을 누르면 시각적으로 응답한다.

레이어 리스트(layer list) drawable을 사용하면 두 개의 XML drawable을 하나로 결합할 수 있다.
여기서는 레이어 리스트 drawable을 사용해서 버튼이 눌러진 상태일 때 버튼 주위에 진한 붉은
색의 고리를 추가해본다. button_beat_box_pressed.xml을 리스트 22.7과 같이 변경한다.

```xml
<layer-list xmlns:android="http://schemas.android.com/apk/res/android">
    <item>
        <shape xmlns:android="http://schemas.android.com/apk/res/android"
            android:shape="oval">

            <solid android:color="@color/red"/>
        </shape>
    </item>
    <item>
        <shape android:shape="oval">

            <stroke android:width="4dp"
                    android:color="@color/dark_red"/>
        </shape>
    </item>
</layer-list>
```

여기서는 이 레이어 리스트 drawable에 두 개의 drawable을 지정하였다. 첫 번째 drawable은 붉은색의 원이며 종전과 같다. 두 번째 drawable은 첫 번째 것의 위로 그려지는 지름이 4dp인 또 다른 원으로, 진한 붉은색의 고리를 만든다.

여기서는 두 개의 drawable이 결합되어 레이어 리스트 drawable을 구성한다. 이처럼 레이어 리스트 drawable에 두 개 이상의 drawable을 결합하면 더 복잡한 것을 만들 수 있다.

BeatBox 앱을 다시 실행해 버튼을 눌러보면, 누르는 순간 버튼 주변에 멋진 고리가 나타난다(그림 22.5). 더욱 보기 좋다!

레이어 리스트 drawable을 추가함으로써 이제는 BeatBox가 완성되었다. 초기의 평범했던 BeatBox 모습과는 대조적으로 이제는 독특하고 고유한 모습을 갖게 된 것이다. 앱을 보기 좋게 만들면 재미있게 사용할 수 있어서 인기도 좋을 것이다.

그림 22.5 | 완성된 BeatBox

궁금증 해소하기: XML drawable을 사용해야 하는 이유

버튼이 눌러진 상태를 나타내는 것은 항상 필요하다. 따라서 상태 리스트 drawable은 어떤 안드로이드 앱에서도 중요한 컴포넌트다. 그렇다면 형태 drawable과 레이어 리스트 drawable도 항상 사용해야만 할까?

XML drawable은 유연성이 좋다. 따라서 여러 목적으로 사용할 수 있으며, 향후에 쉽게 변경할 수 있다. 레이어 리스트 drawable과 형태 drawable을 조합해서 사용하면 이미지 편집기를 사용하지 않고도 복잡한 배경을 만들 수 있다. 그리고 BeatBox의 색상 배합을 변경할 때도 XML drawable의 색을 변경하기가 쉽다.

이 장에서는 drawable 디렉터리에 화면 밀도를 나타내는 리소스 수식자를 사용하지 않고 XML drawable을 정의하였다. XML drawable은 화면 밀도와는 무관하기 때문이다. 이미지 형태로 된 표준 배경을 사용할 때는 같은 이미지를 화면 밀도가 다른 대부분의 장치에서도 좋게 보이도록 서로 다른 화면 밀도마다 생성한다. 그런데 XML drawable은 한번만 정의하면 어떤 화면 밀도의 장치에서도 제대로 잘 보인다.

궁금증 해소하기: Mipmap 이미지

리소스 수식자와 drawable은 사용하기 편리하다. 앱에서 이미지가 필요하면 같은 이미지를 서로 다른 크기(drawable-mdpi, drawable-hdpi 등)로 생성해 리소스 수식자가 붙은 폴더에 추가하면 된다(단, 이미지 파일 이름은 같아야 한다). 그다음에 해당 이미지의 이름을 참조하면 현재 장치의 화면 밀도를 기준으로 어떤 크기의 이미지를 사용할 것인지 안드로이드가 직접 판단하여 찾는다.

그런데 이런 리소스 관리 시스템에는 단점이 있다. 구글 플레이 스토어에 배포하는 APK 파일에는 화면 밀도마다 우리 프로젝트의 drawable 디렉터리들에 저장했던 모든 이미지가 포함된다. 이는 사용하지 않는 것들도 마찬가지다.

이런 과대 포장을 해소하려면 mdpi APK 또는 hdpi APK 등, 각 화면 밀도마다 별도의 APK를 생성한다(이것을 APK 분할이라고 하며, 이에 관한 자세한 정보는 https://developer.android.com/studio/build/

configure-apk-splits.html을 참고한다).

예외가 하나 있다. 모든 화면 밀도의 론처(launcher) 아이콘을 유지 관리할 때다.

안드로이드의 론처는 홈 화면 애플리케이션이다(론처에 관해서는 23장에서 자세히 알아본다). 장치의 홈(Home) 버튼을 누르면 론처와 연결된다. 일부 새로운 론처에서는 앱 아이콘을 종전의 론처가 보여주던 것보다 더 큰 크기로 보여준다. 이처럼 더 큰 아이콘을 제대로 보여주고 나면, 그런 론처들은 곧바로 이어서 높은 화면 밀도의 아이콘을 사용한다. 예를 들어, 장치의 화면 밀도가 hdpi라면 xhdpi의 아이콘을 사용해 앱을 나타낸다. xhdpi의 아이콘이 APK에 없다면 론처에서 해상도가 더 낮은 아이콘을 사용해야 한다.

해상도가 낮은 아이콘을 크게 확장하면 흐릿하게 된다. 하지만 아이콘이 선명하게 보였으면 한다.

mipmap 디렉터리는 이런 문제에 대한 안드로이드의 해결책이다. APK 분할이 활성화되면 해당 APK에 필요한 mipmap만 포함되며, 그렇지 않을 때는 drawable과 같은 방식으로 처리된다. 안드로이드 스튜디오에서 새로운 프로젝트를 생성하면 론처 아이콘에 mipmap 리소스를 사용하도록 자동 설정된다(그림 22.6).

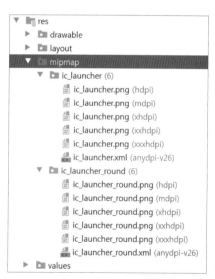

그림 22.6 | Mipmap 아이콘

따라서 앱을 나타내는 론처 아이콘은 각 mipmap 디렉터리에 두고, 이외의 모든 다른 이미지는 drawable 디렉터리에 두면 된다.

궁금증 해소하기: 9-패치 이미지

때로는 보통의 종전 이미지 파일을 버튼의 배경으로 사용할 때도 있다. 그런데 버튼을 여러 다른 크기로 보이게 할 때 그런 이미지들은 어떻게 될까? 만일 버튼의 너비가 배경 이미지의 너비보다 크면 배경 이미지가 자동 확장되는데, 그러면 제대로 잘 보일까?

안타깝게도 배경 이미지를 획일적으로 확장하면 원하는 모습으로 보이지 않는다. 따라서 이미지가 확장되는 방법을 추가로 제어해야 한다.

여기서는 버튼의 배경으로 **9-패치**(patch) 이미지를 사용하도록 BeatBox 앱을 변경한다. 현재의 BeatBox 앱은 간단한 배경 이미지를 사용하므로 9-패치 이미지가 필요 없지만, 여기서는 조금 더 복잡한 이미지를 사용하므로 9-패치 이미지를 생성하는 방법이 필요하다.

(이 책의 다운로드 파일에서 Ch22 서브 디렉터리 밑에 있는 BeatBox-9Patch 프로젝트를 열면 여기서 추가로 변경한 내용을 볼 수 있다.)

우선 사용 가능한 공간을 기준으로 버튼 크기가 변경될 수 있도록 list_item_sound.xml을 변경한다.

리스트 22.8 | 버튼의 공간 넓히기(res/layout/list_item_sound.xml)

```
<layout xmlns:android="http://schemas.android.com/apk/res/android"
        xmlns:tools="http://schemas.android.com/tools">
    <data>
        <variable
            name="viewModel"
            type="com.bignerdranch.android.beatbox.SoundViewModel"/>
    </data>
    <FrameLayout
        android:layout_width="match_parent"
        android:layout_height="wrap_content"
        android:layout_margin="8dp">
        <Button
            android:layout_width="100dp"
            android:layout_height="100dp"
            android:layout_width="match_parent"
            android:layout_height="match_parent"
            android:layout_gravity="center"
            android:onClick="@{() -> viewModel.onButtonClicked()}"
            android:text="@{viewModel.title}"
            tools:text="Sound name"/>
    </FrameLayout>
</layout>
```

이제는 버튼들이 레이아웃의 사용 가능한 공간을 모두 차
지하게 된다.

여기서는 BeatBox의 버튼에 모서리가 접히고 음영이 있는
새로운 배경 이미지를 사용한다(그림 22.7).

그림 22.7 | 새로운 버튼 배경 이미지

새로운 버튼 배경 이미지는 이 책의 다운로드 파일에 있다. 각자 컴퓨터의 파일 탐색기에서 다
음과 같이 다운로드 파일을 확인한다.

다운로드 파일의 Ch22 서브 디렉터리를 보면 ic_button_beat_box_default.png 파일과 ic_
button_beat_box_pressed.png 파일이 있다. ic_button_beat_box_default.png는 그림 22.7 이미
지이며, ic_button_beat_box_pressed.png는 버튼을 누르면 보여줄 배경 이미지다. 이 파일들을
현재 프로젝트의 res/drawable-xxhdpi 폴더에 복사할 것이다.

먼저 **res** 밑에 drawable-xxhdpi 디렉터리를 생성한다. **res** 디렉터리에서 오른쪽 마우스 버튼을
클릭한 후 **New ➡ Directory**를 선택한다. 그리고 디렉터리 이름에 drawable-xxhdpi를 입력하고
Enter 키를 누르면 res/drawable-xxhdpi 디렉터리가 생성된다. 프로젝트 도구 창을 **Project** 뷰
로 전환한 후, 이 디렉터리가 생성되었는지 확인한다.

그리고 다운로드 파일의 Ch22 서브 디렉터리 밑에 있는 이미지 파일 두 개를 각자 컴퓨터의
파일 탐색기에서 클립보드로 복사한 후, 현재 프로젝트의 res/drawable-xxhdpi 폴더에 붙여
넣기 한다. 그다음에 이 이미지들을 버튼의 배경으로 사용하도록 button_beat_box.xml을 변
경한다(리스트 22.9). 프로젝트 도구 창을 **Android** 뷰로 전환하자.

리스트 22.9 | 새로운 버튼 배경 이미지 적용하기(res/drawable/button_beat_box.xml)

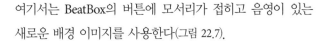

```
<selector xmlns:android="http://schemas.android.com/apk/res/android">
    <item android:drawable="@drawable/button_beat_box_pressed"
    <item android:drawable="@drawable/ic_button_beat_box_pressed"
        android:state_pressed="true"/>
    <item android:drawable="@drawable/button_beat_box_normal" />
    <item android:drawable="@drawable/ic_button_beat_box_default" />
</selector>
```

BeatBox 앱을 실행해보자(그림 22.8).

그림 22.8 | 새로운 버튼 배경을 적용한 BeatBox

음… 달라지긴 했는데 이건 아닌 것 같다. 접히는 모서리가 이상하다.

왜 이렇게 되었을까? 안드로이드가 ic_button_beat_box_default.png 이미지를 획일적으로 확장해서 접힌 모서리와 둥근 모서리도 같이 확장되었다. 만일 이미지의 확장할 부분과 확장하지 않을 부분을 지정할 수 있다면 더 좋게 보일 것이다. 바로 이 때문에 9-패치 이미지가 필요하다.

9-패치 이미지 파일은 안드로이드가 확장할 부분과 확장하지 않을 부분을 구분할 수 있도록 특별한 형태로 되어 있다. 따라서 이미지가 자동으로 확장되더라도 이미지 모서리나 내부 콘텐츠를 생성 당시의 모습으로 보이게 할 수 있다.

그런데 왜 9-패치라고 하는 걸까? 9-패치는 이미지를 3×3 격자(grid)로 분할하는데, 9개의 부분 또는 패치(patch, 조각)를 갖는 격자라서 그렇게 부르는 것이다. 그리고 격자 주변의 테두리는 수평 또는 수직의 한 방향으로만 확장되며, 중앙은 수평/수직의 양방향으로 확장된다(그림 22.9).

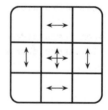

그림 22.9 | 9-패치 이미지의 확장

9-패치 이미지는 두 가지 점만 제외하고 PNG 이미지와 같다. 즉, 파일 이름이 .9.png로 끝나며, 이미지 테두리 주위에 한 픽셀을 더 갖고 있다. 이것을 경계(border) 픽셀이라고 하며, 9-패

치의 중앙 사각형 위치를 지정하는 데 사용된다. 경계 픽셀들은 중앙을 나타낼 때 검게 그려지며, 테두리를 나타낼 때는 투명하게 그려진다.

9-패치 이미지는 어떤 이미지 편집기를 사용해도 생성할 수 있지만, 안드로이드 스튜디오에 포함된 9-패치 편집기를 사용하면 더욱 편리하다.

지금부터는 앞의 배경 이미지 두 개를 9-patch 이미지로 변환해본다. 우선, 이미지 파일의 이름을 변경하고 프로젝트 도구 창이 Project 뷰로 전환되어 있는지 확인한다. 그리고 res/drawable-xxhdpi에 있는 ic_button_beat_box_default.png 파일에서 오른쪽 마우스 버튼을 클릭한 후 Refactor ➡ Rename...을 선택한다. 이어서 대화상자에서 파일 이름을 ic_button_beat_box_default.9로 입력하고 Refactor 버튼을 클릭한다(만일 같은 이름의 리소스가 이미 있다고 알려주는 대화상자가 나타나면 Continue 버튼을 누른다). 같은 방법으로 ic_button_beat_box_pressed.png 파일의 이름을 ic_button_beat_box_pressed.9로 변경한다.

그리고 ic_button_beat_box_default.9.png 파일을 프로젝트 도구 창에서 더블 클릭하면, 안드로이드 스튜디오에 내장된 9-패치 편집기가 열린다. 왼쪽 창은 늘릴 수 있는 패치와 콘텐츠 영역을 수정할 수 있는 그리기 영역이며, 오른쪽 창은 이미지가 늘어났을 때의 다양한 모습을 미리 볼 수 있는 미리보기 영역이다.

우선, 밑의 'Show patches' 옵션을 체크해서 그리기 영역에서 늘릴 수 있는 패치가 표시되게 한다(분홍색이 늘릴 수 있는 패치임). 그리고 Zoom 레버를 약간 올려서 이미지가 커지게 하면 이미지 경계의 작은 사각형(픽셀)들이 잘 보이게 된다.

여기서는 그림 22.10처럼 위쪽 경계와 왼쪽 경계를 검은 선으로 표시되게 만든다. 우선, 위쪽 경계의 제일 왼쪽 사각형을 클릭하면 해당 사각형이 검게 변한다. 이 사각형에 마우스 커서를 대면 수직선과 양방향 화살표(◄█►)가 나타나는데, 이때 마우스를 클릭한 후 오른쪽으로 끌어서 놓으면, 해당 구간이 검은 선으로 바뀐다. 그런 다음 왼쪽 경계의 맨 위쪽 사각형을 클릭해 검은색으로 바뀌게 한다. 그리고 이 사각형에 마우스 커서를 대면 수평선과 양방향 화살표(█)가 나타나는데, 이때 마우스를 클릭한 후 아래쪽으로 끌어서 놓으면 해당 구간이 검은 선으로 바뀐다. 그림 22.10처럼 되었는지 확인하자(만일 잘못된 경우는 수직 또는 수평선에서 마우스를 클릭하고 끌어서 조정하면 된다).

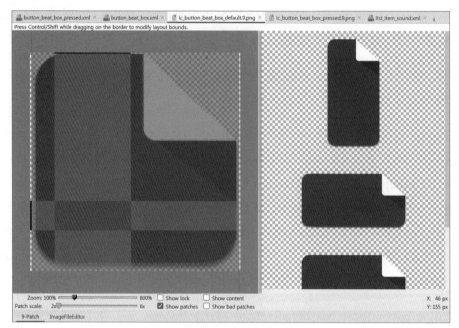

그림 22.10 | 9-패치 이미지 생성하기

이미지 위쪽 경계의 검은 선은 이미지가 수평으로 자동 확장될 때 늘어나는 영역을 나타낸다. 그리고 왼쪽 경계의 검은 선은 이미지가 수직으로 자동 확장될 때 늘어나는 영역을 나타낸다.

다음으로 버튼을 누를 때 보여줄 ic_button_beat_box_pressed.9.png 이미지를 프로젝트 도구 창에서 열고 앞에서 했던 것과 같은 방법으로 같은 범위의 확장 영역을 지정한다.

이 상태에서 BeatBox 앱을 다시 실행하면 그림 22.11처럼 새로운 9-패치 이미지가 버튼 배경으로 나타난다.

9-패치 이미지의 위쪽과 왼쪽 경계는 이미지가 확장 가능한 영역을 나타낸다. 그렇다면 오른쪽과 아래쪽 경계는? 이것들은 9-패치 이미지의 콘텐츠 영역을 선택적으

그림 22.11 | 새롭게 개선된 버튼 배경 이미지

로 정의하는 데 사용할 수 있다. 콘텐츠 영역은 텍스트와 같은 콘텐츠가 그려지는 영역으로, 콘텐츠 영역을 지정하지 않으면 확장 가능 영역과 동일하게 획일적으로 자동 확장된다.

콘텐츠 영역을 지정해서 접힌 모서리 밑의 중앙에 버튼의 텍스트가 위치하게 한다. 우선, ic_button_beat_box_default.9.png에서 그림 22.12처럼 오른쪽과 아래쪽의 검은 선을 추가한다. 그리고 밑에 있는 'Show content' 옵션을 체크하여 활성화하면 텍스트를 넣을 이미지 영역이 오른쪽의 미리보기 이미지에 강조 표시된다.

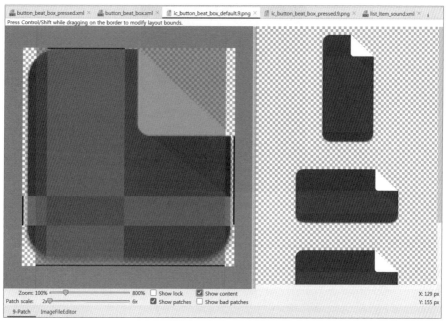

그림 22.12 | 콘텐츠 영역 정의하기

버튼을 누를 때 보여줄 ic_button_beat_box_pressed.9.png 파일에도 콘텐츠 영역을 나타내는 검은 선을 추가하자. 9-패치 이미지가 상태 리스트 drawable을 통해 사용될 때는 콘텐츠 영역이 기대한 대로 확장되지 않는다. 배경이 초기화되면 안드로이드가 콘텐츠 영역을 설정하지만, 버튼을 누를 때는 콘텐츠 영역을 변경하지 않기 때문이다. 즉, 두 이미지 중 하나의 콘텐츠 영역이 무시된다는 의미다. 따라서 상태 리스트 drawable에 사용되는 모든 9-패치 이미지는 동일한 콘텐츠 영역을 갖도록 하는 것이 좋다.

BeatBox 앱을 다시 실행하면 이제는 버튼의 텍스트가 중앙에 나타난다(그림 22.13).

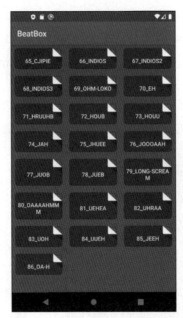

그림 22.13 | 더욱 새롭게 개선된 BeatBox

앱이 실행되는 실제 장치나 에뮬레이터를 가로 방향으로 회전해보면 버튼 이미지가 더 크게 확장되겠지만, 버튼의 배경은 여전히 좋게 보이고 텍스트 역시 중앙에 위치한다.

챌린지: 버튼 테마

9-패치 이미지 변경을 끝내고 버튼의 배경을 보면, 각 버튼의 접힌 모서리 뒤로 그림자 같은 것이 보인다.

이 챌린지에서는 테마를 사용해서 그런 그림자를 제거한다. **BeatBoxButton** 스타일의 부모로 사용할 수 있는 다른 타입의 버튼 스타일을 찾아본다.

CHAPTER

23 인텐트와 태스크

이 장에서는 암시적 인텐트(implicit intent)를 사용해서 안드로이드의 기본 론처(launcher) 앱을 대체하는 론처 앱인 NerdLauncher를 만들어본다(그림 23.1).

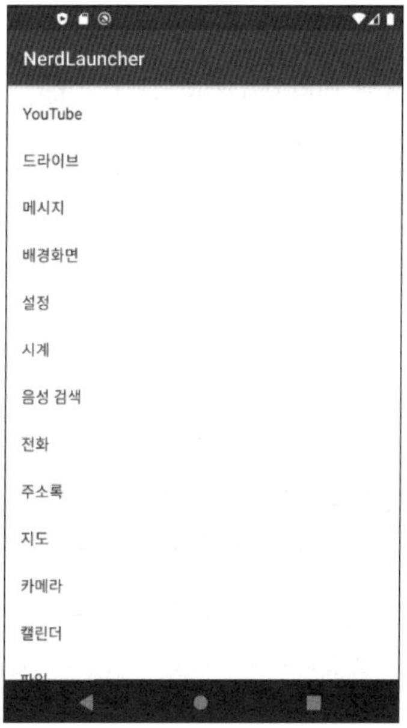

그림 23.1 | 완성된 NerdLauncher

NerdLauncher는 장치에 설치된 앱의 리스트를 보여주므로 사용자가 리스트 항목을 선택해서 해당 앱을 시작할 수 있다.

그리고 NerdLauncher 앱의 올바른 작동을 위해 인텐트와 인텐트 필터, 안드로이드 환경의 애플리케이션 상호 작용을 자세히 살펴본다.

NerdLauncher 생성하기

먼저 새 프로젝트를 생성한다. 안드로이드 스튜디오 메인 메뉴의 File ➡ New ➡ New Project...를 선택하거나 웰컴 스크린에서 'Create New Project'를 선택하면 앱과 액티비티 유형을 선택하는 대화상자가 나타난다. 'No Activity'를 선택하고 NEXT 버튼을 클릭하면 프로젝트를 구성하는 대화상자가 나타난다.

프로젝트 이름이면서 동시에 앱의 이름이 되는 'Name'에 NerdLauncher를 입력하고 'Package name'에는 com.bignerdranch.android.nerdlauncher를 입력한다. 그리고 프로젝트의 모든 파일을 저장할 디렉터리를 'Save location'에서 각자 선택하고 'Language'가 Kotlin인지 확인한다. 그리고 'Minimum SDK'는 API 21: Android 5.0 (Lollipop)으로 선택하고 'Use legacy android. support libraries'가 선택 해제되어 있는지 확인한다. Finish 버튼을 클릭해 새 프로젝트가 생성되고 열리면 프로젝트 도구 창을 Android 뷰로 전환한다.

다음으로 새 액티비티를 생성한다. 프로젝트 도구 창의 app/java 밑에 있는 com.bignerdranch. android.nerdlauncher 패키지에서 오른쪽 마우스 버튼을 클릭한 후 New ➡ Activity ➡ Empty Activity를 선택하면 액티비티 구성 대화상자가 나타난다. 'Activity Name'에 Nerd LauncherActivity를 입력하고 Launcher Activity를 체크한 후 'Source Language'가 코틀린인지 확인하고 Finish 버튼을 클릭한다.

NerdLauncherActivity에서는 RecyclerView에 애플리케이션 이름들을 보여주고자 한다. 우선 RecyclerView 라이브러리 의존성을 추가한다. 프로젝트 도구 창이 안드로이드 뷰인 상태에서 Gradle Scripts 밑의 build.gradle (Module: NerdLauncher.app) 파일을 편집기 창에 열고 의존성을 추가한다(안드로이드 스튜디오가 프로젝트 동기화를 해야 한다는 메시지를 보여주면 'Sync Now'를 클릭한다).

```
dependencies {
    ...
    implementation ' androidx.constraintlayout:constraintlayout:2.0.4'
    implementation 'androidx.recyclerview:recyclerview:1.1.0'
    ...
}
```

자동 생성되어 편집기 창에 열린 res/layout/activity_nerd_launcher.xml을 선택하고 편집기 창의 오른쪽 위에 있는 코드 버튼(☰ Code)을 클릭해서 코드 뷰로 전환한다. 그리고 자동 생성된 모든 XML을 삭제하고 리스트 23.1과 같이 **RecyclerView**로 교체한다.

리스트 23.1 | NerdLauncherActivity 레이아웃 변경하기(layout/activity_nerd_launcher.xml)

```xml
<?xml version="1.0" encoding="utf-8"?>
<androidx.recyclerview.widget.RecyclerView
    xmlns:android="http://schemas.android.com/apk/res/android"
    android:id="@+id/app_recycler_view"
    android:layout_width="match_parent"
    android:layout_height="match_parent"/>
```

편집기 창에 열린 NerdLauncherActivity.kt를 선택하고 **RecyclerView** 객체의 참조를 속성에 저장한다.

리스트 23.2 | 기본 구현된 NerdLauncherActivity 변경하기(NerdLauncherActivity.kt)

```kotlin
class NerdLauncherActivity : AppCompatActivity() {

    private lateinit var recyclerView: RecyclerView

    override fun onCreate(savedInstanceState: Bundle?) {
        super.onCreate(savedInstanceState)
        setContentView(R.layout.activity_nerd_launcher)

        recyclerView = findViewById(R.id.app_recycler_view)
        recyclerView.layoutManager = LinearLayoutManager(this)
    }
}
```

NerdLauncher 앱을 실행해 지금까지 모든 것이 잘 작성되었는지 확인해보면 지금은 텅 빈 **RecyclerView**만 나타난다(그림 23.2).

그림 23.2 │ 첫걸음 뗀 NerdLauncher

암시적 인텐트 해결하기

NerdLauncher는 장치에서 론칭 가능한 앱들의 리스트를 사용자에게 보여줄 것인데(론칭 가능한 앱은 홈 화면이나 론처 화면에서 아이콘을 터치해서 열 수 있는 앱이다), 이렇게 하기 위해서는 시스템에서 론칭 가능한 메인 액티비티(앱에서 맨 먼저 실행되는 액티비티)들을 조회해야 한다. 이때 15장에서 배웠던 **PackageManager**를 사용한다.

론칭 가능한 메인 액티비티는 MAIN 액션과 LAUNCHER 카테고리를 포함하는 인텐트 필터를 갖는 액티비티다. 인텐트 필터는 프로젝트의 manifests/AndroidManifest.xml 파일에 정의되며, 그 내용은 다음과 같다.

```
<intent-filter>
    <action android:name="android.intent.action.MAIN" />
    <category android:name="android.intent.category.LAUNCHER" />
</intent-filter>
```

NerdLauncherActivity에는 이 필터들이 자동으로 추가되어 있는데, **NerdLauncherActivity**를 생성할 때 'Launcher Activity'를 체크했기 때문이다.

NerdLauncherActivity.kt에서 **setupAdapter()** 함수를 추가하고 **onCreate(...)**에서 이 함수를 호출한다(이 함수에서는 **RecyclerView.Adapter** 인스턴스를 생성하고 이것을 **RecyclerView** 객체에 설정한다. 일단 지금은 론칭 가능한 애플리케이션들의 리스트만 생성한다).

또한, 암시적 인텐트를 생성하고 이 인텐트와 일치하는 액티비티들의 리스트를 **PackageManager**로부터 얻는다. 그리고 **PackageManager**가 반환하는 액티비티의 개수를 로그 메시지로 출력한다.

리스트 23.3 | PackageManager 쿼리하기(NerdLauncherActivity.kt)

```kotlin
private const val TAG = "NerdLauncherActivity"

class NerdLauncherActivity : AppCompatActivity() {

    private lateinit var recyclerView: RecyclerView

    override fun onCreate(savedInstanceState: Bundle?) {
        super.onCreate(savedInstanceState)
        setContentView(R.layout.activity_nerd_launcher)

        recyclerView = findViewById(R.id.app_recycler_view)
        recyclerView.layoutManager = LinearLayoutManager(this)

        setupAdapter()
    }

    private fun setupAdapter() {
        val startupIntent = Intent(Intent.ACTION_MAIN).apply {
            addCategory(Intent.CATEGORY_LAUNCHER)
        }

        val activities = packageManager.queryIntentActivities(startupIntent, 0)

        Log.i(TAG, "Found ${activities.size} activities")
    }
}
```

여기서 액션은 ACTION_MAIN이며, 카테고리가 CATEGORY_LAUNCHER로 설정된 암시적 인텐트를 생성한다.

PackageManager.queryIntentActivities(Intent, Int)를 호출하면 첫 번째 인자로 전달된 인텐트와 일치하는 필터를 갖는 모든 액티비티의 데이터(**ResolveInfo** 객체가 저장된 **List**)가 반환된다. 이때 두 번째 인자에 정수 값의 플래그를 지정하여 반환 결과를 변경할 수 있다. 예를 들어, PackageManager.GET_SHARED_LIBRARY_FILES 상수를 지정하면 일치되는 각 앱과 연관된 라이브러리 파일들의 경로를 반환 결과에 포함할 수 있다. 여기서는 0을 전달했으므로 결과가 변경되지 않는다.

NerdLauncher 앱을 실행한 후 로그캣을 사용해 **PackageManager**가 반환한 앱의 개수를 확인해보자(안드로이드 스튜디오의 제일 아래 테두리에 있는 '**Logcat**' 도구 버튼을 클릭해 로그캣 창을 열고 위의 검색 필드에 I/NerdLauncherActivity를 입력하면 볼 수 있다). 앱이 실행되는 각 장치나 에뮬레이터에 따라 결과가 다를 수 있다.

8장부터 개발했던 CriminalIntent 앱에서는 범죄 보고서를 전송하기 위해 암시적 인텐트를 사용했다. 그리고 이때 사용자가 원하는 액티비티(예를 들어, 이메일 앱이나 메시지 앱)를 선택할 수 있도록 액티비티 선택 인텐트에 해당 암시적 인텐트를 포함한 후 **startActivity(Intent)**를 호출해 안드로이드 운영체제에 전달하였다.

```
val intent = Intent(Intent.ACTION_SEND)
...
chooserIntent = Intent.createChooser(intent, getString(R.string.send_report)
startActivity(chooserIntent)
```

여기서는 왜 이 방법을 사용하지 않는지 궁금할 것이다. MAIN/LAUNCHER 인텐트 필터는 **startActivity(Intent)**로 전달되는 MAIN/LAUNCHER 암시적 인텐트와 일치할 수도 있고 일치하지 않을 수도 있기 때문이다.

startActivity(Intent)는 '이 암시적 인텐트와 일치하는 액티비티를 시작시켜라'라는 의미가 아니라 '이 암시적 인텐트와 일치하는 **기본(default)** 액티비티를 시작시켜라'라는 의미다. 암시적 인텐트를 **startActivity(Intent)**(또는 **startActivityForResult(...)**)를 통해 전달하면 안드로이드 운영체제는 내부적으로 Intent.CATEGORY_DEFAULT 카테고리를 인텐트에 추가한다.

따라서 **startActivity(Intent)**로 전달되는 암시적 인텐트와 일치하는 인텐트 필터를 원한다면 해당 인텐트 필터에 DEFAULT 카테고리를 포함해야 한다.

MAIN/LAUNCHER 인텐트 필터를 갖는 액티비티는 자신이 속한 앱의 주 진입점이 된다. 쉽게 말해, 앱을 실행할 때 제일 먼저 실행되는 액티비티라는 의미다. 따라서 이런 액티비티에서는 CATEGORY_DEFAULT 카테고리를 포함할 필요가 없다.

MAIN/LAUNCHER 인텐트 필터는 CATEGORY_DEFAULT를 포함하지 않을 수 있으므로 **startActivity (Intent)**로 전달되는 암시적 인텐트와 일치된다는 보장이 없다. 따라서 MAIN/LAUNCHER 인텐트 필터를 갖는 액티비티들도 암시적 인텐트의 요청에 응답할 수 있게 하려면 **startActivity (Intent)** 대신 **PackageManager**를 직접 쿼리하는 인텐트를 사용해야 한다.

다음으로 암시적 인텐트로 찾은 액티비티들의 라벨을 **NerdLauncherActivity**의 **Recycler View**에서 보여줘야 한다. 액티비티의 **라벨(label)**은 사용자가 알 수 있게 보여주는 이름이다. 앱이 시작될 때 제일 먼저 실행되는 론처 액티비티의 라벨은 앱 이름과 같다.

다른 메타데이터와 더불어 액티비티의 라벨은 **PackageManager**가 반환한 **ResolveInfo** 객체에서 알 수 있다.

우선 리스트 23.4의 코드를 추가한다. 여기서는 **PackageManager**가 반환하는 **ResolveInfo** 객체들을 **ResolveInfo.loadLabel(PackageManager)** 함수를 사용해서 액티비티 라벨의 알파벳순으로 정렬한다.

리스트 23.4 | 알파벳 순으로 정렬하기(NerdLauncherActivity.kt)

```kotlin
class NerdLauncherActivity : AppCompatActivity() {
    ...
    private fun setupAdapter() {
        val startupIntent = Intent(Intent.ACTION_MAIN).apply {
            addCategory(Intent.CATEGORY_LAUNCHER)
        }

        val activities = packageManager.queryIntentActivities(startupIntent, 0)
        activities.sortWith(Comparator { a, b ->
            String.CASE_INSENSITIVE_ORDER.compare(
                a.loadLabel(packageManager).toString(),
                b.loadLabel(packageManager).toString()
            )
        })

        Log.i(TAG, "Found ${activities.size} activities")
    }
}
```

다음으로 액티비티의 라벨을 보여주는 **ViewHolder**를 내부 클래스로 정의하고, 액티비티의 **ResolveInfo** 객체 참조를 속성에 저장한다(이 변수는 나중에 또 사용한다).

```kotlin
class NerdLauncherActivity : AppCompatActivity() {
    ...
    private fun setupAdapter() {
        ...
    }

    private class ActivityHolder(itemView: View) :
            RecyclerView.ViewHolder(itemView) {

        private val nameTextView = itemView as TextView
        private lateinit var resolveInfo: ResolveInfo

        fun bindActivity(resolveInfo: ResolveInfo) {
            this.resolveInfo = resolveInfo
            val packageManager = itemView.context.packageManager
            val appName = resolveInfo.loadLabel(packageManager).toString()
            nameTextView.text = appName
        }
    }
}
```

다음으로 **RecyclerView.Adapter**의 구현 코드를 내부 클래스로 추가한다.

```kotlin
class NerdLauncherActivity : AppCompatActivity() {
    ...
    private class ActivityHolder(itemView: View) :
            RecyclerView.ViewHolder(itemView) {
        ...
    }

    private class ActivityAdapter(val activities: List<ResolveInfo>) :
            RecyclerView.Adapter<ActivityHolder>() {

        override fun onCreateViewHolder(container: ViewGroup, viewType: Int):
                ActivityHolder {
            val layoutInflater = LayoutInflater.from(container.context)
            val view = layoutInflater
                .inflate(android.R.layout.simple_list_item_1, container, false)
            return ActivityHolder(view)
        }

        override fun onBindViewHolder(holder: ActivityHolder, position: Int) {
            val resolveInfo = activities[position]
            holder.bindActivity(resolveInfo)
        }
```

```
        override fun getItemCount(): Int {
            return activities.size
        }
    }
}
```

여기서는 **onCreateViewHolder(...)**에서 android.R.layout.simple_list_item_1을 인플레이트한다. simple_list_item_1 레이아웃 파일은 안드로이드 프레임워크에 있으므로 R.layout 대신 android.R.layout으로 참조한다. 이 레이아웃 파일은 하나의 **TextView**를 포함한다.

마지막으로 중요한 것이 있다. **ActivityAdapter**의 인스턴스를 생성해서 이것을 **RecyclerView**의 어댑터로 설정하도록 **setupAdapter()**를 변경한다.

리스트 23.7 | RecyclerView의 어댑터 설정하기(NerdLauncherActivity.kt)

```
class NerdLauncherActivity : AppCompatActivity() {
    ...
    private fun setupAdapter() {
        ...
        Log.i(TAG, "Found ${activities.size} activities")
        recyclerView.adapter = ActivityAdapter(activities)
    }
    ...
}
```

NerdLauncher 앱을 다시 실행하면 이제는 액티비티 라벨로 채워진 **RecyclerView**를 볼 수 있다(그림 23.3)(에뮬레이터의 '설정'에서 언어를 한국어로 설정하면 앱 라벨이 한글로 나타난다).

그림 23.3 | 이제는 론칭 가능한 모든
액티비티들이 보인다.

런타임 시에 명시적 인텐트 생성하기

지금까지는 암시적 인텐트를 사용해서 원하는 액티비티들을 찾아 리스트로 보여주었다. 이제 사용자가 액티비티 리스트의 한 항목(액티비티)을 선택하면 해당 액티비티가 시작되게 해보자.

명시적 인텐트를 생성하려면 **ResolveInfo** 객체로부터 액티비티의 패키지 이름과 클래스 이름을 가져와야 한다. 이 데이터는 **ResolveInfo**의 일부인 **ActivityInfo**로부터 얻을 수 있다 (**ResolveInfo**의 다른 부분에 있는 데이터에 관해서는 안드로이드 API 문서 https://developer.android.com/reference/kotlin/android/content/pm/ResolveInfo.html을 참고한다).

다음으로는 클릭 리스너를 구현하기 위해 **ActivityHolder**를 변경한다. 리스트 23.8의 코드에서는 사용자가 리스트의 특정 액티비티를 눌러서 선택하면 해당 액티비티의 **ActivityInfo**를 사용해서 명시적 인텐트를 생성한다. 그다음에 이 인텐트를 사용해서 사용자가 선택한 액티비티를 시작시킨다.

리스트 23.8 | 선택된 액티비티 시작시키기(NerdLauncherActivity.kt)

```kotlin
class NerdLauncherActivity : AppCompatActivity() {
    ...
    private class ActivityHolder(itemView: View) :
            RecyclerView.ViewHolder(itemView),
            View.OnClickListener {

        private val nameTextView = itemView as TextView
        private lateinit var resolveInfo: ResolveInfo

        init {
            nameTextView.setOnClickListener(this)
        }

        fun bindActivity(resolveInfo: ResolveInfo) {
            ...
        }

        override fun onClick(view: View) {
            val activityInfo = resolveInfo.activityInfo

            val intent = Intent(Intent.ACTION_MAIN).apply {
                setClassName(activityInfo.applicationInfo.packageName,
                    activityInfo.name)
            }

            val context = view.context
            context.startActivity(intent)
```

```
        }
    }
    ...
}
```

이 인텐트에서는 명시적 인텐트의 일부로 액션을 전달한다. 이때 대부분의 앱이 해당 액션의 포함 여부와 관계없이 동일하게 작동한다. 그러나 어떤 앱은 다르게 작동할 수도 있는데, 같은 액티비티일지라도 어떻게 시작되었는가에 따라 UI 화면을 다르게 보여줄 수 있기 때문이다. 따라서 프로그래머 입장에서는 액션을 전달해서 자신의 의도를 명확하게 알려주는 것이 가장 좋다.

리스트 23.8에서는 메타데이터로부터 패키지 이름과 클래스 이름을 가져온 후 다음의 **Intent** 함수를 사용해서 명시적 인텐트를 생성한다.

```
fun setClassName(packageName: String, className: String): Intent
```

이것이 이전에 생성했던 명시적 인텐트와 다른 점이다. 이전에는 **Context**와 **Class** 객체를 인자로 받는 다음의 **Intent** 생성자를 사용했다.

```
Intent(packageContext: Context, cls: Class<?>)
```

이 생성자에서는 전달된 두 개의 인자를 사용해서 인텐트에 꼭 필요한 **ComponentName**을 얻는다. **ComponentName**은 패키지 이름과 클래스 이름이 합쳐진 것이다. 인텐트를 생성하기 위해 **Activity**(첫 번째 인자)와 **Class**(두 번째 인자)를 인자로 전달하면 이 생성자에서 첫 번째 인자로 전달된 **Activity**로부터 전체 경로의 패키지 이름을 결정한다.

또는 패키지 이름과 클래스 이름을 직접 지정해서 **ComponentName**을 생성하고, 다음 **Intent** 함수를 호출해서 명시적 인텐트를 생성할 수도 있다.

```
fun setComponent(component: ComponentName): Intent
```

그러나 사실 리스트 23.8처럼 **setClassName(...)**을 사용하는 것이 더 쉽다. 컴포넌트 이름을 내부적으로 생성해주기 때문이다.

NerdLauncher 앱을 실행해 원하는 앱을 선택하면 바로 실행되며, 백 버튼을 누르면 다시 NerdLauncher 앱의 화면으로 돌아온다.

태스크와 Back 스택

안드로이드는 실행 중인 각 애플리케이션의 상태를 기록하고 유지하는 데 태스크를 사용하며, 기본 론처 앱에서 열린 각 애플리케이션은 자신의 태스크를 갖는다. 여기서는 태스크가 무엇이고 어떻게 작동하는지 알아보자.

태스크(task)는 사용자와 관련되는 액티비티들의 스택이다. 스택의 맨 밑에 있는 액티비티를 **기본 액티비티(base activity)**라고 하며, 사용자가 현재 화면으로 보고 있는 액티비티는 스택의 맨 위에 위치한다. 사용자가 장치의 백 버튼을 누르면 맨 위의 액티비티가 스택에서 제거된다. 만일 사용자가 기본 액티비티를 보고 있다가 백 버튼을 누르면 홈 화면으로 돌아간다.

8장부터 개발했던 CriminalIntent 앱에서는 범죄 리스트에서 특정 범죄를 선택해서 새로운 액티비티(범죄 상세 내역을 처리하는)를 시작시키면 항상 해당 액티비티가 현재의 태스크에 추가되었다. 그리고 CriminalIntent 앱의 일부가 아닌 다른 앱의 액티비티일지라도 마찬가지로 현재의 태스크에 추가되었다. 예를 들어, 그림 23.4처럼 범죄 상세 내역 화면에서 범죄 용의자를 선택하기 위해 연락처 액티비티를 시작시킨 경우다.

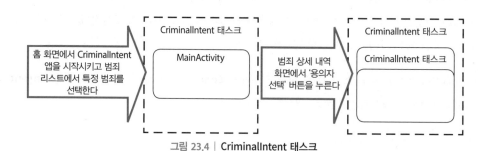

그림 23.4 | CriminalIntent 태스크

현재의 태스크에 새로 시작되는 액티비티를 추가하면, 사용자가 백 버튼을 눌렀을 때 현재 앱의 계층 구조 대신 태스크를 통해서 이전에 사용하던 앱으로 돌아갈 수 있다는 장점이 있다(그림 23.5).

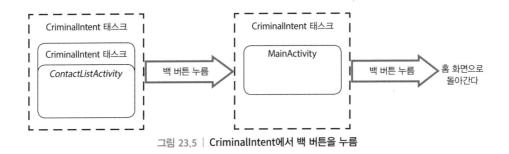

그림 23.5 | CriminalIntent에서 백 버튼을 누름

태스크 전환하기

오버뷰(overview) 화면(오버뷰 화면은 태스크 매니저 또는 최근 앱 화면이라고도 한다)을 사용하면 각 태스크의 상태에 영향을 주지 않고 태스크 간 전환이 가능하다. 예를 들어, 새로운 연락처를 입력하다가 트위터 피드의 확인으로 전환하면 두 개의 태스크를 시작시킨다. 이때 다시 연락처 입력으로 돌아오면 두 태스크 모두 스택에 저장된다.

실제 장치나 에뮬레이터의 오버뷰 화면을 사용해서 태스크를 전환해보자. 맨 먼저 홈 화면이나 앱 론처에서 CriminalIntent 앱을 시작한다(실제 장치나 에뮬레이터에 CriminalIntent 앱이 설치되어 있지 않으면 안드로이드 스튜디오에서 15장의 CriminalIntent 프로젝트를 열고 실행한다. 만일 이 프로젝트를 작성하지 않았다면 이 책의 다운로드 파일에서 Ch15 서브 디렉터리 밑에 있는 CriminalIntent 프로젝트를 열어 실행한다).

그리고 범죄 리스트에서 특정 범죄를 선택해서 범죄 상세 내역 화면이 나오면 홈 버튼을 눌러 홈 화면으로 돌아간다. 그다음에 홈 화면이나 앱 론처에서 BeatBox 앱을 시작한다(이 앱이 설치되어 있지 않다면 안드로이드 스튜디오에서 22장의 BeatBox 프로젝트를 열고 실행한다). 끝으로 '최근 앱(Recents)' 버튼을 눌러서 오버뷰 화면을 연다(그림 23.6).

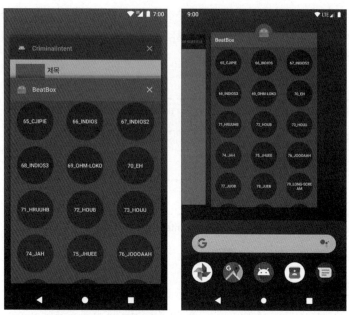

그림 23.6 | 오버뷰 화면(왼쪽은 안드로이드 7.0, 오른쪽은 안드로이드 9.0)

그림 23.6의 왼쪽에 보이는 안드로이드 7.0(API 24)에서, 오른쪽 화면은 안드로이드 9.0(API 28)에서 실행된 오버뷰 화면이다.

두 가지 경우 모두에서 직사각형의 **카드(card)**는 각 앱의 태스크를 나타내며, 각 태스크의 백 스택(back stack)에서 맨 위에 있는 액티비티의 스냅샷을 보여준다. 사용자는 BeatBox나 CriminalIntent 카드를 눌러서(터치하여) 해당 앱의 액티비티로 돌아가거나, 카드를 닫거나 위로 밀어서 해당 앱의 태스크를 삭제할 수 있다. 그리고 태스크가 삭제되면 해당 앱의 백 스택에 있는 모든 액티비티가 제거된다.

CriminalIntent 앱의 태스크를 삭제하고 앱을 다시 실행해보면, 태스크를 삭제하기 전에 보이던 상세 범죄 화면 대신 범죄 리스트가 보이게 된다.

새로운 태스크 시작하기

때로는 액티비티를 시작할 때 해당 액티비티를 현재 태스크에 추가하거나 액티비티를 시작시킨 다른 액티비티와 독립적인 새로운 태스크로 액티비티를 시작시키고 싶을 때도 있다. 그림 23.7과 같이 다른 앱의 액티비티일지라도 NerdLauncher에서 시작된 액티비티는 NerdLauncher의 태스크로 추가된다.

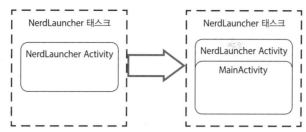

그림 23.7 | NerdLauncher의 태스크가 MainActivity로 시작되는 CriminalIntent를 포함한다

그림 23.7과 같이 되는지 확인하기 위해 오버뷰 화면에 나타난 모든 태스크를 삭제한다. 그다음에 NerdLauncher를 시작시키고 앱 리스트의 CriminalIntent 항목을 선택해 CriminalIntent 앱을 시작시킨다. 그리고 오버뷰 화면을 다시 열어보면 다른 앱을 시작시켰는데도 NerdLauncher 태스크 하나만 보인다(화면에는 CriminalIntent가 나타나지만, 이것은 NerdLauncher 태스크다). 이는 CriminalIntent의 **MainActivity**가 시작될 때 NerdLauncher의 태스크로 추가되었기 때문이다(그림 23.8). 이때 오버뷰 화면에서 NerdLauncher 태스크를 선택하면, 오버뷰 화면을 시작하기 전에 보고 있던 CriminalIntent 화면으로 돌아가게 된다.

그림 23.8 | CriminalIntent가 NerdLauncher 태스크에 나타난다

이와는 다르게 NerdLauncher에서 새로운 태스크로 액티비티를 시작시킬 수도 있다(그림 23.9). 이때는 NerdLauncher의 앱 리스트에 있는 항목을 선택해 열리는 각 앱은 자신의 태스크로 실

행된다. 따라서 사용자는 오버뷰 화면이나 NerdLauncher 또는 홈 화면 중 하나를 통해서 자신이 원하는 앱으로 전환할 수 있다.

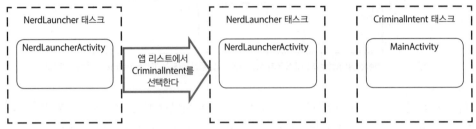

그림 23.9 | CriminalIntent를 자신의 태스크로 시작시키기

이처럼 NerdLauncherActivity.kt의 인텐트에 플래그를 추가해서 새로 시작하는 액티비티를 새로운 태스크로 시작시켜보자.

리스트 23.9 | 새로운 태스크로 시작시키는 플래그를 인텐트에 추가하기(NerdLauncherActivity.kt)

```kotlin
class NerdLauncherActivity : AppCompatActivity() {
    ...
    private class ActivityHolder(itemView: View) :
            RecyclerView.ViewHolder(itemView), View.OnClickListener {
        ...
        override fun onClick(view: View) {
            val activityInfo = resolveInfo.activityInfo

            val intent = Intent(Intent.ACTION_MAIN).apply {
                setClassName(activityInfo.applicationInfo.packageName,
                    activityInfo.name)
                addFlags(Intent.FLAG_ACTIVITY_NEW_TASK)
            }

            val context = view.context
            context.startActivity(intent)
        }
    }
    ...
}
```

우선 오버뷰 화면의 모든 태스크를 삭제한다. 그리고 NerdLauncher를 실행해 CriminalIntent를 선택해서 시작시키면, 오버뷰 화면에 CriminalIntent가 별개의 태스크로 보인다(그림 23.10).

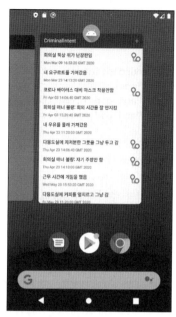

그림 23.10 | 이제는 CriminalIntent가 다른 태스크로 실행된다

그다음에 CriminalIntent를 NerdLauncher에서 다시 시작시키더라도 또 다른 CriminalIntent 태스크가 생성되지 않는다. FLAG_ACTIVITY_NEW_TASK 플래그에 의해 액티비티당 하나의 태스크만 생성되기 때문이다. 즉, MainActivity가 이미 실행 중인 태스크를 갖고 있으므로 안드로이드 운영체제가 새로운 태스크를 시작시키는 대신 기존 태스크로 전환시키기 때문이다.

그럼 한번 직접 해보자. 오버뷰 화면에서 CriminalIntent 태스크를 선택한 후, 범죄 리스트 화면에서 특정 범죄 항목을 선택해서 범죄 상세 내역 화면이 나타나게 한다. 그리고 다시 오버뷰 화면에서 NerdLauncher 태스크로 전환한 후 앱 리스트에서 CriminalIntent를 선택하면, 또 다른 CriminalIntent 태스크가 생기지 않으므로 조금 전에 보았던 CriminalIntent의 범죄 상세 내역 화면이 나타난다.

NerdLauncher를 홈 화면으로 사용하기

다른 앱을 실행시키는 NerdLauncher 같은 앱은 어떻게 사용하면 좋을까? 장치의 홈 화면을 NerdLauncher로 대체하면 좋을 것이다. 그럼 NerdLauncher를 홈 화면으로 사용해보자. 먼저 NerdLauncher의 AndroidManifest.xml을 열고, 리스트 23.10과 같이 인텐트 필터를 추가한다.

```xml
<activity android:name=".NerdLauncherActivity">
    <intent-filter>
        <action android:name="android.intent.action.MAIN" />
        <category android:name="android.intent.category.LAUNCHER" />
        <category android:name="android.intent.category.HOME" />
        <category android:name="android.intent.category.DEFAULT" />
    </intent-filter>
</activity>
```

이와 같이 HOME과 DEFAULT 카테고리를 추가하면 **NerdLauncherActivity**를 홈 화면으로 선택할 수 있다. 이제는 홈 버튼을 누르면 NerdLauncher가 선택 항목으로 나오게 된다(그림 23.11).

그림 23.11 | 홈 앱 선택하기

NerdLauncher를 홈 화면으로 선택했더라도 나중에 쉽게 변경할 수 있다. NerdLauncher의 앱 리스트에서 설정(Settings) 앱을 실행하고 '앱 및 알림(Apps & Notification)'을 누르고 앱 리스트에서 NerdLauncher를 선택한다(만일 NerdLauncher가 리스트에 보이지 않으면 '앱 모두 보기'를 누르고 스크롤해서 NerdLauncher를 찾으면 된다). 그다음에 NerdLauncher의 앱 정보(App Info) 화면에서 고급(Advanced settings)을 선택하고 '기본적으로 열기(Open by default)'를 선택한 후 '기본값 지우기(CLEAR DEFAULTS)' 버튼을 누르면 된다. 또는 '기본으로 설정'을 선택한 후 '기본 설정 삭제'를 누르면된다. 이렇게 하면 이후로 홈 버튼을 누를 때 다른 론처를 홈 화면으로 선택할 수 있다(앱 정보 화면의 선택 항목들은 장치마다 다를 수 있다).

궁금증 해소하기: 프로세스 vs 태스크

모든 객체는 메모리가 필요하며, 이는 가상 머신 내부에 존재한다. **프로세스(process)**는 애플리케이션의 객체들이 메모리에 존재하면서 실행될 수 있도록 운영체제가 생성하는 것이다.

프로세스는 운영체제에 의해 관리되는 자신의 리소스(메모리, 네트워크 소켓, 열린 파일 등)와 최소한 하나 이상의 실행 스레드(thread)를 갖는다. 그리고 안드로이드에서 프로세스는 항상 실행 중인 가상 머신을 하나 갖는다.

안드로이드 4.4 이전에는 안드로이드 운영체제가 사용하는 프로세스 가상 머신은 달빅(Dalvik)이었으며, 달빅 가상 머신의 새로운 인스턴스가 해당 프로세스를 수용하였다. 그런데 안드로이드 5.0부터는 달빅을 대체하여 안드로이드 런타임(Android Runtime, ART)이 프로세스 가상 머신이 되었다.

일부 모호한 예외도 있긴 하지만, 일반적으로 안드로이드의 모든 애플리케이션 컴포넌트는 정확하게 하나의 프로세스와 연관된다. 애플리케이션은 프로세스로 생성되며, 이 프로세스가 애플리케이션에 있는 모든 컴포넌트의 기본 프로세스가 된다.

(개별적인 컴포넌트들을 서로 다른 프로세스로 지정할 수도 있지만, 이보다는 기본 프로세스에 둘 것을 권한다. 만일 다른 프로세스에서 실행되어야 할 것이 있다면 다중 스레드(multi thread)를 사용해서 같은 결과를 얻을 수 있다. 이 방법이 다중 프로세스를 사용하는 것보다 안드로이드 프로그램을 더 쉽게 작성할 수 있다.)

모든 액티비티 인스턴스는 정확히 하나의 프로세스에 존재하며 하나의 태스크로 참조되지만, 프로세스와 태스크는 전혀 다른 개념이다. 태스크는 액티비티만 포함하며 때로는 서로 다른 애플리케이션 프로세스에 존재하는 액티비티들로 구성되지만, 프로세스는 한 애플리케이션의 모든 실행 코드와 객체들을 포함한다.

프로세스와 태스크는 혼동하기 쉽다. 두 개념에는 중복되는 점이 있고, 둘 다 애플리케이션

이름으로 참조되기 때문이다. 예를 들어, NerdLauncher에서 CriminalIntent를 시작시키면 안드로이드 운영체제는 **MainActivity**가 기본 액티비티인 CriminalIntent 프로세스와 새로운 태스크를 생성하며, 오버뷰 화면에서는 이 태스크의 이름이 CriminalIntent가 된다.

액티비티를 참조하는 태스크는 액티비티가 존재하는 프로세스와 다를 수 있다. 예를 들어, CriminalIntent에서 연락처 애플리케이션을 실행하는 다음 시나리오를 생각해보자.

CriminalIntent 앱을 실행해 범죄 리스트의 특정 범죄를 선택한다. 그다음에 범죄 상세 내역 화면에서 '**용의자 선택**' 버튼을 누르면 연락처 앱이 시작되고 연락처 리스트 액티비티인 ContactListActivity가 CriminalIntent 태스크에 추가된다. 따라서 사용자가 서로 다른 액티비티 간을 이동하고자 백 버튼을 누르면 프로세스가 전환된다.

그러나 ContactListActivity 인스턴스는 연락처 앱 프로세스의 메모리 영역에 생성되며, 연락처 앱 프로세스에 있는 가상 머신에서 실행된다(그림 23.12).

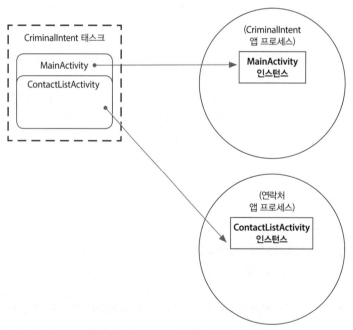

그림 23.12 | **여러 프로세스를 참조하는 태스크**

프로세스와 태스크의 개념을 더 자세히 알아보자. 먼저 연락처 리스트 화면 위로 Criminal Intent가 보이게 한다(오버뷰 화면에는 연락처 태스크가 나타나지 않아야 한다. 만일 나타나 있으면 연락처 태스크를 닫는다). 그다음에 홈 버튼을 눌러서 홈 화면으로 이동한 후 연락처 앱을 시작시킨다. 그런 다음 연락처 리스트에서 특정 연락처를 선택한다(또는 '새로운 연락처 추가'를 선택한다).

이렇게 하면 새로운 연락처 리스트 액티비티(ContactListActivity)와 연락처 상세 내역 액티비티(ContactDetailsActivity) 인스턴스가 연락처 앱 프로세스에 생성된다. 그리고 연락처 앱의 새로운 태스크가 생성되어 ContactListActivity 인스턴스와 ContactDetailsActivity 인스턴스를 참조한다(그림 23.13).

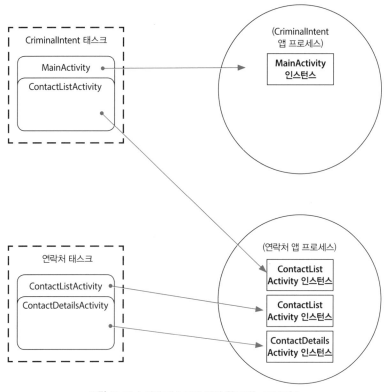

그림 23.13 | 여러 태스크에 의해 참조되는 프로세스

이 장에서는 태스크를 생성하고 태스크 간의 전환을 해보았다. 홈 화면을 변경했듯이, 안드로이드의 기본 오버뷰 화면을 변경해보면 어떨까? 애석하게도 안드로이드는 그렇게 할 수 있는 방법을 제공하지 않는다. 또한, 구글 플레이 스토어에 '태스크 킬러'로 등록된 앱들은 실제로는 '프로세스 킬러'임을 알아야 한다. 이런 앱들은 특정 프로세스를 죽인다. 즉, 다른 앱의 태스크로 참조되는 액티비티를 죽일 수 있다는 의미다.

궁금증 해소하기: 동시 문서

CriminalIntent 앱을 실행해 범죄 데이터를 다른 앱과 공유할 때 오버뷰 화면을 살펴보면 몇 가지 흥미로운 사실을 알 수 있다. 즉, CriminalIntent에서 범죄 보고서 전송을 위해 앱을 선택할 때, 선택기로부터 선택한 앱의 액티비티가 CriminalIntent의 태스크가 아닌 자신의 태스크로 추가된다(그림 23.14).

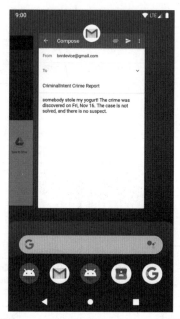

그림 23.14 | Gmail이 별개의 태스크로 실행된다

암시적 인텐트 선택기는 별개의 새로운 태스크로 시작되는 액티비티를 생성한다. 이때 이 액티비티는 android.intent.action.SEND 또는 action.intent.action.SEND_MULTIPLE 액션을 갖는 액티비티다.

여기서 **동시 문서**(concurrent document)라는 새로운 개념이 사용된다. 동시 문서에서는 런타임 시에 앱의 태스크를 몇 개라도 동적으로 생성할 수 있다. 동시 문서는 안드로이드 5.0(API 21)에서 소개되어서 이보다 이전 버전의 안드로이드 장치에서는 동시 문서가 오버뷰 화면에서 처리되지 않는다. 안드로이드 5.0 이전에는 사전 정의된 태스크들만 앱에서 가질 수 있으며, 이것들의 이름은 매니페스트에 정의되어 있어야 한다.

동시 문서의 실제적인 사용 예가 바로 구글 드라이브(Google Drive) 앱이다. 구글 드라이브에서는 여러 개의 문서를 열고 편집할 수 있으며, 각 문서는 오버뷰 화면에서 별개의 태스크로 나타난다(그림 23.15).

그림 23.15 | 다수의 구글 드라이브 태스크

startActivity(…)를 호출하기 전에 Intent.FLAG_ACTIVITY_NEW_DOCUMENT 플래그를 인텐트에 추가하거나 다음과 같이 매니페스트의 해당 액티비티에서 documentLaunchMode를 설정하면 다수의 '문서(태스크)'를 시작시킬 수 있다.

```
<activity
    android:name=".CrimePagerActivity"
    android:label="@string/app_name"
    android:parentActivityName=".MainActivity"
    android:documentLaunchMode="intoExisting" />
```

이 방법을 사용하면 한 문서당 하나의 태스크만 생성된다(따라서 이미 존재하는 태스크로 같은 데이터를 갖는 인텐트를 요청하면 새로운 태스크가 생성되지 않는다). 그런데 지정된 문서에 이미 태스크가 존재하더라도 항상 새로운 태스크를 생성하는 방법이 있다. 인텐트를 요청하기 전에 Intent.FLAG_ACTIVITY_NEW_DOCUMENT 플래그와 함께 Intent.FLAG_ACTIVITY_MULTIPLE_TASK 플래그를 추가하거나 매니페스트의 documentLaunchMode 값으로 always를 지정하면 된다.

챌린지: 앱 아이콘 사용하기

이 장에서는 **ResolveInfo.loadLabel(PackageManager)**를 사용해서 NerdLauncher 앱에서 액티비티들의 라벨(이름)을 보여주었다. **ResolveInfo** 클래스는 **loadLabel()**과 유사한 함수인 **loadIcon()**을 제공하는데, 이 함수는 각 앱을 나타내는 아이콘을 가져온다. 이 함수를 사용해서 NerdLauncher에 각 앱의 아이콘을 추가해보자.

24

HTTP와
백그라운드 태스크

네트워크로 콘텐츠를 서비스하는 앱들이 모바일 사용자들의 일상을 지배하고 있다. 예를 들어, 사람들은 저녁 식사를 하면서 대화하는 대신 핸드폰만 만지작거린다. 뉴스 피드를 열광적으로 확인하고, 문자 메시지에 응답하며, 네트워크로 연결된 게임을 한다. 이제는 이런 모습들이 우리의 일상이 되었다.

여기서는 PhotoGallery라는 새로운 앱을 만들어보면서 안드로이드의 네트워킹을 알아보겠다. PhotoGallery는 사진 공유 사이트인 플리커(Flickr)의 클라이언트 앱으로, 가장 많은 관심을 받은 오늘의 공개 사진들을 가져와서 보여준다. 그림 24.1은 완성된 앱의 화면이다.

(PhotoGallery를 구현할 때 '저작권 제약이 없는' 공개 사진들만

그림 24.1 | 완성된 PhotoGallery

보여주도록 필터를 추가하였다. https://www.flickr.com/commons/
usage/에 가보면 공개 사진의 저작권에 관해 자세히 알 수 있다. 이 사진들을 제외한 모든 사진은 게시한 사람의 소유이며, 소유자가 명시한 저작권에 따라 사용에 제약이 있다. 공개된 모든 사진은 https://www.flickr.com/creativecommons/에서 볼 수 있다.)

PhotoGallery 앱은 여섯 개 장에 걸쳐 개발한다. 이 장에서는 Retrofit 라이브러리를 사용해서 REST API에 대한 웹 요청을 하는 방법과 Gson 라이브러리를 사용해서 웹 요청의 응답을 JSON으로부터 코틀린 객체로 역직렬화(deserialize)하는 방법을 알아본다.

오늘날 거의 모든 웹 서비스 프로그래밍은 HTTP 네트워킹 프로토콜을 기반으로 한다. Retrofit 라이브러리는 안드로이드 앱에서 HTTP와 HTTP/2 웹 서비스를 사용할 때 타입에 안전한 방법을 제공한다.

이 장에서는 플리커의 사진 제목을 가져와서 파싱하고 보여줄 것이며(그림 24.2), 사진 이미지를 가져와서 보여주는 것은 25장에서 다룬다.

그림 24.2 | 이번 장에서 완성된 PhotoGallery

PhotoGallery 생성하기

먼저 새 프로젝트를 생성한다. 안드로이드 스튜디오 메인 메뉴의 **File ➡ New ➡ New Project...**를 선택하거나 웰컴 스크린에서 'Create New Project'를 선택하면 앱과 액티비티 유형을 선택하는 대화상자가 나타난다. 'Phone and Tablet'과 'No Activity'를 선택하고 **NEXT** 버튼을 클릭하면 프로젝트를 구성하는 대화상자가 나타난다.

프로젝트 이름이면서 동시에 앱의 이름이 되는 'Name'에 **PhotoGallery**를 입력하고 'Package name'에는 **com.bignerdranch.android.photogallery**를 입력한다. 그리고 프로젝트의 모든 파일을 저장할 디렉터리를 'Save location'에서 각자 선택하고 'Language'가 Kotlin인지 확인한다. 'Minimum SDK'는 'API 21: Android 5.0 (Lollipop)'으로 선택하고 'Use legacy android.support libraries'가 선택 해제되어 있는지 확인한다. **Finish** 버튼을 클릭해서 새 프로젝트가 생성되어 열리면, 프로젝트 도구 창을 **Android** 뷰로 전환한다.

다음으로 새 액티비티를 생성한다. 프로젝트 도구 창의 **app/java** 밑에 있는 com.bignerdranch.android.photogallery 패키지에서 오른쪽 마우스 버튼을 클릭한 후 **New ➡ Activity ➡ Empty Activity**를 선택하면 액티비티 구성 대화상자가 나타난다. Activity Name에 **PhotoGallery Activity**를 입력하고 Launcher Activity를 체크한 후 'Source Language'가 Kotlin인지 확인하고 **Finish** 버튼을 클릭한다(방금 생성한 **PhotoGalleryActivity**는 리스트 24.5에서 생성할 **PhotoGallery Fragment**를 호스팅한다).

자동 생성되어 편집기 창에 열린 res/layout/activity_photo_gallery.xml을 선택하고 편집기 창의 오른쪽 위에 있는 코드 버튼(☰ Code)을 클릭해서 코드 뷰로 전환하자. 그리고 자동 생성된 모든 XML을 삭제하고 리스트 24.1과 같이 하나의 **FrameLayout**으로 교체하며 ID는 fragmentContainer로 지정한다. 이 **FrameLayout**은 호스팅되는 프래그먼트의 컨테이너 역할을 한다.

리스트 24.1 | **프래그먼트 컨테이너 추가하기**(res/layout/activity_photo_gallery.xml)

```xml
<?xml version="1.0" encoding="utf-8"?>
<FrameLayout
    xmlns:android="http://schemas.android.com/apk/res/android"
    xmlns:tools="http://schemas.android.com/tools"
    android:id="@+id/fragmentContainer"
    android:layout_width="match_parent"
    android:layout_height="match_parent"
    tools:context=".PhotoGalleryActivity"/>
```

편집기 창에 자동으로 열린 PhotoGalleryActivity.kt에서 프래그먼트 컨테이너에 프래그먼트가 이미 호스팅되었는지 확인하도록 **onCreate(...)**를 변경한다. 만일 호스팅되어 있지 않다면 **PhotoGalleryFragment**의 인스턴스를 생성해서 컨테이너에 추가한다.

```kotlin
class PhotoGalleryActivity : AppCompatActivity() {

    override fun onCreate(savedInstanceState: Bundle?) {
        super.onCreate(savedInstanceState)
        setContentView(R.layout.activity_photo_gallery)

        val isFragmentContainerEmpty = savedInstanceState == null
        if (isFragmentContainerEmpty) {
            supportFragmentManager
                .beginTransaction()
                .add(R.id.fragmentContainer, PhotoGalleryFragment.newInstance())
                .commit()
        }
    }
}
```

(코드 추가가 끝나면 **PhotoGalleryFragment**가 붉은색의 에러로 표시되는데, 잠시 후에 **PhotoGallery Fragment** 클래스를 생성하면 이 에러가 없어진다.)

방금 추가한 코드에서는 **onCreate(…)**의 인자로 전달된 savedInstanceState가 null인지 검사하여 null이면 true가, null이 아니면 false가 **isFragmentContainerEmpty**에 지정된다. 그리고 **isFragmentContainerEmpty**가 true면 액티비티의 **FragmentManager**를 사용해서(support FragmentManager 속성이 현재 액티비티의 **FragmentManager** 인스턴스 참조를 갖는다) **PhotoGallery Fragment**의 인스턴스를 생성하고 액티비티의 컨테이너에 추가한다(**if** 문 내부의 코드에 관한 자세한 설명은 8장의 리스트 8.12 설명을 참고한다).

리스트 24.2의 코드에서는 액티비티의 컨테이너에 프래그먼트가 이미 호스팅되어 있는지 결정하기 위해 savedInstanceState를 사용하였다(savedInstanceState는 **onCreate(…)**의 인자로 전달된 **Bundle** 객체의 참조를 갖는다).

savedInstanceState가 null이면 앱이 시작될 때 최초 실행된 액티비티 인스턴스임을 의미하므로 아직 프래그먼트를 호스팅하지 않았음을 나타낸다. 따라서 마음 놓고 프래그먼트 인스턴스를 생성하여 액티비티의 컨테이너에 추가할 수 있다(리스트 24.2의 if 문 내부 코드).

반면에 savedInstanceState가 null이 아니면 장치 회전 등의 구성 변경이나 프로세스 종료로 액티비티 인스턴스가 다시 생성된 것이므로 이전에 호스팅된 프래그먼트가 있음을 의미한다. 따라서 프래그먼트를 액티비티에 추가하지 않는다(장치의 구성 변경에 따른 savedInstanceState 와 프래그먼트 재생성에 관한 내용은 4장과 8장을 참고한다).

액티비티의 컨테이너에 프래그먼트가 이미 호스팅되어 있는지 결정하기 위해 savedInstanceState 대신 **findFragmentById(…)** 함수를 사용할 수도 있다. 이때는 리스트 24.2의 다음 코드를

```
val isFragmentContainerEmpty = savedInstanceState == null
if (isFragmentContainerEmpty) {
```

다음 코드로 교체하면 된다.

```
if (supportFragmentManager.findFragmentById(R.id.fragmentContainer) == null) {
```

이 코드에서는 액티비티 컨테이너인 fragmentContainer의 리소스 ID와 연관된 프래그먼트를 **FragmentManager**에 요청한다. 그리고 null이 아니면 액티비티 컨테이너에 이미 프래그먼트가 호스팅되어 있음을, null이면 아직 호스팅된 프래그먼트가 없음을 나타낸다.

savedInstanceState를 사용하는 방법(리스트 24.2)과 **findFragmentById(…)** 함수를 사용하는 방법 모두 문제없이 잘 실행되므로 각자 선호하는 방법을 사용하면 된다. 그러나 **findFragmentById(…)** 함수를 사용할 때는 호스팅된 프래그먼트가 이미 있는데도 프래그먼트 매니저를 불필요하게 사용하게 된다.

다음으로 프래그먼트의 뷰를 생성해서 설정한다. PhotoGallery에서는 RecyclerView에 결과를 보여주는데, 이때 **GridLayoutManager**를 사용해서 **RecyclerView**의 각 항목을 격자 형태로 보여준다.

먼저 **RecyclerView** 라이브러리 의존성을 추가한다. 프로젝트 도구 창이 안드로이드 뷰인 상태에서 Gradle Scripts 밑의 build.gradle (Module: PhotoGallery.app) 파일을 편집기 창에 열고 리스트 24.3과 같이 의존성을 추가한다(안드로이드 스튜디오가 프로젝트 동기화해야 한다는 메시지를 보여주면 'Sync Now'를 클릭한다).

리스트 24.3 | RecyclerView 의존성 추가하기(app/build.gradle)

```
dependencies {
    ...
    implementation ' androidx.constraintlayout:constraintlayout:2.0.4'
    implementation 'androidx.recyclerview:recyclerview:1.1.0'
    ...
}
```

그다음에 프로젝트 도구 창의 res/layout에서 오른쪽 마우스 버튼을 클릭한 후 New ➡ Layout Resource File을 선택한다. 대화상자에서 'File name'에 **fragment_photo_gallery.xml**을 입력하고 **OK** 버튼을 누른 후에 코드 뷰로 전환한다. 그리고 자동 생성된 XML 전체를 리스트 24.4의 XML로 교체한다.

리스트 24.4 | 프래그먼트 레이아웃에 RecyclerView 추가하기(res/layout/fragment_photo_gallery.xml)

```xml
<?xml version="1.0" encoding="utf-8"?>
<androidx.recyclerview.widget.RecyclerView
    xmlns:android="http://schemas.android.com/apk/res/android"
    android:id="@+id/photo_recycler_view"
    android:layout_width="match_parent"
    android:layout_height="match_parent"/>
```

마지막으로 **PhotoGalleryFragment** 클래스를 생성한다. 프로젝트 도구 창의 **app/java** 밑에 있는 com.bignerdranch.android.photogallery 패키지에서 오른쪽 마우스 버튼을 클릭한 후, **New ➡ Kotlin Class/File**을 선택한다. 그런 다음 클래스 이름을 **PhotoGalleryFragment**로 입력하고 **Class**를 더블 클릭한 후 리스트 24.5와 같이 변경한다(Alt+Enter[Option+Return] 키를 눌러서 **Fragment** 클래스의 import 문을 추가할 때 androidx.fragment.app.Fragment를 선택하자).

리스트 24.5 | 프래그먼트 클래스 생성하고 설정하기(PhotoGalleryFragment.kt)

```kotlin
class PhotoGalleryFragment : Fragment() {

    private lateinit var photoRecyclerView: RecyclerView

    override fun onCreateView(
        inflater: LayoutInflater,
        container: ViewGroup?,
        savedInstanceState: Bundle?
    ): View {
        val view = inflater.inflate(R.layout.fragment_photo_gallery, container, false)

        photoRecyclerView = view.findViewById(R.id.photo_recycler_view)
        photoRecyclerView.layoutManager = GridLayoutManager(context, 3)

        return view
    }

    companion object {
        fun newInstance() = PhotoGalleryFragment()
    }
}
```

여기서는 조금 전에 생성한 프래그먼트 레이아웃을 인플레이트하고 photoRecyclerView 속성
으로 **RecyclerView**를 참조한다. 그리고 **RecyclerView**의 레이아웃 매니저를 **GridLayout
Manager** 인스턴스로 설정한다. 여기서는 격자의 개수로 3을 하드코딩하였다(화면 너비에 맞게
동적으로 조정하는 것은 이 장 챌린지의 과제로 남겨두었다).

PhotoGallery 앱을 실행해 지금까지 작성한 모든 것이 제대로 되었는지 확인해보면 빈 화면만
나온다.

Retrofit을 사용한 네트워킹

Retrofit은 Square사에서 제공하는 오픈 소스 라이브러리로, REST API를 안드로이드에서 쉽
게 사용하도록 해주며 OkHttp 라이브러리를 자신의 HTTP 클라이언트로 사용한다(https://
square.github.io/okhttp/).

Retrofit은 HTTP 게이트웨이(gateway) 클래스 생성을 도와준다. 애노테이션이 지정된 함수를
갖는 인터페이스를 작성하면, Retrofit이 이 인터페이스의 구현 클래스를 생성한다. 그리고 이
클래스에서는 HTTP 요청(request)을 하고 **OkHttp.ResponseBody**로 HTTP 응답(response)을 파
싱한다. 그런데 **OkHttp.ResponseBody**보다는 앱에서 필요한 데이터 타입을 사용하는 것이 더
좋다. 이때 응답 변환기(response converter)를 등록하면 Retrofit이 데이터 타입을 HTTP 요청에
넣어주며, HTTP 응답에서는 데이터 타입을 추출해준다.

먼저 Retrofit 라이브러리 의존성을 추가한다. 프로젝트 도구 창이 안드로이드 뷰인 상태에서
Gradle Scripts 밑의 build.gradle (Module: PhotoGallery.app) 파일을 편집기 창에 열고 리
스트 24.6과 같이 의존성을 추가한다(안드로이드 스튜디오가 프로젝트 동기화해야 한다는 메시지를 보
여주면 'Sync Now'를 클릭한다).

리스트 24.6 | **Retrofit 의존성 추가하기(app/build.gradle)**

```
dependencies {
    ...
    implementation 'androidx.recyclerview:recyclerview:1.1.0'
    implementation 'com.squareup.retrofit2:retrofit:2.5.0'
    ...
}
```

다음으로 URL의 웹 페이지 콘텐츠(특히 플리커의 홈 페이지)를 가져오기 위해 Retrofit을 구성한다. 여기서는 기본적인 것만 구성한 후 이것을 기반으로 나중에 플리커 요청을 생성하고 응답을 **역직렬화**(직렬화된 데이터를 모델 객체에 맞게 변환)한다.

API 인터페이스 정의하기

이제는 앱에서 사용할 API를 정의해보자. 우선 API 관련 코드를 모아둘 새로운 패키지를 생성한다. 프로젝트 도구 창의 **app/java** 밑에 있는 **com.bignerdranch.android.photogallery**에서 오른쪽 마우스 버튼을 클릭한 후 New ➡ Package를 선택한다. 그리고 패키지 이름을 **com.bignerdranch.android.photogallery.api**로 입력하고 Enter 키를 누른다.

다음으로 이 패키지에 Retrofit API 인터페이스를 추가한다. 이 인터페이스는 코틀린 표준 인터페이스이며, Retrofit 애노테이션을 사용해서 API 호출을 정의한다. 프로젝트 도구 창의 api 패키지(홀더)에서 오른쪽 마우스 버튼을 클릭한 후 New ➡ Kotlin Class/File을 선택한다. 그리고 파일 이름에 **FlickrApi**를 입력하고 바로 밑의 **File**을 더블 클릭한 후, 편집기 창에 자동으로 열린 FlickrApi.kt에 **FlickrApi**라는 이름의 인터페이스를 추가한다. 이 인터페이스는 HTTP GET 요청을 나타내는 하나의 함수를 갖는다.

리스트 24.7 | Retrofit API 인터페이스 추가하기(api/FlickrApi.kt)

```
interface FlickrApi {

    @GET("/")
    fun fetchContents(): Call<String>
}
```

여기서 **Call**은 Retrofit의 인터페이스이며, retrofit2.Call을 **import**해야 한다.

정의한 API 인터페이스의 각 함수는 특정 HTTP 요청과 연관되며, 반드시 **HTTP 요청 함수 애노테이션**이 지정되어야 한다(리스트 24.7에서는 @GET). 그러면 이 애노테이션이 정의한 API 인터페이스의 각 함수와 연관되는 HTTP 요청 타입을 Retrofit에게 알린다. 가장 흔히 사용하는 요청 타입은 @GET, @POST, @PUT, @DELETE, @HEAD다(요청 타입을 포함한 자세한 내용은 Retrofit API 문서 https://square.github.io/retrofit/2.x/retrofit/를 참고한다).

쉽게 말해, 주로 사용되는 HTTP 메서드인 GET(리소스 가져옴)을 요청/처리할 때는 Retrofit의

@GET을, POST(리소스 생성)은 @POST, PUT(리소스 수정)은 @PUT을, DELETE(리소스 삭제)는 @DELETE를 지정한다.

리스트 24.7의 @GET("/") 애노테이션은 **fetchContents()** 함수에서 HTTP GET 요청을 수행하고 **Call** 인터페이스를 구현하는 객체를 반환하게 한다. 여기서 **"/"**는 **상대 경로**(relative path)이며, API 엔드포인트의 기본 URL을 기준으로 한 경로 문자열을 나타낸다. 대부분의 HTTP 요청 함수 애노테이션은 상대 경로를 포함하며, 상대 경로가 **"/"**이면 요청이 기본 URL로 전송됨을 의미한다.

기본적으로 모든 Retrofit 웹 요청은 **retrofit2.Call** 객체를 반환한다. **Call** 객체는 실행할 수 있는 하나의 웹 요청을 나타내며, 이것이 실행되면 이것에 대응되는 웹 응답이 생성된다 (**Call** 객체 대신 RxJava **Observable** 객체를 반환하게 Retrofit을 구성할 수도 있지만, 이 내용은 이 책의 범위를 벗어나므로 여기서는 다루지 않는다).

Call의 제네릭 타입 매개변수로 지정한 타입(여기서는 **<String>**)은 Retrofit이 HTTP 응답을 역직렬화하는 데이터 타입을 나타낸다. 기본적으로 Retrofit은 HTTP 응답을 **OkHttp.ResponseBody** 타입으로 역직렬화한다. 하지만 여기서는 **Call<String>**을 지정했으므로, HTTP 응답이 **String** 객체로 역직렬화된다.

Retrofit 인스턴스와 API 인스턴스 생성하기

Retrofit 인스턴스는 API 인스턴스를 구현하고 생성하는 일을 한다. 정의한 API 인터페이스를 기반으로 웹 요청을 만들려면 Retrofit이 **FlickrApi** 인터페이스를 구현해서 인스턴스로 생성하게 해야 한다.

우선 Retrofit 인스턴스를 생성하고 구성한다. 편집기 창에 열린 PhotoGalleryFragment.kt의 **onCreate(…)**에서 Retrofit 인스턴스를 생성한 후, 이것을 사용해서 **FlickrApi** 인터페이스를 구현한 인스턴스를 생성한다.

리스트 24.8 | **Retrofit 인스턴스를 사용해서 FlickrApi 인스턴스 생성하기(PhotoGalleryFragment.kt)**

```
class PhotoGalleryFragment : Fragment() {

    private lateinit var photoRecyclerView: RecyclerView

    override fun onCreate(savedInstanceState: Bundle?) {
```

```
        super.onCreate(savedInstanceState)

        val retrofit: Retrofit = Retrofit.Builder()
            .baseUrl("https://www.flickr.com/")
            .build()

        val flickrApi: FlickrApi = retrofit.create(FlickrApi::class.java)
    }
    ...
}
```

Retrofit.Builder()는 Retrofit 인스턴스를 쉽게 구성하고 생성하게 해준다. 그리고 **baseUrl(...)** 함수를 사용하면 접속할 엔드포인트의 기본 URL을 지정할 수 있다. 여기서는 기본 URL을 플리커의 홈 페이지인 https://www.flickr.com/로 지정하였다. 기본 URL을 지정할 때는 URL에 프로토콜(여기서는 https://)을 포함해야 하며, Retrofit이 API 인터페이스의 기본 URL에 추가하도록 URL 끝에 상대 경로(여기서는 /)도 포함해야 한다.

build()를 호출하면 Retrofit 인스턴스가 반환된다. 따라서 이것을 사용해서 우리 API 인터페이스의 인스턴스를 생성할 수 있다. Retrofit은 컴파일 시점이 아닌 런타임 시점에 모든 일을 수행한다. 그리고 **retrofit.create(...)**를 호출하면 Retrofit 인스턴스를 생성할 때 지정한 정보와 API 인터페이스에 지정한 정보를 사용해서 Retrofit이 익명 클래스 인스턴스를 생성한다 (이 인스턴스가 API 인터페이스를 구현한다).

문자열 변환기 추가하기

기본적으로 Retrofit은 웹 응답을 **okhttp3.ResponseBody** 객체로 역직렬화하지만, 응답 데이터는 문자열(String 타입)로 처리하는 것이 훨씬 쉽다. 따라서 여기서는 Retrofit이 응답을 문자열로 역직렬화하도록 Retrofit 객체를 생성할 때 **변환기**(converter)를 지정한다.

그리고 변환기에서는 **ResponseBody** 객체를 필요한 객체 타입으로 변환한다. 이때 커스텀 변환기를 생성할 수도 있지만 그럴 필요는 없다. Square사에서 스칼라 변환기(scalar converter)라는 오픈 소스 변환기를 생성해두었기 때문이다. 이 변환기는 기본형이나 String 타입의 문자열로 응답을 변환할 수 있는데, 여기서는 이 변환기를 사용하여 플리커 응답을 **String** 객체로 역직렬화한다.

스칼라 변환기를 사용하려면 우선 의존성을 추가해야 한다. 프로젝트 도구 창이 안드로이드 뷰인 상태에서 Gradle Scripts 밑의 build.gradle (Module: PhotoGallery.app) 파일을 편집기 창에 열고 리스트 24.9와 같이 의존성을 추가한다(안드로이드 스튜디오가 프로젝트 동기화해야 한다는 메시지를 보여주면 'Sync Now'를 클릭한다).

리스트 24.9 | 스칼라 변환기 의존성 추가하기(app/build.gradle)

```
dependencies {
    ...
    implementation 'com.squareup.retrofit2:retrofit:2.5.0'
    implementation 'com.squareup.retrofit2:converter-scalars:2.5.0'
}
```

다음으로 스칼라 변환기 팩토리의 인스턴스를 생성해서 Retrofit 객체에 추가한다.

리스트 24.10 | Retrofit 객체에 변환기 추가하기(PhotoGalleryFragment.kt)

```
class PhotoGalleryFragment : Fragment() {

    private lateinit var photoRecyclerView: RecyclerView

    override fun onCreate(savedInstanceState: Bundle?) {
        super.onCreate(savedInstanceState)

        val retrofit: Retrofit = Retrofit.Builder()
            .baseUrl("https://www.flickr.com/")
            .addConverterFactory(ScalarsConverterFactory.create())
            .build()

        val flickrApi: FlickrApi = retrofit.create(FlickrApi::class.java)
    }
    ...
}
```

ScalarsConverterFactory.create()는 retrofit2.converter.scalars.ScalarsConverter Factory 인스턴스를 반환하며, 이 인스턴스는 Retrofit이 필요로 할 때 스칼라 변환기 인스턴스를 제공한다. 그리고 Retrofit.Builder의 addConverterFactory(…) 함수는 ScalarsConverterFactory 인스턴스를 인자로 받아 Retrofit 객체에 추가한다.

리스트 24.7의 Retrofit API 인터페이스에서 FlickrApi.fetchContents()의 반환 타입을 Call <String>으로 지정했으므로 ScalarsConverterFactory가 스칼라 변환기 중 문자열 변환기 (retrofit2.converter.scalars.StringResponseBodyConverter)의 인스턴스를 제공한다. 결국 Retrofit 객체는 문자열 변환기를 사용해서 ResponseBody 객체를 String 타입의 문자열로 변

환하게 된다.

Square사에서는 이외에도 Retrofit를 위한 다른 오픈 소스 변환기를 제공하는데, 이 장 뒤에서는 Gson 변환기를 사용할 것이다. 사용 가능한 변환기의 자세한 내용은 https://square.github.io/retrofit/에서 볼 수 있다.

웹 요청 실행하기

지금까지는 네트워크 요청을 구성하기 위한 코드를 작성하였다. 이제는 웹 요청을 실행하고 응답 결과를 로그 메시지로 보여주자. 우선 **fetchContents()**를 호출해 실행 가능한 웹 요청을 나타내는 **Call** 객체를 생성한다(여기서 Call은 retrofit2.Call을 **import**해야 한다.)

리스트 24.11 | 웹 요청을 나타내는 Call 객체 생성하기(PhotoGalleryFragment.kt)

```kotlin
class PhotoGalleryFragment : Fragment() {
    private lateinit var photoRecyclerView: RecyclerView

    override fun onCreate(savedInstanceState: Bundle?) {
        ...
        val flickrApi: FlickrApi = retrofit.create(FlickrApi::class.java)

        val flickrHomePageRequest: Call<String> = flickrApi.fetchContents()
    }
    ...
}
```

FlickrApi 인스턴스의 **fetchContents()**를 호출하면 웹 요청을 나타내는 **Call<String>** 객체를 반환한다(웹 요청을 실행하는 것이 아니다). 따라서 나중에 언제든 **Call** 객체(정확히 말해서 Call 인터페이스를 구현한 객체)를 실행할 수 있다. Retrofit은 API 인터페이스(**FlickrApi**)와 Retrofit 객체를 기반으로 어떤 **Call** 객체를 사용할지 결정한다.

Call 객체가 나타내는 웹 요청을 실행하도록 **enqueue(...)** 함수를 호출하는 코드를 **onCreate(savedInstanceState: Bundle?)**에 추가한다. 이때 **retrofit2.Callback**의 인스턴스를 **enqueue(...)** 함수의 인자로 전달하고(**enqueue(...)**는 Call 인터페이스에 정의된 함수이며, 비동기로 실행된다) TAG 상수도 추가한다(여기서 **Callback**은 retrofit2.Callback을, **Response**는 retrofit2.Response를 **import**해야 한다).

```kotlin
private const val TAG = "PhotoGalleryFragment"

class PhotoGalleryFragment : Fragment() {

    private lateinit var photoRecyclerView: RecyclerView

    override fun onCreate(savedInstanceState: Bundle?) {
        ...
        val flickrHomePageRequest : Call<String> = flickrApi.fetchContents()

        flickrHomePageRequest.enqueue(object : Callback<String> {
            override fun onFailure(call: Call<String>, t: Throwable) {
                Log.e(TAG, "Failed to fetch photos", t)
            }

            override fun onResponse(
                call: Call<String>,
                response: Response<String>
            ) {
                Log.d(TAG, "Response received: ${response.body()}")
            }
        })
    }
}
```

Retrofit은 가장 중요한 다음 두 가지 안드로이드 스레드 규칙을 지키도록 해준다.

1. 시간이 걸리는 작업을 main 스레드가 아닌 백그라운드 스레드에서 실행한다.
2. UI 변경은 main 스레드에서만 하며 절대로 백그라운드 스레드에서 하지 않는다.

Call.enqueue(…)는 **Call** 객체가 나타내는 웹 요청을 **백그라운드 스레드**에서 실행한다. 이때 Retrofit이 백그라운드 스레드를 관리하므로 신경 쓰지 않아도 된다.

백그라운드 스레드는 해야 할 작업을 큐나 **List**에 유지하고 관리한다. 그리고 **Call.enqueue(…)** 를 호출하면 Retrofit이 요청을 백그라운드 스레드의 작업 큐에 추가한다. 또한 다수의 요청을 큐에 넣을 수 있으며, 이때 Retrofit은 큐가 비워질 때까지 하나씩 요청을 처리한다(백그라운드 스레드의 생성과 관리는 25장에서 알아본다).

enqueue(…)의 인자로 전달하는 **Callback** 객체에는 요청 완료 및 응답 반환 후 처리하려는 것을 정의한다. 백그라운드 스레드에서 실행되는 요청이 완료되면 Retrofit은 **main(UI)** 스레드에 제공된 콜백 함수 중 하나를 호출한다. 즉, 서버로부터 응답이 수신되면 **Callback. onResponse(…)**를 호출하며, 그렇지 않으면 **Callback.onFailure(…)**를 호출한다.

Retrofit이 **onResponse()** 함수에 전달하는 **Response** 객체는 자신의 몸체에 결과 콘텐츠를 포함한다. 결과의 타입은 API 인터페이스의 함수에 지정된 반환 타입과 일치한다. 여기서는 API 인터페이스의 **fetchContents()**가 **Call<String>**을 반환하므로(리스트 24.7), **response. body()**가 String 타입의 문자열을 반환한다. **onResponse()**와 **onFailure()**의 인자로 전달되는 **Call** 객체는 요청을 초기 설정하는 데 사용된 원래의 **Call** 객체다.

Call.execute()를 호출하면 요청이 실행되어 곧바로 **Response** 객체가 반환된다. 그런데 **Call.enqueue(...)**는 요청이 비동기로 실행되지만, **Call.execute()**는 요청이 동기적으로 실행된다.

11장에서 배웠듯이, 안드로이드는 **main** 스레드에서의 네트워크 작업 수행을 허용하지 않는다. 만일 **main** 스레드에서 네트워크 작업을 수행하면, 안드로이드가 **NetworkOnMainThread Exception**을 발생시킨다.

네트워크 퍼미션 요청하기

네트워크 작업을 실행하는 데 추가로 필요한 것이 있다. 바로 퍼미션(permission)을 요청해야 한다. 사용자는 자신도 모르게 자기 사진을 누가 가져가는 것을 원치 않는다. 사진을 몰래 내려받는 것도 마찬가지다.

네트워크 퍼미션을 요청하기 위해 다음의 퍼미션을 AndroidManifest.xml에 추가한다.

리스트 24.13 | 네트워크 퍼미션 추가하기(manifests/AndroidManifest.xml)

```
<manifest xmlns:android="http://schemas.android.com/apk/res/android"
          package="com.bignerdranch.android.photogallery" >

    <uses-permission android:name="android.permission.INTERNET" />

    <application>
        ...
    </application>

</manifest>
```

많은 앱이 인터넷을 사용하므로 안드로이드는 **INTERNET** 퍼미션을 '보통(normal)' 퍼미션으로 간주한다. 따라서 이 퍼미션은 매니페스트에만 선언하면 된다. 그런데 장치의 위치와 같이 사용자의 사생활을 침해할 수 있는 위험(dangerous) 퍼미션은 런타임 시에 사용자에게 요청해 승인을 받아야 한다.

안드로이드 스튜디오의 맨 아래 테두리에 있는 'Logcat' 도구 버튼을 클릭해 로그캣 창을 열어 위의 검색 필드에 PhotoGalleryFragment를 입력한다. 그리고 오른쪽 위의 드롭다운에서 'No Filters'를 선택한다. 그런 다음 PhotoGallery 앱을 실행해보면 화면에는 아무것도 나타나지 않지만, 로그캣 창에는 플리커 홈페이지 HTML이 나타난다(그림 24.3).

그림 24.3 | 플리커 홈페이지 HTML

네트워크 관련 코드 리팩토링하기

현재는 네트워크 관련 코드가 프래그먼트에 포함되어 있다. 더 진도를 나가기에 앞서, Retrofit 구성과 API 사용 코드를 새로운 클래스로 옮기자.

프로젝트 도구 창의 **com.bignerdranch.android.photogallery** 패키지에서 오른쪽 마우스 버튼을 클릭한 후 **New ➡ Kotlin Class/File**을 선택한다. 파일 이름에 **FlickrFetchr**를 입력하고 바로 밑의 **File**을 더블 클릭한 후, 리스트 24.14의 코드를 추가한다(**init** 블록의 코드는 **PhotoGallery Fragment**의 **onCreate(...)** 함수에 있는 코드를 가져온다).

리스트 24.14 | FlickrFetchr 클래스 생성하기(FlickrFetchr.kt)

```kotlin
private const val TAG = "FlickrFetchr"

class FlickrFetchr {

    private val flickrApi: FlickrApi

    init {
        val retrofit: Retrofit = Retrofit.Builder()
            .baseUrl("https://www.flickr.com/")
            .addConverterFactory(ScalarsConverterFactory.create())
```

```
        .build()

    flickrApi = retrofit.create(FlickrApi::class.java)
    }
}
```

여기서는 **flickrApi** 속성에 **FlickrApi** 인스턴스 참조를 보존한다. **init** 블록의 코드는 리스트 24.8에서 이미 알아보았으니 여기서는 다시 설명하지 않는다.

다음으로 **PhotoGalleryFragment**의 **onCreate(...)** 함수에 있는 **Retrofit** 사용 코드를 삭제한다. 이렇게 하면 리스트 24.15에 음영으로 표시된 **flickrApi**가 붉은색의 에러로 표시되는데, 잠시 후에 해결되니 개의치 말자.

리스트 24.15 | Retrofit 구성 코드 삭제하기(PhotoGalleryFragment.kt)

```
class PhotoGalleryFragment : Fragment() {

    private lateinit var photoRecyclerView: RecyclerView

    override fun onCreate(savedInstanceState: Bundle?) {
        super.onCreate(savedInstanceState)

        val retrofit: Retrofit = Retrofit.Builder()
            .baseUrl("https://www.flickr.com/")
            .addConverterFactory(ScalarsConverterFactory.create())
            .build()

        val flickrApi: FlickrApi = retrofit.create(FlickrApi::class.java)

        val flickrHomePageRequest : Call<String> = flickrApi.fetchContents()

        ...
    }
    ...
}
```

다음으로 **fetchContents()**라는 이름의 함수를 **FlickrFetchr** 클래스에 추가한다. 이 함수는 **PhotoGalleryFragment**의 **onCreate(...)**에 있던 API 함수들을 포함하므로 복사해서 일부 수정해도 된다(여기서 Response는 retrofit2.Response를, Callback은 retrofit2.Callback을, Call은 retrofit2.Call을 import해야 한다).

```kotlin
private const val TAG = "FlickrFetchr"

class FlickrFetchr {

    private val flickrApi: FlickrApi

    init {
        ...
    }

    fun fetchContents(): LiveData<String> {
        val responseLiveData: MutableLiveData<String> = MutableLiveData()
        val flickrRequest: Call<String> = flickrApi.fetchContents()

        flickrRequest.enqueue(object : Callback<String> {

            override fun onFailure(call: Call<String>, t: Throwable) {
                Log.e(TAG, "Failed to fetch photos", t)
            }

            override fun onResponse(
                call: Call<String>,
                response: Response<String>
            ) {
                Log.d(TAG, "Response received")
                responseLiveData.value = response.body()
            }
        })

        return responseLiveData
    }
}
```

fetchContents()에서 responseLiveData는 비어 있는 **MutableLiveData<String>** 객체의 참조를 갖는다. 그다음에 플리커 홈페이지를 가져오는 웹 요청을 큐에 넣고 즉시(요청이 완료되기 전에) responseLiveData를 반환한다. 그리고 해당 요청이 성공적으로 실행되어 완료되면, 수신된 응답을 responseLiveData.value에 설정하고 결과로 반환한다. 이렇게 하면 **PhotoGalleryFragment**와 같은 다른 컴포넌트는 fetchContents()에서 반환되는 **LiveData**를 관찰하여 웹 요청의 결과를 수신할 수 있다.

fetchContents()의 반환 타입은 코틀린의 변경 불가능한(non-mutable), 즉 읽기만 가능한 **LiveData<String>**이다. 따라서 다른 컴포넌트가 **LiveData**의 데이터를 변경하는 것을 막는다.

FlickrFetchr는 PhotoGallery 앱의 네트워크 관련 코드를 갖는다(지금은 작고 간단하지만 이후의 여러 장에서 커지게 된다). **fetchContents()**는 네트워크 요청을 큐에 넣고 응답 결과를 **LiveData**로 반환한다. 이제는 Retrofit이나 데이터 출처를 모르더라도 앱의 **PhotoGallery Fragment**(또는 **ViewModel**이나 액티비티 등)과 같은 다른 컴포넌트에서 **FlickrFetchr**의 인스턴스를 생성해서 사진 데이터를 요청할 수 있다.

다음으로 **FlickrFetchr**를 사용하도록 **PhotoGalleryFragment**를 변경한다(리스트 24.17)(여기서 **Observer**는 androidx.lifecycle.Observer를 import해야 한다).

리스트 24.17 | PhotoGalleryFragment에서 FlickrFetchr 사용하기(PhotoGalleryFragment.kt)

```kotlin
class PhotoGalleryFragment : Fragment() {

    private lateinit var photoRecyclerView: RecyclerView

    override fun onCreate(savedInstanceState: Bundle?) {
        super.onCreate(savedInstanceState)

        val flickrHomePageRequest : Call<String> = flickrApi.fetchContents()

        flickrHomePageRequest.enqueue(object : Callback<String> {
            override fun onFailure(call: Call<String>, t: Throwable) {
                Log.e(TAG, "Failed to fetch photos", t)
            }

            override fun onResponse(
                call: Call<String>,
                response: Response<String>
            ) {
                Log.d(TAG, "Response received: ${response.body()}")
            }
        })

        val flickrLiveData: LiveData<String> = FlickrFetchr().fetchContents()
        flickrLiveData.observe(
            this,
            Observer { responseString ->
                Log.d(TAG, "Response received: $responseString")
            })
    }
    ...
}
```

이제 프래그먼트에 포함되어 있던 네트워크 관련 코드(Retrofit 구성과 API 사용 코드)를 새로운 **FlickrFetchr** 클래스로 옮기는 작업이 완료되었다. 이 작업은 앱에 새로운 기능을 추가한 게 아니라 소스 코드를 리팩토링(refactoring)한 것이다. 여기서 **FlickrFetchr**는 기본적인 리포지터리(repository) 역할을 하며, 리포지터리 클래스는 하나 또는 다수의 데이터 소스로부터 데이터를 가져오는 로직을 갖는다. 즉, 로컬 데이터베이스나 원격 서버로부터 특정 데이터 셋을 가져오고 저장하는 방법을 결정하며, UI 코드에서는 리포지터리에 모든 데이터를 요청한다. UI는 데이터를 어떻게 저장하고 가져오는지 개의치 않기 때문이다.

지금은 앱의 모든 데이터가 직접 플리커 웹 서버로부터 전송되지만, 나중에는 로컬 데이터베이스에 데이터를 저장하고 리포지터리에서 데이터를 관리할 것이다. 따라서 앱의 다른 컴포넌트는 데이터가 어디에서 오는지 모르더라도 리포지터리를 사용해서 필요한 데이터를 얻을 수 있다.

그림 24.3에서 했던 것처럼 로그캣 창을 열고 PhotoGallery 앱을 다시 실행해보자. 지금까지의 리팩토링 작업이 제대로 되었다면 그림 24.3과 같이 플리커 홈페이지의 HTML이 나타난다(로그캣 창에 나타나지 않으면 앱을 종료했다가 다시 실행한다).

(지금까지 했던 리팩토링 작업은 구글에서 권장하는 리포지터리 패턴을 따랐다. 자세한 내용은 https://developer.android.com/jetpack/docs/guide의 앱 아키텍처 가이드를 참고한다.)

플리커에서 JSON 가져오기

JSON은 자바스크립트 객체 표기(JavaScript Object Notation)를 의미하는 널리 사용되는 데이터 형식으로, 특히 웹 서비스에서 많이 사용된다. JSON의 상세한 정보는 https://www.json.org/json-en.html에서 알 수 있다.

플리커는 훌륭한 JSON API를 제공하는데, 상세 정보는 API 문서 메인 페이지인 https://www.flickr.com/services/api/에 있다. 웹 브라우저로 접속해서 페이지의 왼쪽 아래를 보면 **요청 형식(request format)**과 바로 그 아래에 REST가 있다. 여기서는 이 REST를 사용할 것이다. REST API의 엔드포인트는 https://api.flickr.com/services/rest/이며, 이 엔드포인트에서 플리커가 제공하는 메서드들을 호출할 수 있다(이 URL은 웹 브라우저에서 바로 접속하면 에러가 발생하니, URL에 실행을 원하는 플리커 메서드를 지정해야 한다).

조금 전에 알려준 API 문서 메인 페이지에서 **API 메서드**들을 찾아보자. 페이지 오른쪽의 API 메서드 내역을 스크롤하면 'interestingness' 바로 밑에 flickr.interestingness.getList가 있는데,

클릭하면 가장 최근 일자나 사용자 지정 날짜의 사진 리스트를 반환한다'라는 메서드 설명이 나온다. Photo Gallery 앱에서 필요한 메서드가 바로 이것이다.

getList 메서드는 API 키를 필수 인자로 받는다. API 키를 얻기 위해 이전의 API 문서 메인 페이지로 돌아가서 왼쪽 중간에 있는 'API 키' 링크를 클릭한다. 만일 플리커에 로그인하지 않았다면 로그인 페이지가 나오는데, 이때 로그인하면 된다(이메일 주소와 비밀번호 입력). 플리커 계정이 없다면 로그인 페이지에서 신규 회원 가입을 한 후 로그인한다.

그리고 로그인한 후 '키 신청' 페이지가 나타나면 '비상업용 키 신청' 버튼을 클릭하고, 다음 페이지에서 앱 이름(예를 들어, PhotoGallery)과 간략한 설명을 입력하고 소유권과 이용 약관을 체크한 후 등록 버튼을 클릭한다. 그러면 API 키(예를 들어, 8ec523b08e69eb96a3477678f38e47b7) 와 비밀번호를 보여준다. 비밀 번호는 앱에서 사용자 지정 정보나 이미지를 볼 때만 필요하므로 여기서는 사용하지 않는다(API 키는 클립보드에 복사해둔다).

일단 API 키를 받으면 플리커 웹 서비스에 요청하는 데 필요한 모든 것이 준비된 것이다. 이제 다음과 같이 GET 요청을 하면 된다(XX 대신 각자 받은 API 키를 붙여넣기 한다).

URL https://api.flickr.com/services/rest/?method=flickr.interestingness.getList&api_key=*XX*&format= json&nojsoncallback=1&extras=url_s

플리커의 응답은 기본적으로 XML 형식이다. 따라서 JSON 형식으로 응답 데이터를 받으려면 format=json과 nojsoncallback=1을 지정해야 한다. nojsoncallback 매개변수를 1로 지정하면 응답에 포함된 플리커 메서드 이름 및 괄호들을 제외하고 반환한다. 이렇게 하면 코틀린 코드에서 더 쉽게 응답을 파싱할 수 있다. extras=url_s를 지정하면 작은 크기 사진의 URL 을 포함한다.

앞의 URL을 각자 웹 브라우저의 주소 창에 입력하고 접속해보면, 플리커 REST API로부터 가져온 최근 일자의 사진 리스트가 JSON 응답 데이터로 나타난다.

{"photos":{"page":1,"pages":5,"perpage":100,"total":500,"photo":[{"id":"49897503278","owner":"137704325@N07","secret":"b6808610c9","server":"65535","farm":66,"title":"Emmerting","ispublic":1,"isfriend":0,"isfamily":0,"url_s":"https:\/\/live.staticflickr.com\/65535\/49897503278_b6808610c9_m.jpg","height_s":180,"width_s":240},
{"id":"49894548217","owner":"98356194@N02","secret":"cf8b7eb716","server":"65535","farm":66,"title":"Macaroons- Seeking the daily magic","ispublic":1,"isfriend":0,"isfamily":0,"url_s":"https:\/\/live.staticflickr.com\/65535\/49894548217_cf8b7eb716_m.jpg","height_s":160,"width_s":240},
{"id":"49894979167","owner":"126297346@N07","secret":"0cb0aa0e69","server":"65535","farm":66,"title":"Troglodyte des for\u00eats | Domaine Saint-Paul | \u00e9cele-des | M03}","ispublic":1,"isfriend":0,"isfamily":0,"url_s":"https:\/\/live.staticflickr.com\/65535\/49894979167_0cb0aa0e69_m.jpg","height_s":160,"width_s":240},
{"id":"49896342528","owner":"77439807@N04","secret":"119c6d89a9","server":"65535","farm":66,"title":"Sudden Encounter - Oman 71 - Explore # 4 (entry)","ispublic":1,"isfriend":0,"isfamily":0,"url_s":"https:\/\/live.staticflickr.com\/65535\/49896342528_119c6d89a9_m.jpg","height_s":160,"width_s":240},
{"id":"49893362333","owner":"92694300@N08","secret":"0f9762ac24","server":"65535","farm":66,"title":"Evening Chicago Skyline. 27W\/12W\/2019","ispublic":1,"isfriend":0,"isfamily":0,"url_s":"https:\/\/live.staticflickr.com\/65535\/49893362333_0f9762ac24_m.jpg","height_s":173,"width_s":240},
{"id":"49898138378","owner":"40252249@N00","secret":"ef321027d2","server":"65535","farm":66,"title":"Rainy Bavaria","ispublic":1,"isfriend":0,"isfamily":0,"url_s":"https:\/\/live.staticflickr.com\/65535\/49898138378_ef321027d2_m.jpg","height_s":128,"width_s":240},
{"id":"49893625406","owner":"90852019@N08","secret":"714486cfcc","server":"65535","farm":66,"title":"London","ispublic":1,"isfriend":0,"isfamily":0,"url_s":"https:_s":166,"width_s":240},{"id":"49897668472","owner":"135986277@N02","secret":"a830a21c64","server":"65535","farm":66,"title":"Piove il cielo sulla citt\u00e0","ispublic":1,"isfriend":0,"isfamily":0,"url_s":"https:\/\/live.staticflickr.com\/65535\/49897668472_a830a21c64_m.jpg","height_s":150,"width_s":240}.

그림 24.4 | **JSON 응답 데이터**

다음으로 그림 24.4와 같은 JSON 응답 데이터를 받을 수 있게 PhotoGallery 앱을 수정한다. 우선 **FlickrApi** 인터페이스에 함수를 추가하고 **@GET** 애노테이션을 변경한다. 여기서 **yourApiKeyHere**는 각자 API 키로 변경해야 한다.

리스트 24.18 | '최근 일자의 사진 데이터 가져오는' 요청 정의하기(api/FlickrApi.kt)

```
interface FlickrApi {

    @GET("/")
    fun fetchContents() : Call<String>

    @GET(
        "services/rest/?method=flickr.interestingness.getList" +
        "&api_key=yourApiKeyHere" +
        "&format=json" +
        "&nojsoncallback=1" +
        "&extras=url_s"
    )
    fun fetchPhotos(): Call<String>
}
```

여기서는 플리커 API 메서드, api_key, format, nojsoncallback, extras 매개변수들의 값을 추가하였다.

다음으로 **FlickrFetchr**의 Retrofit 인스턴스 구성 코드를 변경한다. 우선 플리커 홈페이지의 기본 URL을 플리커 API의 기본 엔드포인트로 변경한 후 **fetchContents()** 함수 이름을 **fetchPhotos()**로 바꿔서 API 인터페이스의 **fetchPhotos()** 함수를 호출하도록 변경한다.

리스트 24.19 | 기본 URL 변경하기(FlickrFetchr.kt)

```
class FlickrFetchr {

    private val flickrApi: FlickrApi

    init {
        val retrofit: Retrofit = Retrofit.Builder()
            .baseUrl("https://api.flickr.com/")
            .addConverterFactory(ScalarsConverterFactory.create())
            .build()

        flickrApi = retrofit.create(FlickrApi::class.java)
    }

    fun fetchContents()fetchPhotos(): LiveData<String> {
```

```
        val responseLiveData: MutableLiveData<String> = MutableLiveData()
        val flickrRequest: Call<String> = flickrApi.fetchContents()fetchPhotos()
        ...
    }
}
```

원하는 엔드포인트는 api.flickr.com/services/rest인데, 여기서는 기본 URL을 api.
flickr.com으로 설정하였다. services/rest 경로는 FlickrApi의 @GET 애노테이션에 지정했
기 때문이다. @GET 애노테이션에 포함된 경로와 이외의 정보는 Retrofit이 웹 요청을 실행하기
전에 URL에 추가한다.

마지막으로 플리커 홈페이지의 콘텐츠 대신 최근 일자의 사진 데이터를 가져오도록 웹 요청
을 실행하기 위해 **PhotoGalleryFragment**를 변경한다. 여기서는 **fetchContents()** 호출을
fetchPhotos() 함수 호출로 변경한다.

리스트 24.20 | '최근 일자의 사진 데이터를 가져오는' 요청 실행하기(PhotoGalleryFragment.kt)

```
class PhotoGalleryFragment : Fragment() {

    private lateinit var photoRecyclerView: RecyclerView

    override fun onCreate(savedInstanceState: Bundle?) {
        super.onCreate(savedInstanceState)

        val flickrLiveData: LiveData<String> = FlickrFetchr().fetchContents()fetchPhotos()
        ...
    }
    ...
}
```

로그캣 창의 검색 필드에 'PhotoGalleryFragment'가 입력되어 있는지 확인하고 PhotoGallery 앱
을 다시 실행하면 플리커의 JSON 응답 데이터를 로그캣 창에서 볼 수 있다(그림 24.5).

그림 24.5 | 로그캣 창에 나타난 플리커의 JSON 응답 데이터

(로그 메시지가 굉장히 길면 로그캣 창에서는 자동으로 줄바꿈을 해서 보여주지 못한다. 따라서 여기처럼 매우 긴 JSON 응답 문자열이 한 줄로 길게 출력되어서 보기 어려우며, 때로는 보이지 않을 수도 있다. 이럴 때는 그림 24.5에 화살표로 표시된 Soft-Wrap 버튼을 클릭해서 활성화한다(버튼이 눌러진 형태가 됨). 그리고 이 버튼을 클릭해도 나타나지 않으면 안드로이드 스튜디오 메뉴의 File ➡ Close Project를 선택해서 프로젝트를 닫았다가 다시 열 다음에 로그캣 창을 열어보면 보인다.)

이제는 플리커로부터 JSON 응답 데이터를 받을 수 있다. 이것으로 무엇을 해야 할까? 이제는 데이터를 파싱해서 필요한 모델 객체에 맞게 넣어야 한다. 이렇게 하기 위해 PhotoGallery에서는 **GalleryItem**이라는 모델 클래스를 생성하며, 이 클래스의 인스턴스는 각 사진의 정보(ID, 제목, 다운로드 URL)를 저장한다.

리스트 24.21의 **GalleryItem** 데이터 클래스를 생성한다(프로젝트 도구 창의 **app/java** 밑에 있는 com.bignerdranch.android.photogallery 패키지에서 오른쪽 마우스 버튼을 클릭한 후 New ➡ Kotlin Class/File을 선택한다. 클래스 이름을 **GalleryItem**으로 입력하고 **Class**를 더블 클릭한 후 리스트 24.21과 같이 변경한다).

리스트 24.21 | 모델 클래스 생성하기(GalleryItem.kt)

```kotlin
data class GalleryItem(
    var title: String = "",
    var id: String = "",
    var url: String = ""
)
```

이제는 모델 클래스를 정의했으니, 이 클래스의 인스턴스를 생성해서 플리커로부터 받은 JSON 응답 데이터를 저장한다.

JSON 텍스트를 모델 객체로 역직렬화하기

웹 브라우저와 로그캣 창에 나타난 JSON 응답 데이터는 알아보기 어렵다. 조금 알기 쉽게 출력한다면 그림 24.6의 왼쪽 텍스트처럼 된다.

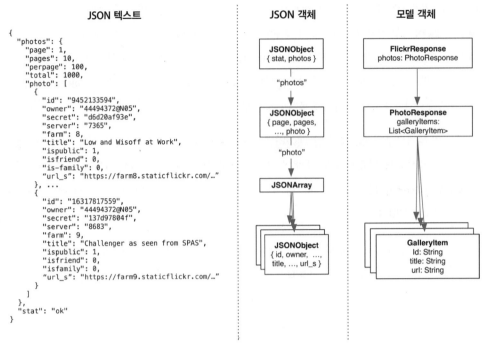

JSON 텍스트   JSON 객체   모델 객체

그림 24.6 | JSON 텍스트와 JSON 계층 구조 및 모델 객체 간의 관계도

JSON 객체는 중괄호({})로 둘러싸인 이름-값의 쌍으로 되어 있다. 그리고 JSON 배열은 대괄호 ([])로 둘러싸인 JSON 객체들로 구성되며, 각 JSON 객체는 콤마(,)로 구분된다. 또한, 각 JSON 객체 내부에는 또 다른 JSON 객체가 중첩될 수 있으며, 이로 인해 계층 구조가 형성된다.

안드로이드는 org.json 표준 패키지를 포함하며, 이 패키지에는 JSON 텍스트를 생성 및 파싱 하는 클래스들(예를 들어, JSONObject와 JSONArray)이 있다. JSON 텍스트를 쉽게 자바 객체로(역 직렬화) 또는 그 반대로(직렬화) 변환하는 라이브러리들이 많이 있다.

그런 라이브러리 중 하나가 Gson이다(https://github.com/google/gson). Gson은 JSON 데이터를 코틀 린 객체로 자동 변환하므로 파싱하는 코드를 작성할 필요 없다. 대신에 JSON 데이터를 JSON 계층 구조의 객체로 연관시키는 코틀린 클래스를 정의하면 나머지는 Gson이 해준다.

Retrofit 라이브러리에는 Gson 변환기가 있어서 Retrofit 구현 코드에서 쉽게 Gson을 사용 할 수 있다. 우선 Gson 의존성과 Retrofit의 Gson 변환기 라이브러리 의존성을 추가한다. 프 로젝트 도구 창이 안드로이드 뷰인 상태에서 Gradle Scripts 밑의 build.gradle (Module: PhotoGallery.app) 파일을 편집기 창에 열고 리스트 24.22와 같이 의존성을 추가한다(안드로 이드 스튜디오가 프로젝트를 동기화해야 한다는 메시지가 나오면 'Sync Now'를 클릭한다).

리스트 24.22 | Gson 의존성 추가하기(app/build.gradle)

```
dependencies {
    ...
    implementation 'com.squareup.retrofit2:retrofit:2.5.0'
    implementation 'com.squareup.retrofit2:converter-scalars:2.5.0'
    implementation 'com.google.code.gson:gson:2.8.6'
    implementation 'com.squareup.retrofit2:converter-gson:2.4.0'
}
```

다음으로 플리커 응답의 JSON 데이터와 연관되는 모델 객체를 생성한다. 그림 24.6에 있듯이, 모델 객체에는 **FlickrResponse**, **PhotoResponse**, **GalleryItem**이 있다. 이미 생성했던 **GalleryItem**은 "photo" JSON 배열에 저장된 각 JSON 객체와 연관된다. 기본적으로 Gson은 JSON 객체의 필드 이름을 모델 객체의 속성 이름과 연관시키므로 모델 객체의 속성 이름이 JSON 객체의 필드 이름과 같으면 그냥 사용하면 된다.

그런데 모델 객체의 속성 이름을 JSON 객체의 필드 이름과 다르게 할 수도 있다. 이때는 모델 객체의 해당 속성에 @SerializedName 애노테이션을 지정해서 이 속성과 연관되는 JSON 객체의 필드 이름을 Gson에 알리면 된다. 여기서는 **GalleryItem**의 url 속성이 JSON 데이터의 "url_s" 필드와 연관되므로 @SerializedName을 **GalleryItem**의 url 속성에 추가해야 한다(물론 **GalleryItem**의 url 속성 이름을 url_s로 변경한다면, @SerializedName을 지정할 필요 없다. 그러나 url이 의미를 알기 쉬우므로 그렇게 하지 않았다).

리스트 24.23 | 모델 객체의 속성을 JSON 객체의 필드 이름과 연관시키기(GalleryItem.kt)

```
data class GalleryItem(
    var title: String = "",
    var id: String = "",
    @SerializedName("url_s") var url: String = ""
)
```

다음으로 JSON 데이터의 "photos" 객체와 연관되는 **PhotoResponse** 클래스를 생성하는데, 이 클래스는 플리커 API의 역직렬화를 구현하는 방법의 일환으로서 필요한 것이므로 **api** 패키지에 두어야 한다(**com.bignerdranch.android.photogallery** 밑의 **api** 패키지에서 오른쪽 마우스 버튼을 클릭한 후 **New ➡ Kotlin Class/File**을 선택한다. 클래스 이름은 **PhotoResponse**로 입력하고 **Class**를 더블 클릭한다).

그리고 **GalleryItem** 객체를 저장하는 **List**의 참조를 갖는 galleryItems라는 속성을 추가하고

@SerializedName("photo")를 지정한다. 이렇게 하면 Gson이 자동으로 **List**를 생성하고 데이터("photo"라는 이름의 JSON 배열에 저장된 **GalleryItem** 객체)를 추가한다.

리스트 24.24 | PhotoResponse 클래스 추가하기(PhotoResponse.kt)

```kotlin
class PhotoResponse {
    @SerializedName("photo")
    lateinit var galleryItems: List<GalleryItem>
}
```

다음으로 **api** 패키지에 **FlickrResponse** 클래스를 생성한다. 이 클래스는 JSON 데이터의 가장 바깥쪽 객체(가장 바깥쪽의 {}로 표시된 JSON 계층 구조의 최상위 객체)와 연관된다. 그런 다음 JSON 응답 데이터의 "photos" 필드와 연관되는 속성을 추가한다.

리스트 24.25 | FlickrResponse 클래스 추가하기(FlickrResponse.kt)

```kotlin
class FlickrResponse {
    lateinit var photos: PhotoResponse
}
```

이제는 방금 정의한 모델 객체로 JSON 응답 데이터를 역직렬화하기 위해 Gson을 사용하도록 Retrofit을 구성하면 된다. 우선 가장 바깥쪽 JSON 객체와 연관되는 모델 객체를 반환하도록 Retrofit API 인터페이스의 반환 타입을 변경한다. 이렇게 하면 **FlickrResponse**를 사용해서 JSON 응답 데이터를 역직렬화해야 함을 Gson이 알게 된다.

리스트 24.26 | fetchPhoto()의 반환 타입 변경하기(FlickrApi.kt)

```kotlin
interface FlickrApi {

    @GET(...)
    fun fetchPhotos(): Call<~~String~~FlickrResponse>
}
```

다음으로 **FlickrFetchr** 클래스를 변경한다. 우선 **ScalarsConverterFactory**를 **GsonConverterFactory**로 교체하고 fetchPhotos()가 **GalleryItem**을 저장한 **List**를 갖는 **LiveData**를 반환하게 변경한다. 그리고 **MutableLiveData**의 제네릭 타입을 List<GalleryItem>으로, **Call**과 **Callback**의 제네릭 타입을 **FlickrResponse**로 변경한다. 그런 다음 JSON 응답 데이터를 파싱해 **GalleryItem** 객체 List로 저장한 후, 이것을 **responseLiveData**에 설정하도록

onResponse(...)를 변경한다.

```kotlin
class FlickrFetchr {

    private val flickrApi: FlickrApi

    init {
        val retrofit: Retrofit = Retrofit.Builder()
            .baseUrl("https://api.flickr.com/")
            .addConverterFactory(ScalarsConverterFactoryGsonConverterFactory.create())
            .build()

        flickrApi = retrofit.create(FlickrApi::class.java)
    }

    fun fetchPhotos(): LiveData<StringList<GalleryItem>> {
        val responseLiveData: MutableLiveData<String> = MutableLiveData()
        val responseLiveData: MutableLiveData<List<GalleryItem>> = MutableLiveData()
        val flickrRequest: Call<StringFlickrResponse> = flickrApi.fetchPhotos()

        flickrRequest.enqueue(object : Callback<StringFlickrResponse> {

            override fun onFailure(call: Call<StringFlickrResponse>, t: Throwable) {
                Log.e(TAG, "Failed to fetch photos", t)
            }

            override fun onResponse(
                call: Call<StringFlickrResponse>,
                response: Response<StringFlickrResponse>
            ) {
                Log.d(TAG, "Response received")
                responseLiveData.value = response.body()
                val flickrResponse: FlickrResponse? = response.body()
                val photoResponse: PhotoResponse? = flickrResponse?.photos
                var galleryItems: List<GalleryItem> = photoResponse?.galleryItems
                    ?: mutableListOf()
                galleryItems = galleryItems.filterNot {
                    it.url.isBlank()
                }
                responseLiveData.value = galleryItems
            }
        })

        return responseLiveData
    }
}
```

플리커의 이미지 중에는 url_s 필드 값이 없는 것도 있다. 따라서 여기서는 **filterNot{…}**을 사용해서 그런 이미지 데이터를 걸러낸다.

마지막으로 **PhotoGalleryFragment**에서 **LiveData**의 제네릭 타입을 변경한다.

리스트 24.28 | LiveData의 제네릭 타입 변경하기(PhotoGalleryFragment.kt)

```kotlin
class PhotoGalleryFragment : Fragment() {

    private lateinit var photoRecyclerView: RecyclerView

    override fun onCreate(savedInstanceState: Bundle?) {
        super.onCreate(savedInstanceState)

        val flickrLiveData: LiveData<String> = FlickrFetchr().fetchPhotos()
        val flickrLiveData: LiveData<List<GalleryItem>> = FlickrFetchr().fetchPhotos()
        flickrLiveData.observe(
            this,
            Observer { responseStringgalleryItems ->
                Log.d(TAG, "Response received: $responseStringgalleryItems")
            })
    }
    ...
}
```

JSON 응답 데이터가 올바르게 파싱되어 **GalleryItem** 객체로 저장되었는지 확인해보자. 그러려면 디버깅 모드로 PhotoGallery 앱을 실행해야 한다. 우선 리스트 24.28의 맨 끝에 음영으로 표시된 Log.d(…)에 중단점(breakpoint)을 설정한다(5장의 그림 5.4 참고). 그리고 안드로이드 스튜디오 메인 창의 위쪽 중앙에 있는 **Debug 'app'** 버튼(🐞)을 클릭해서 PhotoGallery 앱을 실행한다. 그러면 잠시 후 중단점에서 실행이 멈추고 디버그 도구 창이 열린다(디버그 도구 창이 자동으로 열리지 않으면 맨 밑의 테두리에 있는 '5: Debug' 도구 창 버튼을 클릭하면 된다).

오른쪽 변수(Variables) 뷰의 두 번째 줄에 있는 galleryItems의 왼쪽 화살표를 클릭해서 확장하면 그림 24.7처럼 galleryItems List에 저장된 **GalleryItem** 객체들을 볼 수 있다. 기본적으로 플리커의 getList 메서드는 100개의 결과를 갖는 페이지 하나를 반환하므로 100개의 **GalleryItem** 객체가 galleryItems List에 저장되어 있음을 알 수 있다. 확인이 되었으면 앱을 종료하고 중단점을 다시 클릭해서 해제한다. 그런 다음 맨 밑의 테두리에 있는 '5: Debug' 도구 창 버튼을 클릭해서 디버그 도구 창을 닫는다.

그림 24.7 | 플리커의 JSON 응답 데이터가 GalleryItem 객체로 파싱되었는지 확인하기

PhotoGallery 앱을 실행할 때 **UninitializedPropertyAccessException**이 발생하면 웹 요청 관련 코드가 올바르게 작성되었는지 확인한다. 때에 따라서는(예를 들어, 플리커 API 키가 부적합할 때) 플리커 API에서 빈 응답 몸체와 함께 정상 응답 코드(HTTP 200)를 반환할 수 있다. 이 때는 Gson에서 모델 객체를 초기화할 때 에러가 생길 수 있다.

구성 변경 시의 네트워크 요청

이제는 PhotoGallery 앱에서 JSON 데이터를 모델 객체로 역직렬화할 수 있게 되었다. 이어서 장치의 구성이 변경되면 어떻게 되는지 알아보자. 로그캣 창을 열고 검색 필드에 'FlickrFetchr'를 입력한 후 Soft-Wrap 버튼(그림 24.5의 화살표 참고)을 클릭해서 비활성화한다(버튼이 눌러지지 않은 형태가 됨). 그리고 실제 장치나 에뮬레이터에서 앱을 실행한 후, 화면을 가로 방향과 세로 방향으로 번갈아 다섯 번 정도 회전하면 그림 24.8과 같이 로그 메시지가 나타난다(로그 메시지가 나타나지 않으면 프로젝트를 닫았다가 다시 연다).

그림 24.8 | 장치 방향 회전에 따라 출력된 로그 메시지

PhotoGalleryFragment의 **onCreate(...)**에서는 **FlickrFetchr().fetchPhotos()**를 호출해서 플리커에 새로운 네트워크 요청을 한다(그림 24.8의 로그 메시지는 요청 응답을 받는지 확인하고자 **FlickrFetchr().fetchPhotos()**에서 출력한 것이다). 그리고 장치의 방향이 바뀔 때마다 현재의 **PhotoGalleryFragment** 인스턴스가 소멸하고 새로운 인스턴스가 생성되면서 **onCreate(...)**에

서 **FlickrFetchr().fetchPhotos()**를 다시 호출하기 때문에 매번 그림 24.8의 로그 메시지가 출력된다. 결국 장치의 방향이 바뀌어 구성 변경이 생길 때마다 플리커의 사진 데이터를 불필요하게 내려받게 된다.

이렇게 되면 사용자도 모르게 빈번한 네트워크 접속이 수행되어 데이터 사용량이 증가하며, 앱의 성능에도 영향을 미칠 수 있다. 바로 이럴 때 **ViewModel**을 사용하면 문제가 해결된다 (**ViewModel**의 자세한 내용은 4장을 참고한다).

우선 lifecycle-extensions 라이브러리 의존성을 **app/build.gradle** 파일(Gradle Scripts 밑의 build.gradle (Module: PhotoGallery.app))에 추가한다. 그리고 안드로이드 스튜디오가 프로젝트를 동기화해야 한다는 메시지가 나오면 'Sync Now'를 클릭한다.

리스트 24.29 | lifecycle-extensions 라이브러리 의존성 추가하기(app/build.gradle)

```
dependencies {
    ...
    implementation 'androidx.appcompat:appcompat:1.2.0'
    implementation 'androidx.lifecycle:lifecycle-extensions:2.2.0'
    ...
}
```

다음으로 **PhotoGalleryViewModel**이라는 이름의 **ViewModel** 서브 클래스를 com.bignerdranch.android.photogallery 패키지에 생성해서 **LiveData**를 참조하는 **galleryItemLiveData** 속성을 추가한다. 여기서는 **LiveData**가 **GalleryItem** 객체들을 저장한 **List**를 갖는다. 또한, **PhotoGalleryViewModel** 인스턴스가 생성되어 초기화될 때 플리커의 사진 데이터를 가져오는 웹 요청을 실행해서 그 결과로 생성된 **LiveData** 참조를 **galleryItemLiveData** 속성에 지정한다.

리스트 24.30 | PhotoGalleryViewModel 클래스 생성하기(PhotoGalleryViewModel.kt)

```
class PhotoGalleryViewModel : ViewModel() {

    val galleryItemLiveData: LiveData<List<GalleryItem>>

    init {
        galleryItemLiveData = FlickrFetchr().fetchPhotos()
    }
}
```

FlickrFetchr().fetchPhotos() 함수는 사진 데이터의 요청을 실행해서 그 응답 데이터를 LiveData로 반환한다. 여기서는 이 함수를 init{} 블록에서 호출하므로 PhotoGallery ViewModel 인스턴스가 최초 생성될 때 실행된다.

그리고 PhotoGalleryViewModel 인스턴스는 사용자가 PhotoGalleryFragment를 최초로 시작시킬 때 한번만 생성되며, 사용자가 장치를 회전하거나 다른 구성 변경이 생기면 메모리에 남는다. 따라서 PhotoGalleryFragment 인스턴스가 소멸되었다가 다시 생성되더라도 기존의 PhotoGalleryViewModel을 통해서 원래의 요청 결과를 사용할 수 있다(그림 24.8의 경우와는 다르게 FlickrFetchr().fetchPhotos()가 매번 호출되지 않는다).

다음으로 PhotoGalleryViewModel을 사용하도록 PhotoGalleryFragment.onCreate(…)를 변경한다. 우선 PhotoGalleryViewModel 인스턴스 참조를 photoGalleryViewModel이라는 이름의 속성에 보존하고, 기존의 FlickrFetchr 사용 코드를 삭제한다.

리스트 24.31 | PhotoGalleryViewModel 인스턴스 생성하기(PhotoGalleryFragment.kt)

```
class PhotoGalleryFragment : Fragment() {

    private lateinit var photoGalleryViewModel: PhotoGalleryViewModel
    private lateinit var photoRecyclerView: RecyclerView

    override fun onCreate(savedInstanceState: Bundle?) {
        super.onCreate(savedInstanceState)

        val flickrLiveData: LiveData<List<GalleryItem>> = FlickrFetchr().fetchPhotos()
        flickrLiveData.observe(
            this,
            Observer { galleryItems ->
                Log.d(TAG, "Response received: $galleryItems")
            })
        photoGalleryViewModel =
                ViewModelProvider(this).get(PhotoGalleryViewModel::class.java)
    }
    ...
}
```

다시 얘기하지만, 이제는 PhotoGalleryFragment 인스턴스가 최초 생성될 때 PhotoGallery ViewModel 인스턴스가 생성된다. 그리고 장치 회전과 같은 구성 변경으로 현재의 PhotoGallery Fragment 인스턴스가 소멸하고 새로운 인스턴스가 다시 생성되더라도 기존의 PhotoGallery ViewModel 인스턴스는 다시 생성되지 않고 메모리에 계속 보존되어 사용된다.

다음으로 PhotoGalleryFragment의 뷰가 생성될 때 PhotoGalleryViewModel의 LiveData 변경을 관찰하도록 PhotoGalleryFragment에 onViewCreated(...) 함수를 오버라이드한다. 일단 지금은 데이터가 수신되었음을 나타내는 로그문만 onViewCreated(...)에 추가한다. 수신된 응답 데이터를 사용해서 RecyclerView의 내용을 변경하는 작업은 잠시 후에 한다.

리스트 24.32 | PhotoGalleryViewModel의 LiveData 변경 관찰하기(PhotoGalleryFragment.kt)

```kotlin
class PhotoGalleryFragment : Fragment() {
    ...
    override fun onCreateView(
        ...
    ): View {
        ...
    }

    override fun onViewCreated(view: View, savedInstanceState: Bundle?) {
        super.onViewCreated(view, savedInstanceState)
        photoGalleryViewModel.galleryItemLiveData.observe(
            viewLifecycleOwner,
            Observer { galleryItems ->
                Log.d(TAG, "Have gallery items from ViewModel $galleryItems")
                // 잠시 후에 RecyclerView의 내용을 변경하는 코드를 추가한다
            })
    }
    ...
}
```

이제는 PhotoGalleryFragment 인스턴스와 이것의 뷰가 소멸하고 다시 생성되더라도 PhotoGalleryViewModel의 LiveData가 새로 생성된 PhotoGalleryFragment 뷰에 추가될 수 있다. 따라서 장치 회전 등 구성 변경이 생기더라도 화면에 보이는 UI(잠시 후에 추가할 RecyclerView 변경 코드)에서는 여전히 응답 데이터를 보여줄 수 있다. 또한, Observer가 지정되었으므로 플리커로부터 수신된 응답 데이터가 변경될 때도 UI에 반영된다.

로그캣 창을 열고 검색 필드에 'FlickrFetchr'가 입력된 상태에서 PhotoGallery 앱을 다시 실행해 화면을 가로 방향과 세로 방향으로 번갈아 여러 번 회전해보면, 앞의 그림 24.8과는 달리 로그 메시지가 한번만 나타난다. 장치의 방향이 바뀌더라도 플리커의 데이터를 불필요하게 내려받지 않기 때문이다.

RecyclerView에 응답 결과 보여주기

마지막으로 웹 요청의 결과를 **PhotoGalleryFragment**의 뷰인 **RecyclerView**에 보여준다. 우선 **PhotoGalleryFragment**의 내부 클래스로 **ViewHolder**의 서브 클래스를 추가한다.

리스트 24.33 | ViewHolder의 서브 클래스 추가하기(PhotoGalleryFragment.kt)

```kotlin
class PhotoGalleryFragment : Fragment() {
    ...
    override fun onViewCreated(view: View, savedInstanceState: Bundle?) {
        ...
    }

    private class PhotoHolder(itemTextView: TextView)
        : RecyclerView.ViewHolder(itemTextView) {

        val bindTitle: (CharSequence) -> Unit = itemTextView::setText
    }
    ...
}
```

다음으로 **PhotoGalleryFragment**의 내부 클래스로 **RecyclerView.Adapter**의 서브 클래스를 추가한다.

리스트 24.34 | RecyclerView.Adapter의 서브 클래스 추가하기(PhotoGalleryFragment.kt)

```kotlin
class PhotoGalleryFragment : Fragment() {
    ...
    private class PhotoHolder(itemTextView: TextView)
        : RecyclerView.ViewHolder(itemTextView) {

        val bindTitle: (CharSequence) -> Unit = itemTextView::setText
    }

    private class PhotoAdapter(private val galleryItems: List<GalleryItem>)
        : RecyclerView.Adapter<PhotoHolder>() {

        override fun onCreateViewHolder(
                parent: ViewGroup,
                viewType: Int
        ): PhotoHolder {
            val textView = TextView(parent.context)
            return PhotoHolder(textView)
        }

        override fun getItemCount(): Int = galleryItems.size
```

```kotlin
        override fun onBindViewHolder(holder: PhotoHolder, position: Int) {
            val galleryItem = galleryItems[position]
            holder.bindTitle(galleryItem.title)
        }
    }
    ...
}
```

이제는 응답 데이터를 **RecyclerView**에 보여주기 위한 준비가 다 되었다. 마지막으로 응답 데이터가 변경되면 **RecyclerView** 어댑터에 전달하는 코드를 추가한다.

리스트 24.35 | RecyclerView 어댑터에 응답 데이터 전달하기(PhotoGalleryFragment.kt)

```kotlin
class PhotoGalleryFragment : Fragment() {
    ...
    override fun onViewCreated(view: View, savedInstanceState: Bundle?) {
        super.onViewCreated(view, savedInstanceState)
        photoGalleryViewModel.galleryItemLiveData.observe(
            this,
            Observer { galleryItems ->
                Log.d(TAG, "Have gallery items from ViewModel $galleryItems")
                // 잠시 후에 RecyclerView의 내용을 변경하는 코드를 추가한다
                photoRecyclerView.adapter = PhotoAdapter(galleryItems)
            })

        return view
    }
    ...
}
```

이 장에서 할 일은 다 끝났다. PhotoGallery 앱을 실행해보면 그림 24.2와 같이 플리커에서 내려받은 사진 데이터(**GalleryItem**)들의 제목이 화면에 나타난다.

궁금증 해소하기: 다른 파서와 데이터 형식

Gson은 널리 사용되는 JSON 파서(parser)이지만, 다른 파서도 있다. 예를 들어 Square 사의 Moshi(https://github.com/square/moshi) 라이브러리는 JSON 데이터 파싱을 처리하며, Moshi에는 Retrofit에서 바로 사용할 수 있는 변환기가 있다.

Retrofit은 JSON 외에 XML이나 Protobufs 같은 다른 데이터 형식도 지원한다. 또한, Retrofit에서 사용할 수 있는 변환(직렬화/역직렬화) 라이브러리들이 많이 있으므로, 상황에 맞는 것을 선택해서 사용한다.

궁금증 해소하기: 요청 취소하기

지금은 사진 데이터를 내려받는 웹 요청을 수행하도록 **PhotoGalleryFragment**에서 **Photo GalleryViewModel**에 요청한다. 그런데 앱이 시작될 때 사용자가 곧바로 백 버튼을 누르더라도 웹 요청이 계속 실행된다. 이때 웹 요청을 처리하는 **FlickrFetchr**에서는 메모리 유출이 생기지 않는데, 이는 **FlickrFetchr**가 어떤 UI 관련 컴포넌트나 **ViewModel**의 참조도 갖지 않기 때문이다.

그러나 웹 요청이 계속 실행되면 장치의 배터리 소모나 CPU의 불필요한 사용, 그리고 사용자의 데이터 사용량이 증가할 수 있다. 그나마 PhotoGallery 앱에서는 내려받는 데이터 크기가 작아서 큰 문제가 되지는 않는다.

이럴 때 웹 요청의 결과를 무시하는 것보다는 장치의 어딘가(예를 들어, 데이터베이스)에 저장해 두면 좋을 것이다.

지금은 PhotoGallery 앱에서 요청 결과를 저장하지 않는다. 따라서 **ViewModel**(여기서는 **Photo GalleryViewModel**)이 소멸할 때 웹 요청을 바로 취소(cancel)할 수 있으면 좋다. 이렇게 하려면 진행 중인 웹 요청을 나타내는 **Call** 객체의 참조를 보존한 다음, 보존된 **Call** 객체의 **cancel()**을 호출해서 웹 요청을 취소하면 된다.

```kotlin
class SomeRespositoryClass {

    private lateinit var someCall: Call<SomeResponseType>
    ...
    fun cancelRequestInFlight() {
        if (::someCall.isInitialized) {
            someCall.cancel()
        }
    }
}
```

이처럼 Retrofit의 **Call.cancel()**을 호출해서 웹 요청을 취소하면, **Callback.onFailure(…)** 함수가 호출되어 **Call.isCancelled** 값을 이 함수에서 확인해서 웹 요청이 취소된 것인지 결정할 수 있다(true면 취소된 것임).

웹 요청 취소를 **ViewModel**의 생명주기와 연관시키려면 **ViewModel** 인스턴스가 소멸할 때(예를 들어, 사용자가 백 버튼을 눌러서 액티비티를 중단할 때) 호출되는 **ViewModel.onCleared()**를 오버라이드한다.

```
class SomeViewModel : ViewModel() {

    private val someRepository = SomeRespositoryClass()
    ...
    override fun onCleared() {
        super.onCleared()
        someRepository.cancelRequestInFlight()
    }
    ...
}
```

챌린지: 커스텀 Gson 역직렬화 클래스 구현하기

플리커에서 반환되는 JSON 응답에는 다계층으로 중첩된 데이터가 포함된다(그림 24.6). 앞의 'JSON 텍스트를 모델 객체로 역직렬화 하기'에서는 JSON 계층 구조와 직접 연관되는 모델 객체를 생성하였다. 그런데 JSON 계층 구조의 바깥 계층 데이터에 관심이 없어도 해당 계층의 모델 객체를 만들어야 한다.

기본적으로 Gson은 JSON 데이터의 모든 것을 직접 모델 객체와 연관시키며, 이때 코틀린 속성 이름(또는 @SerializedName 애노테이션)을 JSON 필드 이름과 일치시킨다. 그런데 **com.google.gson.JsonDeserializer**를 정의하면 다르게 처리되도록 할 수 있다.

이 챌린지에서는 커스텀 역직렬화 클래스를 구현해서 JSON 데이터의 가장 바깥쪽 계층(현재의 **FlickrResponse** 클래스와 연관되는 계층)을 제외하고 이 클래스에서는 JSON 데이터를 파싱해 생성된 **PhotoResponse** 객체를 반환해야 한다. 이렇게 하려면 **com.google.gson.JsonDeserializer**의 새로운 서브 클래스를 생성하고 **deserialize(…)** 함수를 오버라이드한다.

```
class PhotoDeserializer : JsonDeserializer<PhotoResponse> {

    override fun deserialize(
        json: JsonElement,
        typeOfT: Type?,
        context: JsonDeserializationContext?
    ): PhotoResponse {
        // JsonElement의 데이터를 가져오고
        // PhotoResponse 객체로 변환한다
    }
}
```

JsonElement를 파싱하고 모델 객체로 변환하는 방법은 Gson API 문서에서 찾아본다(힌트: **JsonElement**, **JsonObject**, **Gson** 문서를 자세히 살펴본다).

그리고 커스텀 역직렬화 클래스를 생성한 후에는 다음과 같이 **FlickrFetchr**의 초기화 코드를 변경한다.

- **GsonBuilder**를 사용해서 **Gson** 인스턴스를 생성하고, 커스텀 역직렬화 클래스를 타입 어댑터로 등록한다.
- 변환기로 사용될 커스텀 **retrofit2.converter.gson.GsonConverterFactory** 인스턴스를 생성한다.
- 이 커스텀 Gson 변환기 인스턴스를 사용하도록 Retrofit 인스턴스 구성을 변경한다.

마지막으로 프로젝트에서 **FlickrResponse**를 삭제하고, 이것을 사용하는 코드를 찾아 변경한다.

챌린지: 페이징

기본적으로 플리커의 getList 메서드는 100개의 결과를 갖는 페이지 하나를 반환한다. 이때 page라는 매개변수를 추가로 사용할 수 있으며, 이 매개변수는 반환되는 결과 페이지 번호를 지정하는 데 사용된다.

이 챌린지에서는 https://developer.android.com/topic/libraries/architecture/paging에 있는 Jetpack 페이징 라이브러리를 살펴보고, 이 라이브러리를 사용해서 PhotoGallery 앱의 페이징을 구현해보

자. 이 라이브러리는 필요에 따라 앱의 데이터를 로딩하는 프레임워크를 제공하므로, 이 라이브러리를 사용하면 직접 구현하는 것보다 페이징 기능을 더 쉽게 구현할 수 있다.

챌린지: 열의 개수를 동적으로 조정하기

지금은 그리드에 나타나는 열의 개수가 세 개로 정해져 있다. 장치의 가로 방향이나 화면이 큰 장치에서 많은 열을 보여줄 수 있도록 코드를 변경해서 열의 개수를 동적으로 제공해보자.

우선 간단한 방법으로 할 수 있다. 즉, 서로 다른 방향이나 화면 크기에 따른 정수 리소스를 수식자(qualifier)로 제공하는 것이다. 이 방법은 화면 크기마다 서로 다른 문자열을 제공하는 17장의 방법과 유사하다. 이때 정수 리소스는 res/values 폴더에 위치해야 한다(자세한 내용은 안드로이드 개발자 문서를 확인하자).

수식자 리소스를 제공하는 방법보다 더 어렵지만 유연성이 좋은 구현 방법으로 구현할 수 있다. 즉, 프래그먼트의 뷰가 생성될 때마다 열의 개수를 산출해서 설정한다. 이때 RecyclerView의 현재 너비와 사전 결정된 열 너비 상수를 기준으로 열의 개수를 산출한다.

단, 프래그먼트의 onCreateView()에서는 onCreateView()가 호출되는 시점에는 RecyclerView의 크기가 결정되지 않아서 열의 개수를 산출할 수 없다. 따라서 ViewTreeObserver.OnGlobalLayoutListener를 구현해서 onGlobalLayout() 함수에 열 개수 산출 코드를 넣고, addOnGlobalLayoutListener() 함수를 사용해서 RecyclerView에 OnGlobalLayoutListener를 추가하면 된다.

25

Looper, Handler, HandlerThread

24장에서는 플리커로부터 JSON 데이터(사진 메타정보)를 내려받고 파싱하였다. 다음으로 할 일은 사진 이미지를 내려받아 사용자에게 보여주는 것이다. 이 장에서는 PhotoGallery에서 사진을 동적으로 내려받아 보여주기 위해 **Looper**, **Handler**, **HandlerThread**를 사용하는 방법을 알아본다. 또한, 앱의 **main** 스레드와 백그라운드 스레드가 할 수 있는 일과 **main** 스레드와 백그라운드 스레드 간의 소통 방법도 알아본다.

이미지를 보여주기 위해 RecyclerView 준비하기

현재 **PhotoGalleryFragment**의 **PhotoHolder**에서는 **RecyclerView**의 **GridLayoutManager**에 **TextView**를 제공한다. 그리고 각 **TextView**는 **GalleryItem**의 사진 제목을 화면에 보여준다(**GalleryItem**은 플리커의 사진 메타정보를 갖는 모델 객체로, 클래스 정의는 리스트 24.21에 있다).

여기서는 사진 이미지를 보여주기 위해 **TextView** 대신 **ImageView**를 제공하도록 **PhotoHolder**를 변경한다. 각 **ImageView**는 **GalleryItem**의 URL로부터 내려받은 사진 하나를 보여준다.

우선 앞 장에서 작성한 PhotoGallery 프로젝트를 열어 **GalleryItem**의 사진 이미지를 보여줄 레이아웃인 list_item_gallery.xml을 res/layout 밑에 생성한다. 이 레이아웃은 하나의

ImageView로 구성된다(프로젝트 도구 창의 **res/layout** 디렉터리에서 오른쪽 마우스 버튼을 클릭한 후 **New ➡ Layout Resource File**을 선택한다. 대화상자에서 파일 이름에 **list_item_gallery.xml**을 입력하고 **OK** 버튼을 클릭한다). 그리고 리스트 25.1의 XML로 모두 교체한다.

리스트 25.1 | 사진 이미지를 보여줄 레이아웃(res/layout/list_item_gallery.xml)

```xml
<?xml version="1.0" encoding="utf-8"?>
<ImageView xmlns:android="http://schemas.android.com/apk/res/android"
    android:layout_width="match_parent"
    android:layout_height="120dp"
    android:layout_gravity="center"
    android:scaleType="centerCrop"/>
```

이 **ImageView**는 RecyclerView의 **GridLayoutManager**가 관리하므로 **ImageView**의 너비가 달라질 수 있으나 높이는 변함없다. **ImageView**의 공간을 최대한 활용하기 위해 여기서는 **scaleType** 속성을 centerCrop으로 설정하였다. 이렇게 하면 이미지를 중앙에 위치시킨 후 작은 크기의 이미지는 뷰의 공간에 맞게 확대하고, 큰 것은 양쪽 모두 잘라내어 크기를 조정한다.

다음으로 **TextView** 대신 **ImageView**를 넣기 위해 **PhotoHolder**를 변경한다. **ImageView**에 **Drawable** 객체(사진 이미지)를 설정하는 함수를 참조하도록 **bindTitle** 속성을 교체한다.

리스트 25.2 | PhotoHolder 변경하기(PhotoGalleryFragment.kt)

```kotlin
class PhotoGalleryFragment : Fragment() {
    ...
    private class PhotoHolder(private val itemTextView: TextView)
        : RecyclerView.ViewHolder(itemTextView) {
    private class PhotoHolder(private val itemImageView: ImageView)
        : RecyclerView.ViewHolder(itemImageView) {

        val bindTitle: (CharSequence) -> Unit = itemTextView::setText
        val bindDrawable: (Drawable) -> Unit = itemImageView::setImageDrawable
    }
    ...
}
```

이전에는 **PhotoHolder** 생성자에서 **TextView**를 인자로 받았지만, 여기서는 **ImageView**를 받는다.

다음으로 생성한 **list_item_gallery.xml** 파일을 인플레이트하고 이것을 **PhotoHolder**의 생성자로 전달하기 위해 **PhotoAdapter**의 **onCreateViewHolder(...)**를 변경한다. 이때

PhotoAdapter가 부모 액티비티의 layoutInflater 속성을 직접 사용할 수 있게 inner 키워드를 추가한다(parent.context로부터 인플레이터 객체를 얻을 수도 있지만, 나중에 부모 액티비티의 다른 속성과 함수를 더 쉽게 사용할 수 있도록 inner 키워드를 추가했다).

리스트 25.3 | PhotoAdapter의 onCreateViewHolder(...) 변경하기(PhotoGalleryFragment.kt)

```kotlin
class PhotoGalleryFragment : Fragment() {
    ...
    private inner class PhotoAdapter(private val galleryItems: List<GalleryItem>)
        : RecyclerView.Adapter<PhotoHolder>() {

        override fun onCreateViewHolder(
            parent: ViewGroup,
            viewType: Int
        ): PhotoHolder {
            val textView = TextView(activity)
            return PhotoHolder(textView)
            val view = layoutInflater.inflate(
                R.layout.list_item_gallery,
                parent,
                false
            ) as ImageView
            return PhotoHolder(view)
        }
        ...
    }
    ...
}
```

그리고 이미지를 내려받아 교체할 때까지 각 **ImageView**에 임시로 보여줄 플레이스 홀더 이미지가 필요하다. 이 책 다운로드 파일의 Ch25 서브 디렉터리에 있는 bill_up_close.png 파일을 res/drawable 밑에 복사한다.

그런 다음 플레이스 홀더 이미지를 **ImageView**의 **Drawable**로 설정하도록 **PhotoAdapter**의 **onBindViewHolder(...)**를 변경한다.

리스트 25.4 | 기본 이미지 바인딩하기(PhotoGalleryFragment.kt)

```kotlin
class PhotoGalleryFragment : Fragment() {
    ...
    private inner class PhotoAdapter(private val galleryItems: List<GalleryItem>)
        : RecyclerView.Adapter<PhotoHolder>() {
        ...
        override fun onBindViewHolder(holder: PhotoHolder, position: Int) {
```

```
        val galleryItem = galleryItems[position]
        holder.bindTitle(galleryItem.title)
        val placeholder: Drawable = ContextCompat.getDrawable(
            requireContext(),
            R.drawable.bill_up_close
        ) ?: ColorDrawable()
        holder.bindDrawable(placeholder)
    }
  }
  ...
}
```

만일 **ContextCompat.getDrawable(...)** 함수가 null을 반환한다면, 플레이스 홀더에 이미지가 없는 **ColorDrawable** 객체가 제공된다.

PhotoGallery 앱을 실행하면 이 책의 저자 중 한 명인 빌 필립스(Bill Phillips)의 얼굴이 클로즈업된 사진들이 그림 25.1과 같이 나온다.

그림 25.1 | 임시로 도배된 빌의 얼굴

URL로부터 이미지 내려받기 준비하기

다음으로 앞서 정의한 Retrofit API 인터페이스에서 이미지 내려받기를 지원해보자. URL 문자열을 인자로 받아 실행 가능한 Call 객체(**okhttp3.ResponseBody**를 반환하는 **retrofit2.Call**)를 반환하는 함수를 추가한다.

```
interface FlickrApi {
    ...
    @GET
    fun fetchUrlBytes(@Url url: String): Call<ResponseBody>
}
```

fetchUrlBytes(...) API 함수는 내려받을 곳을 나타내는 URL을 인자로 받으며, 이 인자는 @Url의 매개변수로 사용된다. fetchUrlBytes(...)의 매개변수에 지정된 @Url과 매개변수가 없는 @GET을 같이 사용하면, Retrofit이 기본 URL 대신 fetchUrlBytes(...)에 전달된 URL을 사용한다.

이제 FlickrFetchr에 fetchPhoto(...) 함수를 추가해서 인자로 전달된 URL로부터 데이터를 가져와서 Bitmap으로 변환한다(리스트 25.6).

리스트 25.6 | 이미지 내려받기 함수 추가하기(FlickrFetchr.kt)

```
class FlickrFetchr {
    ...
    @WorkerThread
    fun fetchPhoto(url: String): Bitmap? {
        val response: Response<ResponseBody> = flickrApi.fetchUrlBytes(url).execute()
        val bitmap = response.body()?.byteStream()?.use(BitmapFactory::decodeStream)
        Log.i(TAG, "Decoded bitmap=$bitmap from Response=$response")
        return bitmap
    }
}
```

여기서는 웹 요청을 실행하기 위해 Call.execute()를 사용한다. 이미 배웠듯이, 안드로이드는 main 스레드에서 네트워크 작업을 할 수 없다. @WorkerThread 애노테이션은 fetchPhoto(String) 함수가 백그라운드 스레드에서 호출되어야 함을 나타낸다.

그러나 백그라운드 스레드의 생성이나 백그라운드 스레드에서 fetchPhoto(String) 함수를 호출하는 것은 @WorkerThread에서 해주는 것이 아니고 우리가 직접 해야 한다(이와 달리 함수에 @MainThread나 @UiThread 애노테이션이 지정되면, 이 함수는 main 스레드에서 실행된다). 따라서 fetchPhoto(String) 함수는 우리가 생성한 백그라운드 스레드에서 호출해야 한다.

여기서는 ResponseBody.byteStream() 함수를 사용해서 응답 몸체로부터 java.io.Input Stream을 가져온다. 그리고 이것을 BitmapFactory.decodeStream(InputStream)으로 전달

해서 바이트 스트림을 **Bitmap** 객체로 생성한다.

응답과 바이트 스트림은 반드시 정상적으로 닫혀야 한다. **InputStream**은 **Closeable** 인터페이스를 구현하므로, 코틀린 표준 라이브러리 함수인 **use(…)**는 **BitmapFactory.decode Stream(…)**의 실행이 끝나면 스트림을 닫는 등의 클린업 작업을 수행한다.

마지막으로 **fetchPhoto(String)**에서 **BitmapFactory**가 생성한 **Bitmap** 객체를 반환한다. 이로써 API 인터페이스와 리포지터리가 이미지를 내려받을 준비가 되었다. 그런데 아직 해야 할 일이 더 있다.

내려받기 관련 고려 사항

현재 PhotoGallery의 네트워크 작업은 다음과 같이 처리된다. **PhotoGalleryViewModel**에서 **FlickrFetchr().fetchPhotos()**를 호출해서 플리커로부터 JSON 데이터를 내려받는다. 이때 **FlickrFetchr**는 빈 **LiveData<List<GalleryItem>>** 객체를 즉시 반환하고 플리커로부터 데이터를 가져오기 위해 비동기 Retrofit 요청을 하며, 이 네트워크 요청은 백그라운드 스레드에서 실행된다.

그리고 데이터의 내려받기가 끝나면 **FlickrFetchr**가 JSON 데이터(사진 메타데이터)를 **GalleryItem**이 저장된 **List**로 파싱해서 **LiveData** 객체로 전달한다. 이로써 섬네일 크기의 사진이 있는 URL을 각 **GalleryItem**이 갖게 된다.

그다음에는 섬네일 사진들을 가져와야 한다. 어떻게 하면 될까? **FlickrFetchr**는 기본적으로 100개의 URL만 받으므로 **GalleryItem**이 저장된 **List**는 최대 100개의 URL을 저장한다. 따라서 100개가 될 때까지 이미지를 차례차례 내려받고 **ViewModel**에 알린 후, 해당 이미지들을 한꺼번에 **RecyclerView**에 보여줄 수 있을 것이다.

그러나 섬네일 이미지를 한꺼번에 다운로드하는 것은 두 가지 문제를 초래한다. 첫째로, 시간이 오래 걸릴 수 있어서 내려받기가 완전히 끝날 때까지 UI가 변경되지 않을 뿐더러 속도가 느린 네트워크 연결에서는 사용자가 오랫동안 도배된 빌의 얼굴만 쳐다보게 된다.

둘째는 이미지 전체를 장치에 저장하는 데 따른 비용 문제다. 100개의 섬네일 정도는 메모리에 쉽게 저장할 수 있지만, 1000개라면? 또는 무한정으로 스크롤하면서 볼 수 있게 하고 싶다면? 결국은 메모리가 부족하게 된다.

이런 문제에 대해 실무 앱에서는 이미지가 화면에 나타날 필요가 있을 때만 다운로드한다. 이미지가 필요할 때 다운로드하는 것은 **RecyclerView**와 이것의 어댑터가 할 일이다. 어댑터가 자신의 **onBindViewHolder(…)** 구현에서 이미지 다운로드를 시작시키면 된다.

그렇다면 이것을 어떻게 해야 할까? 각 이미지 내려받기에 대해 별개로 비동기 Retrofit 요청을 할 수 있다. 그러나 이때는 각 뷰 홀더와 프래그먼트 자체에 관련된 모든 **Call** 객체를 유지하고 관리해야 한다.

따라서 이 방법 대신 여기서는 전용 백그라운드 스레드를 생성한다. 이 스레드는 한번에 하나의 내려받기 요청을 받아 처리하며, 내려받기가 끝나면 각 요청의 결과 이미지를 제공한다. 이때 모든 요청이 해당 백그라운드 스레드에서 관리되므로, 클린업이나 스레드 중단을 쉽게 할 수 있다는 이점도 있다.

백그라운드 스레드 만들기

app/java 밑의 com.bignerdranch.android.photogallery 패키지에 HandlerThread의 서브 클래스로 ThumbnailDownloader라는 클래스를 생성한 후 queueThumbnail() 함수를 추가하고 스레드를 종료하기 위한 quit() 함수를 오버라이딩한다.

리스트 25.7 | 초기 스레드 코드(ThumbnailDownloader.kt)

```kotlin
private const val TAG = "ThumbnailDownloader"

class ThumbnailDownloader<in T> : HandlerThread(TAG) {

    private var hasQuit = false

    override fun quit(): Boolean {
        hasQuit = true
        return super.quit()
    }

    fun queueThumbnail(target: T, url: String) {
        Log.i(TAG, "Got a URL: $url")
    }
}
```

ThumbnailDownloader 클래스에는 제네릭 타입 매개변수인 <T>가 지정되어 있다. 따라서 이 클래스를 사용하는 PhotoGalleryFragment에서는 <T>의 객체 타입을 지정해야 한다. 이처럼 제네릭 타입 매개변수를 사용하면, 다양한 타입의 객체에 ThumbnailDownloader 클래스를 사용할 수 있어서 코드를 더 유연하게 구현할 수 있다.

여기서는 ThumbnailDownloader를 사용하는 PhotoGalleryFragment에서 각 내려받기를 식별하고, 내려받은 이미지로 변경할 UI 요소를 결정하기 위해 어쨌든 객체를 사용해야 한다. 이때 특정 타입의 객체를 식별자로 사용하는 대신에 제네릭 타입을 사용하면 유연한 코드를 구현할 수 있다.

queueThumbnail() 함수에서는 내려받기의 식별자로 사용하기 위해 타입 T의 객체를 첫 번째 인자로 받는다. 그리고 내려받을 URL을 포함하는 문자열(String 타입)을 두 번째 인자로 받는다. 이 함수는 PhotoAdapter의 onBindViewHolder(...)에서 호출할 것이다.

생명주기 인식 스레드 만들기

ThumbnailDownloader의 목적은 이미지를 내려받아 PhotoGalleryFragment에 제공하는 것이므로 백그라운드 스레드의 생애를 사용자가 인식하는 프래그먼트 생애와 연동해야 한다. 달리 말해 사용자가 프래그먼트 화면을 시작하면 스레드를 실행하고, 화면을 끝내면(예를 들어, 장치의 백 버튼을 누르거나 오버뷰 화면에서 태스크를 닫음) 스레드를 중단해야 한다. 그러나 사용자가 장치를 회전해서 구성 변경이 발생한다면, 스레드를 소멸한 후 다시 생성하지 않고 스레드 인스턴스를 보존해야 한다.

ViewModel의 생애는 사용자가 인식하는 프래그먼트 생애와 일치한다. 그런데 PhotoGallery의 ViewModel인 PhotoGalleryViewModel에서 스레드를 관리하는 것은 구현이 복잡하므로, FlickrFetchr와 같은 리포지터리 컴포넌트에서 하는 것이 바람직하다. 그러나 여기서는 HandlerThread를 이해하는 것이 목적이므로, 백그라운드 스레드인 ThumbnailDownloader 인스턴스를 직접 PhotoGalleryFragment와 연동한다.

우선 PhotoGalleryFragment 인스턴스의 생애가 사용자가 인식하는 프래그먼트 생애와 연동되도록 PhotoGalleryFragment를 유보(retain)한다(프래그먼트를 유보한다는 것은 사용자가 장치를 회전하여 구성 변경이 생길 때도 그 시점의 프래그먼트 인스턴스가 갖고 있던 상태 데이터를 계속 보존한다는 의미다). 이때 프래그먼트의 retainInstance 속성을 true로 설정한다.

```kotlin
class PhotoGalleryFragment : Fragment() {
    ...
    override fun onCreate(savedInstanceState: Bundle?) {
        super.onCreate(savedInstanceState)

        retainInstance = true
        ...
    }
    ...
}
```

(일반적으로 프래그먼트의 유보는 피하는 것이 좋다. 그러나 프래그먼트를 유보하면 이와 관련된 코드를 추가로 작성하지 않아도 된다. 따라서 여기서는 **HandlerThread**를 구현하는 방법을 알아보기 위해 프래그먼트를 유보한 것이다. 프래그먼트 유보에 관한 자세한 내용은 이 장 뒤에서 알아본다.)

이제는 프래그먼트가 유보될 수 있으므로 **PhotoGalleryFragment.onCreate(...)**가 호출될 때 백그라운드 스레드를 시작시키고, **PhotoGalleryFragment.onDestroy()**가 호출될 때 백그라운드 스레드가 중단되도록 한다. 이때 **PhotoGalleryFragment**의 생명주기 함수에 해당 코드를 직접 추가하여 구현할 수 있지만, 그렇게 하면 프래그먼트 코드가 불필요하게 복잡해진다. 따라서 여기서는 **ThumbnailDownloader**에 관련 코드를 추가해서 **생명주기를 인식하는**(lifecycle aware) 백그라운드 스레드로 만든다.

생명주기 관찰자(lifecycle observer)라고 하는 생명주기 인식 컴포넌트는 **생명주기 소유자**(lifecycle owner)의 생명주기를 관찰한다. 액티비티(**Activity** 클래스나 이것의 서브 클래스)나 프래그먼트(**Fragment** 클래스나 이것의 서브 클래스)가 생명주기 소유자의 대표적인 예이며, 이것들은 자체적으로 생명주기를 가지고 **LifecycleOwner** 인터페이스를 구현한다.

LifecycleObserver 인터페이스를 구현해서 생명주기 소유자의 **onCreate(...)**와 **onDestroy()** 함수들을 관찰하도록 **ThumbnailDownloader**를 변경한다. 이렇게 하면 **onCreate(...)**가 호출될 경우 **ThumbnailDownloader**가 스스로 시작되고, **onDestroy()**가 호출되면 스스로 중단되도록 할 수 있다.

리스트 25.9 | ThumbnailDownloader를 생명주기 인식 스레드로 만들기(ThumbnailDownloader.kt)

```kotlin
private const val TAG = "ThumbnailDownloader"

class ThumbnailDownloader<in T>
```

```
    : HandlerThread(TAG), LifecycleObserver {

    private var hasQuit = false

    override fun quit(): Boolean {
        hasQuit = true
        return super.quit()
    }

    @OnLifecycleEvent(Lifecycle.Event.ON_CREATE)
    fun setup() {
        Log.i(TAG, "Starting background thread")
    }

    @OnLifecycleEvent(Lifecycle.Event.ON_DESTROY)
    fun tearDown() {
        Log.i(TAG, "Destroying background thread")
    }

    fun queueThumbnail(target: T, url: String) {
        Log.i(TAG, "Got a URL: $url")
    }
}
```

이처럼 **LifecycleObserver** 인터페이스를 구현하면 어떤 **LifecycleOwner**의 생명주기 콜백 호출이든지 **ThumbnailDownloader**가 받을 수 있다. 클래스의 함수를 생명주기 콜백과 연관할 때는 @OnLifecycleEvent(Lifecycle.Event) 애노테이션을 사용해서 여기처럼 Lifecycle.Event. ON_CREATE를 전달하면 **LifecycleOwner.onCreate(…)**가 호출될 때 **ThumbnailDownloader. setup()**이 호출된다. 또한, Lifecycle.Event.ON_DESTROY를 전달하면 **LifecycleOwner. onDestroy()**가 호출될 때 **ThumbnailDownloader.tearDown()**이 호출된다.

Lifecycle.Event 상수의 자세한 내역은 API 문서 https://developer.android.com/reference/android/ arch/lifecycle/Lifecycle.Event를 보면 알 수 있다.

(**LifecycleObserver, Lifecycle.Event, OnLifecycleEvent**는 Jetpack의 일부이며, android.arch.lifecycle 패키지에 있다. 그리고 24장에서 lifecycle-extensions 의존성을 **build.gradle(Module: PhotoGallery. app)** 파일에 추가했으므로 곧바로 사용할 수 있다.)

다음으로 **ThumbnailDownloader**의 인스턴스를 생성하고 등록해서 **PhotoGalleryFragment** 로부터 생명주기 콜백 호출을 받도록 PhotoGalleryFragment.kt를 변경한다.

```kotlin
class PhotoGalleryFragment : Fragment() {

    private lateinit var photoGalleryViewModel: PhotoGalleryViewModel
    private lateinit var photoRecyclerView: RecyclerView
    private lateinit var thumbnailDownloader: ThumbnailDownloader<PhotoHolder>

    override fun onCreate(savedInstanceState: Bundle?) {
        super.onCreate(savedInstanceState)

        retainInstance = true

        photoGalleryViewModel =
                ViewModelProvider(this).get(PhotoGalleryViewModel::class.java)

        thumbnailDownloader = ThumbnailDownloader()
        lifecycle.addObserver(thumbnailDownloader)
    }
    ...
    override fun onViewCreated(view: View, savedInstanceState: Bundle?) {
        ...
    }

    override fun onDestroy() {
        super.onDestroy()
        lifecycle.removeObserver(
            thumbnailDownloader
        )
    }
    ...
}
```

ThumbnailDownloader의 제네릭 인자에는 어떤 타입도 지정할 수 있다. 그런데 내려받기의
식별자로 사용할 객체의 타입을 이 인자에 지정해야 하므로 여기서는 내려받은 이미지를 갖는
PhotoHolder를 지정하였다.

프래그먼트는 **LifecycleOwner**를 구현하므로 lifecycle 속성을 갖는다. 따라서 이 속성을
사용해서 **lifecycle.addObserver(thumbnailDownloader)**를 호출하면, **ThumbnailDown
loader** 인스턴스가 프래그먼트의 생명주기 관찰자로 등록되어서 프래그먼트의 생명주기 콜
백 호출을 받을 수 있다. 따라서 이제는 **PhotoGalleryFragment.onCreate(...)**가 호출되면
ThumbnailDownloader.setup()이 호출되며, **PhotoGalleryFragment.onDestroy()**가 호출되
면 **ThumbnailDownloader.tearDown()**이 호출된다.

또한, 프래그먼트가 소멸해서 PhotoGalleryFragment.onDestroy()가 호출될 때 lifecycle.removeObserver(thumbnailDownloader)를 호출해서 생명주기 관찰자에서 Thumbnail Downloader를 제거한다.

HandlerThread 시작 또는 중단시키기

이제는 ThumbnailDownloader가 PhotoGalleryFragment의 생명주기를 관찰하게 되었으니 PhotoGalleryFragment.onCreate(...)가 호출되면 ThumbnailDownloader가 시작되고, PhotoGalleryFragment.onDestroy()가 호출되면 중단되도록 변경하자.

리스트 25.11 | ThumbnailDownloader 스레드를 시작 또는 중단시키기(ThumbnailDownloader.kt)

```
class ThumbnailDownloader<in T>
    : HandlerThread(TAG), LifecycleObserver {
    ...
    @OnLifecycleEvent(Lifecycle.Event.ON_CREATE)
    fun setup() {
        Log.i(TAG, "Starting background thread")
        start()
        looper
    }

    @OnLifecycleEvent(Lifecycle.Event.ON_DESTROY)
    fun tearDown() {
        Log.i(TAG, "Destroying background thread")
        quit()
    }

    fun queueThumbnail(target: T, url: String) {
        Log.i(TAG, "Got a URL: $url")
    }
}
```

ThumbnailDownloader 스레드 사용 시 안전성에 관해 고려할 것이 두 가지 있다. 첫째는 ThumbnailDownloader의 start()를 호출해서 스레드로 시작시킨 후에 Looper를 사용한다 (여기서 looper는 Looper 인스턴스를 참조하는 속성이며, Looper는 잠시 후에 알아본다). 이것이 스레드가 준비되도록 보장하는 방법이다(거의 생기지 않지만 심각한 스레드 경합 상태를 방지하기 위함이다). 처음 Looper를 사용하면 onLooperPrepared()가 호출되어야 하는데 이렇게 된다는 보장이 없다. 따라서 queueThumbnail(...)을 호출할 때 Handler 인스턴스가 없어서 실행이 중단될 가능성이 있다(queueThumbnail(...)은 섬네일을 내려받는다. 리스트 25.14에서 알아본다).

둘째는 **quit()**를 호출해서 스레드를 중단시켜야 한다. 이것은 매우 중요하다. 만일 **Handler Thread**의 서브 클래스인 **ThumbnailDownloader** 스레드를 **quit()** 하지 않으면 좀비처럼 없어지지 않고 계속 살아있게 된다.

마지막으로 **PhotoAdapter.onBindViewHolder(…)**에서 **ThumbnailDownloader** 스레드의 **queueThumbnail()** 함수를 호출하도록 변경한다. 이때 이미지가 위치할 **PhotoHolder**와 이미지를 내려받을 **GalleryItem**의 URL을 인자로 전달한다.

리스트 25.12 | ThumbnailDownloader 연결하기(PhotoGalleryFragment.kt)

```kotlin
class PhotoGalleryFragment : Fragment() {
    ...
    private inner class PhotoAdapter(private val galleryItems: List<GalleryItem>)
        : RecyclerView.Adapter<PhotoHolder>() {
        ...
        override fun onBindViewHolder(holder: PhotoHolder, position: Int) {
            val galleryItem = galleryItems[position]
            ...
            thumbnailDownloader.queueThumbnail(holder, galleryItem.url)
        }
    }
}
```

이제는 제대로 작동하는 **HandlerThread**를 갖게 되었다. 다음으로 앱의 **main** 스레드와 백그라운드 스레드인 **ThumbnailDownloader**가 소통하게 해보자.

메시지와 메시지 핸들러

이제는 백그라운드 스레드에서 사진을 내려받는다. 그러나 이 스레드가 **main** 스레드의 **RecyclerView** 어댑터와 같이 작동하여 사진을 보여주려면 어떻게 해야 할까?(이미 얘기했듯이 백그라운드 스레드는 UI의 뷰를 변경하는 코드를 실행할 수 없으며, **main** 스레드에서만 가능하다. 그러나 **main** 스레드는 시간이 오래 걸리는 작업을 실행할 수 없고 백그라운드 스레드에서만 가능하다)

11장에서 얘기했던 두 명의 초인적인 플래시 직원이 있는 신발 가게를 다시 생각해보자. 백그라운드 플래시는 유통업자와 전화 통화를 끝마친 후 **main** 플래시에 신발이 재입고되었다고 알려야 한다. 그런데 만일 **main** 플래시가 바쁘면 백그라운드 플래시는 이 사실을 곧바로 알릴 수 없으며, **main** 플래시가 틈이 날 때까지 기다려야 한다. 이렇게 해도 일은 잘될 것이다. 그러나 그리 효율적인 방법이 아니다.

더 좋은 해결책은 각 플래시에 메시지 수신함(inbox)을 주는 방법이다. 백그라운드 플래시는 신발 재입고에 관한 메시지를 작성해서 **main** 플래시의 메시지 수신함 맨 위에 넣는다. 그리고 **main** 플래시가 신발 재고가 없음을 백그라운드 플래시에 알리고 싶을 때도 같은 식으로 하면 된다.

이러한 메시지 수신함 아이디어는 실제로 편리하다. 그리고 플래시에는 당장은 아니지만 머지않아 자신이 처리해야 할 일이 있을 수 있다. 이럴 때는 자신의 메시지 수신함에 자기가 메시지를 넣은 후, 시간이 나면 그때 처리하면 된다.

안드로이드에서는 스레드가 사용하는 메시지 수신함을 **메시지 큐**(message queue)라고 하며, 메시지 큐를 사용해 동작하는 스레드를 **메시지 루프**(message loop)라 한다. 스레드는 자신의 큐에서 새로운 메시지를 찾기 위해 반복해서 루프를 실행한다(그림 25.2).

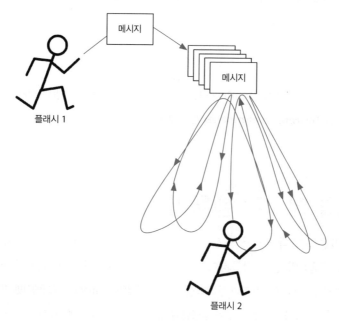

그림 25.2 | **플래시 댄스**

메시지 루프는 하나의 스레드와 하나의 **Looper**로 구성되며, **Looper**는 스레드의 메시지 큐를 관리하는 객체다.

main 스레드는 **Looper**를 갖는 메시지 루프다. **main** 스레드가 하는 모든 일은 이것의 **Looper**에 의해 수행되며, **Looper**는 자신의 메시지 큐에 있는 메시지들을 꺼내어 해당 메시지가 지정하는 작업을 수행한다.

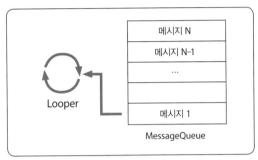

그림 25.3 | main 스레드는 Looper를 갖는 메시지 루프다

여기서는 메시지 루프도 되는 백그라운드스레드를 생성한다. 이때 **Looper**를 준비해주는 **HandlerThread**라는 클래스를 사용한다.

그리고 **Handler**를 사용해서 상대방 큐에 메시지를 넣으면서 **main** 스레드와 백그라운드 스레드가 서로 소통한다(그림 25.4).

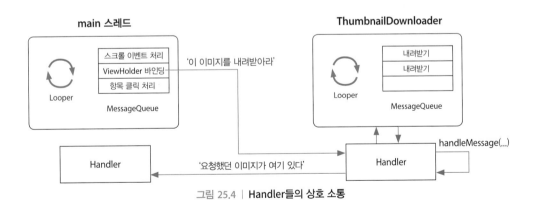

그림 25.4 | Handler들의 상호 소통

메시지를 생성하기에 앞서 **Message**는 무엇이고 **Handler**와 어떤 관계인지 알아보자.

메시지 구조

메시지를 자세히 알아보는 것부터 시작하자. 신발 가게의 플래시 직원이 메시지 수신함(자신의 수신함 또는 다른 플래시의 것)에 넣는 메시지들은 '야, 너 무척 빠르구나, 플래시야'와 같이 사사로운 메모가 아니라, 처리해야 하는 작업이다.

메시지는 **Message** 클래스의 인스턴스이며 많은 속성을 갖는다. 여기서는 다음 세 개의 속성을 사용한다.

- what   메시지를 나타내는 사용자 정의 정수 값
- obj   메시지와 함께 전달되는 사용자 지정 객체
- target   메시지를 처리할 **Handler**

Message의 대상(target)이 되는 것은 **Handler**의 인스턴스다. **Handler**라는 이름은 '메시지 핸들러'의 줄임말로 생각할 수 있다. 우리가 생성하는 **Message**는 자동으로 **Handler**에 연결되며, **Message**가 처리될 준비가 되면 이것의 처리를 **Handler** 객체가 맡는다.

핸들러 구조

메시지를 사용해서 실제 작업을 하려면 맨 먼저 **Handler** 인스턴스가 필요하다. **Handler**는 **Message**를 처리하는 대상이면서 **Message**를 생성하고 게시하는 인터페이스다. 그림 25.5를 살펴보자.

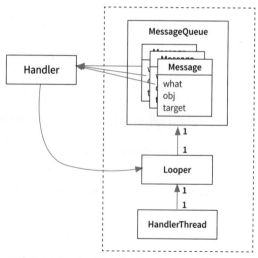

그림 25.5 | Looper, Handler, HandlerThread, Message

Message는 반드시 Looper에서 게시되고 소비되어야 한다. Looper는 Message 객체들의 메시지 수신함을 소유하기 때문이다. 따라서 Handler는 항상 자신의 동료인 Looper의 참조를 갖는다.

Handler는 정확히 하나의 Looper에 연결되며, Message는 정확히 하나의 대상 Handler에 연결된다. Looper는 큐 전체의 Message들을 가지며, 다수의 Message가 동일한 대상 Handler를 참조할 수 있다(그림 25.5).

또한, 다수의 Handler가 하나의 Looper에 연결될 수 있다(그림 25.6). 즉, 한 Handler의 Message들이 다른 Handler의 Message들과 나란히 존재할 수 있다는 의미다.

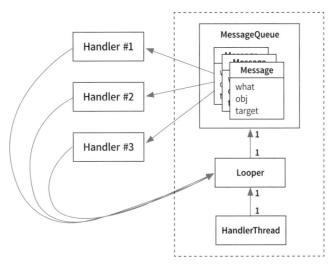

그림 25.6 | 다수의 Handler와 하나의 Looper

핸들러 사용하기

일반적으로 메시지를 처리하는 대상 Handler는 직접 설정하지 않는다. 그리고 메시지는 Handler.obtainMessage(…)를 호출해서 생성하는 것이 좋다. 이때 이 함수 인자로 메시지 속성들을 전달하면, 이 함수가 호출된 Handler 객체를 대상 핸들러로 설정한다.

Handler.obtainMessage(…)는 새로운 Message 객체의 생성을 피하고자 공유되는 재활용 풀(pool)에서 Message 객체를 가져다 사용한다. 따라서 매번 새로운 인스턴스를 생성하는 것보다 더 효율적이다.

일단 **Message** 객체를 얻으면 이것의 **Handler**로 해당 **Message** 객체를 전달하기 위해 **sendToTarget()**을 호출한다. 그러면 **Handler**가 해당 **Message** 객체를 **Looper**의 메시지 큐 맨 끝에 넣는다.

여기서는 **queueThumbnail()** 함수 내부에서 메시지 객체를 얻은 후 이것의 대상 **Handler** 에 전달한다. 이때 해당 메시지의 what 속성은 MESSAGE_DOWNLOAD 상수로 설정하고, obj 속 성은 내려받기를 식별하는 데 사용될 T 타입의 객체로 설정한다. 여기서는 어댑터가 **queue Thumbnail()**에 인자로 전달한 **PhotoHolder** 객체가 obj 속성값이 된다.

Looper는 메시지를 큐에서 꺼낸 후, 이 메시지의 대상 **Handler**에 전달해서 처리하게 한다. 일 반적으로 메시지는 대상 핸들러에서 구현한 **Handler.handleMessage(…)**에서 처리된다.

그림 25.7에서는 이 객체들의 관계를 보여준다.

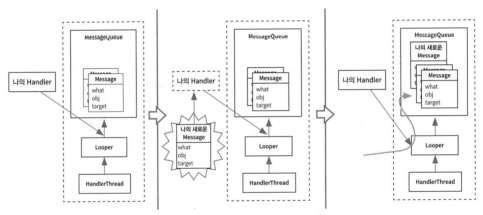

그림 25.7 | **Message**를 생성하고 전달하기

여기서는 **handleMessage(…)**의 구현 코드에서 **FlickrFetchr**을 사용해서 URL로부터 데이터 를 내려받아 비트맵으로 변환한다.

우선 ThumbnailDownloader.kt에 상수와 속성을 추가한다(import 문을 추가할 때 **Handler**는 android.os.Handler를 선택해야 한다).

리스트 25.13 | 상수와 속성 추가하기(ThumbnailDownloader.kt)

```
private const val TAG = "ThumbnailDownloader"
private const val MESSAGE_DOWNLOAD = 0

class ThumbnailDownloader<in T>
```

```
    : HandlerThread(TAG), LifecycleObserver {

    private var hasQuit = false
    private lateinit var requestHandler: Handler
    private val requestMap = ConcurrentHashMap<T, String>()
    private val flickrFetchr = FlickrFetchr()
    ...
}
```

MESSAGE_DOWNLOAD 상수는 다운로드 요청 시 메시지를 식별하는 데 사용된다(**ThumbnailDown
loader**가 새로운 다운로드 메시지를 생성할 때 설정한다).

새로 추가된 requestHandler는 **Handler**의 참조를 보존한다. 이 **Handler**는 내려받기 요청을
큐로 관리하는 책임이 있으며, 큐에서 내려받기 요청 메시지를 꺼낼 때 처리하는 일을 맡는다.

requestMap 속성은 **ConcurrentHashMap**의 참조를 갖는다. **ConcurrentHashMap**은 스레드에
안전한 **HashMap**이다. 여기서는 내려받기 요청의 식별 객체(제네릭 **T** 타입)를 키로 사용해서 특
정 다운로드 요청과 연관된 URL을 저장하고 꺼낸다(여기서는 식별 객체가 **PhotoHolder**다. 따라서
다운로드된 이미지가 위치하는 UI 요소인 **PhotoHolder**에 요청 응답이 쉽게 전달된다).

flickrFetchr 속성은 **FlickrFetchr** 인스턴스의 참조를 보존한다. 이와 같은 모든 Retrofit 설
정 코드는 스레드의 생애 동안 한번만 실행된다(웹 요청을 할 때마다 매번 Retrofit 인스턴스를 생성
해서 구성하면 앱의 성능이 저하된다. 특히 연거푸 많은 요청을 수행할 때가 그렇다).

다음으로 requestMap을 변경하고, 새로운 메시지를 백그라운드 스레드의 메시지 큐로 넣는
코드를 **queueThumbnail(...)**에 추가한다.

리스트 25.14 | 메시지를 가져와서 전달하기(ThumbnailDownloader.kt)

```
class ThumbnailDownloader<in T>
    : HandlerThread(TAG), LifecycleObserver {
    ...
    fun queueThumbnail(target: T, url: String) {
        Log.i(TAG, "Got a URL: $url")
        requestMap[target] = url
        requestHandler.obtainMessage(MESSAGE_DOWNLOAD, target)
            .sendToTarget()
    }
}
```

여기서는 requestHandler로부터 메시지를 직접 얻으며, 새로운 **Message** 객체의 target 속성을 requestHandler로 자동 설정한다. 즉, 메시지를 메시지 큐에서 꺼낼 때 해당 메시지의 처리를 requestHandler가 맡는다는 의미다. 메시지의 what 속성은 MESSAGE_DOWNLOAD로 설정되고, obj 속성은 **queueThumbnail(…)**에 전달되는 T 타입 객체(여기서는 **RecyclerView**의 **PhotoHolder**)로 설정된다.

새로운 메시지는 지정된 T 타입 객체의 내려받기 요청을 나타낸다. 다시 말하지만, **Photo GalleryFragment**에서는 **RecyclerView** 어댑터의 **onBindViewHolder(…)** 함수에서 **queue Thumbnail(…)**을 호출한다. 이때 내려받을 이미지가 위치하는 **PhotoHolder**와 이미지를 내려받기 위한 URL을 함수 인자로 전달한다.

이미지 자체에는 URL이 포함되지 않는다. 대신에 요청 식별자(**PhotoHolder**)와 요청 URL을 연관시키는 키와 값을 갖는 requestMap을 변경하고 나중에 requestMap에서 URL을 꺼낸다. 가장 최근에 요청된 URL에서 내려받기 위해서다(이것은 중요하다. **RecyclerView**의 **ViewHolder** 객체가 재사용되기 때문이다).

끝으로 requestHandler를 초기화하고 내려받은 메시지를 큐에서 꺼내어 **Handler**에 전달할 때 해당 **Handler**가 할 일을 정의한다(리스트 25.15)(**import** 문을 추가할 때 **Message**는 android. os.Message를 선택해야 한다).

리스트 25.15 | 메시지 처리하기(ThumbnailDownloader.kt)

```kotlin
class ThumbnailDownloader<in T>
    : HandlerThread(TAG), LifecycleObserver {
    ...
    private val requestMap = ConcurrentHashMap<T, String>()
    private val flickrFetchr = FlickrFetchr()

    @Suppress("UNCHECKED_CAST")
    @SuppressLint("HandlerLeak")
    override fun onLooperPrepared() {
        requestHandler = object : Handler() {
            override fun handleMessage(msg: Message) {
                if (msg.what == MESSAGE_DOWNLOAD) {
                    val target = msg.obj as T
                    Log.i(TAG, "Got a request for URL: ${requestMap[target]}")
                    handleRequest(target)
                }
            }
        }
    }
    ...
```

```
    fun queueThumbnail(target: T, url: String) {
        ...
    }

    private fun handleRequest(target: T) {
        val url = requestMap[target] ?: return
        val bitmap = flickrFetchr.fetchPhoto(url) ?: return
    }
}
```

여기서는 **HandlerThread.onLooperPrepared()** 내부에서 **Handler** 서브 클래스에 **Handler. handleMessage(…)**를 구현하였다. **HandlerThread.onLooperPrepared()**는 **Looper**가 최초로 큐를 확인하기 전에 호출되므로 이 함수는 **Handler**를 구현하기에 적합한 곳이다.

Handler.handleMessage(…) 내부에서는 메시지 타입을 확인한 후 **obj** 속성값(내려받기 요청의 식별자로 사용되는 T 타입의 객체)을 가져온다. 그다음에 이 값을 **handleRequest(…)**의 인자로 전달해서 호출한다(다시 말하지만, 내려받기 메시지를 큐에서 꺼내어 처리할 준비가 되면 **Handler. handleMessage(…)**가 호출된다).

handleRequest(…) 함수는 내려받기를 수행하는 함수다. 여기서는 우선 URL이 있는지 확인하고, 해당 URL을 **FlickrFetchr.fetchPhoto(…)**의 인자로 전달한다. 해당 함수는 이때를 대비해서 이 장 앞의 리스트 25.6에서 이미 생성했다.

리스트 25.15의 **onLooperPrepared()** 함수에서 **msg.obj as T**는 msg.obj의 타입을 T로 변환한다. 그런데 T는 제네릭 타입이므로 msg.obj가 참조하는 객체가 T 타입이 될 수 없는 경우가 생길 수 있으며, 이때 예외가 발생해서 안드로이드 Lint가 경고 메시지를 출력한다. 하지만 PhotoGallery 앱에서는 그럴 일이 없으므로(큐에 넣는 모든 메시지의 obj 속성이 갖는 객체 참조와 T 모두 **PhotoHolder**로 타입이 일치한다) **@Suppress("UNCHECKED_CAST")** 애노테이션을 지정해서 메시지 출력을 억제했다.

또한, **onLooperPrepared()** 함수의 requestHandler = object : Handler() {…}는 내부적으로 **Handler**가 익명의 내부 클래스로 구현되며, 내부 클래스 인스턴스는 자신의 외부 클래스(여기서는 **ThumbnailDownloader**) 인스턴스 참조를 갖는다. 따라서 내부 클래스 인스턴스가 외부 클래스 인스턴스보다 더 오래 존재하면 외부 클래스 인스턴스의 메모리 누출이 생길 수 있다.

이런 문제는 **main** 스레드의 **Looper**에 **Handler**가 연결되어 있을 때만 생기는데, 여기서 생성하는 **Handler**는 백그라운드 스레드의 **Looper**와 연결되므로 문제가 생기지 않는다. 그러나 안드로이드 Lint는 경고 메시지를 출력하므로 @SuppressLint("HandlerLeak")를 사용해서 메시지를 억제했다.

Lint의 경고 메시지는 코드에 생길 수 있는 문제점을 사전에 알려준다. 따라서 어떤 의미인지 확실하게 파악한 후 문제가 없다고 판단될 때만 억제해야 한다.

지금은 비트맵 이미지를 **PhotoHolder**에 아직 넣지 않았으므로 요청이 완전하게 처리되지 않는다. 그런데 이것은 UI에 관련된 작업이므로 **main** 스레드에서 수행되어야 한다.

지금까지 보았던 모든 것에서는 단일 스레드(자신의 메시지 수신함에 메시지를 넣는 **Thumbnail Downloader**)의 핸들러와 메시지를 사용한다. 다음으로 **ThumbnailDownloader**가 **Handler**를 사용해서 어떻게 **main** 스레드에 요청을 할 수 있는지 알아본다.

핸들러 전달하기

이제는 **ThumbnailDownloader**의 requestHandler를 사용해서 **main** 스레드에서 백그라운드 스레드의 작업을 스케줄링할 수 있다(그림 25.8).

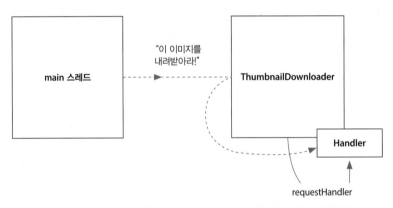

그림 25.8 | main 스레드로부터 ThumbnailDownloader의 작업 스케줄링하기

또한, **main** 스레드에 연결된 **Handler**를 사용해서 백그라운드 스레드에서 **main** 스레드의 작업을 스케줄링할 수도 있다(그림 25.9).

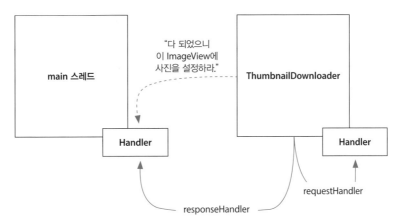

그림 25.9 | ThumbnailDownloader 스레드로부터 main 스레드의 작업 스케줄링하기

main 스레드는 여러 핸들러와 하나의 **Looper**를 갖는 메시지 루프다. **main** 스레드에서 **Handler** 를 생성하면 이 핸들러는 main 스레드의 **Looper**와 연결되며, 그다음에 이 **Handler**를 다른 스레드에 전달한다. 그리고 전달된 **Handler**는 자신을 생성했던 스레드의 **Looper**와 계속 관계 를 유지한다. 따라서 해당 **Handler**가 처리할 책임이 있는 모든 메시지는 **main** 스레드의 큐에 서 처리된다.

main 스레드로부터 전달된 **Handler**의 참조를 갖는 responseHandler 속성을 추가하고, 응 답 측(내려받은 이미지)과 요청 측(main 스레드) 간의 소통을 위한 콜백에 사용될 함수 타입 속성 인 onThumbnailDownloaded도 추가한다. responseHandler와 onThumbnailDownloaded는 기본 생성자에 추가되었으므로 **ThumbnailDownloader** 클래스의 속성이 되며, 생성자 매개변 수로도 사용된다.

리스트 25.16 | 속성 추가 및 생성자 매개변수 변경하기(ThumbnailDownloader.kt)

```kotlin
class ThumbnailDownloader<in T>(
    private val responseHandler: Handler,
    private val onThumbnailDownloaded: (T, Bitmap) -> Unit
) : HandlerThread(TAG), LifecycleObserver {
    ...
}
```

기본 생성자에 정의된 함수 타입 속성인 onThumbnailDownloaded는 이미지가 완전히 내 려받아 UI에 추가될 준비가 되면 호출되는 리스너 역할을 수행한다. 이 리스너를 사용하 면 내려받은 이미지를 처리하는 일을 **ThumbnailDownloader**가 아닌 다른 클래스(여기서는

PhotoGalleryFragment)에 위임할 수 있다. 그리고 이렇게 함으로써 내려받기 작업과 UI 변경 작업(이미지를 ImageView에 넣음)을 분리할 수 있다. 따라서 필요하다면 다른 종류의 View 객체로 이미지를 내려받기 위해 ThumbnailDownloader를 사용할 수 있다.

다음으로 main 스레드에 연결된 Handler를 ThumbnailDownloader로 전달하도록 PhotoGallery Fragment를 변경한다. 또한, 내려받기가 끝나면 이 이미지를 처리하기 위해 생성자 인자로 익명 함수(anonymous function)를 전달한다(import 문을 추가할 때 Handler는 android.os.Handler를 선택해야 한다).

리스트 25.17 | 응답 Handler 연결하기(PhotoGalleryFragment.kt)

```kotlin
class PhotoGalleryFragment : Fragment() {
    ...
    override fun onCreate(savedInstanceState: Bundle?) {
        ...
        thumbnailDownloader = ThumbnailDownloader()
        val responseHandler = Handler()
        thumbnailDownloader =
                ThumbnailDownloader(responseHandler) { photoHolder, bitmap ->
                    val drawable = BitmapDrawable(resources, bitmap)
                    photoHolder.bindDrawable(drawable)
                }
        lifecycle.addObserver(thumbnailDownloader)
    }
    ...
}
```

기본적으로 Handler는 현재 스레드의 Looper에 자신을 연결한다. 여기서는 Handler가 onCreate(…)에서 생성되었으므로 main 스레드의 Looper와 연결된다.

이제는 main 스레드의 Looper에 연결된 Handler를 ThumbnailDownloader에서 response Handler로 사용할 수 있다. 또한, ThumbnailDownloader의 생성자 인자로 전달되는 익명 함수에서는 원래 요청된 PhotoHolder의 Drawable을 새로 내려받은 Bitmap으로 설정한다.

이미지의 UI 추가를 요청하는 커스텀 Message를 main 스레드에 역으로 전달할 수 있다. 이 것은 이미지를 내려받기 위해 백그라운드 스레드의 요청을 큐에 넣는 방법과 유사하다. 단, 이 때는 오버라이드된 handleMessage(…)를 갖는 또 다른 Handler 서브 클래스가 필요하다.

대신에 여기서는 또 다른 편리한 Handler 함수인 post(Runnable)을 사용한다.

ThumbnailDownloader.handleRequest() 함수에 다음 코드를 추가한다. 이 코드에서는 responseHandler를 통해서 **main** 스레드의 큐에 **Runnable** 객체를 넣는다.

리스트 25.18 | 이미지를 내려받아 보여주기(ThumbnailDownloader.kt)

```kotlin
class ThumbnailDownloader<in T>(
    private val responseHandler: Handler,
    private val onThumbnailDownloaded: (T, Bitmap) -> Unit
) : HandlerThread(TAG), LifecycleObserver {
    ...
    private fun handleRequest(target: T) {
        val url = requestMap[target] ?: return
        val bitmap = flickrFetchr.fetchPhoto(url) ?: return

        responseHandler.post(Runnable {
            if (requestMap[target] != url || hasQuit) {
                return@Runnable
            }

            requestMap.remove(target)
            onThumbnailDownloaded(target, bitmap)
        })
    }
}
```

responseHandler가 **main** 스레드의 **Looper**와 연결되므로 **Runnable**의 **run()** 내부의 모든 코드는 **main** 스레드에서 실행된다.

리스트 25.18에 추가한 코드는 다음 일을 수행한다. 맨 먼저 requestMap을 다시 확인하는데, **RecyclerView**가 자신이 포함하는 뷰들을 재활용하기 때문에 필요하다. **Thumbnail Downloader**가 **Bitmap**의 내려받기를 끝마칠 동안 **RecyclerView**는 **PhotoHolder**를 재활용하고 다른 URL을 요청할 수 있다. 따라서 requestMap을 다시 확인함으로써 각 **PhotoHolder**가 올바른 이미지를 얻게 한다. 그사이에 또 다른 요청이 만들어졌다 하더라도 마찬가지다.

그다음으로는 **hasQuit**을 검사한다. 만일 **ThumbnailDownloader**가 이미 종료되었다면 콜백 함수들을 실행하는 것이 안전하지 않기 때문이다.

마지막으로는 requestMap에서 **PhotoHolder**-URL 매핑 데이터(키가 **PhotoHolder** 객체이고, 값이 URL 문자열인)를 삭제하고 대상 **PhotoHolder**에 **Bitmap**을 설정한다. 이제는 거의 다 되었다. 그런데 PhotoGallery 앱을 실행해서 이미지들을 보기에 앞서 추가로 고려할 것이 있다.

뷰 생명주기 리스닝하기

지금은 사용자가 장치 화면의 방향을 회전하면 문제가 생길 수 있다. 즉, **ThumbnailDownloader**가 장치 회전으로 소멸한 프래그먼트 뷰의 일부였던 **PhotoHolder**에 비트맵을 전달하려 하면 앱이 중단될 수 있다. **ThumbnailDownloader**가 유효하지 않은 **PhotoHolder**를 사용하려고 했기 때문이다.

현재는 **ThumbnailDownloader**가 프래그먼트의 생명주기를 알고 있지만, 방금 얘기한 문제를 해결하려면 **ThumbnailDownloader**가 프래그먼트 뷰의 생명주기도 알아야 한다(여기서는 프래그먼트를 유보하므로 프래그먼트와 이것의 뷰는 생명주기가 달라진다. 즉, 장치가 회전될 때 프래그먼트의 뷰는 소멸하지만, 프래그먼트 인스턴스는 자신의 상태 데이터를 보존한다).

따라서 프래그먼트 뷰의 **LifecycleObserver**를 추가해야 한다. 그전에 우선 **Thumbnail Downloader**에 있는 기존의 프래그먼트 **LifecycleObserver** 코드를 변경한다.

리스트 25.19 │ 기존의 프래그먼트 LifecycleObserver 코드 변경하기(ThumbnailDownloader.kt)

```kotlin
class ThumbnailDownloader<in T>(
    private val responseHandler: Handler,
    private val onThumbnailDownloaded: (T, Bitmap) -> Unit
) : HandlerThread(TAG), LifecycleObserver {

    val fragmentLifecycleObserver: LifecycleObserver =
        object : LifecycleObserver {

            @OnLifecycleEvent(Lifecycle.Event.ON_CREATE)
            fun setup() {
                Log.i(TAG, "Starting background thread")
                start()
                looper
            }

            @OnLifecycleEvent(Lifecycle.Event.ON_DESTROY)
            fun tearDown() {
                Log.i(TAG, "Destroying background thread")
                quit()
            }
        }

    private var hasQuit = false
    ...
    @OnLifecycleEvent(Lifecycle.Event.ON_CREATE)
    fun setup() {
        start()
```

```
        looper
    }
    @OnLifecycleEvent(Lifecycle.Event.ON_DESTROY)
    fun tearDown() {
        Log.i(TAG, "Background thread destroyed")
        quit()
    }
    ...
}
```

다음으로 프래그먼트의 뷰로부터 생명주기 콜백을 리스닝하는 새로운 **LifecycleObserver**를
추가한다.

리스트 25.20 | 프래그먼트 뷰의 LifecycleObserver 추가하기(ThumbnailDownloader.kt)

```
class ThumbnailDownloader<in T>(
    private val responseHandler: Handler,
    private val onThumbnailDownloaded: (T, Bitmap) -> Unit
) : HandlerThread(TAG) {

    val fragmentLifecycleObserver: LifecycleObserver =
        object : LifecycleObserver {
        ...
    }

    val viewLifecycleObserver: LifecycleObserver =
        object : LifecycleObserver {

            @OnLifecycleEvent(Lifecycle.Event.ON_DESTROY)
            fun clearQueue() {
                Log.i(TAG, "Clearing all requests from queue")
                requestHandler.removeMessages(MESSAGE_DOWNLOAD)
                requestMap.clear()
            }
        }
    ...
}
```

프래그먼트 뷰에서는 Lifecycle.Event.ON_DESTROY가 Fragment.onDestroyView()와 연관
된다. 따라서 여기서는 **PhotoGalleryFragment**의 뷰가 소멸하면 이 프래그먼트의 **onDestroy**
View()가 호출되고(onDestroyView()는 잠시 후 리스트 25.22에서 추가한다), 이어서 **Thumbnail**
Downloader의 clearQueue() 함수가 호출된다.

다음으로 **PhotoGalleryFragment**에 있는 **ThumbnailDownloader**의 프래그먼트 **Lifecycle**

Observer(리스트 25.19)를 등록하는 코드를 변경하고, 새로 추가한 **ThumbnailDownloader**의
뷰 **LifecycleObserver**(리스트 25.20)를 등록하는 코드를 추가한다.

리스트 25.21 | 뷰 LifecycleObserver 등록 코드 변경하기(PhotoGalleryFragment.kt)

```kotlin
class PhotoGalleryFragment : Fragment() {
    ...
    override fun onCreate(savedInstanceState: Bundle?) {
        ...
        thumbnailDownloader =
            ThumbnailDownloader(responseHandler) {
                ...
            }
        lifecycle.addObserver(thumbnailDownloader.fragmentLifecycleObserver)
    }
    ...
    override fun onCreateView(
            inflater: LayoutInflater,
            container: ViewGroup?,
            savedInstanceState: Bundle?
    ): View {
        viewLifecycleOwner.lifecycle.addObserver(
            thumbnailDownloader.viewLifecycleObserver
        )
        ...
    }
    ...
}
```

이처럼 뷰의 **LifecycleObserver**는 **Fragment.onCreateView(…)**에서 안전하게 등록할 수 있다.

마지막으로 **Fragment.onDestroyView()**를 **PhotoGalleryFragment**에 추가한다. 이 함수에
서는 **ThumbnailDownloader**의 뷰 **LifecycleObserver**를 등록 해제한다. 그리고 **Thumbnail
Downloader**의 프래그먼트 **LifecycleObserver**를 등록 해제하는 코드도 변경한다.

리스트 25.22 | 프래그먼트 뷰의 LifecycleObserver 등록 해제하기(PhotoGalleryFragment.kt)

```kotlin
class PhotoGalleryFragment : Fragment() {
    ...
    override fun onDestroyView() {
        super.onDestroyView()
        viewLifecycleOwner.lifecycle.removeObserver(
            thumbnailDownloader.viewLifecycleObserver
        )
    }
```

```kotlin
    override fun onDestroy() {
        super.onDestroy()
        lifecycle.removeObserver(
            thumbnailDownloader.fragmentLifecycleObserver
        )
    }
    ...
}
```

이제 다 되었다. PhotoGallery 앱을 실행하면 플리커 사이트의 이미지들이 실시간으로 내려받아져 나타난다. 그리고 스크롤하면 더 많은 이미지를 볼 수 있다(그림 25.10).

그림 25.10 | 실시간으로 보는 플리커 이미지

다음으로는 여러 장에 걸쳐 PhotoGallery 앱에 또 다른 기능(예를 들어, 플리커 사진 검색)을 추가할 것이다.

유보 프래그먼트

기본적으로 프래그먼트의 retainInstance 속성값은 false다. 즉, 장치 회전 시에 유보(retained)되지 않고 자신을 호스팅하는 액티비티와 더불어 소멸하였다가 다시 생성된다는 의미다. 그런데 **retainInstance** 속성값을 **true**로 변경(또는 **setRetainInstance(true)**를 호출)하면 프래그먼트를 유보해서 이 프래그먼트는 액티비티와 함께 소멸하지 않는다. 대신에 보존되었다가 고스란히 새로운 액티비티 인스턴스에 전달된다.

프래그먼트를 유보하면 이것의 모든 속성을 이전과 같은 값으로 유지하고 사용할 수 있다.

장치 방향 회전과 유보 프래그먼트

유보 프래그먼트가 작동하는 방법을 조금 더 자세히 알아보자. 유보 프래그먼트는 프래그먼트 자신은 소멸하지 않으면서 자신의 뷰는 소멸하였다가 재생성되는 장점이 있다.

장치 회전에 의해 구성이 변경되면 **FragmentManager**는 우선 자신의 리스트에 있는 프래그먼트들의 뷰들을 소멸시킨다. 액티비티 뷰들이 소멸하였다가 재생성되는 것과 같은 이유로 구성 변경이 생기면 프래그먼트 뷰들은 항상 소멸하였다가 재생성된다. 즉, 구성이 달라졌으므로 새로운 리소스들이 필요하며, 더 적합한 리소스들이 사용 가능하면 뷰를 완전히 새로 생성한다.

그다음에 **FragmentManager**는 각 프래그먼트의 retainInstance 속성을 확인한다. 만일 해당 속성값이 디폴트 값인 false이면, **FragmentManager**는 해당 프래그먼트 인스턴스를 소멸시킨다. 그리고 해당 프래그먼트와 이것의 뷰는 새로운 액티비티의 새로운 **FragmentManager**에 의해 재생성된다(그림 25.11).

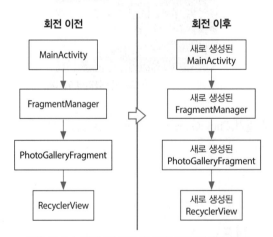

그림 25.11 | 유보되지 않은 UI 프래그먼트와 장치 회전

이와는 달리 retainInstance 속성값이 true이면 프래그먼트의 뷰는 소멸하지만, 프래그먼트 자신은 소멸되지 않는다. 그리고 새로운 액티비티가 생성되면 새로운 **FragmentManager**가 유보 프래그먼트를 찾아서 이것의 뷰를 재생성한다(그림 25.12).

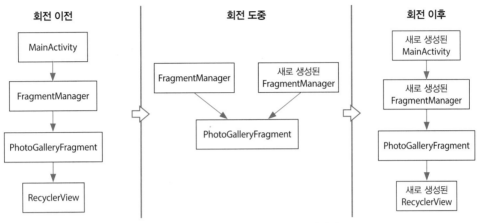

그림 25.12 | **유보된 UI 프래그먼트와 장치 회전**

유보 프래그먼트는 소멸하지는 않지만 소멸되는 액티비티로부터 분리(detached)된다. 그럼으로써 프래그먼트는 유보 상태가 되며, 여전히 존재한다. 그러나 이 순간에는 어떤 액티비티에서도 해당 프래그먼트를 호스팅하지 않는다(그림 25.13).

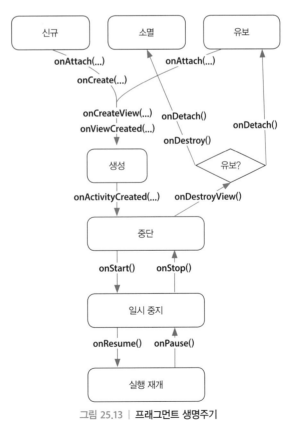

그림 25.13 | **프래그먼트 생명주기**

유보 상태는 다음 두 가지 조건이 만족될 때만 가능하다.

- retainInstance 속성값이 true일 때(또는 setRetainInstance(true)가 프래그먼트에 호출되었을 때)
- 구성 변경(일반적으로 장치 회전으로 인한)으로 호스팅 액티비티가 소멸할 때

프래그먼트는 지극히 짧은 시간 동안만 유보 상태에 머문다. 즉, 종전 액티비티로부터 분리된 후 곧바로 생성되는 새로운 액티비티로 다시 첨부될 때까지의 시간 동안이다.

유보 판단 기준

유보 프래그먼트가 그렇게 좋을까? 그렇다! 정말 좋다. 장치 회전 시 소멸하는 액티비티나 프래그먼트로부터 표출되는 모든 문제를 해결해주는 것으로 보인다. 유보 프래그먼트를 사용하면 장치의 구성이 변경될 때 완전히 새로운 뷰의 생성에 의해 해당 상황에 최적인 리소스들을 적용할 수 있으며, 데이터와 객체들도 쉽게 보존할 수 있다.

그렇다면 한편으로는 이런 의문이 들 것이다. 어째서 모든 프래그먼트를 유보하지 않는지, 또는 프래그먼트를 기본적으로 유보하지 않는 이유가 무엇인지다. 꼭 필요하다면 모를까 일반적으로는 다음 세 가지 이유로 유보 프래그먼트의 사용을 권장하지 않는다.

첫 번째 이유는 간단하다. 유보 프래그먼트는 유보되지 않는 프래그먼트보다 더 복잡하다. 따라서 무언가 잘못되었을 때 그 원인을 찾으려면 시간이 더 오래 걸린다.

두 번째 이유를 말하자면, 보존된 인스턴스 상태(데이터)를 사용해서 장치 회전을 처리하는 프래그먼트에서는 모든 생명주기 상황을 고려한다. 그런데 유보 프래그먼트는 구성 변경에 따라 액티비티가 소멸할 때만 보존된다. 따라서 운영체제가 메모리를 회수함으로써 액티비티가 소멸한다면, 모든 유보 프래그먼트도 소멸한다. 이는 곧 프래그먼트의 데이터가 유실될 수 있다는 의미다.

셋째 이유는 대부분의 경우에서 ViewModel 클래스가 유보 프래그먼트의 필요성을 상쇄하기 때문이다. 즉, 유보 프래그먼트 대신 ViewModel을 사용하면 구성 변경 시에 UI 관련 상태가 보존된다. ViewModel은 구성 변경이 생길 때 유보 프래그먼트와 같은 장점을 제공하며, 프래그먼트의 더 복잡한 생명주기를 고려하지 않아도 된다.

궁금증 해소하기: 이미지 내려받기 문제 해결하기

이 책에서는 표준 안드로이드 라이브러리의 각종 도구에 관해 알려준다. 그런데 서드파티 라이브러리도 여러 가지 상황에서 도움이 된다. PhotoGallery에서 구현했던 이미지 내려받기 작업도 여기에 해당된다.

이 장에서 구현한 솔루션은 완벽하지 않다. 따라서 이미지 캐싱이나 변환 혹은 더 좋은 성능이 필요하면 우리보다 먼저 그런 문제를 해결한 사람이 있는지 알아보는 것이 좋다. 실제로 그런 사람들이 존재한다. 이미지 로딩 관련 문제를 해결해주는 라이브러리들이 몇 가지 있다. 실무 애플리케이션에서는 이미지를 로딩하기 위해 Picasso(https://square.github.io/picasso/)를 사용한다.

Picasso는 이 장의 모든 것을 단지 몇 줄의 함수 호출로 해결할 수 있다.

```
private class PhotoHolder(private val itemImageView: ImageView)
    : RecyclerView.ViewHolder(itemView) {
        ...
        fun bindGalleryItem(galleryItem: GalleryItem) {
            Picasso.get()
                .load(galleryItem.url)
                .placeholder(R.drawable.bill_up_close)
                .into(itemImageView)
        }
        ...
}
```

우선 **get()**을 사용하면 Picasso의 인스턴스를 얻을 수 있다. 그리고 **load(String)**을 사용해서 내려받을 이미지의 URL을 지정하며, **into(ImageView)**를 사용해서 결과 이미지를 로드할 **ImageView** 객체를 지정할 수 있다. 이외에도 많은 구성 옵션이 있다. 예를 들어, 요청된 이미지를 완전히 내려받을 때까지 미리 보여줄 이미지인 플레이스 홀더를 지정하는 것 등이다(이때는 **placeholder(Int)** 또는 **placeholder(drawable)**을 사용한다).

PhotoAdapter.onBindViewHolder(...)에서는 기존 코드를 새로운 **bindGalleryItem(...)** 함수를 통한 호출로 대체하면 된다.

ThumbnailDownloader.ThumbnailDownloadListener<T> 콜백과 함께 **ThumbnailDownloader**의 모든 일을 Picasso가 해준다. 또한, **FlickrFetchr**의 이미지 관련 작업도 해준다. 따라서 Picasso를 사용하면 **ThumbnailDownloader**를 삭제할 수 있다. 단, JSON 데이터의 내려받기

때문에 **FlickrFetchr**는 여전히 필요하다. 또한, Picasso는 코드를 간단하게 해줄 뿐만 아니라 더 발전된 기능을 제공한다. 예를 들어, 최소한의 노력으로 이미지 변환과 디스크 캐싱 등을 할 수 있다.

Picasso를 사용하려면 프로젝트의 build.gradle(Module: PhotoGallery.app) 파일에 라이브 러리 의존성을 추가하면 된다.

Picasso는 데이터 용량을 제한한다는 것이 단점이다. 따라서 애니메이션 이미지들을 내려받아 보여줄 수 없다. 이때는 구글의 Glide 라이브러리나 페이스북의 Fresco 라이브러리를 고려한다. Glide는 모듈 크기가 작지만, Fresco는 성능이 좋다.

궁금증 해소하기: StrictMode

안드로이드에서는 앱에서 해서는 안 되는 것들이 있다. 예를 들어, **main** 스레드에서 네트워크 사용을 요청하면 ANR(애플리케이션이 응답하지 않음) 에러가 생기며, **NetworkOnMainThread** 예외가 발생하여 로그 메시지에 수록된다. 이것은 우리의 실수나 오류를 알 수 있게 해주는 **StrictMode** 때문이다. **StrictMode**는 코드의 오류나 보안 문제를 알아내는 데 도움을 준다.

StrictMode는 애플리케이션의 성능을 저하하는 오류를 알아낼 때도 도움이 된다. **StrictMode** 를 활성화하려면 **StrictMode.enableDefaults()**를 호출한다(https://developer.android.com/reference/android/os/StrictMode.html#enableDefaults).

일단 **StrictMode.enableDefaults()**가 호출됐을 때 다음 사항에 해당할 경우, 로그캣의 메시지로 원인을 알 수 있다.

- **main** 스레드에서의 네트워크 사용
- **main** 스레드에서의 디스크 파일 읽기와 쓰기
- 액티비티가 본연의 생명주기를 벗어나 계속 살아있을 때
- SQLite 데이터베이스 커서를 닫지 않았을 때
- SSL/TLS로 암호화되지 않은 평문을 네트워크로 전송할 때

`ThreadPolicy.Builder`와 `VmPolicy.Builder` 클래스를 사용하면 `StrictMode`에서 발생시킬 예외를 지정할 수 있고, 대화상자를 보여줄 수 있으며, 단순히 로그 메시지로 수록할 수도 있다.

챌린지: 프리로딩과 캐싱

모든 것이 즉시 처리될 수 없다는 점은 사용자도 수긍한다. 그렇더라도 프로그래머들은 완벽함을 성취하기 위해 고군분투해야 한다.

조금이라도 빨리 처리하기 위해 대부분의 실무 앱들은 두 가지 방법으로 코드를 보강하는데, 바로 캐싱 계층(caching layer)을 추가하고 이미지를 프리로딩(preloading)하는 방법이다.

캐시(cache)는 특정 개수의 `Bitmap` 객체들을 보관하는 곳이다. `Bitmap` 객체들의 사용이 끝나도 남겨두기 위해서다. 캐시는 많은 항목을 보관만 할 수 있어서 캐시의 공간이 부족하면 어떤 것을 남겨둘지 결정하기 위한 전략이 필요하다. 많은 캐시가 LRU(Least Recently Used)라는 전략을 사용하는데, 캐시의 공간이 부족하면 가장 오래전에 사용했던 항목을 제거한다.

안드로이드 지원 라이브러리는 LRU 전략을 구현하는 `LruCache`라는 클래스를 갖고 있다. 첫 번째 챌린지로 다음을 해보자. `LruCache`를 사용해서 간단한 캐시를 `ThumbnailDownloader`에 추가하고 URL의 `Bitmap` 이미지를 내려받을 때는 언제든 해당 이미지를 캐시에 넣는다. 그 다음에 새로운 이미지를 내려받을 때는 먼저 캐시에 해당 이미지가 있는지 확인한다.

일단 캐시가 생성되면 실제로 이미지가 필요하기 전에 캐시에 프리로딩할 수 있다. 따라서 `Bitmap` 이미지를 내려받는 데 지연이 생기지 않는다.

프리로딩을 제대로 구현하려면 까다롭지만, 사용자에게는 큰 차이를 느끼게 한다. 두 번째는 더 어려운 챌린지다. 화면에 보여주는 모든 `GalleryItem`에 대해서 이전 10개와 다음 10개의 `Bitmap` 이미지를 프리로딩하자.

26

SearchView와
공유 프리퍼런스

PhotoGallery 앱에서 다음으로 할 일은 플리커의 사진들을 검색하는 것이다. 이 장에서는 **Toolbar**에 포함될 수 있는 뷰인 **SearchView**를 사용해서 검색 기능을 구현하는 방법과 **공유 프리퍼런스(shared preference)**를 사용해서 쉽게 장치의 파일 시스템에 데이터를 저장하는 방법을 알아본다.

이 장이 끝나면 사용자는 PhotoGallery 앱의 **SearchView**를 누르고 쿼리를 입력해서 검색을 요청할 수 있다. 그러면 쿼리 문자열이 플리커의 검색 API로 전송되며, 응답으로 받은 검색 결과는 **RecyclerView**에 채워서 보여준다. 쿼리 문자열은 공유 프리퍼런스를 사용해서 장치의 파일 시스템에 저장된다. 따라서 앱을 다시 시작하거나 심지어는 장치 전원을 껐다가 다시 켜도 사용자는 마지막에 입력했던 쿼리 문자열을 계속 사용할 수 있다. 이 장에서 완성한 앱을 에뮬레이터에서 실행한 화면은 그림 26.1과 같다(참고로 에뮬레이터에서 한국어를 설정하는 방법은 다음과 같다. Settings 앱을 실행하고 System ➡ Languages & input ➡ Languages ➡ Add a language를 선택한 후 스크롤해 끝에 있는 **한국어** ➡ **대한민국**을 선택한다. 그리고 '한국어(대한민국)'의 오른쪽에 있는 작은 막대 모양을 누른 후 살짝 끌어서 'English(United States)' 위로 놓으면 된다).

그림 26.1 | 앱 미리보기

플리커 검색하기

우선 플리커에 관련된 내용부터 알아보자. 플리커의 사진을 텍스트로 검색할 때는 플리커 API 메서드인 **flickr.photos.search**를 호출한다. 이때 제목, 설명, 태그에 검색 텍스트가 포함된 사진의 메타데이터가 반환된다.

예를 들어, 'cat'이라는 텍스트를 찾을 때는 다음과 같이 요청한다.

URL https://api.flickr.com/services/rest/?method=flickr.photos.search&api_key=*xxx*&format=
json&nojsoncallback=1&extras=url_s&safe_search=1&text=cat

flickr.photos.search 메서드에는 찾고자 하는 텍스트(여기서는 'cat')를 text 매개변수에 설정하고 **safe_search**를 1로 설정하면 성인(18세 이상)에게만 허용되는 콘텐츠를 포함한 모든 데이터를 검색한다.

format=json과 같은 매개변수와 값은 플리커의 여러 API 메서드(예를 들어, **flickr.photos. search**와 **flickr.interestingness.getList**)를 요청하는 URL에 똑같이 지정된다. 이처럼 공유되는 매개변수와 값은 **인터셉터(interceptor)**를 사용해서 처리하면 편리하다(인터셉터는 Square 사에서 만든 오픈소스 http 클라이언트인 OkHttp에 Interceptor 인터페이스로 제공되며, 안드로이드 5.0부터 Http Core 라이브러리로 내장되었다. 자세한 내용은 https://square.github.io/okhttp/interceptors/를 참고한다). 인터셉터는 요청(Request)이나 응답(Response)의 정보를 가로채서 우리가 원하는 처리를 할 수 있게 해준다. 즉, 요청이 서버에 전송되기 전에 매개변수와 값을 URL에 추가하거나 변경할 수 있으며, 서버로부터 수신된 응답에서 원하는 데이터만 발췌하여 사용할 수 있다.

25장에서 작성한 프로젝트를 열어 api 폴더에 **Interceptor** 인터페이스를 구현하는 **Photo Interceptor** 클래스를 생성한다. 그리고 조금 전에 얘기한 **flickr.photos.search** 요청 URL 에 공유 매개변수와 값을 추가한 후 원래의 URL을 새로 생성된 URL로 교체하도록 **intercept (chain)** 함수를 오버라이드한다. 또한, 24장에서 생성하고 api 폴더의 FlickrApi.kt에 지정했던 플리커 API 키를 **yourApiKeyHere** 대신 교체해야 한다(Request와 Response 모두 okhttp3 패키지의 것을 import해야 한다).

리스트 26.1 | Interceptor 클래스 생성하기(api/PhotoInterceptor.kt)

```kotlin
private const val API_KEY = "yourApiKeyHere"

class PhotoInterceptor : Interceptor {

    override fun intercept(chain: Interceptor.Chain): Response {
        val originalRequest: Request = chain.request()

        val newUrl: HttpUrl = originalRequest.url().newBuilder()
            .addQueryParameter("api_key", API_KEY)
            .addQueryParameter("format", "json")
            .addQueryParameter("nojsoncallback", "1")
            .addQueryParameter("extras", "url_s")
            .addQueryParameter("safesearch", "1")
            .build()

        val newRequest: Request = originalRequest.newBuilder()
            .url(newUrl)
            .build()

        return chain.proceed(newRequest)
    }
}
```

intercept(chain) 함수에서는 URL 매개변수와 값을 요청에 추가하고 새로운 URL로 교체한다. 이때 원래의 요청을 가져오기 위해 **chain.request()**를 호출한다. 그리고 **original Request.url()**을 호출해서 해당 요청에 포함된 원래의 URL을 가져온 후, **HttpUrl.Builder** 를 사용해서 해당 URL에 쿼리 매개변수들을 추가한다.

HttpUrl.Builder는 원래의 요청을 기반으로 새로운 **Request** 객체를 생성하고 원래의 URL을 새로운 URL로 교체한다. 끝으로 **chain.proceed(newRequest)**를 호출해 요청을 전송하고 응답을 나타내는 **Response** 객체를 받는다. 만일 **chain.proceed(...)**를 호출하지 않으면 네트워크 요청이 수행되지 않는다.

다음으로 FlickrFetchr.kt를 열어 조금 전에 생성한 **PhotoInterceptor** 인스턴스를 **Retrofit** 구성에 추가한다.

리스트 26.2 | Retrofit 구성에 PhotoInterceptor 추가하기(FlickrFetchr.kt)

```kotlin
class FlickrFetchr {

    private val flickrApi: FlickrApi

    init {
        val client = OkHttpClient.Builder()
            .addInterceptor(PhotoInterceptor())
            .build()

        val retrofit: Retrofit = Retrofit.Builder()
            .baseUrl("https://api.flickr.com/")
            .addConverterFactory(GsonConverterFactory.create())
            .client(client)
            .build()

        flickrApi = retrofit.create(FlickrApi::class.java)
    }
    ...
}
```

여기서는 **OkHttpClient** 인스턴스를 생성하고 인터셉터로 **PhotoInterceptor**를 추가한다. 그다음에 이미 있던 기본 Http 클라이언트를 교체하는 새로 구성된 Http 클라이언트를 **Retrofit** 인스턴스에 설정한다. 따라서 Retrofit이 새로 구성된 클라이언트를 사용해서 모든 요청에 대해 **PhotoInterceptor.intercept(...)**를 적용한다.

이제는 **FlickrApi**에 지정된 **flickr.interestingness.getList** URL이 더 이상 필요치 않으므로 삭제한다. 그리고 **searchPhotos()** 함수를 추가해서 Retrofit API 구성에 검색 요청을 정의한다.

```kotlin
interface FlickrApi {

    @GET("services/rest/?method=flickr.interestingness.getList" +
        "&api_key=yourApiKeyHere" +
        "&format=json" +
        "&nojsoncallback=1" +
        "&extras=url_s")
    @GET("services/rest?method=flickr.interestingness.getList")
    fun fetchPhotos(): Call<FlickrResponse>

    @GET
    fun fetchUrlBytes(@Url url: String): Call<ResponseBody>

    @GET("services/rest?method=flickr.photos.search")
    fun searchPhotos(@Query("text") query: String): Call<FlickrResponse>
}
```

@Query 애노테이션은 쿼리 매개변수를 URL 끝에 동적으로 추가할 수 있도록 해준다.

여기서는 text라는 이름의 쿼리 매개변수를 추가하며, 이 매개변수의 값은 searchPhotos(String)에 전달되는 인자의 값으로 지정된다. 예를 들어, searchPhotos("robot")을 호출하면 text=robot이 URL 끝에 추가된다.

다음으로 방금 추가한 FlickrApi.searchPhotos(String) 함수를 사용하는 검색 함수인 searchPhotos(String)을 FlickrFetchr에 추가하고, fetchPhotos() 함수 코드를 변경한다 (Call 객체를 실행해서 응답 결과(사진의 메타데이터)를 LiveData로 반환하는 기존의 fetchPhotos() 함수 이름을 fetchPhotoMetadata(…)로 변경하고 fetchPhotos() 함수를 따로 분리한다).

리스트 26.4 | 검색 함수를 FlickrFetchr에 추가하기(FlickrFetchr.kt)

```kotlin
class FlickrFetchr {
    private val flickrApi: FlickrApi

    init {
        ...
    }

    fun fetchPhotos(): LiveData<List<GalleryItem>> {
        return fetchPhotoMetadata(flickrApi.fetchPhotos())
    }

    fun searchPhotos(query: String): LiveData<List<GalleryItem>> {
        return fetchPhotoMetadata(flickrApi.searchPhotos(query))
```

```
    }

fun fetchPhotos(): LiveData<List<GalleryItem>> {
private fun fetchPhotoMetadata(flickrRequest: Call<FlickrResponse>)
        : LiveData<List<GalleryItem>> {
    val responseLiveData: MutableLiveData<List<GalleryItem>> = MutableLiveData()
    val flickrRequest: Call<FlickrResponse> = flickrApi.fetchPhotos()

    flickrRequest.enqueue(object : Callback<FlickrResponse> {
        ...
    })

    return responseLiveData
}
    ...
}
```

끝으로 플리커 검색을 시작하도록 **PhotoGalleryViewModel**을 변경한다. 일단 지금은 검색할 쿼리 문자열을 'sky'로 하드코딩한다. 이렇게 하면 UI를 통해서 쿼리 문자열을 입력받는 코드가 아직 작성되지 않았더라도 새로 추가한 검색 관련 코드를 테스트할 수 있다.

리스트 26.5 | **검색 요청 시작하기(PhotoGalleryViewModel.kt)**

```
class PhotoGalleryViewModel : ViewModel() {

    val galleryItemLiveData: LiveData<List<GalleryItem>>

    init {
        galleryItemLiveData = FlickrFetchr().fetchPhotos()searchPhotos("sky")
    }
}
```

검색 요청 URL은 최근 사진 요청에 사용된 것과 다르지만, 응답으로 반환되는 JSON 데이터는 같다. 따라서 이미 작성했던 것과 같은 Gson 구성과 모델 객체에 연관시키는 코드를 그대로 사용할 수 있다.

PhotoGallery 앱을 실행해 검색 쿼리가 제대로 작동하는지 확인하면 **sky**로 검색된 사진들을 볼 수 있다(리스트 26.5의 **sky**를 **bicycle**과 같은 다른 용어로 변경한 후 앱을 다시 실행해보자).

SearchView 사용하기

이제는 FlickrFetchr에서 검색 기능을 지원한다. 따라서 사용자가 쿼리 문자열을 입력해 검색할 수 있도록 SearchView를 추가한다.

SearchView는 액션 뷰(action view)이므로 앱 바(app bar) 내부에 포함될 수 있다.

PhotoGalleryFragment의 새로운 메뉴 XML 파일을 생성해 리스트 26.6의 XML로 교체한다 (res/layout에 있는 파일과 이름이 같지만, 이 파일은 res/menu에 생성하는 메뉴 XML 파일이다). 파일 이름은 fragment_photo_gallery.xml이며, 이 파일에는 툴바에 나타날 항목들을 지정한다(프로젝트 도구 창의 res 디렉터리에서 오른쪽 마우스 버튼을 클릭한 후 New ➡ Android Resource File을 선택한다. 파일 이름에 fragment_photo_gallery를 입력하고 리소스 타입을 Menu로 변경한 후 OK 버튼을 클릭하면 res/menu/fragment_photo_gallery.xml 파일이 생성되고 편집기 창에 열린다).

리스트 26.6 | 메뉴 XML 파일 추가하기(res/menu/fragment_photo_gallery.xml)

```xml
<menu xmlns:android="http://schemas.android.com/apk/res/android"
    xmlns:app="http://schemas.android.com/apk/res-auto">

    <item android:id="@+id/menu_item_search"
        android:title="@string/search"
        app:actionViewClass="androidx.appcompat.widget.SearchView"
        app:showAsAction="ifRoom" />

    <item android:id="@+id/menu_item_clear"
        android:title="@string/clear_search"
        app:showAsAction="never" />
</menu>
```

앞의 XML 작성이 끝나면 두 개의 에러가 생긴다. 이는 android:title 속성에서 참조하는 문자열 리소스를 아직 정의하지 않았기 때문이다. 이 문제는 잠시 후에 해결한다.

리스트 26.6의 첫 번째 item 항목에서는 app:actionViewClass 속성값으로 androidx.appcompat.widget.SearchView를 지정해 툴바에 SearchView를 보여주도록 알린다(여기서 showAsAction과 actionViewClass 속성에는 app 네임스페이스를 사용한다. 이것을 사용하는 이유는 안드로이드 하위 버전과의 호환성을 배려한 AppCompat 지원 라이브러리를 사용하기 때문이다. 자세한 내용은 14장을 참고한다).

리스트 26.6의 두 번째 item 항목에서는 '검색 값 지움' 옵션을 추가한다. 이 옵션은 app:show

AsAction 속성을 never로 지정했기 때문에 항상 오버플로(overflow) 메뉴에 나타난다. 사용자가 이 옵션을 선택하면 파일에 저장된 검색 쿼리 문자열을 삭제하는데, 이 기능은 더 뒤에서 구현한다.

이제는 메뉴 XML에서 생긴 에러를 해결할 때가 되었다. 프로젝트 도구 창의 res/values/strings.xml을 더블 클릭해서 편집기 창에 열고 문자열 리소스를 추가한다.

리스트 26.7 | 검색 메뉴 항목 문자열 추가하기(res/values/strings.xml)

```
<resources>
    ...
    <string name="search">검색</string>
    <string name="clear_search">검색 값 지움</string>

</resources>
```

마지막으로 PhotoGalleryFragment.kt에서 **setHasOptionsMenu(true)**를 호출하는 코드를 **onCreate(...)**에 추가한다. 우리 프래그먼트가 안드로이드 운영체제로부터 메뉴의 콜백 함수 호출을 받을 수 있도록 하기 위해서다. 그리고 메뉴의 콜백 함수인 **onCreateOptionsMenu(...)**를 오버라이드하여, 앞에서 생성한 메뉴 XML 파일을 인플레이트하는 코드를 추가한다. 이렇게 하면 메뉴 XML의 항목들이 툴바에 추가된다.

리스트 26.8 | onCreateOptionsMenu(...) 오버라이드하기(PhotoGalleryFragment.kt)

```
class PhotoGalleryFragment : Fragment() {
    ...
    override fun onCreate(savedInstanceState: Bundle?) {
        super.onCreate(savedInstanceState)

        retainInstance = true
        setHasOptionsMenu(true)
        ...
    }
    ...
    override fun onDestroy() {
        ...
    }

    override fun onCreateOptionsMenu(menu: Menu, inflater: MenuInflater) {
        super.onCreateOptionsMenu(menu, inflater)
        inflater.inflate(R.menu.fragment_photo_gallery, menu)
    }
    ...
}
```

PhotoGallery 앱을 실행해서 **SearchView**가 어떻게 보이는지 알아보자. 돋보기 모양의 검색 아이콘을 클릭하면 **SearchView**가 확장되어 쿼리 문자열을 입력할 수 있는 텍스트 상자와 소 프트 키보드가 나타난다(그림 26.2)(AVD 에뮬레이터를 생성할 때 Keyboard 옵션의 'Enable keyboard input'을 체크하면 편리하다. 소프트 키보드는 나타나지만 개발 컴퓨터 시스템의 키보드를 사용해서 검색 쿼리 문자열을 입력할 수 있기 때문이다. 단, 한글/영문 전환은 소프트 키보드의 전환키(⊕)를 눌러야 하 며, 실제 장치에서는 소프트 키보드로만 입력이 가능하다).

그림 26.2 | SearchView 확장 전과 확장 후

SearchView가 확장되면 오른쪽에 × 아이콘이 나타난다. 이 아이콘을 한 번 클릭하면 입력했던 것을 지우며, 한 번 더 클릭하면 **SearchView**가 축소되어 검색 아이콘의 모습으로 돌아간다.

쿼리 문자열을 입력하고 검색을 실행해도 지금은 아무것도 수행되지 않는다. 이 기능은 바로 이어서 구현할 것이다.

SearchView에서 사용자에게 응답하기

사용자가 쿼리를 요청하면 앱에서는 플리커 웹 서비스를 통해 검색한 후, 사용자에게 검색 결 과 이미지를 보여주어야 한다. 우선 사용자가 직전에 입력했던 쿼리 문자열을 저장하고, 쿼리 문자열이 바뀌면 검색 결과를 변경하도록 **PhotoGalleryViewModel**을 수정한다.

```kotlin
class PhotoGalleryViewModel : ViewModel() {

    val galleryItemLiveData: LiveData<List<GalleryItem>>

    private val flickrFetchr = FlickrFetchr()
    private val mutableSearchTerm = MutableLiveData<String>()

    init {
        mutableSearchTerm.value = "sky"

        galleryItemLiveData = FlickrFetchr().searchPhotos("sky")
                Transformations.switchMap(mutableSearchTerm) { searchTerm ->
                    flickrFetchr.searchPhotos(searchTerm)
                }
    }

    fun fetchPhotos(query: String = "") {
        mutableSearchTerm.value = query
    }
}
```

검색 쿼리 문자열이 변경되면 새로운 결과를 반영하는 응답 데이터의 **GalleryItem List**가 변경된다(**GalleryItem**은 사진의 메타데이터를 갖는다). 그리고 검색 문자열과 **GalleryItem List** 모두 **LiveData**에 포함되므로, 여기서는 **Transformations.switchMap(trigger: LiveData<X>, transformFunction: Function<X, LiveData<Y>>)** 함수를 사용하였다(이 함수의 자세한 내용은 12장을 참고한다).

또한, 리스트 26.9에서는 **FlickrFetchr**의 인스턴스를 생성하고, 이것의 참조를 flickrFetchr 속성에 보존한다. 이렇게 하면 **PhotoGalleryViewModel**의 생명주기 동안 **FlickrFetchr** 인스턴스를 한번만 생성한다. 따라서 앱에서 검색할 때마다 **Retrofit** 인스턴스와 **FlickrApi** 인스턴스를 다시 생성하는 것을 방지할 수 있어서 앱의 실행 속도가 빨라진다.

다음으로 **PhotoGalleryFragment**를 변경한다. 즉, 사용자가 **SearchView**의 쿼리 문자열을 변경할 때마다 **PhotoGalleryViewModel**의 쿼리 문자열 값을 변경하도록 **SearchView.OnQueryTextListener** 인터페이스를 사용한다. 사용자가 **SearchView**의 쿼리 문자열을 변경하면 이 인터페이스의 **onQueryTextSubmit(...)** 콜백 함수가 호출된다.

그리고 **SearchView.OnQueryTextListener**를 **SearchView**에 추가하도록 **onCreateOptions Menu(...)**를 변경한다(**SearchView**를 import할 때 **androidx.appcompat.widget.SearchView**를 선택하자).

```kotlin
class PhotoGalleryFragment : Fragment() {
    ...
    override fun onCreateOptionsMenu(menu: Menu, inflater: MenuInflater) {
        super.onCreateOptionsMenu(menu, inflater)
        inflater.inflate(R.menu.fragment_photo_gallery, menu)

        val searchItem: MenuItem = menu.findItem(R.id.menu_item_search)
        val searchView = searchItem.actionView as SearchView

        searchView.apply {

            setOnQueryTextListener(object : SearchView.OnQueryTextListener {
                override fun onQueryTextSubmit(queryText: String): Boolean {
                    Log.d(TAG, "QueryTextSubmit: $queryText")
                    photoGalleryViewModel.fetchPhotos(queryText)
                    return true
                }

                override fun onQueryTextChange(queryText: String): Boolean {
                    Log.d(TAG, "QueryTextChange: $queryText")
                    return false
                }
            })
        }
    }
    ...
}
```

onCreateOptionsMenu(...)에서는 검색 상자를 나타내는 **MenuItem** 객체 참조를 메뉴에서 가져와서 searchItem 속성에 저장하고 **getActionView()**를 사용해서 **SearchView** 객체 참조를 가져온다.

그다음에 **setOnQueryTextListener(...)**를 사용해서 해당 **SearchView**의 **OnQueryTextListener**를 등록한다. 이 리스너를 구현할 때는 **onQueryTextSubmit(String)**과 **onQueryTextChange (String)** 콜백 함수를 오버라이드해야 한다.

onQueryTextChange(String) 함수는 **SearchView** 텍스트 상자의 텍스트가 변경될 때마다(사용자가 한 문자를 입력할 때마다) 호출되어 실행된다. 따라서 이 함수에서는 false를 반환해서 텍스트 변경에 따른 별도의 처리를 하지 않았음을 시스템에 알린다(여기서는 로그 메시지만 출력한다).

onQueryTextSubmit(String) 함수는 사용자가 쿼리 문자열을 제출할 때마다(소프트 키보드의 검색 버튼을 눌러서) 호출되어 실행된다. 이때 사용자가 제출한 쿼리 문자열이 이 함수의 인자로 전달되고, true를 반환하면 검색 요청이 처리되었음을 시스템에게 알린다. 이 함수에서는 **PhotoGalleryViewModel**의 **fetchPhotos(…)** 함수를 호출해서 쿼리 문자열로 검색된 사진 데이터를 내려받는다.

안드로이드 스튜디오의 맨 아래 테두리에 있는 'Logcat' 도구 버튼을 클릭해 로그캣 창을 열어 위의 검색 필드에 **PhotoGalleryFragment**를 입력한다. 그리고 PhotoGallery 앱을 실행해 검색 아이콘(🔍)을 누른 후, 원하는 검색 문자열을 입력하고 화면의 소프트 키보드에 있는 버튼(🔍)을 클릭해서 검색을 요청한다. 그러면 로그캣 창에는 **SearchView.OnQueryTextListener**의 콜백 함수들인 **onQueryTextChange(…)**와 **onQueryTextSubmit(…)**이 실행되면서 출력한 로그 메시지가 보이며, 앱을 실행한 장치나 에뮬레이터 화면에는 사진 이미지들이 보인다(그림 26.3).

그림 26.3 | 잘 실행되는 SearchView

공유 프리퍼런스를 사용한 간단한 데이터 보존

현재는 PhotoGallery 앱에서 직전에 입력한 하나의 쿼리 문자열만 사용하며, 프래그먼트의 생애 동안 **PhotoGalleryViewModel**이 해당 쿼리 문자열을 보존한다. 그런데 앱을 다시 시작하거나 사용자가 장치의 전원을 껐다 켜더라도 해당 쿼리는 계속 보존되어야 한다.

이때 쿼리 문자열을 **공유 프리퍼런스**(shared preference)에 저장하면 그렇게 할 수 있다. 즉, 사용자가 검색을 요청하면 우선 쿼리 문자열을 공유 프리퍼런스에 쓴다(이미 저장된 쿼리 문자열이 있으면 겹쳐 쓴다). 그리고 앱이 최초 실행되면 공유 프리퍼런스에 저장된 쿼리 문자열을 가져와서 플리커 검색을 실행하는 데 사용한다.

공유 프리퍼런스는 파일 시스템의 파일이며, **SharedPreferences** 인터페이스를 구현하는 클래스를 사용해서 데이터를 읽거나 수정한다. **SharedPreferences**의 인스턴스는 **Bundle**과 같이 키와 값의 쌍으로 데이터를 저장한다. 키는 문자열이고, 값은 원자적 데이터 타입이다. 데이터가 저장된 공유 프리퍼런스 파일을 살펴보면 간단한 XML 파일임을 알 수 있다. 그런데 **SharedPreferences** 구현 클래스를 사용하면 어떻게 구현되었는지 상세히 알 필요 없이 쉽게 사용할 수 있다.

공유 프리퍼런스 파일은 앱의 샌드박스에 저장된다. 따라서 암호와 같이 민감한 정보는 저장하지 않는 것이 좋다(하나의 **SharedPreferences** 인스턴스가 하나의 파일이 된다).

공유 프리퍼런스에 쿼리 문자열을 읽거나 쓰는 기능을 제공하기 위해 com.bignerdranch.android.photogallery 패키지에 새로운 코틀린 파일을 생성한다. 파일 이름은 QueryPreferences.kt로 지정하고 **File**을 더블 클릭한다. 그리고 리스트 26.11의 코드를 추가한다.

리스트 26.11 | 공유 프리퍼런스 기능을 제공하는 코틀린 object 추가하기(QueryPreferences.kt)

```
private const val PREF_SEARCH_QUERY = "searchQuery"

object QueryPreferences {

    fun getStoredQuery(context: Context): String {
        val prefs = PreferenceManager.getDefaultSharedPreferences(context)
        return prefs.getString(PREF_SEARCH_QUERY, "")!!
    }

    fun setStoredQuery(context: Context, query: String) {
        PreferenceManager.getDefaultSharedPreferences(context)
                .edit()
                .putString(PREF_SEARCH_QUERY, query)
                .apply()
    }
}
```

QueryPreferences는 모든 다른 컴포넌트가 공유하므로 앱에서 하나의 **QueryPreferences** 인스턴스만 생성하면 된다. 따라서 싱글톤(singleton)임을 나타내기 위해 class 대신 object 키워드를 사용하였다. 그리고 잠시 후에 보겠지만, 코틀린 object의 함수들은 **QueryPreferences.setStoredQuery(…)**와 같이 ObjectName.functionName(…)의 형태로 사용할 수 있다.

PREF_SEARCH_QUERY는 **QueryPreferences**의 키로 사용되며, 여기서는 이 키를 사용해서 쿼리 문자열 값을 읽거나 쓴다.

PreferenceManager.getDefaultSharedPreferences(Context)는 기본 이름과 퍼미션을 갖는 기본 **SharedPreferences** 인스턴스를 반환한다. 이 공유 프리퍼런스 인스턴스는 이 앱에서만 사용할 수 있다. **SharedPreferences**의 특정 인스턴스를 얻기 위해 **Context.getSharedPreferences(String, Int)** 함수를 사용할 수도 있다. 그러나 여기서는 따로 특정 인스턴스를 생성해 사용할 필요가 없으므로 앱 전체에서 공유되는 기본 **SharedPreferences** 인스턴스를 사용한다.

getStoredQuery(Context) 함수는 공유 프리퍼런스에 저장된 쿼리 문자열을 반환한다. 이때 지정된 컨텍스트의 기본 **SharedPreferences** 인스턴스를 얻어서 처리한다(QueryPreferences는 자신의 컨텍스트(**Context** 객체)를 갖지 않으므로 **getStoredQuery(Context)** 함수를 호출하는 컴포넌트가 자신의 컨텍스트를 인자로 전달해야 한다).

이전에 공유 프리퍼런스에 저장했던 값을 읽을 때는 **SharedPreferences.getString(…)**이나 **SharedPreferences.getInt(…)**와 같이 저장한 데이터 타입에 적합한 **get…** 함수를 호출하면 된다. **SharedPreferences.getString(String, String)** 함수의 첫 번째 인자는 공유 프리퍼런스의 키(여기서는 PREF_SEARCH_QUERY)를 나타내고, 두 번째 인자는 첫 번째 인자로 준 키가 없을 때 반환할 기본값을 나타낸다. 따라서 **SharedPreferences.getString(PREF_SEARCH_QUERY, "")**에서는 PREF_SEARCH_QUERY로 된 키를 찾고, 만일 이 키가 없으면 null 값을 반환한다. 이런 이유로 **SharedPreferences.getString(…)**의 반환 값이 null이 가능한 **String** 타입으로 정의되어 있다(https://developer.android.com/reference/kotlin/android/content/SharedPreferences#getstring).

그러나 여기서는 우리가 PREF_SEARCH_QUERY 키의 값을 null로 저장하지 않는다. 따라서 **SharedPreferences.getString(…)**의 반환 값이 절대로 null이 될 수 없음을 **단언(assertion)**하는 연산자인 !!를 사용하였다.

setStoredQuery(Context) 함수에서는 인자로 받은 컨텍스트의 공유 프리퍼런스에 쿼리 문자열을 저장한다. **QueryPreferences**에서는 **SharedPreferences.Editor** 인스턴스를 얻기 위해 **SharedPreferences.edit()**를 호출한다. **SharedPreferences.Editor** 클래스는 공유 프리

퍼런스에 값을 저장하기 위해 사용되며, 성능 향상을 위해 파일에다 여러 개의 변경 데이터(각각 키와 값으로 된)를 한꺼번에 쓸 수 있다.

그리고 **apply()** 함수를 호출하면 변경 데이터를 메모리에 구성한 후, 백그라운드 스레드에서 실제 파일에 쓰게 된다.

이제는 사용자가 입력했던 가장 최근 쿼리 문자열을 공유 프리퍼런스에 저장하고 사용할 수 있게 되었다. 다음으로 필요시에 공유 프리퍼런스에서 쿼리 문자열을 읽거나 쓰도록 **Photo GalleryViewModel**을 변경한다. 즉, **PhotoGalleryViewModel**의 인스턴스가 최초 생성되면 공유 프리퍼런스에서 쿼리 문자열을 읽어서 mutableSearchTerm을 초기화하고, mutableSearch Term이 변경될 때마다 공유 프리퍼런스에 쿼리 문자열을 쓴다.

리스트 26.12 | 공유 프리퍼런스에 쿼리 문자열을 저장하고 사용하기(PhotoGalleryViewModel.kt)

```
class PhotoGalleryViewModel : ViewModel() {
class PhotoGalleryViewModel(private val app: Application) : AndroidViewModel(app)
{
    ...
    init {
        mutableSearchTerm.value = "sky"QueryPreferences.getStoredQuery(app)
        ...
    }

    fun fetchPhotos(query: String = "") {
        QueryPreferences.setStoredQuery(app, query)
        mutableSearchTerm.value = query
    }
}
```

PhotoGalleryViewModel에서 **QueryPreferences**의 함수들을 사용하려면 애플리케이션 컨텍스트가 필요하다. 따라서 **PhotoGalleryViewModel**의 생성자에서 애플리케이션 컨텍스트(**Application** 객체)의 참조를 받아 속성으로 보존하며, **PhotoGalleryViewModel**을 **Android ViewModel**의 서브 클래스로 변경하였다.

다음으로 사용자가 오버플로 메뉴의 '검색 값 지움' 항목을 선택하면 공유 프리퍼런스에 저장된 쿼리 문자열을 지우도록(""로 지정) **onOptionsItemSelected(...)** 함수를 오버라이드한다.

```kotlin
class PhotoGalleryFragment : Fragment() {
    ...
    override fun onCreateOptionsMenu(menu: Menu, inflater: MenuInflater) {
        ...
    }

    override fun onOptionsItemSelected(item: MenuItem): Boolean {
        return when (item.itemId) {
            R.id.menu_item_clear -> {
                photoGalleryViewModel.fetchPhotos("")
                true
            }
            else -> super.onOptionsItemSelected(item)
        }
    }
    ...
}
```

마지막으로 중요한 것이 있다. 사용자가 쿼리 문자열을 지우면 값이 없는 쿼리 문자열로 검색하지 않고 최근 사진들을 가져오도록 **PhotoGalleryViewModel**을 변경한다.

리스트 26.14 | 최근 사진 가져오기(PhotoGalleryViewModel.kt)

```kotlin
class PhotoGalleryViewModel(private val app: Application) : AndroidViewModel(app)
{
    ...
    init {

        mutableSearchTerm.value = QueryPreferences.getStoredQuery(app)

        galleryItemLiveData =
                Transformations.switchMap(mutableSearchTerm) { searchTerm ->
                    if (searchTerm.isBlank()) {
                        flickrFetchr.fetchPhotos()
                    } else {
                        flickrFetchr.searchPhotos(searchTerm)
                    }
                }
    }
    ...
}
```

이제는 검색 기능이 잘 동작할 것이다. PhotoGallery 앱을 실행해 'unicycle'과 같이 재미있는 사진을 검색해보자. 그다음에 아예 장치의 전원을 껐다 켜서 안드로이드를 다시 부팅하거나,

에뮬레이터를 종료했다가 다시 실행해 PhotoGallery 앱을 재실행한 후 검색 아이콘을 눌러보자. 그러면 직전에 입력했던 쿼리 문자열로 검색된 결과가 다시 나타난다.

앱 다듬기

마지막으로 할 일이 하나 더 있다. **SearchView**를 확장하기 위해 사용자가 검색 아이콘을 누르면 공유 프리퍼런스에 저장했던 쿼리 문자열을 검색 텍스트 상자에 미리 채워서 보여줘야 한다.

우선 **PhotoGalleryViewModel**에 연산 속성(computed property)을 추가한다.

리스트 26.15 | **PhotoGalleryViewModel에 연산 속성 추가하기(PhotoGalleryViewModel.java)**

```
class PhotoGalleryViewModel(private val app: Application) : AndroidViewModel(app) {
    ...
    private val mutableSearchTerm = MutableLiveData<String>()

    val searchTerm: String
        get() = mutableSearchTerm.value ?: ""

    init {
        ...
    }
    ...
}
```

사용자가 검색 아이콘을 누르면 **SearchView**의 **View.OnClickListener.onClick()** 함수가 호출된다. 이 함수에서 **SearchView**의 쿼리 문자열을 설정하도록 추가한다.

리스트 26.16 | **SearchView의 쿼리 문자열을 미리 채우기(PhotoGalleryFragment.java)**

```
class PhotoGalleryFragment : Fragment() {
    ...
    override fun onCreateOptionsMenu(menu: Menu, inflater: MenuInflater) {
        ...
        searchView.apply {

            setOnQueryTextListener(object : SearchView.OnQueryTextListener {
                ...
            })
```

```
        setOnSearchClickListener {
            searchView.setQuery(photoGalleryViewModel.searchTerm, false)
        }
    }
}
    ...
}
```

PhotoGallery 앱을 다시 실행해 검색 아이콘을 누르고 원하는 쿼리 문자열을 입력한 후 검색
해보자. 그리고 앱을 중단했다가 다시 실행하고 검색 아이콘을 누르면 직전에 입력했던 쿼리
문자열이 나타난다.

챌린지: 한번 더 다듬기

검색 쿼리를 요청하면 **RecyclerView**가 이미지 로딩을 시작하기 전에 잠시 지체되는데, 이 챌
린지에서는 사용자의 쿼리 요청에 대해 즉시 응답하게 하자. 즉, 쿼리가 요청되면 바로 소프트
키보드를 감추고 **SearchView**를 축소시킨다.

챌린지 하나 더! 쿼리가 요청되는 즉시 **RecyclerView**의 내용을 지우고 이미지 로딩 진행 상태
를 나타내는 프로그레스 바(progress bar)를 보여준다. 그리고 JSON 데이터를 완전히 내려받으
면 프로그레스 바를 제거한다.

27

WorkManager

이제는 PhotoGallery 앱에서 플리커의 최근 사진들을 내려받고, 사용자가 입력한 쿼리 문자열로 사진을 검색하며, 사용자가 앱을 종료해도 쿼리 문자열을 기억할 수 있다. 이 장에서는 사용자가 아직 보지 못한 새로 등록된 사진들이 플리커에 있는지 폴링(polling)하는 기능을 추가해보자.

이 작업은 백그라운드에서 수행된다. 즉, 사용자가 PhotoGallery 앱을 현재 사용하지 않더라도 실행된다는 의미다. 그리고 새로 등록된 사진들이 있으면 사용자가 앱으로 돌아와서 볼 수 있게 알림(notification)도 보여준다.

이때 Jetpack **WorkManager** 아키텍처 컴포넌트 라이브러리를 사용해서 플리커의 새로 등록된 사진을 정기적으로 확인하는 작업을 처리한다. 즉, 실제 작업을 수행할 **Worker** 클래스의 서브 클래스를 생성하고 일정한 시간 간격으로 실행하도록 스케줄링해서 새로 등록된 사진을 찾으면, **NotificationManager**를 이용해서 사용자에게 알림을 보여준다.

Worker 생성하기

Worker의 서브 클래스에는 우리가 백그라운드에서 수행하고자 하는 작업을 처리하는 로직을 넣는다. 그리고 이 클래스가 준비되면 WorkRequest의 서브 클래스 중 하나를 사용해서 작업 요청을 생성할 것이다. 작업 요청은 우리가 실행할 작업을 시스템에 알려준다.

우선 26장에서 작성한 PhotoGallery 프로젝트를 열어 리스트 27.1과 같이 의존성을 추가한다 (안드로이드 스튜디오가 프로젝트 동기화를 해야 한다는 메시지를 보여주면 'Sync Now'를 클릭한다).

리스트 27.1 | 의존성 추가하기(app/build.gradle)

```
dependencies {
    ...
    implementation 'androidx.recyclerview:recyclerview:1.1.0'
    implementation 'androidx.work:work-runtime-ktx:2.5.0'
    ...
}
```

다음으로 app/java 밑의 com.bignerdranch.android.photogallery 패키지에 Worker의 서브 클래스인 PollWorker 클래스를 생성한다. 이 클래스는 두 개의 생성자 매개변수와 Context 객체, 그리고 WorkerParameters 객체가 필요하다. 그리고 doWork() 함수를 오버라이드해서 콘솔에 로그 메시지를 출력한다.

리스트 27.2 | PollWorker 클래스 생성하기(PollWorker.kt)

```
private const val TAG = "PollWorker"

class PollWorker(val context: Context, workerParams: WorkerParameters)
    : Worker(context, workerParams) {

    override fun doWork(): Result {
        Log.i(TAG, "Work request triggered")
        return Result.success()
    }
}
```

doWork() 함수는 백그라운드 스레드에서 호출된다. 따라서 이 함수에서는 오래 실행되는(최대 10분까지) 작업을 할 수 있다. 이 함수의 반환 값은 ListenableWorker.Result 클래스의 인스턴스이며, 함수의 작업 상태를 나타낸다. 여기서는 Result.success()를 호출해서 작업이 성공적으로 완료되었음을 나타내는 Result 클래스 인스턴스를 반환한다.

만일 **Result.failure()**를 호출하면 작업이 실패로 끝났음을 나타내는 **Result** 클래스 인스턴스가 반환되며, 해당 작업은 다시 실행되지 않는다. 또한 **Result.retry()**를 호출하면 일시적인 에러가 생겨서 이후에 작업을 다시 실행하겠다는 것을 나타내는 **Result** 클래스 인스턴스가 반환된다.

PollWorker는 백그라운드 작업을 **실행하는** 방법만 안다. 따라서 작업을 스케줄링하려면 다른 컴포넌트가 필요하다.

작업 스케줄링하기

Worker의 실행을 스케줄링하려면 추상(abstract) 클래스인 **WorkRequest**가 필요하다. 그러므로 실행해야 하는 작업의 유형에 따라 **WorkRequest**의 서브 클래스 중 하나를 사용해야 한다. 한번만 실행하는 작업에서는 **OneTimeWorkRequest**를 사용하며, 주기적으로 실행하는 작업은 **PeriodicWorkRequest**를 사용해야 한다.

여기서는 일단 **OneTimeWorkRequest**를 사용한다. **PollWorker**가 제대로 작동하는지 확인할 수 있고, 작업 요청을 생성하고 제어하는 방법을 배울 수도 있기 때문이다. 그리고 이후에 **PeriodicWorkRequest**를 사용하도록 앱을 변경한다.

편집기 창에 PhotoGalleryFragment.kt를 열어 **WorkRequest** 인스턴스를 생성하고, 스케줄링하는 코드를 추가한다.

리스트 27.3 | WorkRequest 스케줄링하기(PhotoGalleryFragment.kt)

```
class PhotoGalleryFragment : Fragment() {
    ...
    override fun onCreate(savedInstanceState: Bundle?) {
        ...
        lifecycle.addObserver(thumbnailDownloader.fragmentLifecycleObserver)

        val workRequest = OneTimeWorkRequest
            .Builder(PollWorker::class.java)
            .build()
        WorkManager.getInstance()
            .enqueue(workRequest)
    }
    ...
}
```

OneTimeWorkRequest 클래스는 자신의 중첩(nested) 클래스인 Builder를 사용해서 인스턴스를 생성한다. 이때 작업이 실행될 Worker 클래스(여기서는 PollWorker)를 생성자에 전달한다. 그다음에는 WorkManager 클래스를 사용해서 OneTimeWorkRequest 인스턴스를 스케줄링해야 한다. 이때 getInstance() 함수를 호출해 WorkManager의 싱글톤 인스턴스를 얻은 후, OneTimeWorkRequest 인스턴스를 인자로 전달해서 enqueue(...)를 호출한다. 이렇게 하면 작업 요청에 추가하는 요청 타입과 제약 조건을 기반으로 실행될 작업 요청이 스케줄링된다.

안드로이드 스튜디오의 맨 아래 테두리에 있는 'Logcat' 도구 버튼을 클릭해서 로그캣 창을 열고 위의 검색 필드에 PollWorker를 입력하고, 맨 오른쪽의 필터 드롭다운에 'No Filters'가 선택되었는지 확인한다. 그런 다음 PhotoGallery 앱을 실행하면 그림 27.1과 같이 PollWorker의 doWork() 함수에서 출력한 로그 메시지가 나타난다.

그림 27.1 | PollWorker의 doWork() 함수에서 출력한 로그 메시지

대부분의 경우에 백그라운드에서 실행하고자 하는 작업은 네트워크와 연결된다. 즉, 사용자가 아직 보지 않은 새로운 정보를 네트워크를 통해 폴링하거나, 로컬 데이터베이스의 변경 데이터를 원격 서버에 저장하는 작업이 될 것이다. 이런 작업에서는 불필요하게 비용이 드는 데이터 사용을 피해야 한다. 따라서 데이터 이용비가 들지 않는 네트워크 와이파이(WiFi)에 장치가 연결될 때 하는 것이 가장 좋다.

Constraints 클래스를 사용하면 그런 정보를 작업 요청에 추가할 수 있다. 즉, 작업을 실행하기 위해 충족되어야 하는 특정 제약 조건을 지정할 수 있다. 특정 네트워크 타입을 요구하는 것도 그중 하나다. 그리고 충분히 충전된 배터리나 장치의 충전기 연결과 같은 것도 요구할 수 있다.

리스트 27.4와 같이 PhotoGalleryFragment의 OneTimeWorkRequest 관련 코드를 변경한다 (Constraints 클래스는 androidx.work 패키지의 것을 import한다).

```kotlin
class PhotoGalleryFragment : Fragment() {
    ...
    override fun onCreate(savedInstanceState: Bundle?) {
        ...
        lifecycle.addObserver(thumbnailDownloader.fragmentLifecycleObserver)

        val constraints = Constraints.Builder()
            .setRequiredNetworkType(NetworkType.UNMETERED)
            .build()
        val workRequest = OneTimeWorkRequest
            .Builder(PollWorker::class.java)
            .setConstraints(constraints)
            .build()
        WorkManager.getInstance()
            .enqueue(workRequest)
    }
    ...
}
```

작업 요청과 유사하게 **Constraints** 인스턴스는 **Constraints.Builder()**를 사용해서 생성한다. 여기서는 비용이 들지 않는 네트워크에 장치가 연결되면 작업을 실행한다는 제약 조건을 지정하였다.

이 기능이 잘 작동하는지 에뮬레이터에서 테스트하려면 에뮬레이터의 네트워크 타입 설정을 변경하면 된다. 기본적으로 에뮬레이터는 와이파이 네트워크에 연결된다. 와이파이는 비용이 들지 않는 네트워크이므로 지금 PhotoGallery 앱을 실행하면 그림 27.1과 같이 로그캣 창에 로그 메시지가 나타난다(로그 메시지가 나타나지 않으면 프로젝트를 닫았다가 다시 열면 된다). 로그 메시지를 확인했으면 앱을 종료한다.

다음으로 비용이 드는 네트워크로 설정하고 테스트해보자. 에뮬레이터 홈 화면의 맨 위를 마우스로 클릭해 밑으로 끌어서 '빠른 설정'이 나타나게 한다(그림 27.2의 왼쪽 이미지). 그리고 '빠른 설정'의 중앙을 마우스로 클릭한 후 다시 밑으로 끌면, 더 상세한 '빠른 설정'이 나타난다(그림 27.2의 오른쪽 이미지).

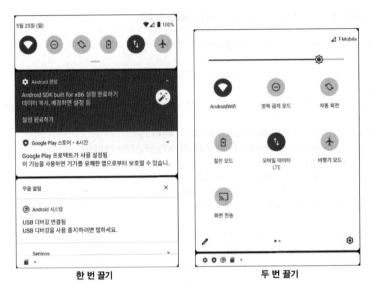

한 번 끌기 두 번 끌기

그림 27.2 | '빠른 설정' 사용하기

그림 27.2의 오른쪽 이미시 화면에서 왼쪽 위의 **AndroidWifi** 이이콘을 눌러 WiFi 네트워크가 사용되지 않도록 비활성화한다(하얗게 보임). 그리고 중앙의 '모바일 데이터 LTE'가 활성화되어 있는지 확인한다(푸른색으로 보임). 이렇게 하면 에뮬레이터가 비용이 드는 모의 셀룰러 네트워크를 사용한다.

그다음에 PhotoGallery 앱을 다시 실행하면 이제는 로그 메시지가 나타나지 않는다. 확인되었으면 '빠른 설정'에서 **AndroidWifi** 아이콘을 다시 눌러 WiFi 네트워크를 사용하도록 활성화한다.

새로운 사진 확인하기

이제는 **PollWorker**가 제대로 작동하므로 새로운 사진을 확인하는 로직을 추가할 수 있다. 이를 위해 사용자가 보았던 가장 최근 사진의 ID를 공유 프리퍼런스에 저장한다. 그리고 플리커 서버에서 새로운 사진들을 가져온 후 공유 프리퍼런스에 저장된 ID와 비교하도록 **PollWorker**를 변경한다.

우선 사용자가 보았던 가장 최근 사진 ID를 공유 프리퍼런스에 저장하거나 가져오도록 **Query Preferences**를 변경한다.

```kotlin
private const val PREF_SEARCH_QUERY = "searchQuery"
private const val PREF_LAST_RESULT_ID = "lastResultId"

object QueryPreferences {
    ...
    fun setStoredQuery(context: Context, query: String) {
        ...
    }

    fun getLastResultId(context: Context): String {
        return PreferenceManager.getDefaultSharedPreferences(context)
            .getString(PREF_LAST_RESULT_ID, "")!!
    }

    fun setLastResultId(context: Context, lastResultId: String) {
        PreferenceManager.getDefaultSharedPreferences(context)
            .edit()
            .putString(PREF_LAST_RESULT_ID, lastResultId)
            .apply()
    }
}
```

getString(PREF_LAST_RESULT_ID, "")의 반환 값은 null이 될 수 없다. PREF_LAST_RESULT_ID 키의 값을 null로 저장하지 않기 때문이다. 따라서 반환 값이 절대로 null이 될 수 없음을 **단언**(assertion)하는 연산자 !!를 사용하였다.

다음으로 새로운 사진을 가져온다. 우선 **PollWorker**가 동기화된 웹 요청을 수행할 수 있게 **FlickrFetchr**를 변경한다. **FlickrFetchr**의 **fetchPhotos()**와 **searchPhotos()** 함수 모두 동기화된 웹 요청을 수행하고 **LiveData**를 결과로 반환한다. 그러나 **PollWorker**는 백그라운드 스레드에서 실행되므로 Retrofit **Call** 객체를 반환하는 요청 함수를 통해서 요청이 실행되도록 변경한다.

리스트 27.6 | FlickrFetchr 변경하기(FlickrFetchr.kt)

```kotlin
class FlickrFetchr {
    ...
    fun fetchPhotosRequest(): Call<FlickrResponse> {
        return flickrApi.fetchPhotos()
    }

    fun fetchPhotos(): LiveData<List<GalleryItem>> {
        return fetchPhotoMetadata(flickrApi.fetchPhotos())
        return fetchPhotoMetadata(fetchPhotosRequest())
```

```
    }

    fun searchPhotosRequest(query: String): Call<FlickrResponse> {
        return flickrApi.searchPhotos(query)
    }

    fun searchPhotos(query: String): LiveData<List<GalleryItem>> {
        return fetchPhotoMetadata(flickrApi.searchPhotos(query))
        return fetchPhotoMetadata(searchPhotosRequest(query))
    }
    ...
}
```

다음으로 새로운 사진을 가져오도록 **PollWorker**를 변경한다. 이를 위해 **공유 프리퍼런스
(QueryPreferences)**에 저장된 쿼리 문자열이 없으면 **PollWorker**가 최근 사진들을 가져오는 작
업을 수행하고, 있으면 쿼리 문자열로 검색된 사진들을 가져오는 작업을 수행하게 한다(리스트
27.7).

그리고 최근 사진들을 가져온 후에는 첫 번째 사진의 ID가 공유 프리퍼런스에 저장된(사용자가
최근에 본) 사진 ID와 같은지 검사한다(리스트 27.8). 일치하지 않으면 새로운 사진이 있다는 알
림을 사용자에게 보여주고(여기서는 일단 로그 메시지만 출력하고 알림은 잠시 후에 구현한다), 새로
가져온 사진의 ID를 공유 프리퍼런스에 저장한다.

우선 최근 사진을 가져오도록 **PollWorker**를 변경한다.

리스트 27.7 | 최근 사진 가져오기(PollWorker.kt)

```
class PollWorker(val context: Context, workerParameters: WorkerParameters)
    : Worker(context, workerParameters) {

    override fun doWork(): Result {
        Log.i(TAG, "Work request triggered")
        val query = QueryPreferences.getStoredQuery(context)
        val lastResultId = QueryPreferences.getLastResultId(context)
        val items: List<GalleryItem> = if (query.isEmpty()) {
            FlickrFetchr().fetchPhotosRequest()
                .execute()
                .body()
                ?.photos
                ?.galleryItems
        } else {
            FlickrFetchr().searchPhotosRequest(query)
                .execute()
                .body()
```

```
                    ?.photos
                    ?.galleryItems
        } ?: emptyList()
        return Result.success()
    }
}
```

다음으로 새로운 사진이 있는지 확인하도록 **PollWorker**를 변경한다.

리스트 27.8 | 새로운 사진 확인하기(PollWorker.kt)

```
class PollWorker(val context: Context, workerParameters: WorkerParameters)
    : Worker(context, workerParameters) {

    override fun doWork(): Result {
        val query = QueryPreferences.getStoredQuery(context)
        val lastResultId = QueryPreferences.getLastResultId(context)
        val items: List<GalleryItem> = if (query.isEmpty()) {
            ...
        } else {
            ...
        }

        if (items.isEmpty()) {
            return Result.success()
        }

        val resultId = items.first().id
        if (resultId == lastResultId) {
            Log.i(TAG, "Got an old result: $resultId")
        } else {
            Log.i(TAG, "Got a new result: $resultId")
            QueryPreferences.setLastResultId(context, resultId)
        }

        return Result.success()
    }
}
```

로그캣 창을 열고 검색 필드에 **PollWorker**가 입력되어 있는지, 맨 오른쪽의 필터 드롭다운에 'No Filters'가 선택되었는지 확인한다. 그런 다음 PhotoGallery 앱을 실행하면 **PollWorker**의 **doWork()** 함수에서 새로운 사진이 있다는 "Got a new result: …" 로그 메시지가 나타나는데, 이는 처음에는 **QueryPreferences**에 저장된 사진 ID가 없기 때문이다. 앱을 테스트하는 동안 플리커에 새로운 사진이 등록됐을 때도 같은 메시지가 나올 수 있다.

이제 앱을 종료하고 다시 시작해보면 이번에는 새로운 사진이 없다는 "Got a old result: ..."
로그 메시지가 나타난다.

그림 27.3 | 새로운 사진이 없을 때의 로그 메시지

사용자에게 알림 보여주기

이제는 **PollWorker**가 백그라운드로 실행되면서 새로운 사진을 확인하지만, 사용자는 전혀 모른다. 따라서 사용자가 아직 못 본 새로운 사진을 찾으면 사용자가 볼 수 있게 알려주어야 한다.

이때 유용한 도구가 **알림**(notification)이다. 알림은 사용자가 화면 위에서부터 끌어서 사용할 수 있는 알림 드로어(drawer)에 나타나는 항목이다.

안드로이드 8.0(API 레벨 26) 이상 버전이 실행되는 안드로이드 장치에서는 알림을 생성할 수 있지만, 이전 버전의 안드로이드가 실행되는 장치에서는 채널(channel)을 생성해야 한다. 채널은 알림의 유형을 분류해 사용자가 제어할 수 있게 해준다. 즉, 앱에서 일괄적으로 알림을 받지 않게 하는 것이 아니라 특정 유형의 알림을 받지 않게 사용자가 직접 선택할 수 있으며 채널별로 알림 설정(예를 들어, 알림을 받을 때 무음이나 진동 등을 선택)을 지정할 수 있다.

예를 들어, 새로운 동물 사진들을 가져왔을 때 앱에서 세 가지 유형(새끼 고양이, 강아지, 이외의 귀여운 동물들)의 알림을 보여주고 싶다고 해보자. 이때는 각 알림 유형으로 세 개의 채널을 생성해 사용자가 설정하게 하면 된다.

안드로이드 8.0(API 레벨 26) 이상 버전을 지원하려면 최소한 한 개의 채널을 생성해야 하지만, 앱에서 생성할 수 있는 최대 채널 개수는 문서화된 게 없다. 사용자가 알림을 구성할 수 있게 하는 것이 채널의 목적이기 때문이다. 사용자에게 유용하면서 가급적 적은 개수의 채널을 생성하는 것이 좋다.

com.bignerdranch.android.photogallery 패키지에 **Application** 클래스의 서브 클래스인 **PhotoGalleryApplication**을 생성한다. 그리고 안드로이드 8.0 이상 버전이 실행되는 장치이

면 채널을 생성하고 추가하도록 **Application.onCreate()**를 오버라이드한다.

리스트 27.9 | 애플리케이션 클래스와 알림 채널 생성하기(PhotoGalleryApplication.kt)

```kotlin
const val NOTIFICATION_CHANNEL_ID = "flickr_poll"

class PhotoGalleryApplication : Application() {

    override fun onCreate() {
        super.onCreate()
        if (Build.VERSION.SDK_INT >= Build.VERSION_CODES.O) {
            val name = getString(R.string.notification_channel_name)
            val importance = NotificationManager.IMPORTANCE_DEFAULT
            val channel =
                    NotificationChannel(NOTIFICATION_CHANNEL_ID, name, importance)
            val notificationManager: NotificationManager =
                    getSystemService(NotificationManager::class.java)
            notificationManager.createNotificationChannel(channel)
        }
    }
}
```

채널 이름은 사용자가 보는 문자열이며 앱의 알림 설정에 나타난다. res/values/strings.xml 에 채널 이름을 나타내는 문자열 리소스와 알림에 사용할 다른 문자열도 같이 추가한다.

리스트 27.10 | 문자열 리소스 추가하기(res/values/strings.xml)

```xml
<resources>
    ...
    <string name="clear_search">검색 값 지움</string>
    <string name="notification_channel_name">FlickrFetchr</string>
    <string name="new_pictures_title">신규 포토갤러리 사진들</string>
    <string name="new_pictures_text">포토갤러리에 신규 사진이 있습니다.</string>
</resources>
```

다음으로 리스트 27.9에서 생성했던 애플리케이션 클래스를 참조하도록 매니페스트를 변경한다.

리스트 27.11 | 애플리케이션 태그 변경하기(manifests/AndroidManifest.xml)

```xml
<manifest ... >
    ...
    <application
        android:name=".PhotoGalleryApplication"
        android:allowBackup="true"
        ... >
```

```
    </application>
</manifest>
```

알림을 게시하려면 **Notification** 객체를 생성해야 한다. **Notification** 객체는 최소한 다음을 갖는다.

- 상태 바에 보여줄 **아이콘**(icon)
- 알림 드로어에 보여줄 알림 자신인 **뷰**(view)
- 알림 드로어의 알림을 사용자가 누르면 실행될 **PendingIntent**
- **알림 채널**(NotificationChannel)

티커(ticker) 텍스트도 알림에 추가할 수 있다. 이 텍스트는 알림이 보일 때는 나타나지 않지만, 접근성 서비스에 전달되어 시각 장애자에게 읽어줄 때 사용된다.

일단 **Notification** 객체를 생성하면 시스템 서비스인 **NotificationManager**의 **notify(Int, Notification)**을 호출하여 알림을 게시할 수 있다. 첫 번째 인자로 전달되는 Int 타입의 값은 알림의 ID이다.

우선 PhotoGalleryActivity.kt에 **newIntent(Context)** 함수를 추가한다(리스트 27.12). 이 함수는 **PhotoGalleryActivity**를 시작시키는 **Intent** 인스턴스를 반환한다(궁극적으로는 PollWorker가 PhotoGalleryActivity.newIntent(…)를 호출하고 결과로 반환된 인텐트를 **Pending Intent**에 포함한 후 이 **PendingIntent**를 알림에 설정할 것이다).

리스트 27.12 | newIntent(…) 함수 추가하기(PhotoGalleryActivity.kt)

```kotlin
class PhotoGalleryActivity : AppCompatActivity() {

    override fun onCreate(savedInstanceState: Bundle?) {
        ...
    }

    companion object {
        fun newIntent(context: Context): Intent {
            return Intent(context, PhotoGalleryActivity::class.java)
        }
    }
}
```

다음으로 **Notification** 객체를 생성하고, **NotificationManager.notify(Int, Notification)**
을 호출해서 새로운 결과(사진)가 준비되었다는 알림을 사용자에게 보내도록 **PollWorker**를 변
경한다.

리스트 27.13 | 알림 추가하기(PollWorker.kt)

```kotlin
class PollWorker(val context: Context, workerParameters: WorkerParameters)
    : Worker(context, workerParameters) {

    override fun doWork(): Result {
        ...
        val resultId = items.first().id
        if (resultId == lastResultId) {
            Log.i(TAG, "Got an old result: $resultId")
        } else {
            Log.i(TAG, "Got a new result: $resultId")
            QueryPreferences.setLastResultId(context, resultId)

            val intent = PhotoGalleryActivity.newIntent(context)
            val pendingIntent = PendingIntent.getActivity(context, 0, intent, 0)

            val resources = context.resources
            val notification = NotificationCompat
                .Builder(context, NOTIFICATION_CHANNEL_ID)
                .setTicker(resources.getString(R.string.new_pictures_title))
                .setSmallIcon(android.R.drawable.ic_menu_report_image)
                .setContentTitle(resources.getString(R.string.new_pictures_title))
                .setContentText(resources.getString(R.string.new_pictures_text))
                .setContentIntent(pendingIntent)
                .setAutoCancel(true)
                .build()

            val notificationManager = NotificationManagerCompat.from(context)
            notificationManager.notify(0, notification)
        }

        return Result.success()
    }
}
```

리스트 27.13에 추가한 코드에서는 안드로이드 8.0 이상 버전과 이전 버전의 장치 모두에서 알
림을 지원하고자 **NotificationCompat** 클래스를 사용한다. **NotificationCompat.Builder**
는 생성자 인자로 채널 ID를 받으며, 사용자가 안드로이드 8.0 이상 버전이 실행되는 장치
를 사용 중이면 이 ID를 사용해서 알림의 채널을 설정한다. 그러나 안드로이드 8.0 이전 버
전 장치일 때는 **NotificationCompat.Builder**가 채널을 무시한다(여기서 채널 ID로 전달하는

NOTIFICATION_CHANNEL_ID 상수는 **PhotoGalleryApplication**에 선언되어 있다).

리스트 27.9의 **PhotoGalleryApplication**에서는 채널을 생성하기 전에 빌드 버전 SDK 를 확인한다. 앱이 시작되는 시점에서는 채널을 생성하기 위한 **AppCompat** API가 없기 때 문이다(**AppCompat**은 안드로이드 버전 간의 호환성을 지원하는 라이브러리다). 그러나 여기서는 **AppCompat**의 **NotificationCompat**이 빌드 버전을 확인하는 귀찮은 일을 해주므로 그럴 필 요 없다. 따라서 언제든 가능하면 **AppCompat** 버전을 사용하는 것이 좋다.

여기서는 **setTicker(CharSequence)**와 **setSmallIcon(Int)**를 호출해서 알림에 티커 텍스 트와 작은 아이콘을 구성한다(여기서 사용하는 아이콘 리소스인 android.R.drawable.ic_menu_ report_image는 안드로이드 프레임워크의 일부로 제공되므로 android 수식자가 붙는 패키지 이름으로 나타낸다. 따라서 이 아이콘 이미지는 리소스 폴더에 없어도 된다).

알림 드로어에 나타나는 알림의 모습은 커스텀 룩앤필(look and feel)을 갖도록 생성할 수 있 지만, 아이콘과 제목 및 텍스트 영역을 갖는 표준 룩앤필을 사용하는 것이 더 쉽다. 따라 서 여기서는 아이콘은 **setSmallIcon(Int)**로 설정하고, 제목과 텍스트는 **setContentTitle (CharSequence)**와 **setContentText(CharSequence)**를 사용해서 설정하였다.

그다음에는 **PendingIntent** 객체를 사용해서 사용자가 알림을 눌렀을 때 수행될 일을 지정한 다. **setContentIntent(PendingIntent)**의 인자로 전달되는 **PendingIntent**는 사용자가 알 림 드로어의 알림을 누르면 실행된다. 그리고 **setAutoCancel(true)**를 호출하면 사용자가 알 림을 눌렀을 때 알림 드로어에서 해당 알림이 삭제되도록 설정한다.

마지막으로 **NotificationManagerCompat.from(context)**를 호출해서 현재 컨텍스트의 **NotificationManager** 인스턴스를 얻는다. 그리고 **NotificationManager.notify(...)**를 호출 해서 알림을 게시한다.

notify(...)의 첫 번째 인자로 전달되는 정수는 알림의 식별자이며, 앱 전체에서 고유한 값이어 야 하지만 재사용이 가능하다. 알림 드로어에 남아있는 알림은 같은 ID를 갖는 다른 알림으 로 교체될 수 있다. 만일 같은 ID의 알림이 없으면 시스템에서 새로운 알림을 보여준다.

이제 다 되었다. PhotoGallery 앱을 실행해 화면 맨 위의 상태 바를 클릭하고 밑으로 끌면, 그 림 27.4와 같이 새로운 사진이 있다는 알림을 볼 수 있다(검색 쿼리 문자열을 지우면 플리커의 모든 사진을 대상으로 최근 사진을 가져오므로 알림이 더 빨리 나타난다). 만일 알림이 나타나지 않으면 장 치나 에뮬레이터에서 PhotoGallery 앱을 삭제하고 다시 실행한다.

그림 27.4 | 새로운 사진 알림

폴링의 사용자 제어 제공하기

플리커로부터 새로운 사진을 가져오기 위해 앱이 백그라운드로 실행되는 것을 원치 않는 사용자가 있을 수 있다. 따라서 백그라운드 폴링을 사용자가 활성화 또는 비활성화할 수 있는 기능을 제공하는 것이 중요하다.

PhotoGallery 앱에서는 **PollWorker**의 활성화/비활성화를 전환하는 메뉴 항목을 툴바에 추가하고, **PollWorker**를 주기적으로 실행할 수 있게 작업 요청도 변경한다(**OneTimeWorkRequest** 대신 **PeriodicWorkRequest**를 사용함).

PollWorker의 활성화/비활성화를 전환하려면 우선 **PollWorker**가 현재 실행 중인지 판단해야한다. 이렇게 하기 위해 **PollWorker**의 활성화를 나타내는 플래그를 **QueryPreferences**에 저장하도록 변경한다.

리스트 27.14 | PollWorker의 상태 저장하기(QueryPreferences.kt)

```kotlin
private const val PREF_SEARCH_QUERY = "searchQuery"
private const val PREF_LAST_RESULT_ID = "lastResultId"
private const val PREF_IS_POLLING = "isPolling"

object QueryPreferences {
    ...
    fun setLastResultId(context: Context, lastResultId: String) {
        ...
    }

    fun isPolling(context: Context): Boolean {
        return PreferenceManager.getDefaultSharedPreferences(context)
            .getBoolean(PREF_IS_POLLING, false)
    }
```

```
    fun setPolling(context: Context, isOn: Boolean) {
        PreferenceManager.getDefaultSharedPreferences(context)
            .edit()
            .putBoolean(PREF_IS_POLLING, isOn)
            .apply()
    }
}
```

다음으로 메뉴 항목에 필요한 문자열 리소스를 추가한다. 여기서는 폴링을 활성화한다고 알려주는 문자열과 비활성화한다는 것을 알려주는 두 개의 문자열이 필요하다.

리스트 27.15 | 폴링 상태를 알려주는 문자열 추가하기(res/values/strings.xml)

```
<resources>
    ...
    <string name="new_pictures_text">포토갤러리에 신규 사진이 있습니다.</string>
    <string name="start_polling">신규 사진 탐색</string>
    <string name="stop_polling">탐색 중단</string>
</resources>
```

다음으로 편집기 창에 res/menu/fragment_photo_gallery.xml 메뉴 파일을 열어 폴링 항목을 추가한다.

리스트 27.16 | 폴링 항목 추가하기(res/menu/fragment_photo_gallery.xml)

```
<?xml version="1.0" encoding="utf-8"?>
<menu xmlns:android="http://schemas.android.com/apk/res/android"
      xmlns:app="http://schemas.android.com/apk/res-auto">
    ...
    <item android:id="@+id/menu_item_clear"
          android:title="@string/clear_search"
          app:showAsAction="never" />

    <item android:id="@+id/menu_item_toggle_polling"
          android:title="@string/start_polling"
          app:showAsAction="ifRoom|withText"/>
</menu>
```

이 메뉴 항목의 기본 텍스트는 리스트 27.15의 start_polling 문자열이다. 그런데 PollWorker 가 이미 실행 중이라면 stop_polling 문자열로 변경해야 한다. PollWorker가 이미 실행 중인지 확인한 후, 실행 중이라면 폴링 메뉴 항목의 텍스트를 stop_polling 문자열로 바꾸도록

PhotoGalleryFragment.kt를 변경한다. 그리고 onCreate(…) 함수의 OneTimeWorkRequest를 사용하는 코드를 삭제한다(PeriodicWorkRequest를 사용하는 코드는 잠시 후에 추가한다).

리스트 27.17 | 메뉴 항목의 텍스트 설정하기(PhotoGalleryFragment.kt)

```kotlin
class PhotoGalleryFragment : Fragment() {
    ...
    override fun onCreate(savedInstanceState: Bundle?) {
        ...
        lifecycle.addObserver(thumbnailDownloader)

        val constraints = Constraints.Builder()
            .setRequiredNetworkType(NetworkType.UNMETERED)
            .build()
        val workRequest = OneTimeWorkRequest
            .Builder(PollWorker::class.java)
            .setConstraints(constraints)
            .build()
        WorkManager.getInstance()
            .enqueue(workRequest)
    }
    ...
    override fun onCreateOptionsMenu(menu: Menu, inflater: MenuInflater) {
        ...
        searchView.apply {
            ...
        }

        val toggleItem = menu.findItem(R.id.menu_item_toggle_polling)
        val isPolling = QueryPreferences.isPolling(requireContext())
        val toggleItemTitle = if (isPolling) {
            R.string.stop_polling
        } else {
            R.string.start_polling
        }
        toggleItem.setTitle(toggleItemTitle)
    }
    ...
}
```

마지막으로 폴링 상태를 전환하는 메뉴 항목을 클릭했을 때 응답하도록 PhotoGalleryFragment. kt의 onOptionsItemSelected(…) 함수를 변경한다. 만일 PollWorker가 실행 중이 아니라면 새로운 PeriodicWorkRequest 인스턴스를 생성하고 WorkManager를 사용해서 해당 인스턴스를 스케줄링한다. 그렇지 않고 PollWorker가 실행 중이라면 중단시킨다(TimeUnit은 java.util. concurrent 패키지의 것을 import한다).

```kotlin
private const val TAG = "PhotoGalleryFragment"
private const val POLL_WORK = "POLL_WORK"

class PhotoGalleryFragment : Fragment() {
    ...
    override fun onOptionsItemSelected(item: MenuItem): Boolean {
        return when (item.itemId) {
            R.id.menu_item_clear -> {
                photoGalleryViewModel.fetchPhotos("")
                true
            }
            R.id.menu_item_toggle_polling -> {
                val isPolling = QueryPreferences.isPolling(requireContext())
                if (isPolling) {
                    WorkManager.getInstance().cancelUniqueWork(POLL_WORK)
                    QueryPreferences.setPolling(requireContext(), false)
                } else {
                    val constraints = Constraints.Builder()
                        .setRequiredNetworkType(NetworkType.UNMETERED)
                        .build()
                    val periodicRequest = PeriodicWorkRequest
                        .Builder(PollWorker::class.java, 15, TimeUnit.MINUTES)
                        .setConstraints(constraints)
                        .build()
                    WorkManager.getInstance().enqueueUniquePeriodicWork(POLL_WORK,
                        ExistingPeriodicWorkPolicy.KEEP,
                        periodicRequest)
                    QueryPreferences.setPolling(requireContext(), true)
                }
                activity?.invalidateOptionsMenu()
                return true
            }
            else -> super.onOptionsItemSelected(item)
        }
    }
    ...
}
```

우선 else 블록을 살펴보자. QueryPreferences에 저장된 폴링 상태 값이 false면 PollWorker
가 실행 중이 아니므로 PollWorker를 실행시키기 위해 WorkManager를 사용해서 새로운 작
업 요청을 스케줄링한다. 여기서는 PeriodicWorkRequest 클래스를 사용해서 일정한 시간
간격으로 작업 요청을 다시 스케줄링한다. 이때 이전에 사용했던 OneTimeWorkRequest와 마
찬가지로 Builder 클래스를 사용하며, 실행할 작업 클래스(여기서는 PollWorker)와 실행 시간
간격을 Builder 클래스의 생성자 인자로 전달한다.

15분의 실행 시간 간격이 너무 길다고 생각할 수 있다. 하지만, 더 작은 값으로 변경을 해도 **PollWorker**가 여전히 15분 간격으로 실행됨을 알 수 있다. 시스템이 동일한 작업 요청의 실행에만 매달리지 않게 **PeriodicWorkRequest**에는 최소 시간 간격으로 15분이 허용되며, 이렇게 함으로써 시스템 리소스와 사용자 장치의 배터리 수명이 절약된다.

OneTimeWorkRequest처럼 **PeriodicWorkRequest**의 Builder 클래스도 제약 조건을 설정할 수 있으므로 비용이 들지 않는 네트워크 요구 사항을 추가할 수 있다. 이전에는 작업 요청을 스케줄링할 때 **WorkManager** 클래스의 **enqueue(…)** 함수를 사용하였지만, 여기서는 **enqueueUniquePeriodicWork(…)** 함수를 사용한다. 이 함수는 작업 이름, 작업 정책(work policy), 작업 요청(**PeriodicWorkRequest**) 인스턴스를 인자로 받으며, 작업 이름(**String** 타입)은 작업을 고유하게 식별하는 이름이며 작업을 취소할 때 유용하다.

같은 이름의 작업이 완료되지 않고 있으면 작업 요청을 어떻게 할 것인지를 **WorkManager**에게 알려주는 것이 작업 정책이다. 여기처럼 **ExistingPeriodicWorkPolicy.KEEP**을 전달하면 기존 작업을 그대로 두고 새로운 작업 요청을 무시한다. 이와는 달리 **ExistingPeriodicWorkPolicy.REPLACE**를 전달하면 기존 작업을 취소 및 삭제하고 새로운 작업 요청으로 교체한다.

이제는 else 블록에서 무엇을 하는지 알았을 것이다. 이와는 달리 **QueryPreferences**에 저장된 폴링 상태 값이 true면 if 블록이 실행되는데, 이때는 **PollWorker**가 실행 중이므로 작업 요청의 취소를 **WorkManager**에게 알려주어야 한다. 따라서 실행을 취소 및 삭제할 작업 이름인 POLL_WORK를 인자로 전달해서 **cancelUniqueWork(…)** 함수를 호출하고 폴링 상태 값을 false로 전달해 **QueryPreferences**에 저장한다.

PhotoGallery 앱을 실행해보면 이제는 폴링 상태를 전환하는 메뉴 항목을 볼 수 있다. **'신규 사진 탐색'**이 나타나면 폴링이 중단된 상태이며, 이것을 누르면 **'탐색 중단'**으로 바뀌면서 플리커의 새로운 사진을 15분 간격으로 폴링한다. 다시 한번 누르면 폴링이 중단되고 **'신규 사진 탐색'**으로 바뀌게 된다.

이제는 PhotoGallery 앱이 가장 최근 사진을 사용자에게 제공할 수 있으며, 앱이 실행 중이 아닐 때도 가능하다. 그런데 문제가 있다. 새로운 사진들이 도착하면 언제든 사용자가 알림을 받기 때문이다. 앱이 이미 실행 중이라서 사용자가 이미 새로운 사진을 보는 경우도 마찬가지다. 게다가 사용자가 알림을 누르면 **PhotoGalleryActivity**의 새로운 인스턴스가 시작되어 앱의 백 스택(back stack)에 추가된다.

PhotoGallery 앱이 실행 중일 때는 알림이 나타나지 않도록 다음 장에서 해결해보겠다. 그리고 이렇게 변경하면서 브로드캐스트 인텐트(broadcast intent)를 리스닝하고 브로드캐스트 수신자(broadcast receiver)를 사용해서 인텐트를 처리하는 방법도 알아본다.

28

브로드캐스트 인텐트

현재 실행 중인 PhotoGallery 앱의 화면에서 이미 보고 있는데, 플리커 사이트에 새로운 사진이 등록되었다고 알림으로도 보여준다면 불필요한 일이 될 것이다. 이 장에서는 앱이 실행 중일 때 새로운 사진에 관해 알림이 나타나지 않게 폴링 기능을 개선한다.

그리고 이런 개선 작업을 통해서 **브로드캐스트 인텐트**(broadcast intent)를 리스닝하는 방법과 **브로드캐스트 수신자**(broadcast receiver)를 사용해서 브로드캐스트 인텐트를 처리하는 방법을 알아본다. 그리고 런타임 시에 앱에서 동적으로 브로드캐스트 인텐트를 전송하거나 수신하고, 앱이 현재 포그라운드에서 실행 중인지를 결정하기 위해 순차 브로드캐스트(ordered broadcast)를 사용한다.

일반 인텐트 vs 브로드캐스트 인텐트

안드로이드 장치에서는 시종일관 여러 일이 벌어진다. 와이파이 접속 영역에 들어갔다 나오기도 하고, 소프트웨어 패키지들이 설치되기도 하고, 전화나 문자 메시지가 수발신된다.

이런 종류의 이벤트들에 반응할 수 있도록 해당 이벤트들을 알아야 하는 컴포넌트들이 시스템에 많이 존재할 수 있다. 이때 안드로이드는 브로드캐스트 인텐트를 사용해서 컴포넌트들에 알려준다.

이처럼 시스템이 전송하는 브로드캐스트 인텐트를 **시스템 브로드캐스트 인텐트**(system broadcast intent)라고 한다. 그런데 **커스텀 브로드캐스트 인텐트**(custom broadcast intent)를 전송하거나 수신할 수도 있다. 시스템 브로드캐스트 인텐트와 커스텀 브로드캐스트 인텐트 모두 인텐트를 수신하는 메커니즘은 같지만, 이 장에서는 커스텀 브로드캐스트 인텐트를 사용한다.

브로드캐스트 인텐트는 이미 알고 있는 인텐트와 유사하게 작동한다. 차이점이라면 브로드캐스트 인텐트는 브로드캐스트 수신자로 등록한 다수의 컴포넌트가 동시에 받을 수 있다는 점이다.

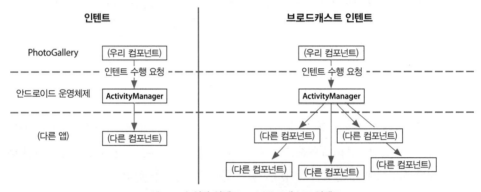

그림 28.1 | 일반 인텐트 vs 브로드캐스트 인텐트

일반 인텐트에서는 액티비티나 서비스가 외부에 공개된 API의 일부로 사용되면 언제든지 암시적 인텐트에 응답할 수 있으며, 외부에 공개되지 않는 API의 일부이면 명시적 인텐트에 응답할 수 있다. 이와는 달리, 브로드캐스트 인텐트는 브로드캐스트 수신자로 등록된 다수의 액티비티나 서비스가 동시에 받고 응답할 수 있다. 브로드캐스트 수신자도 명시적 인텐트에 응답할 수 있지만, 명시적 인텐트는 하나의 수신자만 가져서 거의 사용되지 않는다.

포그라운드 알림 차단하기

현재 PhotoGallery 앱의 알림은 잘 작동한다. 그런데 사용자가 이미 앱을 실행해 화면을 보고 있는 상태(포그라운드)인데도 여전히 알림이 전달된다. 이때 브로드캐스트 인텐트를 사용해서 **PollWorker**의 작동을 변경할 수 있다.

우선 플리커에서 새로운 사진을 가져올 때마다 **PollWorker**에서 브로드캐스트 인텐트를 전송하고 두 개의 브로드캐스트 수신자를 등록하게 한다. 첫 번째 수신자는 안드로이드 매니페스트에 등록하며, 이 수신자가 **PollWorker**로부터 브로드캐스트 인텐트를 받을 때마다 이전에 했던 대로 사용자에게 알림을 게시한다. 두 번째 수신자는 앱의 화면을 사용자가 볼 수 있을 때만 활성화되도록 동적으로 등록한다. 이 수신자는 매니페스트에 등록된 브로드캐스트 수신자에게 전달되는 브로드캐스트 인텐트를 가로채서 알림을 게시하지 못하게 한다.

이처럼 두 개의 브로드캐스트 수신자를 사용하는 것이 이상하게 보일 수 있다. 어떤 액티비티나 프래그먼트가 현재 실행 중인지 판단하는 메커니즘을 안드로이드가 제공하지 않으며, 우리 UI를 화면에서 볼 수 있는지 **PollWorker**가 직접 알려줄 수 없으므로 **PollWorker** 내부에서 간단한 if 문을 사용해서는 알림의 게시를 막을 수 없다. 마찬가지로 앱이 어떤 상태인지 판단할 방법이 없기 때문이다. 앱의 화면을 볼 수 있는지 그 여부만으로 브로드캐스트 인텐트의 전송 여부를 선택할 수도 없다. 그런데 두 개의 브로드캐스트 수신자를 사용해서 하나만 브로드캐스트 인텐트에 반응하게 설정할 수는 있다. 여기서는 바로 이 방법을 사용한다.

브로드캐스트 인텐트 전송하기

첫 번째 단계는 간단하다. 새로운 검색 결과를 게시할 준비가 되었음을 관심 있는 컴포넌트에 알리는 브로드캐스트 인텐트를 전송해야 한다. 이렇게 하기 위해 인텐트를 생성해서 **sendBroadcast(Intent)**의 인자로 전달한다. 여기서는 우리가 정의한 액션을 인텐트로 전달해야 하므로 액션 상수도 정의한다. 우선 27장에서 작성한 프로젝트를 열고 리스트 28.1과 같이 PollWorker.kt를 변경한다.

리스트 28.1 | 브로드캐스트 인텐트 전송하기(PollWorker.kt)

```kotlin
class PollWorker(val context: Context, workerParams: WorkerParameters) :
    Worker(context, workerParams) {

    override fun doWork(): Result {
        ...
        val resultId = first().id
        if (resultId == lastResultId) {
            Log.i(TAG, "Got an old result: $resultId")
        } else {
            ...
            val notificationManager = NotificationManagerCompat.from(context)
            notificationManager.notify(0, notification)
```

```
            context.sendBroadcast(Intent(ACTION_SHOW_NOTIFICATION))
        }

        return Result.success()
    }

    companion object {
        const val ACTION_SHOW_NOTIFICATION =
            "com.bignerdranch.android.photogallery.SHOW_NOTIFICATION"
    }
}
```

브로드캐스트 수신자 생성과 등록하기

브로드캐스트 인텐트가 전송되더라도 이것을 리스닝할 수 있는 것이 현재는 없다. 따라서 브로드캐스트 인텐트에 반응하기 위해 **BroadcastReceiver**의 서브 클래스를 구현한다. 브로드캐스트 수신자에는 두 종류가 있지만, 여기서는 **독립 실행형(standalone)** 브로드캐스트 수신자를 사용할 것이다.

독립 실행형 브로드캐스트 수신자는 매니페스트에 선언된 수신자이며, 이런 수신자는 앱이 종료되더라도 활성화할 수 있다. 더 뒤에서는 **동적(dynamic)** 브로드캐스트 수신자를 알아보는데, 이 수신자는 액티비티나 프래그먼트와 같은 가시적인 앱 컴포넌트의 생명주기와 연관되는 브로드캐스트 수신자다.

서비스나 액티비티처럼 브로드캐스트 수신자는 시스템에 등록되어야 한다. 만일 시스템에 등록되지 않으면 시스템에서 수신자의 **onReceive(...)** 함수를 호출하지 않으므로 작동하지 않는다.

우선 **android.content.BroadcastReceiver**의 서브 클래스인 **NotificationReceiver** 클래스를 com.bignerdranch.android.photogallery 패키지에 생성한다.

리스트 28.2 | 첫 번째 브로드캐스트 수신자(NotificationReceiver.kt)

```
private const val TAG = "NotificationReceiver"

class NotificationReceiver : BroadcastReceiver() {

    override fun onReceive(context: Context, intent: Intent) {
        Log.i(TAG, "received broadcast: ${intent.action}")
    }
}
```

브로드캐스트 수신자는 액티비티나 서비스와 같이 인텐트를 수신하는 컴포넌트로, **Notifi cationReceiver**에 인텐트가 요청되면 이것의 **onReceive(…)** 함수가 자동 호출된다.

다음으로 manifests/AndroidManifest.xml을 편집기 창에 열어 **NotificationReceiver**를 등록한다.

리스트 28.3 | 브로드캐스트 수신자 등록하기(manifests/AndroidManifest.xml)

```
<application ... >
    <activity android:name=".PhotoGalleryActivity">
        ...
    </activity>
    <receiver android:name=".NotificationReceiver">
    </receiver>
</application>
```

브로드캐스트 수신자가 브로드캐스트 인텐트를 수신하려면 인텐트 필터도 지정해야 한다. 이 필터는 암시적 인텐트에 사용했던 것과 똑같이 작동하며, 일반 인텐트 대신 브로드캐스트 인텐트를 필터링한다는 점만 다르다. SHOW_NOTIFICATION 액션을 갖는 인텐트를 수신하도록 **NotificationReceiver**의 인텐트 필터를 추가한다.

리스트 28.4 | 인텐트 필터를 수신자에 추가하기(manifests/AndroidManifest.xml)

```
<receiver android:name=".NotificationReceiver">
    <intent-filter>
        <action
            android:name="com.bignerdranch.android.photogallery.SHOW_NOTIFICATION" />
    </intent-filter>
</receiver>
```

이 시점에 안드로이드 8.0 이상 버전이 실행 중인 장치에서 PhotoGallery 앱을 실행하면 리스트 28.2에서 추가했던 로그 메시지가 나타나지 않는다. **NotificationReceiver**의 **onReceive(…)** 함수가 전혀 호출되지 않기 때문이다. 그런데 안드로이드 8.0 이전 버전이 실행 중인 장치에서는 더 최신 버전의 안드로이드에서 브로드캐스트 인텐트 사용을 제한하기 때문에 로그 메시지가 나타난다. 하지만, 퍼미션을 사용해서 브로드캐스트 인텐트를 전송하면 이러한 제한을 해결할 수 있다.

private 퍼미션을 사용해서 브로드캐스트 인텐트를 우리 앱으로 제한하기

이와 더불어 브로드캐스트 인텐트는 시스템의 어떤 컴포넌트도 리스닝할 수 있고 우리 수신자를 작동시킬 수도 있다는 문제점이 있다. 이때 브로드캐스트 인텐트와 수신자에 퍼미션을 지정하면 이 문제를 해결할 수 있으며, 더 최신 버전의 안드로이드에서도 브로드캐스트 수신자가 작동하게 된다.

즉, 커스텀 퍼미션을 수신자에 적용하고 수신자의 android:exported 속성을 "false"로 설정하면 요청된 퍼미션을 갖는 컴포넌트만 브로드캐스트 인텐트를 수신자에 전송할 수 있기 때문이다. 시스템의 다른 앱에서 해당 수신자를 사용할 수 없게 된다.

우선 우리의 퍼미션을 선언하고 얻도록 매니페스트에 추가한다.

리스트 28.5 | private 퍼미션 추가하기(manifests/AndroidManifest.xml)

```
<manifest ... >

    <permission android:name="com.bignerdranch.android.photogallery.PRIVATE"
            android:protectionLevel="signature" />

    <uses-permission android:name="android.permission.INTERNET"/>
    <uses-permission android:name="com.bignerdranch.android.photogallery.PRIVATE" />
    ...
</manifest>
```

여기서는 **보호 수준(protection level)**을 "signature"로 갖는 커스텀 퍼미션을 정의하였다(보호 수준은 잠시 후에 알아본다). 퍼미션 자체는 간단한 문자열이며, 우리가 사용했던 인텐트 액션이나 카테고리 및 시스템 퍼미션과 유사하다. 정의했더라도 퍼미션을 사용하려면 항상 승인을 받아야 한다.

리스트 28.5에서 음영으로 표시된 상수 값을 한번 살펴보자. 이 문자열은 커스텀 퍼미션의 고유 식별자이며, 매니페스트나 코틀린 코드의 어디서든 해당 퍼미션을 참조하기 위해 사용한다. 이 식별자는 브로드캐스트 인텐트를 전송할 때 그리고 수신자에서 받을 때 반드시 동일하게 지정해야 하므로 코드를 작성할 때 매번 입력하지 말고 복사 및 붙여넣기 하는 것이 좋다.

다음으로 리스트 28.5의 퍼미션을 수신자에 적용하고 android:exported 속성을 "false"로 설정한다.

```
<manifest ... >
    ...
    <application ... >
        ...
        <receiver android:name=".NotificationReceiver"
                  android:permission="com.bignerdranch.android.photogallery.PRIVATE"
                  android:exported="false">
            ...
        </receiver>
    </application>
</manifest>
```

다음으로 PollWorker.kt에서 리스트 28.5의 퍼미션을 상수로 정의하고 **sendBroadcast(...)** 함수의 인자로 전달해서 브로드캐스트 인텐트를 전송하도록 변경한다.

리스트 28.7 | 퍼미션을 갖는 브로드캐스트 인텐트 전송하기(PollWorker.kt)

```
class PollWorker(val context: Context, workerParams: WorkerParameters) :
    Worker(context, workerParams) {

    override fun doWork(): Result {
        ...
        val resultId = first().id
        if (resultId == lastResultId) {
            Log.i(TAG, "Got an old result: $resultId")
        } else {
            ...
            val notificationManager = NotificationManagerCompat.from(context)
            notificationManager.notify(0, notification)

            context.sendBroadcast(Intent(ACTION_SHOW_NOTIFICATION), PERM_PRIVATE)
        }

        return Result.success()
    }

    companion object {
        const val ACTION_SHOW_NOTIFICATION =
            "com.bignerdranch.android.photogallery.SHOW_NOTIFICATION"
        const val PERM_PRIVATE = "com.bignerdranch.android.photogallery.PRIVATE"
    }
}
```

이제는 해당 앱에서만 **NotificationReceiver**를 시작시킬 수 있다. PhotoGallery 앱을 다시 실행해보면 **NotificationReceiver**의 **onReceive(...)** 함수가 자동 호출되어 로그캣 창에 로그 메시지가 나타난다(플리커에서 새로운 사진을 가져오면 이 앱이 포그라운드에 있어도 알림과 로그 메시지가 나타난다. 이 문제는 곧 해결할 것이다).

보호 수준

모든 커스텀 퍼미션에는 android:protectionLevel의 값을 지정해야 하며, 보호 수준을 나타내는 protectionLevel 속성은 퍼미션을 어떻게 사용할 것인지 안드로이드에 알려준다. 리스트 28.5에서는 protectionLevel을 signature로 지정하였다.

다른 앱이 이 퍼미션을 사용하고자 한다면 이 앱과 같은 키로 서명해야 한다는 것이 signature 보호 수준이다. 이 앱에서 내부적으로 사용하는 퍼미션에서는 signature가 올바른 선택이다. 우리의 키를 갖고 있지 않으므로 다른 개발자들은 해당 퍼미션이 보호하는 어떤 것도 사용할 수 없기 때문이다. 게다가, 우리 자신의 키를 갖고 있으므로 나중에 작성할 어떤 다른 앱에서도 해당 퍼미션을 사용할 수 있다.

보호 수준에는 표 28.1과 같이 네 가지가 있다.

표 28.1 | protectionLevel의 값

값	개요
normal	사적인 데이터를 사용하거나 지도상의 위치를 찾는 것과 같은 어떤 위험한 일도 하지 않도록 앱 기능을 보호하기 위한 것이다. 앱의 설치를 선택하기 전에 사용자는 해당 퍼미션을 볼 수 있지만, 사용자의 승인은 받지 않는다. android.permission.INTERNET은 이 퍼미션 수준을 사용하며, 인터넷을 사용하게 해준다.
dangerous	normal로 사용하지 않는 모든 것들의 보호 수준이다. 예를 들면, 사적인 데이터의 사용, 사용자를 염탐하는 데 사용될 수 있는 하드웨어 사용, 사용자에게 문제를 초래할 수 있는 그 밖의 것들이다. 카메라 퍼미션, 위치 퍼미션, 연락처 퍼미션 모두 이 유형에 속한다. dangerous 퍼미션의 경우, 안드로이드 6.0부터는 런타임 시에 requestPermission(...)을 호출해서 사용자에게 앱 퍼미션을 승인받아야 한다.
signature	이 퍼미션을 선언하고 있는 앱과 같은 인증 키로 다른 앱이 서명되어 있다면 시스템은 이 퍼미션을 승인하며, 그렇지 않으면 거부한다. 이 퍼미션이 승인되어도 사용자에게는 알리지 않는다. 앱에서 내부적으로 사용하는 퍼미션으로, 앱에서 인증을 갖고 있고, 동일한 인증으로 서명된 앱들만이 이 퍼미션을 사용할 수 있으므로 이 퍼미션의 사용을 직접 통제할 수 있다. 여기서는 우리 브로드캐스트 인텐트를 다른 앱에서 받지 못하게 하기 위해 사용하였다. 원한다면 우리 브로드캐스트 인텐트를 받는 다른 앱을 작성할 수도 있다.
signatureOrSystem	signature 보호 수준과 같지만, 안드로이드 시스템 이미지의 모든 패키지에도 퍼미션을 승인한다. 시스템 이미지에 내장된 앱들과 소통하는 데 사용되며, 이 퍼미션이 승인될 때는 사용자에게 알리지 않는다. 주로 하드웨어 제조사에서 사용하기 위한 보호 수준이므로 대부분의 개발자는 이 보호 수준을 사용할 필요 없다.

동적 수신자를 생성하고 등록하기

다음으로 ACTION_SHOW_NOTIFICATION 브로드캐스트 인텐트의 수신자가 필요하다. 이 수신자는 사용자가 이 앱을 사용하는 동안 알림이 게시되는 것을 막는다.

이 수신자는 우리 액티비티가 포그라운드에 있을 때만 등록하게 되며, 만일 이 앱의 프로세스 생애처럼 이 수신자가 더 긴 수명을 갖도록 선언된다면 **PhotoGalleryFragment**가 실행 중인지 알 방법이 필요하다.

해결 방법은 바로 동적 브로드캐스트 수신자를 사용하는 것이다. 이 경우 수신자를 등록할 때는 Context.registerReceiver(BroadcastReceiver, IntentFilter)를 호출하고, 해제할 때는 Context.unregisterReceiver(BroadcastReceiver)를 호출한다. 일반적으로 수신자 자신은 버튼 클릭 리스너처럼 내부 클래스나 람다(lambda)로 정의된다. 그러나 **registerReceiver(...)**와 **unregisterReceiver(...)**는 동일한 수신자 인스턴스가 필요하므로 수신자 객체 참조를 변수에 보존할 필요가 있다.

다음으로 새로운 추상 클래스인 **VisibleFragment**를 com.bignerdranch.android.photogallery 패키지에 생성한다. 이 클래스는 **Fragment**의 서브 클래스로, 포그라운드 알림을 감추는 일반화된 프래그먼트로 사용한다(29장에서는 이것과 유사한 또 다른 프래그먼트를 작성한다).

리스트 28.8 | VisibleFragment의 수신자(VisibleFragment.kt)

```kotlin
abstract class VisibleFragment : Fragment() {

    private val onShowNotification = object : BroadcastReceiver() {
        override fun onReceive(context: Context, intent: Intent) {
            Toast.makeText(requireContext(),
                "Got a broadcast: ${intent.action}",
                Toast.LENGTH_LONG)
                .show()
        }
    }

    override fun onStart() {
        super.onStart()
        val filter = IntentFilter(PollWorker.ACTION_SHOW_NOTIFICATION)
        requireActivity().registerReceiver(
            onShowNotification,
            filter,
            PollWorker.PERM_PRIVATE,
            null
        )
```

```
    }

    override fun onStop() {
        super.onStop()
        requireActivity().unregisterReceiver(onShowNotification)
    }
}
```

(BroadcastReceiver와 Fragment는 각각 android.content.BroadcastReceiver와 androidx.fragment.app.Fragment를 import한다.)

여기서는 **IntentFilter(…)** 함수로 인텐트 필터를 생성해서 **filter** 변수에 지정하고 **register Receiver(…)**의 인자로 전달한다. 이 인텐트 필터는 리스트 28.4에서 지정했던 다음 XML의 인텐트 필터와 같다.

```
<intent-filter>
    <action android:name=
        "com.bignerdranch.android.photogallery.SHOW_NOTIFICATION" />
</intent-filter>
```

XML로 지정할 수 있는 **IntentFilter**는 리스트 28.8처럼 코드로도 나타낼 수 있다. 이때 **add Category(String)**, **addAction(String)**, **addDataPath(String)** 등의 함수를 호출해 필터를 구성하면 된다.

코드에서 동적으로 등록된 브로드캐스트 수신자를 사용할 때는 클린업도 고려해야 한다. 만일 시작 단계의 생명주기 함수에서 수신자를 등록한다면, 이 함수와 대응되는 셧다운 함수에서 **Context.unregisterReceiver(BroadcastReceiver)**를 호출하면 된다. 따라서 여기서는 **onStart()** 내부에서 등록하고 **onStop()**에서 등록을 해제하였다. 만일 이 함수들 대신 **onCreate(…)** 내부에서 등록했다면, 해제는 **onDestroy()** 내부에서 하면 된다.

(유보(retained) 프래그먼트의 **onCreate(…)**와 **onDestroy()**에서는 주의한다. 장치가 회전되어 화면의 방향이 바뀌면 **onCreate(…)**와 **onDestroy()**에서 호출하는 **getActivity()**의 반환 값이 다를 수 있기 때문이다. 그리고 **Fragment.onCreate(…)**로 등록하고 **Fragment.onDestroy()**에서 해제할 때는 **getActivity()** 대신 **requireActivity().getApplicationContext()**를 사용한다).

다음으로 **PhotoGalleryFragment**가 **VisibleFragment**의 서브 클래스가 되도록 변경한다.

```
class PhotoGalleryFragment : Fragment() VisibleFragment() {
    ...
}
```

PhotoGallery 앱을 실행해 화면 위의 '신규 사진 탐색'을 클릭해서 백그라운드 폴링을 시작시키자. 그러면 플리커에 새로 등록된 사진들이 있을 때 브로드캐스트 인텐트를 받았다는 토스트 메시지(리스트 28.8의 onReceive(...)에서 출력)가 보인다(그림 28.2).

그림 28.2 | 우리의 브로드캐스트 인텐트와 수신자가 작동한다는 증거

순차 브로드캐스트 인텐트로 데이터 주고받기

마지막으로 동적으로 등록되는 수신자가 다른 수신자보다 항상 먼저 PollWorker.ACTION_SHOW_NOTIFICATION 브로드캐스트 인텐트를 수신하고 변경해서 알림이 게시되지 않도록 해야 한다.

이제 우리의 private 브로드캐스트 인텐트를 전송할 것인데, 지금까지는 한 방향으로만 소통하는 브로드캐스트 인텐트를 사용하였다(그림 28.3).

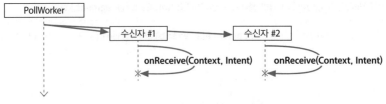

그림 28.3 | 일반 브로드캐스트 인텐트

이렇게 되는 이유는 일반 브로드캐스트 인텐트를 모든 수신자가 동시에 수신하기 때문이다. 실제로는 **onReceive(...)**가 **main** 스레드에서 호출되므로 수신자들이 동시에 실행되지는 않는다. 그렇다고 수신자들이 어떤 특정 순서로 실행되게 하는 것은 불가능하다. 게다가 수신자들의 실행이 모두 끝나는 시점도 알 수 없다. 따라서 브로드캐스트 수신자들 상호 간의 소통은 쉽지 않으며, 인텐트 전송자가 수신자들로부터 정보를 받기도 어렵다.

순차(ordered) 브로드캐스트 인텐트를 사용하면 양방향 소통을 구현할 수 있다(그림 28.4). 순차 브로드캐스트는 브로드캐스트 수신자들이 브로드캐스트 인텐트를 순서적으로 받고 처리하도록 해준다.

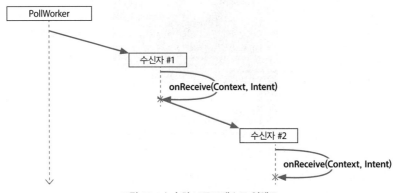

그림 28.4 | 순차 브로드캐스트 인텐트

수신자 측에서는 이것이 일반 브로드캐스트와 거의 동일하게 보인다. 그러나 수신자들의 체인을 따라 전달되는 인텐트의 변경에 사용되는 함수들을 사용할 수 있다. PhotoGallery 앱에서는 resultCode 속성을 Activity.RESULT_CANCELED로 설정해서 알림을 취소하고자 한다.

SHOW_NOTIFICATION의 전송자에게 알림 게시 여부를 알려주도록 **VisibleFragment**를 변경한다. 이 정보는 체인을 따라 다른 모든 브로드캐스트 수신자들에게도 전달된다.

리스트 28.10 | resultCode 설정하기(VisibleFragment.kt)

```kotlin
private const val TAG = "VisibleFragment"

abstract class VisibleFragment : Fragment() {

    private val onShowNotification = object : BroadcastReceiver() {
        override fun onReceive(context: Context, intent: Intent) {
            Toast.makeText(requireActivity(),
                "Got a broadcast:" + intent.getAction(),
                Toast.LENGTH_LONG)
                .show()
            Log.i(TAG, "canceling notification")
            resultCode = Activity.RESULT_CANCELED
        }
    }
    ...
}
```

여기서는 브로드캐스트 인텐트를 받는지 그 여부만 알려주면 되므로 결과 코드만 필요하다 (resultCode = Activity.RESULT_CANCELED는 setResultCode(Activity.RESULT_CANCELED)와 같다. 둘 다 BroadcastReceiver의 resultCode 속성값을 설정하기 때문이다). 그런데 더 복잡한 데이터 를 전달해야 한다면 resultData 속성에 직접 값을 지정하거나 setResultExtras(Bundle?)을 사용하면 되며, 정수와 String 그리고 Bundle 세 가지 값 모두 설정해야 한다면 setResult (Int, String?, Bundle?)을 호출하면 된다. 그리고 반환 값들이 여기서 설정되면 이후의 모 든 수신자는 해당 값들을 참조로 받거나 변경할 수 있다.

방금 얘기한 함수들이 유용한 일을 수행하려면 브로드캐스트 인텐트가 순차적으로 처리되어 야 한다. 우선 순차 브로드캐스트 인텐트를 전송하는 새로운 함수를 PollWorker에 추가한다. 이 함수에서는 Notification 객체를 엑스트라에 넣어서 순차 브로드캐스트 인텐트로 전송 한다. 그런 다음 직접 NotificationManager를 통해 알림을 게시하는 대신에 새로 추가한 함 수를 호출하도록 doWork()를 변경한다.

리스트 28.11 | 순차 브로드캐스트 인텐트 전송하기(PollWorker.kt)

```kotlin
class PollWorker(val context: Context, workerParams: WorkerParameters) :
    Worker(context, workerParams) {

    override fun doWork(): Result {
        ...
        val resultId = items.first().id
        if (resultId == lastResultId) {
```

```
            Log.i(TAG, "Got an old result: $resultId")
        } else {
            ...
            val notification = NotificationCompat
                .Builder(context, NOTIFICATION_CHANNEL_ID)
                ...
                .build()

            val notificationManager = NotificationManagerCompat.from(context)
            notificationManager.notify(0, notification)

            context.sendBroadcast(Intent(ACTION_SHOW_NOTIFICATION), PERM_PRIVATE)

            showBackgroundNotification(0, notification)
        }

        return Result.success()
    }

    private fun showBackgroundNotification(
        requestCode: Int,
        notification: Notification
    ) {
        val intent = Intent(ACTION_SHOW_NOTIFICATION).apply {
            putExtra(REQUEST_CODE, requestCode)
            putExtra(NOTIFICATION, notification)
        }

        context.sendOrderedBroadcast(intent, PERM_PRIVATE)
    }

    companion object {
        const val ACTION_SHOW_NOTIFICATION =
            "com.bignerdranch.android.photogallery.SHOW_NOTIFICATION"
        const val PERM_PRIVATE = "com.bignerdranch.android.photogallery.PRIVATE"
        const val REQUEST_CODE = "REQUEST_CODE"
        const val NOTIFICATION = "NOTIFICATION"
    }
}
```

Context.sendOrderedBroadcast(Intent, String?)은 sendBroadcast(…)와 동일하게 작동하지만, 브로드캐스트 인텐트를 각 수신자에 순차적으로 전달한다. 순차 브로드캐스트 인텐트가 전송되면 결과 코드는 Activity.RESULT_OK로 초기 설정된다.

다음으로 사용자에게 알림을 게시하도록 NotificationReceiver를 변경한다.

```kotlin
private const val TAG = "NotificationReceiver"

class NotificationReceiver : BroadcastReceiver() {

    override fun onReceive(context: Context, intent: Intent) {
        Log.i(TAG, "received broadcast: ${intent.action} result: $resultCode")
        if (resultCode != Activity.RESULT_OK) {
            // 액티비티가 포그라운드에 있으면 브로드캐스트 인텐트를 취소한다
            return
        }

        val requestCode = intent.getIntExtra(PollWorker.REQUEST_CODE, 0)
        val notification: Notification =
            intent.getParcelableExtra(PollWorker.NOTIFICATION)!!

        val notificationManager = NotificationManagerCompat.from(context)
        notificationManager.notify(requestCode, notification)
    }
}
```

동적으로 등록된 수신자 다음에 NotificationReceiver가 브로드캐스트 인텐트를 수신하게 하기 위해 매니페스트에서 NotificationReceiver의 우선순위를 낮게 설정해야 한다. NotificationReceiver의 우선순위를 –999로 설정하여 마지막에 실행되게 하자. 이 값은 사용자가 지정할 수 있는 가장 낮은 우선순위 값이다(–1000 이하 값은 사용이 유보되어 있다).

리스트 28.13 | NotificationReceiver의 우선 순위 지정하기(manifests/AndroidManifest.xml)

```xml
<receiver ... >
    <intent-filter android:priority="-999">
        <action
            android:name="com.bignerdranch.android.photogallery.SHOW_NOTIFICATION" />
    </intent-filter>
</receiver>
```

PhotoGallery 앱을 다시 실행하면 앱이 포그라운드에 있을 경우(사용자가 앱의 화면을 보면서 사용 중일 때), 새로운 사진이 있다는 알림이 더 이상 나타나지 않는다.

수신자와 오래 실행되는 태스크

main 루프에서 허용하는 실행 제한 시간보다 더 오랫동안 실행되는 태스크를 시작시키고자 브로드캐스트 인텐트를 사용하고 싶다면 어떻게 해야 할까?

이때는 두 가지 방법이 있다. 첫 번째는 그런 작업을 하는 코드를 서비스에 넣은 다음, 브로드캐스트 수신자에서 해당 서비스를 시작시키는 것이다. 서비스는 다수의 요청을 큐에 넣고 차례대로 실행하거나 요청을 관리할 수 있다. 참고로 이 방법이 일반적으로 권장되는 방법이다. 서비스는 더 긴 작업 시간을 가질 수 있지만, 그렇다고 너무 오랫동안 실행되면 여전히 중단될 수 있다(서비스의 최대 작업 시간은 운영체제 버전이나 장치에 따라 다를 수 있지만 대개 수 분 정도다). 작업 시간의 한계를 없애기 위해 포그라운드에서 서비스를 실행할 수도 있는데, 사진 파일의 백업 작업 등에 이상적이다.

두 번째는 BroadcastReceiver.goAsync() 함수를 사용하는 방법이다. 이 함수는 나중에 결과를 제공하는 데 사용되는 BroadcastReceiver.PendingResult 객체를 반환한다. 따라서 이 객체를 AsyncTask에 전달해서 더 오래 실행되는 작업을 수행하고 PendingResult의 함수들을 호출해서 브로드캐스트 인텐트에 응답하면 된다.

단, goAsync() 함수를 사용할 때는 유연성이 떨어진다는 단점이 있다. 즉, 여전히 10초 이내로 브로드캐스트 인텐트를 처리해야 하며, 서비스를 사용하는 것보다 아키텍처 선택의 폭이 좁다. 물론, goAsync() 함수는 한 가지 큰 장점을 갖고 있다. 이 함수를 사용하면 순차 브로드캐스트 인텐트의 결과를 설정할 수 있다. 이 장점이 정말 필요하다면 너무 오래 실행되지 않도록 goAsync() 함수를 사용하면 된다.

궁금증 해소하기: 로컬 이벤트

브로드캐스트 인텐트는 전역적인 형태로 시스템 전체에 걸쳐 정보를 전파한다. 그런데 앱의 프로세스 내부(로컬)에서만 이벤트 발생을 전파하고 싶다면? 이때는 이벤트 버스를 사용하면 된다.

이벤트 버스(event bus)는 공유 버스나 데이터 스트림의 개념으로 작동하며, 우리 애플리케이션의 컴포넌트가 구독(subscribe)할 수 있다. 그리고 이벤트가 버스에 게시되면 해당 이벤트를 구독하는 컴포넌트가 시작되고, 이 컴포넌트의 콜백 코드도 실행된다.

방금 얘기한 greenrobot의 EventBus는 저자의 일부 안드로이드 앱에서 사용했던 서드파티 이벤트 버스 라이브러리다. 이외에도 또 다른 이벤트 버스를 구현한 Square의 Otto 또는 RxJava **Subjects**와 **Observable**을 사용할 수 있다.

안드로이드에서도 **LocalBroadcastManager**라고 하는 로컬 브로드캐스트 인텐트를 전송하는 방법을 제공한다. 그렇지만 방금 얘기한 서드파티 라이브러리가 더 유연하고 사용하기 쉬운 브로드캐스트 로컬 이벤트 API를 제공한다.

EventBus 사용하기

앱에서 EventBus를 사용하려면 프로젝트의 `app/build.gradle` 파일에 라이브러리 의존성을 추가해야 한다(안드로이드 스튜디오가 프로젝트 동기화를 해야 한다는 메시지를 보여주면 'Sync Now'를 클릭한다).

```
implementation 'org.greenrobot:eventbus:3.2.0'
```

그리고 다음과 같이 이벤트를 나타내는 클래스를 정의한다(만일 데이터를 같이 전달해야 한다면 이벤트에 필드를 추가한다).

```
class NewFriendAddedEvent(val friendName: String)
```

그다음에 앱의 어디서든 이벤트 클래스 인스턴스를 EventBus에 게시하면 된다.

```
val eventBus: EventBus = EventBus.getDefault()
eventBus.post(NewFriendAddedEvent("Susie Q"))
```

그리고 앱의 다른 곳에서 EventBus의 리스닝을 등록해서 이벤트를 수신할 수 있다. 이때 액티비티나 프래그먼트의 생명주기 함수(예를 들어, **onStart(...)**와 **onStop(...)**)에서 등록과 해제를 한다.

```
private lateinit var eventBus: EventBus

public override fun onCreate(savedInstanceState: Bundle?) {
```

```
        super.onCreate(savedInstanceState)
        eventBus = EventBus.getDefault()
    }

    public override fun onStart() {
        super.onStart()
        eventBus.register(this)
    }

    public override fun onStop() {
        super.onStop()
        eventBus.unregister(this)
    }
```

그다음에 적합한 이벤트 타입을 인자로 받는 함수를 구현해서 이벤트를 처리하는 방법을 지정한다. 이때 해당 함수에 @Subscribe 애노테이션을 추가한다. 매개변수 없이 @Subscribe 애노테이션을 사용하면 이벤트가 전송된 스레드와 동일한 스레드에서 이벤트가 처리됨을 의미한다. 반면에 @Subscribe(threadMode = ThreadMode.MAIN)을 사용하면 백그라운드 스레드에서 발생된 이벤트가 main 스레드에서 처리된다.

```
@Subscribe(threadMode = ThreadMode.MAIN)
fun onNewFriendAdded(event: NewFriendAddedEvent) {
    // 이벤트에 대한 응답으로 UI를 변경하는 등의 작업을 한다
}
```

RxJava 사용하기

RxJava도 이벤트 브로드캐스팅 메커니즘을 구현하는 데 사용될 수 있다. RxJava는 반응형(reactive) 자바 코드를 작성하기 위한 라이브러리다. '반응형'이란 개념은 광범위해서 이 책의 범위를 벗어난다. 간단하게 말해서 일련의 연속적인 이벤트들을 처리하기 위해 이벤트의 발행(publish)과 구독(subscribe)을 할 수 있게 해주며, 그런 이벤트 시퀀스를 처리하기 위한 도구들을 제공한다.

이때 이벤트의 발행과 구독을 할 수 있는 객체인 **Subject**를 생성한다.

```
val eventBus: Subject<Any, Any> =
        PublishSubject.create<Any>().toSerialized()
```

그리고 다음과 같이 이벤트를 발행할 수 있다.

```
val someNewFriend = "Susie Q"
val event = NewFriendAddedEvent(someNewFriend)
eventBus.onNext(event)
```

그리고 다음과 같이 이벤트를 구독한다

```
eventBus.subscribe { event: Any ->
    if (event is NewFriendAddedEvent) {
        val friendName = event.friendName
        // UI를 변경한다
    }
}
```

RxJava의 장점은 다양한 이벤트 처리 도구를 모두 사용할 수 있다는 점이다. 자세한 내용은 RxJava의 프로젝트 페이지인 https://github.com/ReactiveX/RxJava/wiki를 참고한다.

궁금증 해소하기: 브로드캐스트 수신자의 제약

이 장에서 보았듯이, 안드로이드 매니페스트에 선언된 독립 실행형 브로드캐스트 수신자에서는 수신자가 호출되지 않게 하는 제약들이 있다. 이 제약은 **registerReceiver(…)**를 사용해서 동적으로 등록하는 수신자에는 적용되지 않으며, 안드로이드 8.0(API 레벨 26) 이상 버전이 실행되는 장치에서 앱이 실행될 때만 적용된다.

독립 실행형 브로드캐스트 수신자의 제약은 장치의 배터리 수명과 성능을 향상할 목적으로 도입되었다. 브로드캐스트 수신자가 매니페스트에 등록되었는데 앱이 실행 중이 아닐 경우가 있다. 이런 경우에 브로드캐스트 인텐트가 해당 수신자에 전달되어야 할 때는 언제든 시스템이 앱의 프로세스를 시작시켜야 한다. 이런 식으로 하나 또는 두 개 앱의 프로세스가 시작되는 것은 잘 드러나지 않는다. 그러나 많은 앱이 같은 브로드캐스트 인텐트를 처리한다면 장치의 성능이 급속히 저하된다.

예를 들면, 카메라로 촬영한 새로운 사진들을 자동으로 백업하는 앱들이 많은 경우다. 이때는 사용자가 카메라 앱의 셔터 버튼을 누를 때마다 백그라운드에서 다수의 프로세스가 시작되어서 사용자는 카메라의 응답이 느려짐을 느끼게 된다.

이런 성능 관련 우려를 줄이고자 안드로이드 8.0 이상 버전에서는 매니페스트에 선언된 수신자에 더 이상 암시적 인텐트를 전달하지 않는다. 단, 예외는 있다(명시적 브로드캐스트 인텐트는 제약을 받지 않지만, 하나의 수신자에게만 전송되므로 브로드캐스트 인텐트에는 거의 사용되지 않는다).

시스템 브로드캐스트 인텐트에서는 제약을 받지 않는 것들이 많다. 예를 들어, BOOT_COMPLETE, TIMEZONE_CHANGED, NEW_OUTGOING_CALL 같은 시스템 브로드캐스트 인텐트를 받기 위해 매니페스트에 등록된 브로드캐스트 수신자는 이런 인텐트들을 여전히 수신할 수 있다. 왜냐하면 이런 시스템 브로드캐스트 인텐트들은 거의 전송되지 않거나, 이와 동일한 기능을 대체할 방법이 없기 때문이다. 이에 관련된 자세한 내용은 https://developer.android.com/guide/components/broadcast-exceptions에서 볼 수 있다.

게다가 이 장에서 보았듯이, **signature** 수준의 퍼미션을 갖는 브로드캐스트 인텐트도 제약을 받지 않는다. 따라서 우리 앱 전용의 독립 실행형 브로드캐스트 수신자를 사용할 수 있으며, 동일한 **signature**를 사용해서 빌드한 다른 앱의 독립 실행형 브로드캐스트 수신사도 사용할 수 있다. 이때는 특정 앱에 국한해서 사용하므로 장치의 성능 관련 문제를 크게 우려하지 않아도 된다.

CHAPTER

29

웹과 WebView의 브라우징

플리커로부터 가져오는 각 사진은 연관된 웹 페이지를 갖고 있다. 이 장에서는 사용자가 PhotoGallery 앱의 사진을 선택하면 이 사진의 플리커 웹 페이지를 볼 수 있도록 변경해보겠다. 이렇게 하기 위해 웹 콘텐츠를 앱에 통합하는 두 가지 방법을 알아본다. 첫 번째는 장치의 브라우저 앱을 사용하는 방법이고(그림 29.1의 왼쪽), 두 번째는 **WebView** 클래스를 사용해서 PhotoGallery 내부에서 웹 콘텐츠를 보여주는 방법이다(그림 29.1의 오른쪽).

그림 29.1 | 웹 콘텐츠를 보는 두 가지 다른 방법

플리커 데이터에서 하나 더 알아둘 사항

플리커 사진의 웹 페이지를 보려면 우선 해당 사진의 URL을 알아야 한다. 플리커로부터 받은 각 사진의 JSON 데이터를 살펴보면 사진 페이지 URL이 없음을 알 수 있다.

```json
{
  "photos": {
    ...,
    "photo": [
      {
        "id": "9452133594",
        "owner": "44494372@N05",
        "secret": "d6d20af93e",
        "server": "7365",
        "farm": 8,
        "title": "Low and Wisoff at Work",
        "ispublic": 1,
        "isfriend": 0,
        "isfamily": 0,
        "url_s":"https://farm8.staticflickr.com/7365/9452133594 d6d20af93e_m.jpg"
      }, ...
    ]
  },
  "stat": "ok"
}
```

(여기서 url_s는 전체 크기가 아닌 작은 크기의 사진 이미지 URL이다.)

따라서 또 다른 JSON 요청 코드를 작성해야 한다고 생각할 수 있다. 그러나 그럴 필요 없다. 왜냐하면 https://www.flickr.com/services/api/misc.urls.html에 있는 플리커 문서의 '웹 페이지 URL' 부분을 보면, 각 사진의 웹 페이지 URL을 다음과 같이 만들 수 있음을 알 수 있기 때문이다.

URL https://www.flickr.com/photos/*user-id*/*photo-id*

여기서 photo-id(사진 ID)는 우리가 받은 JSON 데이터의 id 속성값과 같으며, `GalleryItem`의 id 속성에 저장된다. user-id(사용자 ID)는 어떨까? 앞의 플리커 문서를 더 찾아보면 우리가 받은 JSON 데이터의 owner 속성이 사용자 ID임을 알 수 있다. 따라서 JSON 데이터로부터 다음과 같이 각 사진의 URL을 만들 수 있다.

URL https://www.flickr.com/photos/*owner*/id

이런 내용을 실제로 처리할 수 있도록 `GalleryItem`을 변경한다.

```kotlin
data class GalleryItem(
    var title: String = "",
    var id: String = "",
    @SerializedName("url_s") var url: String = "",
    @SerializedName("owner") var owner: String = ""
) {
    val photoPageUri: Uri
        get() {
            return Uri.parse("https://www.flickr.com/photos/")
                .buildUpon()
                .appendPath(owner)
                .appendPath(id)
                .build()
        }
}
```

여기서는 JSON 데이터의 owner 속성값을 받기 위해 **GalleryItem** 클래스에 owner 속성과 사진 웹 페이지의 URL을 갖는 연산 속성인 photoPageUri를 추가하였다. JSON 응답 데이터를 Gson이 GalleryItem 인스턴스로 자동 변환하므로 다른 코드의 변경 없이 photoPageUri 속성을 바로 사용할 수 있다.

쉬운 방법: 암시적 인텐트

암시적 인텐트(implicit intent)를 사용해서 URL을 브라우징하며, 이 인텐트는 사진의 URL을 사용해서 장치의 웹 브라우저를 시작시킨다.

우선 **RecyclerView**의 항목을 누르면 앱이 응답하도록 해야 한다. 암시적 인텐트를 시작시키는 클릭 리스너를 구현하도록 **PhotoGalleryFragment**의 **PhotoHolder**를 변경해보자.

리스트 29.2 | 암시적 인텐트 시작시키기(PhotoGalleryFragment.kt)

```kotlin
class PhotoGalleryFragment : VisibleFragment() {
    ...
    private inner class PhotoHolder(private val itemImageView: ImageView)
        : RecyclerView.ViewHolder(itemImageView),
        View.OnClickListener {

        private lateinit var galleryItem: GalleryItem
```

```
    init {
        itemView.setOnClickListener(this)
    }

    val bindDrawable: (Drawable) -> Unit = itemImageView::setImageDrawable

    fun bindGalleryItem(item: GalleryItem) {
        galleryItem = item
    }

    override fun onClick(view: View) {
        val intent = Intent(Intent.ACTION_VIEW, galleryItem.photoPageUri)
        startActivity(intent)
    }
    }
    ...
}
```

이처럼 inner 키워드를 **PhotoHolder**에 추가하면 외부 클래스(**PhotoGalleryFragment**)의 속성
과 함수를 바로 사용할 수 있다. 여기서는 **PhotoHolder** 내부에서 **Fragment.startActivity**
(Intent)를 호출한다.

다음으로 **PhotoAdapter.onBindViewHolder(…)**에서 **PhotoHolder**를 **GalleryItem**에 바인딩
한다.

리스트 29.3 | GalleryItem에 바인딩하기(PhotoGalleryFragment.kt)

```
class PhotoGalleryFragment : VisibleFragment() {
    ...
    private inner class PhotoAdapter(private val galleryItems: List>GalleryItem>) :
            RecyclerView.Adapter<PhotoHolder>() {
        ...
        override fun onBindViewHolder(holder: PhotoHolder, position: Int) {
            val galleryItem = galleryItems[position]
            holder.bindGalleryItem(galleryItem)
            val placeholder: Drawable = ContextCompat.getDrawable(
                requireContext(),
                R.drawable.bill_up_close
            ) ?: ColorDrawable()
            holder.bindDrawable(placeholder)
            thumbnailDownloader.queueThumbnail(holder, galleryItem.url)
        }
    }
    ...
}
```

이제 다 되었다. PhotoGallery 앱을 실행해 원하는 사진 항목을 선택하면 브라우저 앱이 실행되어 선택한 항목의 사진 페이지를 로드해 보여준다(그림 29.1의 왼쪽 이미지와 유사함).

더 어려운 방법: WebView

암시적 인텐트를 사용해서 사진 페이지를 보여주는 일은 쉬우면서도 효율적이다. 그런데 앱에서 브라우저를 실행하고 싶지 않다면 어떻게 해야 할까?

브라우저를 실행하는 대신 액티비티 내부에서 웹 콘텐츠를 보여주고 싶을 때가 종종 있다. 예를 들어, 우리가 생성한 HTML을 보여준다거나, 어떤 이유로든 웹 브라우저의 사용을 피하고 싶을 경우다. 도움말 문서를 가진 앱에서는 변경이 쉽도록 해당 문서를 웹 페이지로 구현하는 경우가 흔하다. 하지만 도움말 웹 페이지를 웹 브라우저로 열면 전문화된 문서처럼 보이지 않으며, 도움말을 보여주는 처리는 커스터마이징하기 어렵고 도움말 웹 페이지를 앱의 UI로 통합할 수도 없다.

UI 내부에 웹 콘텐츠를 보여주려면 **WebView** 클래스를 사용한다. 여기서는 이것을 '더 어려운' 방법이라고 했지만, 실상은 매우 쉽다(암시적 인텐트의 사용보다 더 쉬운 것은 없기 때문에 그렇게 애기한 것이다).

첫 번째 단계로 **WebView**를 보여줄 새로운 액티비티와 프래그먼트를 생성한다. 우선 루트 레이아웃이 **ConstraintLayout**인 fragment_photo_page.xml 레이아웃 파일을 res/layout 밑에 생성한다. 그런 다음 편집기 창 오른쪽 위의 디자인 버튼(**▲ Design**)을 클릭해 디자인 뷰로 전환한 후 레이아웃 편집기에서 팔레트의 Widgets에 있는 **WebView**를 끌어서 **ConstraintLayout**에 넣는다. 그러면 **WebView**가 **ConstraintLayout**의 자식 뷰가 되면서 부모 레이아웃을 가득 채운 모습이 된다.

속성 창에서 **WebView**의 네 방향 제약(constraint)을 추가한다(10장의 그림 10.12를 참고).

- **WebView**의 위에서 부모의 위로 추가(위쪽 +를 클릭하고 0을 선택)
- **WebView**의 밑에서 부모의 밑으로 추가(아래쪽 +를 클릭하고 0을 선택)
- **WebView**의 왼쪽에서 부모의 왼쪽으로 추가(왼쪽 +를 클릭하고 0을 선택)
- **WebView**의 오른쪽에서 부모의 오른쪽으로 추가(오른쪽 +를 클릭하고 0을 선택)

그리고 WebView의 높이 속성(layout_height)과 너비 속성(layout_width)을 '0dp(match_constraint)'
로 선택해서 모든 마진을 0으로 변경하고, id를 web_view로 지정한다.

여기서는 자식 뷰가 WebView 하나뿐이므로 ConstraintLayout이 유용하지 않다고 생각할 수
있다. 물론 지금은 그렇다. 그러나 이 장 뒤에서 또 다른 자식 뷰를 추가할 것이다.

다음으로 프래그먼트를 추가로 생성하고 설정한다. 우선 28장에서 생성했던 VisibleFragment
클래스의 서브 클래스인 PhotoPageFragment 클래스를 생성하고 리스트 29.4와 같이 변경한
다(프로젝트 도구 창의 com.bignerdranch.android.photogallery 패키지에서 오른쪽 마우스 버튼을 클
릭한 후 New ➡ Kotlin Class/File을 선택한다. 그런 다음 대화상자에서 PhotoPageFragment를 입력하고
Class를 더블 클릭한다). 이 클래스에서는 레이아웃 파일을 인플레이트하고 WebView 객체 참조
를 얻으며, WebView에 보여줄 웹 페이지 URL을 프래그먼트 인자로 전달한다.

리스트 29.4 | 웹 브라우징 프래그먼트 생성하기(PhotoPageFragment.kt)

```kotlin
private const val ARG_URI = "photo_page_url"

class PhotoPageFragment : VisibleFragment() {

    private lateinit var uri: Uri
    private lateinit var webView: WebView

    override fun onCreate(savedInstanceState: Bundle?) {
        super.onCreate(savedInstanceState)

        uri = arguments?.getParcelable(ARG_URI) ?: Uri.EMPTY
    }

    override fun onCreateView(
        inflater: LayoutInflater,
        container: ViewGroup?,
        savedInstanceState: Bundle?
    ): View? {
        val view = inflater.inflate(R.layout.fragment_photo_page, container, false)

        webView = view.findViewById(R.id.web_view)

        return view
    }

    companion object {
        fun newInstance(uri: Uri): PhotoPageFragment {
            return PhotoPageFragment().apply {
                arguments = Bundle().apply {
                    putParcelable(ARG_URI, uri)
```

```
                    }
                }
            }
        }
    }
}
```

이것은 기본 틀에 불과해서 잠시 후에 더 많은 코드를 추가할 것이다. 우선 조금 전에 생성한 **PhotoPageFragment**를 호스팅하는 **PhotoPageActivity**를 생성한다(프로젝트 도구 창의 **com.bignerdranch.android.photogallery** 패키지에서 오른쪽 마우스 버튼을 클릭한 후 **New ➡ Activity ➡ Empty Activity**를 선택한다. 그런 다음 대화상자에서 Activity Name에 '**PhotoPageActivity**'를 입력하고 **Finish** 버튼을 클릭한다). 그다음으로 리스트 29.5와 같이 변경한다.

리스트 29.5 | PhotoPageActivity 생성하기(PhotoPageActivity.kt)

```kotlin
class PhotoPageActivity : AppCompatActivity() {

    override fun onCreate(savedInstanceState: Bundle?) {
        super.onCreate(savedInstanceState)
        setContentView(R.layout.activity_photo_page)

        val fm = supportFragmentManager
        val currentFragment = fm.findFragmentById(R.id.fragment_container)

        if (currentFragment == null) {
            val fragment = PhotoPageFragment.newInstance(intent.data!!)
            fm.beginTransaction()
                .add(R.id.fragment_container, fragment)
                .commit()
        }
    }

    companion object {
        fun newIntent(context: Context, photoPageUri: Uri): Intent {
            return Intent(context, PhotoPageActivity::class.java).apply {
                data = photoPageUri
            }
        }
    }
}
```

다음으로 조금 전에 **PhotoPageActivity**를 생성할 때 자동 생성되어 편집기 창에 열린 activity_photo_page.xml 레이아웃 파일을 선택하고 편집기 창 오른쪽 위의 코드 버튼 (☰ Code)을 클릭해서 코드 뷰로 전환한다. 그런 다음 리스트 29.6의 **FrameLayout**으로 모두 교체한다.

리스트 29.6 | 액티비티 레이아웃 변경하기(res/layout/activity_photo_page.xml)

```xml
<?xml version="1.0" encoding="utf-8"?>
<FrameLayout
    xmlns:android="http://schemas.android.com/apk/res/android"
    android:id="@+id/fragment_container"
    android:layout_width="match_parent"
    android:layout_height="match_parent"/>
```

다음으로 특정 사진을 클릭했을 때 암시적 인텐트 대신 **PhotoPageActivity**를 시작시키도록 **PhotoGalleryFragment**의 코드를 변경한다.

리스트 29.7 | PhotoPageActivity를 시작시키기(PhotoGalleryFragment.kt)

```kotlin
class PhotoGalleryFragment : VisibleFragment() {
    ...
    private inner class PhotoHolder(private val itemImageView: ImageView)
        : RecyclerView.ViewHolder(itemImageView),
            View.OnClickListener {
        ...
        override fun onClick(view: View) {
            val intent = Intent(Intent.ACTION_VIEW, galleryItem.photoPageUri)
            val intent = PhotoPageActivity
                .newIntent(requireContext(), galleryItem.photoPageUri)
            startActivity(intent)
        }
    }
    ...
}
```

끝으로 **PhotoPageActivity**가 매니페스트에 등록되어 있는지 확인한다(앞에서 이 액티비티를 생성할 때 자동으로 등록되었다).

리스트 29.8 | PhotoPageActivity 등록 확인하기(manifests/AndroidManifest.xml)

```xml
<manifest ... >
    ...
    <application
        ... >
        <activity android:name=".PhotoPageActivity"/>
        <activity android:name=".PhotoGalleryActivity">
            ...
        </activity>

        <receiver android:name=".NotificationReceiver"
```

```
                    ... >
                ...
            </receiver>
        </application>
</manifest>
```

PhotoGallery 앱을 실행해 특정 사진을 누르면, 이제는 비어 있는 액티비티 화면이 나타난다.

지금부터는 우리 프래그먼트가 실제로 일을 처리하도록 만든다. **WebView**가 플리커의 사진 페이지를 성공적으로 보여주려면 세 가지 일을 해야 한다.

첫 번째 일은 간단해서 사진을 로드하기 위한 URL을 알려주면 된다.

두 번째 일은 자바스크립트를 사용할 수 있게 한다. 기본적으로 **WebView**는 자바스크립트 사용이 비활성화되어 있지만, 플리커의 웹 페이지는 자바스크립트를 사용하므로 자바스크립트 사용을 활성화해야 한다. 그런데 자바스크립트 사용을 활성화하면 안드로이드 Lint가 악의의 CSS(크로스 사이트 스크립트) 공격을 염려해 경고 메시지를 낸다. 이때는 **onCreateView(…)** 함수에 @SuppressLint("SetJavaScriptEnabled") 애노테이션을 지정해서 경고가 안 나오게 한다.

마지막으로 **WebViewClient** 클래스 인스턴스를 **WebView**에 설정한다. **WebViewClient**는 **WebView**의 콘텐츠를 그리는 이벤트에 응답하는 데 사용되는데, 이 클래스에 관한 설명은 잠시 후에 하겠다.

그러면 **PhotoPageFragment**를 리스트 29.9와 같이 변경한다.

리스트 29.9 | 해당 URL의 페이지를 WebView로 로드하기(PhotoPageFragment.kt)

```
class PhotoPageFragment : VisibleFragment() {
    ...
    @SuppressLint("SetJavaScriptEnabled")
    override fun onCreateView(
        inflater: LayoutInflater,
        container: ViewGroup?,
        savedInstanceState: Bundle?
    ): View? {
        val view = inflater.inflate(R.layout.fragment_photo_page, container, false)

        webView = view.findViewById(R.id.web_view)
        webView.settings.javaScriptEnabled = true
        webView.webViewClient = WebViewClient()
        webView.loadUrl(uri.toString())
```

```
        return view
    }
    ...
}
```

해당 URL의 페이지 로딩은 **WebView**를 구성한 후에 처리되어야 하므로 맨 나중에 해야 한다. 우선 **WebSettings**의 인스턴스 참조를 갖는 **settings** 속성을 사용해 **WebSettings**의 javaScriptEnabled 속성을 true로 설정함으로써 자바스크립트 사용을 활성화한다. **WebSettings**는 **WebView**를 변경할 수 있는 방법의 하나이며, 우리가 설정할 수 있는 다양한 속성(예를 들어, 텍스트 크기)들을 갖고 있다.

그다음에 **WebViewClient** 인스턴스를 생성해서 이것의 참조를 **WebView**의 **webViewClient** 속성에 저장한다. **WebViewClient**가 없으면 어떻게 되는지 살펴보면서 왜 이렇게 하는가를 알아보자.

새 URL의 페이지는 현재 페이지에서 다른 URL의 페이지로 이동한다고 알려주거나 사용자가 링크를 클릭하면 로드된다. 이때 **WebViewClient**가 없다면 **WebView**는 새 URL의 페이지를 로드하기 위해 액티비티 매니저에게 적합한 액티비티를 찾아 달라고 암시적 인텐트를 사용해서 요청한다.

그런데 이 방법은 우리가 원하던 방법이 아니다. 폰의 브라우저에서 URL의 페이지를 로드할 때는 많은 사이트(플리커의 사진 페이지 포함)들이 곧바로 해당 사이트의 모바일 버전으로 재연결한다. 따라서 이때 암시적 인텐트가 시작된다면 다른 브라우저가 실행될 수 있으므로 해당 페이지를 **WebView**로 보여주기 어려울 수 있다.

이와는 달리, **WebView**에 **WebViewClient**를 제공하면 다르게 처리된다. 즉, 액티비티 매니저에게 요청하지 않고 **WebViewClient**에게 요청하므로 **WebView**에 새 URL의 페이지가 나타나게 된다.

이제는 PhotoGallery를 실행해 원하는 사진을 누르면 그림 29.1의 오른쪽 이미지처럼 해당 사진의 웹 페이지가 **WebView**에 나타난다.

WebChromeClient 사용하기

이제는 우리 나름의 **WebView**를 생성할 때가 되었다. 프로그레스 바(progress bar)를 추가하고 툴바 제목 밑의 부제목을 로드된 페이지의 제목으로 변경한다. 이처럼 **WebView**의 외부에 추가되는 UI를 **크롬(chrome)**이라고 한다(구글 크롬 웹 브라우저와 혼동하지 말자).

편집기 창에서 `fragment_photo_page.xml`을 열어보자(열려 있으면 탭을 클릭). 편집기 창 오른쪽 위의 디자인 버튼(**🔲 Design**)을 클릭해서 디자인 뷰로 전환한다. 그런 다음에 팔레트의 Widgets에 있는 ProgressBar(Horizontal)를 끌어서 컴포넌트 트리의 **ConstraintLayout** 레이아웃에 두 번째 자식 뷰로 넣는다(web_view 밑에 넣을 때 마우스 커서를 왼쪽으로 당겨서 넣어야 한다. 그렇지 않으면 web_view의 자식으로 추가된다).

다음으로 컴포넌트 트리에서 web_view를 선택한다. 그리고 레이아웃 디자인의 위쪽 중간에 있는 반원에서 오른쪽 마우스 버튼을 클릭한 후 **Delete**를 선택해서 **WebView**의 위쪽(top) 제약을 삭제한다.

컴포넌트 트리에서 프로그레스 바를 선택하고 속성 창에서 **ProgressBar**의 제약을 추가하여 (10장의 그림 10.12를 참고) 그 속성을 다음과 같이 변경한다.

- **ProgressBar**로부터 부모(**ConstraintLayout**)에 연결되는 위쪽(위쪽 +를 클릭하고 8을 선택), 오른쪽(오른쪽 +를 클릭하고 8을 선택), 왼쪽 제약(왼쪽 +를 클릭하고 8을 선택)을 추가한다.
- **layout_width** 속성을 0dp(match Constraint)로, **layout_height** 속성을 wrap_content로 변경한다.
- **visibility** 속성을 gone으로 지정한다. 그리고 바로 밑의 스패너 모양의 아이콘이 있는 **visibility** 속성을 visible로 변경(이 속성은 디자인 시점에서 **ProgressBar**를 보여줄 것인지를 결정하며, 실행 시에는 적용되지 않는다)하고, **id**를 progress_bar로 변경한다(그리고 대화상자가 나오면 **Refactor**를 선택한다).
- 컴포넌트 트리에서 **web_view**를 선택하고 **web_view**의 위로부터 **ProgressBar**의 아래로 연결되는 제약(그림 10.12의 위쪽 +를 클릭하고 0을 선택)을 추가한다.

컴포넌트 트리에서 프로그레스 바를 선택한 후에 보이는 최종 레이아웃 디자인은 그림 29.2와 같다.

그림 29.2 | 프로그레스 바 추가하기

다음으로 WebChromeClient를 사용해서 코드와 ProgressBar를 연결한다. 이전에 사용했던 WebViewClient는 렌더링을 처리하는 클래스이며, WebChromeClient는 브라우저 주변의 크롬 요소들을 변경하는 이벤트에 반응하는 인터페이스다. 이 인터페이스에는 자바스크립트 경고, 파비콘(favicon), 현재 페이지의 페이지 로딩 진척도와 제목 변경 함수가 포함된다(파비콘은 즐겨찾기(favorites)와 아이콘(icon)의 합성어로, 브라우저의 주소 창에 조그만 아이콘으로 표시된 것을 말한다).

PhotoPageFragment의 onCreateView(...)에서 WebChromeClient 인터페이스를 구현하도록 변경한다.

리스트 29.10 | WebChromeClient 구현하기(PhotoPageFragment.kt)

```kotlin
class PhotoPageFragment : VisibleFragment() {

    private lateinit var uri: Uri
    private lateinit var webView: WebView
    private lateinit var progressBar: ProgressBar
    ...
    @SuppressLint("SetJavaScriptEnabled")
    override fun onCreateView(
        inflater: LayoutInflater,
        container: ViewGroup?,
```

```
            savedInstanceState: Bundle?
        ): View? {
            val view = inflater.inflate(R.layout.fragment_photo_page, container, false)

            progressBar = view.findViewById(R.id.progress_bar)
            progressBar.max = 100

            webView = view.findViewById(R.id.web_view)
            webView.settings.javaScriptEnabled = true
            webView.webChromeClient = object : WebChromeClient() {
                override fun onProgressChanged(webView: WebView, newProgress: Int) {
                    if (newProgress == 100) {
                        progressBar.visibility = View.GONE
                    } else {
                        progressBar.visibility = View.VISIBLE
                        progressBar.progress = newProgress
                    }
                }

                override fun onReceivedTitle(view: WebView?, title: String?) {
                    (activity as AppCompatActivity).supportActionBar?.subtitle = title
                }
            }
            webView.webViewClient = WebViewClient()
            webView.loadUrl(uri.toString())

            return view
        }
        ...
}
```

진척도 변경과 제목 변경은 각각 **onProgressChanged(WebView, Int)**와 **onReceivedTitle (WebView, String)** 콜백 함수를 갖는다. **onProgressChanged(WebView, Int)**로부터 받는 진척도는 0부터 100까지의 정수 값이다. 만일 이 값이 100이면 페이지의 로딩이 끝난 것이므로 **ProgressBar**의 가시성을 View.GONE으로 설정하여 감춘다.

이제 PhotoGallery 앱을 다시 실행해 사진들을 보여주는 첫 번째 화면에서 특정 사진을 클릭하면 **PhotoPageActivity**가 나타난다. 이때 페이지가 로드되는 동안 프로그레스 바가 나타나며, **onReceivedTitle(…)**에서 받은 제목을 반영하는 부제목도 툴바에 나타난다(그림 29.3의 왼쪽). 그리고 해당 사진 페이지의 로딩이 끝나면 프로그레스 바는 사라진다(그림 29.3의 오른쪽).

그림 29.3 | 멋스러운 WebView

WebView 사용 시의 장치 회전 처리

에뮬레이터나 장치의 '자동 회전'이 되도록 설정한 후 PhotoGallery 앱을 실행한다. 그런 다음 특정 사진을 선택해서 웹 페이지가 나타나면 화면을 회전했을 때 앱은 제대로 작동하겠지만, WebView가 해당 웹 페이지를 완전히 다시 로드해야 함을 알게 된다. 왜냐하면 WebView는 너무 많은 데이터를 갖고 있어서 onSaveInstanceState(...)에서 모든 데이터를 저장할 수 없기 때문이다. 따라서 장치가 회전되어 WebView가 다시 생성될 때마다 데이터를 완전히 새로 로드해야 한다.

PhotoPageFragment를 유보(retain)하는 것이 이 문제의 가장 쉬운 해결책이라고 생각할 수 있다. 하지만 그렇지 않다. 왜냐하면 WebView는 뷰 계층 구조의 일부이므로 장치의 방향을 바꾸면 여전히 소멸하였다가 다시 생성되기 때문이다.

WebView나 VideoView 같은 클래스에서는 매니페스트에 android:configChanges 속성을 지정해 액티비티 내부에서 구성 변경을 처리하게 할 수 있다. 이때 WebView는 자신의 데이터를 다시 로드하지 않아도 되는데, 구성 변경이 생겨도 액티비티가 소멸하지 않고 이것의 뷰만 변경된 화면에 맞추어 바뀌기 때문이다.

우리가 구성 변경을 처리한다고 **PhotoPageActivity**에 알려주고자 매니페스트를 리스트 29.11과 같이 변경한다.

리스트 29.11 | **우리가 구성 변경 처리하기(manifests/AndroidManifest.xml)**

```
<manifest ... >
    ...
    <activity android:name=".PhotoPageActivity"
            android:configChanges="keyboardHidden|orientation|screenSize" />
    ...
</manifest>
```

소프트 키보드가 열리거나 닫힐 때, 장치 방향이 바뀌거나 화면 크기가 변경됨으로 인해 장치의 구성 변경이 생기면, 액티비티 내부에서 우리가 변경을 처리할 것이므로 **android:config Changes** 속성이 액티비티가 소멸하지 않아야 함을 나타낸다. 그러나 이렇게 해도 뷰들의 크기가 변경된 화면 크기에 맞춰 자동으로 조정, 배치되기 때문에 실제로 특별히 할 것은 없다.

PhotoGallery 앱을 다시 실행해 특정 사진을 선택한 후, 웹 페이지가 나타난 상태에서 장치를 다시 회전해보자. 그러면 이제는 **WebView**가 전체 데이터를 다시 로드하지 않으면서 구성 변경이 잘 처리된다.

구성 변경 처리의 위험성

구성 변경이 생겼을 때 '이처럼 액티비티 자체적으로 처리하는 것이 쉽고 잘 되는데 왜 이렇게 하지 않을까?'라는 의문이 들 것이다. 그러나 우리 스스로 구성 변경을 처리하는 것은 다음과 같은 이유로 인해 위험하다.

첫 번째, 리소스 수식자 기반의 구성 변경이 더 이상 자동으로 작동하지 않는다. 따라서 구성 변경이 생기면 우리가 뷰를 직접 다시 로드해야 하는데, 생각보다 더욱 복잡할 수 있다.

두 번째로 더 중요한 것이 있다. 액티비티에서 우리가 구성 변경을 처리하면, **Activity.onSaved InstanceState(...)**를 오버라이드해 일시적인 UI 상태 정보를 저장하는 일에 소홀해질 수 있다. 그런데 장치 회전에 걸쳐 액티비티가 유보된다고 하더라도 여전히 **onSavedInstanceState(...)**를 오버라이드해야 한다. 왜냐하면 메모리가 부족할 경우에 액티비티가 소멸 및 재생성되는 것을 대비해야 하기 때문이다(4장의 그림 4.9에 있듯이, 액티비티가 실행 상태가 아니면 시스템에 의해 언제든지 소멸 또는 유보될 수 있다).

궁금증 해소하기: 자바스크립트 객체 주입하기

이 장에서는 **WebViewClient**와 **WebChromeClient**를 사용해서 **WebView**에서 발생하는 특정 이벤트에 응답하는 방법을 배웠다. 그런데 **WebView** 자체에 포함된 문서(웹 페이지)에 임의의 자바스크립트 객체를 추가하면 더 많은 일을 할 수 있다.

https://developer.android.com/reference/kotlin/android/webkit/WebView 문서를 열어 아래로 스크롤해 'Public methods'를 보면 맨 앞에 **addJavascriptInterface(Any, String)** 함수가 있다. 이 함수를 사용하면 다음과 같이 우리가 지정한 이름의 문서에 임의의 객체를 주입할 수 있다.

```
webView.addJavascriptInterface(object : Any() {
    @JavascriptInterface
    fun send(message: String) {
        Log.i(TAG, "Received message: $message")
    }
}, "androidObject")
```

그리고 다음과 같이 이 객체를 자바스크립트로 사용할 수 있다.

```
<input type="button" value="In WebView!"
    onClick="sendToAndroid('In Android land')" />

<script type="text/javascript">
    function sendToAndroid(message) {
        androidObject.send(message);
    }
</script>
```

그러나 여기서 고려할 사항이 있다. 첫 번째, **send(String)** 함수를 호출할 때 이 함수가 main 스레드에서 호출되지 않고 **WebView**가 갖는 스레드에서 호출된다는 점이다. 따라서 안드로이드의 UI를 변경하려면 **Handler**를 사용해서 main 스레드에 제어를 넘겨주어야 한다.

두 번째, 데이터 타입을 많이 지원하지 못한다는 점이다. String과 기본 타입만 가능하다. 따라서 더 복잡한 타입에서는 String을 JSON으로 변환해서 전송하고, 받을 때는 JSON을 파싱한다.

API 17(안드로이드 4.2)부터는 앞의 문서에서 @JavascriptInterface 애노테이션이 지정된 **public** 함수만 자바스크립트로 사용할 수 있다(안드로이드 4.2 이전 버전에는 해당 객체 계층 구조의 모든 **public** 함수를 사용할 수 있었다).

하지만 수상한 웹 페이지가 우리 프로그램에 손을 대거나 한다면 위험할 수도 있다. 따라서 안전을 위해서 해당 HTML을 우리 코드에 갖고 있거나, 아니면 외부에 노출하는 인터페이스를 매우 엄격하게 관리하는 것이 좋다.

궁금증 해소하기: WebView 업데이트

WebView는 Chromium 오픈 소스 프로젝트를 기반으로 하며, 안드로이드 크롬(Chrome)에 사용되는 동일한 렌더링 엔진을 공유해서 웹 페이지가 일관된 형태와 기능을 갖는다(그러나 **WebView**는 안드로이드 크롬의 모든 기능을 갖고 있지 않다. 자세한 비교표는 https://developer.chrome.com/multidevice/webview/overview에서 볼 수 있다).

Chromium 프로젝트에 기반을 둔다는 것은 **WebView**가 웹 표준과 자바스크립트의 최신 버전을 모두 유지함을 의미한다. 개발자 입장에서 가장 관심을 끄는 새로운 기능 하나는 크롬 개발 도구를 사용한 **WebView**의 원격 디버깅 지원이다. 이 기능은 **WebView.setWebContentsDebuggingEnabled()**를 호출해서 활성화할 수 있다.

안드로이드 5.0을 기준으로 **WebView**의 Chromium 계층은 구글 플레이 스토어로부터 자동으로 업데이트된다. 따라서 사용자들은 보안 업데이트와 새로운 기능을 받기 위해 안드로이드의 새로운 배포를 기다리지 않아도 된다.

게다가 안드로이드 7.0을 기준으로 **WebView**의 Chromium 계층은 메모리와 리소스 사용을 줄인 크롬 APK 파일에서 직접 제공되며, 구글에서 **WebView** 컴포넌트를 최신으로 유지해주므로 안심하고 사용할 수 있다.

궁금증 해소하기: 크롬 커스텀 탭 (또 다른 쉬운 방법)

이 장에서는 웹 페이지 콘텐츠를 보여주는 두 가지 방법을 알아보았다. 즉, 사용자 장치의 웹 브라우저를 실행하거나 앱에서 **WebView**를 사용하는 방법이다. 이외에 두 가지를 혼합한 방법으로 크롬 커스텀 탭(Chrome Custom Tab)이 있다(https://developer.chrome.com/multidevice/android/customtabs).

크롬 커스텀 탭을 사용하면 크롬 웹 브라우저가 앱의 일부인 것처럼 보이게 구성할 수 있어서 사용자는 앱을 벗어나지 않은 것이라 생각하게 된다.

커스텀 탭의 예를 보여주는 그림 29.4를 보면 알 수 있듯이, 마치 구글 크롬 브라우저와 **Photo PageActivity**를 혼합한 것처럼 보인다.

그림 29.4 | **크롬 커스텀 탭**

크롬 커스텀 탭을 사용하면 크롬 브라우저를 실행하는 것과 매우 유사하게 작동한다. 이때 크롬 브라우저의 사용자 저장 비밀번호, 브라우저 캐시, 쿠키와 같은 정보를 크롬 브라우저 인스턴스가 사용한다. 따라서 사용자가 크롬 브라우저를 통해 플리커에 로그인했다면, 모든 커스텀 탭에서도 플리커에 로그인한 상태가 된다. 반면에 **WebView**에서는 사용자가 크롬 브라우저와 PhotoGallery 앱 모두에서 각각 별도로 플리커에 로그인해야 한다.

WebView 대신 커스텀 탭을 사용할 때는 보여주는 콘텐츠를 다양하게 제어할 수 없다는 단점이 있다. 예를 들어, 화면의 위쪽 절반만 커스텀 탭을 사용하게 할 수 없으며, 커스텀 탭 밑에 이동 버튼도 추가할 수 없다.

앱에서 크롬 커스텀 탭을 사용하려면 프로젝트의 app/build.gradle 파일에 라이브러리 의존성을 추가하면 된다(그리고 안드로이드 스튜디오가 프로젝트 동기화를 해야 한다는 메시지를 보여주면 'Sync Now'를 클릭한다).

```
implementation 'androidx.browser:browser:1.3.0'
```

그런 다음에 커스텀 탭을 사용할 수 있다. 예를 들어, PhotoGallery 앱에서는 다음과 같이 PhotoGalleryFragment를 변경해서 **PhotoPageActivity** 대신 커스텀 탭을 실행할 수 있다.

```
class PhotoGalleryFragment : VisibleFragment() {
    ...
    private inner class PhotoHolder(private val itemImageView: ImageView)
        : RecyclerView.ViewHolder(itemImageView),
            View.OnClickListener {
        ...
        override fun onClick(view: View) {
            val intent = PhotoPageActivity
                .newIntent(requireContext(), galleryItem.photoPageUri)
            startActivity(intent)

            CustomTabsIntent.Builder()
                .setToolbarColor(ContextCompat.getColor(
                    requireContext(), R.color.colorPrimary))
                .setShowTitle(true)
                .build()
                .launchUrl(requireContext(), galleryItem.photoPageUri)
        }
    }
    ...
}
```

이렇게 변경하고 PhotoGallery 앱을 실행해 특정 사진을 클릭하면 그림 29.4와 같이 커스텀 탭을 볼 수 있다(만일 장치에 설치된 크롬 버전이 45 이상이 아니라면, PhotoGallery 앱에서 커스텀 탭을 사용하지 않고 장치에 설치된 브라우저가 실행된다. 즉, 이 장 앞에서 암시적 인텐트를 사용할 때와 똑같이 된다).

챌린지: 브라우저 검색 기록에 백 버튼 사용하기

PhotoPageActivity가 실행되면 WebView 내부의 다른 링크를 따라 페이지를 이동할 수 있다. 그런데 얼마나 많은 링크를 따라 페이지를 이동하든, 백 버튼을 누르면 항상 곧바로 PhotoGalleryActivity로 돌아온다. 백 버튼을 누르면 WebView 내부에서 브라우징했던 페이지들을 따라 돌아오게 하려면 어떻게 해야 할까?

이 챌린지에서는 백 버튼 함수인 Activity.onBackPressed()를 오버라이드해서 구현한다. 이때 onBackPressed() 함수 내부에서 WebView의 브라우징 기록 함수인 WebView.canGoBack()과 WebView.goBack()을 조합해서 사용한다. 만일 WebView의 브라우징 기록에 남은 항목이 있으면 해당 항목 페이지로 이동하고, 그렇지 않으면 super.onBackPressed()를 호출해서 백 버튼이 원래대로 작동하게 한다.

30

커스텀 뷰와 터치 이벤트

이 장에서는 **View**의 커스텀 서브 클래스인 **BoxDrawingView**를 작성해 터치 이벤트를 처리하는 방법을 알아본다. **BoxDrawingView** 클래스는 새로운 DragAndDraw 프로젝트의 주인공이며, 사용자의 화면 터치(touch)와 끌기(dragging)에 대한 응답으로 박스를 그린다. 완성된 결과 화면은 그림 30.1과 같다.

그림 30.1 | 다양한 형태와 크기로 그려진 박스들

DragAndDraw 프로젝트 설정하기

우선 새 프로젝트를 생성한다. 안드로이드 스튜디오 메인 메뉴의 File ➡ New ➡ New Project...를 선택하거나 웰컴 스크린에서 'Create New Project'를 선택하면 앱과 액티비티 유형을 선택하는 대화상자가 나타난다. 여기서 'Phone and Tablet'과 '**No Activity**'를 선택하고 **NEXT** 버튼을 클릭하면 프로젝트를 구성하는 대화상자가 나타난다.

프로젝트 이름이면서 동시에 앱의 이름이 되는 'Name'에 **DragAndDraw**를 입력하고 'Package name'에는 **com.bignerdranch.android.draganddraw**를 입력한다. 그리고 프로젝트의 모든 파일을 저장할 디렉터리를 'Save location'에서 각자 선택하고 'Language'가 Kotlin인지 확인한 후 'Minimum SDK'는 'API 21: Android 5.0 (Lollipop)'으로 선택한다. 끝으로 'Use legacy android. support libraries'가 선택 해제되어 있는지 확인하고 **Finish** 버튼을 클릭하면 안드로이드 스튜디오가 새 프로젝트를 생성해 열어준다. 그러면 프로젝트 도구 창을 **Android** 뷰로 전환한다.

다음으로 새 액티비티를 생성한다. 프로젝트 도구 창의 **app/java** 밑에 있는 **com.bignerdranch. android.draganddraw** 패키지에서 오른쪽 마우스 버튼을 클릭한 후 **New ➡ Activity ➡ Empty Activity**를 선택하면 액티비티 구성 대화상자가 나타난다. 여기서 'Activity Name'에 **DragAnd DrawActivity**를 입력하고 'Launcher Activity'를 체크한 후 'Source Language'가 코틀린인지 확인하고 **Finish** 버튼을 클릭한다.

DragAndDrawActivity의 레이아웃은 **BoxDrawingView**로 구성하는데, 이 뷰는 우리가 작성할 커스텀 뷰다. 그리고 모든 그리기(drawing)와 터치 이벤트 처리는 **BoxDrawingView**에 구현할 것이다.

커스텀 뷰 생성하기

안드로이드는 뛰어난 기능의 표준 뷰와 위젯을 많이 제공한다. 그러나 때로는 앱 특유의 비주얼을 보여주는 커스텀(custom) 뷰가 필요하다.

커스텀 뷰에는 여러 종류가 있지만 크게 두 가지 유형으로 분류할 수 있다.

- **단순(simple)**: 단순 뷰는 내부적으로 복잡할 수 있지만, 자식 뷰가 없어서 구조가 간단하다. 대부분 커스텀 렌더링을 수행한다.

- **복합(composite):** 복합 뷰는 서로 다른 뷰 객체들로 구성된다. 일반적으로 복합 뷰는 자식 뷰들을 관리하지만, 자신은 커스텀 렌더링을 하지 않는다. 대신에 렌더링은 각 자식 뷰에게 위임한다.

커스텀 뷰를 생성하려면 다음의 세 단계를 거친다.

1. 슈퍼 클래스를 선택한다. 단순 커스텀 뷰에서 **View**는 비어 있는 캔버스와 같아서 가장 많이 사용된다. 복합 커스텀 뷰에서는 **FrameLayout**과 같이 적합한 레이아웃 클래스를 선택한다.
2. 1번에서 선택한 슈퍼 클래스의 서브 클래스를 만들고, 해당 슈퍼 클래스의 생성자를 오버라이드한다.
3. 슈퍼 클래스의 주요 함수들을 오버라이드해 커스터마이징한다.

BoxDrawingView 생성하기

BoxDrawingView는 단순 뷰이면서 **View**의 직계 서브 클래스가 된다.

프로젝트 도구 창의 **com.bignerdranch.android.draganddraw** 패키지에 **BoxDrawingView**라는 이름의 새로운 클래스를 생성하고 **View**를 슈퍼 클래스로 지정한다. 그리고 BoxDrawingView.kt에서 리스트 30.1과 같이 생성자를 추가한다. 이 생성자는 **Context** 객체 및 null이 가능하면서 기본값이 null인 **AttributeSet** 객체를 인자로 받는다.

리스트 30.1 | BoxDrawingView의 초기 구현(BoxDrawingView.kt)

```
class BoxDrawingView(context: Context, attrs: AttributeSet? = null) :
        View(context, attrs) {
}
```

이처럼 **AttributeSet**에 기본값을 지정하면, 실제로는 두 개의 생성자가 제공된다. 우리 뷰의 인스턴스가 코드 또는 레이아웃 XML 파일로부터 생성될 수 있어야 하기 때문이다. 레이아웃 파일로부터 인스턴스가 생성되어 초기화되는 뷰는 XML에 지정된 속성들을 포함하는 **AttributeSet**의 인스턴스를 인자로 받는다.

그다음으로 **BoxDrawingView**를 사용하도록 res/layout/activity_drag_and_draw.xml 레이아웃 파일을 변경한다.

```
<androidx.constraintlayout.widget.ConstraintLayout
    xmlns:android="http://schemas.android.com/apk/res/android"
    xmlns:app="http://schemas.android.com/apk/res-auto"
    xmlns:tools="http://schemas.android.com/tools"
    android:layout_width="match_parent"
    android:layout_height="match_parent"
    tools:context="com.bignerdranch.android.draganddraw.DragAndDrawActivity">
</androidx.constraintlayout.widget.ConstraintLayout>
<com.bignerdranch.android.draganddraw.BoxDrawingView
    xmlns:android="http://schemas.android.com/apk/res/android"
    android:layout_width="match_parent"
    android:layout_height="match_parent" />
```

여기서는 레이아웃 인플레이터가 찾을 수 있게 **BoxDrawingView** 클래스가 속한 패키지의 전체 경로를 지정해야 한다. 인플레이터는 **View** 인스턴스를 생성하는 데 필요한 레이아웃 파일을 찾는다. 이때 요소로 지정된 클래스 이름에 전체 패키지 경로가 지정되지 않으면 인플레이터가 android.view와 android.widget 패키지에서 해당 이름의 클래스를 찾는다. 따라서 해당 클래스가 다른 곳에 있다면 레이아웃 인플레이터는 그것을 찾지 못하고 앱은 실행이 중단된다. 그러므로 android.view와 android.widget 패키지 외부에 있는 커스텀 클래스나 이외의 다른 클래스들에서는 반드시 전체 패키지 경로가 포함된 클래스 이름을 지정해야 한다.

DragAndDraw 앱을 실행해 모든 것이 제대로 연결되었는지 확인해보자. 제대로 실행되면 그림 30.2처럼 텅 빈 뷰가 나타난다.

다음으로 **BoxDrawingView**가 터치 이벤트를 리스닝하고 이 이벤트의 정보를 사용해서 화면에 박스를 그리게 해보자.

그림 30.2 │ 아무것도 없는 BoxDrawingView

터치 이벤트 처리하기

터치 이벤트를 리스닝할 때는 다음의 **View** 함수를 사용해서 터치 이벤트 리스너를 설정한다.

```
fun setOnTouchListener(l: View.OnTouchListener)
```

이 함수는 **setOnClickListener(View.OnClickListener)**와 같은 방법으로 작동한다. 즉, 함수의 인자로 **View.OnTouchListener**를 구현한 리스너 객체(여기서는 **View**의 서브 클래스인 **BoxDrawingView** 인스턴스)를 전달하면 터치 이벤트가 발생할 때마다 이 객체에 구현된 **onTouchEvent(…)** 함수가 호출된다.

따라서 **BoxDrawingView**에서는 다음 **View** 함수를 오버라이드하면 된다.

```
override fun onTouchEvent(event: MotionEvent): Boolean
```

이 함수는 **MotionEvent** 인스턴스를 인자로 받는다. **MotionEvent**는 터치 이벤트를 나타내는 클래스이며, 화면을 터치한 위치와 **액션(action)**을 포함한다. 액션은 다음과 같이 이벤트 발생 단계를 나타낸다.

액션 상수	의미
ACTION_DOWN	사용자가 화면을 손가락으로 터치함
ACTION_MOVE	사용자가 화면 위에서 손가락을 움직임
ACTION_UP	사용자가 화면에서 손가락을 뗌
ACTION_CANCEL	부모 뷰가 터치 이벤트를 가로챔

onTouchEvent(MotionEvent)의 구현 코드에서는 **MotionEvent** 객체의 다음 함수를 호출해 액션의 값을 확인할 수 있다.

```
final fun getAction(): Int
```

BoxDrawingView.kt에 리스트 30.3의 코드를 추가한다. 여기서는 이벤트가 제대로 처리되는지 로그캣에서 확인하기 위해 로그 태그 상수와 네 개의 각 액션에 대해 로그 메시지를 출력하는 **onTouchEvent(MotionEvent)**의 구현 코드도 추가한다.

리스트 30.3 | BoxDrawingView 구현하기(BoxDrawingView.kt)

```kotlin
private const val TAG = "BoxDrawingView"

class BoxDrawingView(context: Context, attrs: AttributeSet? = null) :
        View(context, attrs) {

    override fun onTouchEvent(event: MotionEvent): Boolean {
        val current = PointF(event.x, event.y)
        var action = ""
        when (event.action) {
            MotionEvent.ACTION_DOWN -> {
                action = "ACTION_DOWN"
            }
            MotionEvent.ACTION_MOVE -> {
                action = "ACTION_MOVE"
            }
            MotionEvent.ACTION_UP -> {
                action = "ACTION_UP"
            }
            MotionEvent.ACTION_CANCEL -> {
                action = "ACTION_CANCEL"
            }
        }
        Log.i(TAG, "$action at x=${current.x}, y=${current.y}")

        return true
    }
}
```

여기서는 터치된 위치를 나타내는 X와 Y 좌표를 **PointF** 객체에 넣는다. 이 장의 나머지 코드에서 두 값을 같이 사용해야 하기 때문이다. **PointF**는 이런 역할을 하는 안드로이드의 컨테이너 클래스다.

우선 안드로이드 스튜디오 메인 창의 맨 아래 테두리에 있는 '**Logcat**' 도구 창 버튼을 클릭해서 로그캣 창을 열고 로그캣 창 위의 검색 상자에 **I/BoxDrawingView**를 입력한다.

그런 다음 DragAndDraw 앱을 다시 실행해 손가락으로 화면을 터치하고 끌어보면(에뮬레이터에서는 마우스 클릭 후 끌어줌) **BoxDrawingView**가 받는 모든 터치 액션의 X, Y 좌표가 로그에 실시간으로 출력된다. 이제 로그캣 창에 나타나는 메시지를 확인해보자.

모션 이벤트 추적하기

BoxDrawingView에서는 좌표만 로깅하는 게 아니라 화면에 박스들을 그려야 한다. 이렇게 하려면 몇 가지 해결할 것이 있다.

우선 박스를 정의하기 위해 시작 지점(손가락이 처음 놓인 곳)과 현재 지점(손가락이 현재 있는 곳)이 반드시 필요하다.

그다음에 박스를 정의하려면 하나 이상의 **MotionEvent**로부터 발생하는 데이터를 추적해야 하며, 이 데이터를 **Box** 객체에 저장해야 한다.

프로젝트 도구 창의 **app/java** 밑에 있는 com.bignerdranch.android.draganddraw 패키지에 하나의 박스를 정의하는 데이터를 나타내는 **Box** 클래스를 생성해 리스트 30.4의 코드를 추가한다.

리스트 30.4 │ Box 클래스 추가하기(Box.kt)

```
class Box(val start: PointF) {
    var end: PointF = start

    val left: Float
        get() = Math.min(start.x, end.x)

    val right: Float
        get() = Math.max(start.x, end.x)

    val top: Float
        get() = Math.min(start.y, end.y)

    val bottom: Float
        get() = Math.max(start.y, end.y)
}
```

사용자가 **BoxDrawingView**를 터치하면 새로운 **Box** 객체가 생성되어 기존 박스 **List**에 추가된다(그림 30.3).

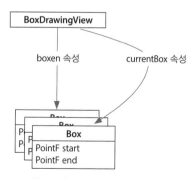

그림 30.3 │ DragAndDraw의 객체들

다음으로 그리는 상태 정보를 추적하기 위해 **BoxDrawingView** 클래스에 새로운 **Box** 객체를 사용하는 코드를 추가한다.

리스트 30.5 | Box 객체를 사용하는 코드 추가하기(BoxDrawingView.kt)

```kotlin
class BoxDrawingView(context: Context, attrs: AttributeSet? = null) :
        View(context, attrs) {

    private var currentBox: Box? = null
    private val boxen = mutableListOf<Box>()

    override fun onTouchEvent(event: MotionEvent): Boolean {
        val current = PointF(event.x, event.y)
        var action = ""
        when (event.action) {
            MotionEvent.ACTION_DOWN -> {
                action = "ACTION_DOWN"
                // 그리기 상태를 재설정한다
                currentBox = Box(current).also {
                    boxen.add(it)
                }
            }
            MotionEvent.ACTION_MOVE -> {
                action = "ACTION_MOVE"
                updateCurrentBox(current)
            }
            MotionEvent.ACTION_UP -> {
                action = "ACTION_UP"
                updateCurrentBox(current)
                currentBox = null
            }
            MotionEvent.ACTION_CANCEL -> {
                action = "ACTION_CANCEL"
                currentBox = null
            }
        }

        Log.i(TAG, "$action at x=${current.x}, y=${current.y}")

        return true
    }

    private fun updateCurrentBox(current: PointF) {
        currentBox?.let {
            it.end = current
            invalidate()
        }
    }
}
```

여기서는 ACTION_DOWN 모션 이벤트를 받을 때마다 currentBox 속성을 새로운 **Box** 객체로 설정한다. 이 객체는 이벤트가 발생한 위치를 시작 지점으로 가지며 박스 **List**에 저장된다(더 뒤에서 그리기를 구현할 때 **BoxDrawingView**에서 이 박스 **List**에 저장된 모든 **Box**를 화면에 그린다).

사용자의 손가락이 화면을 이동하거나 화면에서 떨어지면 currentBox.end를 변경한다. 그리고 터치가 취소되거나 사용자의 손가락이 화면에서 떨어지면 그리기를 끝내기 위해 currentBox를 null로 변경한다. 즉, **Box** 객체는 **List**에 안전하게 저장되지만, 모션 이벤트에 관해서는 더 이상 변경이 생기지 않는다.

updateCurrentBox() 함수에서 invalidate()를 호출한다. invalidate() 함수를 호출하면 뷰가 **무효(invalid)**라는 것을 안드로이드에게 알려주므로 안드로이드 시스템이 해당 뷰의 변경 사항을 반영해서 다시 그려준다. 여기서는 사용자가 손가락을 움직여서 새로운 박스를 생성하거나 박스 크기를 조정할 때마다 invalidate() 함수를 호출해 BoxDrawingView를 다시 그리게 한다. 이렇게 하면 사용자가 손가락을 끌어서 박스를 생성하는 동안 어떤 모습인지 볼 수 있다.

참고로 앱이 시작되면 앱의 모든 뷰가 **무효** 상태가 되어 뷰들이 화면에 어떤 것도 그릴 수 없게 된다. 이런 상황을 해결하기 위해 안드로이드는 최상위 수준 **View**의 draw() 함수를 호출함으로써 부모 뷰가 자신을 그리게 되고, 이것의 자식 뷰들 또한 자신들을 그리게 된다. 뷰 계층을 따라 내려가면서 자식 뷰들의 또 다른 자식 뷰들도 자신들을 그리게 되는 식이다. 결국 뷰 계층의 모든 뷰가 자신을 그리게 되면 최상위 수준 **View**는 더 이상 무효 상태가 되지 않는다.

다음으로 박스를 화면에 그린다.

onDraw(Canvas) 내부에서 렌더링하기

뷰가 화면에 그려지게 하려면 다음 **View** 함수를 오버라이드해야 한다.

```
protected fun onDraw(canvas: Canvas)
```

onTouchEvent(MotionEvent)의 ACTION_MOVE에 대한 응답에서 호출한 invalidate() 함수는 BoxDrawingView를 다시 무효 상태로 만든다. 그럼으로써 BoxDrawingView는 자신을 다시 그

리게 되고 이때 **onDraw(Canvas)**가 다시 호출된다.

이제는 **Canvas** 매개변수를 대해 알아보자. **Canvas**와 **Paint** 모두 안드로이드의 주요 그리기 클래스다.

- **Canvas** 클래스는 모든 그리기 함수를 갖고 있다. 우리가 호출하는 **Canvas**의 함수들은 그리는 위치와 선, 원, 단어, 사각형 등의 형태를 결정한다.
- **Paint** 클래스는 이런 함수들이 어떻게 수행되는지를 결정한다. 즉, 우리가 호출하는 **Paint**의 함수들은 도형이 채워져야 하는지, 어떤 폰트의 텍스트를 그리는지, 어떤 색의 선인지와 같은 특성을 지정한다.

BoxDrawingView 인스턴스가 초기화될 때 두 개의 **Paint** 객체를 생성하도록 BoxDrawing View.kt를 변경한다.

리스트 30.6 | Paint 객체 생성하기(BoxDrawingView.kt)

```
class BoxDrawingView(context: Context, attrs: AttributeSet? = null) :
        View(context, attrs) {

    private var currentBox: Box? = null
    private val boxen = mutableListOf<Box>()
    private val boxPaint = Paint().apply {
        color = 0x22ff0000.toInt()
    }
    private val backgroundPaint = Paint().apply {
        color = 0xfff8efe0.toInt()
    }
    ...
}
```

이제는 화면에 박스를 그릴 수 있다.

리스트 30.7 | onDraw(Canvas) 오버라이드하기(BoxDrawingView.kt)

```
class BoxDrawingView(context: Context, attrs: AttributeSet? = null) :
        View(context, attrs)
    ...
    override fun onDraw(canvas: Canvas) {
        // 배경을 채운다
        canvas.drawPaint(backgroundPaint)

        boxen.forEach { box ->
```

```
                    canvas.drawRect(box.left, box.top, box.right, box.bottom, boxPaint)
        }
    }
}
```

이 코드는 알기 쉽다. 황백색 배경의 **Paint**를 사용해서 박스의 배경인 캔버스를 채운다.

그다음에 박스 **List**에 저장된 각 **Box** 객체에 대해 박스의 두 점을 조사해 직사각형의 왼쪽, 오른쪽, 위, 아래의 꼭지점 위치를 결정한다. 왼쪽과 위의 값은 X와 Y의 최솟값이, 아래쪽과 오른쪽은 최댓값이 된다.

이 값들을 산출한 후 **Canvas.drawRect(...)**를 호출해 화면에 빨간색의 사각형을 그린다.

DragAndDraw 앱을 다시 실행해 빨간 사각형을 몇 개 그려보자(그림 30.4)(에뮬레이터에서는 마우스를 클릭한 후 끌면 사각형이 그려지며, 실제 장치에서는 손가락으로 터치한 후 끌면 된다).

그림 30.4 | 나의 느낌 표현하기

드디어 터치 이벤트를 잡아내어 그리는 뷰를 생성하였다.

궁금증 해소하기: GestureDetector

터치 이벤트를 처리하는 또 다른 방법으로 GestureDetector 객체가 있다. GestureDetector 는 특정 이벤트가 발생하면 알려주는 리스너를 갖고 있다. 예를 들어, GestureDetector. OnGestureListener는 화면을 길게 누르거나 밀거나 스크롤하는 등의 이벤트를 리스닝하는 함수들을 갖고 있다. 그리고 두 번 두드림 이벤트를 리스닝하는 GestureDetector.OnDouble TapListener도 있다. 대부분은 View의 onTouch(...)나 onTouchEvent(...) 함수를 오버라이드해 서 사용하는 다양한 이벤트 처리가 필요하지 않다. 따라서 이런 함수 대신 GestureDetector 를 사용하는 것도 아주 좋은 방법이다.

챌린지: 상태 정보 저장하기

장치의 방향이 바뀔 때 View 내부에서 박스들의 상태를 저장 및 복원하는 방법을 알아보자. 이때는 다음 View 함수들을 사용해서 실시할 수 있다.

```
protected fun onSaveInstanceState(): Parcelable
protected fun onRestoreInstanceState(state: Parcelable)
```

이 함수들은 Activity나 Fragment의 onSaveInstanceState(Bundle)과는 다르게 작동한다. 첫 번째, View가 ID를 갖고 있어야만 호출될 수 있다. 두 번째, Bundle을 인자로 받는 대신 Parcelable 인터페이스를 구현하는 객체를 반환하거나 처리한다.

코틀린은 Parcelable 인터페이스 구현 클래스를 쉽게 생성하는 @Parcelize 애노테이션을 갖 고 있다. 그러나 안드로이드에서는 Bundle 객체가 흔히 사용되고 대부분의 개발자가 Bundle 사용에 익숙하므로 Parcelable 인터페이스를 구현하는 클래스를 직접 작성하지 말고 Bundle 을 사용하는 것이 좋다.

이와 더불어 BoxDrawingView의 부모인 View 클래스의 상태 정보도 유지해야 한다. 따라 서 super.onSaveInstanceState() 함수의 결과를 새로운 Bundle 객체에 저장한다. 그리고 View의 상태 정보를 복원하기 위해 super.onRestoreInstanceState(Parcelable) 함수를 호출할 때 Bundle 객체에 저장했던 상태 데이터를 슈퍼 클래스에 전달한다.

챌린지: 박스의 방향 회전

손가락을 사용해서 사각형을 회전할 수 있도록 해보자. 이렇게 하려면 **MotionEvent** 처리 코드에서 여러 개의 포인터를 처리해야 하며, 사각형이 그려지는 캔버스를 회전시킬 필요도 있을 것이다.

다수의 터치를 처리할 때는 추가로 다음 사항을 고려해야 한다.

- **포인터 인덱스:** 현재의 포인터들 중 어떤 포인터가 이벤트를 받는지 알려준다.
- **포인터 ID:** 제스처 중인 특정 손가락의 고유 ID를 제공한다.

여기서 포인터 인덱스는 변경될 수 있지만, 포인터 ID는 변경되지 않는다.

자세한 내용은 다음 **MotionEvent** 객체의 함수를 안드로이드 API 문서에서 찾아 참고한다.

```
final fun getActionMasked(): Int
final fun getActionIndex(): Int
final fun getPointerId(pointerIndex: Int): Int
final fun getX(pointerIndex: Int): Float
final fun getY(pointerIndex: Int): Float
```

더불어 ACTION_POINTER_UP과 ACTION_POINTER_DOWN 상수들도 같이 찾아보자.

31

속성 애니메이션

작동이 잘 되는 앱이 되려면 중단되지 않도록 코드를 올바르게 작성하면 된다. 하지만 사용하는 즐거움을 주는 앱이 되려면 폰이나 태블릿 화면에서 생동감을 느낄 수 있게 해주어야 하므로 그보다 더 많이 노력해야 한다.

실제 사물들은 움직인다. 앱의 UI가 움직이게 만들려면 UI의 요소들에 **생동감(animate)**을 주어야 한다.

이 장에서는 하늘에 떠 있는 태양의 장면(scene)을 보여주는 Sunset이라는 앱을 작성해서 사용자가 해당 장면을 누르면 태양이 수평선 아래로 저물면서 일몰 때처럼 하늘색이 바뀌게 해보겠다.

장면 생성하기

우선 새 프로젝트를 생성한다. 안드로이드 스튜디오 메인 메뉴의 **File ➡ New ➡ New Project...**를 선택하거나 웰컴 스크린에서 'Create New Project'를 선택하면 앱과 액티비티 유형을 선택하는 대화상자가 나타난다. 여기서 기본으로 선택된 'Phone and Tablet'과 'Empty Activity'를 그대로 두고 NEXT 버튼을 클릭하면 프로젝트를 구성하는 대화상자가 나타난다.

프로젝트 이름이면서 동시에 앱의 이름이 되는 'Name'에 **Sunset**을 입력하고 'Package name'에는 **com.bignerdranch.android.sunset**을 입력한다. 그리고 프로젝트의 모든 파일을 저장할 디렉터리를 'Save location'에서 각자 선택하고 'Language'가 Kotlin인지 확인한다. 'Minimum SDK'는 'API 21: Android 5.0 (Lollipop)'으로 선택하고, 'Use legacy android.support libraries'가 선택 해제되어 있는지 확인한 후 **Finish** 버튼을 클릭하면 안드로이드 스튜디오가 새 프로젝트를 생성하고 열어준다. 그러면 프로젝트 도구 창을 **Android** 뷰로 전환한다.

바다의 일몰은 다채롭다. 따라서 몇 가지 색을 지정하면 일몰을 나타내는 데 도움이 될 것이다. res/values 아래에 있는 colors.xml 파일을 더블 클릭해서 편집기 창에 열고 리스트 31.1의 색상 값을 추가한다.

리스트 31.1 | 일몰 색상 추가하기(res/values/colors.xml)

```
<resources>
    ...

    <color name="bright_sun">#fcfcb7</color>
    <color name="blue_sky">#1e7ac7</color>
    <color name="sunset_sky">#ec8100</color>
    <color name="night_sky">#05192e</color>
    <color name="sea">#224869</color>
</resources>
```

하늘과 바다가 붙어 있는 느낌을 내려면 직사각형의 뷰가 가장 좋을 것이다. 태양은 원으로 나타내야 하니 동그란 태양을 그릴 XML 파일이 필요하다. res/drawable/ 폴더에 sun.xml이라는 이름의 파일을 생성한다(프로젝트 도구 창의 res/drawable에서 오른쪽 마우스 버튼을 클릭해 **New ➡ Drawable Resource File**을 선택한 후 대화상자에서 파일 이름에 **sun**을 입력하고 **OK** 버튼을 클릭한다). 그리고 파일 내용 전체를 리스트 31.2의 XML로 교체한다. 이 XML은 둥근 태양을 나타내는 타원형 drawable이다.

리스트 31.2 | XML drawable 추가하기(res/drawable/sun.xml)

```
<shape xmlns:android="http://schemas.android.com/apk/res/android"
       android:shape="oval">
    <solid android:color="@color/bright_sun" />
</shape>
```

이 타원을 정사각형의 뷰에 그리면 원으로 나타난다. 따라서 하늘에 뜬 실제 태양처럼 생각될 것이다.

다음으로 레이아웃 파일에 일몰의 전체 장면을 만든다. 자동으로 생성되어 편집기 창에 열린 res/layout/activity_main.xml을 선택하고 편집기 창의 오른쪽 위에 있는 분할 버튼(⊞ Split)을 클릭해서 분할 뷰로 전환한 후 리스트 31.3의 XML로 교체한다.

리스트 31.3 | 레이아웃 설정하기(res/layout/activity_main.xml)

```
<LinearLayout xmlns:android="http://schemas.android.com/apk/res/android"
    android:id="@+id/scene"
    android:orientation="vertical"
    android:layout_width="match_parent"
    android:layout_height="match_parent">

    <FrameLayout
        android:id="@+id/sky"
        android:layout_width="match_parent"
        android:layout_height="0dp"
        android:layout_weight="0.61"
        android:background="@color/blue_sky">

        <ImageView
            android:id="@+id/sun"
            android:layout_width="100dp"
            android:layout_height="100dp"
            android:layout_gravity="center"
            android:src="@drawable/sun" />
    </FrameLayout>

    <View
        android:layout_width="match_parent"
        android:layout_height="0dp"
        android:layout_weight="0.39"
        android:background="@color/sea" />
</LinearLayout>
```

작성이 끝낸 후 오른쪽의 미리보기를 보면 짙은 파란색의 바다 위에 푸른 하늘이 있고 노란색의 해가 떠 있는 장면이 보인다. 그러면 이제 지금까지의 모든 것이 제대로 작성되었는지 Sunset 앱을 실행해보면 그림 31.1과 같은 화면이 보인다.

그림 31.1 | 아, 바다에 가고 싶다...

간단한 속성 애니메이션

이제는 장면(scene)이 준비되었으니, 태양이 수평선 아래로 움직이는 애니메이션(animation)을 만든다.

그러나 그 전에 리스트 31.3에서 정의한 뷰 객체들의 참조를 얻고 속성에 저장하는 코드를 **MainActivity**의 **onCreate(...)**에 추가한다.

리스트 31.4 | 뷰 객체 참조 저장하기(MainActivity.kt)

```
class MainActivity : AppCompatActivity() {

    private lateinit var sceneView: View
    private lateinit var sunView: View
    private lateinit var skyView: View

    override fun onCreate(savedInstanceState: Bundle?) {
        super.onCreate(savedInstanceState)
        setContentView(R.layout.activity_main)

        sceneView = findViewById(R.id.scene)
        sunView = findViewById(R.id.sun)
```

```
        skyView = findViewById(R.id.sky)
    }
}
```

이제는 태양을 애니메이션하는 코드를 작성할 수 있다. 여기서는 sunView(태양을 나타내는 **ImageView**)의 꼭대기가 수평선에 오도록 부드럽게 움직이도록 해보자. 이때 sunView의 꼭대기 위치를 이것의 부모(하늘을 나타내는 **FrameLayout**)의 밑바닥으로 변경하면서 애니메이션을 수행한다.

우선 애니메이션의 시작과 끝 위치를 찾아야 한다. 이 일을 처리하는 **startAnimation()** 함수를 추가해보자.

리스트 31.5 | 애니메이션 시작과 끝 위치 얻기(MainActivity.kt)

```
class MainActivity : AppCompatActivity() {
    ...
    override fun onCreate(savedInstanceState: Bundle?) {
        ...
    }

    private fun startAnimation() {
        val sunYStart = sunView.top.toFloat()
        val sunYEnd = skyView.height.toFloat()
    }
}
```

View에는 자신 주위의 사각형 경계 위치(local layout rect)와 크기 값을 갖는 top, bottom, right, left 속성이 있다. 이 속성들의 값은 해당 뷰가 레이아웃에 배치되면 부모 뷰와 관련하여 결정된다.

이 속성들의 값을 변경해서 화면에 있는 뷰의 위치를 변경할 수 있지만, 레이아웃이 사용될 때마다 재설정되므로 그렇게 하는 것은 바람직하지 않다.

여기서는 애니메이션이 태양(sunView)의 꼭대기(**top.toFloat()**)로부터 시작해 이것의 부모인 하늘(skyView)의 밑바닥(**height.toFloat()**)에서 끝나는데, height 속성값은 bottom 속성값에서 top 속성값을 뺀 것과 같다.

이제는 애니메이션의 시작과 끝 위치를 알았으니, 이것을 수행할 **ObjectAnimator**를 생성해 실행한다.

```kotlin
private fun startAnimation() {
    val sunYStart = sunView.top.toFloat()
    val sunYEnd = skyView.height.toFloat()

    val heightAnimator = ObjectAnimator
        .ofFloat(sunView, "y", sunYStart, sunYEnd)
        .setDuration(3000)

    heightAnimator.start()
}
```

ObjectAnimator는 잠시 후에 자세히 알아보고, 우선 사용자가 화면에 나타난 장면의 어디를 누르더라도 항상 **startAnimation()**이 호출되도록 코드와 연결한다.

리스트 31.7 | 애니메이션 시작하기(MainActivity.kt)

```kotlin
override fun onCreate(savedInstanceState: Bundle?) {
    super.onCreate(savedInstanceState)
    setContentView(R.layout.activity_main)
    sceneView = findViewById(R.id.scene)

    sunView = findViewById(R.id.sun)
    skyView = findViewById(R.id.sky)

    sceneView.setOnClickListener {
        startAnimation()
    }
}
```

Sunset 앱을 실행해 화면의 아무 데나 눌러서 애니메이션을 시작시키면(그림 31.2) 수평선 밑으로 해가 완전히 내려가고, 그다음에 화면을 또 누르면 애니메이션이 다시 시작된다.

이 애니메이션의 작동 방법은 이렇다. **ObjectAnimator**는 **속성 애니메이터**(property animator)로, 화면에서 뷰를 움직이는 방법을 사용하는 것이 아니라 해당 속성값을 다르게 전달해서 속성의 세터(setter) 함수를 반복적으로 호출한다.

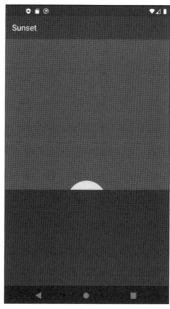

그림 31.2 | 일몰 감상하기

리스트 31.6에서처럼 다음 함수를 호출하면 **ObjectAnimator** 인스턴스를 생성한다.

```
ObjectAnimator.ofFloat(sunView, "y", 0, 1).
```

그런 다음 **ObjectAnimator**가 시작되면 이것이 **sunView.setY(Float)**를 반복적으로 호출한다. 이때 다음과 같이 0부터 시작해 값을 증가시킨다.

```
sunView.setY(0)
sunView.setY(0.02)
sunView.setY(0.04)
sunView.setY(0.06)
sunView.setY(0.08)
...
```

그리고 최종적으로 **sunView.setY(1)**을 호출한다. 이처럼 시작과 끝 지점 사이의 값을 찾는 것을 **인터폴레이션(interpolation)**이라고 한다. 그리고 각 중간 값 사이에는 지연 시간이 있어서 뷰가 움직이는 것처럼 보이게 한다.

뷰 변형 속성

속성 애니메이터는 훌륭하다. 그러나 이것만으로는 뷰의 애니메이션을 다양하게 만들 수 없다. 따라서 안드로이드의 속성 애니메이션은 **변형 속성(transformation property)**과 함께 작동한다.

뷰는 레이아웃에 배치될 때 지정되는 위치와 크기를 가지며, 이 값들은 네 개의 속성에 설정된다. 여기에 뷰의 변형 속성들을 추가해 설정하면 뷰를 움직일 수 있다. 화면에서 뷰를 회전시키는 속성은 rotation, pivotX, pivotY가 있으며(그림 31.3), 뷰의 크기를 수직 방향과 수평 방향으로 조정하는 속성에는 scaleX와 scaleY가 있다(그림 31.4). 그리고 뷰를 화면에서 이동시키는 속성에는 translationX와 translationY가 있다(그림 31.5).

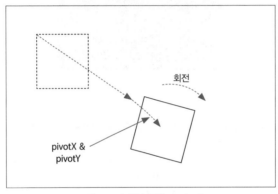

그림 31.3 | 뷰 회전(rotation)

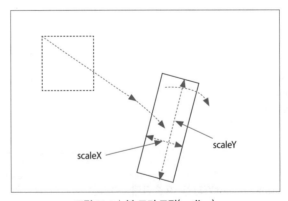

그림 31.4 | 뷰 크기 조정(scaling)

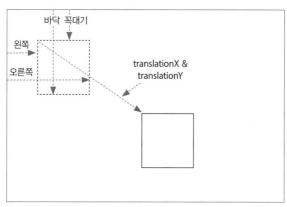

그림 31.5 | 뷰 이동(translation)

이 속성들은 모두 값을 가져오거나 변경할 수 있다. 예를 들어, translationX의 현재 값을 알고자 할 때는 view.translationX를 실행하며, 값을 지정할 때는 view.translationX = Float와 같이 하면 된다.

그런데 뷰의 x와 y 속성과는 어떤 관계가 있을까? x와 y 속성은 X 좌표와 Y 좌표를 나타내며, 뷰를 x와 y 속성의 위치로 이동할 때는 내부적으로 translationX와 translationY를 변경한다. 예를 들어, sunView.y = 50은 다음을 의미한다.

```
sunView.translationY = 50 - sunView.top
```

다른 인터폴레이터 사용하기

이 앱의 애니메이션은 좋기는 한데 전체적으로 너무 빠르다. 그러므로 태양이 처음에는 서서히 움직이다가 점점 속도가 빨라지면 더 생동감 있어 좋을 것이다. 이럴 때 사용할 수 있는 것이 **TimeInterpolator** 인터페이스다. 이 인터페이스는 애니메이션이 A 지점에서 B 지점으로 진행되는 방식을 변경한다.

여기서는 이 인터페이스를 구현한 **AccelerateInterpolator** 클래스를 사용해서 태양이 조금씩 가속되면서 움직이도록 한다. **AccelerateInterpolator**를 사용하는 코드를 **start Animation()**에 추가해보자.

```kotlin
private fun startAnimation() {
    val sunYStart = sunView.top.toFloat()
    val sunYEnd = skyView.height.toFloat()

    val heightAnimator = ObjectAnimator
        .ofFloat(sunView, "y", sunYStart, sunYEnd)
        .setDuration(3000)
    heightAnimator.interpolator = AccelerateInterpolator()

    heightAnimator.start()
}
```

Sunset 앱을 다시 실행하고 화면의 아무 데나 눌러서 애니메이션을 실행하면, 태양이 처음에는 서서히 움직이다가 점점 빠른 속도로 수평선을 향해 내려간다.

앱에서 사용하기 원하는 움직임의 형태는 다양하다. 따라서 **TimeInterpolator** 인터페이스를 구현한 인터폴레이터 클래스도 여러 가지가 있다. 안드로이드에서 제공하는 모든 인터폴레이터 클래스의 자세한 정보는 **TimeInterpolator** 인터페이스 문서의 'Known indirect subclasses'를 참고한다(https://developer.android.com/reference/android/animation/TimeInterpolator).

색상 값 산출하기

이제는 태양이 그럴듯하게 가라앉으니, 하늘의 색에 변화를 주자. colors.xml에 정의했던 색상 리소스 참조들을 세 개의 속성에 저장한다. 이 속성들은 선언 시점에 초기화할 수 없으므로 lazy 키워드를 사용해서 늦게 초기화한다.

```kotlin
...
import androidx.core.content.ContextCompat

class MainActivity : AppCompatActivity() {

    private lateinit var sceneView: View
    private lateinit var sunView: View
    private lateinit var skyView: View

    private val blueSkyColor: Int by lazy {
        ContextCompat.getColor(this, R.color.blue_sky)
    }
```

```
    private val sunsetSkyColor: Int by lazy {
        ContextCompat.getColor(this, R.color.sunset_sky)
    }
    private val nightSkyColor: Int by lazy {
        ContextCompat.getColor(this, R.color.night_sky)
    }
    ...
}
```

다음으로 하늘의 색을 blueSkyColor로부터 sunsetSkyColor로 애니메이션하는 코드를 startAnimation()에 추가한다.

리스트 31.10 | 하늘의 색을 애니메이션하기(MainActivity.kt)

```
private fun startAnimation() {
    val sunYStart = sunView.top.toFloat()
    val sunYEnd = skyView.height.toFloat()

    val heightAnimator = ObjectAnimator
        .ofFloat(sunView, "y", sunYStart, sunYEnd)
        .setDuration(3000)
    heightAnimator.interpolator = AccelerateInterpolator()

    val sunsetSkyAnimator = ObjectAnimator
        .ofInt(skyView, "backgroundColor", blueSkyColor, sunsetSkyColor)
        .setDuration(3000)

    heightAnimator.start()
    sunsetSkyAnimator.start()
}
```

이렇게 하는 것이 맞는 것처럼 보인다. 그러나 이 상태에서 앱을 실행해보면 알 수 있겠지만, 하늘의 푸른색이 서서히 주황색으로 바뀌지 않고 요란스럽게 각종 색으로 깜박거리면서 바뀐다.

이렇게 되는 이유는 색을 나타내는 정수 값이 단순한 숫자가 아니라 네 개의 부분으로 나뉘어져 있기 때문이다. 따라서 **ObjectAnimator**가 파란색과 주황색 사이의 색상 값을 올바르게 산출하게 해야 한다.

ObjectAnimator에서 시작과 끝 사이의 값을 찾는 방법이 불충분하다고 생각되면 **TypeEvaluator**의 서브 클래스를 사용해 해결할 수 있다. **TypeEvaluator**는 **ObjectAnimator**에 시작과 끝 사이의 값을 알려주는 객체로, 전체 값의 1/4씩을 산출해서 전달한다. 안드로이드는 **Type Evaluator**의 서브 클래스인 **ArgbEvaluator**를 제공하므로 여기서는 이 클래스를 사용한다.

```kotlin
private fun startAnimation() {
    val sunYStart = sunView.top.toFloat()
    val sunYEnd = skyView.height.toFloat()

    val heightAnimator = ObjectAnimator
        .ofFloat(sunView, "y", sunYStart, sunYEnd)
        .setDuration(3000)
    heightAnimator.interpolator = AccelerateInterpolator()

    val sunsetSkyAnimator = ObjectAnimator
        .ofInt(skyView, "backgroundColor", blueSkyColor, sunsetSkyColor)
        .setDuration(3000)
    sunsetSkyAnimator.setEvaluator(ArgbEvaluator())

    heightAnimator.start()
    sunsetSkyAnimator.start()
}
```

(**ArgbEvaluator**는 여러 패키지에 있다. android.animation 패키지의 **import** 문을 추가한다.)

Sunset 앱을 다시 실행하면 하늘의 색이 네 번에 걸쳐 변경되면서 주황색으로 바뀐다(그림 31.6).

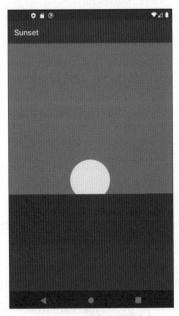

그림 31.6 | 일몰 색 변경하기

여러 애니메이터를 함께 사용하기

애니메이션 몇 개만 동시에 시작시키는 것이 전부라면 매우 간단하다. 각 애니메이션의 **start()**를 호출해 한꺼번에 시작시키면 각 애니메이션이 동기화되면서 실행될 것이다.

그러나 복잡한 애니메이션에서는 이것만으로는 부족하다. 예를 들어, 환상적인 일몰을 만들려면 태양이 수평선 아래로 가라앉은 후, 주황색이 암청색으로 바뀌는 순간의 하늘을 보여주는 것이 바람직할 것이다.

이때 **AnimatorListener**를 사용하면 그렇게 할 수 있다. **AnimatorListener**는 애니메이션이 완료되면 알려주므로 첫 번째 일몰 애니메이션이 끝날 때까지 기다리는 리스너를 작성해 일몰이 끝나면 두 번째로 밤하늘 애니메이션이 시작되도록 하면 된다. 그러나 무척 번거롭고 많은 리스너가 필요하다. 따라서 이때는 **AnimatorSet**을 사용하는 것이 훨씬 더 쉽다.

우선 밤하늘 애니메이션을 생성하고, 이전의 애니메이션 시작 코드는 삭제한다.

리스트 31.12 | 밤하늘 애니메이션 생성하기(MainActivity.kt)

```kotlin
private fun startAnimation() {
    val sunYStart = sunView.top.toFloat()
    val sunYEnd = skyView.height.toFloat()

    val heightAnimator = ObjectAnimator
        .ofFloat(sunView, "y", sunYStart, sunYEnd)
        .setDuration(3000)
    heightAnimator.interpolator = AccelerateInterpolator()

    val sunsetSkyAnimator = ObjectAnimator
        .ofInt(skyView, "backgroundColor", blueSkyColor, sunsetSkyColor)
        .setDuration(3000)
    sunsetSkyAnimator.setEvaluator(ArgbEvaluator())

    val nightSkyAnimator = ObjectAnimator
        .ofInt(skyView, "backgroundColor", sunsetSkyColor, nightSkyColor)
        .setDuration(1500)
    nightSkyAnimator.setEvaluator(ArgbEvaluator())

    heightAnimator.start()
    sunsetSkyAnimator.start()
}
```

그다음으로 **AnimatorSet**을 생성해 실행하는 코드를 추가한다.

```kotlin
private fun startAnimation() {
    ...
    val nightSkyAnimator = ObjectAnimator
        .ofInt(skyView, "backgroundColor", sunsetSkyColor, nightSkyColor)
        .setDuration(1500)
    nightSkyAnimator.setEvaluator(ArgbEvaluator())

    val animatorSet = AnimatorSet()
    animatorSet.play(heightAnimator)
        .with(sunsetSkyAnimator)
        .before(nightSkyAnimator)
    animatorSet.start()
}
```

AnimatorSet은 함께 작동하는 애니메이션들의 집합일 뿐이다. 이것을 생성하는 방법은 몇 가지가 있지만, play(Animator) 함수를 사용하는 것이 가장 쉽다.

play(Animator)를 호출하면 AnimatorSet.Builder 인스턴스가 반환되므로 이것의 함수를 연속적으로 호출할 수 있다. play(Animator)의 인자로 전달되는 Animator는 연속 호출되는 함수의 '주체'가 된다. 따라서 리스트 31.13에 추가한 함수 연속 호출 코드는 'heightAnimator를 sunsetSkyAnimator와 함께 작동시키되, heightAnimator를 nightSkyAnimator 시작 전에 작동시켜라'라는 의미다. 복잡한 AnimatorSet의 경우는 play(Animator)를 여러 번 호출해야 할 수도 있다.

Sunset 앱을 다시 실행해 우리가 만든 일몰을 감상해보자. 일몰 후에 컴컴한 밤하늘까지 이어진다. 이렇게 또 하루가 저물어간다.

궁금증 해소하기: 다른 애니메이션 API

애니메이션 도구 중에는 속성 애니메이션이 가장 유용하지만, 이것만 있는 것은 아니다. 사용과 관계없이 다른 도구에 관해서도 알아두는 것이 좋다.

기존의 애니메이션 도구

android.view.animation 패키지에는 기존의 애니메이션 도구들이 있지만, 허니콤에서 소개된 새로운 android.animation 패키지와 혼동되지는 않을 것이다.

android.view.animation 패키지의 애니메이션 프레임워크는 무시해도 좋다. 만일 클래스 이름에 'animaTOR' 대신 'animaTION'이라는 단어가 있으면 기존 도구이므로 무시한다.

전환

안드로이드 4.4에서는 새로운 전환(transition) 프레임워크가 소개되었다. 이것을 사용하면 뷰 계층 구조 간에 멋진 전환을 수행할 수 있다. 예를 들어, 한 액티비티의 작은 뷰를 다른 액티비티의 확대된 뷰로 변경하는 전환을 정의할 수 있다.

전환 프레임워크의 기본적인 개념은 장면 간의 전환을 정의할 수 있다는 데 있다. 여기서 장면은 특정 시점에서 뷰 계층 구조의 상태를 나타내며, XML 레이아웃 파일로 정의할 수 있다. 그리고 전환은 애니메이션 XML 파일로 나타낼 수 있다.

이 장처럼 애니메이션 액티비티가 이미 실행 중일 때는 전환 프레임워크가 유용하지 않다. 이 때는 속성 애니메이션 프레임워크가 좋다. 그러나 앞으로 화면에 나타날 레이아웃을 애니메이션할 때는 속성 애니메이션 프레임워크가 적합하지 않다.

예를 들어, 이전에 개발했던 CriminalIntent 앱의 범죄 사진을 생각해보자. 만일 이미지 확대 대화상자에 '확대' 애니메이션을 구현하려고 했다면, 대화상자에서 원래 이미지가 있던 위치와 새로운 이미지가 들어갈 위치를 알아내야 한다. 이것을 **ObjectAnimator**로 구현하려면 많은 작업을 필요로 하므로 전환 프레임워크를 사용하는 것이 좋다.

챌린지

첫 번째 챌린지로 일몰이 끝난 후 거꾸로 일출이 되게끔 해보자. 즉, 처음에 화면을 터치하면 일몰이 진행되고, 일몰이 끝난 상태에서 다시 화면을 터치하면 일출을 진행한다. 이때 또 다른 **AnimatorSet**을 생성해야 하는데, **AnimatorSet**은 반대로 실행될 수 없기 때문이다.

두 번째 챌린지로 태양의 연속적인 애니메이션을 추가해보자. 활활 타오르게 하거나 후광이 비치도록 한다. 태양 빛이 수면에 반사된다면 더욱 좋을 것이다(애니메이션 자체를 반복할 때는 **ObjectAnimator**의 **setRepeatCount(Int)** 함수를 사용하면 된다).

마지막 챌린지로 일몰이나 일출이 진행되는 동안 화면을 누르면 역으로 애니메이션하는 기능을 추가해보자. 예를 들어, 일몰이 진행되어 태양이 수평선에 반쯤 잠기고 있을 때 화면을 누르면 다시 올라가게 한다. 그리고 밤하늘로 전환되는 동안에 화면을 누르면 역으로 일출이 진행되게 한다.

32

책을 마무리하며

축하한다! 드디어 이 책을 끝마치게 되었다. 배움에는 정도가 따로 없다. 잠시 숨을 돌리고 이 책을 다 읽은 여러분 자신을 칭찬해주자.

여러분은 정말로 어려운 일을 해냈다! 여러분은 이제 진정한 안드로이드 앱 개발자다!

마지막 챌린지

마지막 챌린지가 하나 있다. '훌륭한 안드로이드 개발자가 되자'는 것이다. 훌륭한 개발자들은 각자 나름의 장점을 가졌다. 따라서 지금 이후로 여러분은 자신의 방향을 찾아야 한다.

그런데 무엇부터 시작하는 것이 좋을까? 여기서는 다음 사항을 권한다.

코드를 작성하자. 바로 지금부터다. 이 책에서 배운 것을 적용해보지 않으면 금방 잊어버린다. 공동 개발 프로젝트에 참여하거나 각자 간단한 애플리케이션을 작성해보자. 무엇을 하든 결코 시간 낭비는 아니다. 코드를 작성하자!

배우자. 여러분은 이 책에서 많은 것들을 골고루 배웠다. 그중에는 여러분의 상상력을 자극하는 내용도 있었을 것이다. 각자 좋아하는 것을 코드로 작성해보자. 그러면서 그것에 관한 문서나 한 권의 책으로 묶인 것이 있다면 읽어보자. 그리고 안드로이드 개발자 유튜브 채널(https://www.youtube.com/user/androiddevelopers)을 보고, 안드로이드 개발자 Backstage 팟캐스트(https://androidbackstage.blogspot.com/)도 수시로 들어보자.

사람들을 접하자. 생각이 비슷한 개발자들을 만나는 데는 지역 모임도 좋은 수단이 된다. 참고로 많은 안드로이드 개발 고수가 트위터에서 시간을 보낸다. 그리고 각종 안드로이드 컨퍼런스에도 참가해 다른 개발자들을 만나보자.

오픈 소스 커뮤니티를 살펴보자. https://github.com/에 가보자. 그리고 멋진 안드로이드 라이브러리를 찾으면 그것을 제공한 사람이 추천하는 다른 프로젝트들도 알아보자. 더불어 여러분의 코드도 공유하자. 안드로이드 커뮤니티에서 생기는 일을 알 수 있는 좋은 방법인 안드로이드 주간 메일링 리스트(https://androidweekly.net/)도 확인하자.

부담 없는 연락처

저자들도 트위터에서 만날 수 있다. 크리스틴은 @kristinmars, 브라이언은 @briangardnerdev, 빌은 @billjings, 크리스는 @cstew이다.

이 책이 마음에 들었다면 https://www.bignerdranch.com/books/에 있는 다른 빅 너드 랜치(Big Nerd Ranch) 시리즈 책도 확인해보자. 우리는 일주일 동안 이 책의 내용을 쉽게 배울 수 있는 개발자 교육도 진행한다. 그리고 만일 양질의 코드를 작성해줄 사람이 필요하다면 프로그래머도 섭외해준다. 자세한 정보는 우리의 웹사이트(https://www.bignerdranch.com/)를 방문해보기 바란다.

감사 인사

독자 여러분들이 없었다면 이 책도 존재하지 못했을 것이다. 책을 구입하고 읽어준 여러분의 열정에 진심으로 감사드린다.

※ 참고: 일부 함수 끝 공백 다음에 나오는 괄호 내용은 해당 클래스에 포함된 함수임을 나타냄
(예: 'addFlags(Int) 함수 (Intent)'의 경우는 Intent 클래스에 있는 addFlags(Int) 함수임)